さすが
電子レンジ!

料理
大全集

監修・執筆
村上祥子
大沼奈保子
藤野嘉子
金塚晴子

講談社

C O N T E N T S

目次

この本の見方、使い方 …… 12

食品の加熱時間の目安表 …… 15

こんなおかずも あんなお菓子も
さすが電子レンジ！ ならではのおいしいレシピ

和・洋のおふくろの味がはじめてでも失敗なくできます
筑前煮 …… 18
発芽玄米ご飯●さばのみそ煮 …… 19
ビーフカレー …… 20
生ハムとトマトのソフトピザ …… 21

手間ひまかかるこだわり和食があっという間にできあがります
卵寄せ風茶碗蒸し …… 22
ねぎの梅肉和え●鶏肉の照り焼き …… 23
豚肉と大根と昆布の含め煮●四季のおこわ …… 24

ローカロリーメニューが驚くほどのおいしさアップ！
のり巻き卵 …… 26
鮭と豆腐の酒蒸し …… 27
ミートボールのトマトソースがけ …… 28
豚肉とにんにくの茎のオイスターソース炒め …… 29

手作り和菓子もお手のもの プロの技にせまります
水ようかんと抹茶水ようかん …… 30
栗茶巾 …… 31
いちご大福と胡麻大福 …… 32

1章 仕組みを知って、上手に使う
なるほど！ 基礎知識

電子レンジのさすが！ …… 34
電子レンジの加熱の特徴 …… 40
電子レンジのお約束 …… 44
電子レンジ調理におすすめの器 …… 46
電子レンジの加熱時間設定の基本 …… 48
素材別 加熱時間の目安 …… 50
あなたの電子レンジはどのタイプ？ …… 58
電子レンジを使いこなすポイント「W数」 …… 62
知っていますか？ 「強」と「弱」 …… 63
電子レンジで食品が温まる理由 …… 64
電子レンジ・各部の役割 …… 66
ラップ・ふたをする？ しない？ …… 68
電子レンジのおいしいコツ …… 70
使いやすく安全に置きたい電子レンジ …… 74
置いてはいけない、やってはいけない …… 76
きれいに使うお手入れ方法 …… 78
もう一度おさらい …… 80

C O N T E N T S

目次

2章 機能を使いこなせば、こんなに便利 得意ワザから裏ワザまで

この章の料理の作り方を覚えれば 電子レンジの使い方がマスターできます 82

誰でも一度はやっている「あたため」にもコツがある 84

「生もの解凍」は半解凍で止める 88
まぐろの刺身●刺身サラダ
まぐろオクラとんぶり丼●づけ鉄火丼 …… 89
きゅうりとわかめの酢のもの●ピリ辛きゅうり
中華風きゅうり●きゅうりのマヨネーズサラダ …… 91
ほうれんそうのお浸し●ほうれんそうの胡麻和え
ほうれんそうのカレー …… 93

水分やうまみをにがさない「解凍あたため」 94
バター梅ご飯●まぐろ納豆ご飯 …… 94
あさりのみそ汁●あさりのオイル蒸し …… 95

素材の持つ水分で中からふっくら「蒸す」 96
蒸し鶏 …… 96
棒々鶏●蒸し鶏とオクラの酢みそがけ
蒸し鶏のエスニックサラダ●蒸し鶏のキムチスープ …… 97
蒸しなすのお浸し …… 98
蒸しなすの薬味たたき●蒸しなすのヨーグルト和え
蒸しなすのナムル●蒸しなすのからし漬け風 …… 99
えびの酒蒸し●たいのあらとわかめの酒蒸し …… 100
豆と野菜のカップケーキ●簡単シューマイ
ごちそう茶碗蒸し …… 101

鍋いらずで栄養もうまみも流さず「ゆでる」 102
小松菜のお浸し …… 102
クレソンのお浸し …… 103

コトコト煮込むより「サッと煮」が得意 104
小松菜と油揚げの蒸し煮 …… 104
青梗菜と桜えびの蒸し煮●長ねぎのスープ煮
大根と豚肉のスープ煮●しめじのおかか煮 …… 105
カレーライス …… 106
ホワイトソース …… 107
かつおのとろみ煮●あさりの佃煮 …… 109

待ち時間なしで「炊きたて」が食べられる 110
鶏山菜おこわ●あつあつご飯●白がゆ …… 111

火はなくても、工夫しだいで「焼く」調理ができる 112
鶏肉のとろみ照り焼き●かつおのたたき
銀むつのムニエル …… 113
牛肉のたたき●焼き豚 …… 114
そば粉のクレープ●薄焼き卵の五目巻き …… 115

油を上手に使って「炒めもの」風の味を出す 116
豚肉とキャベツのみそ炒め …… 117

「もどす」「水をきる」など下ごしらえの時間を短縮 118
干ししいたけと三つ葉のスープ●昆布しいたけ …… 118
がんもどき●ピリ辛こんにゃく …… 119

「乾かす」のも得意だから、炒る手間いらず 120
田作り●洋風ふりかけ●ツナそぼろ …… 120

3章 毎日のおかず作りが簡単! 素材別レシピ集

■キャベツ・白菜・レタス
レンジロールキャベツ●キャベツとたこのアンチョビバター
ソーセージロールキャベツ
キャベツのオイスターソース炒め
キャベツと焼き豚のオイスターソース炒め●野菜ポトフ …… 122
キャベツとあさりの中華蒸し
キャベツとベーコンのスープ●白菜とハムのクリーム煮
白菜と干しえびの煮浸し●レタスのオイスターソース和え
レタスのじゃこ和え●レタスとハムのコンソメ煮
レタスと帆立て缶のスープ …… 123
ロールキャベツ●レタスとプチトマトの蒸し煮
白菜の煮浸し …… 124
白菜と豚ばら肉の重ね蒸し
温製キャベツのアーリオ・オーリオ
コンビーフキャベツの炒め風 …… 125

■ほうれんそう・小松菜・にらほか
ほうれんそうとしめじのお浸し
ほうれんそうののりくるみ和え …… 126

ほうれんそうのカッテージチーズサラダ
小松菜のじゃこ浸し●小松菜のシューマイ
小松菜と厚揚げのとろみあん
水菜のピーナツバター和え●水菜と油揚げのサッと煮 …… 126
水菜と春雨のベーコン炒め●青梗菜と油揚げのレンジ煮浸し
モロヘイヤの納豆和え●モロヘイヤのなめたけ和え
モロヘイヤのとろろやっこ●にらの卵とじ
にらの中華風スープ●にらとにんじんの胚芽和え …… 127

■青梗菜・小松菜・にら
青梗菜とかにの卵炒め●青梗菜と蒸し鶏のザーサイ和え
小松菜ときのこの卵とじ …… 128
にらの胡麻じょうゆ●小松菜と油揚げのレンジ浸し
緑野菜の中華風 …… 129

■かぼちゃ・なす
かぼちゃのひき肉カレー煮●かぼちゃとベーコンのチーズ焼き
夏野菜の蒸し煮●バターかぼちゃ●冷たいかぼちゃのスープ
かぼちゃのサワークリーム和え …… 130
なすの胡麻じょうゆ●蒸しなすの胡麻みそだれ
なすと帆立て缶のカレー●なすとコンビーフのチーズ焼き
蒸しなすのにんにく風味●蒸しなすとトマトのサラダ
なすの与一漬け …… 131
肉かぼちゃ●かぼちゃのニョッキ セージバター
かぼちゃのはちみつレモン煮 …… 132
麻婆なす●ラタトゥイユ●なすのしぎ焼き風 …… 133

■アスパラ・オクラ・ブロッコリーほか
アスパラガスのトマトソースがけ
アスパラガスと帆立て缶の蒸し煮
オクラとわかめのからしじょうゆ
オクラ納豆●オクラの胡麻みそ和え
にんにくの茎とたこのからし酢みそ
にんにくの茎とささ身の胡麻じょうゆ和え
ブロッコリーの茎の昆布茶風味 …… 134
ブロッコリーのピーナツバターじょうゆ
ブロッコリーのたらこマヨネーズ
ブロッコリーの粒マスタード和え
カリフラワーの茶巾●セロリと蒸し鶏の和えもの
セロリの葉とわかめのふりかけ
ふきのおかか煮●ふきと竹の子、わかめの煮もの …… 135

■カリフラワー・ブロッコリー・アスパラ
カリフラワーの塩辛バターソース
カリフラワーとかじきのＸＯ醬蒸し
カリフラワーのアンチョビソースがけ …… 136
ブロッコリーのミルクマヨネーズがけ
ブロッコリーと蒸し鶏の中華風サラダ
アスパラガスのベーコンサッと煮 …… 137

■ピーマン・とうがん・さや豆類
ピーマンとじゃこの炒り煮●ピーマンの塩昆布煮
ピーマンとツナのトマト煮●スタッフドピーマン
とうがんとささ身のとろとろスープ
とうがんのコールドピュレスープ
さやえんどうと魚介のクリーム煮 …… 138
さやいんげんの胡麻よごし●さやいんげんのベーコン巻き
モロッコいんげんとスナップえんどうのチーズソース
モロッコいんげんのからし酢みそ和え
グリンピースのスープ煮
そら豆といかのバターしょうゆ蒸し …… 139

■ピーマン・しし唐・さや豆類
青椒肉絲●甘辛じゃこしし唐 …… 140
さや豆のスクランブルエッグ
さやえんどうとあさりの蒸し煮
さやいんげんのさっぱりしょうゆ煮 …… 141

■根菜類・ねぎ類
大根と帆立て缶の煮もの●大根ステーキ
れんこんのビーフきんぴら
れんこんの胡麻マヨネーズ和え●かぶのピクルス
かぶと赤ピーマンのコンソメゼリー添え …… 142
にんじんのザーサイ炒め●にんじんサラダ●ねぎ豆腐
オニオングラタンスープ●玉ねぎのコンビーフ煮
わけぎといかそうめんのキムチ風味●わけぎの酢みそ和え … 143
れんこんの梅肉甘じょうゆ煮●にんじんの煮浸しサラダ
大根のふろふき風 …… 144
かぶら蒸し●ごぼう煮 …… 145

■芋 類
レンジマッシュポテト●冷凍ポテトの簡単グラタン
温かいヴィシソワーズ●とろ～りチーズポテト
じゃが芋のかにかま和え●のっぺい汁 …… 146
里芋といかのうま煮●里芋と青菜ののり和え
おろし里芋と野菜ののり巻き
里芋マッシュのベーコンドレッシング●里芋の湯葉まぶし
さつま芋のオレンジ煮●長芋のすりおろし蒸し …… 147
ほくほく肉じゃが●じゃが芋のシンプル煮 …… 148
長芋雑煮●さつま芋ときのこのグラタン●栗きんとん …… 149

目次

C O N T E N T S

■トマト・きゅうり・もやし・乾物
野菜スープ●レンジトマトソース
夏野菜のトマト煮●きゅうりのピクルス●野菜の甘酢漬け
レンジきゅうりのめかぶ和え …… 150
もやしのナムル●もやし、ピーマン、セロリの塩あん
焼き麩と小松菜の煮浸し●麩とじゃが芋と鶏肉の煮もの
三つ葉とわかめの湯葉巻き●麻婆春雨
干ししいたけと鶏肉の甘辛煮 …… 151

■牛 肉
ローストビーフ …… 152
しめじ入りハッシュドビーフ●簡単すき煮 …… 153
牛肉の八幡巻き●牛肉とカラーピーマンのカレー炒め
きのこビーフ●牛肉とブロッコリーのダブルソース炒め
牛肉とキャベツの辛みそ炒め
牛肉とごぼうのコチュジャン炒め …… 154
メキシコ風牛肉の酢漬け焼き
ハッシュドビーフ●おせんべいビーフシチュー
牛肉としめじのレモン塩炒め風
牛肉のトルコ風ヨーグルト焼き●ボルシチ風スープ …… 155

■豚 肉
豚肉のキムチ炒め●ねぎ巻き肉の梅肉蒸し
スパイシースペアリブ …… 156
蒸し豚の特製ソースがけ●豚かたまり肉の簡単煮
ポークソテー アップルソース …… 157
ローストハム●みそチャーシュー
ローストポーク パインソース●煮豚と煮卵
豚肉と白菜の蒸しもの●豚肉と小松菜のスープ煮
なすの豚肉巻き蒸し …… 158
豚肉のにらキムチロール●豚肉ののりチーズ巻き
回鍋肉●豚肉ととうがんのしょうが煮●リッチな豚汁
スペアリブのオレンジ風味●スペアリブのスープ煮 …… 159

■鶏 肉
鶏骨つき肉のカレースープ煮
鶏肉のマスタードソース●蒸し鶏の浸し漬け …… 160
棒々鶏風サラダ●ささ身のうずら卵巻き …… 161
蒸し鶏と蒸しなす●蒸し鶏の薬味ソースがけ
蒸し鶏のハーブ焼き●チキンとピーマンのトマト煮
油で揚げないフライドチキン
グレービーチキン●手羽中の紹興酒蒸し …… 162
手羽先とキャベツのスープ煮レモン風味
ささ身のアスパラ巻き●ささ身の磯蒸し
レバーペースト●鶏レバーの八角煮
レバーとにんにくの茎の炒めもの …… 163

■ひき肉
手作りソーセージ●鶏肉のテリーヌ風ひき肉ロール蒸し …… 164
スコッチエッグ●ミートボールのトマト煮
レンジ肉だんご …… 165
簡単ミートローフ●豚ひき肉とザーサイのレンジ蒸し
豚ひき肉と豆腐のレンジ蒸し●ミートソース
ポテトとミートソースのグラタン●鶏そぼろ …… 166
ドライカレー●ミートボールシチュー●みそ風味ののし鶏
ひき肉れんこん蒸し●こんにゃくのそぼろ炒め
豚ひきだんごとキムチの酸辣湯 …… 167

■豆腐・大豆製品
麻婆豆腐●五目白和え
豆腐ともやしのチャンプルー風 …… 168
おから煮●肉豆腐●豆豆の酢じょうゆ漬け …… 169
豆腐鍋●豆腐のとろろ蒸し●本格麻婆豆腐
きのこのあんかけ豆腐●温かいレンジ豆腐●炒り豆腐
くずし豆腐のスープ …… 170
厚揚げピザ●厚揚げとキムチの炒め和え
油揚げの袋煮●おからのポテトサラダ風
高野豆腐の含め煮●高野豆腐のロールキャベツ
大豆と豚ばら肉の煮込み …… 171

■卵
具だくさんの鉢蒸し●具だくさんのかに玉
具だくさんの茶碗蒸し …… 172
ハムと長ねぎのキッシュ●ポーチドエッグ入り野菜のトマト煮
レンジココット …… 173
スクランブルエッグ●クリーミーなスクランブルエッグ
なめこおろしのスクランブルエッグ
切り干し大根の卵とじ●小松菜の卵とじ
オクラとトマトの卵とじ …… 174
アスパラガスとツナのキッシュ風●ラグーエッグ
茶碗蒸し●えび黄身ずし●納豆蒸し卵
卵とトマトと干しえびのスープ …… 175

■乳製品
クリームコロッケ●なすとベーコンのクリームスープ蒸し
プチトマトのチーズ焼き …… 176
かぶのミルク煮●カマンベールの簡単フォンデュ
きのこのクリーム煮 …… 177
クリームシチュー●ホワイトシチュー
鮭と冷凍ポテトのクリームスープ
じゃが芋とソーセージのクリームスープ
玉ねぎとハムのチーズスープ
アスパラガスと里芋のポタージュ …… 178

ハムグラタン●カッテージチーズとヨーグルトのポテトサラダ
さつま芋のマスカルポーネクリーム
えのきのパルメザンチーズ和え
野菜のチーズ焼き●かぼちゃのヨーグルトサラダ
じゃが芋と玉ねぎのミルクチーズ煮……179

■青背の魚ほか
あじのハーブ・ガーリック焼き●ぶりのみそ照り焼き……180
かつおのしょうが煮●藤野流さばのみそ煮
さんまの山椒煮……181

■青背の魚・鮭ほか
さばの唐辛子みそ煮●さんまの豆豉醤煮●いわしの梅煮
いわしのしょうが煮●あじのミートソース風パスタ
レンジなまりと厚揚げの煮つけ●ねぎま汁……182
鮭の香草焼き●鮭とまいたけのバターしょうゆ蒸し
鮭のポテトクリームソースがけ●鮭と豚肉のレンジ蒸し
具だくさん塩鮭汁●かじきのアーモンドフライ風
かじきの甘酢漬け……183

■白身魚
子持ちかれいのふっくら煮●金目だいの豆豉蒸し……184
白身魚のグリル風バルサミコソース●たいのあら煮……185
白身魚の白菜包み蒸し●たいとまいたけのサッと煮
鱈のレンジ蒸し 玉ねぎソース●鱈のガーリック焼き
鱈ピザ●鱈のみそ焼き●鱈のみそマヨ焼き
わかさぎの梅煮●ひらめの煮こごり……186
かれいの煮つけ●たいのかぶと蒸し●金目だいの香り蒸し
白身魚と昆布のレンジ蒸し●銀鱈のピリ辛煮
煮汁たっぷりの銀鱈の煮つけ……187

■えび・貝・いか
えびとしめじのチリソース
帆立てと昆布のバター風味煮●いかセロリ炒め……188
いかと黄にらの豆豉炒め
帆立て貝柱とカリフラワーのクリーム煮
あさりのピリッとしょうが煮……189

■えび・いか・貝・魚介の加工品ほか
えびとオクラのコーンクリーム煮●えびのタイ風スープ
ゆでえびのアボカド和え
いかげそのから揚げ風●いかとキャベツとトマトのマリネ
かきとしめじの豆乳みそ蒸し……190
あさりの辛み蒸し●あさりとえのきだけの酒蒸し
あさりのブイヤベース風●レンジごまめ
カリカリじゃことピーマンの和えもの●ツナのふりかけ
干し貝柱とキャベツのさっぱり煮……191

■きのこ・海藻類
しいたけのオイスターソース煮
エリンギとしいたけのスープ煮●きのこのレンジ蒸し……192
きのことわかめの梅みそ蒸し●きのこのマリネサラダ
わかめとなすの韓国風和えもの……193
しいたけのガーリック焼き
エリンギとマッシュルームのマリネ●きのこの和風マリネ
えのきの明太子和え●えのきののり佃煮和え
えのきとささ身の梅肉風味
なめこドレッシングの大根サラダ●昆布巻き……194
昆布チップ●もずくと梅干しの即席スープ
ひじきとセロリの梅煮
ひじきの炒り煮●ひじきとひき肉の炒め煮
わかめとセロリの炒めナムル風
わかめとささ身の胡麻だれ和え●わかめとねぎのスープ……195

■もち米・米
芋・栗おこわ●赤飯……196
ミニ飯蒸し●いかの姿ずし……197
高菜とじゃこのおこわ●山菜おこわ●帆立て貝柱のおこわ
松たけご飯●かきご飯●五目ご飯●茶めし●竹の子ご飯……198
うなぎとしいたけの卵とじ丼●鮭丼●オクラとろろ丼
かますとみょうがの混ぜご飯●鶏そぼろと胡麻の混ぜご飯
たぬききつねご飯●胡麻かやくご飯●しその実ご飯……199
中華ちまき●中華おこわ……200
サーモンピラフ●青豆とベーコンのリゾット……201
焼き豚の中華風おこわ●ナシゴレン●パエリヤ
カレーおこわ●納豆チャーハン●ねぎチャーハン……202
鮭チャーハン
セロリの葉とベーコンのチャーハン
干しえびの中華風クイックがゆ●きのこのリゾット
そら豆のリゾット●鶏雑炊●黒胡麻のおかゆ……203

■めん類
和風パスタ たいのたたきのせ●冷やし中華……204
あさりのパスタ●キムチとナムルの冷やしそうめん……205

■めん類・パン
ドライトマトの冷たいパスタ●煮込みスパゲティ
ミネストローネ●そうめんチャンプルー
トマトとえびのそうめん●とろろ蒸しうどん
みそ煮込みほうとう風……206
焼きそば●汁ビーフン●おから入りすいとん
明太マフィン●パングラタン●レンジ蒸しパン……207

C O N T E N T S

かぼちゃのディップサンド……207

■乾物・缶詰
五目切り干し大根●切り干し大根のサラダ
さばのみそ煮缶と野菜の煮もの……208

4章 あわてない、待たせない
スピードクッキング

■和のおかず、もう一品
ほうれんそうともやしの胡麻みそ和え●なすの簡単みそ煮
きのこの当座煮……210
かぼちゃの簡単いとこ煮●豆腐と枝豆のうま煮
もやしとベーコンのお浸し……211

■ご飯に合う、もう一品
帆立て貝柱と青梗菜のサッと煮●しゃきしゃきれんこん
三つ葉のあったかお浸し……212
えのきつくね●かぶのひき肉詰め蒸し
ほうれんそうの簡単白和え……213

■エスニックの、もう一品
キャベツのＸＯ醤和え●鶏肉のレンジ蒸しサラダ……214
ブロッコリーのオイスターソースがけ
ひき肉ともやしのナムル●青梗菜の貝柱あんかけ……215

■洋風のおかず、もう一品
たっぷりパセリのポテトサラダ●カップコロッケ
かぼちゃのレンジサラダ……216
簡単マッシュポテト風●にんじんのピクルス
キャベツとかきの炒めもの……217

■箸休めに、もう一品
ほうれんそうのチーズ和え●じゃが芋のバターしょうゆ
キャベツとトマトの中華蒸し……218
なすと豚肉の重ね蒸し●モロヘイヤと豆腐のチャンプルー
キューブサラダ……219

■酒の肴
蒸し鶏の梅肉和え●あさりともやしのキムチだれ
変わりきんぴら……220
ふっくらレバもやし●かきのパン粉焼き……221
鮭ポテト●パリッとじゃこチーズ●もやしのピリ辛……222

里芋のそぼろ煮●なすと帆立てのチャイニーズサラダ
トマトと豆腐のおかか和え……223

■野菜のおかず、もう一品
厚揚げのガドガド風●サラダニソワーズ……224
ささ身とねぎのエスニックサラダ
白身魚のカルパッチョ風サラダ……225
かぼちゃのレンジ甘煮●かぼちゃのレンジバター蒸し
かぼちゃのみそ炒め
和風パンプキンサラダ●タラモサラダ●ポテトサラダ
ズッキーニのキッシュ風……226
ゆず大根●にんじんの南蛮ピクルス●蒸しなす
グリーンアスパラガスの浅漬け
もやしとささ身のタイ風サラダ
梅肉もやし●もやしとあさりのからし和え
もやしのにら納豆●もやしとかにかまの煮浸し……227

■洋の主菜
キーマカレー●ミートボールイタリアン……228
いわしのシチリア風パン粉焼き
かじきの生トマト煮込み……229
鮭の一口フライ●鮭のクリーム煮
かじきのチーズパン粉焼き風
金目だいとカリフラワーのカレーボイル
すずきのトマト煮●すずきのガーリックバター焼き
帆立てのマリネ●帆立てとアスパラガスのバター風味……230
たこといんげんのバジリコソース和え
鶏ひき肉のロールレタス●ブロッコリーのひき肉包み
牛ひき肉のメキシコ風ミートソース
ビーフストロガノフ●牛肉とキャベツのオクラトマト煮……231

■和の主菜
ねぎまのくしゃくしゃ豆腐●いかの足のつや煮……232
いわしの煮もの●鮭のさっぱり煮……233
さんまの塩焼き●あじの塩焼き●かつおと大根の和風煮
まぐろのみそ煮●たたきまぐろののり巻き
あじのみそペースト焼き●いわしのうま煮……234
すずきの酒蒸し●かれいのしょうが煮
すずきのねぎしょうが煮●白身魚の緑茶蒸し
さわらの梅蒸し●魚介の豆乳煮
鮭とキャベツのサッと煮……235

■和と中華の主菜
牛肉とレタスの中華風サッと炒め●藤野流牛肉のたたき
豚肉とキャベツのロール巻き……236
さばの酒蒸し根菜サラダ添え●牛肉と白菜の酸味炒め……237

豚肉と白菜のみそ炒め …… 237
鱈の甘酢あんかけ●さわらの野菜あんかけ
白身魚のケチャップあんかけ●わかさぎの和風マリネ
えびの山椒風味●かきと豆腐のポン酢仕立て
牛肉と青梗菜のオイスターソース炒め煮風 …… 238
牛肉と竹の子のみそ風味
豚ヒレ肉とブロッコリーのゆで豚風
豚ヒレ肉のしょうが煮おろしだれ●豚肉と昆布の香味野菜煮
和風バーベキュー●豚ひき肉の高菜炒め
肉だんごと白菜の蒸し煮 …… 239

■中華・エスニックの主菜

ヘルシー酢豚●豚ひき肉とさきいかの中華風蒸しもの …… 240
牛肉とブロッコリーの炒めもの
鶏肉となすの棒々鶏ソース …… 241
かじきのタンドリー風●さんまの中華香味蒸し
さわらのカレーピカタ●ぶりのコチュジャン焼き
太刀魚の韓国煮●さばのナムプラー焼き
鮭のエスニック風蒸し●かれいのザーサイ蒸し …… 242
焼き肉のホットサラダ●豚肉と長芋のナムプラー炒め
豚キムチのり巻き●鶏肉とにんにくの茎の辛み炒め
ささ身のベトナム風サラダ●豚肉とにらのキムチ炒め風
薄切り肉の簡単酢豚 …… 243

■スピードお弁当

じゃこしそライス弁当●ベーグルサンド弁当 …… 244
チキン照り焼き弁当●プルーンチキン弁当
スモークサーモンサンド弁当 …… 245
鮭とじゃが芋のバター風味弁当●白身魚のカレーマリネ弁当
鮭と帆立て貝の酒蒸し弁当
牛肉のオイスターソース炒め弁当
しし唐の豚肉ロール弁当 …… 246
たら玉ご飯弁当●鶏肉のカレー風味弁当
油揚げと鶏肉の混ぜご飯弁当●和風ミニバーグ弁当 …… 247

■軽食仕立てのごはん

懐かしのソースドライカレー●シーフードボウル …… 248
ロールキャベツライス●いかすみもどきスパゲティ
ポテトお好み焼き …… 249
さんまのかば焼き丼●豆腐とじゃこの雑炊
野菜いっぱいの鶏雑煮●めかぶとなめたけの雑炊
漬けものチャーハン●きな粉餅●納豆餅
中華風オートミール●和風オートミール …… 250
レンジオムライス●サラダずし●スパゲティカルボナーラ
イタリアン鍋焼きうどん●スクランブルエッグトースト
じゃこガーリックパン●フレンチトースト
ベトナム風サンドイッチ …… 251

■食べるスープ

かにとかぶのスープ●かきのスピードクリームシチュー …… 252
おかわりなしの豚汁●白きくらげのミネストローネ …… 253
ポーチドエッグスープ●簡単オニオングラタンスープ
はんぺんオニオンスープ●かぼちゃとさつま揚げのスープ
アスパラ缶のクリームスープ
枝豆の和風クリームスープ
玉ねぎのにんにくスープ●きのこのスープ
おろしにんじんとトマトのスープ …… 254
じゃが芋ときのこのみそ仕立てスープ●わかめのみそ汁
和風ヴィシソワーズ●もやしと昆布のスープ
キムチスープ●きゅうりの韓国風冷たいスープ
帆立て缶の中華風スープ●干しえびのエスニックスープ …… 255

■たっぷり卵料理

ポーチドエッグとブロッコリーのハムサラダ
キャベツオムレツ …… 256

こんなときどうする？ …… 257
一番だし●レンジ甘酢●簡単野菜ブイヨン
簡単チキンブイヨン●簡単ゴールデンブイヨン●めんつゆ …… 261

こんなこともできる！ …… 262
かぼちゃの粒マスタード炒め●ホットチーズポテト
金時豆と粒山椒の甘ピリご飯 …… 262
野菜エッグボール●鮭のテリーヌ
チーズとヨーグルトの簡単サーモンパテ …… 263
中華風かきたま汁●かにのクリームスープ●リゾットスープ
さっぱり中華がゆ●キャベツの甘酢がけ
ごぼうの胡麻酢和え …… 264

C O N T E N T S

目次

5章 おいしい、ヘルシー、楽しい バランスダイエット献立

■やっぱり、朝はご飯党
手巻き混ぜご飯献立●かにトマトご飯献立 …… 266
玄米雑炊献立●もずく雑炊献立 …… 267

■おしゃれにヘルシー朝食
パンスープ献立●ホットサラダ献立 …… 268
くりぬきバーガー献立●きのこハーブスープ献立 …… 269

■お弁当もカロリー管理
チャイニーズデリ風ランチ●鮭のカフェ風弁当 …… 270
鱈となすのピリッと炒めご飯●タンドリーチキン弁当 …… 271

■あっさりヘルシー、魚介類の夕食
鮭とコーンのグリル献立 …… 272
スパゲティボンゴレ献立 …… 273

■たっぷりおいしい、鶏肉の夕食
鶏肉の蒸しもの献立 …… 274
チキンのトマト煮献立 …… 275

■こくを楽しむ、お肉の夕食
豚肉のマスタードソース献立 …… 276
鶏肉だんご献立 …… 277

■ササッと、味ご飯の夕食
卵ライス献立●簡単ちらしずし献立 …… 278
チキンライス献立 …… 279

■おしゃれな、味ご飯の夕げ
ベジタブルライス献立 …… 280
レンジいかめし献立 …… 281

■添えて気にならない、50kcal以下
にんじんのきんぴら●もやしキムチスープ
オクラとろろ汁 …… 282
たらことしらたきの炒り煮●オニオンピクルス
キャロットみそスープ …… 283

■日替わりのおかずに、51～100kcal
キャベツとベーコンの蒸し煮
春菊のにんにくサラダ●くず豆腐 …… 284
里芋の明太子和え●竹の子のじっくり土佐煮 …… 285
カリフラワーのコロッケ●ハーブソーセージ
きくらげシューマイ …… 286
わかさぎの南蛮漬け●えびレタスロールのなめこあんかけ
白菜の唐辛子炒め …… 287

■「食べる」を楽しむ、101～200kcal
キャベツいっぱいミートローフ
ささ身と竹の子のみそ炒め …… 288
赤貝と菜の花のオイスター煮●ミルクポテト
簡単からし豆腐 …… 289
鶏レバーのにんにく風味煮●焼き春巻き …… 290
かじきとキムチのレンジ蒸し
レンジポテトのミートソースがけ●白菜とツナの蒸し煮 …… 291
いかのチリソース風●クイックリゾット●中華がゆ …… 292
鱈のチリソース●野菜増量焼きそば …… 293
肉みそ包みご飯●鶏肉と野菜ミックスのクリーム煮
あじのビネガーマリネ …… 294
太刀魚のみそ煮●あじのねぎ蒸し●生鮭のれんこん蒸し …… 295

■一品で一食、201kcal以上
豚ひき豆腐の四川蒸し●チーズときのこのリゾット
鶏肉ときのこのおこわ …… 296

こんなときどうする？ …… 297

こんなこともできる！ …… 302
いりこの土佐酢漬け●れんこんのしそ風味きんぴら
鶏肉としいたけのつや煮 …… 302
牛肉の三色ロール●ミックス野菜の蒸し煮
カリフラワーのカレーピクルス …… 303
豆腐のレアチーズケーキ風
フルーツいっぱいのゼリーフラッペ
大根ゼリーカラメルソースがけ …… 304

6章 こんなことも、あんなこともできる さすが電子レンジ！

■すぐになめらか、野菜のスープ
温かいかぼちゃのスープ●ガスパチョ…… 306
ヴィシソワーズ●枝豆スープ…… 307

■安心にこだわって、一から手作り
レトロバーグ●ミートローフ…… 308
三色そぼろ丼●レンジおから●わかめ寄せ豆腐…… 309

■家庭で楽しむ本格味
えびしんじょ椀●いかシューマイ…… 310
中華風蒸し豆腐…… 311

■風味が生きる、もてなしの一品
サーモンムース●簡単レバームース…… 312
帆立て貝柱とささ身のテリーヌ●白身魚のはんぺん…… 313

■野菜をたくさん食べる
カリフラワーポテト●カリフラワーのマッシュサラダ…… 314
野菜豆腐のディップ●野菜のディップ3種…… 315

■何にでも合うフルーツソース
鶏肉のオレンジソース煮●サーモンのレモンソース…… 316
白玉だんごのあんずソース●蒸しパンとプルーンソース
アイスクリームのベリーソースがけ…… 317

■フルーツで手作りいろいろ
梅ジャム●フルーツジャム…… 318
バナナカスタード●フルーツシロップ…… 319

■季節の恵みのまるごとデザート
いちじくのコンポート●りんごのコンポート…… 320
とうがんのコンポート●プルーンのワイン漬け
オレンジのスパイシーコンポート…… 321

■繊維たっぷり、やさしい甘み
さつま芋とりんごの茶巾●かぼちゃのきんとん…… 322
やまと芋あん●さつま芋あん●かぼちゃあん●そら豆あん…… 323

■新鮮食感、即席漬け
みょうがの甘酢漬け●れんこんの甘酢漬け
かぶの甘酢漬け●きゅうりの和風ピクルス…… 324
白菜の塩漬け●大根のしょうゆ漬け
キャベツとりんごの昆布茶漬け…… 325

■作っておくとお役立ちピクルス
カラーピーマンのピクルス
カリフラワーのピクルス カレー風味●サワークラウト…… 326
にんじんとセロリのピクルス●きのこのピクルス
ラディッシュのピクルス…… 327

■スピードマリネでもう一品
きのこのハーブマリネ●あじのマリネ…… 328
大根とハムのマリネ●野菜の簡単マリネ…… 329

■こだわり派の本格ソース
鶏肉のゴルゴンゾーラチーズソース
スティック野菜とクリームチーズソース
生鮭のチーズクリームソース…… 330
えびとアスパラガスのバターソース
かじきのカレーソース●牛肉のバルサミコソース…… 331

■懐かしくて、おいしい手前みそ
赤練りみそ●白練りみそ●豆腐とゆで野菜の肉みそがけ…… 332
豆腐田楽2種●いんげんとたこのからし酢みそ
くるみの田作りみそ●ピーナツみそ…… 333

■常備菜こそ、手作りで
鮭そぼろ●牛肉そぼろ●白身魚のでんぶ
なまり節のそぼろ…… 334
煮干しの佃煮風●昆布の佃煮風●竹の子の当座煮…… 335

■わが家仕様のふりかけ
手作り韓国のりと桜えび●鶏ひき肉と黒胡麻
たらこと青じそ●じゃことベーコンとピーナツ…… 336

こんなときどうする？…… 337

こんなこともできる！…… 342
からみ明太子餅●皮なしソーセージ…… 342
オレンジピール●レモンピールとアップルピール
にんじんチップス…… 343
焼きたてせんべい●胡麻きな粉餅
電子レンジで作れるホットドリンク…… 344

C O N T E N T S

7章 こねないから力いらず。電子レンジで30秒発酵 最速35分でできるパン作り

基本の生地を覚えればアレンジは自由自在
コロコロパン …… 346

＋αの素材を混ぜたパン
豆入りパン●胡麻パン●ハーブパン●ドライフルーツパン …… 350

＋αの素材を中に入れたパン
ウインナロールパン●へそ胡麻あんパン …… 352

揚げパン
カレーパン●ドーナツ …… 353

型に入れて焼くパン
ミニ食パン …… 354
にんじんパン●レーズンパン …… 355

細長い形に焼くパン
バゲット …… 356
コーンマヨネーズ入りパン●ほうれんそう入りパン …… 357

オーブントースターで焼いてみましょう
ベーグル●ピタパン …… 358

フライパンで焼いてみましょう
オリーブのフォカッチャ●ピザ・マルゲリータ …… 359

野生酵母を使ったヘルシーなパン
ライ麦パン …… 360
全粒粉パン●玄米パン …… 361
コーンミールパン●五穀米パン …… 362

基本のアレンジで作る「中華まんじゅう」
花巻 …… 363

花巻の生地を使って
肉まん …… 364
チョコレートまんじゅう●キャラメルまんじゅう
ブルーチーズ＆オリーブまんじゅう …… 365

基本の生地＋バターでクロワッサンに挑戦
クロワッサン …… 366

クロワッサンの生地を使ったデニッシュ
りんごのデニッシュ …… 368

こんなときどうする？ …… 369

8章 これならできる、こんなにできる 手作りお菓子アラカルト

洋菓子

基本のスポンジケーキ …… 378
いちごのショートケーキ …… 378
オレンジケーキ …… 379

基本のチョコレートケーキ …… 380
チョコクリームケーキ …… 380
バナナのせチョコレートケーキ●アップルチョコタルト …… 381

基本のふわふわチーズケーキ …… 382
サワークリームチーズケーキ …… 382
松の実風味のチーズケーキ …… 383

基本の薄型スポンジケーキ …… 384
オールドファッションケーキ …… 384
オムレツケーキ●バナナオムレツケーキ …… 385

基本のシフォンケーキ …… 386
ミニロールシフォンケーキ …… 386
レモンバタークリームサンド●くるみのパウンドケーキ …… 387

基本の全粒粉パイ …… 388
レモンカスタードパイ …… 388
パンプキンパイ …… 389

シガレット●アーモンドスノー …… 389
アーモンドチュイール●くるみのガレット …… 390
玄米フレーククッキー●チョコレートクッキー …… 391

カスタードプリン●サバイヨーネ …… 392
ウフ・ア・ラ・ネージュ
みかんのココナッツミルクプリン …… 393

チョコレートムース●ビターココアムース …… 394
ガナッシュクリームケーキ●トリュフ …… 395
オレンジババロア●レアチーズケーキ …… 396
マンゴーゼリー●グレープジュースの2層ゼリー …… 397
フルーツトリュフ●マシュマロ●かぼちゃのモンブラン …… 398
キャラメル●はちみつグミ●カカオトロピカーナ …… 399

和菓子

桜餅 …… 400
いちご姫 …… 401
春の野の道明寺 …… 402
栗道明寺●しがらき …… 403
りんごの生八橋風 …… 404
抹茶の生八橋風 …… 405
かしわ餅●みたらしだんご …… 406
ころ柿 …… 407
うぐいす餅 …… 408
青梅 …… 409
冬いちご …… 410
けし餅●ゆず餅 …… 411
はなびら餅 …… 412
ドライフルーツとナッツの求肥 …… 413
練りきり生地●やぶ椿 …… 414
もみじ山 …… 415
ちょうちょ●水玉 …… 416
あじさい●青栗 …… 417
わらび餅 …… 418
わらび餅の黒みつがけ …… 419
三温糖入り水ようかん●道明寺粉入り水ようかん …… 420
プチトマトの錦玉●小なすと小豆の錦玉●じゅんさいの錦玉 …… 421
ゆずと小豆の道明寺かん●桃の淡雪かん …… 422
巨峰の錦玉●デコポンの錦玉●豆かん …… 423
小豆とあんずの水まんじゅう …… 424
くずの茶巾絞り●小豆豆腐 …… 425
ゆずの月 …… 426
黒糖小豆 …… 427
かるかん●桜のかるかん …… 428
観世風蒸しカステラ●ちまき●小豆ういろう …… 429
栗蒸しようかん …… 430
笹巻き栗 …… 431
おはぎ●おはぎの胡麻だれがけ …… 432

こんなときどうする？ 和菓子編 …… 433
こんなときどうする？ 洋菓子編 …… 437
こんなこともできる！ …… 438
いちごのきんとん●キウイのきんとん …… 438
栗のきんとん●栗の茶巾絞り …… 439
小豆カラメルクリーム●マシュマロのポテトサンド
白みつと黒みつ …… 440

電子レンジなんでもQ＆A …… 441
電子レンジ最新トピックス …… 441
電子レンジの常識＆タブー …… 444
お役立ち！ 電子レンジグッズ …… 446
電子レンジ なるほどコラム …… 448
こんなときどうする？ Q＆A …… 450

協力先・お役立ち情報 …… 454
索引 …… 455
総索引 …… 456
素材別索引 …… 466
時間別索引 …… 487
カロリー別索引 …… 497
調理別索引 …… 507
生活習慣病を予防する料理 …… 517
免疫力を高める料理 …… 522
ストレス、いらいらを解消する料理 …… 523
高齢者にやさしい料理 …… 525
ご協力いただいた方々 …… 527

さすが
電子レンジ！
料理大全集

この本の見方、使い方

本書では、電子レンジを調理に利用した1000点以上の料理を紹介しています。電子レンジだけで調理できるレシピを中心に、下ごしらえに電子レンジを使用する料理や、仕上げにオーブンで焼いたり、鍋で揚げたりする料理も含まれています。

また、電子レンジならではの調理の特性をくわしく説明しています。加熱の仕組み、加熱時間の目安など、「電子レンジを使いこなすコツ」がわかります。

さらに、豊富なレシピをより使いやすくするために、索引を充実させています。総索引のほか、素材別、時間別、カロリー別、調理別、そして生活習慣病を予防する料理など、目的に合わせて料理が選びやすくなっています。

使用する電子レンジと加熱時間について

本書では全章にわたり、出力600Wの電子レンジを使用した場合の加熱時間を表示しています。

手持ちの電子レンジのW(ワット)数が異なる場合は、P62―電子レンジを使いこなすポイント「W数」―を参照してください。W数がわからない場合は、電子レンジ本体に貼付されているラベルの「高周波出力」または「定格高周波出力」の数字を参照してください。

青梗菜(チンゲンツアイ)の貝柱あんかけ

さすが 鍋いらず 味がからむ　31kcal　調理時間 11分　4分

●手軽さやおいしさがわかる
さすが度
「ほくほく」「色あざやか」など電子レンジならではの仕上がりや、「焦げない」「時間短縮」などの便利さ、「ローカロリー」などの料理の特徴を示しています。

●献立が立てやすくなる
1人分のカロリー ※1、2、3
※1 『五訂 日本食品標準成分表』(科学技術庁資源調査会編)により算出しています。
※2 レシピにより「全量」「1個」などの単位で示している場合もあります。
※3 8章「手作りお菓子アラカルト」のお菓子のカロリーは表示していません。

●調理時間の目安を知るのに役立つ
加熱時間 ※4、5
※4 電子レンジで加熱する合計の時間です。
※5 4章「スピードクッキング」では、総調理時間のおおよその目安を「調理時間」として、別に示しています。ただし、材料をはかる、解凍、乾物をもどすなど、下ごしらえの時間や冷ます(粗熱(あらねつ)を取る)、余熱で熱を通す時間などは含まれません。

作り方

●**容器**
電子レンジでの調理には、必ず電子レンジに使える**耐熱性の容器**を使用してください。
中身の見える耐熱ガラス製のものがおすすめです。金属製のものは使用しないでください。お菓子などの型も同様です。
レシピによっては耐熱ボウル、耐熱皿などと記載していますが、料理によって使い分けてください。

●**ラップ**
ラップをするかしないか、どのようにラップをするかについてはレシピにより異なりますので、レシピ内の記載にしたがって調理してください。原則的にはラップで統一していますが、市販されている専用のレンジぶたを使用してもかまいません。

●**電子レンジ加熱**
この本で「加熱」とある場合は、特にことわりのない場合、電子レンジでの加熱をさします。
手順のうち、マーカー風の印のつけてある時間が、電子レンジでの加熱時間です。出力は原則として「強」の場合は省略し、「弱」の場合のみ表記しました。ただし、「弱」のあとに「強」に切り替える場合や、使い分けが必要な場合は「強」の場合も表記しました。

レシピの見方

材料

- **材料、作り方の表記は原則的に2人分です。**
  （2人分で作りにくいものは、作りやすい分量に変えています）
- 5章「バランスダイエット献立」および4章「スピードクッキング」のお弁当は1人分の材料、作り方です。
- Ⓐ、Ⓑ、Ⓒなどの記号は、合わせ調味料、合わせ酢、たれ、ソースなどの材料をまとめたものです。あらかじめ混ぜ合わせておくと、調理がスムーズに進みます。
- 材料表内の量の表記について

小さじ1＝5mℓ
大さじ1＝15mℓ
カップ1＝200mℓ
米用カップ1＝180mℓ

「少々」… 計量できない程度の少量。目安は小さじ⅙（塩で1g）以下のもの。

「適量」… 塩など数回に分けて使われているものをまとめる場合のほか、容器の大きさによって量が変わる水、打ち粉、つけ合わせ、食べる直前にかける調味料、揚げ油など、必ずなくては困るもの。

「適宜（てきぎ）」… あしらい、彩りのために添えるものなど、調理に必ずしも必要としないもの。

- 野菜の皮をむく、へたを除く、筋を取る、きのこ類の石づきを除くなど、通常行う下ごしらえの記述は、原則として省略しています。
- 特に指定がないときは、「砂糖」は上白糖、「塩」は精製塩、「油」はサラダ油を使用しています。
- 「だし汁」は特に指定がないときは、かつお節、昆布などの好みの合わせだしを使用してください。
- 洋菓子の場合、「バター」はすべて食塩不使用のバターを使っています。
- パンの場合、「バター」は特に指定がないときは、すべて食塩使用のバターを使っています。
- 「みそ」は特に指定がないときは赤、白、どちらでも好みのものを使用してください。
- 「胡麻（ごま）」は特に指定がないときは白、黒、どちらでも好みのものを使用してください。
- 「ご飯茶碗（ちゃわん）1杯」は120〜130gが目安です。
- 「ご飯」は温かいご飯をさします。冷えたご飯の場合は、「冷やご飯」と表記しています。
- 「冷凍品」は市販の冷凍食品をさします。「冷凍」のみの場合は、自宅で冷凍保存しておいた材料を使うことをさします。
- 「えび」は特に指定がないときは、無頭、殻（から）つきをさします。

青梗菜（チンゲンツアイ）の貝柱あんかけ

さすが 鍋いらず　味がからむ　31kcal　調理時間 11分　4分

材料（2人分）
青梗菜 ……………200g（2株）
缶詰の帆立て貝柱の水煮 ……………60g（小1缶）
長ねぎの斜め切り………3cm分
Ⓐ湯…カップ¼／オイスターソース…小さじ2／くこの実（あれば）…小さじ1／こしょう…少々／片栗粉…小さじ½

作り方
❶青梗菜は葉を5cm長さに切り、茎は3cm長さに切ってから六つ〜八つ割りにする。
❷耐熱ボウルにⒶを入れ、とろみがつくまで混ぜる。
❸帆立て貝柱はほぐし、缶汁ごと長ねぎとともに②に加える。青梗菜の葉、茎の順に重ねる。
❹③にクッキングシートを密着させてかぶせ、浮き上がり防止に耐熱性の小皿をのせる。両端をあけてラップをし、4分加熱して一混ぜする。（村上）

（　）内は、レシピ執筆者・料理製作者・内容指導の先生方の名前（姓）です。

野菜、魚介、肉類などの重量と目安量について

- **電子レンジで加熱する材料は重さ（g）※で示しています。**
- （　）内の本数、個数などは目安量を示しています。これは季節や産地、品種などによってかなり異なります。

あくまでも**重さを優先して計量してください。**

缶・瓶詰（びんづめ）類は内容量を表記しました。固形量はメーカーや素材によって異なります。
この目安量は、原則的に『五訂完全版　ひと目でわかる日常食品成分表』（講談社）の表記にしたがっています。

※重さは、原則として廃棄（はいき）分を含んだものです。魚では頭や骨、皮、内臓類など、野菜では皮や株もと、種などを含んだものです。ただし、材料表内に「正味（しょうみ）」とある場合は、廃棄分を除いて食べられる部分のみの重さを示しています。

電子レンジの加熱時間の基本

●**加熱時間は分量にほぼ比例します。**
分量を加減する場合は、その分、設定時間も加減してください。

●**レシピ内の加熱時間は、あくまでも目安です。**
実際の加熱時間は、電子レンジの機種、調理に使う器の重さや大きさ、季節による食品の水分量、調理に使う水の温度、室温などによって変わります。

●電子レンジの機種により、記載の加熱時間でも中まで熱が通らない場合があります。
熱の通り具合を確かめて、**加熱が足りない場合は追加加熱をしてください。**

●牛乳や卵、肉などの加熱時間は、冷蔵庫から出してしばらくおき、**常温にもどした場合の時間**です。
冷えたまま加熱するときは、加熱時間を多めに設定して熱の通り具合を確認してください。

●庫内が汚れていると、その汚れにマイクロ波が集中し、加熱ムラや加熱不足の原因になることがあります。
使用したあとは必ずぬれぶきんなどでふいてください。

●P15〜16、およびP56〜57に食材ごとの加熱時間を一覧表にしています。ほとんどの電子レンジの時間設定の最小単位が10秒になるため、10秒未満は四捨五入して表記しています。そのため、重量を変更して計算し直した場合、10秒単位の誤差が出ることがあります。

電子レンジ調理に必要な基本の道具

計量スプーン
電子レンジ調理は重量が加熱時間を左右します。そのため、調味料も正確に計量する必要があります。

計量カップ
耐熱ガラス製のものは、だし汁などを計量してそのまま電子レンジにかけられます。持ち手がついたものが、熱くなっても出し入れしやすく便利。200mℓのほか、500mℓもあると理想的です。

はかり
1g単位で計量できるデジタルのもの、風袋（容器の重さ）を除いた計量が簡単にできるものがおすすめです。

耐熱ボウル
大（口径23〜24cm）、中（19〜21cm）、小（15〜16cm）の3種類があると便利です。

ラップ（またはふた）
耐熱温度が140度以上のものを選んでください。

クッキングシート
表裏がシリコン加工された調理用の紙製シート。煮ものの際の落としぶたなどに使用します。

キッチンペーパー
食材の余分な水分や油脂分を吸収する紙製のタオル。乾燥を防いだり、ふたがわりに、ぬらして使用する場合もあります。

レンジ専用バッグ
口がジッパーで開閉できるポリエチレン製の袋。食品の保存と加熱の両方に対応できます。

ポリ袋
野菜だけを短時間加熱する程度なら、スーパーマーケットでロールになっているようなポリ袋も使用OK。

安全に使うために
●卵など、食品に殻、皮、膜のあるものは破裂する場合があります。レシピ内の注意事項（卵の黄身に穴をあけるなど）を必ず守って調理してください。

●電子レンジの使用法は、メーカー、機種によって異なります。手持ちの電子レンジの取扱説明書をよく読んで、正しく使用してください。

さすが
電子レンジ！
料理大全集

食品の加熱時間の目安表

この表の使い方

①表の上段から、手持ちの電子レンジのW（ワット）数を探します（わからない場合は、本体に貼付されているラベルの「高周波出力」「定格高周波出力」の数字を参照してください）。
②加熱したい食品名と電子レンジのW数の重なるところが加熱時間の目安です。

◆時間は、単機能型の電子レンジを使用し、食品を加熱した場合にかかる時間です。600Wでの加熱時間を色帯で示しました。
◆加熱時間は分量に比例します。実際に加熱する分量が表中の目安量の倍なら時間も倍に、半分なら時間も半分に、と計算してください。

◆表中の目安量は、日常よく使われる分量を基準にしています。
◆同じ食品でも、サイズ、季節、保存状態などによって状態が異なります。また切り方、使用する器、調味料の有無などによっても加熱時間は変わりますので、表は目安としてご利用ください。

Seafood ●魚介・魚介加工品

	手持ちの電子レンジのW数	400W	500W	600W	700W	900W
あ	あさり（殻つき・8個100g）	1分20秒	1分	50秒	40秒	30秒
	あさり（水煮・カップ½強100g）	2分	1分40秒	1分20秒	1分10秒	50秒
	あじ（1尾150g）	4分30秒	3分40秒	3分	2分30秒	2分
	いか（するめいか・1杯300g）	6分	4分50秒	4分	3分30秒	2分40秒
	いか（するめいか水煮・3cm50g）	50秒	40秒	30秒	30秒	20秒
	いわし（1尾80g）	2分30秒	2分	1分40秒	1分30秒	1分10秒
	えび（ブラックタイガー・5尾100g）	2分	1分40秒	1分20秒	1分10秒	50秒
か	かれい（1切れ100g）	3分	2分20秒	2分	1分40秒	1分20秒
さ	鮭（1切れ80g）	2分30秒	2分	1分40秒	1分30秒	1分10秒
	さば（1切れ60g）	1分50秒	1分20秒	1分10秒	1分	50秒
	さんま（1尾150g）	4分30秒	3分40秒	3分	2分30秒	2分
た	鱈（1切れ80g）	2分30秒	2分	1分40秒	1分30秒	1分10秒
は	帆立て貝柱（小6個100g）	2分	1分40秒	1分20秒	1分10秒	50秒
ま	むつ（1切れ80g）	2分30秒	2分	1分40秒	1分30秒	1分10秒

Meat ●肉・肉加工品

手持ちの電子レンジのW数	400W	500W	600W	700W	900W
ウインナソーセージ（4本100g）	2分	1分40秒	1分20秒	1分10秒	50秒
ささ身（大2本100g）	2分	1分40秒	1分20秒	1分10秒	50秒
肉類（ささ身以外・100g）	3分	2分20秒	2分	1分40秒	1分20秒
ハム（薄切り・10枚100g）	2分	1分40秒	1分20秒	1分10秒	50秒
ベーコン（5枚100g）	3分	2分20秒	2分	1分40秒	1分20秒

Others ●その他

手持ちの電子レンジのW数	400W	500W	600W	700W	900W
卵（1個60g）	1分50秒	1分20秒	1分10秒	1分	50秒
豆腐（⅓丁100g）	2分	1分40秒	1分20秒	1分10秒	50秒

Vegetable●野菜

	手持ちの電子レンジのW数	400W	500W	600W	700W	900W
あ	枝豆(20さや50g)	1分30秒	1分10秒	1分	50秒	40秒
	えのきだけ(1袋100g)	1分20秒	1分	50秒	40秒	30秒
	オクラ(1袋100g)	2分30秒	2分	1分40秒	1分30秒	1分10秒
か	かぶ(1個100g)	3分50秒	3分	2分30秒	2分10秒	1分40秒
	かぶ(葉)(1個分50g)	1分	50秒	40秒	30秒	30秒
	かぼちゃ(¼個250g)	7分30秒	6分	5分	4分20秒	3分20秒
	カリフラワー(⅕個/5房100g)	2分30秒	2分	1分40秒	1分30秒	1分10秒
	キャベツ(葉2枚100g)	2分	1分40秒	1分20秒	1分10秒	50秒
	グリーンアスパラガス(2本50g)	1分20秒	1分	50秒	40秒	30秒
	ごぼう(1本200g)	7分30秒	6分	5分	4分20秒	3分20秒
	小松菜(大½わ200g)	4分	3分10秒	2分40秒	2分20秒	1分50秒
	こんにゃく(1枚250g)	7分30秒	6分	5分	4分20秒	3分20秒
さ	さつま芋(1本250g)	7分30秒	6分	5分	4分20秒	3分20秒
	里芋(1個60g)	1分50秒	1分20秒	1分10秒	1分	50秒
	さやいんげん(10本65g)	1分50秒	1分20秒	1分10秒	1分	50秒
	さやえんどう(20枚50g)	1分20秒	1分	50秒	40秒	30秒
	しいたけ(1パック/6個100g)	1分20秒	1分	50秒	40秒	30秒
	しめじ(1パック100g)	1分20秒	1分	50秒	40秒	30秒
	じゃが芋(1個150g)	4分30秒	3分40秒	3分	2分30秒	2分
	春菊(½わ125g)	2分30秒	2分	1分40秒	1分30秒	1分10秒
	しらたき(½袋100g)	3分	2分20秒	2分	1分40秒	1分20秒
	ズッキーニ(1本150g)	3分50秒	3分	2分30秒	2分10秒	1分40秒
	せり(1わ150g)	3分	2分20秒	2分	1分40秒	1分20秒
	そら豆(さやつき・3さや150g)	2分20秒	1分50秒	1分30秒	1分20秒	1分

	手持ちの電子レンジのW数	400W	500W	600W	700W	900W
た	塌菜(ターツアイ)(1株200g)	4分	3分10秒	2分40秒	2分20秒	1分50秒
	大根(7cm200g)	7分30秒	6分	5分	4分20秒	3分20秒
	大根(葉)(1本分250g)	5分	4分	3分20秒	2分50秒	2分10秒
	玉ねぎ(1個200g)	6分	4分50秒	4分	3分30秒	2分40秒
	青梗菜(チンゲンツアイ)(1株100g)	2分	1分40秒	1分20秒	1分10秒	50秒
	とうもろこし(1本400g)	12分	9分40秒	8分	6分50秒	5分20秒
	トマト(1個200g)	5分	4分	3分20秒	2分50秒	2分10秒
な	なす(1個90g)	2分20秒	1分50秒	1分30秒	1分20秒	1分
	にがうり(½本125g)	3分20秒	2分40秒	2分10秒	1分50秒	1分30秒
	にら(1わ100g)	2分	1分40秒	1分20秒	1分10秒	50秒
	にんじん(1本150g)	4分30秒	3分40秒	3分	2分30秒	2分
	にんにくの茎(1束100g)	2分	1分40秒	1分20秒	1分10秒	50秒
	ねぎ(長ねぎ1本/万能ねぎ30本強100g)	2分	1分40秒	1分20秒	1分10秒	50秒
は	白菜(葉1枚100g)	2分	1分40秒	1分20秒	1分10秒	50秒
	ピーマン(3個100g)	2分30秒	2分	1分40秒	1分30秒	1分10秒
	ブロッコリー(⅓個/5房100g)	2分30秒	2分	1分40秒	1分30秒	1分10秒
	ほうれんそう(1わ300g)	6分	4分50秒	4分	3分30秒	2分40秒
ま	まいたけ(1パック100g)	1分20秒	1分	50秒	40秒	30秒
	マッシュルーム(1パック/6個100g)	1分20秒	1分	50秒	40秒	30秒
	三つ葉(1わ50g)	1分	50秒	40秒	30秒	30秒
	もやし(½袋125g)	1分30秒	1分10秒	1分	50秒	40秒
ら	れんこん(1節250g)	7分30秒	6分	5分	4分20秒	3分20秒
わ	わけぎ(1わ250g)	5分	4分	3分20秒	2分50秒	2分10秒

◆個数、本数などは重量に対するおおよその目安量です。実際に調理する場合は皮や芯、へたなどを除いた、加熱する状態で計量してください。

村上祥子●藤野嘉子●大沼奈保子●金塚晴子

こんなおかずも　あんなお菓子も

さすが電子レンジ！ならではのおいしいレシピ

むずかしい、めんどう、と思っているレシピほど電子レンジの得意ワザ。蒸す、煮込むの定番のおかずから、いままでの電子レンジ常識を変える焼きもの風、炒めもの風、さらにはピザ生地、和菓子まで。バツグンの手際のよさで、簡単スピーディーに仕上げます。もちろん、うまみも栄養もにがさないから、ヘルシーメニューはお手のものです。電子レンジはエンターテイナー。さすが！ のワザの数々が、手作り自慢料理のバリエーションを、大きく広げます。

和・洋のおふくろの味が はじめてでも失敗なくできます

―― 村上祥子

目が離せない煮込み料理も
火加減、水加減がむずかしい上級料理も
素早く簡単にできあがります。

さすが！

**人気のおかずが約15分
少ない煮汁でも焦げつかず
素材のうまみがからみ合います**

筑前煮（ちくぜん）

201kcal **12**分

材料（2人分）

鶏もも肉 ……… 100g（小½枚）
Ⓐしょうゆ、砂糖、酒…各大さじ2／水…大さじ1
こんにゃく ………100g（⅖枚）
和風野菜ミックス（冷凍品）…………………………… 200g

作り方

❶鶏肉は4つ～6つに切り、Ⓐをからめる。
❷耐熱ボウルにキッチンペーパーを敷き、こんにゃくをスプーンで一口大にちぎってのせる。ラップをして2分加熱する。
❸別の耐熱ボウルに②と和風野菜ミックスを入れ、①の鶏肉をのせて汁をかける。
❹クッキングシートを25cm角に切り、鶏肉に密着させてかぶせ、浮き上がり防止に耐熱性の小皿をのせる。両端をあけてラップをし（→P68）、10分加熱する。

さすが！

わずか5分で美しいつや
生臭さ、生煮えもない
見事なできばえです

発芽玄米ご飯

165kcal 15分

材料（2人分）

発芽玄米……120g（1パック）
湯……180mℓ

作り方

耐熱ボウルに発芽玄米を入れ、分量の湯を注ぐ。両端をあけてラップを2枚する。約3分加熱し、庫内の様子を見て、煮立ったらすぐに弱に切り替え、12分加熱する。5分蒸らして全体を混ぜる。

＊玄米の場合は100gをざっと洗って8時間水に浸し、水けをきって同量の湯を加える。

さばのみそ煮

186kcal 5分

材料（2人分）

さば……120g（2切れ）
赤ピーマン……70g（小2個）
Ⓐみそ、砂糖、酒…各大さじ2／水…大さじ2
しょうがの薄切り……2～3枚

作り方

❶さばは皮に深い縦の切り目を入れ、赤ピーマンは1個を縦4つに切る。
❷耐熱ボウルにⒶを合わせ、さばの皮を上にして置き、汁をかけてしょうがを散らす。上にピーマンをのせ、両端をあけてラップをする（→P68）。
❸ターンテーブルに割り箸2膳をばらして置き、②をのせて5分加熱する。
❹器にさばを盛り、汁をかけて赤ピーマンを添える。

さすが！

発芽玄米なら
浸水時間ゼロでふっくら
圧力釜にも
負けない炊きあがりです

ビーフカレー

583kcal **19**分

材料（2人分）
牛薄切り肉……………………80g
じゃが芋……… 100g（小1個）
にんじん……………50g（5㎝）
玉ねぎ………………50g（¼個）
にんにく………………… 1かけ
サラダ油……………… 小さじ2
水……………………… カップ1
カレールウ（刻む）…………40g
ご飯……… 300g（茶碗2杯分）

作り方
❶牛肉は3㎝幅に切る。じゃが芋は乱切りに、にんじんは薄切りにする。
❷玉ねぎ、にんにくはみじん切りにする。
❸耐熱ボウルに②とサラダ油を入れ、両端をあけてラップをし（→P68）、ところどころに焦げ目がつくまで約5分加熱する。取り出して混ぜ、①を加えて分量の水を注ぎ、カレールウを入れる。
❹再び両端をあけてラップをし、14分加熱する。ボウルが小さいと吹きこぼれやすいので煮立ったらラップをはずす。
❺器に④とご飯を盛り合わせる。

さすが！

**コトコト煮込む料理も
20分で完成
スピーディーな本格派です**

さすが！

ピザ生地は手作りで素早く発酵させてソフトに仕上げます

生ハムとトマトのソフトピザ

全量 **739**kcal **6**分

材料（直径20cm１枚分）
強力粉……………………100g
牛乳……………………75mℓ
バター………………小さじ２
Ⓐ砂糖…大さじ１／塩…小さじ⅙
／ドライイースト…小さじ１
強力粉（打ち粉用）………適量
オリーブ油…………大さじ１
にんにくのみじん切り…１かけ分
トマトの薄切り…150g（１個分）
ピザ用チーズ……………30g
水菜（３cm長さに切る）…30g
生ハム……………………４～５枚
塩、こしょう…………各少々
＊用意するもの／割り箸２膳、割り箸が渡せる直径14cmくらいの耐熱容器１個

作り方

❶耐熱性の樹脂容器に牛乳、バターを入れ、30秒加熱して人肌に温める（耐熱性のガラス容器の場合は40～50秒加熱）。Ⓐと強力粉の⅓量を加えて泡立て器でよく混ぜ、残りの強力粉を入れて箸でさっくり混ぜる。容器のふたを軽くのせ、弱で30秒加熱する（一次発酵）。

❷ふたと容器の間にぬらしたキッチンペーパーをかぶせ、10分おく。打ち粉をしたまな板にゴムべらで生地を取り出してのせ、軽く押さえてガスを抜き、めん棒で直径20cmにのばす。

❸耐熱皿にクッキングシートを敷いて②を置く。オリーブ油を塗ってにんにく、トマト、チーズをのせ、塩、こしょうをふる。

❹ターンテーブルに直径14cmの縁のある耐熱容器を置き、75度以上の湯カップ１（材料表外）を注ぐ。割り箸２膳をばらして容器に等間隔に渡し、③をのせてふんわりとラップをし、５分加熱する。器に盛り、生ハムを並べて水菜をのせる。

手間ひまかかるこだわり和食が あっという間にできあがります

―― 藤野嘉子

準備も後片付けもらくらく。
内部から加熱していく電子レンジのワザを活かして
手軽に和の味わいを極めます。

卵寄せ風 茶碗蒸し

173kcal 3分20秒

さすが！

すが入らないコツは具だくさん あつあつのおいしさと なめらかな口当たりが楽しめます

材料（2人分）

金目だい…………80g（1切れ）
　酒…小さじ1／塩…少々
ハム……………………………1枚
ゆで竹の子…… 100g（小½本）
木綿豆腐……………75g（¼丁）
溶き卵………………………1個分
Ⓐだし汁…カップ½／薄口しょうゆ、塩…各少々
ゆでぎんなん…………………4個
三つ葉…………………………少々

作り方

❶金目だいは一口大のそぎ切りにして酒、塩で下味をつける。
❷ハムは2cm角に切り、竹の子は薄切りにする。
❸豆腐は厚さを半分に切る。耐熱容器に入れ、ラップなしで20～30秒加熱して水きりをする。
❹溶き卵にⒶを加えてこす。
❺ふたつきの耐熱容器2個に③を入れ、①、②をのせてぎんなんを散らし、④の卵液を等分に注ぐ。ふたをして2個を2分40秒～2分50秒加熱し、そのまま2～3分蒸らす。三つ葉を3cm長さに切って散らす。

ねぎの梅肉和え

11kcal **1**分**30**秒

材料（2人分）

長ねぎの白い部分…60g（1本）
梅干し（種を除く）………… 1個
塩、しょうゆ……………各少々

作り方

❶長ねぎは1.5㎝幅の斜め切りにし、梅干しはちぎる。
❷耐熱容器に長ねぎを入れ、塩をふる。ラップをして1分30秒加熱し、取り出して梅干しを加え、しょうゆをかけて和える。

鶏肉の照り焼き

366kcal **8**分**10**秒

材料（2人分）

鶏もも肉……… 200g（小1枚）
　塩、こしょう…各少々
Ⓐ酒…大さじ2／砂糖…大さじ1½／しょうゆ、みりん…各大さじ1
ブロッコリー
　………… 60g（小房3〜4個）
塩、粉山椒………………各少々

作り方

❶鶏肉は身を切り開き、厚みを均等にして幅を半分に切り、塩、こしょうをふる。
❷耐熱ボウルにⒶを合わせ、①を5分つける。
❸ブロッコリーはぬらし、耐熱容器に入れて塩をふる。1分10秒加熱する。
❹②にラップをし、3分30秒加熱する。取り出して鶏肉の上下を返し、再びラップをして1分加熱する。粗熱を取り、食べやすく切って器に盛る。ボウルに残った汁はラップなしで2分30秒加熱してたれを作り、鶏肉にかける。粉山椒をふって③を添える。

さすが！

ほかではできない焼け具合。たれのからみも絶妙です

豚肉と大根と昆布の含め煮

190kcal **13**分**40**秒

材料（2人分）
豚薄切り肉（しゃぶしゃぶ用）
……………………………100g
　塩、片栗粉…各少々
大根……………300g（13㎝）
昆布…………………………10㎝
だし汁…………………カップ½
しょうゆ………………大さじ1
砂糖……………………大さじ1

作り方
❶大根は一口大の乱切りにし、昆布はひたひたの水でもどして短冊切りにする。
❷耐熱ボウルに大根を入れて昆布をのせ、だし汁、しょうゆ、砂糖を加える。ラップをして8分加熱し、そのまま5分おいて味を含ませる。
❸豚肉は塩をふり、1枚ずつ一口大に丸めて片栗粉を薄くまぶす。②に加え、ラップをして5分40秒加熱し、器に盛る。

さすが！

味がしみ込む、うまさを含む 煮くずれしないから 面取りの手間もいりません

四季のおこわ

基本の下ごしらえと蒸らし方
ⓐもち米は洗ってたっぷりの水に1時間浸し、水けをきる。
ⓑ加熱後はラップをしたまま5分おいて蒸らす。
＊炊き上がりのおこわの量は茶碗4〜5杯分です。

秋のきのこ

全量 **1180**kcal **16**分

材料（作りやすい分量）
もち米…………米用カップ2
生しいたけ………30g（2個）
しめじ……… 50g（½パック）
えのきだけ……… 100g（1袋）
薄口しょうゆ…………大さじ½
Ⓐだし汁…米用カップ1⅔／薄口しょうゆ、酒…各大さじ1

作り方
❶生しいたけは6つに切り、しめじは小房に分けて長さを半分に切り、えのきだけは根元を切って3㎝長さに切る。
❷①に薄口しょうゆをまぶし、5分おく。汁けが出たらきる。
❸耐熱ボウルにもち米（→ⓐ）、Ⓐを入れ、ラップをして12分加熱。①を加えて混ぜ、ラップをして4分加熱する。（→ⓑ）

夏の梅干しとちりめんじゃこ

全量 **1190**kcal **16**分

材料（作りやすい分量）
もち米…………米用カップ2
水………………米用カップ1¾
昆布……………………………5㎝
塩………………………小さじ⅓
ちりめんじゃこ…20g（大さじ4）
梅干し（種を除いてちぎる）…2個
青じそ……………………10枚

作り方
❶耐熱ボウルにもち米（→ⓐ）を入れ、分量の水、昆布、塩、ちりめんじゃこ、梅干しを混ぜる。
❷①にラップをして8分加熱。

だし汁の作り方
電子レンジで作るだし汁は261ページを参照してください。

軽く混ぜ、再びラップをして8分加熱する。(→b) 10個のおにぎりにし、青じそを巻く。

冬の かにと三つ葉

全量 1220kcal 16分

材料(作りやすい分量)
もち米 …………… 米用カップ2
缶詰のかにの水煮(ほぐす) ……………… 100g(大½缶)
だし汁 ………… 米用カップ1¾
塩 ……………………… 小さじ½
三つ葉(2cm長さに切る)… 4本

作り方
❶耐熱ボウルにもち米(→a)とだし汁、塩を入れてラップをし、12分加熱する。かにを加えて再びラップをし、さらに4分加熱する。(→b)
❷器に盛り、三つ葉を散らす。

春の グリンピース

全量 1211kcal 16分

材料(作りやすい分量)
もち米 …………… 米用カップ2
だし汁 ………… 米用カップ1¾
塩 ……………………… 小さじ½
グリンピース(正味) ……… 70g

作り方
耐熱ボウルにもち米(→a)とだし汁、塩を入れてラップをし、12分加熱する。取り出してグリンピースを加えて混ぜる。表面を平らにし、再びラップをして4分加熱する。(→b)

さすが!

おこわは得意ワザNo.1 季節の香りと彩りを具に ボウルひとつで作れます

ローカロリーメニューが驚くほどのおいしさアップ！ ―― 大沼奈保子

味気なくなりがちなノンオイルメニュー、
ダイエット食も、栄養そのままに満足度アップ。
バリエーション豊かに楽しめます。

のり巻き卵

68kcal 3分20秒

材料（２人分）
にんじん……………40g（5cm）
ヤングコーンの水煮…60g（6本）
生ひじき……………………30g
めんつゆ（3倍濃縮）…小さじ2½
溶き卵……………………1個分
焼きのり（全形）……………1枚
糸三つ葉……………………適量

作り方
❶にんじんはみじん切りにする。耐熱ボウルに入れてラップをし、50秒加熱する。
❷ヤングコーンはみじん切りにし、生ひじき、めんつゆと合わせて①に加える。ラップをして1分10秒加熱する。
❸②に溶き卵を加えて混ぜ、20〜30秒加熱して半熟状にする。
❹30cm角のラップにのりを置き、向こう側3cmを残して③をひろげる。ラップを巻き簀がわりにし、のり巻きの要領で手前から巻く。ラップで包み、50秒加熱して粗熱を取る。
❺④を食べやすく切り分けて器に盛り、糸三つ葉を飾る。

さすが！

食物繊維が豊富な具材を卵にとじ込めて小粋な一品料理に仕上げます

鮭と豆腐の酒蒸(さかむ)し

148kcal 6分40秒

材料（2人分）

紅鮭 ………… 120g（小2切れ）
絹ごし豆腐 ………80g（約¼丁）
ブロッコリー
………… 80g（小房4〜6個）
まいたけ ….. 100g（1パック）
昆布 ……………… 10cm長さ2枚
酒 …………………………大さじ2
赤唐辛子(とうがらし)の小口切り ………少々
めんつゆ（3倍濃縮）…大さじ2
ゆずの絞り汁…………大さじ1
ゆずの皮のせん切り ………適量

作り方

❶豆腐は2つに切る。ブロッコリーはぬらし、まいたけはちぎる。
❷耐熱容器2個に昆布を敷く。鮭をのせて酒をふり、①を加えてラップをする。容器1個につき3分〜3分20秒加熱し、蒸し汁は取り分ける。
❸皿に②を盛り、赤唐辛子とゆずの皮を散らす。めんつゆ、ゆずの絞り汁、②の蒸し汁を混ぜてかける。

さすが！

一皿にいろいろ盛って一度に加熱。栄養豊かなバランスメニューも早ワザで

さすが！

ささ身ひき肉のマイルドなおいしさを引き出します冷めてもおいしいからお弁当にも最適です

ミートボールのトマトソースがけ

100kcal 3分40秒

材料（2人分）

ささ身ひき肉……………100g
　だしの素（粉末）…小さじ⅔／片栗粉…小さじ1
玉ねぎ……………50g（¼個）
えのきだけ……150g（1½袋）
トマトソース
　トマトペースト…大さじ1／だしの素（粉末）…小さじ1／しょうゆ、溶きがらし、黒砂糖…各小さじ⅓／ガーリックパウダー…少々／湯…大さじ2⅓
ローズマリー……………少々

作り方

❶玉ねぎはみじん切りにし、耐熱容器に入れてラップなしで50秒加熱する。えのきだけは根元を切って小口切りにする。
❷ひき肉にだしの素、片栗粉を加えて粘りが出るまで練り混ぜる。①を加えて混ぜ、10等分して丸める。
❸耐熱皿に②を間隔をあけて並べ、ふんわりラップをかけて2分40秒～2分50秒加熱する。器に盛り、トマトソースの材料を合わせてかけ、ローズマリーを飾る。

さすが！

豚肉の脂だけで
中華炒め風の仕上がり。素材の
持ち味を活かします

豚肉とにんにくの茎のオイスターソース炒め

107kcal **5**分**50**秒

材料（2人分）
豚ヒレかたまり肉 …………80g
Ⓐしょうゆ、酒、片栗粉…各小さじ⅔／こしょう…少々
にんにくの茎…… 120g（10本）
長ねぎ ……………… 40g（⅔本）
ゆで竹の子の細切り
…………………… 120g（⅓本分）
Ⓑオイスターソース、しょうゆ、酒…各小さじ2

作り方
❶豚肉は薄切りにし、Ⓐをもみ込んで1枚ずつ広げる。
❷にんにくの茎は4㎝長さに切り、長ねぎはみじん切りにする。
❸耐熱容器に②と竹の子を入れ、ラップをして2分30秒加熱する。Ⓑを混ぜて加え、再びラップをし、2分30秒加熱する。
❹③が熱いうちに①を加えて混ぜ、余熱で豚肉に七分通り火を通す。ラップをし、50秒加熱して完全に火を通す。

手作り和菓子もお手のもの
プロの技にせまります ―― 金塚晴子

下ごしらえも電子レンジにおまかせ。
手作りできるなんて思ってもいなかった
本格和菓子が、きれいに見事にできあがります。

さすが！

**簡単に寒天も溶けます
アイデアしだいで
オリジナルも楽しめます**

水ようかんと抹茶水ようかん

159kcal **15**分**30**秒（水ようかん） **161**kcal **15**分**30**秒（抹茶水ようかん）

材料（直径6㎝の型6個分）

粉寒天……………………2g
水……………………カップ1¾
グラニュー糖……………120g
こしあん（市販品）………200g
塩……………………………少々

作り方

❶耐熱ボウルに粉寒天と分量の水を混ぜ、ラップなしで4分加熱する。グラニュー糖を加えて混ぜ、2分加熱して一混ぜし、5〜6分加熱する。煮立ったらさらに30秒加熱して煮つめる。

❷①を⅓量取り分けてこしあんを混ぜ、①のボウルに戻して2〜3分加熱する。

❸②に塩を加えてボウルの底を冷水につけ、木べらで静かに混ぜる。木べらが重く感じるようになったら型に流し入れ、室温で固めて冷蔵庫で冷やす。

抹茶水ようかん／❶は同様に。❷は白あん200gを①に混ぜる。さらに抹茶小さじ2をふるって湯大さじ1強で溶き、茶こしでこしながら加えて混ぜ、2〜3分加熱する。❸は塩を加えないで同様に。

栗茶巾

124kcal **4**分

材料（6個分）

- 栗の甘露煮……………………6個
- 缶詰のゆで小豆…………200g
- 薄力粉……………………大さじ2
- 片栗粉……………………小さじ1
- 水…………………………大さじ1
- 栗の甘露煮の汁………大さじ1
- 塩…………………………………少々

作り方

❶ゆで小豆を耐熱ボウルに入れ、薄力粉、片栗粉の順に加えて混ぜる。分量の水、甘露煮の汁、塩を入れてさらに混ぜる。

❷①にラップをして2分加熱し、取り出して混ぜ、再びラップをして2分加熱する。

❸②を6等分し、15cm角のラップ6枚の上に置く。中央をくぼませて栗をのせ、ラップごと包み込んで茶巾に絞り、冷ましてラップをはずす。

さすが！

蒸し上手だからこその一品 職人の域にもトライできます

いちご大福と胡麻大福

126kcal 4分30秒(いちご大福)

134kcal 4分30秒(胡麻大福)

材料(6個分)

もち米 ……… 80g(カップ½)
　水…70mℓ
いちご(へたを除く) ……… 6個
粒あん(市販品) ………… 150g
白玉粉 …………………………20g
　水…40mℓ
片栗粉(手粉用) …………… 適量

作り方

❶もち米は洗って水けをきり、分量の水に1時間浸す。
❷いちごは水けをふく。粒あんを6等分していちごを包む。
❸①をフードプロセッサーに入れ、米粒がなくなるまで30〜50秒回す。白玉粉を分量の水で溶き、加えて混ぜる。
❹③を耐熱ボウルに入れ、ラップをして1分加熱して混ぜる。さらに1分30秒、1〜2分と2回加熱し、そのつど取り出して混ぜ、コシのあるもち状にする。
❺バットに片栗粉を入れて④をのせ、6等分して②を包む。

胡麻大福／❶は上記と同様に。❷こしあん、粒あんなど好みのあんを150g用意して6等分し、丸める。❸は同様にし、❹の加熱後、炒り黒胡麻大さじ1½を加えて混ぜる。❺は同様にして②を包む。

さすが!

フードプロセッサーとの合わせワザで、つきたてのノビとコシが味わえます

電子レンジのさすが！
電子レンジの加熱の特徴
電子レンジのお約束
電子レンジ調理におすすめの器
電子レンジの加熱時間設定の基本
素材別　加熱時間の目安
あなたの電子レンジはどのタイプ？
電子レンジを使いこなすポイント「W数」
知っていますか？「強」と「弱」
電子レンジで食品が温まる理由
電子レンジ・各部の役割
ラップ・ふたをする？ しない？
電子レンジのおいしいコツ
使いやすく安全に置きたい電子レンジ
置いてはいけない、やってはいけない
きれいに使うお手入れ方法
もう一度おさらい

1章

仕組みを知って、上手に使う

なるほど！基礎知識

ご飯や牛乳、お弁当をほかほか、あつあつに温めてくれる電子レンジ。今や、ほとんどの家庭にあり、誰もが毎日お世話になっている家電ですが、その中身は案外知られていないもの。電子レンジ調理ならではのコツさえ押さえれば、手間なく、手早く、おいしい料理を生み出す魔法の箱になるのです。こんなに便利な道具を使いこなさないなんて、もったいない。まずは自分の持っている電子レンジをもっとよく知ることからスタートしましょう。（監修：村上祥子）

電子レンジのさすが！

さすが！1

芯から熱が通るからおいしい！

電子レンジはマイクロ波という電波で加熱しています。マイクロ波は食品に当たり、１秒間に24億5000万回もの速さで食品の持つ水分子を揺り動かします。そこに熱が発生して、水分は100度の水蒸気に変わり、食品はいわば蒸されるといった状態で加熱されます。コンロやオーブンのように食品を外からではなく、内側から加熱する。それが電子レンジなのです。

電子レンジ調理ならではの甘さが引き出されます。(→P111)

でんぷん質に働きかけて甘さを引き出す

電子レンジは芋類や米などのでんぷん質の調理が得意。一見、水分が少なそうな米も15.5%の水分を含んでいて、これがマイクロ波に反応します。もちろん、米が持つ水分だけでは足りませんから、水をはって外からも補います。この水もマイクロ波が加熱。内側と外側からのダブル加熱で、60%の水分を含んだふっくら甘みのあるご飯に炊きあげるのです。

ただし、でんぷんを糖に変える糖化酵素(とうかこうそ)は30度くらいで目覚め始めるため、すぐに温度が上がりすぎると甘みが出ません。でんぷん質ならではの甘みを引き出すためには、米なら水が沸騰するまでは強で加熱し、その後、弱に切り替えて12分加熱。さつま芋なら、弱で20分くらい加熱、が目安です。

煮汁(にじる)なしでも煮ものがおいしくできる

電子レンジでの煮ものは、鍋のように水をひたひたにする必要がありません。肉じゃがの場合、肉、じゃが芋、玉ねぎなどの材料が、自分の水分を使って内側から加熱されます。材料から出た水分は調味料と合わさって煮汁となり、しかも素材のうまみが煮汁に流れ出ないので、濃厚な味に仕上がります。

おいしく作るコツは、クッキングシートを落としぶたがわりにかぶせて浮き上がり防止に小皿を１枚のせ、ラップまたはふたを。少ない煮汁でも全体にまんべんなく味がまわります。

また、白菜のような水分の多い野菜と肉だんごをいっしょに煮れば、白菜から出た水分が沸騰(ふっとう)して対流を起こし、鍋で煮込んだようなスープが、鍋の３分の１の時間でできます。

野菜と肉と調味料を合わせて加熱するだけ。(→P148)

焦げつかない、煮くずれしない だまにもならず、なめらか

電子レンジ調理の最大の特徴は、火を使わないから焦げない、ということ。ついうっかりして、煮ものが焦げついてしまったというミスはありません。何といっても、今までは料理となると、火から目を離せず、台所から出られなかったのが、電子レンジに入れておくだけでできあがってしまうのです。

煮くずれしないというのも電子レンジの大きなメリット。内と外からの同時加熱なので、外側が煮くずれる前に、全体にしっかりと火が通ります。大根やかぼちゃも面取りする必要なし。

だまになったり、弱火をキープできずに焦げつかせたりと、コンロでは失敗しやすいホワイトソースもしっとりクリーミー。あんかけや八宝菜(はっぽうさい)など、とろみをつけるテクニックも得意です。

使い方さえ覚えれば、誰でも失敗なく、おいしく作れるところが「さすが！」なのです。

火を使わないから焦げつきなし。

だまにならず、なめらかな仕上がり。(→P107)

蒸し鶏もふっくらジューシーに。(→P96)

すぐに固まるたんぱく質も ひと工夫でふんわり

電子レンジにも苦手があります。60〜70度で凝固するたんぱく質は、60度くらいからじわじわ火が通っていくのが理想。一瞬にして100度になる電子レンジではかたくなりがちです。おいしさの条件は肉汁やうまみがたっぷり残っていること。わずか10秒の加熱オーバーが、肉のおいしさをだいなしにしてしまうこともあるのです。

でも、中から火を通すことで肉や魚のたんぱく質の中にあるうまみ成分をにがさず、臭(くさ)みも出さないという電子レンジ調理ならではのメリットは捨てがたいもの。そこで、ひと工夫。酒を加えると沸点が95度に下がり、柔らかく仕上がります。また、調理時間が短く、味がしみ込みにくいという点も、加熱後、器ごと少し時間をおけばOK。

さばのみそ煮を作る場合でも、魚が自分の水分で煮えるため、水はみそを溶く分だけでOK。中から火が通るので魚の生臭さが出ず、生煮えもなし。

さすが！②
水を使わず栄養価がにげない

野菜や肉をゆでると、ゆで汁の中に大切な栄養素が流れ出してしまいます。ビタミンや脂肪はもちろん、たんぱく質、ミネラル、うまみのもととなるアミノ酸や糖質も例外ではありません。水を使わず、加熱時間も短い電子レンジなら、栄養素はほとんど失われません。栄養素をにがさない、ということは、イコールうまみもにがさないということ。これはうれしいですね。

外はあざやかな紫色、中はひすい色の美しい仕上がり。

水を使わず短時間加熱 野菜も色あざやかに

水を使わず、スピード加熱。電子レンジならではのこの技が、野菜を見た目にもおいしい色に仕上げます。熱に弱い色素が分解しにくく、水にも溶けにくいからです。たとえば、なすを外は紫色、中をひすい色に仕上げるには、そのまま加熱。このあざやかさは、油通しにもひけをとりません。この後炒(いた)めても、生のように油を吸収しません。

また、ほうれんそうは加熱後水にさらせばあくが抜けます。小松菜のようにあくの少ない野菜は、水にさらす必要もなし。だし汁を入れて加熱すれば、そのまま煮浸(にびた)しができあがります。多くの野菜に色素として含まれるポリフェノールは、動脈硬化や老化を防ぐ抗酸化作用がある大切な成分。この流出を抑えるのが電子レンジ調理です。

ビタミン、ミネラルも そのままキープ

ビタミンが失われる割合の差は、水溶性で熱に弱いビタミンCにはっきりと現れます。たとえば、ほうれんそうの場合、ゆでたときのビタミンC残存率は69%、電子レンジ加熱では82%。キャベツでは、ゆでた場合の73%に対し、電子レンジでは93%。ビタミンB群も水溶性ですから、同じように違いは歴然。その他、カルシウム、鉄分、リン、ナトリウム、カリウム、マグネシウム、亜鉛、ヨウ素など、健康に欠かせないミネラル類も多く残します。

健康のために野菜は多くとりたいけれど、サラダでは量が食べられず、ゆでるとせっかくの栄養をにがしてしまってもったいない！ でも、電子レンジなら、栄養価もうまみもそのままに、たっぷりといただけます。

ビタミンCも残る。(→P144)

ミネラルもそのまま。(→P100)

ほうれんそうは緑黄色野菜の代表。ビタミンCや鉄分も残して、色あざやかです。(→P93)

さすが！3

油控えめローカロリー、ヘルシー

電子レンジは調理油を必要としません。油には素材をコーティングしてうまみをとじ込め、また、素材のうまみをふくらませる働きもあります。でも、その働きこそ電子レンジの得意ワザ。あえて油を使う必要はありません。だからローカロリー、それでいて栄養分はにがさないからヘルシー。調理の下ごしらえにも活躍して、おいしく健康的な手作り料理をサポートします。

少ない油で調理でき素材の持つ脂も減少

カロリー制限中の人にとっても、電子レンジは強い味方です。たとえば、中華風炒(いた)めものの下ごしらえも、油通しならぬ電子レンジ通しで。色美しくシャキッと仕上がり、少ない油で調理できます。チャーハンも、少ない油でパラッと炒めたように。衣をつけ、少量の油をかけて「チン！」すれば、ローカロリーの揚げものだってOKです。

また、肉を使う料理では、肉に含まれる脂だけで炒めもの風の仕上がり。さらに蒸し料理では、肉自体もカロリーオフ。鶏肉ではその脂の約30%が溶け出します。たとえば、鶏もも肉は約３割が皮と皮下脂肪。100gの肉の場合、約10gが溶け出します。油脂１gが９kcalですから、約90kcalのカロリー減ということになります。

野菜の油通しがわりにも電子レンジで。

少ない油で揚げもの風調理も。

鶏肉の照り焼きでは、肉の脂肪の30%が溶け出します。調理油を使わないうえ、素材の脂も落とすから、ダイエットクッキングにおすすめ。(→P245)

手作りを応援する電子レンジはスローフード派

レトルト食品や冷凍食品、コンビニのお弁当を温めるときに大活躍。チンするだけの電子レンジには、どちらかといえばファーストフードのイメージがあります。でも、実際は、おふくろの味、スローフードの味方。添加物(てんかぶつ)や塩分、糖分の気になる食品だって手作りできるのです。

ジャムやソース類、パンやケーキ、クッキー、和菓子なども電子レンジならららくらく。さらにはソーセージやテリーヌだって、自分で手作りできてしまうのです。温めに使うだけでは役不足。電子レンジの個性を知って上手に使えば、自家製食品のレパートリーが増えます。

電子レンジは使いこなししだいで、手作り派の頼れるパートナーになります。

さすが！④

庫内調理で安全、清潔

電子レンジの火を使わないことのメリットは、安全面から見れば、消し忘れという危ないミスが起こらないこと。子供でも年配の方でも安心して使えます。ガスコンロを使うと後の掃除がめんどうという一人暮らしの男性や、部屋に煙や臭いがこもってイヤだという女性も、庫内調理の電子レンジなら心配無用。台所まわりも部屋も汚さずに料理が作れるのです。

火を使わず、消し忘れなし 誰でも使える調理器具

消したつもりが消し忘れ。空炊きのやかんが無惨な姿に。焦げ臭さに気づいてあわてて台所をのぞけば、鍋から煙が上がっていたり……。誰でも一度や二度は経験のある、うっかりミス。焦げた鍋を洗うのって、ほんとに大変。でも、これはまだ運のいいほうかもしれません。発見が遅れていたらと、ぞっとすることだってあるのですから。

ガスの弱火は、けっこうよく動き、目を離したすきに強くなっていたり、消えていたりします。でも、電子レンジは、時間を合わせてそのまま放っておいても大丈夫。弱加熱を2時間にセットしてコトコト黒豆を煮ることだってできてしまいます。難しい機能を使わなくても安全に簡単に、誰でも料理が作れるのが特徴です。

誰でも簡単に、安全に、おいしくできる調理器具！

調理中に人の手が入らないから安心、清潔。

調理中に人の手が入らない 掃除もらくらく

電子レンジ調理には、調理中に人の手が入らない、という清潔さがあります。調理中には虫やほこりなどの異物の混入もなく安心。洗剤の泡が飛び込むこともありません。また、マイクロ波には殺菌・防かび効果もあり、さまざまな食品の栽培、加工にも利用されています。

庫内調理だから油はねやふきこぼれの掃除も庫内をふくだけで簡単にすみます。まさにエプロンいらずの、気軽で手軽な調理器具といえます。

電磁波は携帯電話と同レベル 食品には残らない

電子レンジの電磁波って、本当に大丈夫なの？ と心配される方もいるでしょう。電磁波は空気中を流れる電気エネルギー。

テレビやラジオの電波より短く、携帯電話と同じくらいのやや太陽光線に近い電波です。化学作用が強いX線やγ線とは違い、水の分子を動かす程度の弱いエネルギーなので、人体への影響はほとんどなし。電子レンジで加熱した食品が化学変化を起こしたり、食品に電磁波が残るということもありません。

さすが！5

素早くできて、片付けもらく簡単、手間なし

作りおきや残りもののおかずも、冷やご飯もお弁当も、チンするだけであつあつ。電子レンジが登場したとき、その画期的な便利さに誰もが驚かされました。今では、機能もその使い方もますます進化。温めるだけでなく、簡単スピーディにご飯からおかずまで、なんでもできてしまう万能調理器具に。家庭にはもちろん、一人暮らしのキッチンにも欠かせない存在です。

器ひとつでOKだから準備も後片付けもらくらく

料理が苦手という人は、実は苦手というより後片付けが嫌いという人が多いようです。せっかく料理ができあがっても、流しの中には汚れた鍋やボウルがゴロゴロ。コンロまわりにも油やふきこぼれの跡。後のことを考えると、気が重くなるということもあります。

電子レンジなら、下味をつけたり下ごしらえしたり、そして仕上げの加熱まで、ボウルひとつでできてしまいます。お皿に盛りつけてもそのままでも、どちらにしても鍋いらずです。

あるいは、普段づかいのお皿や鉢に、素材と調味料を入れて一発加熱。そのままテーブルに運べば、初めから最後まで、まさに器ひとつですみます。

途中で何度も鍋を洗ったりする手間もなく、後片付けもあっという間。ただし、使った後の庫内掃除はお忘れなく。かたく絞ったふきんでふいてください。

ボウルで下ごしらえ＆調理。

調理した器のままでテーブルへ。(→P133)

1人分では作りづらい煮ものも電子レンジなら手軽に。

少ない分量の調理が得意 1人分もOK

一人暮らしの人こそ、その価値を実感する電子レンジ。1人分ではなかなか作りづらい煮ものも、電子レンジならお手のもの。たとえばさまざまな冷凍野菜や素材缶詰と、市販のだしつゆを組み合わせて使えば、根菜（こんさい）や豆類の煮ものが、料理初心者でも簡単に作れます。

また、朝食の野菜スープ1人分も、パンをトーストしている間にできあがり。和食党には毎朝のみそ汁作りもおすすめです。一人暮らしを始めたばかりの人も、単身赴任のお父さんも、電子レンジで簡単手作り。健康な食生活の味方です。

それぞれが忙しく、なかなかそろって食事ができないという家族も、電子レンジが1台あれば、「自分の分は自分で作る」ができて便利です。

電子レンジの「火」は上から当たる

ガスコンロの炎は下から当たります。でも、電子レンジは上から。マイクロ波は上部にあるマグネトロンというところで作られ、やはり上部にある導波管（どうはかん）を通して庫内に送り込まれます。最近は下側からマイクロ波が出る機種も登場してきましたが、市販の電子レンジのほとんどは、壁の上部から出てきます。この仕組みを活かせば、より効率のよい加熱法が工夫できます。

電子レンジは上火。葉は下、茎は上。(→P102)

火の通りにくいものは上 通りやすいものは下

上部からマイクロ波が当たるということは、上部のほうが加熱する力が強いということ。この特性に合わせた工夫で、調理時間が短くなり、加熱ムラも防ぐことができます。

たとえば小松菜をボウルでゆでるなら、柔らかい葉を下のほうに敷き、かたい茎は上に置きます。肉と野菜をいっしょに加熱する場合は、火の通りにくい肉は上、通りやすい野菜は下。また、脂肪分の多いものは上、水分の多いものは下に。

また、カレーやシチューの入れっぱなしは加熱ムラのもと。たとえば４人分の場合なら、途中３回くらいはかき混ぜたほうがよいでしょう。

機種によってはマイクロ波が下から当たるものもあるので、よく確認してください。

割り箸（わりばし）を活用して加熱ムラを防止

上から加熱される電子レンジも、ちょっとした工夫で下からも加熱させることができます。マイクロ波が反射する性質を利用して下にすき間を作るのです。

じゃが芋やかぼちゃなどの場合は、食品の下に、そのまま割り箸２膳を割って置きます。お皿を使う場合は、お皿の下に置けばOKです。

こうすると、食品やお皿とターンテーブルの間にすき間ができて、そこがマイクロ波の通り道になります。これなら途中で裏返す必要もなし。中までムラなく火が通ります。

このテクニックは、スポンジケーキやマフィン、蒸しパンなど、裏返せないもの、かき混ぜられないものを作るときに、特に有効。上下からの両面加熱で、ふんわりできあがります。

多くの水分を含んだ食品といっしょなら割り箸も大丈夫。

お皿を使うときも、下にすき間を作ればOK。

加熱が早いのは「外側」と覚える

電子レンジのマイクロ波は壁面に反射し、ターンテーブルの縁のほうに落ちるようになっています。このため、庫内では、中央部より外側のほうがマイクロ波の効きがよく、コンロでいえば火力が強い状態で早く加熱されます。壁面が金属板、扉の内側が穴あきの金属板になっているのも、金属に当たると反射するマイクロ波を外に漏らさず、調理に活かすための仕組みです。

かぼちゃはかたい皮を外側にして置きます。

ターンテーブルの端に等間隔で並べれば、熱効率が抜群。

効率的な加熱の基本は「ターンテーブルの端に置く」

温め直しでも調理でも、じゃが芋でも小鉢でも、真ん中に置いて加熱しがち。でも、電子レンジの仕組みを知れば、端に置くほうが効率的。１個の場合は端に、２個なら向かい合わせに、３個以上なら等間隔に並べると、マイクロ波が集中するところを何度も通ることになります。

また、加熱してから切ったほうがらくなかぼちゃは、種とわたを取って、サッと水でぬらし、ラップで包み、火の通りにくいかたい皮を外側にして加熱。

ソーセージやミートローフ、ベーコンやアスパラガスなどを、長いまま真ん中に置くと、外側はカリカリになりすぎ、真ん中は生煮えのまま、ということも。なるべく端に沿うように置くか、２つに分けて、向かい合わせに置くようにするとよいでしょう。

火の通りにくいものは外側 通りやすいものは内側に

「火は外側から」の性質を活かしてムラなくより均一に加熱するテクニックは器で調理する場合も同様。野菜なら柔らかい葉を内側に、かたい茎を外側に。肉と野菜なら、火の通りにくい肉は外側、通りやすい野菜は内側に置くようにします。

さらに、ちょっと複雑ですが、おいしくムラなく仕上げるために、「火は上から」と「火は外から」を、組み合わせて工夫。

たとえば、肉じゃがなら、いちばん火の通りやすい玉ねぎを下段の内側に敷き、じゃが芋は下段の外側、にんじんは上段の内側、肉は上段の外側に。

厳密に考える必要はありませんが、マイクロ波の入り方を知ったうえでのこんな工夫は、また、電子レンジ調理の楽しみのひとつでもあります。

大根と肉をいっしょに煮るなら肉は外側に。ボウルで調理するときも火の通りにくいものを外に置く工夫を。(→P105)

工夫しだいで幅がひろがる調理法

マイクロ波にも個性があります。雷のように細くとがった部分に集中したり、塩けに吸い寄せられたり、油をからめた食材の温度を部分的に上げたり、水分をとばすのが得意だったり。こうした個性をうまく利用すれば、調理のテクニックもレベルアップ。アイデアを活かしてひと工夫すれば、ますます電子レンジならではの「さすが！」の力を発揮するのです。

丸いままより角を作る
太いより細いほうが早い

マイクロ波は雷と同じような性質を持っています。雷がとがった避雷針や鉄塔、高木などをめがけて落ちるように、マイクロ波もとがったところに集中します。えびの尾や焼きとりの串など、細くとがった部分だけが焦げてしまうのはこのためです。

そこで、この原理を有効利用。たとえば、大根を煮るときは、輪切りではなく、角をいっぱい作った乱切りにします。すると、そのとがったところから素早く火が通って、輪切りでは7分かかるところが5分で加熱完了。面取りしなくても煮くずれしないという電子レンジならではの特性も、同時に発揮されて、まさに「さすが！」。

また、にんじんは細切りに。太いところと細いところがあるために、加熱ムラを起こしやすいにんじんも、これなら大丈夫。素早く均一に火が通ります。

逆にえびなどは尾にマイクロ波が集中しやすいので、尾を内側に、身を外側にして、放射状に並べるとよいでしょう。

にんじんは細く。(→P144)

大根は角を作る。(→P105)

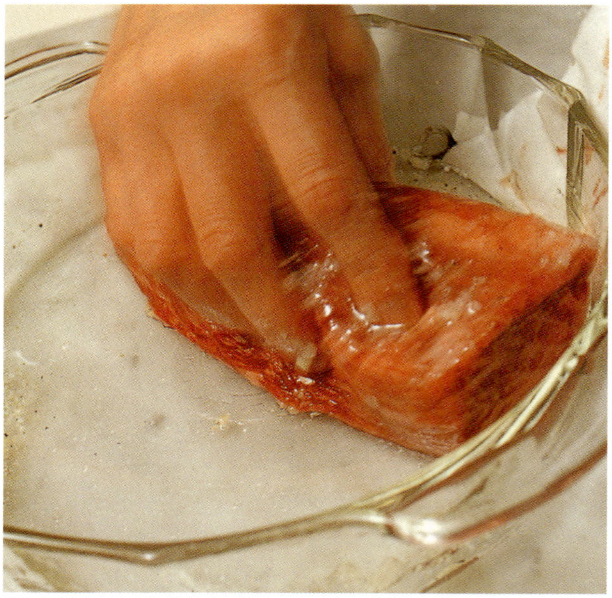

表面に油を塗れば、外は火が入り、中は生の状態に。(→P114)

油のあるところの温度を上げる

水の分子しか動かさないとされている電子レンジですが、結果から見ると、どうやら油の分子も動かしているようです。

油がついている部分とついていない部分では、ついているところのほうがよく火が通ります。何より、水分は100度まででしか上がりませんが、油は140度まで上昇します。

実際、肉でも魚でも、脂の多いほうがおいしくできます。鶏ならささ身より皮つき。豚ひき肉なら赤身だけより、ある程度脂身が混じったもの。魚も白身魚より脂ののったさんまやさば、鮭やいわしのほうが、焼き加減もよく、おいしく調理できます。油脂のとりすぎが気になる人も、余分な脂は身から溶け出し、焼きあがった後は、ボウルやお皿の底にたまります。ご安心を。

焦げ目がつかないとされている電子レンジ調理も、実は脂があればこんがり。ミートローフにはしっかり焦げ目がつきますし、カリカリベーコン作りも得意です。

マイクロ波が塩けに集中

電子レンジのマイクロ波は塩けのあるところに集中します。

食品の内側から加熱するのが電子レンジの基本。ところが、外側に塩けがあると、マイクロ波は塩けをねらって、そこから火を通そうとするのです。

この特性を利用して、かつおのたたきを上手に作ることができます。ブロック身に塩をまぶして加熱すると、内側は生のままで、外側だけがあぶられたような状態になります。

牛肉や鶏ささ身、まぐろなども同様に。和風のたたきだけでなく、中はレアに仕上げたいローストビーフなどにも使えるので、覚えておくと便利です。

ただし、塩けが調理のじゃまをすることもあります。カレーを作るときは、塩分の多い固形のカレールウは細かく削り、水に沈めて焦げ防止を。カレーやシチューを温め直したとき、ルウの部分だけが熱くなり、具が冷たいままだったりするのも、塩けがマイクロ波を吸収するため。時々かき混ぜて、加熱ムラを防ぎましょう。

中は生のまま。(→P113)

ブロック身に塩をまぶせば、外側だけ火が通ってたたきに。

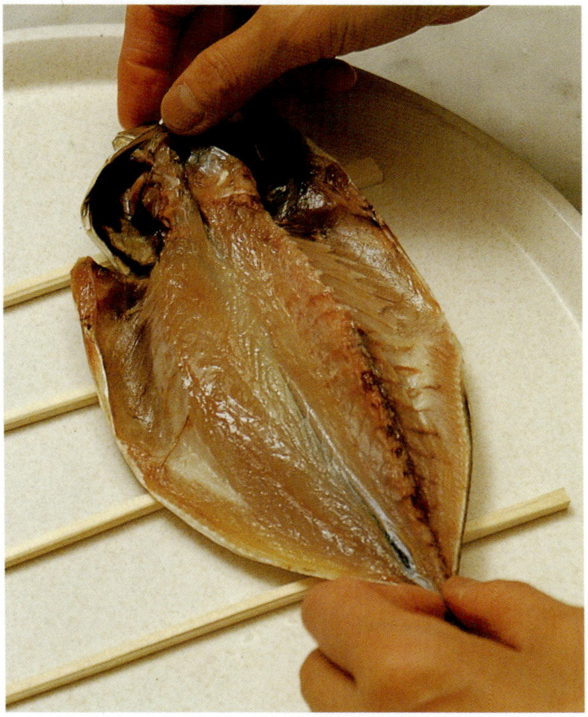

干物を、パリッと焼きあげるのも得意。

表面の水分をとばしながら加熱

水分を揺り動かして内部から加熱、なお塩けのあるところに火が集中するという、電子レンジの性質を利用すると、干物が絶品のおいしさに。ターンテーブルに割り箸2膳を5～6㎝間隔で置き、その上にあじやかますなどの干物をのせて加熱します。塩けがある表面に火が集中して水分もとんで、パリッと仕上がります。

調理した後の臭いが気になるようなら、使った後に、ビーズタイプの無香の消臭剤を入れて一晩おきましょう。臭いはすっかり消えます。

水分をとばすこの特技は、さまざまな食品にも応用できます。胡麻、のり、削り節などは、ラップをかけずに加熱。水分がとび、空炒りしたように香りが立ちます。スパイスやハーブはラップをかけずに弱で加熱。香りが引き出されます。

ほかにも、洗ったわかめを乾燥させてふりかけに。ちょっと湿ったクッキーやせんべいもパリッとよみがえります。

電子レンジのお約束

膜、皮、殻には充分注意

いいことずくめの電子レンジにもタブーはあります。電子レンジのマイクロ波は食品に含まれる水分を揺り動かして熱し、水蒸気に変えます。水蒸気の体積は水の体積の1700倍。このとき食品に膜や皮や殻があったら、膨張した水蒸気は行き場を失い、膜や皮を破って外に飛び出そうとします。これが破裂です。また、熱くなった器や、蒸気でのやけどにも注意が必要です。

卵は特に注意！ 爆発の危険あり

卵の黄身は白身の膜に覆われ、さらにかたい殻に包まれ、膨張した水蒸気の逃げ場が全くありません。間違っても殻ごとそのまま加熱するなんて、無茶なマネはやめてください。

また、黄身だけを加熱しても白身の膜があるので破裂します。電子レンジにかけるときは、全体を混ぜるか、黄身に箸やフォークで大きく穴をあけてから。水を入れたコーヒーカップに割り入れて加熱すれば、ポーチドエッグが作れます。

黄身は白身の膜で覆われています。調理前に膜をよくこわして。

膜や皮のあるたんぱく質食品は 下処理をして破裂防止

卵のほかにも膜の張ったたんぱく質食品はたくさんあります。

たとえば、レバーの薄い膜は意外と見逃しがち。そのままだと破裂しますから、竹串で表面に穴をあけるか、ナイフで膜に切り目を入れるかしてから加熱してください。

たらこなどの魚卵、いか、ウインナソーセージにも膜があります。膜に切り目を入れる、身に切り込みを入れる、などの下処理をお忘れなく。

魚も皮のあるたんぱく質食品。一尾の魚は、中骨の下に1本、背びれと腹びれに沿って1本ずつ、合わせて3本の切り込みを入れれば問題なし。また、油を皮に薄く塗ると火が通って柔らかくなり、破裂を防げます。

はじける性質を利用した こんな調理法も

破裂する性質を、逆にうまく利用してしまう方法もあります。

かたい殻と薄皮に覆われているぎんなんを、紙の封筒に入れて加熱。殻も薄皮も一度にはじけて、中身がすっきりきれいに取り出せます。ただし、破裂が大きすぎると危険。一度に定形封筒1枚につき10粒までが限度です。加熱時間は約1分です。

また、電子レンジが止まっても、すぐに扉をあけてはいけません。しばらく中の様子をうかがって、破裂音がおさまってから取り出すようにしてください。

ポップコーンなども、このはじける性質を利用した調理法。大さじ1杯分程度なら、ぎんなんと同様にして、封筒で作れます。栗の場合は、はじけるというより爆発に近く危険です。やめておいたほうが無難。

外のかたい殻も薄皮も、簡単に一度に取れます。

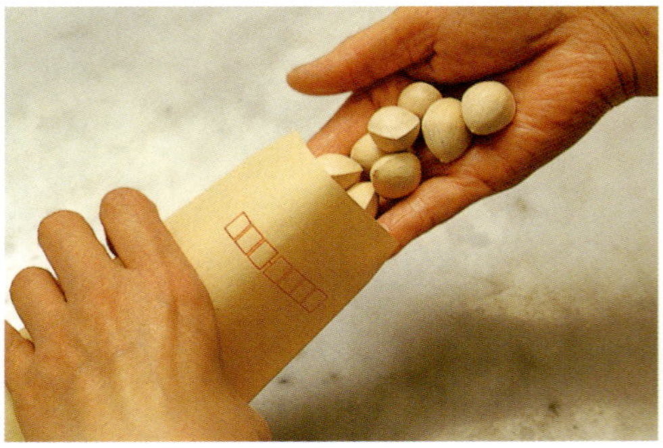
封筒に入れて加熱。一度に10粒程度なら安全。

じゃが芋はフォークで穴をあけて。

トマトもへたを落とすなどの工夫を。

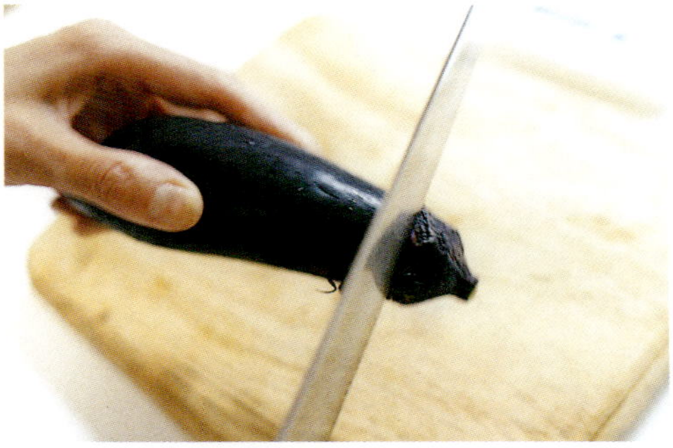
なすは、へたのまわりにぐるりと切り目を。

皮つき野菜も油断は禁物 中はオーバー加熱かも

野菜にも、薄い皮や膜が張っているものがあります。

丸のままのピーマンやなすも、膨張した水蒸気が出口を失い、破裂することがあります。へたのまわりにぐるりと切り目を入れ、破裂を防止してください。

また、内部から加熱する電子レンジゆえの落とし穴もあります。たとえば、トマトを湯むきするつもりで加熱。ところが外から見れば変化もなく、触ってもそれほど熱くない。加熱が足りないと思い込み、さらに加熱すると、外はそれほど熱くないのに、中はドロドロに煮えたぎっていた、ということも。

マフィンを温めて、外側は熱くないのに、中が黒焦(こ)げだったという失敗も同じ理由。パンやケーキは、バターロールサイズ１個で20秒が限度です。

器は素手で持たない ラップをはずすときも注意！

電子レンジから取り出すとき器はかなり熱くなっています。素手で持つとやけどするおそれがありますから、乾いたふきんや鍋つかみを使用してください。器の左右に５㎜ほどのすき間を残してラップをかける「端あけラップ」にすると、器そのものが異様に熱くなるのを防げます。

またラップをはずした瞬間、熱い蒸気がパーッと吹き出して、やけどしそうになった人もきっといるはず。ラップははさみでカットすると安全です。

加熱後のラップは、はさみで切ると安全。

液体を熱したときに起こる「突沸」現象にも注意！

コーヒーや牛乳、みそ汁などを温めて取り出したら、突然、カップから飛び出してびっくり！　そんな経験をした方はいませんか？

これは「突沸(とっぷつ)」と呼ばれる現象。液体がオーバー加熱され、沸点以上に上昇すると、突発的に沸騰(ふっとう)し、この現象が起こることがあります。

電子レンジで液体を加熱した場合も、沸騰後に急に扉をあけると、その衝撃でこの突沸を招いてしまうことがあります。危険を避けるために、液体は加熱終了後、しばらく待ってから取り出すようにしましょう。

また、瓶(びん)などの密閉された容器は、必ずふたを取ってから。ポリ袋などで密封された食品も、袋から出すか、穴をあけてから加熱するようにしてください。

電子レンジ調理におすすめの器

電子レンジの調理では器が鍋がわり。とても重要な役割を果たします。加熱された食品の熱が器に伝わり非常に熱くなりますから、まずその熱に耐えられるものでなくてはなりません。また手軽さが電子レンジのいいところ。普段づかいの器をそのまま使うことも多いでしょう。でもマイクロ波の性質から使える器、使えない器が。その原則をここに紹介します。

選ぶポイント

1 まず耐熱性であることをしっかり確かめて

第一の原則は、140度以上の温度に充分耐えられる器であること。耐熱性のガラスの器、耐熱性あるいは電子レンジ対応と表示されたプラスチック容器は合格。ただしプラスチックは、加熱しすぎや、油ものの加熱で溶けることもあるので注意。

磁器や陶器など、家庭にあるものでもOK。ただし模様のないシンプルなものを。磁器でも厚さの薄いものは、急に外に出したとき、温度差のために割れてしまうこともあるので注意。

耐熱ガラスのメジャーカップもOK。

レンジからテーブルへの移動もらく。

取っ手つきのマグカップも電子レンジ調理に向く器。

取っ手つきの器が出し入れしやすくて便利。

2 取っ手、縁つきは取り出しに便利

電子レンジ調理では、器は鍋がわり。食品の熱で熱くなることから、縁や取っ手がついたものが重宝します。縁や取っ手は本体ほど熱くならず、ふきんや鍋つかみでも持ちやすいので、取り出して混ぜるときも、そのままテーブルへ運ぶときも安心。意外なところでは、耐熱性で取っ手のついたメジャーカップやマグカップも使いやすい器。

また、食品の器の下に受け皿を１枚置くと、熱くならず取り出すのに便利です。

3 縁つき耐熱ガラスならベストの選択

なかでもおすすめは、縁つきの耐熱ガラスボウル。透明で、調理中に中の状態が確認できることがメリットです。耐熱温度も200度。魚やにんにくの臭いも移りません。

形は四角よりも丸いものを。ターンテーブルの円周に沿って回るため、熱効率もよく全体にきちんと火が入ります。

器の中で沸騰しても、吹きこぼれない大きさが必要なので、大・中・小と持っていれば、ほとんどの調理に対応できます。

ジャムなどの空き瓶も使える

ジャムやのり佃煮、はちみつなどの空き瓶も電子レンジ調理に使用可能。量の少ないソース作りにはもってこいです。煮沸消毒に耐えるものなので、長時間でなければ大丈夫。ただし、うになどの珍味が入っていたような、分厚い瓶は割れやすいので使えません。

ひき肉と調味料を入れて加熱するとそぼろ、かき混ぜた卵を入れれば炒り卵など、少量のお弁当のおかず作りに最適。深さもあるので熱のこもりもよく、箸でかき混ぜやすく、味もよくからみます。

ポリ袋は野菜１人分１分くらいまで

野菜だけを短時間加熱するなら、ラップだけでなく、ポリ袋も使えます。ジッパーつきの電子レンジ用ポリ袋も市販されています。もんでみてシャカシャカする、スーパーマーケットでロールにしてあるようなポリ袋もOKです。

ただし、ポリ袋を使う場合は、野菜を１人分、１分くらいの加熱にとどめてください。油ものの加熱は避けましょう。

葉ものの野菜を１分かける程度なら、ポリ袋で問題なし。

使えないもの使いたくないもの

ステンレス、ほうろう、アルミなど金属の容器は、マイクロ波を反射するので熱効率が悪く不適当。磁器でも金線の入ったものは火花が飛んで黒ずんでしまい、色絵磁器も色が落ちてだいなしに。強化ガラス、クリスタルガラス、デリケートな細工のガラスもダメ。漆器も塗りがはげたり、ひび割れしたり。

木・竹製品や、きめの粗い土鍋も割れやすいので使用不可。食品の発泡スチロールトレイも使わないほうが無難です。

電子レンジの加熱時間設定の基本

電子レンジの加熱時間の基準は「重さ」。同じ食品の場合、重さが倍になれば加熱時間も倍になります。さらに野菜、芋、肉類など、それぞれの食品ごとに異なる水分量などによって、100gあたりの加熱時間が異なります。食品内部の水分を揺り動かして、中から加熱する電子レンジは、基本的には、水分が多いものほど早く火が通る、と考えてください。

基本は全体の重さ＝総重量

食品の加熱時間は、その水分量、組成などにより異なります。

加熱時間のおおまかな目安は、水分の多い野菜は100gにつき約1分。芋類や根菜、肉・魚・卵などは、100gにつき約2分です。食品別のさらに細かい加熱時間は、50ページからの表でわかります。

100gあたりの加熱時間を基準に、加熱する食品の重さが80gなら0.8倍、120gなら1.2倍、200gなら2倍、と計算してください。

A 食品の重さから割り出した加熱時間（P50～55参照） ＋ **B** 調味料＋器の加熱時間（1人分1分） ＝ **C** 合計加熱時間

さらに

- **汁けのない炒めもの風調理の場合は1分程度マイナス**
- **野菜がくずれるほど煮えたほうがおいしい料理は少しプラス**
- **器の大きさ、重さでさらに時間調節**
- **食品そのものの温度で時間調節**

食品の種類と重さから割り出した時間に、調味料と器の加熱時間を1人分につき1分プラス。マイクロ波は器自体を加熱しませんが、食品の熱が器に吸い取られるからです。重い器を使うときは調理時間をプラス。冷蔵庫から出したばかりで食品の温度が低いときも、少し時間をプラスします。

電子レンジのタイプによっても加熱時間は異なります。この数字は目安と考えて、時間を加減してください。

もっと簡単に覚えておくなら

汁なし3分
汁あり7分
米弱12分

どんな材料でも、下ごしらえをしてから計量して、きりのいい分量にするのは難しいこと。調味料もだいたいの目分量で、という人がほとんどでしょう。ならばだいたいの調理時間の目安を覚えておくのも便利です。

たとえば魚の切り身1人分100gで、煮魚など汁けのないものは3分。これに150㎖の水分を加えた汁けのあるものは7分。

米は沸騰するまで強で加熱し、その後は量にかかわらず、弱に切り替えて12分加熱します。

この設定時間は加熱しすぎない程度の目安。特に多機能オーブンレンジの場合は、加熱不足になると思われますので、様子を見てプラスするつもりで。これを目安に、自分の電子レンジの加熱時間をつかんでください。

P18～21のレシピで見てみると

●P18
筑前煮

加熱する材料(2人分)
鶏もも肉………100g(小½枚)
こんにゃく………100g(⅖枚)
和風野菜ミックス(冷凍品)
…………………………… 200g
調味料(しょうゆ、砂糖、酒)、水

A
鶏もも肉 100g $\frac{2分}{100g}\times1=2分$ ＋ こんにゃく 100g $\frac{2分}{100g}\times1=2分$ ＋ 和風野菜ミックス(冷凍品) 200g $\frac{2分}{100g}\times2=4分$

＋ **B** 器＋調味料2人分＝2分 ＋ 器が大きいため 2分 ＝ **C** 合計加熱時間 12分

●P19
玄米ご飯

加熱する材料(2人分)
発芽玄米…… 120g(1パック)
湯 ………………………… 180mℓ

米の場合は時間は共通
沸騰するまで 約3分～
沸騰してから 弱12分

●P19
さばのみそ煮

加熱する材料(2人分)
さば …………… 120g(2切れ)
赤ピーマン………70g(小2個)
調味料(みそ、砂糖、酒)、水

A
さば 120g $\frac{2分}{100g}\times1.2=2分24秒$ ＋ 赤ピーマン 70g $\frac{1分40秒}{100g}\times0.7=1分10秒$ ＋

B 器＋調味料2人分＝2分 － 汁けが少ない調理 30秒 ＝ **C** 合計加熱時間 約5分

●P20
ビーフカレー

加熱する材料(2人分)
牛薄切り肉…………………80g
じゃが芋 ……… 100g(小1個)
にんじん ………… 50g(5cm)
玉ねぎ …………… 50g(¼個)
調味料など(にんにく、サラダ油、
固形カレールウ)
水……………………… カップ1

A
牛薄切り肉 80g $\frac{2分}{100g}\times0.8=1分36秒$ ＋ じゃが芋 100g $\frac{2分}{100g}\times1=2分$ ＋
にんじん 50g $\frac{2分}{100g}\times0.5=1分$ ＋ 玉ねぎ 50g 焦がし調理のため 5分 ＋

B 器＋調味料2人分＝2分 ＋ 水 カップ1 2分30秒 固形ルウ 3分 煮くずれ調理 2分 ＝ **C** 合計加熱時間 約19分

●P21
生ハムとトマトのソフトピザ

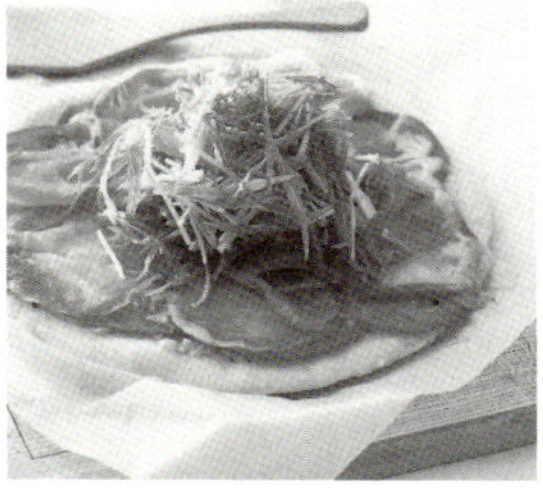

加熱する材料(直径20cm1枚分)
強力粉…………………… 100g
牛乳 ………………………75mℓ
バター ………………… 小さじ2

蒸して作るピザ、まんじゅうの場合は時間は共通
バターを溶かす 30秒
発酵 弱30秒
湯を使った蒸し 5分

素材別　加熱時間の目安

電子レンジの加熱時間は、素材別に異なります。P50〜55では、食品100g（または使いやすい分量）の量を写真で示し、加熱時間ごとに分類しています。特に表記のないものは、加熱する全体量のおおまかな目安です（中サイズを使用）。わかりやすくするため、写真ではへたや皮などを除いていませんが、実際に調理するときは、加熱する状態にして計量してください。

※太字の数字は600Wの単機能型電子レンジでの加熱時間を示します（カッコ内は左から順に400W、500W、700W、900Wの加熱時間）。

それぞれの水分量が時間を決める

野菜

葉菜から花菜、芋類、根菜など、種類によってかたさや水分量の異なる野菜類は、分類もちょっと複雑。また、同じ野菜でも、季節や産地によって水分量が異なるために、加熱時間が多少変わる場合もありますが、だいたいのルールを覚えておくだけでも便利です。ベストの加熱時間を知れば、電子レンジをいまよりもっと活躍させることができます。

50秒（1分20秒・1分・40秒・30秒）

もやし　2/5袋

しめじ　1パック

マッシュルーム　1パック
しいたけ　1パック
えのきだけ　1袋
まいたけ　1パック

1分20秒（2分・1分40秒・1分10秒・50秒）

葉菜

長ねぎ　1本

にら　1わ

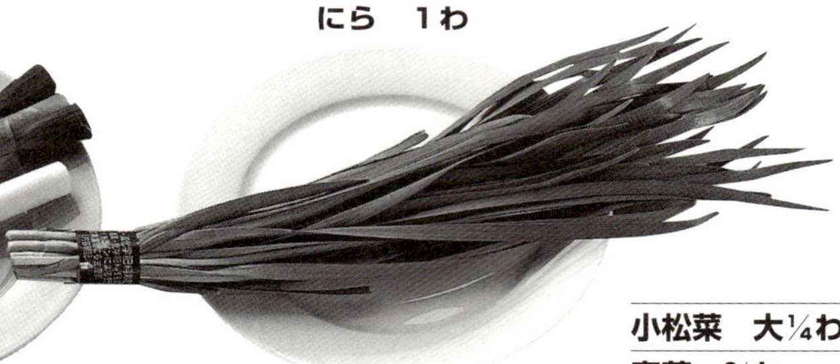

ほうれんそう　1/3わ

キャベツ　1/12個（葉2枚）

小松菜　大1/4わ
春菊　2/5わ
三つ葉　2わ
せり　2/3わ
わけぎ　2/5わ
にんにくの茎　1束
青梗菜　1株
塌菜　1/2株
かぶの葉　2個分
大根の葉　1本分の2/5
白菜　葉1枚

1分40秒（2分30秒・2分・1分30秒・1分10秒）

花菜・茎菜

グリーンアスパラガス　4本

ブロッコリー　1/3個（5房）

カリフラワー　1/5個（5房）

果菜

なす　1個強

トマト　½個

さやいんげん　15〜16本

にがうり　⅖本

ズッキーニ	⅔本
オクラ	1袋
ピーマン	3個
さやえんどう	40枚

2分 (3分・2分20秒・1分40秒・1分20秒)

芋類

じゃが芋　⅔個

里芋　1⅔個

さつま芋　⅖本

こんにゃく	⅖枚
しらたき	½袋

でんぷん野菜

かぼちゃ　⅒個

とうもろこし　¼本

枝豆(さやつき)　40さや

根菜

玉ねぎ　½個

れんこん　⅖節

にんじん　⅔本

2分30秒 (3分50秒・3分・2分10秒・1分40秒)

根菜(かたいもの)

ごぼう　½本

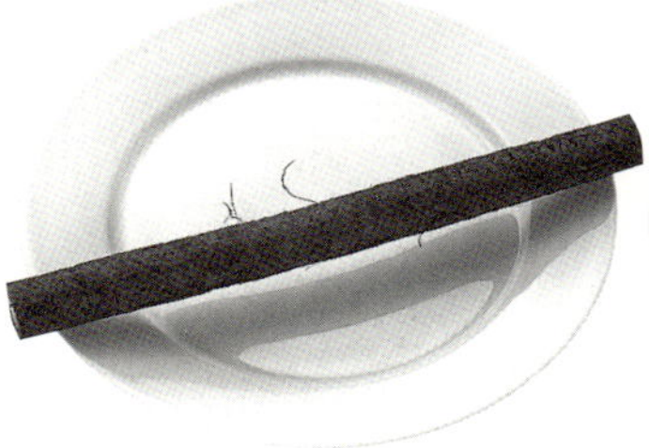

かぶ　1個

大根　3〜4cm

原則は簡単、脂肪の量の多少だけ

肉類・魚介など

肉類、魚介などのたんぱく質食品のルールはシンプル。「脂肪が少ないか、多いか」で100gあたりの加熱時間が1分20秒か2分かが決まるだけ。ささ身以外の肉と、卵、魚類が2分、ささ身と貝類などが1分20秒、と覚えましょう。皮や膜(まく)のあるものは、破裂に注意を。かたくなりやすいので、加熱しすぎは禁物。柔らかく仕上げるポイントが時間です。

ほとんど脂肪のないもの
100g 1分20秒

脂肪のあるもの
100g 2分

1分10秒

(1分50秒・1分20秒・1分・50秒)

卵 P44でも触れたように、卵はそのまま加熱すると破裂の危険が。必ず溶きほぐすか、黄身に大きく穴をあけてから加熱。卵の100gあたりの調理時間は2分、1個は約60gなので1分10秒となります。

1個(約60g)

1分20秒

(2分・1分40秒・1分10秒・50秒)

脂肪の少ないたんぱく質食品

貝類、甲殻類、頭足類(いか、たこなど)は脂肪がほとんどなく、100gあたり1分20秒に。肉類でも脂肪をほとんど含まないささ身は1分20秒。植物性たんぱく質の豆腐も同じです。

えび(ブラックタイガー) 5尾

あさり(殻(から)つき160g=正味100g) 12〜20個

いか(もんごういか) 5〜6cm

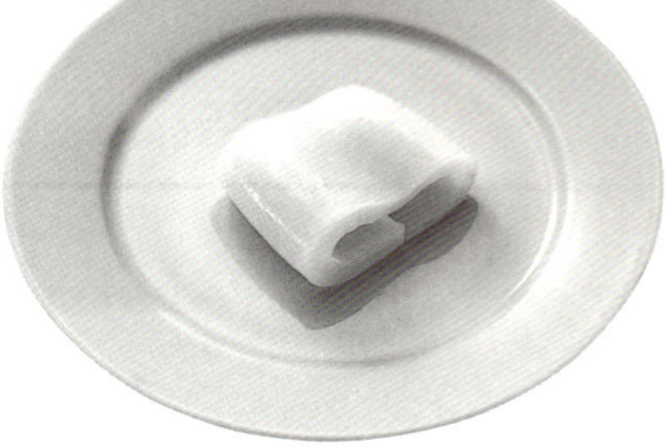

帆立て貝柱 小6〜7個

豆腐 ⅓丁

ささ身 大2本

加熱処理ずみの肉加工品

肉類でも、加熱処理された食品は100gあたり1分20秒。そのままでも食べられるものですが、ほかの食品と同時に加熱する場合は計算に入れます。非加熱の生ソーセージは肉類と同じで100gあたり2分です。

ハム 5〜10枚

ウインナソーセージ 4本

1分40秒

(2分30秒・2分・1分30秒・1分10秒)

切り身の魚

魚類は100gあたり2分が基準です。火が通りやすい切り身の魚は、電子レンジ調理に適した素材。スーパーで売っているものは、1切れがだいたい80～100gくらいです。大きなかたまりや極端に厚く、または薄く切ってあるものは、加熱時間を少し加減してください。

1切れ(約80g)

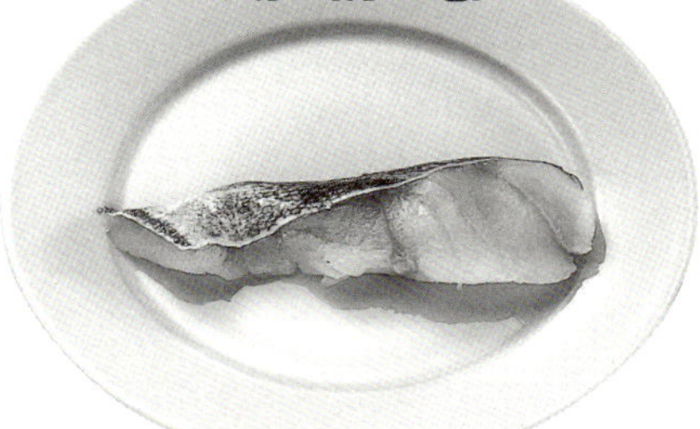

鱈、鮭、むつなど

2分

(3分・2分20秒・1分40秒・1分20秒)

肉類

ほとんどの場合、重量がパックに表示されているので、加熱時間を割り出しやすいのが肉類。薄切りでも、細切れでも、さいころ状でも、加熱時間を決めるのは重さです。ただし、大きなかたまり肉は、電子レンジ調理には不向きです。

豚肉

牛肉

鶏肉

3分 (4分30秒・3分40秒・2分30秒・2分)

一尾ものの魚

焼き魚にすることの多い一尾ものの魚は、電子レンジ調理のイメージがないかもしれませんが、工夫しだいでおいしい一品になります。尾頭つきの状態の魚は、切り身の約2倍の重さ。加熱時間も倍になります。ただし皮がポンとはじける音がしたら、設定時間前でも加熱をストップします。

1尾(約150g)

あじ、さんまなど

生もの解凍「弱」で1～2分

まぐろ

いか

肉類

解凍のコツ

失敗しやすい生もの解凍のコツは「弱で1～2分、半解凍でストップ」。電子レンジの「弱」キー(→P63)を使ってスタート、様子を見ながら加熱して表面に水分がうっすら浮かんできたところで加熱ストップ。指で押してみて、水分がにじんでくるぐらいが「半解凍」の状態です(→P88)。

押さえたい電子レンジの基本

あたため

電子レンジを使ったことのある人なら必ずやっている、調理ずみ食品の温め直し。電子レンジ用の市販の加工食品も数多く出回っています。加工食品の場合は、もちろんそのパッケージに書かれている時間を参考にすればいいわけですが、手作り料理の温め直しでは、やはり目安が必要。それぞれの上手な温め方は第2章（P84〜87）をご覧ください。

冷凍食品の調理時間はあたため調理の約2倍

10秒

（20秒・10秒・10秒・10秒）

バターロール　1個

30秒

（ 50秒・40秒・30秒・20秒）

酒　100mℓ(カップ½)

肉まん　1個

1分

（1分30秒・1分10秒・50秒・40秒）

牛乳　100mℓ(カップ½)

切り餅　1個

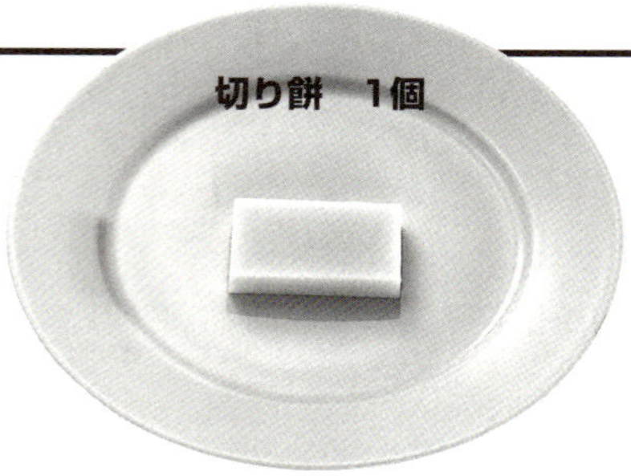

揚げもの(えびフライ　2本)

焼きもの(焼きとり　2本)

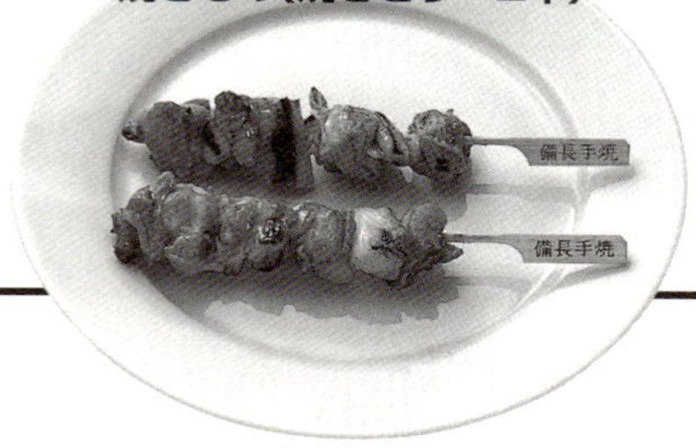

ギョーザ　5個

1分20秒

（2分・1分40秒・1分10秒・50秒）

ご飯　茶碗(大)1杯分(150g)

冷蔵うどん　1玉(150g)

2分30秒

（3分50秒・3分・2分10秒・1分40秒）

煮もの、煮込み　1人分(約250g)

組み合わせて、手早くおいしく

冷凍食品調理

素材の味をそのままに保存する冷凍食品は、忙しい人の強い味方。市販品でも、自宅でフリージングしたものでも、「解凍あたため」の時間は同じ。常温で保存したものを温め直す場合に対し、約2倍の時間がかかる、と覚えてください。特に家庭でよく使う、冷凍ご飯の「解凍あたため」のコツは、途中でほぐすこと。詳しくは第2章(P94)を参照してください。

20秒

(30秒・20秒・20秒・10秒)

冷凍バターロール　1個

1分10秒

(1分50秒・1分20秒・1分・50秒)

冷凍肉まん　1個

1分20秒

(2分・1分40秒・1分10秒・50秒)

冷凍切り餅　1個

2分

(3分・2分20秒・1分40秒・1分20秒)

揚げもの(コロッケ　小3個)

焼きもの(ミニハンバーグ　3個)

冷凍野菜ミックス　100g

2分30秒

(3分50秒・3分・2分10秒・1分40秒)

冷凍ご飯　茶碗(大)1杯分(150g)

冷凍うどん　1玉(150g)

5分

(7分30秒・6分・4分20秒・3分20秒)

冷凍煮もの、煮込み　1人分(約250g)

食品の重さの目安と加熱時間早見表

ここでは食品の標準的な使用量の目安と、その加熱時間を一覧にしています。お使いの電子レンジのW(ワット)数を確かめ、あてはまる列の加熱時間を利用してください。重さが倍になれば時間もほぼ倍になります（食品名は種類別に五十音順）。

●野菜

	400W	500W	600W	700W	900W
枝豆（20さや 50g）	1分30秒	1分10秒	1分	50秒	40秒
えのきだけ（1袋 100g）	1分20秒	1分	50秒	40秒	30秒
オクラ（1袋 100g）	2分30秒	2分	1分40秒	1分30秒	1分10秒
かぶ（1個 100g）	3分50秒	3分	2分30秒	2分10秒	1分40秒
かぶ（葉）（1個分 50g）	1分	50秒	40秒	30秒	30秒
かぼちゃ（¼個 250g）	7分30秒	6分	5分	4分20秒	3分20秒
カリフラワー（⅕個／5房 100g）	2分30秒	2分	1分40秒	1分30秒	1分10秒
キャベツ（葉2枚 100g）	2分	1分40秒	1分20秒	1分10秒	50秒
グリーンアスパラガス（2本 50g）	1分20秒	1分	50秒	40秒	30秒
ごぼう（1本 200g）	7分30秒	6分	5分	4分20秒	3分20秒
小松菜（大½わ 200g）	4分	3分10秒	2分40秒	2分20秒	1分50秒
こんにゃく（1枚 250g）	7分30秒	6分	5分	4分20秒	3分20秒
さつま芋（1本 250g）	7分30秒	6分	5分	4分20秒	3分20秒
里芋（1個 60g）	1分50秒	1分20秒	1分10秒	1分	50秒
さやいんげん（10本 65g）	1分50秒	1分20秒	1分10秒	1分	50秒
さやえんどう（20枚 50g）	1分20秒	1分	50秒	40秒	30秒
しいたけ（1パック／6個 100g）	1分20秒	1分	50秒	40秒	30秒
しめじ（1パック 100g）	1分20秒	1分	50秒	40秒	30秒
じゃが芋（1個 150g）	4分30秒	3分40秒	3分	2分30秒	2分
春菊（½わ 125g）	2分30秒	2分	1分40秒	1分30秒	1分10秒
しらたき（½袋 100g）	3分	2分20秒	2分	1分40秒	1分20秒
ズッキーニ（1本 150g）	3分50秒	3分	2分30秒	2分10秒	1分40秒
せり（1わ 150g）	3分	2分20秒	2分	1分40秒	1分20秒
そら豆（さやつき・3さや 150g）	2分20秒	1分50秒	1分30秒	1分20秒	1分
塌菜（1株 200g）	4分	3分10秒	2分40秒	2分20秒	1分50秒
大根（7㎝ 200g）	7分30秒	6分	5分	4分20秒	3分20秒
大根（葉）（1本分 250g）	5分	4分	3分20秒	2分50秒	2分10秒
玉ねぎ（1個 200g）	6分	4分50秒	4分	3分30秒	2分40秒
青梗菜（1株 100g）	2分	1分40秒	1分20秒	1分10秒	50秒
とうもろこし（1本 400g）	12分	9分40秒	8分	6分50秒	5分20秒
トマト（1個 200g）	5分	4分	3分20秒	2分50秒	2分10秒
なす（1個 90g）	2分20秒	1分50秒	1分30秒	1分20秒	1分
にがうり（½本 125g）	3分20秒	2分40秒	2分10秒	1分50秒	1分30秒
にら（1わ 100g）	2分	1分40秒	1分20秒	1分10秒	50秒
にんじん（1本 150g）	4分30秒	3分40秒	3分	2分30秒	2分
にんにくの茎（1束 100g）	2分	1分40秒	1分20秒	1分10秒	50秒
ねぎ（長ねぎ1本／万能ねぎ30本強 100g）	2分	1分40秒	1分20秒	1分10秒	50秒
白菜（葉1枚 100g）	2分	1分40秒	1分20秒	1分10秒	50秒
ピーマン（3個 100g）	2分30秒	2分	1分40秒	1分30秒	1分10秒

	400W	500W	600W	700W	900W
ブロッコリー（⅓個／5房 100g）	2分30秒	2分	1分40秒	1分30秒	1分10秒
ほうれんそう（1わ 300g）	6分	4分50秒	4分	3分30秒	2分40秒
まいたけ（1パック 100g）	1分20秒	1分	50秒	40秒	30秒
マッシュルーム（1パック／6個 100g）	1分20秒	1分	50秒	40秒	30秒
三つ葉（1わ 50g）	1分	50秒	40秒	30秒	30秒
もやし（½袋 125g）	1分30秒	1分10秒	1分	50秒	40秒
れんこん（1節 250g）	7分30秒	6分	5分	4分20秒	3分20秒
わけぎ（1わ 250g）	5分	4分	3分20秒	2分50秒	2分10秒

●魚介

	400W	500W	600W	700W	900W
あさり（殻（から）つき・8個 100g）	1分20秒	1分	50秒	40秒	30秒
あさり（水煮・カップ½強 100g）	2分	1分40秒	1分20秒	1分10秒	50秒
あじ（1尾 150g）	4分30秒	3分40秒	3分	2分30秒	2分
いか（するめいか・1杯 300g）	6分	4分50秒	4分	3分30秒	2分40秒
いか（するめいか水煮・3㎝ 50g）	50秒	40秒	30秒	30秒	20秒
いわし（1尾 80g）	2分30秒	2分	1分40秒	1分30秒	1分10秒
えび（ブラックタイガー・5尾 100g）	2分	1分40秒	1分20秒	1分10秒	50秒
かれい（1切れ 100g）	3分	2分20秒	2分	1分40秒	1分20秒
鮭（1切れ 80g）	2分30秒	2分	1分40秒	1分30秒	1分10秒
さば（1切れ 60g）	1分50秒	1分20秒	1分10秒	1分	50秒
さんま（1尾 150g）	4分30秒	3分40秒	3分	2分30秒	2分
鱈（たら）（1切れ 80g）	2分30秒	2分	1分40秒	1分30秒	1分10秒
帆立て貝柱（小6個 100g）	2分	1分40秒	1分20秒	1分10秒	50秒
むつ（1切れ 80g）	2分30秒	2分	1分40秒	1分30秒	1分10秒

●その他のたんぱく質食品、加工品

	400W	500W	600W	700W	900W
ウインナソーセージ（4本 100g）	2分	1分40秒	1分20秒	1分10秒	50秒
ささ身（大2本 100g）	2分	1分40秒	1分20秒	1分10秒	50秒
卵（1個 60g）	1分50秒	1分20秒	1分10秒	1分	50秒
豆腐（⅓丁 100g）	2分	1分40秒	1分20秒	1分10秒	50秒
ハム（薄切り 10枚 100g）	2分	1分40秒	1分20秒	1分10秒	50秒
ベーコン（5枚 100g）	3分	2分20秒	2分	1分40秒	1分20秒

●ささ身以外の肉類すべて

100g	2分
150g	3分
200g	4分
250g	5分

肉類は100gあたり2分。以後50g増すごとに1分ずつ加熱時間が増えるだけなので、計量、計算ともにしやすい素材といえます。加熱しすぎるとかたくなるので、慣れないうちは時間を短めにして、様子を見て追加加熱をしてください。脂肪のほとんどないささ身だけは100gあたり1分20秒です。

あなたの電子レンジはどのタイプ？

単機能型電子レンジか 多機能型オーブンレンジか

一口に電子レンジといっても、製造メーカーや機種によってさまざま。たとえば、電子レンジ機能だけの単機能型か、オーブンなどのほかの機能を合わせ持つ多機能型か。ふだんあまり意識しないこの違いによって、機能も使い方も大きく違ってきます。手持ちの電子レンジの特徴をあらためてきちんと知っておくことが効率よく上手に使いこなすための第一歩です。

オーブン機能があるかないかの違い

いちばん大きな違いは「オーブン機能がついているかいないか」です。最近の傾向としては、１台分のスペースで２台分の機能を果たすオーブンレンジが人気のようです。

この違いが、じつは加熱時間を左右します。オーブンレンジはその構造から、単機能型電子レンジと比べて効率が悪く、加熱時間がかかります。

多機能型か単機能型か

「多機能型」とは、電子レンジ機能以外に、オーブン機能、トースター機能やグリル機能がついたものです。

これらの多機能型レンジでは、電子レンジ機能の効率が落ちます。多機能型では、電子レンジの加熱時間を標準時間の1.2～1.5倍に設定しなければうまくいかない場合が多いのです。

パンを焼くなど、オーブンをよく使うなら多機能型のオーブンレンジもよし。でも、ほとんど毎日のように使う電子レンジ機能を重視するなら、手頃でシンプルな単機能型がおすすめ。オーブンレンジに単機能型と同等の働きを求めるなら10万円台の最新型となります。

むき出しの金属が効率を悪くする

電子レンジの庫内はマイクロ波を外に漏らさないために金属板でできています。単機能型電子レンジでは、この金属板の表面に樹脂（プラスチック）加工が施されています。

いっぽう多機能型ではオーブン使用時に庫内温度が300度まで上昇するため、庫内の壁は金属がむき出し。この状態はマイクロ波のはね返りが激しく、食品にうまく届きません。

さらにはターンテーブルやファン、部品の多くにも耐熱性の金属が使われ、マイクロ波が反射。熱の回りを悪くしています。

庫内を高温にして食品の外から火を通すオーブン。マイクロ波を食品に効率よく当てたい電子レンジ。全く仕組みの違う２つの機能を１つにすることに、無理が生じているようです。

庫内の広さも熱効率に影響を与える

オーブンレンジは一般的に単機能型電子レンジより庫内が広く作られています。一見ゆったりとして使いやすそうですが、効率から見れば、広さも効率を悪くする要因の一つです。

マイクロ波が加熱するのは食品だけですが、その熱が空気に奪われていき、結果的には庫内の空気も温めることになります。庫内が広ければ空気の量も多く、その分、食品に熱が回りにくくなり時間がかかるのです。

オーブンレンジに限らず、庫内の広さは15ℓ程度の小型機種から30ℓ程度の大型機種までさまざま。効率も微妙に違ってきます。やはり、使いながら手持ちの機種に応じた時間をつかんでいくことが必要です。

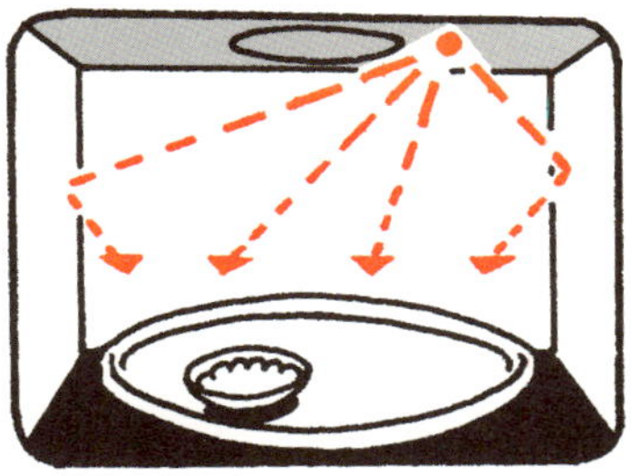

オーブン使用後すぐにはレンジ機能を使えない

まず、ほとんどの機種で、オーブン機能と電子レンジ機能を同時に使うことはできません。そして、この2つの機能を続けて使うこともできないのです。

最初にオーブンで表面を焼いて、電子レンジに切り替えて中まで加熱すれば、焦げ目もついて早く仕上がると思われるかも。しかしこれは早計。オーブンを使った後、庫内が冷めるまでは電子レンジ機能が使えない機種も意外に多く、確認が必要です。

逆に、まず電子レンジ機能で蒸しあげ、その後、オーブン機能で焼こうとするのにも無理があります。食品の表面に水分が浮いているからです。水分が完全に蒸発するまで待たないと、焦げ目はつきません。

設定できる時間が短い単機能型

多機能型レンジの500〜600W出力での設定時間は30〜60分までのものが多いようです。これに対し、単機能型は6大メーカーのほとんどの機種で15分まで。20分、30分までできるものはわずかです。

15分以上の時間を要する料理は、おこわや煮ものなどで、それほど多いわけではありませんが、家族4人分ともなれば必要になることも。途中で止まったら、残りの時間を追加する必要があります。どちらにしても、15分以上かかるような料理は入れっぱなしにせず、途中で様子を見てください。

単機能型でも煮豆などを作るために、「弱」は90分前後まで設定できるものもあります。

たくさん作る料理に向くのがオーブン

電子レンジは少量の調理が得意。一方、オーブンはたくさんの料理を一度に作るときにこそ、威力を発揮します。

たとえば、ホームパーティーの名脇役として活躍。ローストビーフやローストチキンは得意中の得意。大きなグラタン皿もそのまま入ります。

また、家族の多い家庭では、魚やえびの塩焼きなどを一度に数人分作ることもできて便利。オーブンといえば欧風料理、というイメージにとらわれることなく、もっと活用してみてはいかがでしょう。

オーブン機能つきが本当に必要かどうか。使う頻度(ひんど)やライフスタイルに合わせて、本来なら購入前に吟味したいところです。

あなたの電子レンジはどのタイプ？

インバーターの表示があるか

インバーターの意味は「切り替え可能」

電気製品に使われる「インバーター」とは、コンセントから取った電力の形態を変換し、モーターなどへ伝える仕組みのこと。電子レンジではマグネトロンの出力の切り替えに関係します。少ない電力を効率よく使うことができるため、電気代の節約にもつながります。

インバーターつきの電子レンジは、ついていないものに比べて価格が高いのですが、その分、軽量でコンパクトになります。

インバーターつきかどうかは、取扱説明書やパンフレット、ラベル表示で確認できます。

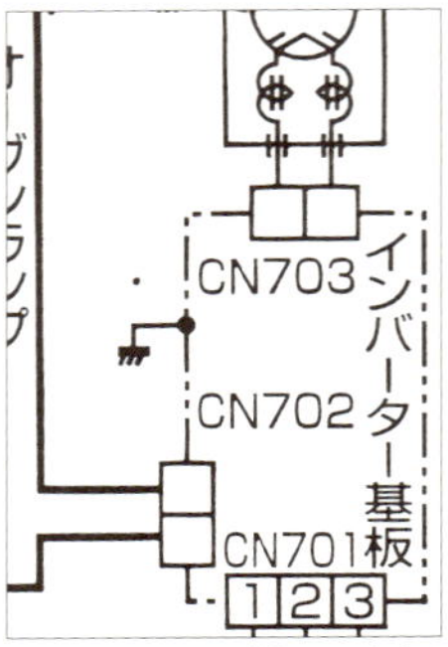

わからなければ背面か側面のラベルに。

インバーターのない電子レンジの「弱」キー

インバーターつきの電子レンジで「弱」キーを使えば、選んだ出力で連続してマイクロ波が作られます。しかし、インバーターつきでない電子レンジでは、「強」と「弱」の切り替えスイッチがあっても、実際にはW数が切り替わるわけではなく、たとえば「600Wで１分間加熱し、２分間加熱を停止する」という作業がくり返されているのです。

冷凍の魚や肉を解凍した場合、角の部分が白っぽく煮えてしまうのは、設定時間の⅓の間、600Wのマイクロ波が照射されることから起こるのです。

ターンテーブルはセラミックかほうろう引きか

オーブンレンジに多い鉄板製ターンテーブル

電子レンジのターンテーブルの材質は、セラミック（陶板）や樹脂、耐熱ガラスが一般的。

しかし、オーブン機能を備えた多機能型レンジのターンテーブルには、ほうろう引きの鉄板製のものも少なくありません。ほうろうは金属の表面にガラス質の釉薬を焼きつけたもの。中身は金属ですから、陶製やガラス製より効率が悪く、加熱に時間がかかります。

ターンテーブルの材質を確認することは、時間設定に際して大変重要になります。取りはずし、たたいてみてカンカンと金属音がしたら、ほうろう引きの鉄板です。

セラミックか耐熱ガラスなら問題なし。

金属製のターンテーブルは取りはずす

時間通りにやったのにうまく調理できない場合、ターンテーブルにも原因があることが多いようです。ターンテーブルが金属製だと、マイクロ波が反射。食品にマイクロ波が届きにくく、熱の回りが悪くなります。

加熱時間を短縮させたいなら、金属製のターンテーブルは取りはずし、すのこ状の金属板の上に食品や耐熱性の皿を直接のせます。安定感がなくなる場合は無理は禁物。またはターンテーブルの上に割り箸２膳をばらして置き、その上に調理皿をのせてもよいでしょう。

ほうろう引きの鉄板は熱効率を悪くする。

熱源は電気かガスか

ビルトインタイプに多いガス式

電子レンジの熱源は電気とは限りません。最近はガスを熱源とする機種も増えています。

それは新築の集合住宅や注文建築の家などのシステムキッチンによく見られます。ガスコンロの下がオーブンで、そのオーブンに電子レンジが組み込まれているタイプです。

日本では家庭向けの供給電圧が低く、電子レンジやオーブンとエアコンを同時に使うとブレーカーが落ちてしまうこともしばしば。ガスならその心配はないという発想から、ガス式を選択する人も多いようです。

しかし、いざ使ってみると効率の悪さに気づかされます。加熱時間を標準の2～3倍にするなどの調整が必要です。

加熱時間は電気式の2～3倍

ガス式の効率が悪いのは、多機能型オーブンレンジの場合と同じく、庫内が金属の壁に囲まれているから。前にも述べたようにマイクロ波がはね返され、食品に届きにくいのです。

ターンテーブルまで金属製であることが多いのも一因。やはりオーブンと兼用では、電子レンジ機能の効率は落ちます。

特にビルトインタイプのガス式は、据え置き型と比べて、庫内が広いこともデメリットです。電子レンジ調理の効率を落としてしまいます。

ガス式は電気式の2～3倍ほど時間がかかることもあります。電子レンジをよく使うなら、単機能の機種を、別に購入してもいいくらいかもしれません。

庫内の広さが効率を下げるガス式。

あなたの電子レンジチェックリスト

電子レンジは単機能か多機能か、インバーターつきかなしか、またターンテーブルの材質や熱源の違いによって熱効率が違い、おのずと時間設定も違ってきます。手持ちの電子レンジをチェックして、特性に合った使い方を工夫しましょう。

機能	単機能型→通常の加熱時間で問題なし
	多機能型→加熱時間を標準時間の1.2～1.5倍に
インバーター	あり→通常の加熱時間で問題なし
	なし→「弱○分」の表示のところを、強で⅓の時間に
ターンテーブル	セラミック・樹脂・耐熱ガラス→通常の加熱時間で問題なし
	ほうろう引き鉄板→加熱時間を標準時間の1.2～1.5倍に
熱源	電気→通常の加熱時間で問題なし
	ガス→加熱時間を標準時間の2～3倍に

電子レンジを使いこなすポイント「W数」

電子レンジ調理のいちばんの決め手は加熱時間。その加熱時間は電子レンジの出力、W(ワット)数で異なります。この本で基準としたのは600W。手持ちの機種と違う場合は、加熱時間を換算する必要があります。手持ちの電子レンジの加熱時間は、「600Wでの加熱時間×(600÷手持ちの電子レンジのW数)」(１の位は四捨五入)の式で割り出すことができます。

加熱時間はW数で違う、W数で決まる

この本に掲載した料理レシピは、すべて600Wの電子レンジを使用した加熱時間を表記しています。これを手持ちの電子レンジにあてはめる場合は、下の表中央の600Wの時間から横にたどり、自分の機種のW数の列にある時間を見てください。

400W	500W	600W	700W	900W
50秒	40秒	30秒	30秒	20秒
1分	50秒	40秒	30秒	30秒
1分20秒	1分	50秒	40秒	30秒
1分30秒	1分10秒	1分	50秒	40秒
1分50秒	1分20秒	1分10秒	1分	50秒
2分	1分40秒	1分20秒	1分10秒	50秒
2分20秒	1分50秒	1分30秒	1分20秒	1分
2分30秒	2分	1分40秒	1分30秒	1分10秒
2分50秒	2分10秒	1分50秒	1分30秒	1分10秒
3分	2分20秒	2分	1分40秒	1分20秒
3分30秒	2分50秒	2分20秒	2分	1分30秒
3分50秒	3分	2分30秒	2分10秒	1分40秒
4分	3分10秒	2分40秒	2分20秒	1分50秒
4分30秒	3分40秒	3分	2分30秒	2分
5分	4分	3分20秒	2分50秒	2分10秒
5分30秒	4分20秒	3分40秒	3分10秒	2分30秒
6分	4分50秒	4分	3分30秒	2分40秒
7分30秒	6分	5分	4分20秒	3分20秒
9分	7分10秒	6分	5分10秒	4分
10分30秒	8分20秒	7分	6分	4分40秒
12分	9分40秒	8分	6分50秒	5分20秒
13分30秒	10分50秒	9分	7分40秒	6分
15分	12分	10分	8分30秒	6分40秒
16分30秒	13分10秒	11分	9分30秒	7分20秒
18分	14分20秒	12分	10分20秒	8分
19分30秒	15分40秒	13分	11分10秒	8分40秒
21分	16分50秒	14分	12分	9分20秒

知っていますか？　「強」と「弱」

あなたの電子レンジには「強」と「弱」または「あたため」と「解凍」の２つのキーがついていますか？　もしその機種がインバーターつきであれば、それは「強」から「弱」へ、出力の切り替えが可能です。ふだんあまり活用されていない「弱」キーですが、使いこなせばもっと便利に。電子レンジではおいしくできないと思っていた料理も上手に作ることができます。

切り替えはほとんどの電子レンジで可能

ほとんどの機種に「強」と「弱」があり、「強600W」「弱200W」あるいは「強500W」「弱200W」と、操作パネルのキー部分に記されています。「強」「弱」のみでW数の表示のないものは、ラベルや取扱説明書で確認できるはずです。

自分の電子レンジに「弱」はない、という人も、もう一度よく見て。機種によっては「解凍」や「生もの解凍」など、または「170W」「200W」など出力で表示されたものもあります。

これらはすべて「弱」キーと同じ働きをします。

「解凍」「170W」「200W」などは、すべて「弱」キーと同じ働き。

「弱」キーを使いこなせば、料理がレベルアップ

「弱」キーは冷凍の肉や魚、特にお刺身の解凍に威力を発揮します。部分的に生煮え状態になることはありません（→P88）。

さつま芋をふかすのも得意とするところ。さつま芋のでんぷん質はゆっくり糖に変わるため、「弱」で加熱することでゆっくり甘みが増していきます。

「弱」はガスコンロの弱火と同じ。煮豆は「強」で10〜13分加熱した後、「弱」に切り替えて煮れば、鍋でコトコト煮込んだものに負けない仕上がり。米も同様に沸騰後切り替えて12分加熱すれば、おいしく炊けます。

さつま芋や米など、でんぷん質をゆっくり加熱するときは「弱」キーの出番。

「弱」のW数は「強」の約⅓

「弱」（または「解凍」）は「強」（または「あたため」）の約⅓のW数。出力150〜250Wくらいの間で設定され、170W、200Wのものが多いようです。「弱」のこの20〜30Wの差は、「強」の600Wと500Wの差ほどにはないので、加熱時間を換算しなくても大丈夫。

下の表のうち、炊飯と煮豆は「強」で沸騰させた後の、追加加熱の時間です。さつま芋ははじめから「弱」で加熱。またパンやピザ生地の発酵にも使えます。

「弱」の加熱時間目安

パンの発酵（生地 200g）	30 秒
生もの解凍（100g）	1 〜 2 分
さつま芋をふかす（100g）	6 分
炊飯	沸騰後 12 分
煮豆	沸騰後 1 〜 3 時間

「弱」キーは調理にも下ごしらえにも活躍。使いこなせばもっと便利になる。

電子レンジで食品が温まる理由

電子レンジは食品にマイクロ波を当てることによって、食品内の水分子を揺り動かし、食品自らを発熱させます。ガスの火とは全く違う仕組みで食品を加熱するマイクロ波。雷と同じようにとがったところをめがけて当たったり、塩けのあるところに集中したり。その性質については前にも触れましたが、ここではもう少し詳しくマイクロ波の性質と働きに迫ってみます。

オーブン調理、グリル調理と何が違うのでしょう

ヒーターで庫内温度を上げ、ファンで熱を循環させるのがオーブン。温度を均一に保ち、庫内全体の熱で食品を加熱します。また上下のヒーターで庫内を加熱し、焼きあげる方式も。いずれも庫内が適温になるまでに時間がかかります。

グリルはヒーターの熱を直接食品の表面に放射して焼きあげます。両面焼きの機能のないものは裏返す必要があります。

オーブンもグリルも外から食品を加熱。中まで火が通るのに時間がかかります。

一方、電子レンジはマイクロ波を食品に当てて食品内の水分子を揺り動かし、熱を発生させます。水は水蒸気となり、食品を蒸しあげます。食品自らが発熱するため、全体がほぼ同時に素早く加熱されます。

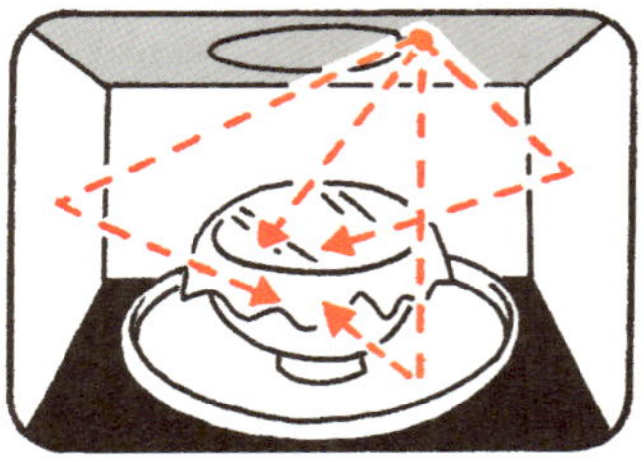

電子レンジ
マイクロ波が水分子に働きかける。

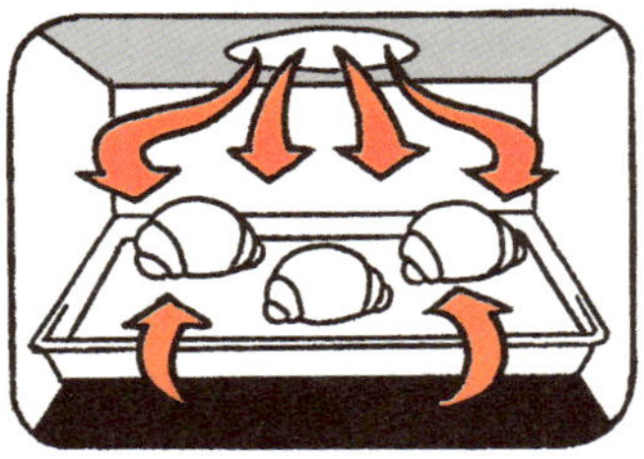

オーブン
循環する熱風が食品を包み込む。

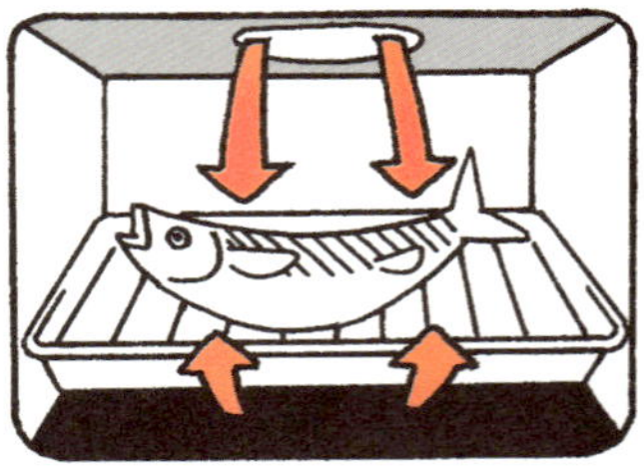

グリル
ヒーターがじかに食品の表面を焼く。

水分子が激しく摩擦し合う

電子レンジに使われるのは周波数2450MHz（メガヘルツ）の電波。1秒間に24億5000万回もの高速でプラスとマイナスの極が入れ替わります。

このマイクロ波が食品に当たると、食品に含まれている水分子も24億5000万回揺り動かされます。水分子にもプラスとマイナスがあるからです。

磁石と同様にプラスの極にはマイナスの極を引きつける性質があります。プラスのマイクロ波が水分子に当たると水分子のマイナスの極がマイクロ波に引きつけられて整列。マイナスのマイクロ波が当たると今度は水分子のプラスの極がマイクロ波に引きつけられて整列。それが1秒間に24億5000万回くり返されるわけです。

この激しい動きによって、摩擦（まさつ）熱のようなものが発生。水分は高温の水蒸気に変わり、食品はいわば蒸される状態で加熱されます。

手をこすり合わせると温かくなるのと同じ。

水分子が激しく動き、熱が発生する。

マイクロ波は食品に吸収される

　マイクロ波はすべての物質を発熱させるわけではありません。マイクロ波を吸収する物質だけが、分子を揺り動かされて熱くなるのです。
　マイクロ波が食品を発熱させるのは、食品がマイクロ波を吸収する水分を含んでいるからです。たとえ乾燥した状態の食品であっても必ずいくらかの水分は含んでいるもの。その水分がマイクロ波を吸収するのです。
　陶器や磁器、ガラスなど、水分を含まない物質はマイクロ波を透過させます。マイクロ波は食品だけを加熱し、器そのものは温めていないのです。取り出す際に器が熱く感じるのは、食品の熱が器に伝わっているからにすぎません。
　金属はマイクロ波を反射します。金属製の容器が電子レンジに適さないのはこのため。直進する性質のあるマイクロ波は金属容器にはね返され、なかなか食品に当たることができません。魚の尾などの細い部分にアルミホイルを巻いて焦(こ)げを防ぐ方法は、この性質を利用したものです。

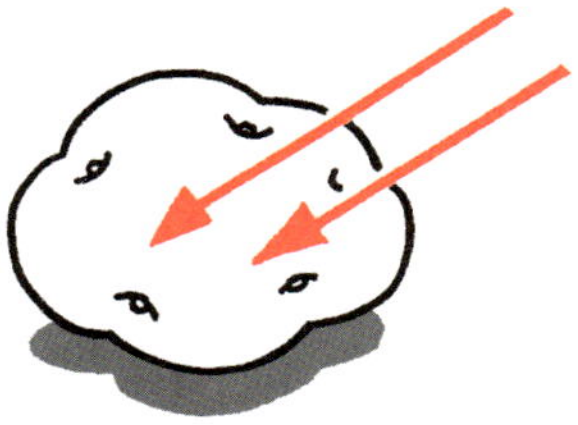
食品に吸収される

陶器、磁器、ガラスは透過する

金属には反射する

「はね返り」をくり返して食品に届くマイクロ波

　マイクロ波はその性質から、金属に当たるとはね返されてしまいます。「オーブンレンジは効率が悪い」ことについて、先（→P58〜61）にお話ししましたが、その大きな理由にも金属が関係しています。庫内の壁面やターンテーブルが金属製であるために、マイクロ波を反射し、食品に当たりにくくなっているのです。
　しかし、これは食品を加熱しないということではありません。
　電子レンジの中のマイクロ波は、食品に当たるまで反射し続けます。金属の壁面やターンテーブルに当たってははね返される、反射したマイクロ波は直進してまたはね返される、をくり返します。そして、やがては食品に当たります。はね返りをくり返す分、マイクロ波が食品に当たるまでに時間がかかり、加熱時間が少し余計にかかるのです。
　この金属の性質を逆に利用した調理の工夫もあります。
　たとえば、焦げやすい魚やえびの尾に、または酒の燗(かん)をするとき、部分的に熱くなりやすいとっくりの首にアルミホイルを巻きます。これはとがった部分や細い部分へマイクロ波が集中するのを避け、焦げや加熱ムラを防ぐためのテクニックです。

電子レンジ・各部の役割

つくりを知れば、もっと使いやすくなる

自動メニューの充実度、デザインやカラーバリエーションの豊富さ、付属品の性能アップなど、メーカーによってさまざまな付加価値がつけられている電子レンジ。でも、いま持っている電子レンジを使いこなすためには、基本的なつくりを知ることが大切。どんな電子レンジにも共通する基本構造がわかれば、料理がもっともっと合理的に、楽しいものになるはずです。

マグネトロン

マイクロ波を作っているのはマグネトロンという装置。電気やガスを2450MHzの電波エネルギーに変える、電子レンジの心臓部です。ここで作られたマイクロ波は導波管を通って庫内に送り込まれます。

インバーターはこのマグネトロンの出力を切り替え、コントロールする仕組み。庫内の壁面は、マイクロ波がはね返り食品に当たるようになっています。

ターンテーブル

マイクロ波は上部に固定された導波管から出されます。その位置が動かせないため、どうしてもマイクロ波の当たりやすいところと当たりにくいところができてしまいます。そこで食品を置くターンテーブルを回転させ、加熱ムラが少なくなるように工夫されているのです。

多機能型レンジのターンテーブルは、オーブン用の天パンとして兼用できるものもあります。

操作パネル部

いわば電子レンジの司令部です。機種によってキーの配置や種類、数、表示画面は異なります。操作パネルが下部にあるものもあります。

単機能型電子レンジの操作パネルはシンプルで、オーブンレンジやトースターグリルレンジなど多機能型は操作パネルも複雑な傾向があります。

扉

縦開きと横開きの２タイプがあります。縦開きは中型･大型、横開きは小型・中型の機種に多く見られます。

縦開きは両手を使っての出し入れが容易。熱い容器を取り出すときに、開いた扉にいったん置くこともできて便利。ただし重いものは置かないように。

横開きは電子レンジを高めの位置に置いたときに出し入れしやすいという利点があります。

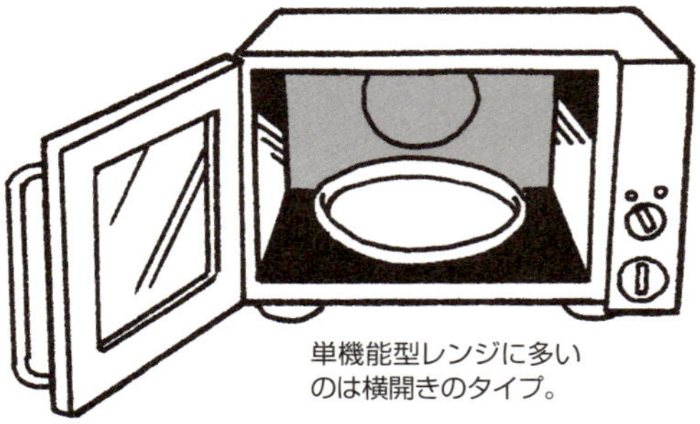

単機能型レンジに多いのは横開きのタイプ。

操作パネル

単機能型電子レンジ

電子レンジ機能だけの単機能型の操作パネルはシンプル。

出力の切り替えは「強」と「弱」、あるいは「あたため」と「解凍」の2段階切り替えが多く、「強」「弱」「生もの解凍」の３段階切り替え、さらには４段階切り替えのものもあります。

タイマーはダイヤル式が多いようです。つまみを回すだけの操作は使いやすく簡単。時間設定とグラム数設定ができるようになっているものもあります。

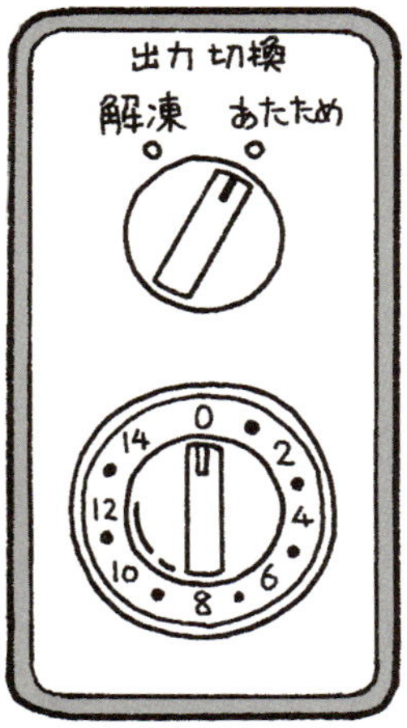

多機能型オーブンレンジ

多機能なだけに操作パネルも複雑。ほとんどのものに表示画面があり、加熱時間や温度、出力、選択した機能、メニューなどが表示されます。

レンジ、オーブン、グリルなど、機能を選択するキーがあり、使う前に選ぶ必要があります。

タイマーのセットはボタン方式が多く、設定は10秒単位からのものが多いようです。

自動メニューも多種多様。中には20種類以上のメニューが選択できる機種も。使いこなすには、取扱説明書をじっくり読む必要がありそうです。

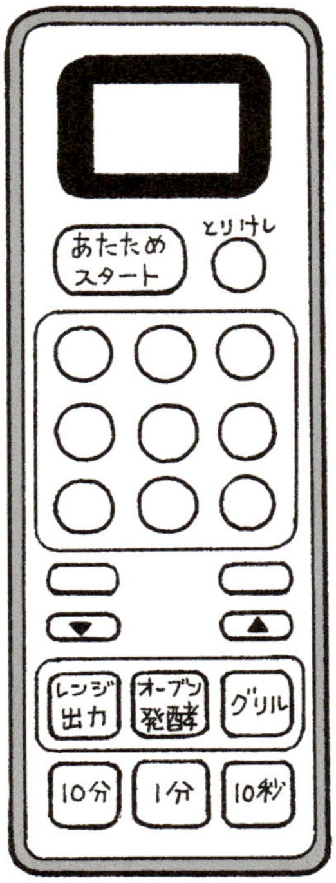

排気口と吸気口

キャビネットの背面や側面には、吸排気用の穴があいています。この穴をふさぐと、機能の低下や故障の原因になります。ほこりがたまらないよう、マメに掃除をしてください。

また壁に近づけすぎると、壁が変形・変色することも。特にカーテンなど、熱に弱いものの近くには置かないでください。

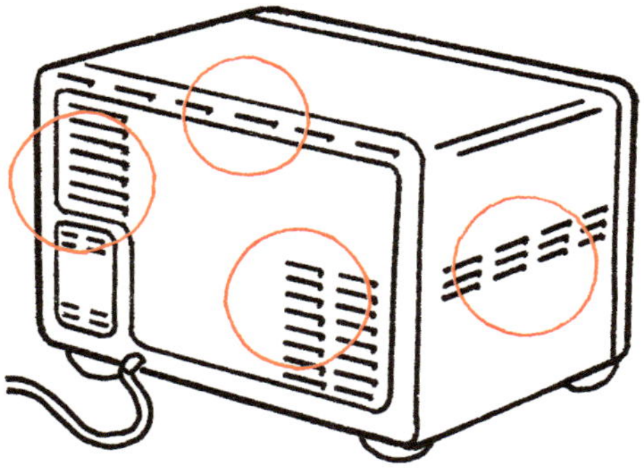

センサー

赤外線センサー

食品の表面温度の変化をはかり、その変化に合わせて調理をコントロールします。ラップをした場合、表面温度をはかることができず、赤外線センサーはうまく働きません。

重量センサー

ターンテーブルにのせられた食品（器を含む）の重さをはかり、マイコンに情報を送ります。マイコンはその重さから「量」を判断し、加熱時間を決定します。

湿度センサー

加熱中に食品から出る水蒸気量をチェック。その量を察知し、マイコンへ情報を送ります。

マイコンはその情報をもとに、できあがり状況を判断。加熱時間を決定します。

いつも迷ってしまうあなたへ ラップ・ふたをする？ しない？

電子レンジでは、ラップをするかしないかは、仕上がりを決める重要なポイント。ラップをすると蒸気はこもり、ラップをしないと蒸気はにげます。基本的には、しっとり仕上げたいものにはラップをする、カラッと仕上げたいものにはラップをしない、ぴったり密封するのは乾物をもどすときだけ。これを知っているだけでも、仕上がりに大きな差が出ます。

しっとり仕上げたければラップあり

蒸しもの、煮ものはラップあり

しっとり仕上げたい煮もの、蒸気をたっぷりこもらせて蒸しあげたい蒸しもの、沸騰するとあふれることのある汁もの、食品の水分だけで加熱する葉野菜や根菜などのゆでもの、これらはすべてラップをして加熱。蒸気が器に回って温度が均一に保たれ、熱効率もよくなります。また酒やだしで味つけする場合は、味もよく回ります。

ラップと同じ役割を果たすのが電子レンジ専用のふた。右のイラストのような形のプラスチック製で、洗って何度でも使えます。特に年配の方などには、はずしやすく、やけどの危険も少なく安心です。

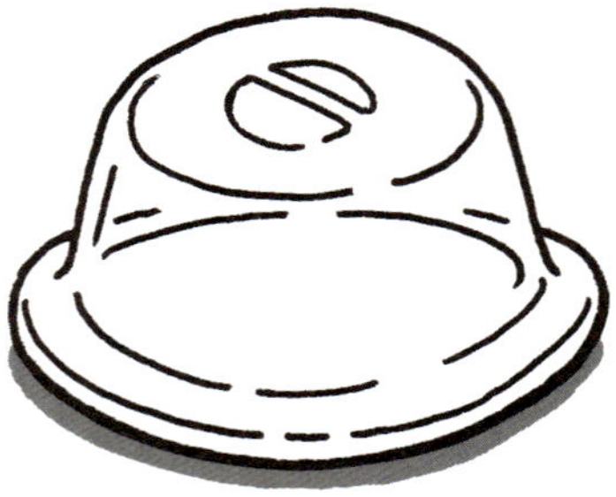

ふんわりとかけるより両端をあけて

器の縁にぴったりと密着させてラップをかけると、蒸気のにげ道が全くなくなって破裂することも。電子レンジ調理でラップをかけるときは、どこかにすき間をあけることが大切です。

ふんわりとかけるだけでもすき間はできますが、調理中に器の縁に密着して、閉じてしまうことも。両端をあけてラップをしておけば、それが起こりません。両端を５㎜～１㎝程度、箸が１本入るくらいあけておけばOKです。ラップの幅が広い場合は、少し折り曲げてかけます。

ご飯の温め直しも、この方法でほどよく蒸気がにげ、炊きたてのような仕上がりに。

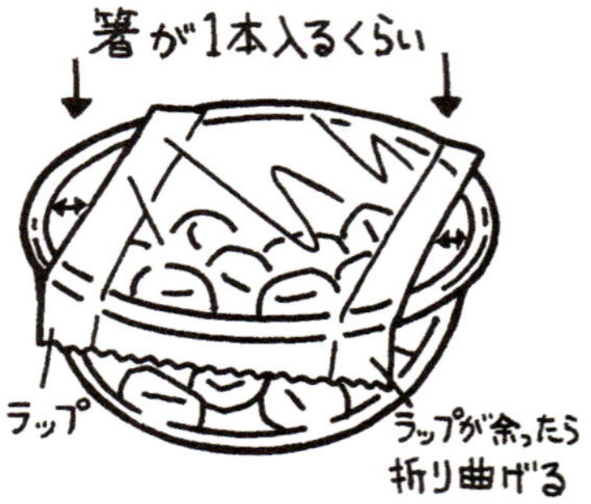

両端をあけておくだけで便利で安全

ラップの両端をあけておくと、器の縁が熱くなりすぎない、というメリットもあります。取り出した後ではがしやすく、蒸気が急に吹き出すこともなく安全。右のイラストのように、はさみで切り開くのも簡単です。

また、中身も熱くなりすぎず、吹きこぼれることもありません。

調理も温めも、ほとんどの場合が両端をあけたラップでよいのですが、干ししいたけやひじきなど、乾物をもどすときだけはぴったりとラップをします。これは水分が少ない乾物に水分を充分に吸わせるため、発生した蒸気をにがさず、全体にしっかり回す必要があるからです。

カラッと仕上げたければラップなし

揚げもの、炒めもの、焼きものの温め直しは、ラップをかけません。蒸気をにがして水分をとばし、表面をパリッと仕上げるためです。

天ぷら、から揚げ、フライ、とんカツ、春巻きなどの揚げものは、キッチンペーパーを敷き、ラップなしで加熱します。できあいの揚げものの分厚い衣は、蒸気のもと。仕上がりをベタッとさせますから、キッチンペーパーは欠かせません。

揚げものは、加熱後しばらくおいて蒸気をとばすと、サクッとします。さらにひと工夫するなら、ばらして置いた割り箸の上に2枚重ねにしたキッチンペーパーを敷き、その上に揚げものを置いて温めると、下からも熱が回り、べたつかずに仕上がります。

チャーハンや野菜炒めなど、炒めものの温め直しもラップなしで。油がべたつかず、作りたてに近づきます。

煮もの上手になる落としぶた

電子レンジは煮もの上手。材料に調味料さえ加えれば、煮汁なしでもおいしく作れます。材料から出た水分と調味料が溶け合って煮汁になるからです。

肉じゃが、筑前煮、なすのみそ煮、さばのみそ煮などなど、おふくろの味もお手のもの。

煮ものをよりおいしくするコツ、それは落としぶたをすること。これは鍋で作る場合と同じです。落としぶたをすれば、少ない煮汁でも、上のほうの材料にまで味が回ってしみ込みやすくなります。

電子レンジの落としぶたにはクッキングシートが最適。クッキングシートはシリコン加工が施された加熱調理用の薄くて丈夫な紙。このクッキングシートを材料にぴったりと密着させてかぶせます。器の形に合わせて切って使うのもよいでしょう。さらに器の直径より一回り小さい皿をのせたり、ラップをかけたりして浮き上がりを防ぎます。

皮つき野菜はラップいらず

なす、じゃが芋、さつま芋、トマトなど、皮つき野菜はラップがなくても加熱できます。

皮がそのまま、ラップがわりになるからです。野菜自体から出る水分が蒸気になって、皮のラップの中で蒸されるような状態で加熱されます。

皮がかたくなるような気がしますが、大丈夫です。なすは皮つきのまま、お浸しにも使える柔らかさになります。芋類はほっくりとした仕上がり。皮つきのまま塩やバターでいただけます。トマトは湯むきするように皮がつるりとむけます。

ただし膨張した蒸気が皮に封じ込められ、にげ道を失うと破裂します。なすやトマトはへたのまわりに切り目を入れる、芋類の皮にはフォークなどで3ヵ所ほど穴をあけるなど、破裂防止のために蒸気のにげ道を作っておきます。

なすや芋類の皮をむいて加熱するときは、ラップは必要です。

失敗を防いでおいしさアップ 電子レンジのおいしいコツ

独特の加熱法で食品を温め、調理する電子レンジ。その特性をうまく利用すれば料理はおいしくなります。でも簡単でスピーディーだからといって、いつもすべてをまかせきりとはいきません。あなどると、失敗に結びつきます。器から吹きこぼれてしまった、味が全体に回らなかった、加熱しすぎてカチカチになってしまった、そんな起こりがちな失敗を防ぐコツを紹介します。

器と食品

四角より丸 浅い器より深い器

電子レンジ用には、まず丸くて深い耐熱性のガラスボウルがおすすめです。

丸いボウルであれば、ターンテーブルの上で回りながら、材料は効率よくマイクロ波を吸収し、均等に熱が入っていきます。

ところが四角い容器ではこうはいきません。マイクロ波は雷と同じでとがったところをめがけて当たります。四角い容器の角に集中的に当たり、加熱ムラを起こしてしまいます。

また、吹きこぼれや飛び散りを防ぐためには、ある程度の深さも必要です。水分の多い料理では、材料は器の¼の深さまで。特に、ご飯を炊くときなどは、深さ、大きさが必要です。吹きこぼれるということは、甘みのあるおいしい部分を捨てているということ。しかも仕上がりがかたくなってしまいます。

食品は器の¼まで

電子レンジ加熱は、一気に沸騰させ一気に仕上げる調理法です。「弱」キーを使えば、鍋のように途中で火を弱め、コトコト煮ることもできますが、やっぱり取り柄は速さ。器ひとつで一発加熱、が利点です。

鍋でもそうですが、水分の多い料理は沸騰するとふくれあがります。粘りけのないものでも３倍、粘りけのあるものではなんと４倍にもふくれあがります。

食品を器に入れるときの目安は、沸騰したときに吹きこぼれない量であること。材料と水分を合わせた量が、器全体の深さの¼〜⅓の量、ということになります。

粘りけのあるご飯を炊くとき、とろみのある煮汁を使うときは特に注意。材料を合わせた量が、器の¼の深さまでにおさまるようにして加熱します。

加熱時間と温度

入れっぱなしにせず ひと混ぜする

マイクロ波の当たり方は、素材の内部と表面、素材の厚み、ターンテーブル上の置き方、塩分や油分の多い少ないなどで違ってきます。そのためどうしても加熱ムラが起きてしまいます。

均等に当たるようにするには、途中で上下を返す、食品の向きを変えるといったひと手間が必要です。また、とろみがあるものや塩分の強いものは、途中でかき混ぜて加熱ムラを防ぎます。加熱しすぎを防ぐためにも、途中で様子を見ることは大切です。

材料が倍になれば加熱時間も倍に

電子レンジ調理の加熱時間を決めるのは、材料の重量。つまり材料が倍になれば、加熱時間も倍になる、ということです。

例えば、2人分のレシピを4人分にして作りたいときは、記載されている加熱時間を倍にします。逆に1人分にして作りたいときは時間も半分に。

ただし、あくまでも原則。材料によっては、分量の増減で水分が出やすくなったり、逆に焦げやすくなったりするので、様子を見て加減してください。

おいしい温度を知っておこう

食品や料理には、それぞれ食べ頃の温度があります。

あつあつのご飯といっても、食べ頃の状態の温度は65〜75度。80度を超えるとおいしく感じられなくなります。

食品に含まれる水分を一気に100度に上げる電子レンジは、ちょっとの加熱オーバーで食べ頃をはずしてしまいます。そこで、それぞれの食品の適温を下の表にまとめました。（　）の中は、標準的な使用量と、それに対する加熱時間の目安です。

適温目安（時間は600Wで加熱した場合）

20〜30度	バター、クリームチーズを柔らかく（50g　約10秒）
40〜45度	チョコレートを柔らかく（1枚75g　30秒）、ベビーフード（100g　約1分）
40〜50度	おにぎり（1個130g　約1分20秒）、ロールパン（1個40g　約10秒）
50〜55度	酒の燗（とっくり1本180mℓ　約1分20秒）
50〜60度	バターを溶かす（50g　約1分）
55〜60度	牛乳（1杯150mℓ　約1分30秒）
60〜70度	コーヒー、ココア（1杯150mℓ　約1分40秒）
65〜70度	ピザ（直径24cmの八つ切り1切れ100g　約1分）
65〜75度	ご飯（茶碗〈大〉1杯150g　約1分10秒）、から揚げ（5個100g　約1分10秒）、天ぷら（えび2尾100g　約1分10秒）、コロッケ（2個100g　約1分10秒）
75〜80度	たこ焼き（3個100g　約1分30秒）、切り餅（1個50g　約1分10秒）
80〜90度	スープ（1杯200mℓ　約2分20秒）

スピードアップのテクニック

大きすぎる器 重すぎる器を使わない

耐熱ガラスのボウルやふだん使いの陶製の器。これらはマイクロ波を透過させるため、器そのものは加熱されません。

しかし、加熱された食品の熱は、伝導熱として器に移ります。器が大きすぎると、その分多くの熱が器に奪われてしまいます。結果的に、食品の温度が上がるのに時間がかかることになるのです。

大きすぎる器、重すぎる器は、加熱時間を長くする原因に。素早く食品を温めるには、食品の量に適した大きさの器を使用することが大切です。

水よりも湯を使う

電子レンジは、ご飯やおこわを上手に炊くことができます。リゾットやみそ汁やスープも手軽に作れます。肉じゃがや大根の煮ものも得意です。

電子レンジは、本来水を使わずに調理するのが得意ですが、これらの料理には、やはり水やだし汁が必要です。

こんなときは、水ではなく湯を使うと、加熱スピードがアップ。１人分で約１分、時間が短縮できます。

忙しい朝には、この１分さえ貴重です。お湯を使うテクニック、ぜひお試しください。

切り方 置き方をひと工夫

マイクロ波は、雷と同じでとがったところに集中して当たります。とがった角をたくさん作るように切る、細く切るなどの切り方の工夫が、加熱スピードを一段とアップさせます。

またマイクロ波は、庫内の中央部より外側のほうによく当たります。素早く加熱するには、ターンテーブルの端(はし)に置くこと。またマイクロ波は下より上のほうによく当たります。火の通りやすいものは下、火の通りにくいものはその上にのせます。

詳しくはP40～43を参考に、時間短縮をはかりましょう。

金属製のターンテーブルをはずす

耐熱ガラスやセラミックのターンテーブルは、マイクロ波を透過させ、食品に効率よく当てます。これに対し、金属製のターンテーブルは、マイクロ波が食品に届くのを邪魔するので、加熱に余計に時間がかかってしまうのです。

手持ちの電子レンジのターンテーブルをチェック。もし金属製なら、思いきってはずしてしまいましょう。すのこ状の金属板の上に、直接皿や食品を置いて加熱すれば、下からもマイクロ波が当たり、加熱時間を短縮することができます。

フリージング上手になる

使いやすい量に小分けして冷凍する

食品を自分で冷凍する場合は、後で使うときのことを考えて、小分けしてから冷凍します。1回分ずつ、使いきりの量で冷凍保存するのがベストです。

ゆで野菜や生肉も、家族の人数や何に使うかを考え、一度に使いやすい量に分けて。さくの刺身やブロック肉も、1回に食べきれる量や料理しやすい量にして冷凍したほうが便利です。

ご飯はおいしく解凍できる1人分ずつがおすすめ。カレーやシチューもいつ使うかを考え、一人で食べる昼食や夜食用なら、1人分ずつが便利です。

食べきりサイズに分けてラップ。さらにポリ袋に。

ラップ＋ポリ袋で乾燥を防ぐ

ラップで包んだだけでは、冷凍庫の中で破れたり、はがれてしまったり。せっかく包んだ食品が乾燥してしまいます。

しかも、じつはラップは空気を通します。完全に密封できるわけではないのです。食品は空気に触れると、酸化、変色を起こします。魚や肉の「冷凍焼け」というのはこのことです。

ラップで包んだ後は、さらに冷凍用のポリ袋に入れるなど、二重に包んで乾燥を防ぎます。水分をなるべくにがさず、鮮度をできる限り保つには、二重包みが原則です。

肉や魚は買ったらすぐに冷凍

魚の切り身は1切れずつ冷凍。2切れ以上重ねてではくっついたままでうまく解凍できません。

細切れや薄切りの肉は丸めても平らにしてもOK。ひき肉はラップで包み、薄くのばします。上から包丁の背で分け目をつけておくと、割って使えます。トレイにかかっていたラップがそのまま使えれば、シールに食品名や加工年月日が印刷されていて便利です。

身の柔らかい魚介類は一度凍らせた後、サッと冷たい水につけて再び冷凍。表面に氷の膜ができ、酸化防止になります。

温度変化が激しい霜取り機能つきの冷凍庫

自動霜取り機能つきの冷凍庫は、庫内の温度を上げて霜を溶かし、再び温度を下げて凍らせる、をくり返しています。冷凍庫内の食品はこの温度変化をまともに受けてしまいます。冷凍庫で食品が乾燥してしまうのはこのためです。

冷凍庫の過信は禁物。肉、魚介類などがおいしく食べられるのは冷凍後1ヵ月が目安です。

中身がわかるように、透明な袋や密閉保存容器を使うことも大切。加工年月日や冷凍した日付、食品名を書いたシールを貼っておけばベストです。

毎日使うものだから 使いやすく安全に置きたい電子レンジ

ここでは電子レンジの置き場所、置き方を見直してみます。日本の住宅事情を考えると100点満点とはいかないでしょうし、ワンルームなどでは場所を確保するのもむずかしいでしょう。ここで示すのはあくまでも理想。でもその中のいくつかは絶対に守ってほしいこと、きっとできること。知恵と工夫をめぐらしながら、できる範囲で安全と便利を確保してください。

周囲とのすき間をあける

左右5cm 上・後ろは10cm以上

電子レンジの排気口は背面、側面についています。排気口が壁などでふさがれると、発火することがあります。背面は少なくとも10cmはあけて。左右の側面は最低5cm、上部は放熱のため最低10cmあけてください。

また、たとえすき間があったとしても、左右、上、後ろのいずれかの一面は開放し、排気が充分できるようにしましょう。

後ろに窓ガラスがある場合は、急な温度変化によってガラスが割れる恐れがあります。排気口から20cm以上離すように注意してください。

また熱に弱い家具やコンセントのある壁面に排気口が向いている場合は、熱によってそれらが変形する恐れがあります。ガスレンジなど、熱気や湿気が出るものの近くも、電子レンジの機能低下や故障の原因になるので避けましょう。

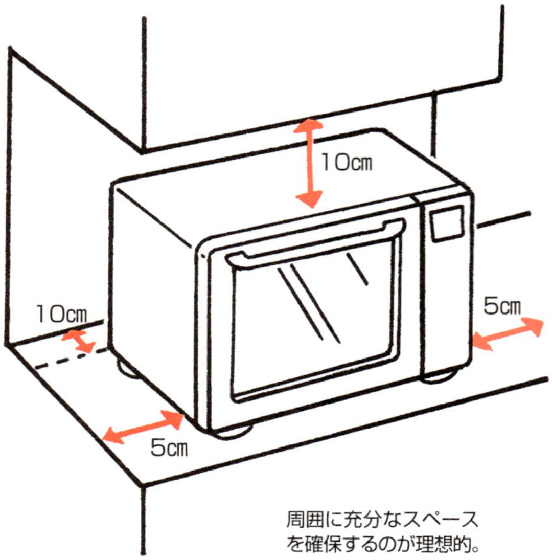

周囲に充分なスペースを確保するのが理想的。

上にものを置かない

電子レンジの上に、ものを置いていませんか？

調味料を入れたかご、トレイ、中には炊飯器やポットを置いている人も。置き台がわりの使い方は絶対にやめましょう。

上面にものを置いたり、布をかぶせたりすると、放熱のさまたげになります。熱が充分に外ににげることができず、電子レンジの機能が低下したり、故障の原因にもなりかねません。上に置いたものにしても同じ。変色、変質、変形、さらには発火を招く恐れもあります。

また、上面、左右に放熱のスペースを充分確保しておかないと、自動メニューでの調理が上手にできません。センサーが誤作動してしまうことがあるからです。加熱時間を適正に判断することができず、できあがりが悪くなることもあります。

電子レンジの上には何も置かない、これは絶対に守ってほしい、大切な約束事です。

使いやすい高さに置く

立って作業しやすい高さは80~90㎝

毎日使う電子レンジですから、出し入れの作業がらくな高さに設置しましょう。

キッチンは人が使いやすい、疲れにくい高さに作られています。JIS（日本工業規格）では、流し台、調理台の高さを80㎝と85㎝の2種類にしています。これは日本人の身長から割り出された高さ。フライパンや鍋を使って作業しやすい高さということです。深い器の出し入れをする電子レンジでの調理もこの作業に近く、ほぼ同じくらいが使いやすい高さといえます。ただ、コンロでの調理と異なり、調理中に真横からのぞいて様子を見ることから、これより若干高めでもOKでしょう。ガスコンロより低い位置の電子レンジは、かがまないと中の確認も出し入れもできません。

逆に高すぎる位置に電子レンジを置くのは不便なばかりか危険。人が引き出してものを取り出す高さは140㎝くらいまでが限界。しかも取り出すのは熱い食品。ほかに置き場所がなくても、この限界は超えないようにしてください。

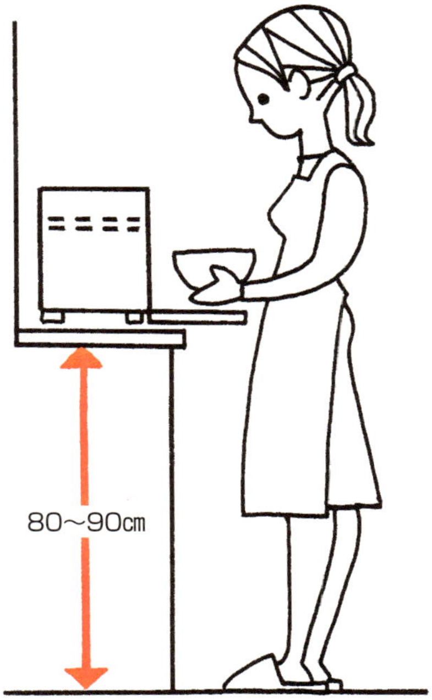

市販の家具を利用する場合も、高さに気をつけて設置したい。

アースは必ず取りつけて

安全をはかるためにアースは必ず取りつけましょう。

電子レンジは高圧大電流を使用しています。ぬれた手で触れたり故障や漏電（ろうでん）による感電を防ぐためにも、備えが必要。

アース端子つきのコンセントがある場合は、取扱説明書に従ってアース端子（たんし）をしっかり固定。ない場合はアース棒を湿気のある場所に打ち込みますが、まずは販売店、電気店にご相談ください。

水平で安定した場所に

電子レンジは単機能型で10kg、多機能型では20kg前後の重さがあります。重いコンデンサーを積んだ旧式の機種の中には30kg以上のものもあります。

これが落ちたり倒れたりしたら大けがのもと。この重さに耐えられる水平で安定したところに置いてください。特に置き台から本体がはみださないように注意。メーカーで専用の置き台を作っている場合もあり、これなら安全。置き台を壁に固定すればさらに安心です。

事故のもとに気をつけて 置いてはいけない、やってはいけない

ここでお話しする内容は、いわゆる使用上の注意です。ふだんはもちろん購入時にもめんどうで注意して読むことのない注意書き。ここであらためて確認してみてはいかがでしょう。どんな家電製品も同様ですが、電気を使用している限り、間違った使い方をすればやはり危険が伴います。誰にでも簡単に扱える電子レンジだからこそ、正しく便利さを活かしましょう。

水蒸気 水けの多い場所

電子レンジは湯気の出る炊飯器やポットのそば、水のかかりやすい流し台の近くには置かないようにします。感電や漏電の原因となり危険です。

冷えやすく、しかも湿気の多い場所も避けましょう。たとえば寒冷地の古い民家、土間のある台所にはそうした場所があります。特に冬場、昼に本体にかかった水蒸気が夜に結露して、故障の原因になることもあります。注意してください。

また、ぬれた手で電源プラグの抜き差しをしないように。感電やけがの恐れがあります。

テレビやラジオの近く

テレビもラジオも電子レンジも、使用しているのは同じ電波です。特にテレビは電子レンジと同じ2450MHzの周波数帯を使用。この周波数帯は日本では無許可で自由に使える領域。多くの電子機器が微弱な電磁波を発生させています。

その中で、電子レンジや冷蔵庫は大きな電力を使っているため、ノイズの原因となる場合がほかの機器より多いといわれています。電子レンジをテレビの近くに置くと、電気信号の流れを邪魔し、テレビにノイズが混入してしまう可能性があります。

燃えやすいもの熱に弱いものの近く

たたみ、じゅうたん、テーブルクロス、キッチンクロスなどの上、またカーテンの近くに置くのはやめましょう。布をかぶせたりしてもいけません。オーブンやグリル使用時には特に高温になり、引火を招く恐れがあります。

スプレー缶などを近くに置くのも厳禁。破裂の恐れがあり、大変危険です。

オーブン、グリル機能がついているものは、変色や変形を避けるため、天面がプラスチック製のテーブルや置き台の上にも置かないこと。

食品以外のものをかける

電子レンジでおしぼりを温める人は、意外に多いようですが、過熱を招き、故障、発煙、発火の原因になるのでおすすめできません。また、衣類、タオル、ふきんなどの乾燥に電子レンジは使えません。

庫内がからの状態での加熱、あるいは庫内をふいた後、乾燥と殺菌を兼ねて加熱、これも厳禁。とにかく、調理目的以外に使わない、が原則です。

また食品のパックの中に入っている鮮度保持剤（脱酸素剤）を入れたまま加熱しないように注意。発火の恐れがあります。

たこ足配線

一度に電気器具を使いすぎ、配線やコード、家電機器が熱くなることを「過熱」といいます。過熱のほとんどは、許容電流を超えた「たこ足配線」によるもの。コードのビニール部分が溶けて漏電を起こしたり、燃えだしたりして大変危険です。

また接触不良も漏電やショート、発火の原因に。電源プラグをコンセントから抜くときは引っぱらない、延長コードをねじらない、傷んだコードやプラグ、差し込みのゆるいプラグは使わないなど、これらの注意をお忘れなく。

引っ越しで周波数が変わっても大丈夫？

周波数とは、交流電気のプラスとマイナスが１秒間に入れ替わる回数です。静岡県の富士川と新潟県の糸魚川を結ぶ富士川糸魚川ラインを境に変わり、東側が50Hz（ヘルツ）、西側が60Hzになっています。

モーターやトランス（変圧器）、電子タイマーなどはこの周波数を基準としたものも多く、引っ越す際は、部品交換や調整が必要となります。電子レンジ、蛍光灯器具、洗濯機には、周波数の違う地域では使えないものも多くあります。

ただ最近の家電製品はマイコンやインバーターの搭載により、どちらの周波数でも使えるように進化。インバーターつきのものなら国内の引っ越しは大丈夫です。本体のどこか、あるいは取扱説明書には周波数について次のように表示されています。

50Hz（50Hz専用）
60Hz（60Hz専用）
50/60Hz（50Hz・60Hz共用）

きちんと使えば長持ち きれいに使うお手入れ方法

電子レンジは、いつもきれいになっていますか？　使った後、鍋のように洗わなくてもいいからと、飛び散った調味料や油をそのままにして、頑固な汚れに変えてしまってはいませんか？　食品を扱う電子レンジだから、やっぱりいつも清潔を保ちたいもの。しかも庫内の汚れを放置しておくと、熱効率の悪化や故障にもつながります。今日からは、簡単お手入れで清潔に！

残った汚れは故障のもと

飛び散った汁や調味料が庫内に残っていると、マイクロ波は、調理したい食品より前に、その汚れを直撃します。

そのため食品に対する効率が悪くなり、加熱時間が余分にかかるように。また、加熱ムラや故障、発火の原因にもなりかねないのです。

使ったらすぐぬれぶきんでひとふき

「ちょこちょこ、こまめに」は、掃除の鉄則。幸いにして電子レンジの掃除はらくらく。使ったらすぐ、ぬれぶきんでサッとひとふき。汁も調味料も油も簡単に取れてしまいます。庫内に蒸気が回っていて、その水けを利用すれば、乾いたふきんでふくだけでもOK。

こまめな掃除は、習慣にしてしまえば何でもないこと。続けることが大切です。

毎日使う電子レンジだから、いつもすっきり清潔に保ちましょう。料理も楽しくなります。

オーブンレンジは特に注意

多機能型レンジで、オーブンやグリル機能を使った後は、特に毎回必ず掃除を。

パンを焼いたり、肉をローストしたりと、油を使った料理が多いオーブン料理。使用後は、飛び散った油や肉汁、蒸発したバターなどがびっしりと庫内に焼きついています。

これをふき取らずに電子レンジを使うと、マイクロ波はやはりその汚れに集中して効率が極端に落ち、それまで通りのレシピで料理を作っても加熱不足になる可能性もあります。また、放っておけば、その汚れはこびりつき、手に負えない頑固なものとなってしまいます。

ターンテーブルははずして水洗い

食品が吹きこぼれたらそのつど、そして一日の最後には必ず、ターンテーブルをはずして水洗いすることを習慣に。

ターンテーブルはコンロでいえば五徳（ごとく）の役割。その上に鍋がわりの容器をのせ、加熱を行います。またときには、鍋そのものの役割も。野菜や魚にラップをして、あるいは食品を直接置いて加熱することもあります。

五徳のように使ったときは一日の終わりに、鍋のように使ったときはそのつど、やはり水洗い。

また、ひびが入ったり欠けたりすると、マイクロ波の乱反射の原因に。けがをしても大変ですから、取り替えが必要です。

こびりついた汚れをこすり落とす

調理中に飛び散った汚れが加熱され、こびりついてしまった。

こんなときは電子レンジでカップ１杯の水を沸騰させ、その水蒸気でこびりついた汚れを柔らかくしてからふき取れば、頑固な汚れも取れやすくなります。

庫内に焼きついた汚れは、焦げつきを落とすタイプのナイロン不織布たわしで掃除。水でぬらしてかたく絞り、固形の浴用石けんを少しつけ、研磨剤がわりにして汚れを落とします。

中が見えないくらい汚れがびっしりとついてしまったら、これはもうナイフの出番。汚れた面に刃を当てて、汚れをそぐようにはがし取ります。その後は、やはり石けんをつけたナイロン不織布たわしでこすればOK。

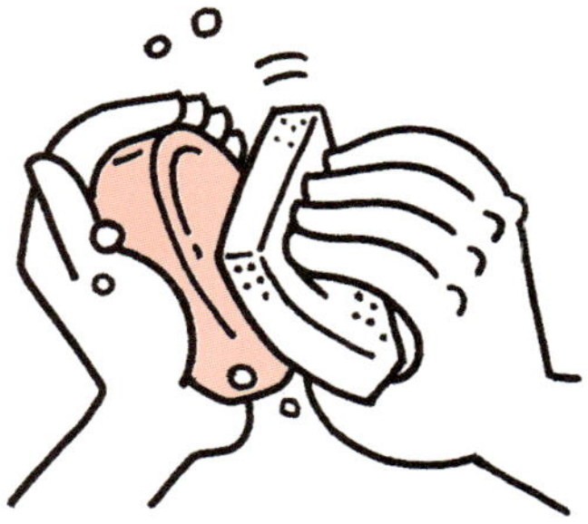

プラグは抜いておき最後に刃の間のほこりを取る

掃除の際は、必ず電源プラグをコンセントから抜き、庫内が冷めてからにしてください。このとき、ぬれた手でプラグの抜き差しをしないこと。感電、やけど、けがの恐れがあります。

本体の掃除が終わったら、電源プラグの刃や刃の取りつけ面についたほこりをふき取りましょう。ほこりをそのままにしておくと、火災の原因にもなりかねません。

コンセントが見えにくい場所にあるときは、ほこりの付着に気づかないことも。しかも台所では油がつきやすく、油がほこりを呼んでしまいます。チェックを忘れずに。また差し込みのゆるいプラグは、刃にほこりがつきやすいので交換が必要です。

においがついたら

にんにく料理や魚を調理した後、庫内に残るにおい。放っておくと、なかなか消えてくれず、いつまでもイヤなにおいとして残ってしまいます。

そんなときは、一日の終わりに無香の消臭剤を入れ、一晩おいてにおいを吸着させます。ビーズタイプの室内用無香消臭剤が特に効果的。翌朝には、すっきりとイヤなにおいが消えています。ただし消臭剤を入れたまま電子レンジをかけるのは厳禁。発火の恐れがあります。

コーヒーの出しがらをレンジにかけて置いておく、という手もあるようですが、庫内がコーヒー臭くなってしまい、次に使うときににおいが残ってしまうので、おすすめできません。

から回しは厳禁

電子レンジの加熱は導波管から放出されるマイクロ波によって行われることは、すでに何度もお話ししてきました。この電子レンジを、中に何も入れずに作動させると、どうなるのでしょうか。

水分を含む食品がない状態では、マイクロ波が行き場を失い、電気を蓄えたり放出したりするコンデンサーそのものに悪い影響を与えます。この電子レンジ本体のダメージは、性能を低下させ、寿命を縮めます。

掃除をするときや、実験的に動かしてみたいときなど、食品を温める用途以外で電子レンジを動かしたい場合でも、水を入れたカップなどを置いてから、スイッチを入れてください。

なるほど！基礎知識を もう一度おさらい

ここまで電子レンジの仕組みと使い方について、説明してきました。電子レンジがほかの調理器具とは全く違う方法で食品を加熱していることを、おわかりいただけましたでしょうか？

電子レンジの性質を活かし、便利に使いこなすために、ここでもう一度おさらい。むずかしい話もいろいろありましたが、大切なポイントさえ押さえておけば、要は「習うより慣れろ」なのです。

1 電子レンジのマイクロ波は食品の水分に対して働く

マグネトロンで作られたマイクロ波は、導波管(どうはかん)を通って、庫内に放出されます。このマイクロ波が食品に含まれる水分子に働きかけ、その水分子を１秒間に24億5000万回揺り動かして、食品内部から発熱させます。食品の水分は短い時間で水蒸気に変わり、この熱で食品は内側から蒸しあげられるように加熱されます。

電子レンジの加熱の仕組みは、火を使った調理とは、全く違うものなのです。

2 「食品の中から加熱する」特徴を活かす

食品が持つ水分を水蒸気に変えて、内側から加熱する電子レンジ。この調理は、蒸気での調理「蒸す」にもっとも近いものと考えることができます。

少ない水分でゆでたり、煮たりできるので、素材そのものの味が際立(きわだ)ち、栄養分やうまみが流出しない、というメリットがあります。

「内側から加熱」というこの仕組みは、おいしさと調理のスピードアップの両方を、同時にかなえてくれるものです。

3 食品によって異なる加熱時間を覚える

水分に働きかける電子レンジ加熱の調理時間は、食品によって異なります。覚えておくと便利な、食品別の加熱時間の目安を復習しておきましょう。

素材別では、100gにつき野菜は50秒から２分30秒、芋・肉・魚・卵は約２分。調理別では、汁けのないものは３分、汁けのあるものは７分、米は強で沸騰(ふっとう)させてから弱にして12分。

また、加熱時間は重量に比例します。食品の量が倍になれば、加熱時間も倍になります。

4 自分の持っている電子レンジの個性をつかむ

電子レンジは出力（W数）の差、大きさ、庫内の材質、年式などによって能力が千差万別。同じ食品を同じ量だけ調理する場合でも、加熱時間が微妙に異なるのが実際のところです。

もっとも重要なW数を把握(はあく)したら、加熱時間を左右するそのほかの要素を考えて、まずは標準時間から時間を調節。控えめにしたり、追加加熱したりをくり返して、自分の機種の「電子レンジ加減」をつかんでいきましょう。

5 ラップ・器の使い方も味のポイント

加熱ムラや吹きこぼれを防ぐために、器は丸形で深めのものを。調理中に様子を見られる耐熱ガラス製が最適です。器に入れる食品の量は、器の深さの¼までにおさめるのが安全。

また調理の仕上がりの感じによって、ラップも使い分けて。しっとり仕上げたければラップあり、カラッと仕上げたければラップなし、が基本。ラップの両端(りょうはし)にすき間をあけてかけると、蒸気をほどよくにがし、器が熱くなりすぎるのを防ぎます。

あたため
生もの解凍
解凍あたため
蒸す
ゆでる
煮る
炊く
焼く
炒める
もどす・水をきる
乾かす

2章

機能を使いこなせば、こんなに便利

得意ワザから裏ワザまで

電子レンジを野菜の下ゆでくらいにしか使っていないなんて、もったいない！食品の置き方やラップのかけ方などのちょっとした工夫で、表面を焦(こ)がしたり、乾物をもどしたりまでができるのです。ここでは「蒸す」「煮る」「焼く」などの調理法別に、電子レンジの使い方の原則をお教えします。作り方のコツがよくわかるので、紹介する応用レシピがすぐ得意料理に。鍋やフライパンの出番は減り、電子レンジを、もっともっと万能な調理道具として使いこなせます。

この章の料理の作り方を覚えれば

電子レンジの使い方がマスターできます

●作り方を覚えて、使い方をマスター

電子レンジは火を使うコンロとは全く違う仕組みで食品を加熱します。この仕組みについては１章で詳しくお話ししました。２章では電子レンジの加熱の特性を活かした調理法を、実際のレシピに沿ってお見せします。

「あたため」「解凍」「解凍あたため」では、基本機能をきちんと使いこなすヒントを。「蒸す」「ゆでる」「煮る」「炊く」では、いろいろな料理の作り方から、電子レンジの上手な使い方と、そのポイントをご紹介します。

●工夫する、コツを覚える、使いこなす！

食品の水分を水蒸気に変えて加熱する電子レンジの基本は「蒸す」。これを「ゆでる」「煮る」「炊く」調理にひろげるにはコツが必要です。この章の料理の作り方には、そのテクニックがたくさん盛り込まれています。

また電子レンジには不可能に思える「焼く」「炒(いた)める」という調理も、ちょっとした工夫で可能に。さらに「もどす」「水分をとばす」などの下ごしらえまでできるようになれば、電子レンジの使いこなしは完璧です。

1 基本を押さえる

あたため

「あたため」では、ご飯から汁もの、おかずまでの上手な温め方を紹介します。

食品自体の持つ水分が蒸気に変わり、内側から加熱される電子レンジ。この独特の仕組みによって行われる「あたため」のポイントは水分。蒸気を閉じ込めたりにがしたりするため、ラップをするかしないかが、意味を持ってきます。

電子レンジの特性を活かした工夫やコツを押さえて、まずは基本機能を充分に使いこなしましょう。

解凍

「解凍」では「弱」キーを活躍させます。電子レンジでは上手にできない、という人の多い生もの解凍も、「弱」キーの使い方と加熱時間を覚えれば、失敗なくおいしい状態に戻せます。

野菜も新鮮なまま冷凍保存し、ゆでたての状態に解凍する方法を。この冷凍野菜を活用したスピードレシピは利用価値大。

冷凍と解凍が上手にできるようになれば、野菜がおいしいとき、肉や魚が安くなっているときにまとめ買いと保存ができて便利。忙しい人は必見です。

解凍あたため

よく使うのに、なかなかおいしくできないのが、ご飯の「解凍あたため」。じつは冷凍保存の仕方しだいで、ご飯はおいしくもまずくもなるのです。ご飯の水分を保って冷凍保存し、ふんわりと炊きたての状態に温め直すコツに焦点を当てます。

また、あさりを生のまま冷凍保存する方法も紹介します。いたみやすいあさりが鮮度よく保て、すぐに調理できる方法を覚えれば、みそ汁を１人分から作ることもできて便利です。

2 得意技を使いこなす

蒸す

食品内部の水分の温度を上げて加熱する「蒸す」調理は、電子レンジがもっとも得意とする調理法。蒸し器を使う手間がいらないのも、電子レンジを使う大きなメリットです。

しっとりジューシーな蒸し鶏の作り方、なすを色よく仕上げる蒸し方、魚介類を柔らかく蒸すコツなどを紹介します。

ゆでる

電子レンジの「ゆでる」は、水を使わず、素材そのものの水分を使って加熱。お湯でゆでる場合と比べ、栄養やうまみをにがさない電子レンジならではの得意ワザです。

葉もの野菜の簡単でおいしいゆで方から、炒めものや揚げものの下ごしらえまでマスターして、時間と手間を省きましょう。

煮る

電子レンジはコトコト煮込むより、サッと煮るのが得意です。素材から出る水分と調味料を加熱しながら合わせ、味を上手にしみ込ませます。

味のしみにくい短時間調理では、落としぶたの使い方が重要。サッと煮た野菜のおかず、カレー、ホワイトソースの作り方、煮魚をおいしく作るコツも。

炊く

水蒸気で素材の内側から加熱する電子レンジ。この仕組みはでんぷん質との相性がよく、お米を「炊く」のに最適です。

もち米を炊いたおこわはせいろを使ったときのような見事な仕上がり。「炊く」をマスターすれば、１人分のご飯やおかゆ、旬の素材を活かしたおこわが簡単に作れます。

3 応用テクニックを覚える

焼く

実際には火のない電子レンジですが、マイクロ波の性質を利用して、焼きもの風に仕上げることもできます。割り箸を使ったり、表面に油や塩分をからませる方法で、表面はこんがり、中はふっくらジューシーに。

肉や魚の照り焼き、たたきから、薄焼き卵、クレープまで電子レンジでできてしまうのです。

もどす

電子レンジは、干ししいたけ、切り干し大根、ひじきなどの乾物を素早くもどします。この下ごしらえのテクニックを覚えれば、料理の時間と手間が省け、急ぎのときも手を抜かずにこだわり料理を作ることができます。また、ピクルスを素早く手作りするテクニックも紹介します。

炒める

「炒める」では、まるで強火でサッと炒めたような味になる調理法がわかります。ポイントは油を使った下ごしらえ。肉に油をからませる、衣に油をからませる、材料全体に油を回しかけるなどのテクニックを用い、炒めものを仕上げます。

また、オニオンソテー作りを簡単にする電子レンジ使いも。

水分をとばす、乾かす

電子レンジは水分をとばすのが得意。この特徴を活かせば、豆腐、こんにゃくなどの水きりもらくらく。料理をおいしくする下ごしらえ、水きりの早ワザがわかります。

フライパンで時間をかけて炒っていた田作りや、手作りそぼろも、「弱」キーを使うことを覚えればぐっと簡単に。

誰でも一度はやっている「あたため」にもコツがある

「あたため」は誰でもすぐ使えるもっとも基本的な機能。食品を入れて１〜２分かけるだけ。それだけにあまり意識して使われてはいないようです。もちろんそこが手軽、だからこそ便利。電子レンジの特性を活かした置き方、ラップのかけ方など、ひと工夫でおいしさはぐんとアップ。電子レンジの基礎の基礎、「あたため」のコツを再確認しましょう。（村上）

加熱ムラはなぜ起こる

マイクロ波は電子レンジの構造上、庫内の下より上、容器の中心より外側のほうが当たりやすくなっています。またマイクロ波には塩けに集中しやすいなどの性質も（→P40〜43）。

このためどうしても加熱ムラが発生。容器の端と中心、上と下では熱の回り方が違ってくるのです。シチューなどとろみや塩分の多い煮ものは途中でかき混ぜるのがコツ。

冷蔵か常温かで異なる加熱時間

おかずの温め直しでは、常温に置いていたものか、冷蔵庫に入れていたものかで加熱時間を多少加減。生からの調理でも同様に、素材の温度のほか、調理に使う水が夏場のぬるい水なのか、冬場の冷たい水なのかでも違います。

「電子レンジの性能の違い」ほど大きな影響はないとはいえ、素材も器も水もすべてが冷たい場合は、加熱時間をプラス。

「冷めやすい」「かたくなる」原因は？

食品内部の水分は100度を超えると水蒸気に変わり、外ににげます。このとき、熱と水分が同時に失われます。冷めやすくかたくなりやすいといわれるのは、じつは食品を加熱しすぎているから起こることなのです。

水分が水蒸気とならない食べ頃の熱さ、60〜70度で止めれば大丈夫。両端をあけてラップすることで、内部が100度近くになることを防げます。

加熱を部分的におさえる

マイクロ波を反射する、金属の性質を逆利用して、部分的に加熱をおさえる方法があります。

用意するのはアルミホイルのみ。魚やえびの尾に巻けば焦げ防止に。細くてマイクロ波が集中しやすく、そこだけ熱くなるとっくりのくびれた部分に巻くのも有効です。温めたくない弁当の漬けものやサラダの上にかぶせれば、加熱を部分的に防ぐことができます。

ちょうどよいタイミングの見極め方

まずは標準時間どおりに設定。止まったら目と手で確かめます。たとえば竹串を刺してみて、肉なら赤い肉汁がにじまないか、パンなら生の生地がついてこないかなどを確認します。

電子レンジを続けて使うときは、最初よりも庫内の温度が上がっているので設定時間は少し短く。フライパンや鍋での調理に火加減があるように「電子レンジ加減」もあるのです。

一度に入れられるのは

少量調理が得意な電子レンジに、入れすぎは禁物。加熱ムラやターンテーブルを支える心棒が折れるなどの故障の原因に。取扱説明書には「食品と容器を合わせて４kgまでOK」と書いてあっても、やはり１kgくらいまでが限度。

「２段あたため」がある場合は、上段と下段の食品の分量と温度を、なるべくそろえたほうがうまくいきます。

ご飯のあたため

ご飯の「あたため」はもうおなじみ。だからこそ「やっぱり電子レンジではおいしくない」なんてことのないように、確実においしく仕上げたいもの。蒸す調理が得意で、ご飯を炊くのも上手。この電子レンジの特徴を温めにも上手に活かしましょう。家族みんながいちばんよく使う機能のこと、手持ちの電子レンジでの加熱時間をつかむのも大切です。

ラップは「する」

ご飯はラップをするほうがふんわりふっくら。ご飯の中の水分が蒸気に変わり、まるで蒸し器で温めたような仕上がりに。ただしかためが好みなら、ラップなしでもOKです。

ラップはふんわり軽くかけるか、両端に5㎜程度のすき間をあけて余分な蒸気をにがします。茶碗〈大〉1杯分150gあたり1分10秒(600W)が目安で、70度くらいの食べ頃に温められます。かけすぎると、熱くなりすぎるばかりか、冷めやすくかたくなる原因に。茶碗1杯分ずつ、食べる直前に温めるのもコツ。

10秒の差が大きな違いを生む電子レンジ。この際、手持ちの機種の「ご飯あたため時間」を研究してみてはいかがでしょう。

常温や冷蔵保存のご飯を温め直す場合は、両端をあけてラップ。

小さじ1杯の水を加えて

密閉保存容器に詰め込んであったご飯は皿や茶碗に移し、箸でかたまりをほぐします。その後、ふんわりラップをかけるか、両端に5㎜程度のすき間をあけて電子レンジへ。

冷蔵のご飯は、水分がとんでかためだったり、表面が乾燥ぎみだったりすることが多いもの。そんなときは小さじ1杯程度の水をふりかけてから加熱。なるべく全体にまんべんなくふりかけましょう。

おにぎりは皿の上にのせ、1個あたり約1分温めます。

茶碗のご飯でもおにぎりでも、2つ同時に温めるときは、ターンテーブルの端に向かい合わせに。3個以上なら等間隔に端に並べて置いてください。

冷蔵保存で水分がとんでかたくなっていたら、小さじ1杯の水を。

パン

パンの温めはラップなし。包装や容器を取りはずして皿にのせ、ターンテーブルの端の方に置いて約10秒加熱します。

特にホットドッグなど細長いパンは、縁に沿うように置きます。真ん中に置くと、端と中央の加熱ムラを招きます。

内側から加熱する電子レンジならではの失敗にも注意。表面がまだ生温かく、追加加熱したところ中は焦げていた、ということもあります。冷凍のバターロールでも20秒が限度です。

ゆでめん

うどんやスパゲティなどのゆでめんは小さじ1杯の水をふりかけ、ふんわりとラップ。1玉あたり、冷蔵なら1分20秒、冷凍なら2分30秒加熱します。

すでに火が通っているめんは、温めと調理が同時にできます。あんやソースをめんと同時に別皿で温めて、後で合わせたり、めんと生の具をいっしょに加熱して、最後にたれをからめても。

ゆでめんにめんつゆと熱湯を注いだ上に具をのせて、どんぶりごと加熱してもOKです。

カレー・どんぶり

具とご飯の温まり具合が違うどんぶりものは、具とご飯とを別々に保存しておきます。

このとき、ご飯は深さのあるどんぶりに、具はそのどんぶりにのる大きさの平皿に入れておくと、温めるときに便利。どんぶりの上に平皿をのせ、ラップかふたをして1人分あたり4分加熱。温まったら平皿の具をご飯の上にすべらせて移せば、具はあつあつ、ご飯はふんわり、どちらもおいしい温度になり、ご飯もふやけません。

お弁当

市販のお弁当を温めるときは、包装のラップやふたをいったんはずし、蒸気がほどよくにげるよう、ラップを軽くかけ直したほうがベター。しょうゆやソースの入った容器、ゆで卵は取り出します。温めたくない漬けものやフルーツなどもこのとき出しておくか、アルミホイルをかぶせて加熱を防ぎます。

おかずに油ものがある場合は、耐熱性のプラスチック容器でも溶け出す場合があるので、皿に移したほうが安心です。

汁もののあたため

スープやみそ汁は、鍋で何度も温め直すと最後は煮つまってしまい、味は濃くなり、香りも損なわれます。たっぷり作っておいた汁ものを、1食ごと、1人分ずつ温めるにも電子レンジは便利。何度も沸騰させないので、最後のほうまで具が煮くずれず、味も濃くなりません。家族がバラバラに食卓につく場合でも、最後の人までおいしくいただくことができます。

[みそ汁]

1人分の温め直しも電子レンジで

鍋で作る場合でも、みそ汁は煮すぎると風味がだいなしです。鍋の縁のあたりがふつふつしてきたら火を止める。電子レンジでもこのタイミングが大切です。

ラップをして温め時間は1人分で2分ほど。加熱前に下にたまったみそをかき混ぜておきましょう。加熱には、漆器や木製の椀は使えませんので注意。

家族全員分を鍋で作っておいて、1人分ずつ温め直す。そんなときはだしを取り、具にサッと火を通したらいったん火を止め、みそを溶いて味をととのえておきます。

こうしておけば、みその風味も損なわれず、野菜がくたくたになってしまうこともなく、時間が経っても、1人分ずつおいしく温め直すことができます。

具をだし汁だけでサッと煮ておき、みそを溶かして3～4分加熱しても。

[みそ汁]

電子レンジで作れる簡単みそ汁

一人暮らしの人や、主婦のお昼、遅く帰ってきた人の夜食にも最適。電子レンジで1人分のみそ汁が作れます。

陶製の碗や耐熱性の計量カップに1カップ分の水か熱湯を注ぎ、和風だしの素とみそを入れ、かき混ぜます。

具を入れてラップをして電子レンジで水なら約5分、お湯なら約4分でできあがり。

火の通っていない野菜や豆腐などを具にする場合は、P56を参考に、加熱時間を10～30秒程度増やします。火の通りにくい根菜なども薄く切れば大丈夫。

塩分の多いみそにはマイクロ波が集中します。かたまりは外に出ていると焦げる場合がありますので、水の中に沈めて溶かしてから加熱してください。

1人分のみそ汁を作る場合には、電子レンジが便利。耐熱性の器を使って。

[スープ]

「一混ぜ」で加熱ムラを防ぐ

スープの温めは、水分が蒸発しないようにラップをかけて2分20秒。器が熱くなりすぎたり、蒸気が飛び出してやけどするのを防ぐため、ラップの両端は5㎜くらいずつあけてください。

汁けが多いので、吹きこぼれないように、スープを入れて半分くらいになるような大きさの器を使いましょう。もちろんぐつぐつ煮立たせてはいけません。

スープの飲み頃は90度弱。器の半分くらいまで入れ、途中で1度混ぜて。

[レトルト食品]

必ずパックから器に出して

レトルト食品は必ずパックから出して器に移します。密封されたものは蒸気のにげ道がないため破裂します。そもそもアルミパックはマイクロ波を反射するため中のものが温まりません。ご飯のパックは穴をあけてください。また、お湯で温めると約5分かかるレトルト食品が、電子レンジなら約2分30秒。光熱費も½以下とお得です。

スープと同様に「途中で止めて一混ぜ」がムラなく温めるポイント。

[コーヒー・紅茶・牛乳]

香りを出す、吹きこぼれを防ぐためにラップなし

コーヒーや紅茶はラップなしで温めます。空気に触れさせることにより、香りが引き出されます。

あふれやすい牛乳もラップなしで。マグカップなどに注ぐときは半分の高さまで。カフェ・オ・レも同じです。

飲みものの温めでは突沸現象（→P45）を招くこともあります。加熱しすぎや取り出しには充分注意してください。

おかずのあたため

電子レンジは食品の水分を水蒸気に変えて温めます。ラップをかければ水蒸気はにげずに、しっとり。ラップなしでは水分がとぶため表面は乾燥ぎみに仕上がります。

おかずによってラップをするしないは重要なポイント。おいしさの決め手ともなります。さらにちょっとひと手間加えるだけで、作りたてのおいしさにぐっと近づきます。

焼きもの、炒めものはラップなし

魚や鶏肉の照り焼き、焼きとり、うなぎのかば焼き、豚肉のしょうが焼き、焼きギョーザなど。焼き色のついたおかずは、焦げ目や皮を上にして、１人分（100g）約１分、ラップなしで温め直します。表面が乾いてパリッとした感じになり、焼きものらしく仕上がります。

野菜炒めやチャーハン、焼きそばなどもラップなしで。パラリと仕上がり、サッと炒めた感じがよみがえってきます。

ただし、ラップなしで温めると、油やたれがはじけて庫内に飛び散りやすいので、作りたてのおいしさを引き出したら、使用後のひとふきをお忘れなく。

焼きそばはラップなし。水分をとばしてパラリと仕上げます。

ベトッとしがちな野菜炒めもラップなしで。

焼き魚は皮に切り目を1本入れて

焼き魚の温めは皮が上でラップなし。皮の部分に切り目を１本入れて加熱すれば、皮もはじけず、おいしく仕上がります。加熱しすぎると脂とともにうまみも流れ出してしまうので、切り身１切れあたり１分、一尾ものなら１分30秒程度に。ターンテーブルに割り箸２膳をばらして置いた上に皿をのせて温めれば、上下から熱が入るので、裏返す必要もありません。

あじやかますの開きを生から調理する場合は、ターンテーブルの上に割り箸を置き、その上に直接のせて加熱すると、焦げ目もつけて焼きあげることができます。

一尾ものの焼き魚は上になる側の皮に、切り目を１本入れる。

揚げものにはキッチンペーパー

揚げものをカラッと仕上げることに関しては、オーブントースターのほうが得意ですが、中まで温まる電子レンジのよさも。

電子レンジでは、ターンテーブルに割り箸をばらして置き、その上に２枚重ねにしたキッチンペーパーを。その上に揚げものをのせ、ラップなしで温め直します。不安定なら平皿にキッチンペーパーだけでもOK。

取り出して、そのまま少し待つと、サクッとした仕上がりに。

下からもマイクロ波が通るように、割り箸ですき間をあけます。

煮もの、蒸しものはラップあり

しっとり仕上げたい煮もの、水分をとばしたくない蒸しものは、ラップをして温めます。ただしぴったり密閉した状態にすると加熱しすぎに。ふんわりかけるか、両端をあけて蒸気のにげ道を作ります。

肉じゃがや筑前煮、ひじきや切り干し大根、おからなど、煮汁がほとんどない煮ものは水分をプラス。１人分につき大さじ１杯の水を加えてから温めると、しっとり仕上がります。

肉まんやシューマイは、温める前に水にどっぷりくぐらせてください。ラップをふんわりとかぶせ、内側と外側からの水蒸気でふっくら蒸しあげます。

煮もの、蒸しものともに100gあたり１分が目安です。

「生もの解凍」は半解凍で止める

電子レンジの生もの解凍の失敗の代表例は、角の部分が白く、部分的に煮えてしまう「端(はし)煮え」と「中心部の解凍不足」。あらかじめ電子レンジに設定された「解凍」のメニューキーを使っても、刺身(さしみ)の解凍がうまくできない人は多いようです。でも、レンジまかせにせず、手動で「弱」キーを使って、目と手で確かめて解凍すれば失敗を防げます。（村上）

刺身は表面に水分が出てきたらすぐにストップ

1 キッチンペーパーを敷いてラップなし

刺身の解凍には「弱」を使います。「弱」キーがない機種の電子レンジでは、170W、200Wといった出力表示や「解凍」キーがこれにあたります。

まずターンテーブルの端のほうに、キッチンペーパーを二つ折りにして置きます。

その上に冷凍の刺身をのせます。水っぽくなってしまうので、ラップはなし。「弱」キーで100gにつき1～2分加熱します。ここでは目を離さずに、様子を見ます。

2 表面に水分がにじんでくる半解凍で止める

刺身の霜が解けて、表面に水分がうっすら浮かんできたら、加熱を止めます。セットした時間がまだ残っていても、ここで止め、指で軽く押してみます。表面に水分がにじんでくる半解凍状態になっていれば、取り出してOKです。

機種によって、「弱」の出力は170Wから250Wくらいまで、微妙に違います。長い時間ではないので、しっかり目と手で確かめて、タイミングを逃さないようにしましょう。

3 包丁を入れるとシャリシャリするぐらい

取り出したら、乾いたキッチンペーパーで表面の水分を軽く押さえ、包丁で食べやすい大きさに切り分けます。

完全に解けていない半解凍状態であるため、包丁を入れると、シャリシャリと音がする感じになっているはず。包丁も入りやすく、切り口がくずれないので、見た目もきれいに仕上がります。

半解凍の状態で味つけすればしみ込みもよく、中心部は自然解凍され、食べるときにちょうどよい状態になります。

解凍は肉も魚も100gで 弱1～2分

生もの解凍は肉でも魚1尾(び)でも切り身でも同じです。100gにつき「弱」で1～2分。半解凍でストップさせます。

肉や魚などの生ものは、完全に解凍してしまうとうまみがにげてしまいます。また、角の部分などに熱が入り、端だけがところどころ煮えたような状態になりがちです。

冷凍するときに、ラップで包んだあと、アルミホイルで包むのもコツ。ラップだけでは空気を通してしまうので、冷凍庫の中での乾燥を防げないのです。

鮮度もおいしさもにがさず、美しい仕上がり

まぐろの刺身

さすが 時間短縮 失敗なし　**70kcal 2分**

材料（2人分）
まぐろ（冷凍）…………… 100g
みょうが ……………………… 1個
青じそ ………………… 2～3枚
かぼす ……………………… ½個
おろしわさび……………… 適量

作り方
❶冷凍のまぐろは弱で1～2分加熱する（→P88）。水けをふき、1㎝厚さに切る。
❷みょうがは縦2つに切って縦に薄切りにする。水にはなして軽くもみ、水けをきる。
❸器に①、②、青じそを盛り合わせ、かぼすとおろしわさびを添える。（村上）

半解凍だからドレッシングがほどよくなじむ

刺身サラダ

さすが 時間短縮 味がからむ　**160kcal 2分**

材料（2人分）
まぐろ（冷凍）…………… 100g
貝割れ菜 ……………… ⅖パック
キャベツのせん切り …… 2枚分
紫玉ねぎの薄切り
………………… 40g（¼個分）
Ⓐ酢…大さじ2／しょうゆ、みりん…各大さじ1／胡麻(ごま)油、サラダ油…各小さじ2／ラー油、こしょう…各少々

作り方
❶冷凍のまぐろは弱で1～2分加熱し（→P88）、水けをふいて7～8㎜厚さに切る。
❷貝割れ菜は3等分に切る。
❸キャベツ、紫玉ねぎ、①、②をのせ、Ⓐを合わせてかける。（村上）

ねばねば、プチプチの食感がどんぶりの中で調和

まぐろオクラとんぶり丼

さすが 時間短縮 ヘルシー　**384kcal 2分**

材料（2人分）
まぐろ（冷凍）…………… 100g
ゆでオクラの小口切り… 4本分
とんぶり、万能ねぎの小口切り
……………………… 各大さじ1
Ⓐすり白胡麻…大さじ½／おろししょうが…小さじ½／練りわさび…小さじ¼／しょうゆ、みりん…各大さじ1⅔／ゆずこしょう…少々
ご飯…300g（茶碗〈大〉2杯分）

作り方
❶冷凍のまぐろは弱で1～2分加熱し（→P88）、一口大に切る。
❷Ⓐを合わせて①を和える。
❸ご飯、②を盛り、オクラ、とんぶり、万能ねぎを散らす。（村上）

温かいご飯にのせて、ちょうど食べ頃

づけ鉄火丼

さすが 時間短縮 味がしみる　**433kcal 3分**

材料（2人分）
まぐろ（冷凍）…………… 200g
Ⓐしょうゆ…大さじ1⅓／みりん…小さじ1／練りわさび…少々
やまと芋 ………………… 100g
ご飯…300g（茶碗〈大〉2杯分）
もみのり …………………… 適量
万能ねぎの斜め切り …… 2本分

作り方
❶冷凍のまぐろは弱で2～3分加熱し（→P88）、ぶつ切りに。
❷Ⓐを合わせて①を和える。
❸やまと芋はすりおろす。
❹器にご飯を盛って②、③をのせ、もみのり、万能ねぎをのせる。（村上）

シャキシャキ感をいただく きゅうりを使いやすく保存する

たたきで

輪切りで

1 食べやすい大きさに切る

たたきにするときは、まずきゅうりの両端を落とし、四つ割りにします。

切り口を下にしてまな板に並べ、めん棒やビール瓶などでたたいて亀裂を入れます。このとき、ラップをかぶせてたたくと飛びはねたりせず上手にできます。よくたたいたら3～4㎝の長さに手で割ります。

輪切りでも冷凍保存できます。この場合も両端を落とし、やや厚めの3㎜程度の輪切りにするのがおすすめ。

2 密閉保存容器に入れる

切り終わったら、全体を軽く手でほぐしてバラバラにしてから、小さめの密閉保存容器に入れます。冷凍庫内での乾燥を防げればよいので、フリーザーバッグやポリ袋でもかまいません。たたきでも輪切りの場合でも手順はいっしょです。

この時点で、1回分の使用量ずつ小分けにして入れておくと、解凍して使うときに便利です。目安は1人1本分くらいずつ。小さなおかず作りに役立ちます。

3 そのまま冷凍する

容器にしっかりふたをしてそのまま冷凍保存します。

冷凍の際、たたきや輪切りにするのはきゅうりの繊維を断つためです。こうすると、半解凍した後には生のときとはまた違うシャキシャキとした新しい食感が楽しめます。

きゅうりの繊維を残したまま冷凍すると、解凍したときに筋っぽくなり、きゅうりらしい食感が失われます。

なお、冷凍したら保存期間は約1ヵ月です。（村上）

解凍は100g（1本分）で 弱3分

冷凍きゅうりの解凍は「弱」キーや170W（または200Wなど）の出力に設定してラップなしで加熱します。

きゅうり1本分につき3分で、冷凍のひんやりとした冷たさを残しながら、ようやく解凍されたという状態に戻ります。

また「弱」キーで1本分につき2分加熱すると半解凍の状態に。生ともまた違うシャキシャキとした新食感が楽しめます。ドレッシングや調味だれのしみ込みもよく、おいしく味つけできるのです。

サッと和えるだけで、素早く味がしみ込む

きゅうりとわかめの酢のもの

さすが　簡単　さっぱり　**49kcal 6分**

材料（2人分）

きゅうりの輪切り（冷凍）
　………………200g（2本分）
カットわかめ（乾燥品・もどす）
　………………………………4g
Ⓐ酢、砂糖…各大さじ2／しょうゆ…小さじ2
ちりめんじゃこ……………4g

作り方

❶冷凍のきゅうりは弱で6分加熱して解凍する（→P90）。
❷Ⓐを合わせ、①、わかめ、ちりめんじゃこを和える。（村上）

あっさりだけど個性的。酒の肴にも

ピリ辛きゅうり

さすが　簡単　ローカロリー　**27kcal 4分**

材料（2人分）

きゅうりの輪切り（冷凍）
　………………200g（2本分）
Ⓐしょうゆ…小さじ2／ラー油…小さじ½

作り方

❶冷凍のきゅうりは弱で4分加熱して半解凍する（→P90）。
❷Ⓐを合わせて器に盛った①にかける。（村上）

半解凍の新食感がたまりません

中華風きゅうり

さすが　簡単　シャキシャキ　**57kcal 3分**

材料（2人分）

たたききゅうり（冷凍）
　………………200g（2本分）
Ⓐ酢、砂糖、しょうゆ…各大さじ2／胡麻油…小さじ2

作り方

❶冷凍のきゅうりは弱で3分加熱して霜のついている状態に。
❷Ⓐを混ぜ合わせて①を和える。（村上）

シャキシャキ感が新鮮。いままでにないおいしさ

きゅうりのマヨネーズサラダ

さすが　簡単　味がからむ　**74kcal 4分**

材料（2人分）

たたききゅうり（冷凍）
　………………200g（2本分）
玉ねぎの薄切り…………20g
マヨネーズ…………大さじ1⅓

作り方

❶冷凍のきゅうりは弱で4分加熱して半解凍する（→P90）。
❷①、玉ねぎをマヨネーズで和える。（村上）

電子レンジでゆでたほうれんそうは小分けにして冷凍

1 ジッパーつきポリ袋でゆでる

ほうれんそうは流水でよく洗います。特に根元の泥はしっかり落としてください。

洗い終わったら、水けがついたままジッパーつきポリ袋に入れます。蒸気をにがすため、袋の口は少しあけたままに。ジッパーなしのポリ袋を使う場合は口を軽く折り曲げます。600Wで、100gにつき約１分20秒加熱します。

ゆで湯なしでスピーディーに加熱。うまみも、流出しやすいビタミン類も守ります。

2 ジッパーつきポリ袋の中で水にさらす

電子レンジから取り出したら、ジッパーつきポリ袋の中に水を入れます。

袋の中で水にさらし、色止めとあく抜きをします。

水を使わず加熱する電子レンジでは、鍋でゆでたときのようにうまみや栄養や色が、湯に流出することはありません。そのかわりにあくも抜けませんが、加熱後にこうして水にさらせば大丈夫。色もあざやかにゆでることができ、しかも洗いものいらずです。

3 食べやすい長さに切って保存

軽く水けをきり、食べやすい長さに切ります。小分けにしてジッパーつきポリ袋や密閉保存容器に入れ、口をしっかり閉じて冷凍保存します。

ほうれんそうは新鮮なうちにゆでたほうがおいしくいただけます。でも量が多いと一度には無理。また冷蔵庫ではすぐにうまみが失われてしまいます。１回分ずつ小分けにして冷凍すれば、いつでもスピーディーに、新鮮な緑黄色野菜の味を取り入れられます。(村上)

解凍は 100g (約$\frac{1}{3}$わ分)で 弱３分

冷凍ほうれんそうの解凍は「弱」キーあるいは170W（または200Wなど）の出力に設定して加熱します。

冷凍ほうれんそうを100g($\frac{1}{3}$わ分）につき3分加熱すると、冷たいけれどゆでたて、という状態に戻ります。2分加熱すると半解凍の状態に戻ります。

冷凍庫内での乾燥を防ぐため、空気を通さず密閉できる容器か、ラップしたものをジッパーつきポリ袋に入れて冷凍します。

冷凍後の保存期間は１ヵ月が目安です。

定番の小鉢が、いつでもゆでたての新鮮さ

ほうれんそうのお浸し

さすが 栄養をにがさない ローカロリー　22kcal 4分30秒

材料（2人分）
ゆでほうれんそう（冷凍）……………… 140g（½わ分）
削り節 ……………………… 適量
しょうゆ ……………… 小さじ2

作り方
❶冷凍のほうれんそうはラップなしで弱で4分30秒加熱（→P92）。
❷①を軽く絞り、削り節としょうゆを加えて混ぜる。（村上）

胡麻の風味がよくからんで、満足のおいしさ

ほうれんそうの胡麻和え

さすが 栄養をにがさない あっさり　109kcal 4分30秒

材料（2人分）
ゆでほうれんそう（冷凍）……………… 140g（½わ分）
すり白胡麻 …………… 大さじ2
砂糖 …………………… 大さじ2
しょうゆ ……………… 大さじ1

作り方
❶冷凍のほうれんそうはラップなしで弱で4分30秒加熱して（→P92）軽く絞る。
❷①に胡麻、砂糖、しょうゆの順に加えて混ぜる。（村上）

プラス加熱で あつあつ料理にも

速い、うまい！ 8分でできる簡単カレー

ほうれんそうのカレー

さすが 鍋いらず 速い　130kcal 8分

材料（2人分）
ゆでほうれんそう（冷凍）……………… 280g（1わ分）
水 ……………………… カップ1
カレールウ（固形）………… 40g
ナン ………………………… 適量

作り方
❶耐熱容器にほうれんそうと水を入れ、削ったルウを中に沈める。ラップをして8分加熱し、とろみがつくまで混ぜ合わせる。
❷ナン（カロリー外）を添える。（村上）

生のままでも冷凍できる

ゆでて、切って、小分けにして保存するなんて時間はない！ そんなときは生で冷凍。ほうれんそうはよく洗って泥を落とします。サッと水けをきり、ジッパーつきポリ袋に入れます。このとき、水分を保つため、ふいたり、水けをきりすぎたりしないように注意。そのまま冷凍庫に入れます。

解凍時間はゆでて冷凍したものと同じで、加熱調理を行う場合は、100gあたりさらに1分20秒加熱します。

水分やうまみをにがさない「解凍あたため」

電子レンジは食品自体が持つ水分を水蒸気に変えて加熱します。でんぷん質で水分が多いご飯は、特にこの加熱法の影響を受け、まさにこの水分が熱源。ですから、冷凍するときも水分をできるだけ多く含んだ状態を保つことがポイントになります。ふっくら炊きたてご飯に仕上げるための「解凍あたため」は、上手な「冷凍保存」にかかっています。（村上）

ご飯はほかほか温かいうちに密閉

1 湯気がたっているほど温かいときにふたを

ご飯は炊きたての温かいうちに密閉。ほかほかの湯気もいっしょに冷凍保存してしまいます。

ジッパーつきポリ袋に茶碗（ちゃわん）1杯分ずつ入れ、口を軽く閉じ、冷ましてからきちんと密閉して冷凍します。密閉保存容器ではご飯をつぶさないように軽くふたをし、同様に冷（さ）ましてから密閉して冷凍庫へ。

2 途中でほぐすと仕上がりふんわり

ジッパーつきポリ袋の口はあけ、密閉保存容器のふたははずして、軽くラップをして加熱。

加熱の途中でいったん取り出し、袋の外から軽くもみほぐします。密閉保存容器の場合はラップをあけ、素早く箸（はし）でほぐします。

こうすればふんわり炊きたての仕上がりになります。（村上）

こくとさっぱりが合う

バター梅ご飯

さすが　速い　まろやか

316kcal 5分

材料（2人分）

ご飯（冷凍）……300g（茶碗〈大〉2杯分）
バター……小さじ4
梅干し……2個

作り方

❶冷凍ご飯は合計5分加熱して器に盛る。
❷①の上にバターと梅干しをのせる。（村上）

これぞ炊きたての醍醐味（だいごみ）

まぐろ納豆ご飯

さすが　ヘルシー　失敗なし

386kcal 5分

材料（2人分）

ご飯（冷凍）……300g（茶碗〈大〉2杯分）
まぐろ（刺身用）……100g
Ⓐ納豆…60g／長ねぎの小口切り、溶きがらし…各少々／しょうゆ…小さじ3

作り方

❶まぐろは粗く刻んでボウルに入れ、Ⓐを加えて混ぜる。
❷冷凍ご飯は合計5分加熱し①をのせる。（村上）

解凍あたためは 150g（茶碗1杯分）2分30秒

冷凍ご飯の加熱時間は150g（茶碗〈大〉1杯分）につき、600Wで2分30秒です。ご飯をほぐすために途中で扉をあけるのは、1分30秒を経過したくらいを目安にしてください。

ジッパーつきポリ袋や密閉保存容器は、冷凍兼電子レンジ対応のものが便利。冷凍庫から取り出して、そのまま電子レンジに入れられます。

また加熱後のご飯は、冷めやすくかたくなりやすいため、1人分ずつ温めるのがコツ。冷凍の際は、これをふまえて小分けにして保存。

冷凍したら保存期間は1ヵ月が目安です。

いたみやすいあさりもじつは冷凍可能

1 カップ1の水に小さじ1の塩で砂を吐かせる

カップ1の水に対し、小さじ1の割合で塩を入れた塩水を用意します。

塩水の入ったボウルにあさりを入れ、しばらくおいて、砂をよく吐かせます。あさりが吐いた水が飛び出るので、軽くラップかふたをします。

夏場の暑い時期は冷蔵庫の中で吐かせたほうがうまくいきます。

2 あさりをよく洗う

様子を見て、たっぷり砂を吐いたようだったら終了。吐いた砂をボウルの底に残し、貝だけをすくい上げるようにしてざるに上げます。

冷凍する前に流水でよく洗い、貝殻(かいがら)についた砂やゴミも落とします。貝殻同士をこすり合わせるようにすると、きれいになります。

3 密閉して冷凍

冷凍保存用のバッグまたは密閉保存容器に入れ、冷凍庫で保存します。

いたみやすいあさりも生きたまま冷凍が可能。約1ヵ月間も賞味期間を保ちます。解凍すれば冬眠から覚めるように新鮮さが復活。しかも冷凍することで貝のうまみ成分は5倍にもなります。(村上)

うまみ成分がたっぷり

あさりのみそ汁

さすが　鍋いらず　うまみが出る

33kcal **7**分

材料(2人分)

あさり(冷凍)…………… 140g
水 ……………………カップ$1\frac{1}{2}$
みそ ………………… 大さじ$1\frac{1}{3}$
万能ねぎ(1cm長さに切る) ……………………………少々

作り方

❶耐熱ボウルに冷凍のあさり、分量の水、みそを入れ、ラップをして7分加熱する。

❷あさりの口があいたら器に入れ、万能ねぎを散らす。(村上)

洋風料理でも大活躍

あさりのオイル蒸し

さすが　こくが出る　手間いらず

55kcal **5**分

材料(2人分)

あさり(冷凍)…………… 300g
ローリエ …………………… 2枚
オリーブ油 ………… 大さじ$1\frac{1}{3}$

作り方

❶耐熱容器に冷凍のあさり、ちぎったローリエを入れ、オリーブ油を回しかける。ラップをして5分加熱して取り出す。

❷殻(から)が閉じているあさりは別の耐熱容器に入れ、口があくまで10秒ずつ加熱して①に戻す。(村上)

解凍あたためは100g (約8個)で 1分30秒

冷凍の殻つきあさりの「解凍あたため」は100g(約8個)につき600Wで1分30秒です。

凍ったまま容器に入れ、あるいは耐熱容器での冷凍ならそのまま、直接酒をふりかけてラップをして加熱。あっという間に酒蒸(さかむ)しもできてしまいます。みそ汁、吸いもの、スパゲティなど、何にでも使えて重宝します。

素材の持つ水分で中からふっくら「蒸す」

食品自体の持つ水分を使って、内側から蒸しあげるように仕上げる電子レンジ。蒸し料理はまさに電子レンジの十八番です。お得意の蒸し鶏はもちろん、魚、肉、野菜、卵など、「蒸す」テクニックで素材の持ち味を十二分に引き出します。しかも蒸し器やせいろの準備も必要なく後片付けもらくらく。気楽にすぐにでも試したくなる「蒸す」のすぐれワザをご紹介します。

鶏肉は電子レンジ向きの素材
ラップやレンジぶたを使ってジューシーに

レンジ専用バッグで

塩、こしょうした鶏肉をレンジ専用バッグに入れ、酒をふりかけます。バッグの口は、蒸気をにがすために、中央を少しあけたままにしておきます。ターンテーブルの端（はし）に置いて、1枚あたり3～5分加熱。底が二股になったバッグなら肉の上下を返さなくてもOKです。そのまま保存もできます。（村上）

器にラップかふたをして

耐熱性ならどんな器でもOK。下味をつけた鶏肉は、はじけて庫内に飛び散らないよう皮を下にして入れ、酒を少々ふりかけます。ラップかレンジぶたをして2枚で5分間加熱。いったん取り出し、裏返してさらに5分間加熱すればできあがりです。

器の底にたまった蒸し汁は、たれやスープのだしに。（村上）

肉に直接ラップして

水分も脂分も少ないささ身なら、汁がほとんど出ないので肉にそのままラップしただけでも調理が可能。

耐熱皿にラップをひろげ、ささ身1本をのせます。酒大さじ1をふりかけたら、ラップでささ身を包みます。皿にのせたまま、50秒加熱すればできあがり。

そのまましばらくおいて、にじみ出た蒸し汁を肉に吸わせると、パサつかずしっとりとした仕上がりになります。

ローカロリーでどんな味とも合う蒸し鶏は、主役にも脇役にもなります。基本的な作り方を覚えておけば、バリエーションの増える料理です。（大沼）

いろいろな料理に応用できる

蒸し鶏

さすが｜ジューシー｜失敗なし

140kcal 3分30秒

材料（2人分）

- 鶏胸肉 ………… 250g（大1枚）
- 酒…大さじ½／塩…小さじ½／こしょう…少々
- 白髪（しらが）ねぎ、甘酢しょうが、しょうゆ …………………… 各適量

作り方

❶鶏肉は塩、こしょうをまぶし、レンジ専用バッグに皮を上にして入れ、酒をふる。

❷バッグの口の中央を少し残して閉じ、ターンテーブルの端にのせ、3分30秒加熱する。

❸②を食べやすく切り、白髪ねぎと器に盛って甘酢しょうがとしょうゆを添える。（村上）

素材のうまさがわかる、蒸し鶏の原点

棒々鶏

さすが しっとり | 速い　186kcal 3分30秒

材料（2人分）
鶏胸肉 ………… 250g（大1枚）
Ⓐ酒…大さじ½／塩…小さじ½／こしょう…少々
きゅうり ……………………… ½本
Ⓑしょうゆ、酢、練り白胡麻…各大さじ1／胡麻油…大さじ½／豆板醤…小さじ¼／おろしにんにく、おろししょうが…各少々
長ねぎの小口切り ……… 5㎝分
炒り白胡麻 ………………… 適量

作り方
❶鶏肉はⒶで下味を。3分30秒加熱し（→P96上、中段）、皮を除いて細く裂く。きゅうりは粗く砕く。
❷①を器に盛り、Ⓑを合わせてかけ、長ねぎ、白胡麻を。（村上）

満足感のあるヘルシーな一品

蒸し鶏とオクラの酢みそがけ

さすが ローカロリー | あっさり　74kcal 2分40秒

材料（2人分）
ささ身 ……………… 80g（2本）
　酒…大さじ2
オクラ ……………… 60g（6本）
Ⓐみそ、酢、水…各小さじ2／だしの素（粉末）…小さじ½／砂糖…大さじ½

作り方
❶ささ身は筋を除いて酒をふり、ラップで包んで1分40秒加熱し（→P96下段）、細く裂く。
❷オクラはへた側と先端を互い違いに並べてラップで包み、1分加熱。
❸①、②を器に盛り、Ⓐを合わせてかける。（大沼）

甘辛のドレッシングがよく合う

蒸し鶏のエスニックサラダ

さすが ノンオイル | 味がからむ　82kcal 1分40秒

材料（2人分）
ささ身 ……………… 80g（2本）
　酒…大さじ2
キャベツの細切り ……… 4枚分
玉ねぎのみじん切り…大さじ2
香菜のみじん切り…… 大さじ2
Ⓐおろしにんにく、赤唐辛子の小口切り…各小さじ½／酢、ナムプラー、水…各大さじ1／砂糖…大さじ½／だしの素（粉末）…小さじ½
香菜（飾り用）……………… 適宜

作り方
❶ささ身は筋を除いて酒をふり、ラップで包んで1分40秒加熱する（→P96下段）。細く裂き、キャベツ、玉ねぎ、香菜と合わせる。
❷①を器に盛り、Ⓐを合わせてかける。（大沼）

ピリッとしてやさしいスープ

蒸し鶏のキムチスープ

さすが 鍋いらず | ピリ辛　68kcal 3分20秒

材料（2人分）
ささ身 ……………… 80g（2本）
　酒…大さじ2
大根 ………………… 100g（3㎝）
Ⓐ白菜キムチ…40g／万能ねぎの小口切り…2本分／おろししょうが…小さじ2／鶏ガラスープの素（顆粒）、しょうゆ…各小さじ1
湯 ……………………… カップ2

作り方
❶ささ身は筋を除いて酒をふり、ラップで包んで1分40秒加熱し（→P96下段）、細く裂く。
❷大根は拍子木切りにしてラップで包み、1分40秒加熱する。
❸器に①、②、Ⓐを入れて分量の湯を注ぐ。（大沼）

なすの身が中から蒸されてしっとり

皮をむいてラップ

素材の水分によって短時間で蒸しあげる電子レンジ。なすに変色する暇を与えず、美しいひすい色に仕上げます。

なす３個の皮をむき、互い違いに並べてラップでぴったりと包みます。ターンテーブルの端に置き、2分間加熱、上下を返してさらに2分間加熱するだけ。温かくても冷たくても。(村上)

皮つきでラップ

もちろん皮つきのままで電子レンジにかけてもOK。皮までしっとり仕上げたい場合は、へたを取ってラップでぴったりと包み、1個あたり約1分間加熱。ラップのまま冷水にとって冷まします。身にじっくり味をなじませたい料理のときは、皮をむいて、時間を50秒にして加熱し、同様に冷まします。(大沼)

皮をむかないでそのまま

なすの皮はラップと同じ。つまりラップなしでも蒸しなすができてしまうのです。ラップなしだと中はしっとり、皮はほどよく柔らかく仕上がります。

なすはへたのまわりに包丁で切り目を入れます。ターンテーブルに割り箸2膳をばらして置き、その上になすをのせます。加熱は１分40秒。(村上)

透き通るようなひすい色が、夏の食卓にぴったり

蒸しなすのお浸し

さすが　簡単　しっとり　**30kcal 3分20秒**

材料(２人分)

なす ……………200g(小３個)
削り節 ……………………２～３g
しょうゆ ……………………適量

作り方

❶なすは皮をむいて塩水（水カップ1½に塩大さじ½）に２～３分浸し、水けをきる。へた側と先端を互い違いに並べてラップでぴったりと包む。

❷①をターンテーブルの端にのせて１分40秒加熱し、上下を返してさらに１分40秒加熱する。ラップをはずし、粗熱を取って竹串か包丁で縦に裂く。

❸器に盛り、削り節をかけてしょうゆを回しかける。(村上)

とろみのあるあんをかけても

作り方(２人分)

鍋にだし汁カップ½、酒小さじ½、しょうゆ、片栗粉各小さじ¼、塩小さじ⅛を入れ、混ぜながら弱火で煮てとろみをつける。蒸しなすにかけて木の芽適量を添える。(村上)

涼味たっぷり。お酒のおつまみに最高

蒸しなすの薬味たたき

さすが　速い｜さっぱり　29kcal 1分40秒

材料（2人分）
なす ……………140g（小2個）
Ⓐ長ねぎのみじん切り…大さじ2／しょうがのみじん切り…小さじ1／みそ…小さじ1⅓／だしの素（粉末）…小さじ⅔
青じそのせん切り ………適宜

作り方
❶なすは皮をむいて1個ずつラップで包み、1分40秒加熱（→P98中段）。ラップごと冷水にとって冷ます。
❷①にⒶをのせ、包丁でたたきながら和える。器に盛り、青じそをのせる。（大沼）

酸味とこくを加える意外な組み合わせ

蒸しなすのヨーグルト和え

さすが　ヘルシー｜まろやか　31kcal 1分40秒

材料（2人分）
なす ……………140g（小2個）
プレーンヨーグルト…大さじ2
Ⓐ玉ねぎのみじん切り、パセリのみじん切り…各小さじ2／だしの素（粉末）…小さじ1／ガーリックパウダー…少々

作り方
❶なすは皮をむいて1個ずつラップで包み、1分40秒加熱する（→P98中段）。ラップごと冷水にとって冷まし、1㎝角に切る。
❷ヨーグルトは茶こしに入れて水けをきり、Ⓐと混ぜ合わせる。
❸①を②で和える。（大沼）

味つけの妙。油なしでもおいしい

蒸しなすのナムル

さすが　ローカロリー｜あっさり　24kcal 2分

材料（2人分）
なす ……………140g（小2個）
Ⓐめんつゆ（3倍濃縮）、水…各小さじ2／おろしにんにく、おろししょうが、すり白胡麻（ごま）…各小さじ½
香菜（シャンツアイ） ……………………適宜

作り方
❶なすは皮をむかずに1個ずつラップで包み、2分加熱（→P98中段）。ラップごと冷水にとって冷まし、縦に5㎜幅に切る。
❷Ⓐを混ぜ合わせて①を和え、器に盛って香菜を飾る。（大沼）

ピリ辛みそ風味。ねぎを添えればアクセントに

蒸しなすのからし漬け風

さすが　簡単｜味がしみる　34kcal 2分

材料（2人分）
なす ……………140g（小2個）
Ⓐ白みそ…小さじ2／練りがらし…小さじ1
万能ねぎ（3㎝長さに切る）
……………………………適宜

作り方
❶なすは皮をむかずに1個ずつラップで包み、2分加熱する（→P98中段）。ラップごと冷水にとって冷まし、1.5㎝角に切る。
❷Ⓐを合わせて①を和え、万能ねぎを飾る。（大沼）

酒が魚介をふんわり柔らかく仕上げてくれる

かたくならずにうまみを引き出す

加熱しすぎるとかたくなりがちなえびのうまみを引き出し、ふっくらと仕上げる決め手は、殻つきのまま加熱すること、酒をふりかけてラップすること、プチッという音を合図にすぐに取り出すこと。そしてえびの並べ方は、マイクロ波の集まりやすい尾を写真のように内側にして並べます。（村上）

蒸気が回るようにラップで覆う

電子レンジは魚のうまみをにがしません。たとえば、たいのあらとわかめの酒蒸し。器全体をラップで覆えば、それが蒸し器がわり。たっぷりの酒とたいとわかめ、そのすべての素材の水分がうまみ成分を含んだ蒸気となって全体を蒸しあげるのです。これはもうおいしくないはずがありません。（村上）

紹興酒は香りをつけ、蒸し効果も高める

えびの酒蒸し

さすが | 色 あざやか | 片付け らくらく　147kcal 2分40秒

材料（2人分）
えび（殻つき・冷凍）…………200g（20尾）
しょうがの薄切り（皮つき）…………4枚
紹興酒…………大さじ2
Ⓐしょうがの薄切り…6枚／胡麻油、しょうゆ…各小さじ2
香菜…………適宜

作り方
❶えびは水に浸して半解凍し、背わたを除く。
❷Ⓐのしょうがはせん切りにしてほかの材料と合わせてたれに。
❸耐熱性の皿に①を尾を内側に向けて並べ、しょうがをのせて紹興酒を回しかけ、ラップをする。2分40秒加熱し、プチッとはじける音がしたら時間前でも取り出す。
❹③を器に盛り、香菜をのせてたれを添える。えびの殻を除き、たれをつけて食べる。（村上）

磯のうまみをそっくりいただく

たいのあらとわかめの酒蒸し

さすが | 簡単 | うまみが 出る　133kcal 6分

材料（2人分）
たいのあら…………250g
　塩…小さじ1
カットわかめ（乾燥品）……10g
湯…………カップ¾
酒…………カップ¼
すだちのくし形切り……2個分

作り方
❶たいのあらは身に塩をすり込み、5分おいて身を締める。サッと洗ってざるにとり、水けをきる。
❷耐熱容器または深めの大皿にわかめを入れ、分量の熱湯を注いで柔らかくもどす。
❸②に①をのせ、酒を回しかけ、ふんわりとラップをして6分加熱。すだちを絞る。（村上）

蒸し器やせいろがなくても OKの定番蒸しもの

繊維たっぷり。朝食にぴったり

豆と野菜のカップケーキ

さすが ふっくら ヘルシー　1個 279kcal 6分30秒

材料（直径約８㎝のカップ４個分）
グリンピース（冷凍品）……50g
薄力粉……150g
ベーキングパウダー……小さじ1½
塩……小さじ½
溶き卵……１個分
砂糖……大さじ４
サラダ油……大さじ２
牛乳……カップ½

生地がふくらむので、ふんわりとラップをかける。

作り方
❶グリンピースは耐熱性のボウルに入れて、ふんわりとラップをし、30秒加熱して冷ます。
❷薄力粉、ベーキングパウダー、塩は合わせてふるう。カップに溶かしバター少々（材料表外）を塗る。
❸ボウルに溶き卵、砂糖、サラダ油を入れて泡立て器でよく混ぜ、牛乳を混ぜ合わせる。②、①の順に加えてそのつどゴムべらでさっくり混ぜる。カップに等分に流し入れ、ふんわりとラップをして、１個につき１分30秒加熱する。
＊赤いんげん豆やかぼちゃを加えてもおいしい。缶詰の赤いんげん豆50gはグリンピースと同様に下ごしらえを。粗く皮をむいたかぼちゃ50gは、1.5㎝角に切って耐熱性のボウルに入れて水大さじ１を加えてふんわりとラップをし、40秒加熱。熱いうちにスプーンの背などで粗くつぶす。（葛西）

包まなくてもできる

簡単シューマイ

さすが 速い お弁当に　264kcal 5分

材料（２人分）
豚赤身ひき肉……160g
玉ねぎ……50g（¼個）
　塩…少々
ボンレスハム……40g（２枚）
シューマイの皮……10〜12枚
Ⓐ酒、片栗粉…各小さじ２／塩…少々
パセリ……適宜

作り方
❶玉ねぎ、ハムは粗みじん切りにし、玉ねぎは塩をふってもむ。
❷シューマイの皮は縦半分に切り３㎜幅の細切りにする。
❸ボウルにひき肉、①、Ⓐを入れて練り混ぜる。６等分して丸め、②をまぶしつける。
❹耐熱容器にサラダ油少々（材料表外）を塗り、ターンテーブルのまわりに③を並べる。ふんわりとラップをして４〜５分加熱。あればパセリを飾る。（小田）

豪華な具をたっぷり

ごちそう茶碗蒸し

さすが ふんわり 片付けらくらく　92kcal 1分10秒

材料（２人分）
溶き卵……１個分
Ⓐだし汁…175㎖／薄口しょうゆ…少々／塩…小さじ¼
Ⓑだし汁…カップ½／薄口しょうゆ、片栗粉…各小さじ½／塩…小さじ⅙
生しいたけ（８つに切る）…１個
生うに……25g
ゆでたゆり根……½個
ゆでぎんなん……６個
三つ葉……適量

作り方
❶溶き卵とⒶを混ぜ合わせてこし、耐熱性の器２個に注ぐ。
❷①にラップをして50秒加熱し、一混ぜして20秒加熱する。
❸鍋にⒷを合わせて弱火で一煮し、生しいたけを加えてサッと煮る。
❹②にうに、ゆでたゆり根、ゆでぎんなん、三つ葉を散らし、③をかける。（藤野）

鍋いらずで栄養もうまみも流さず「ゆでる」

水を使わず素材自体が持つ水分で、内側から一気に加熱する電子レンジ。お湯でゆでるときのように栄養やうまみが流出しません。ビタミンやミネラルなどの栄養素も、しっかり残します。それぞれの野菜らしさ、野菜の持つ甘さを引き出し、濃厚な味に仕上げます。電子レンジの「ゆでる」調理は、お浸しはもちろん、炒めものの下ごしらえにもうってつけです。

青菜をゆでるときは 葉が下、茎は上

1 かたくて 火の通りにくい茎が上

電子レンジのマイクロ波は上から当たり、上のほうが熱が強く、下のほうが弱くなっています。

葉野菜を「ゆでる」ときもこの特性を意識。火の通りにくい茎は上に、火の通りやすい葉は下にして加熱します。三つ葉やクレソンなどの、茎も葉も柔らかい野菜はあまり気にしなくてもよいでしょう。

2 ゆでると量は半分に

電子レンジでゆでると、ボウルいっぱいの小松菜も量は約半分に。栄養をにがさないからヘルシー。うまみも閉じ込めるので、おいしく仕上がります。

健康のためにも美容のためにも、毎日しっかりとりたい野菜。サラダではカサが多くて無理でも、これなら食べやすく、たっぷりいただけます。

3 速く冷ましたければ 水にさらして

小松菜のようにあくのない野菜は加熱後に水であく抜きしなくてもOK。温かいままでもおいしくいただけます。

冷たいお浸しなどにしたいときも、時間があればそのまま冷蔵庫で冷まして使えます。本当はこのほうがおいしいけれど、急ぎのときはもちろん水にさらしてもかまいません。（村上）

ボウルひとつですぐにできる

小松菜のお浸し

さすが 栄養をにがさない シャキシャキ

32kcal 4分

材料（2人分）

小松菜……………300g（¾わ）
Ⓐしょうゆ、水…各小さじ2
削り節………………………4g

作り方

❶小松菜は葉と茎に分け、それぞれ4㎝長さに切って水にくぐらせる。

❷耐熱容器に葉を下、茎を上に入れ、両端（りょうはし）をあけてラップをし、4分加熱する。

❸②に水を注いで絞り、器に盛る。Ⓐを合わせてかけ、削り節をのせる。（村上）

シャキッと食べ頃のゆで加減
クレソンのお浸し

さすが　速い　あっさり　34kcal 約30秒

材料（2人分）
クレソン（正味）……80g（2わ）
ちりめんじゃこ……………10g
めんつゆ………… 大さじ½～1

作り方
❶クレソンは根元のかたい部分を除き、長さを半分に切って水にくぐらせる。ラップをひろげて葉と茎を交互に並べ、ラップで包んで約30秒加熱する。
❷①を水にとって絞り、器に盛る。ちりめんじゃこをのせて好みの加減に水で薄めためんつゆをかける。（栗原）

根菜をゆでるときは

ごぼうやにんじんなど、湯でゆでる場合に火が通りにくい根菜類は、やはり電子レンジでも、同じく時間がかかります。
また、電子レンジのマイクロ波はとがったところをねらって加熱するので、長い根菜がそのままの形だと、端から加熱されて中央は生、という状態になってしまいます。
これを防ぐためには、薄く切ったり細く割ったりして耐熱容器に入れ、かぶるくらいの水に浸して電子レンジで加熱します。水も加熱されるので時間は余分にかかりますが、ムラなくゆでられます。（村上）

炒めものや揚げものの下ごしらえに火を通すのだっておまかせ

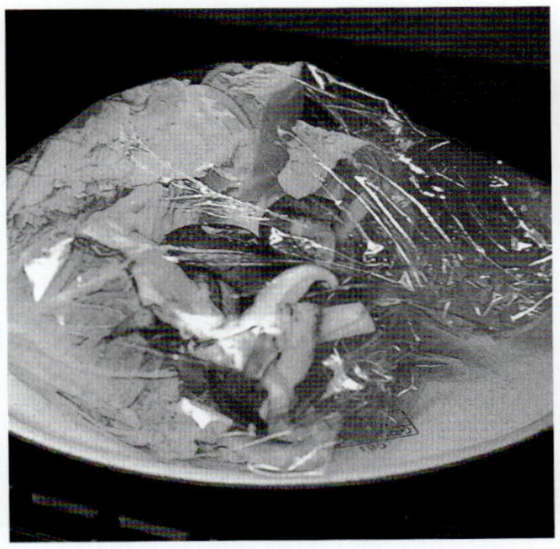

八宝菜風の場合

中華炒めをおいしく仕上げるコツ。それは強火でサッと炒めること。そのため火の通りにくい材料は、あらかじめ油通しや湯通しをします。
電子レンジが炒める前のこの下ごしらえを引き受けます。火の通りにくい素材、かさばる材料を素早くかためにに下ごしらえ。家庭用のコンロの火力でも、短時間でシャキッとした中華炒めが仕上がります。（村上）

鶏のから揚げの場合

鶏肉を蒸すのが得意な電子レンジは火の通りにくい鶏骨つき肉の下ごしらえも得意。
鶏骨つき肉のから揚げは中が生だったり、それを心配して揚げすぎてしまったり。でも電子レンジで加熱してから衣をつけて揚げれば、表面が色づく程度でもカリッと香ばしい仕上がりに。ふた手間に思えても、時間をかけて揚げるより手間なしで経済的です。（村上）

コトコト煮込むより「サッと煮」が得意

食品の水分を蒸気に変えて加熱する電子レンジは、鍋で煮込む方法とは違います。コトコト「煮込む」というより、材料が自らの水分で素早く「蒸し煮」にされるといったほうが正解です。材料から水分が出るため、煮汁が少量でもおいしくできます。ただ、鍋のような煮汁(にじる)の回り方ではないため、電子レンジに合わせた工夫も必要。この工夫こそがおいしさの決め手に！

中の水分が煮汁になる 野菜の蒸し煮

1 野菜から水分が出るので、水は少なめに

電子レンジでの煮浸し(にびたし)は水が少なめでOK。水けの多い野菜から水分が出てくるため、それがだしや調味料と合わさって煮汁になるからです。

また。少ない水で煮ることで野菜の風味や栄養が煮汁の中ににげずに残ります。手早いだけでなく、おいしくてヘルシーな調理法なのです。

2 煮もののときも葉が下、茎は上

電子レンジではマイクロ波は上のほうに強く当たります。野菜の煮ものでもこの法則にしたがって、柔らかい葉は下に、かたい茎は上に。

また油揚げやさつま揚げ、肉類などのたんぱく質食品を野菜といっしょに煮るときは、野菜の上にのせて加熱。ムラなく火が通ります。

3 味がよく回るように落としぶたを

落としぶたをするのは煮ものをおいしくするひと手間。電子レンジでも同じです。器より大きく切ったクッキングシートをかぶせ、その上に一回り小さめの耐熱性の皿をのせてふたをするか、クッキングシートを器の形に合わせて小さめに切って、材料に密着させてかぶせます。どちらも全体に味を回すコツです。

4 調理しながら中にも味がしみていく

たとえばだし汁を使った野菜の煮浸し。鍋で作るときは、煮た後、しばらく時間をおいて味をしみ込ませます。

野菜を中から加熱する電子レンジでは、加熱している間にも野菜に味がしみていきます。また、野菜の水分が出て調味料と合わさって煮汁となり、全体に回っていきます。(村上)

ほっとする懐かしの味

小松菜と油揚げの蒸し煮

さすが　簡単　鍋いらず

49kcal　5分

材料(2人分)

小松菜……………200g(½わ)
油揚げ……………30g(1枚)
Ⓐしょうゆ、酒…各大さじ½／だしの素(粉末)…小さじ½／塩…少々／湯…カップ½
しょうがのせん切り……適量

作り方

❶小松菜は葉と茎に分け、それぞれ4～5㎝長さに切る。油揚げは短辺を2つに切って1㎝幅に切る。
❷耐熱容器にⒶを合わせてだしの素を溶かし、①の葉を下に、茎を上に入れ、油揚げをのせる。
❸②にクッキングシートを密着させてかぶせ、浮き上がり防止に耐熱性の小皿をのせて5分加熱する。
❹③を一混ぜして器に盛り、しょうがをのせる。(村上)

胡麻油とラー油をきかせた中華風

青梗菜と桜えびの蒸し煮

さすが　ローカロリー　うまみが出る　**36kcal 5分**

材料(2人分)

青梗菜 ………… 150g(1½株)
桜えび ……………………大さじ1
生しいたけ ………… 30g(2個)
Ⓐ酒…大さじ½／しょうゆ、胡麻油…各小さじ½／塩、ラー油…各小さじ¼／湯…カップ¼

作り方

❶青梗菜は芯に十字の切り込みを入れて縦4つに裂き、葉は5〜6cm長さ、茎は3〜4cm長さに切る。しいたけは1cm幅に切る。

❷耐熱容器にⒶを合わせて塩を溶かし、桜えび、しいたけ、青梗菜の葉、茎の順に加える。クッキングシートを密着させてかぶせ、浮き上がり防止に耐熱性の小皿をのせて(→P104-3)5分加熱する。(村上)

長ねぎのみずみずしさと甘みを実感！

長ねぎのスープ煮

さすが　簡単　甘みが出る　**72kcal 約4分**

材料(4人分)

長ねぎの白い部分
……………………200g(2本)
塩、こしょう ……………各少々
オリーブ油 ……………大さじ2
Ⓐ白ワイン…大さじ1／コンソメスープの素(顆粒)…小さじ1／粒黒こしょう…少々／ローリエ…1枚／湯…カップ½

作り方

❶長ねぎは3〜4cm長さに切る。耐熱容器に並べて塩、こしょうをふり、オリーブ油をかける。

❷①にラップをして約1分加熱する。Ⓐを加えてさらに約3分加熱し、煮汁につけたまま味を含ませて冷まし、冷蔵庫で冷やす。(栗原) ※冬の太いねぎで作ってください。

大根が煮くずれずに、スープの味を含む

大根と豚肉のスープ煮

さすが　簡単　柔らか　**197kcal 14分**

材料(2人分)

大根 …………… 400g(½本弱)
豚ばら薄切り肉 ………… 100g
　片栗粉…小さじ2
鶏ガラスープの素(顆粒)
…………………………小さじ½
しょうゆ ………………小さじ2
水 ………………………カップ1

作り方

❶大根は角を作って乱切りにし、耐熱ボウルに入れる。

❷豚肉は4cm長さに切って片栗粉をまぶし、①の大根の上にドーナツ状にのせる。スープの素、しょうゆ、水の順に加える。

❸②にクッキングシートを密着させてかぶせ、浮き上がり防止に耐熱性の小皿をのせて(→P104-3)14分加熱し、器に盛る。(村上)

きのこの香りが生きる、あっさり風味のおかず

しめじのおかか煮

さすが　手間いらず　味がしみる　**51kcal 約5分30秒**

材料(4人分)

しめじ ……… 400g(4パック)
削り節 ……………… 10g(2袋)
しょうゆ ……………… 大さじ3
みりん ………………… 大さじ2
七味唐辛子 ……………… 適宜

作り方

❶しめじは小房に分ける。

❷耐熱ボウルにしょうゆ、みりんを入れ、ラップなしで約2分加熱し、軽くとろみをつける。

❸②に①を加え、一混ぜする。ラップをして約3分30秒加熱。熱いうちに削り節を加えて混ぜ、器に盛って好みで七味唐辛子をふる。(栗原)

洋食の定番も
長時間煮込む必要なし

1 耐熱性の容器に切った野菜と水を入れる

耐熱性の容器を用意します。この中に大きめに切った玉ねぎ、なすなどの野菜を入れ、水を加えます。

野菜はお好みで。にんじん、じゃが芋、ピーマン、トマトなど冷蔵庫にあるものや旬のものなど、何でもOK。根菜類は火が通りやすいようにやや薄めに切るとよいでしょう。

2 調味料を入れる

カレールウを細かく削りながら容器に入れ、箸などで水の中に沈めます。

水と調味料をあらかじめ合わせて煮る場合、塩けの多い調味料が固まっていると、そこにマイクロ波が集中します。この場合、カレールウが浮いていると焦げてしまうこともあるので、水に沈めてください。

3 火の通りにくい肉は上にのせる

牛肉、豚肉、鶏肉など、野菜に比べて火の通りにくい肉類は野菜の上にのせます。

火の通りにくいものは上、通りやすいものは下。ここでも電子レンジの原則にしたがい、加熱の効率を高めます。

またワインや酒があればここで注ぎます。肉が柔らかく仕上がります。

4 熱がよく回るようにふたかラップをする

熱の回りをよくし、水分をとばさず煮込むためにふたかラップをします。レンジぶたはもちろんOK、耐熱性の平皿をふたがわりに使ってもよいでしょう。

ラップの場合は破裂したり、器が熱くなりすぎたりするのを防ぐために、両端に5㎜ほどのすき間をあけるように、ふんわりとかけてください。(村上)

スピーディーで本格味

カレーライス

さすが　簡単　鍋いらず

457kcal 14分

材料(2人分)

- 牛薄切り肉……………………60g
- 玉ねぎ……………60g(小⅓個)
- なす……………160g(小2個)
- 水………………………カップ1
- カレールウ(固形)…………40g
- 白ワイン…………………… 75㎖
- ご飯……… 300g(茶碗2杯分)
- らっきょう…………………適宜

作り方

❶牛肉は3㎝長さに切る。玉ねぎは縦に1㎝厚さに切り、なすは乱切りにする。

❷耐熱容器に玉ねぎ、なすの順に入れ、分量の水を注ぐ。削ったルウを加えて水の中に沈め、牛肉、ワイン(なければ同量の酒または水)を入れる。

❸②に耐熱性の皿でふたをし、14分加熱して一混ぜする。

❹器にご飯を盛り、③をかけてらっきょうを添える。(村上)

ホワイトソース

さすが なめらか 焦げない

202kcal 3分30秒

材料（2人分）

- 強力粉（きょうりき）…………………………20g
- バター …………………………25g
- 牛乳 ……………………カップ1
- 塩、こしょう……………各少々

1 バターは粉の上にのせて電子レンジへ

耐熱ボウルに強力粉を入れる。バターを2つに切り、重ならないようにして粉の上にのせる。ラップなしで約30秒加熱して取り出す。

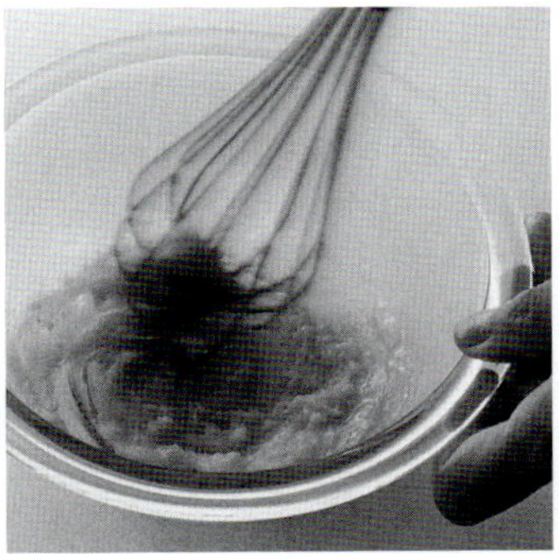

2 溶けたバターと粉を混ぜる

泡立て器でよく混ぜてクリーム状にする。熱いうちに手早く10回ほど、だまが残らないように混ぜ合わせるのがポイント。

3 牛乳を数回に分けて加えて混ぜる

牛乳を少しずつ加えてなめらかに溶きのばし、混ぜ合わせる。牛乳を一度に注ぎ入れると混ざりにくいので、必ず数回に分けて加えるのがコツ。

4 ラップをして電子レンジへ

両端をあけてラップをしてさらに2分加熱し、取り出す。

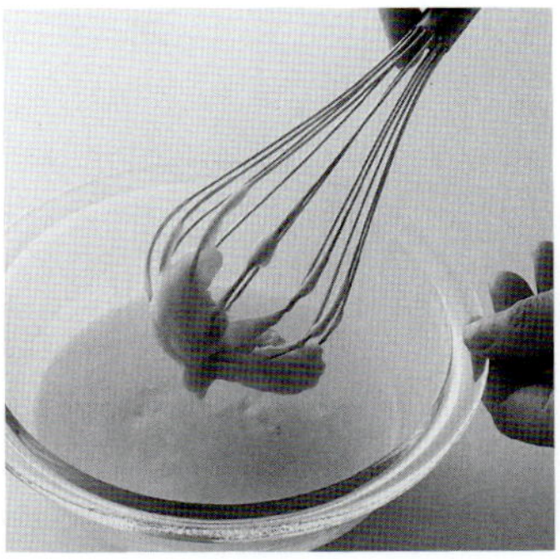

5 沈んだ粉を混ぜる

泡立て器で底に沈んだ粉がなくなるまで手早く混ぜる。この状態では、まだとろみはつかない。

6 味をととのえてよく混ぜる

ラップなしで1分加熱し、塩、こしょうで味をととのえる。最後にしっかり20回ほど混ぜると余熱でとろみがつき、なめらかなホワイトソースに。（村上）

ホワイトソースがあれば

調理時間がぐっと短縮される電子レンジのホワイトソース。クリームシチュー、グラタンはもちろん、パスタ、魚料理などのソースにも使えます。コーンスープやクラムチャウダーのとろみとしても便利です。

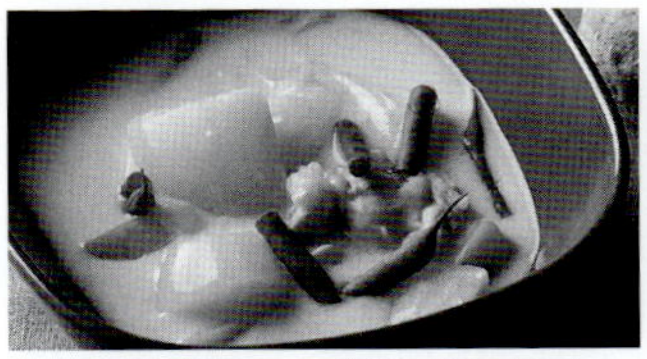

鶏肉と野菜のスープ煮に加えれば、こっくりしたクリームシチューに。

バターで炒めたえびや野菜と混ぜ、チーズをふって焼けばグラタンに。

柔らかく味のしみ込んだ煮魚を作るにはひと工夫

1 調味料を片寄らないように回しかける

電子レンジはコトコト煮るよりは、サッと煮るのが得意。魚を煮る場合、素材に調味料の味をからませて加熱します。余熱でじっくり味をしみ込ませていくのは鍋で調理するのと同じ方法です。

調味料はよく混ぜ、材料の表面全体に行きわたるように回しかけます。

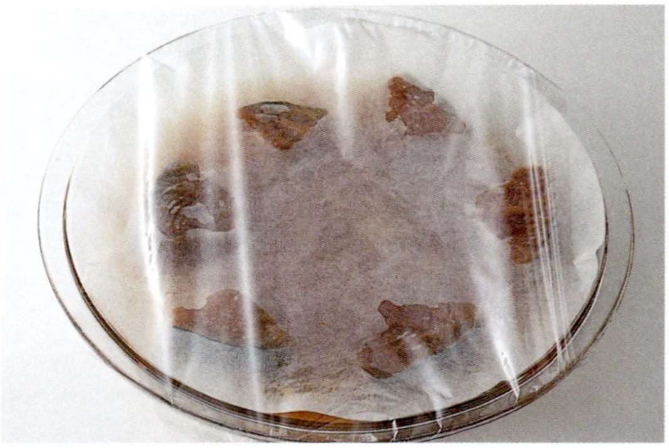

2 クッキングシートとラップで落としぶたをする

少ない煮汁(にじる)を材料全体に回すために落としぶたをします。クッキングシートを器の形に合わせて少し小さめに切り、材料に密着させてかぶせて、さらに両端をあけてラップします。

沸騰(ふっとう)した煮汁が全体に回って魚を加熱し、素早くうまみを閉じ込め、同時に臭(くさ)みが出るのを防ぎます。

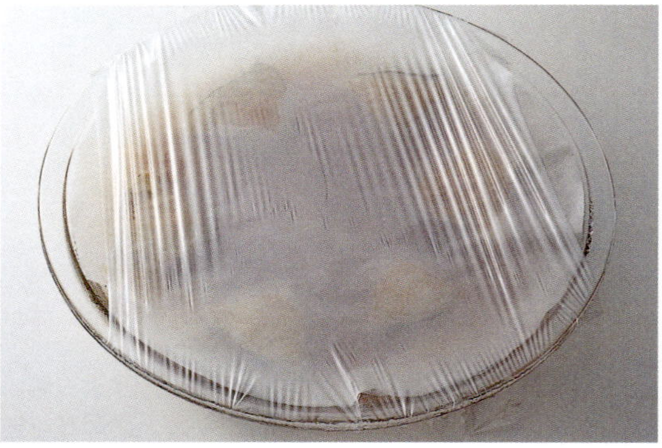

3 取り出してからしばらくおいて味をしみ込ませる

魚の調理は、設定時間前でもポンと身がはじける音がしたら火が通った証拠。そこで加熱をやめて取り出します。

加熱段階では、味のついた煮汁で蒸しあげる感じ。取り出して、クッキングシートとラップの落としぶたはしたまま、しばらくおけば、煮汁が魚にしみ込んでいきます。(村上)

味をしみやすくする落としぶた

電子レンジは鍋でコトコトと煮込むように味をしみ込ませるのは少し苦手。でもラップやクッキングシートを材料にかぶせて落としぶたにすれば、味もぐっとしみ込みやすくなります。また煮魚は落としぶたがわりに野菜をのせると、ふっくらジューシーに仕上がります。

ピーマンを落としぶたがわりに使った「さばのみそ煮」。

クッキングシートとラップを合わせて落としぶたに。

刺身用の切り身ですぐにできる

かつおのとろみ煮

さすが　味がからむ　照りよく　141kcal 4分

材料（2人分）

かつお（刺身用）………… 150g
　片栗粉…小さじ2
Ⓐしょうゆ、酒、砂糖…各大さじ2／酢…小さじ2
しょうがの薄切り（皮つき）
…………………………4〜5枚

作り方

❶かつおはキッチンペーパーにはさんで水けを取り、1.5cm厚さに切ってポリ袋に入れ、片栗粉を加え、空気を入れて口を閉じ、振って粉をまぶしつける。

❷耐熱容器にⒶを入れ、混ぜて砂糖を溶かす。

❸②にかつおを入れ、上下を返して味をよくからめ、皮目をターンテーブルの外側に向けて置く。しょうがを散らし、器の内径よりも少し小さめに切ったクッキングシートを材料に密着させてかぶせる。

❹③の両端をあけてラップをして4分加熱。ポンと身がはじける音がしたら設定時間前でも加熱をやめて取り出す。（村上）

「煮つめる」調理は、ラップなしで素早く

あさりの佃煮

さすが　焦げない　簡単　全量 380kcal 約6分

材料（作りやすい分量）

缶詰のあさりの水煮
……………………210g（2缶）
Ⓐしょうゆ…大さじ5／砂糖…大さじ2／酒、しょうが汁…各大さじ1

ラップなしで加熱し、できるだけ汁けをとばして余熱で味を含ませる。

作り方

❶あさりの水煮は缶汁をきって耐熱ボウルに入れ、Ⓐを加えて軽く混ぜる。

❷①をラップなしで約6分加熱し、取り出してそのままおいて味をしみ込ませる。（栗原）

待ち時間なしで「炊きたて」が食べられる

電子レンジはご飯を炊くのも得意。電子レンジ加熱はでんぷん質ととても相性がよく、甘みを引き出し、中からふっくら炊きあげます。内と外からのダブル加熱で、リゾットやおかゆも驚くほどのおいしさに。特におこわはせいろでふかしたような仕上がり。さまざまな炊き方がありますが、レシピどおりに作れば必ず成功するはず。作るのが楽しみになってしまうほどです。

「浸水時間短縮」。さらに熱湯を使ってスピードアップ

1 もち米を洗って熱いだし汁の中に入れる

もち米はざっと洗い、水けをきります。浸水させずに、もち米を粉末のだしの素を溶かした熱湯に入れます。水を使うと加熱時間が違ってくるので、この場合は熱湯を使ってください。

2 具を入れる

写真の具だくさんの鶏山菜おこわの場合、米は下にして完全にだし汁に浸った状態にし、具は上に。レシピによっては、もち米だけを先に加熱し、途中で具を混ぜ込む場合もありますので、それぞれのレシピどおりに。

3 落としぶたをする

落としぶたをする場合は、クッキングシートを材料の上に密着させてかぶせて軽く表面を押さえ、平らにします。浮き上がらないように、耐熱ボウルより一回り小さい耐熱皿をクッキングシートの上にのせます。

4 ふたかラップをする

水分が多いリゾットやおかゆなどの場合は、吹きこぼれないように落としぶたはなし。でも、落としぶたをする場合でもしない場合でも、レンジぶたかラップは必ずして、しっかり蒸気を回して加熱します。

5 取り出して蒸らす

電子レンジから取り出したら、そのまま5～10分ほど蒸らします。耐熱ボウルの中で全体を混ぜるより、茶碗に盛るときに具とご飯をほぐしながら混ぜ合わせ、少しずつよそうようにするとよいでしょう。（村上）

素材のこくと風味が、一粒一粒にしみている

鶏山菜おこわ

さすが 時間短縮 もちもち **351**kcal **9**分

材料（2人分）

もち米 …………… 米用カップ1
山菜ミックスの水煮（市販品） ………………………………45g
鶏細切れ肉 …………………50g
　しょうゆ…大さじ$\frac{3}{4}$／酒…大さじ$\frac{1}{2}$
Ⓐだしの素（粉末）…小さじ$\frac{1}{2}$／湯…175mℓ
甘酢しょうが ……………… 適量

作り方

❶もち米は洗って水けをきる。
❷山菜ミックスの水煮は水けをきり、鶏肉はしょうゆ、酒をまぶして下味をつける。
❸耐熱ボウルにⒶを合わせてだしの素を溶かす。①を加えて混ぜ、表面を平らにし、②をのせる。
❹③にクッキングシートを密着させてかぶせ、浮き上がり防止に耐熱性の小皿をのせてラップをする。途中で混ぜずに9分加熱し、取り出してそのまま10分蒸らす（→P110）。
❺④の具とおこわをほぐしながら混ぜ合わせる。器に盛り、甘酢しょうがを散らす。（村上）

浸水時間ゼロで炊きあがる

あつあつご飯

さすが 甘みが出る ふっくら **285**kcal 約**18**分

材料（2人分）

米 …………………………カップ1
水またはぬるま湯 …… 250mℓ

作り方

❶米は洗って水けをきる。大きめのふたつきの耐熱容器に入れ、分量の水を加える。
❷①にふたをかぶせ、約6分加熱して沸騰（ふっとう）していることを確かめて、弱で12分加熱する。そのまま5～10分蒸らし、余熱で完全に火を通す。（村上）

米は洗ってざるに上げ、水を注ぐ。浸水を省いてすぐ電子レンジへ。

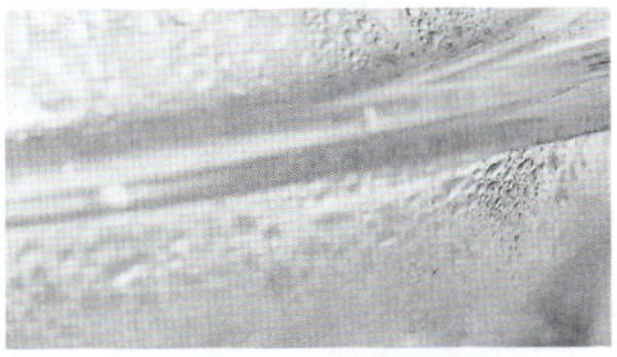

沸騰しても吹きこぼれないよう、深く大きめの耐熱容器に入れて加熱。

甘みのある、お米から炊くおかゆ

白がゆ

さすが 鍋いらず 消化がよい **128**kcal **10**分**20**秒

材料（2人分）

米 ………………… 米用カップ$\frac{1}{4}$
水 ……………… 米用カップ1$\frac{1}{2}$
塩 …………………………… 少々

作り方

❶米は炊く30分前に洗ってざるに上げる。ふたつきの耐熱容器に入れ、分量の水を注ぐ。
❷①にふたをかぶせて4分10秒加熱し、取り出して一混ぜし、4分10秒加熱。さらに一混ぜして2分加熱。最後に塩で味をととのえる。（藤野）

火はなくても、工夫しだいで「焼く」調理ができる

火を使わない電子レンジに「焼く」調理は無理と思われるかもしれません。確かにコンロの炎と油で焦げ目をつけて、パリッと焼きあげるようにはいきません。でもマイクロ波の性質を利用すれば、電子レンジでもこんがり焼き色をつけることができるのです。下ごしらえのひと工夫で、外から火を通したような牛肉やかつおのたたきだって失敗なく作ることができます。

肉や魚の表面から火が入ったように仕上げるには下ごしらえのコツがある

割り箸を使う

電子レンジで、焼き色をつける裏ワザです。

ターンテーブルに割り箸2膳をばらして置き、その上に材料をのせます。こうすると割り箸とのすき間にマイクロ波の通り道ができ、下側からも加熱されます。裏返す手間もいらず、材料の水分もとんで表面から火が入った焼きもの風の仕上がり。

下記のような、表面に油を塗る、塩分をからめる方法を組み合わせれば、いっそう香ばしい焼きあがりになります。(村上)

表面に油を塗る

油をうまく利用すれば、電子レンジでも表面から火を通したような焼きもの風の仕上がりになります。

材料の表面に油をからめて加熱。すると食品の水分が外に引き出され、通常なら内側の水分に吸収されるマイクロ波が外側に当たり、外から火を通したような仕上がりに。

表面に油を塗る、この下ごしらえで、牛肉のたたきやローストビーフ、魚のムニエルなども簡単に作れます。(村上)

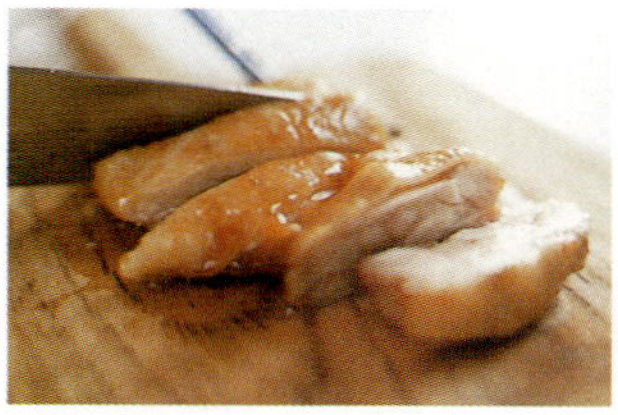

表面に塩けをからめる

塩けに集中するマイクロ波の性質を利用した「焼く」調理法もあります。

たとえばかつおのたたき。キッチンペーパーでかつおの水けを取り、まわりに塩をまぶします。この下ごしらえをして加熱すると、塩けのあるところから火を通そうとするマイクロ波が外側に集中。その結果、表面はあぶったような仕上がり、でも中は生という状態に。たたきや照り焼きがあっという間にできあがります。(村上)

割り箸を使えば、焦げずにこんがり

鶏肉のとろみ照り焼き

さすが 焦げない 照りよく　**511**kcal **6**分

材料（2人分）

鶏もも肉 …… 300g（大1枚）
Ⓐ砂糖…大さじ2／しょうゆ、おろししょうが…各小さじ2／片栗粉…小さじ1
キャベツのせん切り ……… 適量
ご飯…300g（茶碗〈大〉2杯分）

作り方

❶鶏肉はフォークで皮を20回ほど刺す。ボウルにⒶを合わせて鶏肉を入れ、味をからめる。
❷ターンテーブルにラップを敷き、割り箸2膳をばらして置く。鶏肉の皮を上にしてのせ、①の汁を適量塗り、ラップなしで6分加熱（→P112上、下段）。
❸再び鶏肉に①の汁を塗る。余熱で汁にとろみがついたら切り分け、器にキャベツ、ご飯と盛る。（村上）

塩をまぶして、じか火焼きのできばえ

かつおのたたき

さすが 簡単 速い　**137**kcal **1**分

材料（2人分）

かつお（刺身用さく）…… 200g
　塩…小さじ2
万能ねぎ ……………… 6本
青じそ ……………… 4枚
みょうが ……………… 2個
貝割れ菜 ……………… 1パック
にんにくの薄切り …… 2かけ分
しょうゆ ……………… 適量

作り方

❶万能ねぎは小口切り、青じそは細切り、みょうがはせん切り、貝割れ菜は4㎝長さに切り、水にはなしてパリッとさせ、水けをきる。
❷かつおは水けをふき、塩をまぶす。ターンテーブルの端の方に割り箸2膳をばらして置き、かつおの皮を上にしてのせてラップなしで40秒〜1分加熱し、表面の色が変わったら取り出す（→P112上、下段）。
❸②を冷水にとって表面の熱を取り、塩を流す。水けをふき、7㎜幅に切る。①と器に盛ってにんにくを添え、しょうゆをかける。（村上）

油を塗って、フライパン焼き風

銀むつのムニエル

さすが ふっくら 片付けらくらく　**254**kcal **6**分

材料（2人分）

銀むつ …… 200g（大2切れ）
Ⓐ小麦粉…小さじ2／塩、こしょう…各少々
サラダ油 ……………… 小さじ2
バター ……………… 適量
レモンのくし形切り …… ⅓個分
クレソン ……………… 少々

作り方

❶ポリ袋にⒶと銀むつを入れ、袋を振って粉をまぶす。
❷耐熱皿にクッキングシートを敷き、皮が外側にくるように①をのせて表面にサラダ油を塗る（→P112中段）。ラップなしで5〜6分加熱し、ポンとはじける音がしたら、設定時間より前でも取り出す。
❸②を器に盛り、バターをのせてレモンとクレソンを添える。（村上）

たった3分で失敗なくできる

牛肉のたたき

さすが 失敗なし ジューシー　120kcal 3分

材料（4人分）

牛ももかたまり肉（5×5×15cm ほどの棒状）…………300g
青じそ……………………4枚
みょうが…………………1個
万能ねぎ…………………4本
貝割れ菜…………………¼パック
Ⓐおろしにんにく…小さじ¼／サラダ油…小さじ1／塩…小さじ⅓／こしょう…少々
Ⓑすだちの輪切り、ゆずこしょう、しょうゆ…各適量

作り方

❶青じそ、みょうがはせん切り、万能ねぎは小口切り、貝割れ菜は2〜3cm長さに切る。
❷耐熱容器にⒶを合わせて混ぜ、水けをふいた牛肉を入れてからめ、10分おく（→P112中段）。水けが出てきたら容器の片側に寄せ、牛肉がターンテーブルの端にくるように容器を置く。ラップなしで3分加熱。
❸牛肉をボウルに入れた氷の上にのせ、位置を変えながら10分冷やす。3〜4mm厚さに切り、①と器に盛ってⒷを添える。
（村上）

たれにつけておくのが焼き色のもと

焼き豚

さすが 速い 焦げない　225kcal 約10分

材料（4人分）

豚肩ロースかたまり肉…300g
Ⓐ赤みそ、白みそ…各大さじ1／しょうゆ…大さじ2／砂糖…大さじ½／紹興酒（しょうこうしゅ）または酒…大さじ1／胡麻油（ごまあぶら）…小さじ½
白髪ねぎ（しらがねぎ）…………………適宜（てきぎ）

作り方

❶Ⓐをよく混ぜ合わせ、豚肉を入れて全体にからめたら、30分くらいおいて味をしみ込ませる。
❷クッキングシートの上に①をのせ、ラップなしで約8〜10分加熱する。
❸②の粗熱（あらねつ）が取れたら薄切りにし、白髪ねぎの上に盛りつける。
（栗原）

ゆるい生地(きじ)をひろげて加熱し、薄焼き風に

1 スプーンの背で丸く薄くひろげる

ちょっとした工夫があれば、電子レンジを使ってクレープや薄焼き卵を焼きあげることができます。

クレープの場合はターンテーブルか耐熱皿にクッキングシートを敷き、バターを塗ります。その上に生地をのせ、スプーンの背で丸く円を描くように薄くひろげていきます。

薄焼き卵では耐熱皿にラップを敷きます。バターは塗らず、ラップの上に同じ方法で円を描くように卵液をひろげます。

2 ラップなしで加熱する

クレープも薄焼き卵もラップなしで加熱します。加熱しすぎを防ぎ、水分をとばして表面だけを適度にパリッとさせ、薄くても破れない生地に仕上げるためです。

手でさわってみて表面が固まっていたら取り出し、加熱後は粗熱を取ってから、クッキングシートやラップからはがします。焦げ目のない美しいクレープや薄焼き卵ができあがります。(クレープ：伊藤／薄焼き卵：藤野)

おやつにも、朝食にも

そば粉のクレープ

さすが　ヘルシー　焦げない

140kcal　約**2**分

材料(2枚分)

そば粉……………………大さじ2
溶き卵………………………½個分
牛乳……………………カップ¼
Ⓐ青りんごのいちょう切り、ホイップクリーム、カッテージチーズ、はちみつ…各適量

作り方

❶溶き卵と牛乳を混ぜ合わせてそば粉をふるい入れ、泡立て器でしっかり混ぜる。
❷ターンテーブルにクッキングシートを敷いてバター少々（材料表外）を塗る。中央に①の½量をのせて丸くひろげ、ラップなしで約1分加熱し、さわってみて表面が固まるまで10秒ずつ追加しながら加熱する。もう1枚も同様に作り、Ⓐをのせて包む。(伊藤)

ひと工夫がおしゃれ

薄焼き卵の五目巻き

さすが　簡単　焦げない

1本**72**kcal　**3**分**40**秒

材料(4本分)

溶き卵………………………2個分
Ⓐサラダ油…小さじ1／砂糖…小さじ½／塩…小さじ⅙
ゆで竹の子…………………25g
生しいたけ…………15g(1個)
Ⓑだし汁、みりん…各大さじ1／しょうゆ…大さじ¼
焼きのり(全形)……………¼枚
かにかまぼこ(ほぐす)…………………………1½本
三つ葉(3㎝長さに切る)…………………………½わ

作り方

❶溶き卵にⒶを混ぜてこす。耐熱皿にラップを敷いて卵液の¼量を流し入れ、直径10～15㎝の円形にひろげる。ラップなしで表面が固まるまで30～40秒加熱し、粗熱を取ってはがす。残りも同様に。
❷竹の子、生しいたけは薄切りにして耐熱容器に入れ、Ⓑを加える。ラップをして1分加熱し、5分おいて余熱で火を通す。
❸のりは縦4つに切る。
❹①の2枚は②を、残り2枚はかにかまぼこ、三つ葉を巻き、③をそれぞれ巻きつける。(藤野)

油を上手に使って「炒めもの」風の味を出す

火を使わない電子レンジでも、工夫ひとつで炒めもの風の調理ができます。その工夫とは油を使った下ごしらえ。肉に油をからませる、衣に油をからませる、材料全体に油を回しかける、の３つの方法です。いずれも油を用いますが、フライパンを使ったときに比べれば油は少量ですみ、シャキッと炒めた仕上がりに。油が飛び散ることもなく、片付けも簡単です。(村上)

火がなくても
油を使った下ごしらえで炒めもの風に

肉に油をからませる

油をからめた肉を野菜の上にのせる方法で、炒めもの風の料理を作ります。

豚肉に胡麻油の入ったみそだれをからめ、切ったキャベツや白菜の上にのせてラップをして加熱するだけでできあがります。

また豚レバーに胡麻油入りのしょうゆだれをからめ、もやしの上にのせて加熱すれば、レバーもやし炒めに。

水分を多く含む野菜から蒸気が出て、濃いめのたれも焦げません。

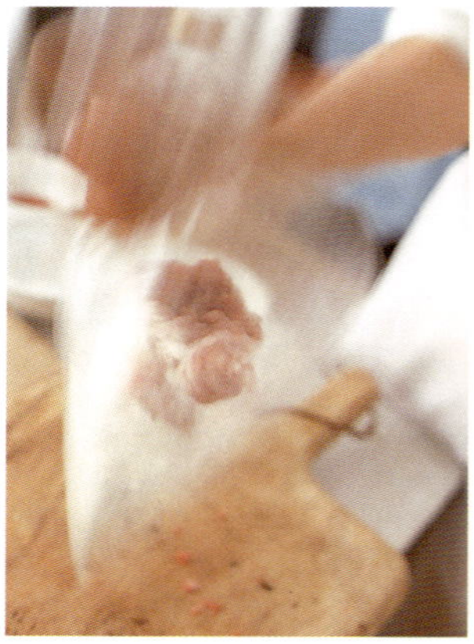

衣に油をからませる

衣をつけて油をからませた肉や魚を、野菜のまわりに置く方法でも「炒める」が可能です。

下味をつけた豚肉に小麦粉の衣をつけ、油をからめます。肉を野菜のまわりに置き、ラップをして加熱します。取り出したら、余熱を使って水溶き片栗粉でとろみをつけ、よく混ぜればできあがり。

肉はから揚げ風、野菜は炒めもの風、まさに酢豚です。

えびチリやほかの中華炒めにも応用できます。

材料全体に油を回しかける

油をかけて作る炒めもの風。

耐熱皿に野菜を盛り、野菜のまわりにぐるりと下味をつけた肉を置きます。火の通りにくい肉は外側に。これはこれまで何度も出てきた電子レンジの約束事です。

肉と野菜全体に油を回しかけるようにして、電子レンジへ。加熱後にかき混ぜれば炒めもの風のできあがりです。

じっくり炒める オニオンソテー作りにも 電子レンジが役に立つ

作りおきしておくと何かと利用範囲がひろく便利なオニオンソテーですが、作るのは本当に大変。焦げ茶色になるまで炒めるには１時間以上、玉ねぎの量は最低でも１㎏は必要。手間も時間も惜しみなく注がなくてはなりません。でも電子レンジがあれば、ぐっと作りやすくなり時間も短縮されます。

薄切りにした玉ねぎ５個を耐熱ボウルに入れ、ふんわりとラップをして８分加熱します。玉ねぎは均一に薄く切るのがコツ。スライサーが便利です。

ラップをはずし、今度はラップなしで８分加熱。

電子レンジで水分をとばしてから炒めると、玉ねぎの風味も引き立ちます。

鍋に無塩バター50gと玉ねぎを入れ、中火で20分炒めます。弱火にしてさらに20分炒め、後は焦げ茶色の糸状になるまでじっくり炒めます。（村上）

肉と野菜を組み合わせて、炒めもの自由自在

豚肉とキャベツのみそ炒め

さすが | 簡単 | ジューシー　**146**kcal **3**分

材料（２人分）

豚ばら薄切り肉……………50g
キャベツ………… 150g（３枚）
ピーマン……………60g（２個）
Ⓐみそ…大さじ１／砂糖…大さじ½／豆板醤…小さじ½

作り方

❶キャベツとピーマンは手で食べやすい大きさにちぎる。

❷豚肉は３㎝幅に切り、Ⓐを加えて混ぜる。

❸①を耐熱ボウルに入れ、その上に②をドーナツ状にのせる。

❹クッキングシートを密着させてかぶせ、浮き上がり防止に耐熱性の小皿をのせる。

❺④に両端をあけてラップをし、３分加熱。取り出して器に盛る。（村上）

「もどす」「水をきる」など下ごしらえの時間を短縮

電子レンジは、「解凍あたため」や加熱調理をするだけではありません。下ごしらえや仕込みも手際よくこなします。電子レンジならではのワザを発揮して、乾物をもどす、味をしみ込ませる、豆腐やこんにゃくの水けをきる……。電子レンジの手助けがあれば、めんどうな準備や片付けの手間が省け、少量でも上手に下ごしらえができ、料理の腕がアップします。

干ししいたけをもどす

水につけてもどすと20分はかかる干ししいたけが、電子レンジなら約40秒でもどせます。

もどし方は簡単。干ししいたけをひたひたの水につけ、ぴったりラップして加熱するだけ。３個で約40秒です。ラップをはずすとぷ～んといい香り。もどし汁も使えます。

料理の味を豊かにする干ししいたけ。これなら時間がなくても大丈夫。もどす時間を惜しんで使わない、ということもなくなります。（栗原）

味をしみ込ませる

ピクルスに味をよくしみ込ませるのにも電子レンジの力を借りられます。野菜はきゅうり、ピーマン、にんじん、セロリ、大根などなんでもOK。酢、砂糖、塩などを合わせたピクルス液を野菜にかけて、電子レンジで加熱するだけでできあがり。味が素早くしみ込み、１時間後から２日後が食べ頃です。

ピクルス液にオレガノやローリエ、白ワインを入れれば洋風に。昆布や赤唐辛子を入れれば和風ピクルスになります。（藤野）

香りがごちそう

干ししいたけと三つ葉のスープ

さすが　時間短縮　ローカロリー

44kcal　約40秒

材料（４人分）

干ししいたけ……12g（３個）
絹ごし豆腐………150g（½丁）
三つ葉（５cm長さに切る）‥½わ
Ⓐだし汁…カップ４／薄口しょうゆ、酒…各大さじ１／塩…少々
片栗粉（同量の水で溶く）
……………………………大さじ½

作り方

❶干ししいたけはひたひたの水につけ、ラップをして約40秒加熱してもどし、薄切りにする。豆腐は１cm角に切る。

❷鍋にⒶを入れて煮立て、①を加えて一煮する。水溶き片栗粉でとろみをつけ、三つ葉を入れて火を止める。（栗原）

伝統のご飯のお供

昆布しいたけ

さすが　時間短縮　うまみが出る

101kcal　約5分40秒

材料（４人分）

干ししいたけ………32g（８個）
早煮昆布……………………40g
Ⓐ干ししいたけのもどし汁…カップ¼／しょうゆ…大さじ４／みりん、砂糖…各大さじ３

作り方

❶干ししいたけはひたひたの水につけ、ラップをして約１分加熱。水けを軽く絞って２つ～４つに切る。

❷昆布は塩けをサッと洗って２cm角に切り、ひたひたの水に浸す。

❸耐熱ボウルに①、②、混ぜ合わせたⒶを入れ、ラップをして約２分加熱する。ようじでラップに３～４ヵ所穴をあけてからはずして一混ぜし、ふんわりとラップをかけ直す。さらに約２分40秒加熱して取り出し、そのままおいて味を含ませる。（栗原）

水をきる・水けをとばす

豆腐

豆腐の水きりを素早くするには、豆腐をキッチンペーパーを敷いた上にのせるか、キッチンペーパーで包んで加熱。料理によって最初からくずしても。1丁につき1分30秒～3分加熱。（栗原）

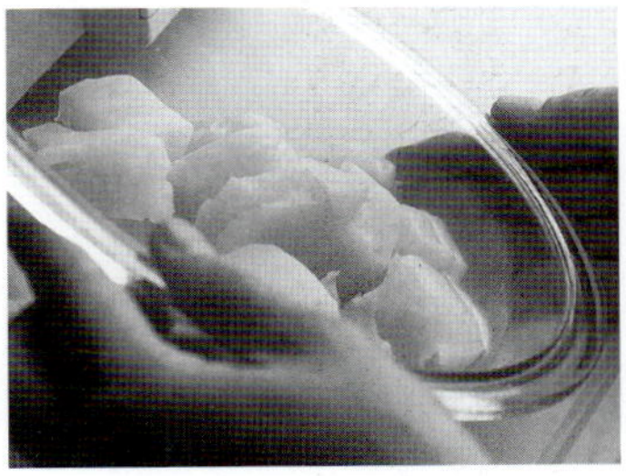

こんにゃく

こんにゃくの下ゆでもおまかせ。鍋でも簡単にできますが、電子レンジでは加熱後に、驚くほど水分が出ます。下ゆでがそのまま水きりにもなり、味もしみやすくなります。一口大にちぎって約5分。（栗原）

おから

おからを耐熱ボウルに入れ、両端をあけてラップをして100gあたり2分30秒加熱。熱いうちに泡立て器でよくかき混ぜると水分がとび、炒りおから状に。手間が省けるうえ、油を使わないからヘルシーです。（村上）

玉ねぎ

玉ねぎの水分も素早くとばせます。耐熱容器に玉ねぎのみじん切り100gを入れ、両端をあけてラップをするかふたをして2分加熱。炒めなくてもしんなりとしてハンバーグやコロッケの下ごしらえに便利です。（村上）

手作りの味が増える

がんもどき

さすが｜時間短縮｜ふっくら

193kcal　約3分

材料（4人分）

木綿豆腐…………600g（2丁）
きくらげ（乾燥品）…………少々
にんじん……………30g（⅙本）
Ⓐ酒、薄口しょうゆ…各小さじ1／砂糖、塩…各少々
片栗粉…………………小さじ2
揚げ油、しょうゆ………各適量
おろししょうが……………少々

作り方

❶豆腐はざっとくずす。耐熱ボウルにキッチンペーパーを敷き、豆腐を入れてラップなしで約3分加熱し、水きりする。
❷水に浸してもどしたきくらげとにんじんはせん切りにする。
❸①、②、Ⓐ、片栗粉を混ぜ合わせて4等分して丸める。170度の揚げ油できつね色になるまで揚げる。おろししょうがを添え、しょうゆをかけて食べる。（栗原）

味がしみて、食感までおいしい

ピリ辛こんにゃく

さすが｜時間短縮｜味がしみる

60kcal　約5分

材料（2人分）

こんにゃく………250g（1枚）
胡麻油…………………………少々
Ⓐだしの素（粉末）…小さじ¼／しょうゆ、砂糖…各大さじ1／豆板醤（トウバンジャン）…小さじ½

作り方

❶こんにゃくは一口大にちぎる。耐熱ボウルに入れてラップをし、約5分加熱。ざるにあげて水をきる。
❷鍋に胡麻油を熱して①を炒め、油が回ったら、Ⓐを加えて炒りつける。（栗原）

「乾かす」のも得意だから、炒る手間いらず

水分をとばすのが得意な電子レンジ。根気よくフライパンをゆすり続けて炒る必要のあるそぼろやふりかけ作りも、簡単手間なしに。時間をセットしたら後は待つだけです。乾燥させて水分の減った食材は、保存性がアップします。「乾かす」調理は、もう火のそばにつきっきりになる必要なし。忙しい人も、おいしい保存食作りに電子レンジを役立ててください。（栗原）

「弱」でじっくり、「強」で素早く

　これまでは時間をかけて炒りながら、水分をとばしていたふりかけやそぼろも電子レンジにおまかせ。おせちの定番・田作りは、空炒り（からい）に時間がかかるばかりか、焦がさないようにと神経も使います。これが電子レンジの弱キーを使えば、失敗なくカリッと仕上がります。乾物はものによって乾燥具合が違うので、様子を見ながらかけてください。ふりかけ作りも同じです。

　そぼろも手作りで好みのしっとり加減に。こちらはツナやひき肉など水分が多いものなので「強」でOK。素早く水分がとびます。日持ちがよいので、お弁当にも重宝します。

おやつやお茶うけにも

田作り

さすが　時間短縮　手間いらず

57kcal　約6分

材料（4人分）

田作り……………………………40g
Ⓐ砂糖…大さじ2／しょうゆ、酒…各大さじ1
炒り白胡麻（ごま）……………………少々

作り方

❶ターンテーブルにクッキングシートを敷き、田作りをドーナツ状に置く。ラップなしで様子を見ながら弱で約6分加熱する。
❷鍋にⒶを合わせて弱火でとろみがつくまで煮、①を加えてからめ、バットにひろげて冷（さ）まし、胡麻をふる。（栗原）

和と洋の風味が一体

洋風ふりかけ

さすが　ヘルシー　焦げない

全量466kcal　約5分50秒

材料（作りやすい分量）

いりこ……………………………50g
アーモンドダイス …………40g
粉チーズ………… 大さじ2～3

作り方

❶いりこは耐熱皿にひろげ、ラップなしで弱で約5分加熱し、冷ましてカリッとさせる。
❷アーモンドはラップなしで強で約50秒加熱する。
❸①をミキサーにかけて細かく砕き、②、粉チーズを混ぜ合わせる。（栗原）

手作りがうれしい、お弁当にぴったり

ツナそぼろ

さすが　時間短縮　焦げない

全量208kcal　約6分

材料（作りやすい分量）

缶詰のツナの水煮
…………………165g（大1缶）
Ⓐ薄口しょうゆ、砂糖…各大さじ2／酒…大さじ1

作り方

❶ツナの水煮は缶汁をきり、耐熱ボウルに入れてⒶを混ぜる。
❷①にぴったりラップをしてようじで3～4ヵ所に穴をあける。ふんわりとラップをかけ直して約6分加熱する。（栗原）

ラップに穴をあけてから、ふんわりとかけ直すと加熱中にツナが飛び散らない。

キャベツ・白菜・レタス
ほうれんそう・小松菜・にら・青梗菜
かぼちゃ・なす
アスパラ・オクラ・ブロッコリー・カリフラワー
ピーマン・とうがん・さや豆類・しし唐
根菜類・ねぎ類
芋類
トマト・きゅうり・もやし
牛肉
豚肉
鶏肉
ひき肉
豆腐・大豆製品
卵
乳製品
青背の魚・鮭
白身魚
えび・貝・いか・魚介の加工品
きのこ・海藻類
もち米・米
めん類・パン
乾物・缶詰　ほか

3章

毎日のおかず作りが簡単!

素材別レシピ集

電子レンジを使っていつものおかずを作ってみませんか。冷蔵庫に常備された肉、卵、豆腐や、旬(しゅん)にこそたっぷり楽しみたい野菜や魚が、さまざまな味わいと表情で食卓を彩(いろど)ります。素材別だから毎日のおかず作りに頭を悩ますお母さんも、材料を使いきるために同じメニューが続きがちな一人暮らしの方も、きっと大助かり。たとえば休日や特売日にまとめ買いした食材でメニュー計画を立てれば、食費も時間も節約できますよね。さて、今夜は何にしますか?

キャベツ・白菜・レタス

レンジロールキャベツ

さすが こくが出る 鍋いらず

188kcal 10分30秒

材料(2人分)

キャベツ……… 200g(4枚)
Ⓐ豚ひき肉…100g／玉ねぎ…50g(¼個)／パン粉…大さじ2／チキンスープの素(顆粒)…小さじ½／こしょう…少々
デミグラスソース(市販品)……………………カップ½
コーヒー用クリーム …… 2個
パセリのみじん切り ……少々

作り方

❶キャベツは葉先と芯を互い違いに重ね、丸めてポリ袋に入れて2分30秒加熱する。袋から出し、水をかけて冷まして水けをきる。
❷Ⓐで肉種を作る。玉ねぎはみじん切りにし、ほかの材料と合わせてよく混ぜ、4等分する。
❸①のキャベツは芯を外側からそいで薄切りにする。葉をひろげて②と芯をのせ、手前から巻き、左側を折って巻き込む。右側の葉を巻いた部分に押し込み、俵形に形を整える。
❹耐熱ボウルにデミグラスソースと熱湯カップ⅓(材料表外)を入れて泡立て器で混ぜ、③を重ならないように加える。
❺④にクッキングシートを密着させてかぶせ、浮き上がり防止に小皿をのせる。両端をあけてラップをし、8分加熱する。竹串を刺してみて、キャベツが充分に柔らかくなったら器に盛り、クリームをかけてパセリをふる。(村上)

キャベツとたこのアンチョビバター

さすが こくが出る

121kcal 5分

材料(2人分)

キャベツ(芯を除いたもの)……………… 100g(大2枚)
ゆでだこの足…… 100g(1本)
アンチョビ……………… 4枚
バター ………24g(大さじ2)
Ⓐ白ワイン…大さじ2／塩、こしょう…各少々
バジリコのみじん切り …… 適宜

作り方

❶キャベツはざく切りにし、たこは5㎜厚さに切る。アンチョビはみじん切りにする。
❷耐熱容器にバターを入れ、ラップなしで弱で1分加熱し、取り出して、アンチョビを加えて混ぜる。
❸別の耐熱ボウルにキャベツを入れ、Ⓐをふる。その上に②のアンチョビバターをかけてラップをし、3分加熱する。
❹③にたこを加えて混ぜ、ラップをして1分加熱する。器に盛り、バジリコを散らす。(村田)

ソーセージロールキャベツ

さすが 下ごしらえ 簡単

260kcal 1分10秒

材料(2人分)

キャベツ……… 100g(2枚)
粗びきソーセージ……………… 150g(6本)
塩、こしょう…………各適量
スープの素(固形) ……… ½個
粒マスタード…………… 適量

作り方

❶耐熱ボウルにキャベツを入れてラップをし、1分10秒加熱し、取り出して1枚を3等分に切る。ソーセージに浅い切り込みを1〜2本入れ、キャベツの上にそれぞれ置き、塩、こしょうをし、巻いてようじでとめる。
❷鍋に熱湯カップ1(材料表外)とスープの素を入れて溶かし、①を入れて、弱火で10分ほど煮る。
❸②を器に盛り、こしょうをふって粒マスタードを添える。(渡辺有)

キャベツのオイスターソース炒め

さすが 簡単 手間いらず

27kcal 約2分

材料(1人分)

キャベツ(芯を除いたもの)……………… 120g(大2枚)
Ⓐオイスターソース…小さじ1／サラダ油…小さじ½／しょうゆ、塩…各少々

作り方

❶キャベツは一口大に切り、耐熱ボウルに入れる。
❷Ⓐを混ぜて①にかけ、ラップをして約2分加熱。熱いうちに混ぜて器に盛る。(栗原)

キャベツと焼き豚のオイスターソース炒め

さすが 甘みが出る 簡単

128kcal 4分

材料(2人分)

キャベツ……… 200g(4枚)
焼き豚の薄切り…… 60g(4枚)
Ⓐオイスターソース、サラダ油…各大さじ1／しょうゆ…小さじ1

作り方

❶焼き豚は7〜8㎜幅の短冊切りにし、耐熱ボウルに入れる。
❷キャベツは3㎝幅のざく切りにして①にのせ、混ぜ合わせたⒶをかける。両端をあけてラップをして約4分、キャベツのかさが⅓ほどに減るまで加熱する。よく混ぜて器に盛る。(村上)

野菜ポトフ

さすが 柔らか 簡単

74kcal 7分50秒

材料(2人分)

キャベツ……… 200g(4枚)
玉ねぎ………… 100g(½個)
にんじん…………50g(½本)
ブロッコリー……80g(約¼個)
おろしにんにく………小さじ1
Ⓐチキンスープの素(固形・砕く)…1個／白ワイン…大さじ2／ローリエ…1枚／タイム、オレガノ(各ドライ)、塩、こしょう…各少々

作り方

❶キャベツはざく切り、玉ねぎは1㎝厚さに切り、にんじんは3㎜厚さの斜め切りにする。ブロッコリーは小房に分ける。
❷耐熱ボウルににんにくと玉ねぎを入れ、ラップなしで1分40秒加熱する。キャベツ、にんじん、Ⓐ、熱湯大さじ2(材料表外)を加えて混ぜ、ラップをして5分加熱する。
❸②にブロッコリーを加え、ラップをして1分10秒加熱する。(大沼)

キャベツとあさりの中華蒸し

さすが　簡単　あっさり

53kcal 3分

材料(2人分)
キャベツ………… 150g(3枚)
缶詰のあさりの水煮
…………………40g(小1缶)
しょうがのせん切り
……………………小½かけ分
Ⓐ酒、酢…各小さじ1／胡麻油…小さじ½／赤唐辛子の小口切り、塩、こしょう…各少々

作り方
❶キャベツはざく切りにして耐熱容器に入れ、あさりを缶汁ごと加え、しょうがをのせ、混ぜ合わせたⒶを回しかける。
❷①にラップをして3分加熱し、全体をよく混ぜる。(牧野)

キャベツとベーコンのスープ

さすが　手間いらず

113kcal 4分10秒

材料(2人分)
キャベツ……………50g(1枚)
ベーコン……………20g(1枚)
玉ねぎ……………70g(約⅓個)
プチトマト…………60g(4個)
Ⓐサラダ油…小さじ2／塩、こしょう…各少々
Ⓑチキンスープの素(固形)…½個／水…カップ2
塩、こしょう……………各少々

作り方
❶キャベツはせん切り、ベーコンは細切り、玉ねぎは薄切りにし、プチトマトは半分に切り、すべて耐熱ボウルに入れる。
❷①にⒶを加え、ラップをして1分40秒加熱。取り出してⒷを加え、同様に2分30秒加熱して混ぜ、塩、こしょうで味をととのえる。(田口)

白菜とハムのクリーム煮

さすが　まろやか　鍋いらず

125kcal 9分

材料(2人分)
白菜……………… 300g(3枚)
ハム…………………40g(2枚)
Ⓐエバミルク…大さじ3／バター…6g(大さじ½)／鶏ガラスープの素(顆粒)…小さじ½／水…カップ½／塩、こしょう…各少々

作り方
❶白菜の葉はざく切り、茎は包丁の腹でつぶしてから、薄くそぎ切りにする。ハムは1枚を8つに切る。Ⓐは合わせてよく混ぜる。
❷耐熱容器に白菜を入れ、ラップをして5分加熱する。取り出して水けを捨て、Ⓐ、ハムを加えて混ぜ、ラップをして3～4分加熱し、全体を混ぜ合わせて器に盛る。(牧野)

白菜と干しえびの煮浸し

さすが　うまみが出る

31kcal 4分10秒

材料(2人分)
白菜……………… 100g(1枚)
干しえび……………………10g
わけぎ………… 50g(2～3本)
Ⓐ鶏ガラスープの素(顆粒)…小さじ½／しょうゆ、酢…各小さじ1／こしょう…少々

作り方
❶耐熱ボウルに干しえびと水カップ1(材料表外)を入れ、ラップをして50秒加熱する。
❷白菜は4～5㎝長さの細切りにし、わけぎは小口切りにする。
❸①に②、Ⓐを加えてざっと混ぜ、ラップをして2分30秒加熱する。
❹取り出して全体を混ぜ、ラップをして50秒加熱する。(大沼)

レタスのオイスターソース和え

さすが　味がからむ

79kcal 2分30秒

材料(2人分)
レタス…………… 300g(1個)
しょうが………………… ¼かけ
にんにく………………… ½かけ
Ⓐオイスターソース…大さじ2／酒…大さじ1／胡麻油…小さじ2
塩、こしょう…………各少々

作り方
❶レタスは葉は一口大にちぎり、芯の部分も一口大に切る。しょうがとにんにくはみじん切りにする。
❷耐熱ボウルにⒶを合わせ、よく混ぜてから①を加え、全体をざっくりと混ぜ合わせ、塩、こしょうをふる。
❸②にラップをして2分30秒加熱する。(村田)

レタスのじゃこ和え

さすが　さっぱり　速い

35kcal 2分

材料(2人分)
レタス…………… 200g(⅔個)
ちりめんじゃこ
…………………20g(大さじ4)
Ⓐ酒、しょうゆ…各小さじ½／塩、こしょう…各少々
レモン汁………………小さじ½

作り方
❶レタスは大きめにちぎり、耐熱ボウルに入れ、じゃこを加え、Ⓐをふりかける。
❷①にラップをして2分加熱し、熱いうちにレモン汁をかけ、ざっと混ぜて器に盛る。(牧野)

レタスとハムのコンソメ煮

さすが　しっとり　鍋いらず

57kcal 3分50秒

材料(2人分)
レタス…………… 200g(⅔個)
玉ねぎ………………50g(¼個)
ハム………………30g(1½枚)
チキンスープの素(固形・砕く)
…………………………… ½個
オイスターソース……小さじ1
こしょう……………………少々

作り方
❶レタスは食べやすくちぎり、玉ねぎは薄切りにする。ハムは細切りにする。
❷耐熱ボウルに玉ねぎを入れ、ラップなしで50秒加熱する。レタスを加え、スープの素とオイスターソースも加えてざっと混ぜ、ラップなしで2分30秒加熱する。
❸②にハムを加えて混ぜ、ラップなしで30秒加熱。こしょうをふって器に盛る。(大沼)

レタスと帆立て缶のスープ

さすが　うまみが出る　簡単

79kcal 2分30秒

材料(2人分)
レタス………………30g(2枚)
缶詰の帆立て貝柱の水煮
…………………………60g(1缶)
Ⓐ鶏ガラスープの素(顆粒)…小さじ1／缶汁と水…計カップ2／胡麻油、しょうゆ…各小さじ2／塩、こしょう…各少々
塩、こしょう……………各少々

作り方
❶レタスは一口大にちぎり、帆立て貝柱はほぐして、缶汁と分ける。
❷耐熱ボウルにレタスと貝柱、Ⓐを入れて混ぜ、ラップをして2分30秒加熱。塩、こしょうで味をととのえる。(田口)

キャベツ・白菜・レタス

ロールキャベツ

さすが ジューシー 時間短縮　118kcal 10分

材料（2人分）
キャベツ …………200g（4枚）
豚赤身ひき肉 ………………60g
だしの素（粉末）、片栗粉…各小さじ½
Ⓐ切り昆布のみじん切り…120g／万能ねぎの小口切り…大さじ2／おろししょうが、しょうゆ…各小さじ½
あん
にんじん…20g（⅕本）／オクラ…40g（4本）／だしの素（粉末）、しょうゆ…各小さじ2／水…カップ1

作り方
❶キャベツは芯をそぎ、ラップで包み、3分20秒加熱する。
❷耐熱ボウルにひき肉、だしの素、片栗粉を入れて練り混ぜ、Ⓐを加えて混ぜる。
❸②を4等分して①で包み、1個ずつラップで包む。ターンテーブルのまわりに並べ、6分40秒加熱して器に盛る。
❹あんを作る。にんじんは粗み（あら）じんにし、オクラは小口切りにする。小鍋ににんじんと分量の水を入れて中火で煮立て、オクラ、だしの素、しょうゆを加えて一煮する。オクラからとろみが出たら③にかける。（大沼）

レタスとプチトマトの蒸し煮

さすが 簡単 栄養をにがさない　22kcal 5分

材料（2人分）
レタス ……………150g（½個）
プチトマト ……….75g（5個）
Ⓐ鶏ガラスープの素（顆粒（かりゅう））…小さじ½／塩…少々／こしょう…少々／水…大さじ1⅔

作り方
❶レタスは四つ割りに、プチトマトはへたを取る。
❷耐熱容器にⒶの材料を入れてよく混ぜ、スープの素を溶かす。①を加えてクッキングシートを密着させてかぶせる。浮き上がり防止に耐熱性の小皿をのせ、両端（りょうはし）をあけてラップをし、5分加熱する。（村上）

白菜の煮浸し（にびたし）

さすが さっぱり 鍋いらず　42kcal 4分

材料（2人分）
白菜 …………… 250g（2½枚）
煮干し ………………… 5〜7尾（び）
Ⓐ酒…大さじ1／しょうゆ…小さじ1／塩…小さじ⅕／水…カップ½
おろししょうが ……… ½かけ分

作り方
❶白菜の葉はざく切りにし、茎は6cm長さ、1cm幅の細切りにする。煮干しは頭とはらわたを除き、大きければ縦に裂く。
❷耐熱ボウルに白菜の葉、茎の順に重ね入れ、煮干しを散らす。
❸Ⓐの材料を合わせて②に回し入れ、両端をあけてラップをし、4分加熱する。器に盛り、おろししょうがを添える。（村上）

白菜と豚ばら肉の重ね蒸し

さすが　うまみが出る　栄養をにがさない　**292**kcal **10**分**20**秒

材料（２人分）
白菜 ………………500g（５枚）
豚ばら薄切り肉………… 120g
　小麦粉…適量
しょうがのせん切り
……………………大½かけ分
塩、こしょう……………各適量
酒 ……………………大さじ1½
Ⓐ薄口しょうゆ…小さじ１／みりん、オイスターソース、片栗粉…各小さじ½／塩…少々

作り方
❶白菜は半分の長さに切る。豚肉は小麦粉をまぶす。
❷耐熱容器にクッキングシートを敷き、白菜、豚肉、しょうがの順に重ね、塩、こしょうをふる。これをくり返し、白菜で終わるようにする。
❸②に酒をふってラップをし、10分20秒加熱する。フライ返しで上からギュッと押さえて形を整え、クッキングシートごと容器から取り出して４つ～６つに切り、器に盛る。
❹容器に残った汁に水を足してカップ¾にし、小鍋に移してⒶを加える。弱火にかけ、混ぜながら煮立ててとろみをつけ、③にかける。（塩田）

温製キャベツのアーリオ・オーリオ

さすが　甘みが出る　まるごと調理　**136**kcal **12**分**20**秒

材料（８人分）
キャベツ
……… 700g～1.2kg（１個）
にんにく …………………２かけ
赤唐辛子（種を除く）…１～２本
オリーブ油……………カップ½
塩 ……………………………少々

作り方
❶キャベツは芯をくりぬく。
❷にんにくはみじん切り、赤唐辛子は小口切りにする。
❸フライパンにオリーブ油、塩、②を入れて中火にかけ、じっくり炒めて香りが立ったら火からおろす。
❹①をまるごとラップで包み、6分30秒～12分20秒加熱し、中まで火を通す。縦８つに切り、器に盛る。
❺④ができあがる直前に③を再び中火にかけ、あつあつを④にかけ、好みで塩をふる。（田崎）

コンビーフキャベツの炒め風

さすが　速い　こくが出る　**137**kcal **5**分

材料（２人分）
キャベツ …………300g（⅓個）
缶詰のコンビーフ
……………… 100g（小１缶）
塩、こしょう……………各少々

作り方
❶キャベツの芯は薄切りにし、葉は一口大にちぎる。
❷コンビーフはほぐす。
❸耐熱容器に①の½量、②、残りの①の順に重ね入れ、両端をあけてラップをして５分加熱する。取り出して塩、こしょうをふり、さっくり混ぜて器に盛る。（村上）

ほうれんそう・小松菜・にら ほか

ほうれんそうとしめじのお浸し

さすが　速い　簡単

27kcal 約1分

材料（1人分）
ほうれんそう……80g（約¼わ）
しめじ………50g（½パック）
ポン酢しょうゆ……………適量

作り方
❶ほうれんそうは4〜5cm長さに切り、しめじは小房に分ける。
❷耐熱ボウルに①を入れてふんわりとラップをし、約1分加熱する。
❸②に水をかけて冷やし、よく絞ってから器に盛り、ポン酢しょうゆをかける。（栗原）

ほうれんそうののりくるみ和え

さすが　味がからむ

88kcal 2分30秒

材料（2人分）
ほうれんそう……150g（½わ）
焼きのり（全形）…………1枚
くるみ………………………20g
Ⓐだし汁、しょうゆ…各小さじ1

作り方
❶ほうれんそうは葉と茎に切り分ける。耐熱ボウルにまず葉を入れ、上に茎をのせてラップをし、2分30秒加熱。冷水にとって、水けをよく絞り、食べやすい長さに切る。
❷くるみは粗く砕き、①、ちぎったのり、Ⓐと合わせて混ぜる。（牧野）

ほうれんそうのカッテージチーズサラダ

さすが　速い

32kcal 1分

材料（2人分）
ほうれんそう……100g（⅓わ）
たくあんのみじん切り……10g
Ⓐカッテージチーズ（裏ごしタイプ）…大さじ2／だしの素（粉末）、練りがらし…各小さじ⅓

作り方
❶ほうれんそうは3cm長さに切る。ラップをひろげてまず葉をのせ、上に茎をのせて包み、1分加熱。冷水にとって、水けをよく絞る。
❷Ⓐを合わせて混ぜ、①とたくあんを加えて混ぜる。（大沼）

小松菜のじゃこ浸し

さすが　手間いらず　簡単

14kcal 3分

材料（2人分）
小松菜………100g（大¼わ）
ちりめんじゃこ
……………………5g（大さじ1）
しょうゆ………………小さじ1

作り方
❶小松菜はざく切りにし、葉、茎の順に耐熱ボウルに入れる。
❷じゃことしょうゆを加え、ラップをして3分加熱し、混ぜて器に盛る。（村上）

小松菜のシューマイ

さすが　柔らか　しっとり

320kcal 9分30秒

材料（2人分）
小松菜………100g（小½わ）
Ⓐ豚ひき肉…150g／玉ねぎ…50g（¼個）／しょうが…¼かけ／片栗粉…大さじ1／しょうゆ、砂糖、胡麻油…各小さじ1／酒…小さじ½／塩…小さじ¼／こしょう…少々
シューマイの皮…………12枚
練りがらし、豆板醤、酢じょうゆ
…………………………各適量

作り方
❶小松菜はラップで包み、1分〜1分30秒加熱。みじん切りにして水けをよく絞る。Ⓐの玉ねぎとしょうがはみじん切りに。
❷ボウルにⒶを合わせ、粘りが出るまでよく混ぜて、①の小松菜を加えて混ぜる。
❸②を12等分して丸め、シューマイの皮で包む。耐熱皿に½量を並べ、たっぷりと霧をふきかけ、ふんわりとラップをして3分加熱。ラップをはずして再び霧をふきかけ、ラップをして1分加熱。残りも同様にする。
❹③に練りがらし、豆板醤をのせ、酢じょうゆを添える。（村田）

小松菜と厚揚げのとろみあん

さすが　味がからむ

127kcal 12分

材料（2人分）
小松菜………120g（大¼わ）
厚揚げ………120g（大½枚）
干ししいたけ（もどしたもの）
……………………………30g
にんじん………30g（約⅓本）
Ⓐ干ししいたけのもどし汁…180mℓ／黒砂糖…小さじ½／鶏ガラスープの素（顆粒）…小さじ1／しょうゆ…大さじ1
片栗粉（同量の水で溶く）
………………………小さじ1

作り方
❶厚揚げは熱湯をかけて油抜きし、6等分に切る。しいたけは食べやすく切り、にんじんは細切りにする。
❷耐熱ボウルに①を入れてⒶを加え、クッキングシートを密着させてかぶせ、浮き上がり防止に小皿をのせて8分20秒加熱する。
❸小松菜は3cm長さに切り、②に加えて混ぜ、②と同様にして2分30秒加熱し、具を器に盛る。
❹③の煮汁に水溶き片栗粉を加えて混ぜ、ラップなしで1分10秒加熱し、③にかける。（大沼）

水菜のピーナツバター和え

さすが　速い　簡単

78kcal 1分10秒

材料（2人分）
水菜……………………120g
Ⓐピーナツバター（甘みの少ないタイプ）…大さじ1／しょうゆ…小さじ1／砂糖…小さじ1⅓

作り方
❶水菜は食べやすい長さに切り、ラップで包んで1分10秒加熱する。
❷ボウルに①を入れ、ざっと混ぜて余熱を全体にいきわたらせ、Ⓐを加えてよく混ぜる。（大沼）

水菜と油揚げのサッと煮

さすが　柔らか　簡単

91kcal 2分

材料（2人分）
水菜……………………150g
油揚げ…………30g（1枚）
Ⓐだし汁…カップ½／しょうゆ、みりん…各小さじ1½

作り方
❶水菜は5cm長さに切り、油揚げは熱湯をかけて油抜きし、短冊切りにする。
❷耐熱ボウルに①を入れて混ぜ合わせたⒶをかけ、ラップをして2分加熱する。(牧野)

水菜と春雨のベーコン炒め

さすが こくが出る

149kcal 4分30秒

材料(2人分)
水菜……150g
春雨(乾燥品)……10g
ベーコン……40g(2枚)
水……カップ½
Ⓐおろしにんにく…小さじ½／しょうゆ、砂糖、サラダ油…各大さじ1

作り方
❶水菜は3cm長さに切り、ベーコンは1cm幅に切る。
❷耐熱ボウルに分量の水を入れ、春雨をはさみで8〜10cm長さに切って加え、ラップをして1分30秒加熱する。さらにベーコンとⒶを加えてよく混ぜる。
❸②に水菜の葉を入れ、上に茎をのせてクッキングシートを密着させてかぶせ、浮き上がり防止に小皿をのせる。両端をあけてラップをし、3分加熱して混ぜ、器に盛る。(村上)

青梗菜と油揚げのレンジ煮浸し

さすが こくが出る 鍋いらず

205kcal 6分30秒

材料(2人分)
青梗菜……200g(2株)
油揚げ……60g(2枚)
Ⓐだし汁…カップ1／しょうゆ…大さじ2／みりん…大さじ3／塩…小さじ1

作り方
❶青梗菜は茎と葉に切り分け、それぞれ5cm長さに切る。油揚げは熱湯をかけて油抜きし、3cm角に切る。
❷耐熱ボウルにⒶを合わせて混ぜ、青梗菜の茎、油揚げの順に入れ、上に青梗菜の葉をおおうようにのせる。ふんわりとラップをして6分30秒加熱する。
❸②は熱いうちにさっくりと混ぜ、ラップで落としぶたをして約2分おき、味をなじませる。(村田)

モロヘイヤの納豆和え

さすが 柔らか 速い

66kcal 1分30秒

材料(2人分)
モロヘイヤ……55g(½袋)
納豆……50g(1パック)
Ⓐしょうゆ…小さじ1／練りがらし…少々

作り方
❶モロヘイヤは葉を摘み、茎は適宜に切る。耐熱ボウルにまず葉を入れ、上に茎をのせてラップをし、1分30秒加熱する。冷水にとって水けをよく絞り、粘りが出るまで包丁でたたく。
❷ボウルに納豆を入れてよく混ぜ、①とⒶを加えて混ぜ、器に盛る。(牧野)

モロヘイヤのなめたけ和え

さすが 速い 簡単

25kcal 50秒

材料(2人分)
モロヘイヤの葉……80g
瓶詰の味つけえのきだけ……40g(大さじ2⅔)
おろししょうが……小さじ1弱

作り方
❶モロヘイヤの葉は耐熱ボウルに入れてラップをし、50秒加熱する。ざっと混ぜて余熱を全体にいきわたらせ、冷水にとり、水けを絞る。
❷ボウルに①と味つけえのきだけ、しょうがを入れて混ぜる。(大沼)

モロヘイヤのとろろやっこ

さすが 色あざやか

162kcal 50秒

材料(2人分)
モロヘイヤの葉……80g
Ⓐめんつゆ(3倍濃縮)…大さじ2／水…大さじ2
絹ごし豆腐……200g(⅔丁)
卵黄……2個分

作り方
❶モロヘイヤの葉は耐熱ボウルに入れてラップをし、50秒加熱する。ざっと混ぜて冷水にとり、水けを絞る。
❷①とⒶをフードプロセッサーにかけ、なめらかなピュレにする。
❸豆腐は2等分して器に盛り、②をかけて卵黄をのせる。(大沼)

にらの卵とじ

さすが しっとり 速い

95kcal 5分

材料(2人分)
にら……100g(1わ)
卵……2個
Ⓐだし汁…カップ¼／しょうゆ、酒、みりん…各小さじ1／塩…少々

作り方
❶にらは5cm長さに切って耐熱ボウルに入れ、ラップをして1分加熱する。
❷卵は溶きほぐしてⒶを加えて混ぜ、①に回しかける。ラップをして3分30秒〜4分加熱する。(牧野)

にらの中華風スープ

さすが 鍋いらず

17kcal 3分

材料(2人分)
にら……50g(½わ)
もやし……60g(約¼袋)
鶏ガラスープの素(顆粒)……小さじ1
水……カップ2
オイスターソース……小さじ1
こしょう……少々

作り方
❶にらは3cm長さに切る。
❷耐熱ボウルにスープの素、分量の水、オイスターソースを入れて混ぜ合わせる。
❸②に①ともやしを加え、こしょうをふる。ラップをして3分加熱する。(村田)

にらとにんじんの胚芽和え

さすが 簡単 ヘルシー

31kcal 1分10秒

材料(2人分)
にら……50g(½わ)
にんじん……40g(小½本)
わかめ……30g
小麦胚芽……小さじ2
しょうゆ……大さじ½

作り方
❶にらは4cm長さに切り、にんじんはせん切りにする。わかめは食べやすく切る。
❷耐熱ボウルににらを入れ、上ににんじんをのせてラップをし、1分10秒加熱する。
❸取り出してざっと混ぜ、わかめを加えて混ぜる。さらに小麦胚芽としょうゆを加えて混ぜる。(大沼)

青梗菜（チンゲンツァイ）・小松菜・にら

青梗菜とかにの卵炒（いた）め

さすが　下ゆで　速い　163kcal 1分30秒

材料（2人分）
青梗菜 …………… 200g（2株）
缶詰のかにの水煮 …………………50g（小1缶）
卵 ………………………………… 2個
　塩…小さじ¼／こしょう…少々
胡麻（ごま）油 …………………大さじ1

作り方
❶青梗菜は葉を5㎝長さに、茎は六つ〜八つ割りにして4㎝長さに切り、葉と茎に分ける。水にくぐらせてポリ袋に茎だけを入れて1分30秒加熱し、袋の隅を少し切って水分を流し、水けをきる。
❷かには軟骨を除いて身をほぐし、缶汁と合わせる。
❸卵を溶きほぐして塩、こしょうをふり、②、①の茎、葉の順に混ぜる。
❹フライパンに胡麻油を熱して③を入れ、強めの中火で大きく混ぜながら卵に火が通るまで炒め、器に盛る。（村上）

青梗菜と蒸し鶏のザーサイ和（あ）え

さすが　速い　栄養をにがさない　64kcal 3分20秒

材料（2人分）
青梗菜 ……………100g（1株）
　サラダ油…少々
ささ身（筋を除く）…40g（1本）
　酒…大さじ¼／塩…少々
トマト ……………100g（½個）
瓶（びん）詰の味つきザーサイ …25g
しょうゆ ………………大さじ½
胡麻油 …………………大さじ¼

作り方
❶青梗菜は4㎝長さに切って水にくぐらせ、茎の上に葉をのせてラップで包む。1分10秒〜1分20秒加熱し、サラダ油をからめて冷（さ）ます。
❷トマトは乱切りにする。
❸ささ身は耐熱容器に入れ、酒、塩をふる。ラップをして2分加熱し、粗熱（あらねつ）を取って裂く。
❹しょうゆと胡麻油を合わせ、①〜③を和える。（小田）

小松菜ときのこの卵とじ

さすが　手間いらず　焦げない　83kcal 2分50秒

材料（2人分）
小松菜 ………………50g（1株）
えのきだけ ……………50g（½袋）
しめじ ……… 50g（½パック）
長ねぎ ………………… 8g（5㎝）
だし汁 …………………カップ¼
Ⓐみりん…大さじ1¼／薄口しょうゆ…大さじ¾
卵 ……………………………… 1個

作り方
❶小松菜は5㎝長さに切る。えのきだけは根元を切って長さを半分に切り、しめじは小房にする。長ねぎは四つ割りにする。
❷耐熱容器に①を入れてだし汁とⒶを加え、ラップをして1分10秒加熱。一混ぜし、再びラップをして50秒加熱する。
❸卵を溶きほぐして②に加え、ラップをして50秒加熱する。卵が半熟状になったら大きく混ぜて器に盛る。（藤野）

にらの胡麻じょうゆ

さすが 片付けらくらく 色あざやか　**21**kcal **1**分**30**秒

材料（２人分）
にら ……………… 100g（１わ）
Ⓐしょうゆ…小さじ２／酢…小さじ１／溶きがらし…小さじ¼
炒り白胡麻…………………… 少々

作り方
❶にらは水にくぐらせて長さを半分に切る。水けがついたままポリ袋に入れ、口を内側に折って、１分30秒加熱する。
❷①のポリ袋に水を入れて粗熱を取る。軽く絞って４cm長さに切り、器に盛る。
❸Ⓐを合わせて②にかけ、胡麻をふる。（村上）

小松菜と油揚げのレンジ浸し（びた）

さすが 味がからむ 鍋いらず　**99**kcal 約**2**分**30**秒

材料（２人分）
小松菜 ………… 150g（小½わ）
油揚げ ………………30g（１枚）
Ⓐだし汁…カップ¼／薄口しょうゆ、みりん…各大さじ１／砂糖…小さじ１

作り方
❶小松菜は根元のかたい部分を落とし、長さを３等分に切る。
❷油揚げは湯通しして軽く絞り、１cm幅に切る。
❸耐熱ボウルに①と②を交互に入れ、Ⓐを回しかける。ふんわりとラップをして約２分30秒加熱する。熱いうちに混ぜてラップで落としぶたをし、味を含ませ、器に盛る。（栗原）

緑野菜の中華風

さすが 鍋いらず ローカロリー　**57**kcal **3**分

材料（２人分）
青梗菜 ……………100g（１株）
小松菜 ……………100g（¼わ）
さやいんげん
……………….40g（½パック）
長ねぎ ……………… 8g（5cm）
しょうがの薄切り ………… ２枚
にんにく ………………… ½かけ
Ⓐしょうゆ…大さじ１／砂糖、ラー油…各小さじ½／胡麻油…小さじ１

作り方
❶青梗菜の葉は４cm長さに切り、茎は六つ～八つ割りにする。小松菜は４cm長さに、さやいんげんは筋を取って３cm長さに切る。全部を合わせてサッと水にくぐらせ、ポリ袋に平らに入れる。
❷ターンテーブルに割り箸（わ・ばし）２膳をばらして置き、①をのせて３分加熱する。袋の隅を少し切って水分を流す。
❸長ねぎ、しょうが、にんにくはみじん切りにしてボウルに入れ、Ⓐを加えて混ぜる。
❹②を器に盛り、③をかける。（村上）

かぼちゃ・なす

かぼちゃのひき肉カレー煮

さすが 味がからむ

224kcal 9分

材料（2人分）
かぼちゃ（正味）
………………200g（小1/5個）
合いびき肉………………100g
長ねぎのみじん切り……1/4本分
Ⓐカレー粉…小さじ1／豆板醤…小さじ1/2／サラダ油…大さじ1
Ⓑしょうゆ、みりん…各大さじ1／水…カップ1/4

作り方
❶かぼちゃは種とわたを除いて分量用意し、水でぬらしてラップでぴっちり包む。ターンテーブルの端に皮を外側にして置いて4〜5分、竹串を刺してスーッと通るまで加熱し、粗熱が取れたら一口大に切る。
❷耐熱ボウルにひき肉とⒶを入れてよく混ぜ、ラップをして2分加熱。さらに長ねぎ、Ⓑ、①のかぼちゃを加えて2分加熱し、全体を混ぜる。（村上）

かぼちゃとベーコンのチーズ焼き

さすが うまみが出る 鍋いらず

391kcal 6分40秒

材料（2人分）
かぼちゃ……300g（小1/3個）
ベーコン…………60g（3枚）
バター………12g（大さじ1）
塩、こしょう…………各少々
ピザ用チーズ………………50g
パセリのみじん切り……適量

作り方
❶かぼちゃは種とわたを除き、ところどころ皮をむいて3㎜厚さのくし形に切り、ベーコンは3㎝幅に切る。
❷耐熱容器にバターを塗り、かぼちゃの1/2量を並べて塩、こしょうをふり、ベーコンの1/2量を散らす。同様にもう一度くり返し、上にピザ用チーズを散らして、水大さじ1〜2（材料表外）をふる。
❸②にラップをして6分40秒加熱し、パセリを散らす。（藤野）

夏野菜の蒸し煮

さすが ヘルシー ノンオイル

129kcal 6分40秒

材料（2人分）
かぼちゃ……120g（約1/8個）
なす………………90g（1個）
ピーマン………50g（約1 1/2個）
赤ピーマン…200g（小1 1/2個）
トマト………300g（1 1/2個）
塩、こしょう………………適量

作り方
❶かぼちゃは種とわたを除き、ところどころ皮をむいてくし形に切り、なすは縦薄切りにして水につけ、あくを抜く。2種のピーマンとトマトは縦六つ割りにする。
❷①に塩、こしょうを軽くふりながら、耐熱ボウルに重ねて入れ、ラップをして6分40秒加熱し、ざっと混ぜる。（有元）

バターかぼちゃ

さすが 手間いらず

183kcal 6分

材料（2人分）
かぼちゃ（正味）
………………200g（小1/5個）
塩、こしょう…………各少々
バター………24g（大さじ2）

作り方
❶かぼちゃは種とわたを除き、ところどころ皮をむいて分量用意し、8個の乱切りにし、サッと水にくぐらせる。耐熱皿の中央をあけて、皮を上にして並べ、ラップをして約6分、竹串がスーッと通るまで加熱する。
❷かぼちゃの上下を返して皮を下にし、塩、こしょうをふってバターを少しずつのせ、溶けたら食べる。（村上）

冷たいかぼちゃのスープ

さすが まろやか 簡単

290kcal 4分

材料（2人分）
かぼちゃ（正味）
………………150g（約1/6個）
生クリーム…………カップ1/2
Ⓐスープの素（顆粒）…少々／水…カップ1
塩、こしょう…………各少々
パセリのみじん切り……適量

作り方
❶かぼちゃは種とわた、皮を除いて分量用意し、ラップで包み、4分加熱する。粗熱が取れたら、適宜に切り分ける。
❷①と生クリーム、Ⓐ、塩、こしょうを合わせてフードプロセッサーにかけ、なめらかになったら冷蔵庫で冷やす。器に盛り、パセリをふる。（牧野）

かぼちゃのサワークリーム和え

さすが さわやか 簡単

142kcal 4分

材料（2人分）
かぼちゃ（正味）
………………150g（小1/6個）
レモン汁………………小さじ1/2
サワークリーム………大さじ2
レーズン………………大さじ1

作り方
❶かぼちゃは種とわた、皮を除いて分量用意する。ラップで包み、4分加熱する。竹串を刺してスーッと通ったら、食べやすい大きさに切ってボウルに入れ、レモン汁をかける。
❷レーズンは水につけてもどし、水けをきる。
❸①が冷めたら、サワークリームと、水でもどしたレーズンを加え、全体に混ぜる。（牧野）

なすの胡麻じょうゆ

さすが しっとり 色あざやか

116kcal 6分

材料(2人分)

なす ……………… 300g(3個)
Ⓐすり白胡麻…大さじ1／しょうゆ、酢、みりん、胡麻油…各小さじ2

作り方

❶なすはへたのまわりに切り目を入れ、耐熱皿に中央をあけて並べる。
❷ターンテーブルに割り箸2膳をばらして置き、その上に①をのせ、ラップなしで6分加熱する。
❸Ⓐを合わせてよく混ぜる。
❹②が熱いうちに菜箸で押さえながらへたを切り落とし、八つ割りにして器に盛る。上から③を回しかける。(村上)

蒸しなすの胡麻みそだれ

さすが 味がからむ しっとり

121kcal 3分

材料(2人分)

なす ……………… 180g(2個)
サラダ油 ……………………… 少々
Ⓐ練り白胡麻…大さじ1½／ポン酢しょうゆ…大さじ1／みそ…小さじ1／砂糖…小さじ½／炒り白胡麻…大さじ½
万能ねぎ ……………………… 適量

作り方

❶なすはへたを残してがくを切り取り、縦に5mm幅の浅い切り込みを入れる。万能ねぎは斜め薄切りにし、Ⓐは合わせてよく混ぜる。
❷なすの表面に油を塗って耐熱皿に並べ、ラップをして2〜3分加熱する。
❸②が熱いうちにⒶを加えてよくからめ、軽くねじるようにして器に盛り、万能ねぎを好みの量ふりかける。(飛田)

なすと帆立て缶のカレー

さすが 速い

143kcal 10分50秒

材料(2人分)

なす(正味)…… 200g(大2個)
玉ねぎ …………… 100g(½個)
にんにくのみじん切り
………………………… 1かけ分
Ⓐトマトジュース(無塩)…160g(小1缶)／チキンスープの素(固形・砕く)…1個／黒砂糖…小さじ1
Ⓑ缶詰の帆立て貝柱の水煮…75g(小1缶)／スキムミルク…大さじ2½／片栗粉…小さじ1／カレー粉、クミンパウダー…各小さじ½／しょうゆ…小さじ1

作り方

❶なすと玉ねぎは1cm角に切る。
❷耐熱ボウルに玉ねぎとにんにくを入れ、ラップなしで1分40秒加熱。取り出して、なすとⒶを加えて混ぜる。クッキングシートを密着させてかぶせ、浮き上がり防止に小皿をのせて8分20秒加熱する。
❸②に混ぜ合わせたⒷを加えてさらに混ぜ、ラップなしで50秒加熱する。(大沼)

なすとコンビーフのチーズ焼き

さすが こくが出る

394kcal 15分

材料(2人分)

なす ……………… 270g(3個)
トマト …………… 150g(1個)
Ⓐ缶詰のコンビーフ…100g(小1缶)／マヨネーズ…大さじ2
ピザ用チーズ ………………80g
塩、こしょう ……………各少々

作り方

❶なすは皮を縦に1cm幅の縞目にむき、1cm厚さの輪切りにする。耐熱ボウルに入れ、ひたひたの水を注いでキッチンペーパーをかぶせ、ラップなしで5分加熱し、水けをきる。
❷トマトは縦半分に切って1cm厚さに切る。Ⓐのコンビーフはほぐしてマヨネーズと混ぜる。
❸耐熱容器に①と②のトマト、Ⓐを交互に重ね、塩、こしょうをして、上にピザ用チーズを散らす。ラップなしで10分加熱する。(村田)

蒸しなすのにんにく風味

さすが 失敗なし

106kcal 1分40秒

材料(2人分)

なす …………… 200g(大2個)
にんにくのみじん切り
………………………… ½かけ分
オリーブ油 …………大さじ1½
塩 ………………………小さじ¼
粗びき黒こしょう ………… 少々

作り方

❶なすは縦六つ割りにして水につけ、あくを抜く。水けをきってポリ袋に入れ、1分40秒加熱する。水にとって冷まし、水けを絞る。
❷①をボウルに入れてにんにくをふり、オリーブ油、塩、こしょうを加えて全体をざっと混ぜ、しばらくおいて味をなじませる。(有元)

蒸しなすとトマトのサラダ

さすが さっぱり 簡単

70kcal 2分

材料(2人分)

なす ……………… 180g(2個)
トマト …………… 200g(1個)
香菜 ……………………… 適量
中華ドレッシング(市販品)
……………………… 大さじ2

作り方

❶なすはへたを切り落とし、水でぬらしてラップで包み、2分加熱する。取り出して、そのままおいて冷まし、縦に裂く。
❷トマトは輪切りにして器に並べ、上に①をのせる。適宜に切った香菜を散らし、ドレッシングをかける。(牧野)

なすの与一漬け

さすが しっとり

85kcal 3分

材料(2人分)

なす …………… 200g(大2個)
マスタード …………… 小さじ1
はちみつ ……………… 大さじ2

作り方

❶なすは1cm厚さの輪切りにし、すぐに耐熱ボウルに入れ、クッキングシートを密着させてかぶせ、浮き上がり防止に小皿をのせる。3分加熱し、冷めたら水けを絞る。
❷マスタードとはちみつを練り混ぜ、①を和える。(村上)

かぼちゃ・なす

肉かぼちゃ

さすが ほくほく 焦げない　181kcal 10分30秒

材料（2人分）
かぼちゃ……… 160g（約⅙個）
玉ねぎ………………50g（¼個）
豚もも薄切り肉……………60g
Ⓐしょうゆ…小さじ2／砂糖…小さじ1／サラダ油…少々
Ⓑしょうゆ…大さじ1／みりん…小さじ1／酒、砂糖…各少々
万能ねぎの斜め切り………少々

作り方
❶かぼちゃは種を除いて5㎜厚さの一口大にする。
❷玉ねぎは薄切りにし、豚肉は一口大に切って、ともに耐熱ボウルに入れ、Ⓐを加えて混ぜる。ラップをして2〜3分加熱し、豚肉に八分通り火を通す。①、Ⓑを加えて混ぜ、ラップをして3分30秒加熱。上下を返すように混ぜ、4分加熱する。器に盛り、万能ねぎを散らす。（小田）

かぼちゃのニョッキ セージバター

さすが 下ごしらえ 栄養をにがさない　274kcal 2分

材料（2人分）
かぼちゃ……… 130g（約⅛個）
強力粉（きょうりき）（ふるう）……………75g
ナツメグ……………………少々
バター…………………大さじ2
セージ（ちぎる）…………… 5枚
塩、こしょう……………各少々

作り方
❶かぼちゃは種と皮を除いて100gにし、一口大に切る。耐熱皿に間隔をあけて並べ、ラップをして1分30秒〜2分加熱し、熱いうちに裏ごしをする。
❷ボウルに強力粉と①を入れて練り、ナツメグを混ぜる。
❸②を棒状にのばし、端から2㎝長さに切る。1個ずつフォークの背で押さえて、模様をつける。たっぷりの湯でゆでて、浮き上がって透明感が出たら、湯をきる。
❹フライパンにバターとセージを入れて中火にかけ、③を加えて手早くからめ、塩、こしょうをふり、器に盛る。（塩田）

かぼちゃのはちみつレモン煮

さすが 簡単 ほくほく　87kcal 2分

材料（2人分）
かぼちゃ……… 160g（約⅙個）
レモンの薄切り（4つに切る）…………………………2〜3枚
はちみつ…… 10g（約大さじ½）

作り方
❶かぼちゃは種を除いて一口大に切る。耐熱容器に入れ、ラップをして1分30秒加熱する。竹串を刺してかたければ、さらに30秒ほど加熱する。
❷①にレモン、はちみつを加えて混ぜ、器に盛る。（竹内）

麻婆(マーボー)なす

さすが　味がからむ　照りよく　**195kcal 8分**

材料（２人分）

なす ………………300g（３個）
豚ひき肉 ………………… 100g
Ⓐおろししょうが、豆板醤(トウバンジャン)…各小さじ１／サラダ油…小さじ２／しょうゆ、砂糖…各大さじ２／片栗粉…小さじ１
熱湯 ……………………カップ½

作り方

❶耐熱ボウルにⒶを入れて混ぜ、熱湯を注いでとろみをつける。ひき肉を加え、ほぐして混ぜる。
❷なすは１㎝厚さの輪切りにして①に入れる。
❸②にクッキングシートを密着させてかぶせ、浮き上がり防止に耐熱性の小皿をのせて両端(りょうはし)をあけてラップをし、8分加熱して器に盛る。（村上）

ラタトゥイユ

さすが　鍋いらず　時間短縮　**163kcal 8分**

材料（２人分）

なす ………………100g（１個）
ズッキーニ ………100g（⅔本）
赤ピーマン ………100g（⅔個）
玉ねぎ ……………100g（½個）
Ⓐローリエ（２つにちぎる）…２枚／オリーブ油…大さじ２／塩…小さじ½／黒こしょう…少々
パセリのみじん切り ……少々

作り方

❶なすとズッキーニは皮を縦に縞目(しまめ)にむいて８㎜厚さの輪切りにする。赤ピーマンは乱切りに、玉ねぎはくし形に切ってほぐす。
❷耐熱容器に①を入れてⒶを加える。クッキングシートを密着させてかぶせ、浮き上がり防止に耐熱性の小皿をのせて両端をあけてラップをし、8分加熱する。一混ぜし、器に盛ってパセリをふる。（村上）

なすのしぎ焼き風

さすが　手間いらず　ヘルシー　**88kcal 8分**

材料（２人分）

米なす ……………300g（１個）
Ⓐみそ、砂糖…各大さじ1½／フレンチマスタード…小さじ１／水…大さじ¾
おろししょうが……………適量

作り方

❶米なすはラップできっちり包む。ターンテーブルに割り箸(わりばし)２膳をばらして置き、その上の端(はし)に米なすをのせて8分加熱する。
❷Ⓐを合わせる。
❸なすのラップをはずし、へたをつけたまま縦２つに切り、さらに横４つに切る。器に盛り、②をかけておろししょうがをのせる。（村上）

アスパラ・オクラ・ブロッコリー ほか

アスパラガスのトマトソースがけ

さすが 色あざやか 簡単

64kcal 約1分30秒

材料（2人分）
グリーンアスパラガス（正味）……………………130g（1わ）
レンジトマトソース（→P150）……………………………カップ½

作り方
❶アスパラガスは根元のかたい部分を切って全体にピーラーで軽く皮をむき、穂先と根元を互い違いにして平らに並べ、ラップで包んで約1分30秒加熱する。水にとって冷ます。
❷水けをきって器に盛り、トマトソースをかける。（栗原）

アスパラガスと帆立て缶の蒸し煮

さすが うまみが出る 速い

42kcal 1分30秒

材料（2人分）
グリーンアスパラガス…………………120g（小6本）
缶詰の帆立て貝柱の水煮……………………60g（小1缶）
酒…………………………大さじ1
塩、こしょう……………各少々

作り方
❶アスパラガスは根元を切り、かたい部分はピーラーで厚めに皮をむいて5〜6cm長さに切る。
❷帆立て貝柱はほぐし、缶汁はとっておく。
❸耐熱容器に①と貝柱を入れ、缶汁大さじ3、酒を注いで塩、こしょうを加え、ラップをして1分30秒加熱。ざっと混ぜて器に盛る。（牧野）

オクラとわかめのからしじょうゆ

さすが 速い 簡単

29kcal 50秒

材料（2人分）
オクラ………………80g（8本）
カットわかめ（乾燥品）……3g
Ⓐしょうゆ…小さじ2／みりん…小さじ1／練りがらし…小さじ1

作り方
❶オクラは竹串で刺して穴をあけ、へた側と先端を互い違いに並べてラップで包み、50秒加熱。冷めたら小口切りにしてボウルに入れる。
❷わかめは水につけてもどし、水けをきって①に加え、Ⓐで和える。（大沼）

オクラ納豆

さすが ヘルシー 簡単

84kcal 50秒

材料（2人分）
オクラ………………80g（8本）
納豆……………50g（1パック）
うずらの卵……………………2個
Ⓐしょうゆ…大さじ½／だしの素（粉末）、練りがらし…各小さじ¼

作り方
❶オクラは竹串で刺して穴をあけ、へた側と先端を互い違いに並べてラップで包み、50秒加熱。冷めたら小口切りにする。
❷①と納豆、Ⓐを合わせて混ぜ、器に盛りつけて、うずらの卵を割り落とす。（大沼）

オクラの胡麻みそ和え

さすが 味がからむ

52kcal 1分40秒

材料（2人分）
オクラ………………80g（8本）
かまぼこ……………………4切れ
Ⓐすり白胡麻…大さじ2／みそ、砂糖…各小さじ2／しょうゆ、みりん…各少々

作り方
❶オクラはがくの部分をむき、塩少々（材料表外）をふって板ずりし、洗って竹串で刺して穴をあけ、ラップで包み、1分40秒加熱する。冷めたら2つ〜3つに切る。
❷かまぼこは1切れを3つくらいに切る。
❸ボウルにⒶを合わせてよく混ぜ、①と②を加えてよく和える。（田口）

にんにくの茎とたこのからし酢みそ

さすが あっさり

126kcal 1分40秒

材料（2人分）
にんにくの茎…100g（約8本）
ゆでだこ……………………100g
わかめ（刺身用）……………50g
Ⓐみそ…大さじ2／だし汁…大さじ1⅔／酢…大さじ1／砂糖…小さじ2／練りがらし…小さじ½

作り方
❶にんにくの茎は4cm長さに切り、ラップで包んで1分40秒加熱し、取り出して冷ます。
❷たことわかめは食べやすい大きさに切る。
❸器に①と②を盛り、Ⓐを混ぜて添える。（大沼）

にんにくの茎とささ身の胡麻じょうゆ和え

さすが 味がからむ

82kcal 2分30秒

材料（2人分）
にんにくの茎…100g（約8本）
ささ身………………40g（1本）
酒…大さじ1
Ⓐ練り胡麻…小さじ2／しょうゆ、砂糖…各小さじ1

作り方
❶にんにくの茎は4cm長さに切り、ラップで包んで1分40秒加熱する。
❷ささ身は筋を除いて耐熱容器に入れ、酒をふり、ラップをして40〜50秒加熱する。そのまま蒸らし、冷めたら細く裂く。蒸し汁はとっておく。
❸ボウルにⒶと②の蒸し汁を合わせてよく混ぜ、①と②のささ身を加えて和える。（大沼）

ブロッコリーの茎の昆布茶風味

さすが 手間いらず ムダなし

18kcal 1分10秒

材料（2人分）
ブロッコリーの茎………100g
酒…小さじ1
昆布茶……………………小さじ⅔

作り方
❶ブロッコリーの茎はかたい部分は皮をむいて分量用意し、せん切りにして耐熱容器に入れ、酒をふる。
❷ラップをして1分10秒加熱し、昆布茶をまぶす。（大沼）

ブロッコリーのピーナツバターじょうゆ

さすが 速い ヘルシー

83kcal 1分10秒

材料(2人分)
ブロッコリーの小房 …………………… 120g(6房)
Ⓐピーナツバター(甘みの少ないタイプ)…大さじ1／しょうゆ、砂糖…各小さじ1／熱湯…小さじ2

作り方
❶ブロッコリーは耐熱容器に入れ、ラップをして1分10秒加熱する。
❷ボウルにⒶを合わせて混ぜ、①に添える。(大沼)

ブロッコリーのたらこマヨネーズ

さすが 栄養をにがさない 速い

66kcal 1分10秒

材料(2人分)
ブロッコリーの小房 …………………… 120g(6房)
Ⓐたらこ(甘塩)…30g(½腹)／マヨネーズ…大さじ½／プレーンヨーグルト…大さじ1

作り方
❶ブロッコリーは耐熱容器に入れ、ラップをして1分10秒加熱する。
❷ボウルに皮を除いたたらこと残りのⒶを合わせて混ぜ、①に添える。(大沼)

ブロッコリーの粒マスタード和え

さすが 簡単

149kcal 2分40秒

材料(2人分)
ブロッコリー…140g(小½個)
Ⓐ粒マスタード…小さじ1／マヨネーズ…大さじ3／しょうゆ…少々

作り方
❶ブロッコリーは小房に分けてサッと洗い、耐熱皿に中央をあけて並べ、ラップをして1分40秒～2分40秒加熱し、冷ます。
❷ボウルにⒶを合わせ、①を加えて混ぜる。(田口)

カリフラワーの茶巾

さすが 本格味

123kcal 2分30秒

材料(2人分)
カリフラワーの小房 …………………… 100g(5房)
ささ身 ……………… 40g(1本)
酒…大さじ1
Ⓐマヨネーズ…大さじ2／みそ…小さじ1／練りがらし…小さじ¼

作り方
❶カリフラワーは耐熱容器に入れてラップをし、1分40秒加熱する。
❷ささ身は筋を除いて耐熱容器に入れ、酒をふってラップをし、40～50秒加熱して火を通す。
❸フードプロセッサーに①を入れ、②を蒸し汁ごと加え、Ⓐも加えてなめらかになるまで攪拌(かくはん)する。
❹③を4等分し、それぞれラップで包んで茶巾(ちゃきん)にする。(大沼)

セロリと蒸し鶏の和えもの

さすが あっさり しっとり

64kcal 2分

材料(2人分)
セロリ …………… 50g(½本)
鶏胸肉 …………… 50g(¼枚)
Ⓐしょうがの薄切り…⅓かけ分／長ねぎの青い部分…1本分／酒…小さじ1
Ⓑしょうゆ…小さじ1／レモン汁…小さじ⅔／胡麻油、塩、こしょう…各少々

作り方
❶セロリは筋を除いて5㎜幅の斜め切りにし、耐熱容器に入れ、ラップをして30秒加熱する。
❷鶏肉は皮目にフォークで数ヵ所穴をあけ、別の耐熱容器に入れる。Ⓐの香味野菜をのせて酒をふり、ラップをして1分～1分30秒加熱する。取り出してそのまま粗熱がとれるまでおく。香味野菜を除き、鶏肉は2㎝角に切り、蒸し汁はボウルに入れる。
❸②のボウルに①と鶏肉、Ⓑを加えて混ぜる。(牧野)

セロリの葉とわかめのふりかけ

さすが 簡単 ヘルシー

全量 42kcal 4分

材料(できあがり約カップ½分)
セロリの葉 ………………… 50g
わかめ(塩蔵品) ………… 30g
だしの素(粉末)……… 小さじ1
炒り白胡麻 ………… 小さじ2

作り方
❶セロリの葉はみじん切りにし、わかめは水洗いして水けをきり、みじん切りにする。
❷耐熱皿に①を入れ、だしの素をまぶして、ラップなしで3分加熱する。取り出して混ぜ、胡麻を加えて同様に1分加熱する。(村田)

ふきのおかか煮

さすが あっさり

19kcal 2分30秒

材料(2人分)
ふき …………… 100g(1本)
Ⓐ削り節…5g／だし汁…大さじ2／しょうゆ…小さじ2

作り方
❶ふきは耐熱容器に入る長さに切って入れ、ラップをして1分30秒加熱し、冷水にとって皮をむく。
❷①を5～6㎝長さに切って耐熱容器に入れ、Ⓐを混ぜてかけ、ラップをして、1分加熱する。(牧野)

ふきと竹の子、わかめの煮もの

さすが 味がからむ

25kcal 5分30秒

材料(2人分)
ふきの水煮 ………………… 80g
ゆで竹の子 ………………… 80g
わかめ(塩蔵品・もどしたもの) ……………………………… 30g
Ⓐだしの素(粉末)…小さじ⅔／黒砂糖…小さじ½／しょうゆ…大さじ½
片栗粉(倍量の水で溶く) ……………………… 小さじ1

作り方
❶ふきは斜め薄切り、竹の子は薄切りにする。ともに耐熱容器に入れてⒶと水カップ½(材料表外)を加え、クッキングシートをかぶせ、浮き上がり防止に小皿をのせる。ラップをして4分10秒加熱する。
❷①に食べやすく切ったわかめを加え、同様に50秒加熱。水溶き片栗粉を加え混ぜてとろみをつけ、ラップなしで30秒加熱する。(大沼)

カリフラワー・ブロッコリー・アスパラ

カリフラワーの塩辛バターソース

さすが | 簡単 | 栄養をにがさない | 195kcal 5分50秒

材料（4人分）
カリフラワー…300g（小1個）
白ワイン……………………80mℓ
いかの塩辛…………………30g
コリアンダー（ドライシード）
……………………小さじ1
生クリーム……………大さじ1
無塩バター…………………80g

作り方
❶カリフラワーは茎を切り落とし、ラップでまるごと包む。4分～5分50秒加熱して竹串がすっと通るまで柔らかくする。縦4つに切り、器に盛る。
❷鍋に白ワインを入れ、強火にかけて⅓量に煮つめる。いかの塩辛、コリアンダー、生クリームを加えてごく弱火で煮立てる。バターを加え、泡立て器で混ぜて軽くとろみをつけ、①に回しかける。（田崎）

カリフラワーとかじきのXO醤蒸し

さすが | しっとり | 速い | 194kcal 5分

材料（2人分）
カリフラワー‥ 125g（小½個）
かじき ………… 160g（2切れ）
　塩…小さじ¼／こしょう…少少
XO醤……………………大さじ1
こしょう ……………………適量
胡麻油 …………………大さじ1

作り方
❶カリフラワーは小房に分けて縦2つに切り、葉がついていれば小さく切る。
❷かじきは塩、こしょうをふって耐熱皿の端に向かい合わせに置き、①を½量ずつ上にのせる。XO醤もところどころにのせ、こしょうを多めにふって胡麻油をかける。
❸両端をあけてラップをし、5分加熱して器に盛る。（村上）

カリフラワーのアンチョビソースがけ

さすが | ローカロリー | 手間いらず | 62kcal 4分

材料（2人分）
カリフラワー…300g（小1個）
Ⓐ黒オリーブ…4個／アンチョビ…2枚／にんにく…大1かけ
玉ねぎのみじん切り…大さじ2
赤唐辛子（種を除く）……… 1本
こしょう ……………………少々

作り方
❶カリフラワーは小房に分け、葉はざく切りにする。水にくぐらせて耐熱容器に入れ、ラップをして約3分加熱する。水けをきって器に盛る。
❷Ⓐはみじん切りにする。
❸玉ねぎはラップをし、約1分加熱する。②と赤唐辛子を加えて混ぜ、こしょうをふって①にかける。（浜内）

ブロッコリーのミルクマヨネーズがけ

さすが まろやか | 簡単 150kcal 3分

材料（2人分）

ブロッコリー‥160g（約½個）

サラダ油………………小さじ2

Ⓐマヨネーズ…大さじ2／牛乳…小さじ2

作り方

❶ブロッコリーは小房に分け、茎は皮を厚くむいて薄切りにする。水にくぐらせて深めの耐熱容器に入れ、油を回しかける。

❷①に両端をあけてラップをし、3分加熱して汁けをきる。

❸Ⓐを混ぜ合わせて②にかける。（村上）

ブロッコリーと蒸し鶏の中華風サラダ

さすが ほくほく | 栄養をにがさない 188kcal 14分

材料（2人分）

ブロッコリー……150g（½個）

かぼちゃ…………110g（1/10個）

ささ身………… 160g（小4本）

酒、塩…各少々

Ⓐ炒り白胡麻、胡麻油…各小さじ1／しょうゆ…大さじ1／酢…小さじ2

作り方

❶ブロッコリーは小房に分け、かぼちゃは種を除いて100g用意し、5㎜厚さのくし形切りにする。それぞれラップで包み、4～5分ずつ加熱して粗熱（あらねつ）を取る。

❷ささ身は筋を除いて酒、塩をふり、ラップで包み、3～4分加熱。粗熱を取って細かく裂く。

❸Ⓐを混ぜ合わせて①と②を和え、器に盛る。（小田）

アスパラガスのベーコンサッと煮

さすが あっさり | 簡単 123kcal 5分

材料（2人分）

グリーンアスパラガス…………………140g（6本）

キャベツ…………140g（3枚）

ベーコン……………80g（4枚）

Ⓐチキンスープの素（顆粒（かりゅう））…小さじ½／塩…少々／水…大さじ2

黒こしょう…………………少々

作り方

❶グリーンアスパラは根元のかたい部分を切り、茎の下半分の皮をむいて4㎝長さに切る。キャベツは3～4㎝角に切り、ベーコンは3㎝幅に切る。

❷耐熱容器にキャベツ、ベーコン、グリーンアスパラの順に入れ、Ⓐを合わせて加える。

❸②にクッキングシートを密着させてかぶせ、浮き上がり防止に小皿をのせて両端をあけてラップをし、5分加熱し、こしょうをふって一混ぜする。（村上）

ピーマン・とうがん・さや豆類

ピーマンとじゃこの炒り煮

さすが 失敗なし ヘルシー

61kcal 2分30秒

材料(2人分)
ピーマン……… 100g(3個)
ちりめんじゃこ………大さじ2
Ⓐおろしにんにく…小さじ½/胡麻油…小さじ2/しょうゆ…小さじ1
こしょう……………………少々

作り方
❶ピーマンは一口大の乱切りにして耐熱ボウルに入れ、上にちりめんじゃこをのせる。
❷Ⓐを混ぜて①にかけ、クッキングシートを密着させてかぶせ、浮き上がり防止に小皿をのせる。2分30秒加熱し、全体を混ぜてこしょうをふる。(村上)

ピーマンの塩昆布煮

さすが 手間いらず 簡単

22kcal 2分30秒

材料(2人分)
ピーマン(正味)…150g(5個)
塩昆布(市販品・細切りタイプ)……………………………10g

作り方
❶ピーマンは細切りにして耐熱容器に入れ、塩昆布を加え混ぜる。ラップをして1分40秒加熱する。
❷取り出して混ぜ、再びラップをして50秒加熱する。(大沼)

ピーマンとツナのトマト煮

さすが 甘みが出る

68kcal 4分

材料(2人分)
ピーマン……… 100g(3個)
缶詰のツナの油漬け
…………………40g(小½缶)
缶詰のトマトの水煮
……………… 100g(¼缶)
Ⓐにんにくのみじん切り…小さじ½/コンソメスープの素(顆粒)…小さじ½/ローリエ…1枚/塩、こしょう…各少々

作り方
❶ピーマンは小さめの乱切りにしてボウルに入れ、缶汁をきったツナを加えて混ぜる。
❷耐熱容器にトマトの水煮を缶汁ごと入れて果肉をつぶし、Ⓐを加えてざっと混ぜ、ラップなしで2分加熱して酸味をとばす。
❸②に①を加えて混ぜ、ラップをして2分加熱する。(牧野)

スタッフドピーマン

さすが こくが出る

228kcal 5分20秒

材料(2人分)
ピーマン…………60g(2個)
肉種
合いびき肉…100g/玉ねぎのみじん切り…50g(¼個分)/にんにくのみじん切り…½かけ分/卵…½個/パン粉…大さじ4/粉チーズ…大さじ2/塩、こしょう…各少々
Ⓐトマトケチャップ…大さじ2/ウスターソース…大さじ1

作り方
❶ピーマンはへたをつけたまま縦半分に切り、種を取る。
❷ボウルに肉種の材料を合わせ、粘りが出るまでよく混ぜて4等分する。
❸②を①に詰め、肉の面を上にして耐熱皿に並べる。Ⓐを混ぜて肉の上に塗り、ラップなしで5分20秒加熱し、そのまま1～2分おいて余熱で火を通す。(村田)

とうがんとささ身のとろとろスープ

さすが あっさり

43kcal 7分20秒

材料(2人分)
とうがん(正味)……… 200g
ささ身……………40g(1本)
酒…大さじ1
Ⓐ鶏ガラスープの素(顆粒)…小さじ½/水…カップ1½/酒…大さじ1/塩、こしょう…各少々
片栗粉(同量の水で溶く)
……………………小さじ½

作り方
❶とうがんは皮と種、わたを除いて分量用意し、2㎝角に切る。
❷ささ身は筋を除き、耐熱容器に入れて酒をふり、ラップをして40～50秒加熱する。取り出して、そのまま粗熱がとれるまでおき、食べやすく裂く。
❸耐熱容器にⒶを合わせて混ぜ、①と②をささ身の蒸し汁も含めて加え、ラップをして6分加熱する。とうがんが透き通ったら、水溶き片栗粉を回し入れ、ラップをして、30秒加熱して混ぜる。(牧野)

とうがんのコールドピュレスープ

さすが ローカロリー

53kcal 3分20秒

材料(2人分)
とうがん(正味)
…………400g(小⅓～½個)
Ⓐだしの素(粉末)…小さじ1/しょうゆ…小さじ1⅓/みりん…小さじ1/しょうが汁…小さじ½
かに風味かまぼこ(フレークタイプ)……………………適量

作り方
❶とうがんは皮を厚くむき、種とわたを除いて分量用意し、2㎝角に切る。耐熱ボウルに入れ、ラップをして、3分20秒加熱する。
❷フードプロセッサーに①とⒶを入れ、ピュレ状になるまで攪拌し、冷蔵庫で冷やす。
❸②を器に盛り、かに風味かまぼこをほぐして飾る。(大沼)

さやえんどうと魚介のクリーム煮

さすが まろやか 簡単

180kcal 6分

材料(2人分)
さやえんどう…… 20g(10枚)
シーフードミックス(冷凍品)
………………………… 200g
Ⓐ缶詰のホワイトソース…200g(½缶)/白ワイン…大さじ1

作り方
❶さやえんどうはへたと筋を取り、水にくぐらせて耐熱容器に入れ、ラップをして1分加熱。冷水にとって冷まし、水けをきって斜め細切りにする。

❷耐熱ボウルに凍ったままのシーフードミックスとⒶを入れ、ラップをして4分30秒～5分加熱。熱いうちに①を加えて混ぜる。(牧野)

さやいんげんの胡麻よごし

さすが 失敗なし 簡単

21kcal 1分30秒

材料(2人分)
さやいんげん(正味)
…………60g(大8～10本)
めんつゆ(ストレート)
……………………大さじ1½
すり黒胡麻……………大さじ½

作り方
❶さやいんげんはへたと筋を除いて分量用意し、4㎝長さの斜め切りにする。
❷①を耐熱容器に入れてめんつゆをかけ、ラップをして1分30秒加熱する。
❸すり黒胡麻を加えて混ぜ合わせる。(村田)

さやいんげんのベーコン巻き

さすが うまみが出る 速い

88kcal 2分

材料(2人分)
さやいんげん…‥50g(約8本)
ベーコン…………40g(2枚)
こしょう……………………少々
酒……………………小さじ1

作り方
❶さやいんげんはへたと筋を取り、水にさっとくぐらせてラップにのせ、平らに包んで1分加熱する。取り出して、冷水にとって冷まし、水けをきって長さを半分に切る。
❷ベーコンは長さを半分に切り、①に巻いてようじでとめる。耐熱皿に並べ、こしょうと酒をふり、ラップをして1分加熱する。(牧野)

モロッコいんげんとスナップえんどうのチーズソース

さすが こくが出る 手間いらず

149kcal 2分30秒

材料(2人分)
モロッコいんげん
……………180g(大10枚)
スナップえんどう
…………………25g(10個)
チーズソース
　牛乳…カップ½／ピザ用チーズ…30g／バター…10g／塩、こしょう…各少々

作り方
❶モロッコいんげんとスナップえんどうはへたと筋を取って食べやすい大きさに切り、ともにラップで包んで1分加熱する。
❷チーズソースを作る。耐熱容器に材料を合わせて混ぜ、ラップをして30秒加熱する。
❸②に①を加えて混ぜ合わせ、さらにラップをして1分加熱する。(牧野)

モロッコいんげんのからし酢みそ和え

さすが さっぱり

33kcal 1分40秒

材料(2人分)
モロッコいんげん
………100g(小8～10枚)
わかめ(塩蔵品・もどしたもの)
……………………………30g
からし酢みそ
　みそ…大さじ1強／酢、水…各小さじ2／だしの素(粉末)、砂糖…各小さじ1／練りがらし…小さじ¼

作り方
❶モロッコいんげんはへたと筋を取って耐熱容器に入れ、ラップをして1分40秒加熱する。取り出して、粗熱(あらねつ)が取れたら細切りにする。
❷わかめは長いものは食べやすい大きさのざく切りにして①と混ぜる。
❸ボウルにからし酢みその材料を合わせて混ぜ、②を加えてよく和(あ)える。(大沼)

グリンピースのスープ煮

さすが うまみが出る

201kcal 6分

材料(2人分)
グリンピース(冷凍品)
…………130g(カップ1)
玉ねぎ……………50g(¼個)
ウインナソーセージ
……………………50g(2本)
バター………12g(大さじ1)
コンソメスープの素(固形)
…………………………½個
水……………………カップ1
塩、こしょう…………各少々

作り方
❶玉ねぎはみじん切りにし、ウインナは5㎜厚さの斜め切りにする。
❷耐熱ボウルに①の玉ねぎとバターを入れ、スープの素を砕(くだ)いて加え、ラップをして2分加熱する。
❸②にグリンピースを凍ったまま加え、①のウインナ、分量の水を加えて混ぜ、塩、こしょうをし、ラップをして4分加熱する。(村田)

そら豆といかのバターしょうゆ蒸し

さすが 簡単 栄養をにがさない

251kcal 11分30秒

材料(2人分)
そら豆
……400g(さやつき10本)
するめいか……350g(大1杯)
Ⓐ酒…大さじ1／しょうゆ、片栗粉…各小さじ1／塩、こしょう…各少々
バター………24g(大さじ2)

作り方
❶そら豆はさやの端(はし)を少し切り、ターンテーブルにのせて8分加熱する。粗熱(あらねつ)が取れたら、さやから出し、薄皮をむく。
❷いかは足を引き抜いてわたと軟骨を除き、皮をむいて胴は1㎝幅の輪切りにする。足は先の細いところを切り落として、2本ずつに切り分ける。ともに耐熱容器に入れ、Ⓐを加えてよくもみ込む。
❸②にそら豆、バターをのせ、ラップをして3分30秒加熱する。取り出してさっくりと混ぜ、ラップで落としぶたをして2分おき、味をなじませる。(村田)
＊そら豆はさやごと加熱すると薄皮がむきやすくなり、味も凝縮する。

ピーマン・しし唐・さや豆類

青椒肉絲

さすが　色 あざやか　手間 いらず

131kcal 6分

材料（２人分）

ピーマン（赤・黄）
…………各120g（各小１個）
牛薄切り肉………………100g
赤唐辛子（種を除く）………２本
Ⓐおろしにんにく…小さじ１／オイスターソース…大さじ２／砂糖、胡麻油…各小さじ２／片栗粉…小さじ１／水…小さじ２

作り方

❶ピーマンはへたと種を除き、縦に１㎝幅の細切りにする。
❷牛肉は５㎝長さに切ってから繊維に沿って細切りにし、ボウルに入れる。赤唐辛子を２つにちぎって入れ、Ⓐを加えて混ぜ、味をからめる。
❸①を耐熱容器に入れ、②をのせる。両端をあけてラップをし、**6分**加熱して一混ぜし、器に盛る。（村上）

甘辛じゃこしし唐

さすが　焦げない　速い

77kcal 2分

材料（２人分）

しし唐…………100g（20本）
ちりめんじゃこ………大さじ１
Ⓐ胡麻油、しょうゆ、砂糖、しょうが汁…各小さじ２／一味唐辛子、おろしにんにく…各少々
炒り白胡麻…………………少々

作り方

❶しし唐は縦に切り目を入れる。
❷耐熱容器にⒶを合わせて①、ちりめんじゃこを加える。両端をあけてラップをし、**2分**加熱。胡麻をふって混ぜる。（村上）

さや豆のスクランブルエッグ

さすが しっとり ローカロリー　**240kcal 4分10秒**

材料（2人分）

さや豆（砂糖ざやまたはさやえんどう）…………………100g
スープの素（顆粒）…少々
卵白 …………………………2個分
卵黄 …………………………1個分
Ⓐスープの素（顆粒）…小さじ½／片栗粉…小さじ1／水…大さじ1
Ⓑカッテージチーズ…大さじ2／マスタード…少々
フランスパンの薄切り…………………100g（4枚）
粗びき黒こしょう …………少々

作り方

❶ボウルに卵白と卵黄を入れて溶きほぐし、Ⓐを加えて混ぜる。
❷さや豆は筋を取って大きければ斜め2つに切り、耐熱容器に入れてスープの素をまぶす。ラップをして2分30秒加熱する。①を混ぜ、1分10秒加熱する。
❸②が熱いうちに全体をざっと混ぜ、さらに30秒加熱してⒷを加えて混ぜる。
❹フランスパンに③をのせ、こしょうをふる。（大沼）

さやえんどうとあさりの蒸し煮

さすが うまみが出る 鍋いらず　**30kcal 5分**

材料（2人分）

さやえんどう……………100g
あさり（殻つき・砂出ししたもの）………………………100g
Ⓐ酒…大さじ½／しょうゆ…小さじ1／水…カップ¼

作り方

❶さやえんどうは筋を取る。
❷あさりは殻を洗う。
❸耐熱容器にⒶを合わせ、まわりに②を入れ、①を中央に置く。クッキングシートを密着させてかぶせ、浮き上がり防止に耐熱性の小皿をのせる。両端をあけてラップをし、5分加熱して一混ぜする。（村上）

さやいんげんのさっぱりしょうゆ煮

さすが 焦げない 手間いらず　**68kcal 4分**

材料（2人分）

さやいんげん……………100g
油揚げ ………………30g（1枚）
Ⓐしょうゆ、酒、水…各大さじ1
炒り白胡麻…………………少々

作り方

❶さやいんげんは筋を取り、両端を切って長さを半分に切る。
❷油揚げは四方を切り落として2枚にし、縦長に2つに切って切り落とした四方とともに細切りにする。
❸耐熱容器にⒶを混ぜ合わせ、①を加えて②をのせる。クッキングシートを密着させてかぶせ、浮き上がり防止に耐熱性の小皿をのせ、両端をあけてラップをする。4分加熱して一混ぜし、器に盛って胡麻をふる。（村上）

根菜類・ねぎ類

大根と帆立て缶の煮もの

さすが　味がしみる　手間いらず

51kcal 6分

材料（２人分）
大根 ……………… 250g（¼本）
缶詰の帆立て貝柱の水煮 ……………………55g（小１缶）
Ⓐ塩…小さじ⅙／こしょう…少々／熱湯…カップ１
ゆずの皮のせん切り ………少々

作り方
❶大根は四つ割りにして３㎜厚さのいちょう切りにし、耐熱ボウルに入れる。帆立て貝柱をほぐして缶汁ごと加える。
❷①にⒶを加えてラップをし、6分加熱する。取り出してそのまま１～２分おいて味をなじませて、器に盛ってゆずの皮をのせる。（村上）

大根ステーキ

さすが　甘みが出る　時間短縮

97kcal 6分

材料（２人分）
大根 ……………… 200g（７㎝）
にんにくの薄切り ……１かけ分
オリーブ油 ……………大さじ１
Ⓐだし汁…大さじ１／しょうゆ、酒、みりん…各小さじ２

作り方
❶大根は長さを半分に切り、皮を厚めにむいて面取りし、片面に１㎝間隔に格子状の切り込みを入れる。
❷①を１つずつラップで包み、ターンテーブルの端に向かい合わせに置き、3分加熱し、上下を返してさらに3分加熱する。
❸フライパンにオリーブ油とにんにくを入れて弱火にかけ、香りが出てきたら②を入れる。両面をこんがりと焼いて、混ぜ合わせたⒶを加え、味をからめる。（牧野）

れんこんのビーフきんぴら

さすが　こくが出る

155kcal 5分

材料（２人分）
れんこん ……… 200g（小１節）
牛細切れ肉 ……………………50g
Ⓐ赤唐辛子の小口切り（種を除く）…１本分／砂糖、胡麻油、水…各大さじ１／しょうゆ…大さじ1½
炒り白胡麻 …………………少々

作り方
❶れんこんは四つ割りにし、４㎝長さくらいの乱切りにして酢水（材料表外）に５分つけ、水けをきる。
❷牛肉は２㎝幅に切る。
❸耐熱ボウルにⒶを合わせて混ぜ、牛肉を加えてからめ、下味をつける。
❹③にれんこんを加えて混ぜ、クッキングシートを密着させてかぶせ、浮き上がり防止に小皿をのせて5分加熱する。
❺全体に混ぜ合わせて器に盛り、炒り白胡麻をふる。（村上）

れんこんの胡麻マヨネーズ和え

さすが　しゃきしゃき　簡単

89kcal 2分30秒

材料（２人分）
れんこん ………… 125g（½節）
Ⓐすり白胡麻…小さじ１／マヨネーズ…大さじ１／しょうゆ…小さじ½／塩、こしょう…各少々

作り方
❶れんこんは５㎜厚さのいちょう切りにしてサッと水にさらし、水けをきって耐熱容器に入れる。ラップをして2分30秒加熱する。
❷ボウルにⒶを合わせてよく混ぜ、①を加えて和える。（牧野）

かぶのピクルス

さすが　さっぱり　簡単

35kcal 3分

材料（２人分）
かぶ ……………… 200g（２個）
Ⓐ酢、水…各カップ¼／砂糖…大さじ２／塩…小さじ½／こしょう…少々／ローリエ…１枚

作り方
❶かぶは８等分から12等分のくし形に切る。
❷耐熱ボウルにⒶを混ぜ合わせ、①を加えてざっと混ぜる。ラップを密着させてかぶせ、さらにもう一枚ふんわりとラップをし、3分加熱。そのまま冷まして冷蔵庫で冷やす。（牧野）

かぶと赤ピーマンのコンソメゼリー添え

さすが　色あざやか　ヘルシー

159kcal 30秒

材料（２人分）
サラダ
かぶ…小２個／赤ピーマン…½個／トレビス、青じそ…各２枚／サニーレタス、にんじん、きゅうり…各適量／長ねぎ…¼本
Ⓐレモン汁…¼個分／オリーブ油…大さじ２／こしょう…少々
コンソメゼリー
粉ゼラチン…５g／水…大さじ２／コンソメスープの素（固形）…１個／湯…カップ¾
粗びき黒こしょう ………… 適宜

作り方
❶コンソメゼリーを作る。小さめの耐熱容器に分量の水を入れ、粉ゼラチンをふり入れてふやかし、ラップなしで30秒加熱する。
❷スープの素は砕いて分量の湯に溶かし、①を加えて溶かし、バットに移し、氷水に当てながら混ぜ、とろみがついたら冷蔵庫で冷やし固める。
❸かぶは１㎝厚さの輪切りにし、縦に薄切りにする。赤ピーマン、にんじん、きゅうり、ねぎは５～６㎝長さ、１㎝幅の薄切りにし、そのほかの野菜は１㎝幅のざく切りにする。②は１㎝角に切る。器に彩りよく盛り合わせ、混ぜ合わせたⒶをかけ、粗びき黒こしょうをふる。（村上）

にんじんのザーサイ炒め

さすが 失敗なし 速い

52kcal 1分30秒

材料（2人分）
にんじん………… 100g（1本）
味つけザーサイ……………40g
胡麻油…………………小さじ1
こしょう……………………少々

作り方
❶にんじんは5cm長さの細切りにして耐熱ボウルに入れる。
❷①にザーサイ、胡麻油、こしょうを加え混ぜ、ラップをして1分30秒加熱する。（牧野）

にんじんサラダ

さすが 味がからむ

122kcal 約1分

材料（2人分）
にんじん（正味）
………………… 120g（1½本）
Ⓐ玉ねぎのみじん切り…大さじ1／にんにくのみじん切り…小さじ½／サラダ油…大さじ½
缶詰のツナの油漬け
…………………40g（小½缶）
Ⓑ白ワインビネガー…大さじ1／粒マスタード…大さじ½／塩、こしょう、しょうゆ…各少々

作り方
❶にんじんは4cm長さのせん切りにし、耐熱ボウルに入れてⒶを加えて混ぜ、ラップをして約1分加熱する。
❷①に缶汁をきったツナを加え、Ⓑの材料を順に加え、混ぜ合わせる。（栗原）

ねぎ豆腐

さすが あっさり 速い

85kcal 2分

材料（2人分）
長ねぎ…………… 100g（1本）
木綿豆腐………… 150g（½丁）
Ⓐだし汁…カップ½／しょうゆ、みりん…各小さじ1½
長ねぎの青い部分………… 5cm
七味唐辛子…………………少々

作り方
❶ねぎは小口切りにし、豆腐は3cm角に切って、ともに耐熱容器に入れる。
❷①に混ぜ合わせたⒶを加え、ラップをして1分30秒～2分加熱する。長ねぎの青い部分を小口切りにして加えて混ぜ、器に盛って、七味唐辛子をふる。（牧野）

オニオングラタンスープ

さすが うまみが出る

173kcal 16分

材料（2人分）
玉ねぎ…………… 200g（1個）
バター………… 12g（大さじ1）
水…………………………カップ1
塩…………………………小さじ¼
こしょう……………………少々
バゲットの薄切り（2cm厚さ）
………………………………2枚
にんにく……………………適量
グリュイエールチーズ……40g

作り方
❶玉ねぎはスライサーで薄切りにして耐熱ボウルに入れ、両端をあけてラップをし、4分加熱。さらにラップなしで4分加熱して、水分をとばす。
❷①にバターを加え、ラップなしで2分加熱し、取り出して混ぜる。さらにもう2回、2分ずつ加熱して混ぜて、茶褐色の玉ねぎにする。
❸②に分量の水を注いで塩、こしょうをし、両端をあけてラップをして、2分加熱する。
❹バゲットはにんにくの切り口をこすりつけて香りを移し、トースターで焼く。器2個に分け入れてチーズをのせ、③のスープを注ぐ。（村上）

玉ねぎのコンビーフ煮

さすが こくが出る

96kcal 6分40秒

材料（2人分）
玉ねぎ……………80g（小½個）
キャベツ……… 160g（約3枚）
パセリのみじん切り
…………………10g（2本分）
トマトジュース（無塩）… 160g
チキンスープの素（固形）… 1個
缶詰のコンビーフ（低脂肪タイプ）……………50g（小½缶）

作り方
❶玉ねぎは薄切りにし、キャベツは1cm幅に切る。
❷耐熱ボウルに玉ねぎを入れ、ラップなしで1分40秒加熱する。キャベツ、パセリ、トマトジュース、砕いたスープの素を加えてラップをし、4分10秒加熱する。
❸コンビーフをほぐして加え、全体に混ぜ、ラップをしてさらに50秒加熱する。（大沼）

わけぎといかそうめんのキムチ風味

さすが 簡単

43kcal 1分40秒

材料（2人分）
わけぎ…………… 100g（5本）
いかの細切り（刺身用）……40g
Ⓐキムチの素（市販品）…小さじ2½／削り節…2g

作り方
❶わけぎは青い部分は3cm長さに切り、白い部分は小口切りにする。耐熱ボウルに青い部分を入れ、上に白い部分をのせる。ラップをして1分40秒加熱し、あおいで冷ます。
❷①にいかの細切りとⒶを加え、ざっと混ぜて器に盛る。（大沼）

わけぎの酢みそ和え

さすが しっとり

39kcal 1分20秒

材料（2人分）
わけぎ…………… 125g（½わ）
カットわかめ（乾燥品）…… 2g
酢みそ
みそ、酢…各小さじ1½／砂糖…小さじ1／練りがらし…小さじ½

作り方
❶わけぎは3cm長さに切って耐熱容器に入れ、ラップをして1分10秒～1分20秒加熱する。取り出してサッと水につけ、水けを絞る。
❷わかめは水でもどして水けをきり、ざく切りにする。
❸ボウルに酢みその材料を合わせて混ぜ、①、②を加えてざっと和える。（牧野）

根菜類

れんこんの梅肉甘じょうゆ煮

さすが さっぱり 簡単 101kcal 4分

材料（2人分）
れんこん……… 140g（約⅔節）
梅干し（種を除く）………大2個
Ⓐ砂糖、みりん…各大さじ2／しょうゆ…小さじ1

作り方
❶れんこんは2～3㎜厚さの輪切りにする。水にさらしてあくを抜き、水けをきる。
❷梅干しは包丁でたたき、Ⓐを混ぜ合わせる。
❸耐熱容器に①の½量を入れ、②の½量をかける。残りの①と②を加え、両端をあけてラップをし、4分加熱する。（村上）

にんじんの煮浸しサラダ

さすが ヘルシー 簡単 50kcal 2分

材料（2人分）
にんじん………150g（大1本）
Ⓐ鶏ガラスープの素（顆粒）…小さじ½／しょうゆ、オリーブ油…各小さじ1
粉山椒……………………………少々

作り方
にんじんは5㎝長さのせん切りにし、耐熱ボウルに入れる。Ⓐを加えて混ぜ、両端をあけてラップをし、2分加熱する。汁ごと器に盛り、粉山椒をふる。（村上）

大根のふろふき風

さすが ほくほく 時間短縮 54kcal 4分

材料（2人分）
大根 ………………200g（⅙本）
ゆずみそ
ゆずの絞り汁、ゆずの皮のみじん切り…各小さじ½／みそ、砂糖…各大さじ1／水…大さじ½

作り方
❶大根は一口大の乱切りにしてポリ袋に入れ、口を内側に折って4分加熱し、器に盛る。
❷ゆずみその材料を混ぜ合わせて①にかける。（村上）

かぶら蒸し

さすが　うまみが出る　失敗なし　**81**kcal **1**分**40**秒

材料（2人分）

かぶ ………………200g（2個）
　卵白…½個分／塩…少々
生鱈 ………… 160g（2切れ）
　酒…大さじ½／塩…少々
えび（殻つき）……40g（2尾）
　酒、塩…各少々
生しいたけ ………15g（1個）
ゆで竹の子 ……180g（½本）
ゆでぎんなん（水けをきる）
…………………………2個
ゆり根（ゆでたもの）
…………………………2かけ
Ⓐだし汁…カップ½／薄口しょうゆ、片栗粉…各小さじ½／塩…少々
おろしわさび ……………適量

作り方

❶かぶはすりおろし、卵白、塩を混ぜる。
❷生鱈はそぎ切りにし、酒、塩をふって5分おく。えびは背わたを除いて酒、塩をふり、ゆでて殻をむく。生しいたけ、竹の子は薄切りにする。
❸耐熱性の器2個に②とぎんなんとゆり根を等分に入れ、ラップをして1個につき、30秒加熱。①を等分にのせ、さらに1個につき20秒ずつ加熱する。
❹小鍋にⒶを合わせて弱火にかけ、一煮する。③にかけておろしわさびを添える。（藤野）

ごぼう煮

さすが　味がからむ　焦げない　**71**kcal **4**分

材料（2人分）

ごぼう ……………100g（½本）
桜えび …………………大さじ2
Ⓐ酒、酢、砂糖、しょうゆ…各大さじ1

作り方

❶ごぼうは皮をこそげ、めん棒などで大まかにたたき割り、5cm長さに切る。太いところは縦2つ～3つに切る。ぬるま湯に2分浸してあくを抜き、水けをきる。
❷耐熱ボウルに①と桜えびを入れ、Ⓐを加えて混ぜる。クッキングシートを密着させてかぶせ、浮き上がり防止に耐熱性の小皿をのせ、両端をあけてラップをし、4分加熱する。そのまま2～3分おいて味をなじませる。（村上）

芋類

レンジ マッシュポテト

さすが ほくほく｜鍋いらず

163kcal 7分30秒

材料（2人分）

じゃが芋 ………… 300g（2個）
Ⓐ牛乳…70〜80㎖／塩…少々
プロセスチーズ……………20g
パセリのみじん切り ………少々

作り方

❶じゃが芋は皮ごと1個ずつラップで包み、ターンテーブルの端に向かい合わせに置いて7分〜7分30秒加熱。竹串がスーッと通るくらいになったら皮をむいてボウルに入れ、フォークなどで粗くつぶして、Ⓐを加えて混ぜる。かたければ、牛乳を多めにする。
❷①の粗熱が取れたら、5㎜角に切ったプロセスチーズとパセリを加えて混ぜる。（小田）

冷凍ポテトの簡単グラタン

さすが まろやか

223kcal 約3分30秒

材料（1人分）

フライドポテト（冷凍品）…50g
生クリーム……………大さじ4
ピザ用チーズ………………30g
塩、こしょう……………各少々

作り方

❶耐熱容器にフライドポテトを平らに入れ、生クリームをかけて塩、こしょうをふり、チーズを散らす。
❷ふんわりとラップをして約3分30秒加熱する。（栗原）

温かいヴィシソワーズ

さすが まろやか

339kcal 9分

材料（2人分）

じゃが芋 ………200g（大1個）
玉ねぎ ……………100g（½個）
セロリ ……………… 10g（3㎝）
チキンスープの素（顆粒）
　………………………小さじ1
湯 ……………………カップ1½
Ⓐ生クリーム…カップ½／塩、
　こしょう…各少々
卵豆腐（市販品）
　……………50g（小1パック）
パセリのみじん切り………少々

作り方

❶じゃが芋は皮をむいて3㎜厚さの輪切りにし、水でもみ洗いして水けをきる。玉ねぎは繊維に沿って薄切り、セロリは筋を取って小口切りにする。
❷耐熱ボウルにじゃが芋、玉ねぎ、セロリの順に入れてスープの素をふり入れ、分量の熱湯を注ぐ。ラップをして8分加熱し、野菜を、マッシャーで粗くつぶす。
❸②にⒶを加えて味をととのえ、ラップをしてさらに1分加熱して混ぜる。
❹器に盛り、さいの目に切った卵豆腐を加えてパセリを散らす。（村上）

とろ〜り チーズポテト

さすが 味がからむ｜簡単

255kcal 4分

材料（2人分）

じゃが芋 ……… 200g（大1個）
湯 ………………………カップ1
塩、こしょう……………各少々
ピザ用チーズ………………60g
生クリーム ……… 大さじ2〜3

作り方

❶じゃが芋は皮をむき、6等分して耐熱ボウルに入れ、分量の熱湯を注ぐ。ラップをしてターンテーブルの端に置き、3分加熱。竹串を刺してみてスーッと通ったら、じゃが芋を取り出して耐熱容器に入れる。
❷①をマッシャーで粗くつぶし、塩、こしょうをふってピザ用チーズをのせ、生クリームを回しかける。ラップをしてさらに1分加熱する。（村上）

じゃが芋の かにかま和え

さすが 柔らか｜ほくほく

112kcal 2分

材料（2人分）

じゃが芋 ………… 150g（1個）
　酢…小さじ½
かに風味かまぼこ …20g（1本）
Ⓐマヨネーズ…大さじ1／粒マスタード…小さじ1／塩、こしょう…各少々

作り方

❶じゃが芋は7〜8㎜幅の拍子木切りにし、水にさらして水けをきる。かに風味かまぼこは細かく裂く。
❷耐熱容器にじゃが芋を入れ、ラップをして2分加熱。熱いうちに酢を回しかける。
❸②が冷めたら、かに風味かまぼことⒶを加えて和える。（牧野）

のっぺい汁

さすが 速い｜鍋いらず

179kcal 14分10秒

材料（2人分）

里芋 …………… 200g（大3個）
にんじん …………60g（大½本）
生しいたけ …………45g（3個）
れんこん …………70g（小⅓節）
ちくわ ………………95g（1本）
だし汁 ………………カップ1½
Ⓐ酒、しょうゆ…各大さじ1／
　塩…小さじ⅓
片栗粉（倍量の水で溶く）
　…………………………大さじ1
三つ葉 …………………………適量

作り方

❶里芋は皮をむき、1㎝幅の輪切りにして塩少々（材料表外）でもみ、ぬめりを洗い流す。にんじんは5㎜厚さのいちょう切りにし、生しいたけは1個を4つに切る。れんこんは乱切り、ちくわは斜め切りにする。
❷耐熱容器に①をすべて入れ、だし汁をカップ1注いでラップをし、8分20秒加熱。取り出してⒶを加え、残りのだし汁も加えて混ぜ、同様に4分10秒加熱する。
❸②が熱いうちに水溶き片栗粉を回しかけ、底から大きく混ぜてとろみをつける。ラップをしてさらに1分40秒加熱し、器に盛って2〜3㎝長さに切った三つ葉を散らす。（藤野）

里芋といかのうま煮

さすが 柔らか ほくほく

303kcal 10分

材料（２人分）
里芋（冷凍品）…． 300g（10個）
いか ……………… 300g（１杯）
Ⓐおろししょうが…小さじ½／しょうゆ、砂糖、みりん…各大さじ３／サラダ油…大さじ１

作り方
❶里芋は耐熱皿に中央をあけて並べ、ラップをして6分加熱する。
❷いかはわたと軟骨を除いて胴は１cm幅の輪切りにし、足は先を切り落とし、２本ずつに切り分ける。
❸耐熱ボウルにⒶを合わせてよく混ぜ、①、②を加える。ラップをして4分加熱し、そのまま２分ほど蒸らして味をなじませる。（村上）

里芋と青菜ののり和え

さすが あっさり 失敗なし

67kcal 4分

材料（２人分）
里芋 …………… 100g（小３個）
小松菜 ………… 100g（大¼わ）
刻みのり ……………………… 適量
Ⓐだし汁…大さじ１／しょうゆ…小さじ２／練りがらし…小さじ½

作り方
❶里芋は皮をむき、塩少々（材料表外）でもみ洗いしてぬめりを取り、５mm厚さの半月切りにする。小松菜はざく切りにする。
❷耐熱容器に里芋を入れ、小松菜をのせてラップをし、4分加熱する。
❸②に刻みのりと混ぜ合わせたⒶを加え、全体を和える。（牧野）

おろし里芋と野菜ののり巻き

さすが 下ゆで ふっくら

64kcal 4分10秒

材料（２人分）
里芋のすりおろし
…………… 100g（約２個分）
だしの素（粉末）…小さじ⅓
具
にんじん ………40g（小½本）
ゆで竹の子 ……………… 80g
Ⓐだしの素（粉末）、しょうゆ…各小さじ⅔
焼きのり（全形） …………… ２枚
からしじょうゆ …………… 適量

作り方
❶具を作る。にんじんと竹の子は粗（あら）く刻み、耐熱容器に入れて、ラップなしで2分加熱する。Ⓐを加えて混ぜ、同様に30秒加熱する。
❷ボウルに里芋のすりおろしとだしの素を入れて混ぜ合わせて、①を加えて混ぜ、２等分してのりで巻く。それぞれラップで包んで１分40秒加熱する。
❸食べやすい大きさに切って器に盛り、からしじょうゆを添える。（大沼）

里芋マッシュのベーコンドレッシング

さすが 味がからむ

202kcal 7分40秒

材料（２人分）
里芋 ……………… 360g（６個）
ベーコン …………… 60g（３枚）
長ねぎ …………… 17g（10cm）
Ⓐ白ワインビネガー…大さじ１／ナムプラー…少々

作り方
❶里芋は皮ごと洗って上部だけを切り落とす。耐熱皿に並べてラップをし、5分～6分40秒加熱する。
❷①が熱いうちにぬれぶきんで包んで皮をむき、ボウルに入れ、フォークなどでざっとつぶして器に盛る。
❸ベーコンは細切り、長ねぎは粗みじん切りにする。耐熱皿にベーコン、長ねぎ、Ⓐを入れて混ぜ、ラップをして1分加熱し、熱いうちに、②に回しかける。（飛田）

里芋の湯葉まぶし

さすが ふっくら 簡単

111kcal 6分

材料（２人分）
里芋（冷凍品）
…………200g（８～10個）
湯葉（乾燥品）……… 4g（２枚）
Ⓐしょうゆ、酒、砂糖…各大さじ２／水…カップ¼

作り方
❶耐熱ボウルにⒶを合わせて混ぜ、湯葉を砕（くだ）いて加え混ぜる。そのまま１分ほどおき、里芋を湯葉の間にうめ込むように入れる。
❷湯葉が汁けを吸ってもどったら、クッキングシートを密着させてかぶせ、浮き上がり防止に小皿をのせる。両端（りょうはし）をあけてラップをし、6分加熱する。（村上）

さつま芋のオレンジ煮

さすが 甘みが出る 失敗なし

137kcal 4分

材料（２人分）
さつま芋 ……… 125g（½本）
オレンジジュース ….カップ½
レーズン ……………… 大さじ１
バター ………………………… 10g

作り方
❶さつま芋はよく洗って皮ごと１cm厚さの輪切りにし、水にさらして水けをきる。レーズンは水につけてもどす。
❷耐熱容器にさつま芋を入れてラップをし、2分加熱する。取り出してオレンジジュースを注ぎ、レーズンを散らして同様に2分加熱する。
❸②が熱いうちにバターを加えて混ぜる。（牧野）

長芋のすりおろし蒸し

さすが さっぱり しっとり

89kcal 2分40秒

材料（２人分）
長芋 …………… 200g（10cm）
えび ………………… 40g（２尾（び））
酒…小さじ１
ポン酢しょうゆ ……… 大さじ２

作り方
❶長芋は皮をむいてすりおろし、えびは尾を残して殻（から）をむき、背わたを取る。
❷耐熱容器にえびを入れて酒をふり、ラップをして１分30秒～１分40秒加熱し、蒸し汁を残してえびを取り出しておく。
❸②の耐熱容器に長芋を加え、えびの蒸し汁と混ぜ合わせる。ふんわりとラップをして1分加熱する。
❹③を器に盛り、②のえびをのせ、ポン酢しょうゆをかける。（牧野）

芋類

ほくほく肉じゃが

さすが 味がからむ 鍋いらず

193kcal 14分

材料（２人分）

じゃが芋…………140g（１個）
にんじん……………20g（⅕本）
玉ねぎ……………60g（約¼個）
しらたき……………60g（⅓袋）
牛薄切り肉……………… 100g
Ⓐおろししょうが…小さじ½／酒、砂糖、しょうゆ、水…各大さじ２
グリンピース（冷凍品）…‥20g

作り方

❶じゃが芋は４つに切り、にんじんは小さめの乱切りにする。玉ねぎは縦に７㎜幅に切り、しらたきは３㎝長さに切る。
❷牛肉は３㎝長さに切ってⒶと合わせる。
❸耐熱容器に①、グリンピースを入れ、②の牛肉を中央をあけて容器のまわりにのせ、②の汁を回しかける。クッキングシートを密着させてかぶせ、浮き上がり防止に耐熱性の小皿をのせ、両端（りょうはし）をあけてラップをし、14分加熱する。（村上）

じゃが芋のシンプル煮

さすが さっぱり 栄養をにがさない

152kcal 6分30秒

材料（２人分）

じゃが芋……… 400g（大２個）
塩…小さじ⅘／酒…大さじ２
セルフィーユ……………適量

作り方

じゃが芋は４つ〜６つに切って水でよくもみ洗いし、耐熱容器に入れる。塩をふってラップをし、約６分30秒加熱する。熱いうちに酒をふり、容器をゆすって粉（こ）をふかせ、器に盛ってセルフィーユを飾る。（浜内）

長芋雑煮（ぞうに）

さすが ふっくら もちもち　**89kcal 5分50秒**

材料（2人分）
長芋 ……………… 220g（10㎝）
　だしの素（粉末）…小さじ½
ゆでえび（殻（から）つき）‥40g（2尾）
しめじ …………20g（⅕パック）
Ⓐだしの素（粉末）…小さじ½／しょうゆ…小さじ1／水…カップ2
せり（食べやすく切る）…… 適量

作り方
❶えびは背わたを除き、しめじはほぐす。
❷皮をむいた長芋200gはラップで包み、5分50秒加熱する。水けをきり、熱いうちにフードプロセッサーに入れてだしの素を加え、ひとかたまりになるまでかける。手に水をつけて2つに丸め、2個の器に盛る。
❸鍋にⒶを煮立て、①を加えて一煮し、②に等分に注いでせりを飾る。（大沼）

さつま芋ときのこのグラタン

さすが 下ゆで 失敗なし　**207kcal 4分20秒**

材料（2人分）
さつま芋 …………120g（½本）
　塩…少々
まいたけ ………50g（½パック）
Ⓐ小麦粉…大さじ1／バター…大さじ¼
牛乳 ……………………… カップ¾
塩、こしょう …………… 各少々
ピザ用チーズ ………………… 25g

作り方
❶さつま芋は皮つきのまま1㎝厚さの輪切りにし、水にさらして水けをきる。耐熱容器に並べ、ラップをして1分10秒加熱する。上下を返してさらに1分10秒加熱し、塩をふる。
❷まいたけはほぐす。
❸耐熱ボウルにⒶを入れて泡立て器で混ぜ、牛乳を少しずつ注いで溶きのばす。ラップをして20秒加熱し、泡立て器で混ぜて50秒加熱。さらに混ぜて50秒加熱し、塩、こしょうをふる。
❹耐熱容器にバター少々（材料表外）を塗る。①、②の順に入れて③をかけ、チーズを散らしてオーブントースターで7〜10分焼く。（藤野）

栗きんとん

さすが 鍋いらず 焦げない　全量 **882kcal 約6分**

材料（作りやすい分量）
さつま芋 ……… 420g（約2本）
栗の甘露煮（かんろに）（市販品）
　…………………… 165g（1瓶）
Ⓐ栗の甘露煮の汁、湯…各大さじ5

作り方
❶さつま芋は皮を厚めにむいて2㎝厚さの輪切りにし、水にさらして水けをきる。
❷耐熱ボウルにキッチンペーパーを敷いて①を入れ、ラップをして約6分加熱し、かたければそのまま少しおいて蒸らす。キッチンペーパーを取り、熱いうちにざっとつぶし、Ⓐを混ぜる。
❸②が冷（さ）めたら栗の甘露煮を混ぜて器に盛る。（栗原）

トマト・きゅうり・もやし・乾物

野菜スープ

さすが うまみが出る

287kcal 10分20秒

材料（2人分）

トマト …………… 150g（1個）
玉ねぎ ………………50g（¼個）
じゃが芋 ……………75g（½個）
セロリ ………………30g（⅓本）
にんじん …………30g（大¼本）
ズッキーニ ……… 100g（½本）
ベーコン ……………40g（2枚）
にんにくのみじん切り
…………………………½かけ分
Ⓐオリーブ油…大さじ2／コンソメスープの素（固形・砕く）…½個
Ⓑ水…カップ2／ローリエ…½枚／塩、こしょう…各少々
粉チーズ ………………大さじ1½

作り方

❶トマト、玉ねぎ、じゃが芋、セロリ、にんじん、ズッキーニ、ベーコンは1cm角に切る。
❷耐熱ボウルに①のズッキーニ以外の野菜とベーコン、にんにく、Ⓐを入れてラップをし、4分50秒加熱する。
❸②を取り出してズッキーニとⒷを加えて混ぜ、ふんわりとラップをし、5分30秒加熱する。
❹③を混ぜ合わせて器に盛り、粉チーズをかける。（村田）

レンジトマトソース

さすが 本格味

全量284kcal 約11分

材料（できあがり約カップ1½分）

缶詰のトマトの水煮
…………………… 400g（1缶）
Ⓐ玉ねぎのみじん切り…大さじ4／にんにくのみじん切り…小さじ2／オリーブ油…大さじ3
Ⓑコンソメスープの素（顆粒）…小さじ½、塩、こしょう…各少々

作り方

❶耐熱ボウルにⒶを入れ、ラップをして約4分加熱する。
❷①が熱いうちにトマトの水煮を缶汁ごと加え、ざっとつぶしてから、ラップなしで約7分加熱する。熱いうちにⒷを加え、よく混ぜて調味する。（栗原）

夏野菜のトマト煮

さすが 栄養をにがさない

242kcal 9分30秒

材料（2人分）

缶詰のトマトの水煮
…………………… 200g（½缶）
なす ……………… 180g（2個）
玉ねぎ …………… 100g（½個）
赤ピーマン …………75g（½個）
かぼちゃ ……… 200g（大⅛個）
Ⓐコンソメスープの素（固形・砕く）…½個／オリーブ油…大さじ2／塩、こしょう…各少々／タイム（フレッシュまたはドライ）…適宜

作り方

❶トマトの水煮はざく切りにして、缶汁と合わせる。なすは縦に1cm幅の縞目に皮をむき、1cm厚さの輪切りにして、5分ほど水にさらして水けをきる。玉ねぎとピーマンは1.5cm角に切る。
❷かぼちゃは種とわたを取ってラップで包み、2分30秒加熱。1cm厚さの薄切りにする。
❸耐熱ボウルにトマトとなす、玉ねぎ、Ⓐを加えて混ぜ、ふんわりとラップをして、3分加熱する。
❹③を取り出してかぼちゃとピーマンを加え、さっくりと混ぜ合わせてから、同様にふんわりとラップをして4分加熱する。
❺全体を混ぜ合わせ、ラップで落としぶたをして2分蒸らし、味をなじませる。（村田）

きゅうりのピクルス

さすが 速い 手間いらず

27kcal 1分

材料（2人分）

きゅうり ………… 100g（1本）
玉ねぎ ………………25g（⅛個）
Ⓐ一味唐辛子、こしょう…各少少
すし酢（市販品）………大さじ3

作り方

❶きゅうりはピーラーで皮を縞目にむき、1～1.5cm厚さの輪切りにし、玉ねぎは薄切りにする。
❷耐熱ボウルに①を入れてⒶをふり、すし酢を回しかける。クッキングシートを密着させてかぶせ、浮き上がり防止に小皿をのせて1分加熱。そのまま冷ます。（村上）

野菜の甘酢漬け

さすが 簡単 ヘルシー

33kcal 2分30秒

材料（2人分）

キャベツ ……… 40g（小1枚）
きゅうり ………… 100g（1本）
大根 ……………………………60g
にんじん ………………………20g
しょうがのみじん切り
…………………………小さじ2
Ⓐ酢…大さじ1／砂糖…大さじ1／鶏ガラスープの素（顆粒）…小さじ⅔／赤唐辛子の小口切り…少々

作り方

❶キャベツは細切りにし、きゅうり、大根、にんじんは5cm長さの棒状に切る。表記の順に耐熱容器に入れてしょうがを散らし、ラップをして2分30秒加熱する。
❷ポリ袋にⒶを混ぜ合わせ、①を出た水けごと加え、氷水の中でもみながら冷ます。（大沼）

レンジきゅうりのめかぶ和え

さすが さっぱり 速い

12kcal 30秒

材料（2人分）

きゅうり ………60g（約½本）
めかぶ …………………………80g
Ⓐおろししょうが…小さじ1弱／だしの素（粉末）、しょうゆ…各小さじ⅓／酢…小さじ1

作り方

❶きゅうりはせん切りにして耐熱容器に入れ、ラップをして30秒加熱し、水けをギュッと絞る。
❷ボウルにⒶを入れて混ぜ、①とめかぶを加えてよく和える。（大沼）

もやしのナムル

さすが 速い 簡単

46kcal 2分

材料(2人分)
もやし……………125g(½袋)
Ⓐすり白胡麻…小さじ1／胡麻油…小さじ1½／塩、こしょう…各少々

作り方
❶もやしはひげ根を取り、耐熱容器に入れてラップをし、2分加熱する。
❷ボウルにⒶを合わせて混ぜ、①を加えてよく和える。(牧野)

もやし、ピーマン、セロリの塩あん

さすが 味がからむ

247kcal 7分20秒

材料(2人分)
もやし……………125g(½袋)
ピーマン……………90g(3個)
セロリ……………50g(½本)
豚もも薄切り肉(しょうが焼き用)…………………150g
しょうがのみじん切り…………………½かけ分
Ⓐ鶏ガラスープの素(顆粒)…小さじ1／水…カップ1／酒…大さじ½／しょうゆ…小さじ½／塩…小さじ¼／砂糖、こしょう…各少々
胡麻油…………………小さじ1
片栗粉(同量の水で溶く)…………………小さじ1

作り方
❶ピーマンはせん切り、セロリは筋を取って5cm長さのせん切りにする。豚肉は5mm幅の細切りにする。
❷耐熱ボウルに豚肉、しょうが、Ⓐを入れてよくもみ込み、ラップをして3分30秒加熱する。
❸取り出してもやし、ピーマン、セロリを加えて混ぜる。さらに胡麻油と水溶き片栗粉を加えて軽く混ぜ合わせ、再びラップをして3分50秒加熱する。(村田)

焼き麩と小松菜の煮浸し

さすが ヘルシー

51kcal 3分

材料(2人分)
焼き麩(大きめのもの)…………………10g(カップ1)(小さい玉麩ならカップ½)
小松菜……………150g(3株)
Ⓐしょうゆ、砂糖、酒…各大さじ1／水…カップ¼

作り方
❶焼き麩は水につけてもどし、水けを絞る。小松菜は3cm長さに切る。
❷耐熱ボウルにⒶを合わせて混ぜ、焼き麩を入れる。この上に小松菜の葉、茎の順にのせ、両端をあけてラップをし、3分加熱する。(村上)

麩とじゃが芋と鶏肉の煮もの

さすが うまみが出る

191kcal 7分

材料(2人分)
焼き麩(小町麩)…16g(小8個)
じゃが芋…………150g(1個)
鶏もも肉………100g(小½枚)
Ⓐだし汁…カップ¼／酒…大さじ1／薄口しょうゆ…小さじ2

作り方
❶麩は水につけてもどし、水けを絞る。じゃが芋は皮をむいて四つ切りにし、鶏肉は2～3cm角に切る。
❷耐熱容器に①、混ぜ合わせたⒶを入れて混ぜ、ラップをして7分加熱する。(渡辺あ)

三つ葉とわかめの湯葉巻き

さすが あっさり

36kcal 1分40秒

材料(2人分)
平湯葉(乾燥品・13×20cmのもの)……………10g(約3枚)
三つ葉……………50g(1わ)
わかめ(塩蔵品)……………20g
ポン酢しょうゆ……………適量

作り方
❶湯葉は流水をかけ、少し柔らかくなったら長辺が横になるようにして、5cmずつ重ねながらひろげる。
❷三つ葉は20cm長さに切って半分に分け、葉と茎が互い違いになるようにまとめる。わかめは洗って水につけて塩抜きし、水けをきる。
❸①の手前に②を均等にのせ、のり巻きの要領で巻いてラップで包む。1分40秒加熱し、食べやすく切って器に盛り、ポン酢しょうゆをかける。(武蔵)

麻婆春雨

さすが 味がからむ

280kcal 6分30秒

材料(2人分)
春雨(乾燥品)……………50g
豚ひき肉……………100g
ピーマン……………60g(2個)
長ねぎ…………25g(太10cm)
にんにく、しょうが…各½かけ
Ⓐ豆板醤、みそ、砂糖、みりん…各大さじ½／しょうゆ…大さじ1／水…カップ1½
胡麻油…………………小さじ1

作り方
❶春雨はキッチンばさみで5cm長さに切る。ピーマンは縦に半分に切って5mm幅の細切りにし、長ねぎ、にんにく、しょうがはみじん切りにする。
❷耐熱ボウルに、ピーマンを除いた①とひき肉を入れ、Ⓐを加えてよく混ぜ合わせ、ふんわりとラップをして4分加熱する。
❸②を取り出して全体をさっくりと混ぜる。再びラップをして2分30秒加熱する。
❹③に胡麻油を回しかけてピーマンを混ぜ、ラップで落としぶたをして2分蒸らす。(村田)

干ししいたけと鶏肉の甘辛煮

さすが うまみが出る 簡単

248kcal 4分30秒

材料(2人分)
干ししいたけ……12g(3個)
鶏もも肉…………125g(½枚)
Ⓐ酒、しょうゆ…各大さじ½
さやいんげん……50g(約8本)
Ⓑ長ねぎ…5g(2～3cm)／干ししいたけのもどし汁…カップ¼／酒…大さじ1／砂糖、しょうゆ…各大さじ¾／八角…½個
片栗粉(倍量の水で溶く)…………………大さじ½

作り方
❶干ししいたけは水でもどし、石づきを除いて2～4等分に切る。鶏肉は一口大に切ってⒶをもみ込む。
❷さやいんげんは筋を取って5cm長さに切る。
❸耐熱ボウルにⒷを合わせて混ぜ、①を加えて混ぜる。ラップをして2分30秒加熱する。
❹③が熱いうちに全体を混ぜ、②と水溶き片栗粉を加えて混ぜる。ラップをして2分加熱し、そのまま2分おいて味をなじませる。(藤野)

牛肉

ローストビーフ

さすが　ジューシー　片付けらくらく

114kcal 1分30秒

材料（2人分）

牛赤身かたまり肉 ……… 300g

Ⓐおろしにんにく…小さじ½／塩…小さじ⅔／こしょう…少々／サラダ油…小さじ2

ホースラディッシュ、クレソン、フライドポテト ……… 各適宜

作り方

❶牛肉は4㎝角の棒状に切って水けをふき、深めの耐熱皿に入れる。Ⓐをからめて10分おき、水けが出てきたら牛肉を容器の端に寄せる。

❷牛肉がターンテーブルの端にくるように①の容器を置き、ラップなしで1分30秒加熱する。

❸②を手早くラップできっちり包み、さらにアルミホイルで包む。室温に30分おいて余熱で蒸らし、中心をミディアムに仕上げる。

❹③を7〜8㎜厚さに切って器に盛る。すりおろしたホースラディッシュ、クレソン、フライドポテト（各カロリー外）を添える。（村上）

しめじ入りハッシュドビーフ

さすが ローカロリー 時間短縮　**190kcal 5分50秒**

材料（2人分）
牛もも薄切り肉…………100g
Ⓐ赤ワイン、しょうゆ…各小さじ1／こしょう…少々／片栗粉…小さじ1
玉ねぎ……………200g（1個）
しめじ……… 200g（2パック）
おろしにんにく………小さじ½
Ⓑトマトペースト…大さじ2／赤ワイン…大さじ4／黒砂糖…小さじ⅔／チキンスープの素（固形・砕く）…2個
ローリエ……………………2枚
ご飯、刻みパセリ、ピクルス…………………………各適宜

作り方
❶牛肉は一口大に切り、Ⓐをもみ込む。
❷玉ねぎは繊維と直角に1cm幅の輪切りにしてほぐす。しめじは小房に分ける。
❸耐熱容器に玉ねぎとおろしにんにくを入れてラップをし、1分40秒加熱する。しめじ、Ⓑ、ローリエを加えて一混ぜし、ラップをして2分30秒加熱する。
❹③が熱いうちに牛肉をひろげて加え、手早く混ぜて再びラップをし、1分40秒加熱する。
❺ご飯に刻みパセリを混ぜて④と盛り合わせ、ピクルス（各カロリー外）を添える。（大沼）

簡単すき煮

さすが ヘルシー 鍋いらず　**155kcal 5分**

材料（2人分）
牛もも薄切り肉…………100g
Ⓐ片栗粉、酒…各小さじ1／しょうゆ…小さじ½
長ねぎ………………60g（⅔本）
生しいたけ…………60g（4個）
しらたき（あく抜きしたもの）…………………200g（1袋）
めんつゆ（3倍濃縮）…大さじ2

作り方
❶牛肉は3～4cm長さに切る。ポリ袋を2枚重ねて牛肉を入れ、Ⓐを加えてもみ込む。
❷長ねぎは斜め切りにし、生しいたけは薄切りにする。しらたきは食べやすく切る。
❸①に②、めんつゆを加え、軽くもんで味をからめる。袋の口を2回ひねってゆるく閉じ、5分加熱する。牛肉に完全に火が通っていないときは、熱いうちに手にミトンをはめて袋の上からもみ、余熱で火を通して器に盛る。（大沼）

牛肉

牛肉の八幡(やはた)巻き

さすが　味がからむ

325kcal 14分

材料(2人分)

牛薄切り肉(すき焼き用)
……………… 200g(4枚)
ごぼう ………… 100g(½本)
にんじん ………75g(大½本)
Ⓐしょうゆ、酒、みりん…各大さじ2／砂糖…大さじ1

作り方

❶ごぼうは10cm長さ、1cm角の棒状8本に切り、水にさらし、水けをきる。にんじんも同様に8本に切る。ともに耐熱皿に入れ、ラップをして4分加熱し、粗熱(あらねつ)を取る。

❷牛肉をひろげてごぼうとにんじんをそれぞれ2本ずつのせて巻き、巻き終わりを下にして耐熱皿に並べる。混ぜ合わせたⒶをかけ、ふんわりとラップをして約5分、肉の色が変わるまで加熱する。

❸取り出して、たれをからめながら上下を返し、再びラップをして5分加熱する。(村田)

牛肉とカラーピーマンのカレー炒め

さすが　色あざやか　簡単

205kcal 3分

材料(2人分)

牛もも薄切り肉
……………… 150g(約5枚)
塩、こしょう…各少々
ピーマン(赤・黄)
……………計80g(約½個)
しょうがのみじん切り、にんにくのみじん切り…各½かけ分
Ⓐカレー粉…小さじ½／サラダ油…小さじ1／塩、こしょう…各少々

作り方

❶牛肉は一口大に切り、塩、こしょうをふる。ピーマンは乱切りにする。

❷浅くて大きめの耐熱容器にⒶを合わせて混ぜ、しょうがとにんにく、①を加えて混ぜる。牛肉をひろげてラップをし、約3分加熱して火を通す。(牧野)

きのこビーフ

さすが　柔らか　あっさり

124kcal 8分30秒

材料(2人分)

牛もも薄切り肉 ……… 100g
しめじ …… 200g(2パック)
削り節 ……………………… 3g
Ⓐしょうゆ、酒、砂糖…各大さじ1

作り方

❶牛肉は4cm角に切り、しめじはほぐす。

❷削り節は小さめの耐熱皿にひろげ、ラップなしで30秒加熱する。

❸耐熱ボウルにⒶを合わせて混ぜ、①を加えて混ぜる。クッキングシートを密着させてかぶせ、浮き上がり防止に小皿をのせる。両端をあけてラップをし、4分加熱する。

❹ラップ、クッキングシート、小皿をはずし、4分加熱して煮つめ、②を混ぜる。(村上)

牛肉とブロッコリーのダブルソース炒め

さすが　しっとり　味がからむ

249kcal 5分30秒

材料(2人分)

牛薄切り肉(焼き肉用)… 100g
Ⓐ酒…大さじ1½／塩、こしょう…各少々
ブロッコリー…… 150g(½個)
赤ピーマン ……40g(約¼個)
長ねぎ ………… 25g(太10cm)
Ⓑオイスターソース、ウスターソース…各小さじ2／胡麻油…大さじ1／片栗粉(同量の水で溶く)…小さじ1
砂糖、塩、こしょう ……各少々

作り方

❶牛肉は3cm角に切り、Ⓐをもみ込む。ブロッコリーは小房に分け、茎は皮をむいて短冊(たんざく)切りにする。

❷ピーマンは2cm角のひし形に切り、長ねぎは1cm幅に切る。

❸耐熱ボウルに①を入れ、ラップをして4分加熱。②を加えてよく混ぜ、さらにⒷを加えて軽く混ぜ、砂糖、塩、こしょうで調味する。ラップをして、1分30秒加熱する。(村田)

牛肉とキャベツの辛みそ炒め

さすが　柔らか　しっとり

157kcal 8分

材料(2人分)

牛もも薄切り肉 ……… 100g
キャベツ ……… 300g(6枚)
Ⓐおろしにんにく…小さじ1／豆板醤(トウバンジャン)…小さじ½／甜麺醤(テンメンジャン)、しょうゆ、砂糖、水…各大さじ1

作り方

❶牛肉は4cm角に切り、Ⓐを加えて味をからめる。キャベツは4～5cm角に切る。

❷耐熱ボウルにキャベツを入れ、上に牛肉をドーナツ状にのせる。

❸②にクッキングシートを密着させてかぶせ、浮き上がり防止に小皿をのせる。両端をあけてラップをし、8分加熱する。混ぜて器に盛る。(村上)

牛肉とごぼうのコチュジャン炒め

さすが　味がからむ

200kcal 7分30秒

材料(2人分)

牛もも薄切り肉 ……… 100g
Ⓐ酒、しょうゆ、片栗粉…各小さじ1／こしょう…少々
ごぼう ………… 200g(1本)
にんじん ……… 100g(1本)
長ねぎ …………40g(約½本)
Ⓑコチュジャン…大さじ1／鶏ガラスープの素(顆粒(かりゅう))…小さじ⅔／しょうゆ…小さじ½／水…大さじ2
胡麻(ごま)油 ………………小さじ½

作り方

❶牛肉は食べやすい大きさにちぎってⒶをよくもみ込む。

❷ごぼうは細切りにして水にさらし、水けをきる。にんじんは細切りにし、長ねぎはみじん切りにする。以上の野菜を耐熱ボウルに入れ、ラップをして5分加熱する。Ⓑを加えて混ぜ、ラップをして、さらに1分40秒加熱する。

❸②が熱いうちに①を加えて混ぜ、余熱である程度火を通して、ラップをして50秒加熱。最後に胡麻油を加え、混ぜて香りをつける。(大沼)

メキシコ風 牛肉の酢漬け焼き

さすが さっぱり 簡単

243kcal **1**分**30**秒

材料(2人分)
牛もも薄切り肉…150g(8枚)
玉ねぎ……………25g(⅛個)
Ⓐ赤ワインビネガーまたは酢…大さじ2／塩、砂糖…各小さじ¼／サラダ油…大さじ1／こしょう、オレガノ(ドライ)…各少々
レタス、玉ねぎ………各適量

作り方
❶牛肉は一口大に切り、玉ねぎはすりおろす。
❷ボウルにⒶを合わせ、玉ねぎを加えて混ぜる。牛肉を加えて混ぜ1時間以上漬ける。
❸耐熱皿に②の牛肉の汁けをきってひろげ、塩少々(材料表外)をふり、ラップなしで1分30秒加熱する。
❹③を器に盛り、レタスのせん切りと玉ねぎの薄切りを添える。(渡辺あ)

ハッシュドビーフ

さすが まろやか

466kcal **11**分

材料(2人分)
牛薄切り肉(焼き肉用)…200g
玉ねぎ…………200g(1個)
マッシュルーム…130g(8個)
おろしにんにく………1かけ分
バター………12g(大さじ1)
Ⓐ缶詰のトマトの水煮…200g(½缶)／赤ワイン…カップ⅓／トマトケチャップ、ウスターソース…各大さじ4
塩、こしょう…………各少々
生クリーム……………大さじ2
ご飯、パセリのみじん切り…………………各適量

作り方
❶牛肉は2cm幅に切り、玉ねぎは繊維に直角に薄切りにする。マッシュルームは四つ割りにする。Ⓐのトマトの水煮はフォークなどで粗(あら)くつぶす。
❷耐熱ボウルに玉ねぎ、にんにく、バターを入れ、ラップをして3分加熱。さらに牛肉とマッシュルーム、Ⓐを加えて混ぜ、ふんわりとラップをして8分加熱し、塩、こしょうで味をととのえる。
❸器2個にご飯(カロリー外)と②を盛り、生クリームをかけ、パセリを散らす。(村田)

おせんべい ビーフシチュー

さすが 鍋いらず

260kcal **20**分

材料(2人分)
牛角切り肉(シチュー用)…………………150g
玉ねぎ…………100g(½個)
にんじん………70g(大½本)
じゃが芋………150g(1個)
せんべい(しょうゆ味)……30g
Ⓐビーフスープの素(固形・砕(くだ)く)…1個／しょうゆ…小さじ2／熱湯…カップ1½
パセリのみじん切り………少々

作り方
❶玉ねぎはみじん切り、にんじんとじゃが芋は一口大の乱切りにする。
❷せんべいはポリ袋に入れ、袋の上からめん棒などでたたいて粗みじんにする。
❸耐熱ボウルに牛肉と②を合わせて混ぜ、せんべいを肉にからめる。さらに①とⒶを加える。
❹③に両端をあけてラップをし、約10分加熱し、沸騰(ふっとう)してきたら、弱に切り替えて、さらに10分加熱する。器に盛り、パセリをふる。(村上)

牛肉としめじの レモン塩炒め風

さすが さっぱり 簡単

286kcal **3**分**30**秒

材料(2人分)
牛細(こま)切れ肉……………160g
Ⓐ塩、こしょう…各少々／サラダ油…小さじ1
しめじ…140g(約1½パック)
塩……………………………少々
レモン汁……………大さじ1

作り方
❶牛肉は食べやすい大きさに切り、Ⓐをまぶす。しめじは小房に分ける。
❷耐熱ボウルに牛肉を入れ、ラップをして2分加熱。しめじを加え、同様に1分30秒加熱する。
❸②に塩をふり、レモン汁をかけて混ぜる。(武蔵)

牛肉のトルコ風 ヨーグルト焼き

さすが さっぱり

309kcal **2**分**30**秒

材料(2人分)
牛ステーキ用肉(厚さ1cm)…………………160g
Ⓐプレーンヨーグルト…カップ¼／おろし玉ねぎ…大さじ2／塩…小さじ¼／カレー粉…少々
サラダ油……………小さじ1
塩…………………………適量

作り方
❶バットにⒶを合わせて混ぜ、牛肉にまぶして2時間以上おく。
❷①の汁けをこそげて耐熱皿に入れ、塩少々とサラダ油をふる。ラップなしで2分30秒加熱し、食べやすく切って器に盛る。塩少々を加えたヨーグルト少々(材料表外)をかける。(渡辺あ)

ボルシチ風スープ

さすが あっさり 失敗なし

172kcal **22**分

材料(2人分)
牛もも薄切り肉…………100g
玉ねぎ…………100g(½個)
にんじん………30g(約⅓本)
じゃが芋………50g(小1個)
トマト………200g(大1個)
缶詰のビーツ(スライス)…………………200g(1缶)
ローリエ……………………1枚
Ⓐ水…カップ½／塩…小さじ¼／こしょう…少々
しょうゆ……………小さじ1

作り方
❶牛肉は5cm長さに切り、玉ねぎは薄切りにし、にんじんは5mm厚さの半月切りにする。じゃが芋は乱切りにし、トマトは四つ割りにする。
❷耐熱ボウルに玉ねぎ、にんじん、じゃが芋を入れ、牛肉、トマトの順にのせ、ビーツを缶汁ごと加えてローリエをのせる。両端をあけてラップをし、10分加熱する。
❸②を取り出してⒶを加え、両(りょう)端(はし)をあけてラップをし、さらに約2分加熱する。沸騰してきたら、設定時間になる前でもいったん止めて弱に切り替え、さらに10分加熱する。仕上げにしょうゆを加えて混ぜ、器に盛る。(村上)

豚肉

豚肉のキムチ炒め

さすが　ノンオイル　焦げない　123kcal 4分10秒

材料（2人分）

豚もも薄切り肉……………80g
Ⓐしょうゆ、片栗粉…各小さじ1／キムチの漬け汁…小さじ½
白菜キムチ……………… 100g
もやし…………200g（⅘袋）
長ねぎのみじん切り…大さじ4
Ⓑだしの素（粉末）…小さじ½／しょうゆ…小さじ1⅓
糸唐辛子、ご飯………… 各適宜

作り方

❶豚肉は細切りにしてⒶをもみ込む。キムチは食べやすく切る。
❷耐熱容器にキムチ、もやし、長ねぎ、Ⓑを入れ、ラップをして3分20秒加熱する。豚肉をほぐしながら加えてよく混ぜ、さらに50秒加熱する。
❸器に②をご飯と盛り、糸唐辛子（各カロリー外）を上に飾る。（大沼）

ねぎ巻き肉の梅肉蒸し

さすが　ヘルシー　失敗なし　178kcal 5分30秒

材料（2人分）

豚ロース薄切り肉
…………………120g（4枚）
長ねぎ…………200g（2本）
梅干し（種を除く）………… 2個
酒…大さじ2
レタス……………60g（4枚）
塩…………………………少々
赤唐辛子（種を除く）……… 1本

作り方

❶長ねぎは豚肉の幅より少し長めに切って細切りにする。梅干しは包丁でたたいて酒を混ぜる。
❷豚肉をひろげて梅干しを塗り、ねぎを芯にして巻く。耐熱容器に並べて赤唐辛子をのせ、ラップをして約3分加熱する。
❸別の耐熱容器にレタスをちぎって入れ、塩をふってラップをし、約2分30秒加熱する。②の豚肉を半分に切って盛り合わせ、赤唐辛子を添える。（浜内）

スパイシースペアリブ

さすが　簡単　片付けらくらく　250kcal 9分40秒

材料（2人分）

スペアリブ……………… 150g
塩…少々／こしょう…少々
Ⓐカレー粉、オリーブ油…各大さじ½／チリソース…大さじ2強／しょうゆ…小さじ½
じゃが芋…………150g（1個）
水…大さじ½
クレソン……………………適量

作り方

❶耐熱ボウルにスペアリブを入れ、ひたひたの水を注いでラップをし、3分～3分30秒加熱。あくや脂を洗って水けをふき、塩、こしょうをもみ込んで4～5分おく。
❷耐熱容器にⒶを合わせて①をからめ、15分以上おく。
❸じゃが芋は2つに切り、耐熱皿に並べて分量の水をふる。
❹②、③にそれぞれラップをしていっしょに3分20秒加熱する。③は取り出し、②はつけ汁をからめながら上下を返し、さらに2分50秒加熱する。
❺スペアリブを器に盛り、じゃが芋、クレソンを添える。（藤野）

蒸し豚の特製ソースがけ

さすが　ヘルシー　時間短縮　**210kcal 4分**

材料（4人分）
豚ロースかたまり肉 …… 300g
　水…大さじ1
Ⓐ長ねぎの青い部分、しょうがの皮…各適量
Ⓑ長ねぎ、にんにくのみじん切り…各大さじ1⅓／しょうゆ…大さじ4／酢…大さじ1⅓／胡麻油…小さじ1／ラー油…少々
きゅうりの薄切り ……… 1本分
香菜（シャンツァイ） …………………………… 適宜

作り方
❶Ⓐの材料はざく切りにする。
❷豚肉は細めのものを使う。耐熱皿に豚肉を入れて①をのせ、分量の水をふる。ラップをして約4分加熱し、そのまま冷まして薄切りにする。
❸②の豚肉の蒸し汁大さじ1⅓はⒷと合わせ、たれを作る。
❹器にきゅうりと②を盛り、③をかけて香菜を飾る。（浜内）

豚かたまり肉の簡単煮

さすが　手間いらず　ローカロリー　**143kcal 5分**

材料（2人分）
豚ヒレかたまり肉 ……… 200g
Ⓐおろししょうが…小さじ2／酒…大さじ4
めんつゆ（3倍濃縮）…大さじ1
芽キャベツ、ミニアスパラガス …………………………… 各適宜

作り方
❶耐熱容器に大きめのラップを敷いて2つに切った豚肉をのせ、Ⓐを全体にからめ、豚肉を包む。さらに容器にラップをして5分加熱する。
❷①のラップを開いてめんつゆをかけ、再びラップできっちりと包み、全体にめんつゆをいきわたらせて粗熱（あらねつ）を取る。さらに冷蔵庫に入れ、6時間以上おいて味をなじませる。
❸②を7㎜厚さに切って器に盛り、ゆでた芽キャベツとミニアスパラガス（各カロリー外）を添える。（大沼）

ポークソテー アップルソース

さすが　ヘルシー　失敗なし　**372kcal 6分20秒**

材料（2人分）
豚ロース厚切り肉 ………………… 200g（2枚）
　塩、こしょう…各少々
りんご ………… 300g（大1個）
Ⓐレーズン、白ワイン…各大さじ2
水 ……………………… 大さじ2
コーンスターチ（倍量の水で溶く）………………… 小さじ1
バジリコ ……………………… 適宜

作り方
❶豚肉は、塩、こしょうをふる。
❷りんごは½量をくし形切り、残りは皮をむいて5㎜角に切る。
❸耐熱容器に①、②、Ⓐを入れ、ラップをして4分30秒～4分50秒加熱する。豚肉とくし形切りのりんごを取り出して器に盛る。
❹③の容器に分量の水を加えてラップをし、約1分30秒加熱する。すぐに水溶きコーンスターチを加えてとろみをつけ、豚肉にかけてバジリコを添える。（浜内）

豚肉

ロースハム

さすが 本格味 時間短縮

224kcal 8分

材料(2人分)
豚ロースかたまり肉 ····· 300g
Ⓐ自然塩…大さじ1(精製塩なら小さじ2)/こしょう…少々
Ⓑ玉ねぎの薄切り…¼個分/ローリエ…1枚
つけ合わせ
大根…100g/にんじん…30g/きゅうり…1本

作り方
❶豚肉にⒶをすり込む。
❷Ⓑの玉ねぎで豚肉をはさむようにしてポリ袋に入れ、ローリエを加えて口を閉じ、冷蔵庫に一晩おく。
❸豚肉を取り出して流水で洗い、水けをふく。脂身(あぶらみ)が外側にくるように丸め、たこ糸を巻きつけ、しばってとめる。
❹耐熱ボウルに③を入れ、かぶるくらいの水を注ぎ、両端(りょうはし)をあけてラップをし、3分加熱する。上下を返し、さらに4分加熱し、竹串を刺して赤い汁が出るようなら、さらに1分加熱する。
❺取り出して、そのまま冷(さ)まし、たこ糸をはずし、ラップで包んで冷蔵庫で冷やす。薄く切って盛り、つけ合わせの野菜をせん切りにして添える。(村上)

みそチャーシュー

さすが ジューシー こんがり

369kcal 6分

材料(2人分)
豚ロースかたまり肉 ····· 300g
Ⓐみそ、しょうゆ…各大さじ1/砂糖…大さじ2/豆板醤(トウバンジャン)、胡麻(ごま)油、しょうが汁…各小さじ1
エンダイブ ···················· 適宜(てきぎ)

作り方
❶バットなどにⒶを合わせてひろげ、豚肉を入れてまぶしつけ、30分おいて下味をつける。
❷耐熱皿にクッキングシートを敷き、①の汁けをきってのせる。ターンテーブルに割り箸(わりばし)2膳をばらして置き、耐熱皿をのせ、ラップなしで3分加熱する。
❸皿に出た汁を肉に塗ってさらに3分加熱する。食べやすく切り、ちぎったエンダイブを添える。(村上)

ローストポーク パインソース

さすが まろやか 鍋いらず

212kcal 5分

材料(2人分)
豚かたまり肉 ·············· 150g
酒…小さじ1/塩、こしょう…各少々
缶詰のパイナップル ····· 1切れ
Ⓐパイナップルの缶汁…大さじ1/しょうゆ…小さじ½/みりん…少々

作り方
❶豚肉に塩、こしょうをすり込み、5分おいて酒をふりかける。耐熱皿にのせ、ラップをして3分加熱し、そのままおいて、余熱で火を通す。
❷パイナップルはみじん切りにして耐熱容器に入れる。Ⓐを加え、ラップをして2分加熱して、よく混ぜる。切り分けた①にかける。(牧野)

煮豚と煮卵

さすが 味がからむ 失敗なし

571kcal 25分

材料(2人分)
豚肩ロースかたまり肉··· 300g
卵 ······························ 2個
Ⓐおろししょうが、おろしにんにく…各小さじ2/砂糖…大さじ5/しょうゆ…大さじ3/塩…大さじ½/オイスターソース…大さじ1½/酒、水…各カップ¼/こしょう…少々

作り方
❶卵は水から入れ、沸騰(ふっとう)後7分ゆでて水にとり、殻(から)をむく。
❷耐熱容器に豚肉とⒶを入れてもむ。ふんわりとラップをして7分加熱する。上下を返し、①を加えて、同様に8分加熱する。
❸豚肉と卵を取り出し、残った汁をラップなしで10分加熱し、熱いうちに豚肉と卵を戻して汁をからめ、ラップで落としぶたをして3分おく。
❹粗熱(あらねつ)が取れたら、食べやすい大きさに切り分けて盛る。(村田)

豚肉と白菜の蒸しもの

さすが うまみが出る 速い

164kcal 8分

材料(2人分)
豚もも薄切り肉··········· 200g
白菜 ·········· 750g(7〜8枚)
長ねぎ ·············· 17g(10㎝)
しょうがのみじん切り
························· 1かけ分
Ⓐ酒…大さじ3/塩…少々
Ⓑしょうゆ…大さじ½/酢…小さじ1
片栗粉(倍量の水で溶く)
························大さじ½

作り方
❶白菜は長さを半分に切り、長ねぎは細切りにする。
❷耐熱容器に油少々(材料表外)を塗り、白菜、豚肉を1枚ずつ重ね、長ねぎ、しょうが各少々をちらし、これをくり返す。Ⓐをふり、ラップをして7分加熱し、そのまま約5分おいて余熱で火を通す。
❸小さな耐熱容器に②の蒸し汁カップ½を入れ、Ⓑを加え、水溶き片栗粉を加える。ラップをして1分加熱して混ぜ、切り分けた②にかける。(藤野)

豚肉と小松菜のスープ煮

さすが うまみが出る 色あざやか

164kcal 4分

材料(2人分)
豚薄切り肉········ 120g(4枚)
塩…少々/片栗粉…小さじ2
小松菜 ················50g(1株)
もやし ················50g(⅙袋)
Ⓐチキンスープの素(固形・砕(くだ)く)…⅓個/しょうゆ…大さじ1/砂糖…小さじ1/水…カップ1
ラー油 ·························少々

作り方
❶豚肉は3〜4㎝幅に切り、塩をふり、片栗粉をまぶす。
❷小松菜は根元を切って4〜5㎝長さに切り、もやしはサッと洗って水けをきる。
❸耐熱性の器に①、②、Ⓐを入れ、一混ぜしてラップをし、4分加熱してラー油をふる。(田口)

なすの豚肉巻き蒸し

さすが 簡単 柔らか

291kcal 6分40秒

材料(2人分)
豚ばら薄切り肉···120g(4枚)
なす ················ 360g(4個)
Ⓐめんつゆ(ストレート)…カップ⅓/長ねぎ…10㎝/みょうが…1個/にら…2本

作り方
❶なすはがくを切り取り、縦に縞目(しまめ)に皮をむく。
❷豚肉をなす全体に巻きつけ、耐熱皿に並べ、ラップをして5分50秒〜6分40秒加熱する。
❸Ⓐの長ねぎ、みょうがはみじん切りにし、にらは小口切りにして、めんつゆに加えて混ぜ、切り分けた②にかける。(飛田)

豚肉のにらキムチロール

さすが 味がからむ 手間いらず

294kcal 5分

材料(2人分)
豚ロース薄切り肉 ……………………180g(6枚)
塩、こしょう…各少々
白菜キムチ ……………… 200g
にら …………………50g(½わ)
えのきだけ ………50g(½袋)

作り方
❶キムチは汁と分けてざく切りにし、汁はとっておく。にらは7cm長さに、えのきだけは根元を切って3等分する。
❷豚肉は2枚1組にして端(はし)が少し重なるように10cm幅に縦に並べ、塩、こしょうをふる。キムチを全体にひろげ、手前ににらとえのきだけをのせて巻く。
❸耐熱皿に巻き終わりを下にして並べ、キムチの汁をかけ、ふんわりとラップをして5分加熱する。食べやすく切って器に盛り、蒸し汁をかける。(村田)

豚肉ののりチーズ巻き

さすが こくが出る 簡単

213kcal 4分

材料(2人分)
豚薄切り肉(しょうが焼き用) ………………… 120g(4枚)
塩、こしょう…各少々
プロセスチーズ(1cm厚さ) ……………………40g(2枚)
のりの佃煮(つくだに)(市販品)…小さじ4

作り方
❶豚肉をひろげて塩、こしょうをふり、のりの佃煮を塗り、幅を半分に切ったチーズをのせて巻く。
❷耐熱皿に①を巻き終わりを下にして並べ、ラップをして4分加熱し、取り出して1分30秒おいて余熱で火を通す。(村田)

回鍋肉(ホイコーロー)

さすが 味がからむ 片付けらくらく

403kcal 8分

材料(2人分)
豚ばら薄切り肉…150g(5枚)
キャベツ ………200g(4枚)
ピーマン ………100g(3個)
長ねぎ ………… 25g(10cm)
にんにくのみじん切り ……………………… 1かけ分
Ⓐみそ、砂糖…各大さじ1/しょうゆ…大さじ⅔/豆板醤、酒…各大さじ½/こしょう…少々
胡麻油 …………………小さじ1

作り方
❶豚肉は食べやすい大きさに切る。キャベツは芯を除いて5cm角に切り、ピーマンは乱切りに、長ねぎは1cm幅に切る。
❷耐熱容器に豚肉、にんにく、Ⓐを入れてよく混ぜ、ふんわりとラップをして3分加熱する。
❸②にキャベツ、長ねぎを加えて混ぜ、同様に3分加熱する。ピーマンを加え、ラップなしで2分加熱し、胡麻油を加えて混ぜ、ラップで落としぶたをして2分蒸らす。(村田)

豚肉ととうがんのしょうが煮

さすが うまみが出る 柔らか

141kcal 9分10秒

材料(2人分)
豚もも薄切り肉 …………… 100g(3~4枚)
Ⓐおろししょうが…10g/みりん、しょうゆ…各小さじ½/こしょう…少々/片栗粉…小さじ1
とうがん(正味(しょうみ))…300g(⅙個)
Ⓑみりん、しょうゆ…各大さじ1/だしの素(粉末)…小さじ1

作り方
❶豚肉は食べやすくちぎり、Ⓐをもみ込んで下味をつける。
❷とうがんは皮を厚くむき、種を除いて分量用意し、皮目に細かい切り込みを格子(こうし)状に入れる。8等分して耐熱容器に入れ、ラップをして5分加熱する。
❸②にⒷを加え、さらに3分20秒加熱する。①を加え、混ぜながら余熱である程度火を通し、ラップをして、さらに20~50秒加熱して完全に火を通す。(大沼)

リッチな豚汁

さすが 柔らか 手間いらず

102kcal 8分

材料(2人分)
豚ロース薄切り肉…60g(2枚)
里芋 ………………60g(1個)
にんじん …………25g(3cm)
大根 ……………25g(0.5cm)
Ⓐみそ…大さじ2/だしの素(粉末)…小さじ½/湯…カップ2
七味唐辛子(とうがらし) ………………… 適宜(てきぎ)

作り方
❶豚肉は2cm幅に切る。里芋は両端を落として皮をむき、3mm厚さに切る。にんじんと大根は3mm厚さのいちょう切りにする。
❷耐熱容器に①とⒶを入れてラップをし、8分加熱する。器に盛り、七味唐辛子をふる。(村上)

スペアリブのオレンジ風味

さすが 柔らか 本格味

437kcal 14分30秒

材料(2人分)
スペアリブ ……… 300g(4本)
オレンジ ……… 200g(1個)
Ⓐ缶詰のトマトの水煮…50g(カップ¼)/赤唐辛子の小口切り…1本分/おろししょうが…大さじ½/おろしにんにく…小さじ1/しょうゆ、ウスターソース、酒…各大さじ1/塩…小さじ½/こしょう…少々

作り方
❶スペアリブは骨のまわりに包丁を入れて筋を切る。
❷オレンジは皮をよく洗い、5mm厚さの輪切りにする。
❸①にⒶをもみ込み、耐熱皿に並べ、ラップをして2分30秒加熱する。上下を返して皿に残った汁をもみ込み、②を加えてざっくりと混ぜ、ラップなしで12分加熱する。(村田)

スペアリブのスープ煮

さすが うまみが出る 色あざやか

467kcal 15分

材料(2人分)
スペアリブ ……… 300g(4本)
キャベツ ……… 300g(¼個)
玉ねぎ ………… 100g(½個)
セロリ ……………50g(½本)
トマト ………… 150g(1個)
Ⓐチキンスープの素(固形・砕く)…1個/水…カップ2/ローリエ…1枚/粒黒こしょう…小さじ1
塩、こしょう ……………各適量

作り方
❶スペアリブは買い求めるときに長さを半分に切ってもらい、塩、こしょう各少々をもみ込む。
❷キャベツ、玉ねぎは芯をつけたまま4等分のくし形に、セロリは筋を取って3~4cm長さに切り、トマトは皮を湯むきし、ざく切りにする。
❸耐熱容器に①、②、Ⓐを入れ、ふんわりとラップをして10分加熱する。ざっくりと混ぜて同様に5分加熱し、塩、こしょう各少々で調味する。(村田)

鶏肉

鶏骨つき肉のカレースープ煮

さすが うまみが出る 鍋いらず　462kcal 約20分

材料（2人分）

鶏骨つきぶつ切り肉 ….. 200g
Ⓐカレー粉…大さじ1⅓／塩、こしょう…各少々
玉ねぎ ……………100g（½個）
じゃが芋 …………300g（2個）
セロリ ……………60g（大½本）
にんじん …………40g（小½本）
Ⓑスープの素（固形・カップ2の湯で溶く）…1個／塩…少々
塩、こしょう ……………各少々
バジリコ ………………………適宜

作り方

❶鶏肉はⒶをすり込んで10分おき、味をなじませる。
❷玉ねぎ、じゃが芋はくし形切り。セロリは筋を取り、にんじんとともに4cm長さの棒状に切る。
❸耐熱ボウルに①、②、Ⓑを入れ、ふんわりとラップをして約20分、途中で一度出し、様子を見ながら加熱する。5分蒸らし、塩、こしょうをふって器に盛り、バジリコを散らす。（浜内）

鶏肉のマスタードソース

さすが しっとり 片付けらくらく　299kcal 約7分

材料（2人分）

鶏もも肉 ……… 270g（大1枚）
塩、こしょう…各少々
Ⓐ粒マスタード…大さじ½／白ワイン…大さじ2／しょうゆ…大さじ1
バター …………………大さじ½
片栗粉（倍量の水で溶く）………………………大さじ¼
つけ合わせ
さつま芋のマッシュ、さやいんげんの塩ゆで…各適宜

作り方

❶鶏肉は皮目をフォークで刺し、両面に塩、こしょうをふる。
❷耐熱容器に①の皮を上にして入れ、Ⓐを混ぜて回しかけ、バターをちぎって散らす。ラップをして約7分加熱する。鶏肉を一口大に切り、器に盛る。蒸し汁が熱いうちに水溶き片栗粉を混ぜ、とろみをつけてたれを作る。
❸鶏肉にたれをかけ、つけ合わせ（各カロリー外）を添える。（栗原）

蒸し鶏の浸し漬け

さすが あっさり 失敗なし　224kcal 5分

材料（2人分）

鶏胸肉 ………. 250g（大1枚）
塩…小さじ½／こしょう…少々／酒…大さじ½
Ⓐめんつゆ（3倍濃縮）、湯…各大さじ2
おろし大根 ……………… 100g
青じそ（ちぎる）…………. 2枚
ゆずこしょう ………………適量

作り方

❶鶏肉は塩、こしょうをふり、耐熱容器に皮を下にして入れ、酒をふる。両端をあけてラップをする。ターンテーブルに割り箸2膳をばらして置き、容器をのせて5分加熱する。鶏肉を出し、熱いうちに3cm角に切る。
❷ボウルにⒶを入れ、①を熱いうちに加えて10分おき、味をなじませて汁ごと器に盛る。
❸おろし大根は軽く汁けをきり、青じそを加えて混ぜる。②にのせ、ゆずこしょうを天盛りにする。（村上）

棒々鶏(バンバンジー)風サラダ

さすが さっぱり ノンオイル　72kcal 1分10秒

材料(2人分)
ささ身……………80g(2本)
　酒…小さじ1
きゅうり…………40g(½本)
糸寒天(かんてん)……………………4本
海藻サラダミックス(乾燥品・もどしたもの)………100g
Ⓐ長ねぎのみじん切り…小さじ2／おろししょうが、おろしにんにく…各小さじ½／小麦胚芽(ロースト)またはすり白胡麻…小さじ1／めんつゆ(3倍濃縮)…大さじ1⅓／酢、水…各小さじ2
香菜(シャンツァイ)……………………適宜

作り方
❶ささ身は筋を除いて酒をふる。ラップで包んで1分10秒加熱し、粗熱(あらねつ)を取って細く裂く。
❷きゅうりは長めの乱切りに。
❸糸寒天はぬるま湯でもどしてざく切りにし、海藻サラダミックスとともに水けをきる。
❹ボウルにⒶを合わせ、①、②、③を加えて混ぜる。器に盛って香菜を飾る。(大沼)

ささ身のうずら卵巻き

さすが 色あざやか 栄養をにがさない　312kcal 3分

材料(2人分)
ささ身……………160g(4本)
　塩、こしょう…各少々／酒…大さじ1⅓
ベーコン…………40g(2枚)
焼きのり(全形)……………¼枚
うずらの卵の水煮………16個
好みの生野菜、ノンオイルドレッシング(市販品)……各適量

作り方
❶ささ身は筋を除き、身を切り開いて厚みを均等にし、塩、こしょう、酒をふって5分おく。
❷ベーコンは長さを2つに、のりは縦長に4つに切る。
❸①、ベーコン、のりを各1枚ずつ、うずらの卵4個の順に重ねて巻く。それぞれラップで包んで両端を折り込む。4本いっしょに3分強加熱してそのまま1分蒸らす。
❹③のラップをはずして食べやすく切り、器に盛る。生野菜をドレッシング(各カロリー外)で和えて添える。(浜内)

鶏肉

蒸し鶏と蒸しなす

さすが さっぱり｜手間いらず

338kcal 7分

材料(2人分)
鶏もも肉……… 250g(1枚)
　酒…大さじ1
なす……………… 360g(4個)
Ⓐ長ねぎのみじん切り…10cm分／しょうがのみじん切り…1かけ分／香菜(シャンツァイ)の茎の小口切り…5～6本分／赤唐辛子(とうがらし)の小口切り…1～2本分／酢、砂糖…各大さじ4／しょうゆ…大さじ2

作り方
❶鶏肉は皮目にフォークを刺して穴をあけ、酒をふる。
❷なすはがくを切り取り、へたを残して皮をむく。
❸耐熱皿に①、②を並べ入れ、ふんわりとラップをして6分～7分加熱する。
❹③を一口大に切って盛り、混ぜ合わせたⒶをかける。(飛田)

蒸し鶏の薬味ソースがけ

さすが ジューシー｜簡単

390kcal 11分

材料(2人分)
鶏もも肉……… 300g(大1枚)
Ⓐしょうがの薄切り、長ねぎの青い部分…各適量／酒…大さじ2
キャベツ……… 100g(2枚)
Ⓑ長ねぎの粗(あら)みじん切り…10cm分／しょうがのみじん切り…1かけ分／ザーサイ(味つけ)のみじん切り…30g／すり白胡麻(ごま)、酢、砂糖、胡麻油…各小さじ2／紹興酒(しょうこうしゅ)…適宜(てきぎ)

作り方
❶キャベツは大きめのざく切りにする。
❷鶏肉は皮目にフォークを刺して穴をあけ、耐熱皿に入れてⒶのしょうがと長ねぎをのせて酒をふる。①を加え、ラップをして10～11分加熱する。
❸Ⓑを合わせ、②の蒸し汁大さじ1～2を加えて混ぜる。
❹鶏肉を一口大に切ってキャベツと器に盛り、③をかける。(飛田)

蒸し鶏のハーブ焼き

さすが 風味がよい｜手間いらず

278kcal 7分

材料(2人分)
鶏もも肉……… 200g(小1枚)
　塩、こしょう…各少々
にんにく……………… 1かけ
オリーブ油…………小さじ2
ローズマリー…………… 少々
トマト………………… ½個
クレソン……………… 2枝

作り方
❶鶏肉は余分な脂を除き、皮目にフォークを刺して穴をあけ、塩、こしょうをすり込む。
❷にんにくは薄皮をつけたまま、たたきつぶす。
❸耐熱皿に①を入れ、②、ローズマリーをのせ、オリーブ油をふる。ラップをして5分加熱し、裏返してさらに2分加熱する。
❹トマトはくし形に切る。
❺③を食べやすく切って盛り、④とクレソンを添える。(牧野)

チキンとピーマンのトマト煮

さすが こくが出る｜本格味

362kcal 約4分30秒

材料(2人分)
鶏もも肉……… 250g(1枚)
Ⓐ塩、こしょう…各少々／白ワイン…大さじ½
ピーマン(正味)…90g(4個)
レンジトマトソース(→P150)
　……………………カップ1
ローリエ………………… 1枚
Ⓑバジリコ、オレガノ(各ドライ)、しょうゆ、塩、こしょう…各少々

作り方
❶鶏肉は一口大の薄いそぎ切りにし、Ⓐをふって5分おく。
❷ピーマンは縦細切りにする。
❸耐熱容器に①、②、ローリエを入れ、トマトソースをかけて軽くからめる。ふんわりとラップをして約4分30秒加熱し、熱いうちにⒷを加え、混ぜて調味する。(栗原)

油で揚げないフライドチキン

さすが 安全｜片付けらくらく

304kcal 6分

材料(2人分)
鶏もも肉……… 300g(大1枚)
Ⓐおろしにんにく、おろししょうが…各小さじ½／しょうゆ…小さじ1／塩…小さじ¼／こしょう…少々
片栗粉………………… 適量
サラダ油……… 大さじ1～2
ライムのくし形切り…… 2切れ

作り方
❶鶏肉は8～10等分に切り、混ぜ合わせたⒶをからめて10分ほどおき、片栗粉をまぶして余分な粉は落とす。
❷耐熱皿にクッキングシートを敷き、中央をあけて①を皮を下にして並べ、サラダ油を少しずつスプーンでなでるように塗る。
❸ターンテーブルに割(わ)り箸(ばし)2膳をばらして置き、その上に②の皿をのせ、ラップなしで6分加熱する。
❹器に盛り、ライムを添える。(村上)

グレービーチキン

さすが つやよく｜ジューシー

446kcal 15分

材料(2人分)
鶏もも骨つき肉…560g(2本)
　塩、こしょう…各適量
Ⓐおろししょうが、おろしにんにく…各小さじ1／はちみつ…大さじ3／みそ…大さじ2／しょうゆ…大さじ2½

作り方
❶鶏肉は皮目にフォークを刺して穴をあけ、塩、こしょうを多めにまぶしてもみ込む。
❷ボウルにⒶを混ぜ合わせ、①を入れてもみ込む。
❸耐熱皿に②の鶏肉を皮を下にして入れ、ラップをして5分加熱する。
❹鶏肉の上下を返し、②の汁をかけてもみ込み、ラップなしで10分加熱する。(村田)

手羽中の紹興酒蒸し

さすが 味がからむ｜手間いらず

112kcal 8分20秒

材料(2人分)
手羽中…………… 240g(8本)
ザーサイ(味つけ)………30g
長ねぎの小口切り
　……………… 30g(約⅓本分)
Ⓐ紹興酒または酒…大さじ1／しょうゆ…少々

作り方
❶手羽中はフォークを刺して、穴をあける。
❷耐熱容器に①、ザーサイ、長ねぎ、Ⓐを入れ、混ぜてもみ込み、15分ほどおく。
❸ラップをし、8分20秒加熱する。(飛田)

手羽先とキャベツのスープ煮レモン風味

さすが うまみが出る｜簡単

246kcal 6分10秒

材料(2人分)

手羽先……………80g(4本)
キャベツ………150g(⅛個)
塩………………………小さじ1
こしょう……………………少々
ローリエ……………………1枚
Ⓐチキンスープの素(固形)…1個／湯…カップ1½
レモンの輪切り………大½個分

作り方

❶手羽先は水洗いしてぬめりや汚れを落とし、水けをふく。
❷キャベツは大きめのざく切りにする。
❸耐熱容器に①、②を入れ、塩、こしょうをふる。ローリエを加え、合わせて溶かしたⒶを注ぎ、ラップをして6分10秒加熱して肉に火を通す。
❹熱いうちにレモンを加えて混ぜ、粗熱(あらねつ)が取れたら冷蔵庫でよく冷やす。(有元)

ささ身のアスパラ巻き

さすが 焦げない｜速い

150kcal 3分30秒

材料(2人分)

ささ身…………160g(4本)
　塩、こしょう…各適量
グリーンアスパラガス
　…………………100g(4本)
マヨネーズ…………大さじ1⅓
レモンのくし形切り……2切れ

作り方

❶ささ身は筋を除き、縦に切り目を入れて左右に開き(観音開き)、ラップにはさみ、めん棒などでたたいて、それぞれ20×10cmほどにする。
❷アスパラガスは根元のかたい部分を切り、根元から5cmくらいの皮を薄くむく。
❸①のラップをはずし、塩、こしょうを多めにふり、マヨネーズを塗る。②をのせ、斜めに巻きつける。
❹耐熱皿に③を並べ、ラップをし、3分30秒加熱する。食べやすい長さに切って器に盛り、レモンを添える。(村田)

ささ身の磯蒸し

さすが うまみが出る｜簡単

105kcal 4分

材料(2人分)

ささ身…………160g(4本)
Ⓐ塩…小さじ⅓／酒…大さじ1
とろろ昆布…………………20g
えのきだけ……100g(1袋)
おろししょうが………小さじ1

作り方

❶ささ身は筋を除いて半分にそぎ切りにし、Ⓐをふって約5分おく。
❷とろろ昆布は刻んで、ほぐす。
❸えのきだけは根元を切ってほぐし、耐熱皿にひろげる。
❹①に②をまぶして③にのせ、ラップをして4分加熱する。器に盛り、しょうがを添える。(村田)

レバーペースト

さすが 手間いらず｜本格味

68kcal 約4分

材料(約4人分)

鶏レバー…………………200g
Ⓐ玉ねぎの薄切り…120g(大½個分)／にんにくの薄切り…1かけ分／ローリエ…1枚／ブランデー…大さじ1／塩、こしょう…各少々
Ⓑスープの素(顆粒(かりゅう))…小さじ½／生クリーム…大さじ½／しょうゆ…小さじ1／こしょう…少々
ガーリックトースト………適量

作り方

❶レバーは脂や筋、血のかたまりを除き、1つを2つ～3つに切り、水につけて血抜きする。
❷耐熱容器にⒶを合わせ、①の水けをきって加え、2～3時間つけ込む。
❸②にふんわりとラップをし、約2分加熱し、取り出して上下を返し、さらに約2分加熱する。そのまま少しおいて蒸らす。
❹③からレバーだけを取り出してボウルに入れ、スプーンなどで軽くつぶしてⒷを加えて混ぜる。ココット皿などに盛り、好みでガーリックトースト(カロリー外)を添える。(栗原)

鶏レバーの八角(はっかく)煮

さすが 焦げない｜鍋いらず

238kcal 8分

材料(2人分)

鶏レバー…………………200g
缶詰のうずらの卵の水煮
　………………100g(10個)
しょうが………………½かけ
八角…………………………2個
Ⓐウスターソース…カップ½／みりん、酢…各カップ¼

作り方

❶レバーは脂や筋、血のかたまりを除いて流水でよく洗い、水がにごらなくなったらざるに上げ、熱湯をたっぷりかけて水けをきり、食べやすく切る。
❷しょうがは皮つきのまま薄切りにする。
❸大きめの耐熱容器にⒶ、①、②、八角を入れ、ふんわりとラップをして5分加熱する。
❹うずらの卵は缶汁をきり、③に加えて全体に混ぜ、再びラップをして2～3分加熱する。(村田)

レバーとにんにくの茎の炒めもの

さすが 味がからむ｜簡単

136kcal 4分

材料(2人分)

鶏レバー…………………150g
にんにくの茎…80g(6～7本)
Ⓐにんにくのみじん切り、しょうがのみじん切り…各½かけ分／みそ、しょうゆ、酒…各大さじ½／塩、こしょう…各少々
サラダ油………………小さじ1

作り方

❶レバーは脂や筋、血のかたまりを除き、水にさらして血抜きし、水けをきって一口大に切る。
❷にんにくの茎は3cm長さに切る。
❸耐熱容器に①を入れて②をのせ、Ⓐを混ぜてかけ、油を回しかけてラップをし、3分加熱する。ざっと混ぜてラップをはずし、1分加熱して器に盛る。(牧野)

手作りソーセージ

さすが ヘルシー 片付けらくらく　**222kcal 4分**

材料（2人分）
豚赤身ひき肉……………150g
玉ねぎ………………50g（¼個）
Ⓐ溶き卵…½個分／パン粉…大さじ1⅔／パセリのみじん切り…大さじ½／国産レモンの皮のみじん切り…少々／塩、こしょう…各小さじ¼／ナツメグ（粉末）、セージ、タイム（各ドライ）…各少々
粒マスタード………………適量
キャベツ炒め、プチトマト、セルフィーユ……………各適宜

作り方
❶玉ねぎはみじん切りにして耐熱容器に入れ、ラップなしで約1分加熱し、粗熱を取る。
❷ボウルに①、ひき肉、Ⓐを入れて粘りが出るまで練り混ぜる。4等分し、1個ずつ手のひらにたたきつけながら肉種の空気を抜き、ソーセージ状に形作る。
❸②を1本ずつラップで包んで両端をねじってとめる。耐熱容器に並べ、途中上下を返しながら約3分加熱する。
❹③の粗熱を取ってラップをはずし、器に盛って粒マスタードを添える。キャベツ炒め、プチトマトを盛り合わせ、セルフィーユ（各カロリー外）を飾る。（竹内）

鶏肉のテリーヌ風ひき肉ロール蒸し

さすが しっとり 色あざやか　**240kcal 9分30秒**

材料（4人分）
鶏もも肉…………250g（1枚）
　塩、こしょう…各少々
鶏ひき肉…………………200g
　塩、こしょう…各少々
しめじ…………50g（½パック）
生しいたけ………50g（大3個）
玉ねぎ………………50g（¼個）
Ⓐミックスベジタブル（冷凍品）…50g／ハムのみじん切り…2枚分／溶き卵…½個分／塩…小さじ⅓／こしょう…少々
レモンの薄切り（皮をむく）……………………………4枚
粒マスタード………………適量
生野菜、しょうゆ………各適宜

作り方
❶きのこ、玉ねぎはみじん切りにし、耐熱容器に入れてラップをし、約1分30秒加熱する。
❷ボウルにひき肉、塩、こしょうを入れて混ぜ、①、Ⓐを加えて粘りが出るまで練り混ぜる。
❸もも肉は余分な皮や脂肪を除き、厚さが均一になるように切り目を入れてひらき、両面に塩、こしょうをふる。
❹大きめのラップにレモンを並べ、③の皮を下にしてのせる。②をまとめて中央にのせ、もも肉で包み、かまぼこ形にする。
❺④をラップできっちり包んで両端をたこ糸で結び、ターンテーブルの端に置いて8分加熱する。火が通ったらそのまま10分おいてラップをはずし、もも肉の皮をはいで除く。2～3㎝幅に切り分けて器に盛り、粒マスタードと生野菜を添え、好みでしょうゆをふる。（浜内）

スコッチエッグ

さすが　下ごしらえ　しっとり　**376kcal 4分30秒**

材料（2人分）

合いびき肉……………… 100g
玉ねぎのみじん切り
……………………50g（¼個）
Ⓐパン粉…大さじ1½／牛乳…大さじ½／塩、こしょう…各少々
ゆで卵（殻をむく）………… 2個
小麦粉、溶き卵、パン粉、揚げ油 ……………………各適量
Ⓑ玉ねぎの薄切り、しめじ（ほぐす）…各50g／ゆでグリンピース…カップ¼／カレールウ…20g／水…カップ½

作り方

❶玉ねぎは耐熱皿に入れ、ラップなしで30秒加熱。粗熱を取り、ひき肉、Ⓐを練り混ぜる。
❷ゆで卵1個を①の½量で包み、さらにラップで包む。残りも同様に。ターンテーブルの両端に並べ、1分加熱する。
❸②のラップをはずし、小麦粉、溶き卵、パン粉を順につけ、中温の揚げ油で揚げる。
❹耐熱容器にⒷを入れ、両端をあけてラップをし、3分加熱して③にかける。（村上）

ミートボールのトマト煮

さすが　味がしみる　鍋いらず　**257kcal 5分**

材料（2人分）

豚ひき肉………………… 150g
玉ねぎ ……………100g（½個）
Ⓐパン粉…大さじ1½／マヨネーズ…大さじ1／塩、こしょう…各少々
完熟トマト………200g（1個）
Ⓑにんにくのみじん切り…¼かけ分／サラダ油…大さじ1／スープの素（顆粒）…小さじ½／塩、こしょう…各少々
パセリのみじん切り ………適量

作り方

❶玉ねぎはみじん切りにする。
❷①の½量、ひき肉、Ⓐを混ぜ、6等分して丸める。
❸トマトは粗く刻み、残りの①、Ⓑを混ぜる。
❹耐熱皿にサラダ油少々（材料表外）を塗り、間をあけて②を並べ、すき間に③を加える。両端をあけてラップをし、5分加熱。パセリをふる。（村上）

レンジ肉だんご

さすが　味がからむ　照りよく　**215kcal 4分**

材料（2人分）

鶏ひき肉………………… 200g
Ⓐ生しいたけ…30g（2個）／ゆで竹の子…50g／長ねぎ…25g（¼本）
Ⓑパン粉…カップ¼／塩…小さじ¼／こしょう…少々
焼きのり（全形）………… ½枚
みりん、しょうゆ…各大さじ½
つけ合わせ
　ゆでもやし、にんじんの塩もみ、たたききゅうり…各適宜

作り方

❶Ⓐは刻んでひき肉、Ⓑと混ぜ、2つの小判形にし、のりを巻く。
❷耐熱皿にサラダ油少々（材料表外）を塗り、①を並べ、みりん、しょうゆをかける。ターンテーブルに割り箸2膳をばらして置き、皿をのせる。
❸②をラップなしで4分加熱。つけ合わせ（各カロリー外）を添える。（村上）

ひき肉

簡単ミートローフ

さすが ふんわり 簡単

全量 1172kcal 10分

材料(8.5×19㎝、深さ5.5㎝のローフ型1個分)
合いびき肉……………… 200g
Ⓐ卵…1個／パン粉…カップ¼／牛乳…大さじ2／塩…小さじ1／こしょう…少々
ベーコン………… 100g(5枚)
ウインナソーセージ
…………………… 100g(4本)
クレソン……………………… 適宜

作り方
❶ボウルにひき肉とⒶを入れ、軽く混ぜ合わせる。
❷耐熱性のローフ型にサラダ油少々(材料表外)を塗り、ベーコンを敷きつめる。余分なベーコンは縁からはみ出したままにする。
❸①の½量を②に詰め、ウインナを埋め込み、残りの①を詰めてはみ出したベーコンを内側に返してかぶせる。クッキングシートを密着させてかぶせ、浮き上がり防止に小皿2枚をのせ、両端をあけてラップをする。
❹ターンテーブルに割り箸2膳をばらして置き、③をのせて10分加熱する。切り分けて器に盛り、クレソンを添える。(村上)

豚ひき肉とザーサイのレンジ蒸し

さすが うまみが出る 手間いらず

290kcal 5分

材料(2人分)
豚ひき肉…………………… 200g
ザーサイ(中華材料タイプ)
……………………30g(⅓個)
玉ねぎの粗みじん切り
……………… 65g(約⅓個分)
Ⓐナムプラー…小さじ1／胡麻油…小さじ2／酒、片栗粉…各大さじ1
万能ねぎ…………………… 適量

作り方
❶ザーサイはサッと水洗いして薄切りにし、水に10分ほどつけて塩抜きし、水けをきって粗みじんに切る。
❷ボウルにひき肉と①、玉ねぎ、Ⓐを合わせ、よく練り混ぜる。耐熱容器に入れて平らにならし、ふんわりとラップをして4分30秒～5分加熱する。取り出して斜め切りにした万能ねぎを散らす。
＊味つけザーサイを使うときは、塩抜きせず、刻んでひき肉に加える。(飛田)

豚ひき肉と豆腐のレンジ蒸し

さすが 柔らか 失敗なし

180kcal 2分40秒

材料(2人分)
豚ひき肉…………………… 100g
木綿豆腐…………… 75g(¼丁)
干ししいたけ……… 4g(1個)
ゆで竹の子…………………25g
長ねぎのみじん切り
…………………… 8g(5㎝分)
しょうがのみじん切り
………………………… ½かけ分
Ⓐ卵…½個／片栗粉…大さじ½／塩…小さじ¼／しいたけのもどし汁…カップ¼
Ⓑしょうゆ、酢…各大さじ½／粉山椒…適量

作り方
❶干ししいたけは水につけてもどし、みじん切りにする。竹の子もみじん切りにする。
❷豆腐は水きりする。
❸ボウルにひき肉と①、②、長ねぎ、しょうが、Ⓐを合わせ、よく練り混ぜる。
❹耐熱ボウルにサラダ油少々(材料表外)を塗って③を詰め、ラップをして2分40秒加熱する。ボウルから取り出して器に盛り、蒸し汁を取り分け、Ⓑを加えてたれを作り、盛りつけたレンジ蒸しにかける。(藤野)

ミートソース

さすが 焦げない 鍋いらず

全量 936kcal 23分30秒

材料(2～3人分)
合いびき肉……………… 200g
干ししいたけ……… 8g(2個)
缶詰のトマトの水煮
………………… 400g(1缶)
玉ねぎのみじん切り
……………… 100g(½個分)
にんにくのみじん切り
………………………… 1かけ分
Ⓐバター…大さじ2／オリーブ油…大さじ1／チキンスープの素(固形・砕く)…1個
Ⓑ赤ワイン…大さじ2／ローリエ…½枚／トマトケチャップ…大さじ2／ウスターソース…大さじ½
Ⓒ塩、こしょう、ナツメグ…各少々

作り方
❶干ししいたけはひたひたの水につけ、ラップをして5分加熱。そのまま10分おいてもどし、みじん切りにする。
❷トマトの水煮缶はボウルにあけ、フォークなどで果肉を粗くつぶす。
❸耐熱容器に玉ねぎ、にんにく、Ⓐを入れ、ラップをして2分30秒加熱する。取り出して、ひき肉、①、②、Ⓑを加え、ひき肉をパラパラにほぐし、ふんわりとラップをして4分加熱する。
❹さっくりと混ぜ、Ⓒで調味し、ラップなしで12分加熱する。(村田)

ポテトとミートソースのグラタン

さすが 本格味 手間いらず

234kcal 7分30秒

材料(2人分)
ミートソース(左記)
……………200g(カップ1)
じゃが芋………… 300g(2個)
バター…………………大さじ1
粉チーズ………………大さじ2
塩、こしょう……………各少々

作り方
❶じゃが芋は皮をよく洗い、水けがついたまま1個ずつラップで包み、4分30秒加熱して柔らかくする。熱いうちにふきんなどで包んで皮をむき、7～8㎜厚さに切る。
❷耐熱容器に①の½量を並べ入れ、塩、こしょうをふってミートソースをかけ、残りの①を並べ、バターをちぎってところどころにのせ、粉チーズをふる。ラップなしで3分加熱する。(村田)

鶏そぼろ

さすが 簡単 速い

56kcal 1分30秒

材料(2人分)
鶏ひき肉……………………50g
おろししょうが………小さじ⅓
Ⓐ酒、砂糖…各小さじ2／しょうゆ…大さじ½／塩…少々

作り方
❶耐熱容器にひき肉、しょうが、Ⓐを入れ、よく練り混ぜる。
❷ラップをして1分30秒加熱し、すぐに取り出してスプーンなどでほぐし、再びラップをしてそのままおいて粗熱を取る。(村田)

ドライカレー

さすが 簡単 時間短縮

435kcal 8分

材料（2人分）
合いびき肉……………… 150g
缶詰のコーン（ホールタイプ）
……………… 100g（小1缶）
オクラ ………… 100g（5本）
玉ねぎのみじん切り
……………… 100g（½個分）
Ⓐおろししょうが、おろしにんにく…各小さじ1／バター…大さじ1
Ⓑカレールウ（刻む）…50g／トマトケチャップ、ウスターソース…各大さじ1／塩、こしょう…各少々
ご飯 ……………………… 適量

作り方
❶オクラは塩少々（材料表外）をまぶして板ずりし、水洗いして水けをふき、1cm幅に切る。
❷耐熱容器に玉ねぎとⒶを入れ、ラップをして3分加熱する。ひき肉を入れてほぐし、コーンとⒷを加えて混ぜ、ふんわりとラップをして5分加熱する。
❸さっくりと混ぜて①を加え、ラップで落としぶたをして約2分おいて蒸らす。器にご飯（カロリー外）を盛って、かける。（村田）

ミートボールシチュー

さすが 鍋いらず 本格味

360kcal 11分30秒

材料（2人分）
合いびき肉……………… 150g
玉ねぎのみじん切り
……………… 100g（½個分）
バター…大さじ½
Ⓐ溶き卵…½個分／パン粉…大さじ4／塩…小さじ¼、こしょう、ナツメグ…各少々
マッシュルーム
……………… 100g（約6個）
コーン（冷凍品）
……………… 45g（大さじ4）
ブロッコリー……75g（¼個）
缶詰のトマトの水煮
………………… 400g（1缶）
Ⓑチキンスープの素（固形・砕く）…1個／トマトケチャップ…大さじ2／ウスターソース…大さじ1／赤ワイン…カップ¼／塩、こしょう…各少々

作り方
❶耐熱容器に玉ねぎを入れてバターをのせ、ラップをして2分30秒加熱し、玉ねぎが透き通ったらよく混ぜ、再びラップをして粗熱を取る。
❷ボウルに①の½量、ひき肉、Ⓐを入れて練り混ぜる。粘りが出たら直径3cmのボール状に丸め、耐熱皿のまわりに並べる。ふんわりとラップをして3分加熱する。
❸マッシュルームは四つ割りにし、ブロッコリーは小房に分ける。
❹別の耐熱容器にトマトの水煮を入れ、フォークなどで果肉を粗くつぶし、残りの①、Ⓑを加えて混ぜる。②を皿に出た肉汁ごと加え、凍ったままのコーン、③を加えてさっくりと混ぜ合わせ、ラップなしで6分加熱する。（村田）

みそ風味ののし鶏

さすが ふっくら 焦げない

259kcal 6分

材料（2人分）
鶏ひき肉………………… 200g
玉ねぎのみじん切り
……………… 100g（½個分）
Ⓐおろししょうが…小さじ½／みそ、しょうゆ、砂糖、酒…各大さじ1／片栗粉…大さじ2
炒り白胡麻…………小さじ2
万能ねぎの小口切り ……少々
紅たで ……………………… 適宜

作り方
❶耐熱皿に玉ねぎを入れ、ラップをして2分加熱し、冷(さ)ます。
❷ボウルにⒶを入れ、泡立て器でよく混ぜ、①、ひき肉を加えて、練り混ぜる。粘りが出たら、クッキングシートの上にのばして15cm角に整え、ターンテーブルの中央に置く。ゴムべらで2等分して間隔を7～8cmあけ、胡麻をふり、ラップなしで4分加熱する。冷めたら3cm角に切り分け、器に盛って万能ねぎと紅たでを飾る。（村上）

ひき肉れんこん蒸し

さすが 柔らか 簡単

263kcal 6分

材料（2人分）
豚ひき肉 ………………… 200g
れんこん ………65g（約¼節）
おろししょうが………小さじ1
Ⓐ缶詰のコーン（ホールタイプ）…大さじ3／ザーサイ（味つけ）のみじん切り…20g／塩、こしょう…各少々

作り方
❶れんこんは皮をむき、すりおろして小さめの耐熱ボウルに入れ、ひき肉、しょうがを加えて練り混ぜる。
❷粘りが出たら、Ⓐを加えて混ぜ、平らにならす。ラップをし、6分加熱する。返すようにして器に盛り、食べやすく切り分ける。（村田）

こんにゃくのそぼろ炒め

さすが 簡単 手間いらず

84kcal 6分

材料（2人分）
豚ひき肉 ……………………50g
こんにゃく……… 125g（½枚）
長ねぎのみじん切り
………………… 8g（5cm分）
おろししょうが………小さじ½
Ⓐみそ、しょうゆ、砂糖、胡麻油…各小さじ1／豆板醤(トウバンジャン)…小さじ½

作り方
❶こんにゃくはスプーンで一口大にかき取り、耐熱容器に入れる。ふんわりとラップをして3分加熱し、ざるに上げ、こんにゃくと容器の水けをキッチンペーパーでふく。
❷①の容器にひき肉と長ねぎ、しょうが、Ⓐを加えて混ぜ、こんにゃくを戻し入れてさらに混ぜ、両端をあけてラップをして3分加熱する。（村上）

豚ひきだんごとキムチの酸辣湯(サンラータン)

さすが うまみが出る 簡単

112kcal 6分

材料（2人分）
豚ひき肉 …………………… 50g
白菜キムチ ………………… 40g
Ⓐ鶏ガラスープの素（顆粒(かりゅう)）…小さじ1／水…カップ1½
Ⓑ砂糖…小さじ½／酢…小さじ1／塩、こしょう…各少々
卵 …………………………… 1個
長ねぎの小口切り ……… 5cm分

作り方
❶耐熱容器にⒶを入れて混ぜ、ひき肉を直径約2cmに丸めて加え、ラップをし、3分加熱する。
❷キムチをざく切りにして①に加え、Ⓑで調味し、卵を溶いて回し入れ、ラップをして3分加熱し、そのまま1分蒸らす。器に盛りつけて長ねぎを散らす。（村田）

豆腐・大豆製品

麻婆豆腐

さすが　時間短縮　ローカロリー　**155kcal 7分**

材料（2人分）

絹ごし豆腐………200g（⅔丁）
豚赤身ひき肉………………40g
　しょうゆ、片栗粉…各小さじ⅔
えのきだけ………100g（1袋）
長ねぎのみじん切り
　……………140g（小2本分）
しょうがのみじん切り
　…………………………小さじ2
おろしにんにく………小さじ⅔
Ⓐ鶏ガラスープの素（顆粒）、甜麺醤…各小さじ2／豆板醤…小さじ½／しょうゆ…小さじ1／粉山椒、こしょう…各少々
ご飯…………………………適宜

作り方

❶豆腐は7㎜角に切る。
❷ひき肉はしょうゆ、片栗粉を混ぜ、下味をつける。
❸えのきだけは根元を切って細かく刻む。Ⓐは合わせる。
❹耐熱容器に①、長ねぎ、しょうが、にんにくを入れ、ラップをして**2分30秒**加熱する。③を加えて混ぜ、ラップをして**3分20秒**加熱する。
❺④が熱いうちに②をほぐしながら入れ、ラップをして**1分10秒**加熱。器に盛り、ご飯（カロリー外）に添える。（大沼）

五目白和え

さすが　水きり　ヘルシー　**65kcal 1分40秒**

材料（2人分）

絹ごし豆腐………100g（⅓丁）
Ⓐ白みそ、だしの素（粉末）…各小さじ½
五目切り干し大根（→P208）
　…………………………2人分
木の芽………………………適宜

作り方

❶ラップにキッチンペーパーを重ねて豆腐を粗めにくずしてのせ、ターンテーブルに置く。**1分40秒**加熱し、ざるにとって5分おく。
❷①を裏ごししてなめらかにし、Ⓐを加えて混ぜる。五目切り干し大根を和え、器に盛って木の芽を散らす。（大沼）

豆腐ともやしのチャンプルー風

さすが　味がからむ　失敗なし　**273kcal 5分30秒**

材料（2人分）

木綿豆腐…………300g（1丁）
もやし……………100g（⅖袋）
ピーマン……………70g（2個）
にんじん…………40g（小½本）
しょうゆ………………大さじ2
サラダ油………………小さじ2
溶き卵……………………2個分
削り節………………………10g

作り方

❶豆腐は2㎝角に切る。耐熱容器にキッチンペーパーを敷いてのせ、ラップなしで約**2分**加熱する。
❷もやしはひげ根を除き、ピーマンは乱切りにし、にんじんは短冊切りにする。すべて耐熱容器に入れてラップをし、約**1分30秒**加熱して水けをきる。
❸耐熱性の器に①、②を入れ、しょうゆ、油、溶き卵の順に回しかけ、ラップなしで**2分弱**加熱する。ざっと混ぜて削り節をのせる。（浜内）

おから煮

さすが 空炒り しっとり **278kcal 7分30秒**

材料（2人分）
おから …………………… 100g
こんにゃく ……… 60g（¼枚）
油揚げ ……………… 30g（1枚）
にんじん ………… 50g（½本）
生しいたけ ……… 30g（2個）
ちりめんじゃこ ……… 大さじ2
Ⓐ砂糖、胡麻油…各大さじ2／しょうゆ、水…各大さじ1／塩…小さじ¼
万能ねぎの小口切り ……… 少々

作り方
❶こんにゃくは粗みじんに切り、キッチンペーパーを敷いた耐熱皿にひろげ、両端をあけてラップをする。1分加熱してキッチンペーパーをはずす。
❷油揚げは湯をかけて半分の長さに切り、細切りにする。にんじんはいちょう切りにし、しいたけは薄切りにする。
❸耐熱容器に①と②、ちりめんじゃこ、Ⓐを入れて混ぜ、両端をあけてラップをし、4分加熱する。
❹別の耐熱容器におからを入れ、両端をあけてラップをし、2分30秒加熱する。取り出して泡立て器で混ぜて、蒸気をとばす。③と万能ねぎを加えて混ぜる。（村上）

肉豆腐

さすが こくが出る 鍋いらず **260kcal 10分**

材料（2人分）
木綿豆腐 ……… 400g（大1丁）
牛薄切り肉 ……………… 100g
Ⓐしょうゆ、酒、砂糖…各大さじ2
おろししょうが ……………少々
長ねぎの青い部分のせん切り
………………………… 6cm分

作り方
❶牛肉は3cm長さに切り、Ⓐで下味をつける。
❷豆腐は半分に切る。
❸耐熱容器の中央に豆腐を入れ、まわりに①を汁ごと加える。両端をあけてラップをし、10分加熱する。
❹器に盛り、煮汁をすくいかけ、おろししょうがと長ねぎをのせる。（村上）

豆豆の酢じょうゆ漬け

さすが 味がしみる 簡単 **181kcal 4分**

材料（2人分）
大豆の水煮 ………………… 100g
缶詰のミックスビーンズ
………………………… 100g
糸昆布（乾燥品） …………… 4g
Ⓐ酢、しょうゆ、水…各大さじ4

作り方
❶耐熱容器に糸昆布とⒶを入れ、ラップなしで約1分加熱する。
❷大豆の水煮は水けをきり、ミックスビーンズと合わせて別の耐熱容器に入れ、ラップをして約3分加熱し、熱いうちに①に加えて10分おく。（浜内）

豆腐・大豆製品

豆腐鍋

さすが　こくが出る　鍋いらず

128kcal 5分20秒

材料(2人分)
木綿豆腐…………150g(½丁)
豚もも薄切り肉……25g(1枚)
にんじん……………25g(¼本)
玉ねぎ……………100g(½個)
生しいたけ…………30g(2個)
Ⓐだし汁…カップ1／酒、みりん…各大さじ½／しょうゆ…大さじ¾／塩…少々
片栗粉(倍量の水で溶く)
…………………………大さじ½
あさつきの小口切り………少々

作り方
❶豆腐は耐熱皿にのせ、50秒加熱して水けをきる。豚肉は5cm長さに切る。
❷にんじんはいちょう切り、玉ねぎはくし形、生しいたけは半分に切る。
❸大きめの耐熱皿に②を入れ、豆腐をちぎって加え、豚肉をひろげてのせ、Ⓐを混ぜてかけ、ラップをして2分30秒加熱する。
❹③のあくを除き、水溶き片栗粉を加えて混ぜ、ラップをして2分加熱する。熱いうちに混ぜて器に盛り、あさつきを散らす。(藤野)

豆腐のとろろ蒸し

さすが　なめらか　ヘルシー

117kcal 2分30秒

材料(2人分)
絹ごし豆腐……… 150g(½丁)
長芋……………… 100g(⅙本)
うずらの卵…………………2個
ポン酢しょうゆ………大さじ1
香味野菜(青じそ、万能ねぎ、三つ葉など)……………適量

作り方
❶豆腐は4等分に切り、耐熱皿にのせる。
❷長芋はすりおろして①にかけ、ラップをして2分30秒加熱する。うずらの卵を割ってのせ、ポン酢しょうゆをかけ、好みの香味野菜を刻んで散らす。(牧野)

本格麻婆(マーボー)豆腐

さすが　ローカロリー　本格味

253kcal 8分

材料(2人分)
木綿豆腐…………300g(1丁)
Ⓐ豚ひき肉…150g／長ねぎのみじん切り…20g(10cm分)／おろししょうが…小さじ1／おろしにんにく…小さじ½
Ⓑしょうゆ…大さじ1½／酒…大さじ1／砂糖、片栗粉…各小さじ2／豆板醤(トウバンジャン)…小さじ1／チキンスープの素(顆粒(かりゅう))…小さじ½／湯…カップ½
粉山椒(こなざんしょう)…………………………適宜(てきぎ)

作り方
❶耐熱皿にキッチンペーパーを敷き、豆腐をのせて短辺を3等分、長辺を6等分に切り分けて皿全体に散らし、ラップなしで3分加熱する。
❷耐熱ボウルにⒶ、Ⓑを入れて混ぜ、ラップなしで3分加熱する。取り出して混ぜ、①を加えてさらに混ぜ、2分加熱し、好みで粉山椒をふる。(村上)

きのこのあんかけ豆腐

さすが　なめらか　簡単

94kcal 3分

材料(2人分)
絹ごし豆腐……… 200g(⅔丁)
えのきだけ………60g(約½袋)
エリンギ、まいたけ
………各60g(各約½パック)
Ⓐおろししょうが…小さじ2⅔／酒…大さじ2／しょうゆ…小さじ2／だしの素(粉末)…小さじ⅔／黒砂糖…小さじ⅓／赤唐辛子(とうがらし)の小口切り…少々
片栗粉(倍量の水で溶く)
…………………………………適量
万能ねぎの小口切り………少々

作り方
❶えのきだけは根元を切ってほぐし、エリンギは長さを半分に切って薄切りにする。まいたけは食べやすく分ける。
❷耐熱容器に①を入れ、混ぜ合わせたⒶを加えてラップをし、2分30秒加熱する。水溶き片栗粉を加えて混ぜ、さらに30秒加熱する。
❸皿に豆腐を盛り、②をかけ、万能ねぎを散らす。(大沼)

温かいレンジ豆腐

さすが　失敗なし　速い

138kcal 4分

材料(2人分)
木綿豆腐…………300g(1丁)
チキンスープの素(顆粒)
…………………………小さじ1
Ⓐ削り節…3g／おろししょうが…小さじ½／胡麻(ごま)油…小さじ1／しょうゆ…適量／長ねぎのみじん切り…少々

作り方
❶耐熱皿に豆腐をのせ、スープの素をふりかけ、両端(りょうはし)をあけてラップをし、4分加熱する。
❷取り出して、混ぜ合わせたⒶをかける。(村上)

炒(い)り豆腐

さすが　柔らか　簡単

184kcal 6分

材料(2人分)
木綿豆腐………… 150g(½丁)
鶏ひき肉……………………60g
鶏ガラスープの素(顆粒)
…………………………小さじ1
卵……………………………2個
塩、こしょう……………各少々
万能ねぎの小口切り………少々

作り方
❶耐熱容器にひき肉とスープの素を入れ、豆腐を手でくずしながら加え、軽く混ぜる。ラップをして4分加熱する。
❷卵を溶いて①に入れ、塩、こしょうをふって、同様に2分加熱し、半熟状に火を通す。
❸取り出して万能ねぎを加え、軽く混ぜる。(村田)

くずし豆腐のスープ

さすが　なめらか　手間いらず

198kcal 4分

材料(2人分)
絹ごし豆腐……… 300g(1丁)
Ⓐ長ねぎのみじん切り…8g(5cm分)／しょうがのみじん切り…¼かけ分／鶏ガラスープの素(顆粒)…小さじ½／水…カップ½／胡麻油…小さじ1
片栗粉(同量の水で溶く)
…………………………小さじ1
塩、こしょう……………各少々

作り方
❶耐熱容器に豆腐を入れて細かくくずし、混ぜ合わせたⒶを加えてラップをし、3分加熱する。
❷水溶き片栗粉を①に回し入れて、塩、こしょうで調味し、同様に1分加熱して、混ぜる。(村田)

厚揚げピザ

さすが 失敗なし 簡単

247kcal 2分30秒

材料（2人分）
厚揚げ ………… 150g（小1枚）
玉ねぎ …………… 100g（½個）
ピザ用チーズ ………………30g
トマトソース
　トマトケチャップ…大さじ2／酒、オリーブ油…各大さじ1／塩、タバスコ…各少々

作り方
❶厚揚げは熱湯をかけて油抜きし、まな板にキッチンペーパーをひろげてのせ、短辺を半分に切り、端から1cm幅に切る。
❷玉ねぎは薄切りにする。
❸耐熱皿に厚揚げを切り口を上にして並べ、トマトソースの材料を混ぜてかけ、②をのせ、チーズを散らす。ラップなしで2分30秒加熱する。（村上）

厚揚げとキムチの炒め和え

さすが 簡単 味がからむ

123kcal 2分30秒

材料（2人分）
厚揚げ …………… 100g（½枚）
白菜キムチのざく切り …..40g
Ⓐ胡麻油…小さじ2／しょうゆ…小さじ1

作り方
❶厚揚げは一口大に切る。
❷耐熱容器に厚揚げを並べ、キムチをのせ、Ⓐをかける。ラップをして2分30秒加熱する。（牧野）

油揚げの袋煮

さすが こくが出る 本格味

117kcal 3分

材料（2人分）
油揚げ ………………30g（1枚）
鶏胸肉 ………………………30g
しらたき …………30g（約⅙袋）
にんじん …………30g（約⅓本）
かんぴょう ………………… 適量
Ⓐだし汁…カップ½／しょうゆ、みりん、酒…各小さじ2

作り方
❶油揚げは長辺を半分に切って袋状にし、熱湯をかけて油抜きする。
❷鶏肉は1cm角に切り、しらたきは熱湯でゆでてあく抜きし、食べやすい長さに切る。にんじんは細切りにする。
❸①に②を詰め、水につけてもどしたかんぴょうで口を結ぶ。
❹耐熱容器に混ぜ合わせたⒶ、③を入れ、ラップをして3分加熱する。（牧野）

おからのポテトサラダ風

さすが ヘルシー 味がからむ

111kcal 2分

材料（2人分）
おから …………………………50g
ミックスベジタブル（冷凍品）
　…………… 50g（約カップ½）
ハム …………………20g（1枚）
きゅうり …………50g（½本）
　塩…少々
Ⓐマヨネーズ…大さじ1／塩、こしょう…各少々

作り方
❶耐熱容器におからを入れ、ラップなしで2分加熱し、パラパラになったら取り出して冷ます。
❷ミックスベジタブルは熱湯をかけて解凍し、水けをよくきる。
❸きゅうりは小口切りにして塩をふり、しんなりしたら水けを絞る。ハムは粗（あら）みじんに切る。
❹ボウルに①、②、③、Ⓐを入れて混ぜる。（牧野）

高野（こうや）豆腐の含め煮

さすが 柔らか 鍋いらず

189kcal 14分

材料（2人分）
高野豆腐（6.5×5cm）
　…………………… 30g（2枚）
だし汁
　削り節…10g／湯…カップ2
Ⓐ砂糖、酒…各大さじ4／しょうゆ…小さじ1
ゆずの皮のせん切り ……..少々

作り方
❶高野豆腐は50度くらいの湯に10分浸（ひた）してもどし、水をはったボウルに移し、両手で1枚ずつはさんで押し絞る。水をかえて押し絞り、これを3回くり返し、最後はしっかり絞る。
❷耐熱性のメジャーカップにだし汁の材料を入れて1分おき、茶こしでこしながら、耐熱容器に移す。①とⒶを加え、クッキングシートを密着させてかぶせ、浮き上がり防止に小皿をのせて2分加熱して沸騰（ふっとう）させ、弱にしてさらに12分加熱する。冷（さ）めたら切り分けて器に盛り、ゆずの皮を添える。（村上）

高野豆腐のロールキャベツ

さすが 手間いらず ローカロリー

140kcal 5分

材料（2人分）
高野豆腐 ……………30g（2枚）
　水…カップ1
キャベツ ………… 100g（2枚）
ベーコン ……………20g（1枚）
Ⓐ鶏ガラスープの素（顆粒）…小さじ½／水…カップ1／塩、こしょう…各少々

作り方
❶高野豆腐は耐熱容器に入れ、分量の水を注ぎ、ラップをして1分加熱する。
❷キャベツは芯を薄くそいで耐熱皿に入れ、ラップをして2分加熱する。
❸ベーコンは長さを半分に切る。
❹②をひろげ、①の水けを絞ってのせ、包んで③で巻く。まとまりにくければ、パスタを刺してとめるとよい。
❺耐熱容器に混ぜ合わせたⒶを入れ、④を巻き終わりを下にして並べ、ラップをして2分加熱する。（牧野）

大豆と豚ばら肉の煮込み

さすが うまみが出る 鍋いらず

363kcal 7分30秒

材料（2人分）
大豆の水煮 …..80g（カップ⅗）
豚ばらかたまり肉……… 150g
Ⓐしょうがの薄切り…½かけ分／長ねぎの青い部分のぶつ切り…½本分
Ⓑしょうゆ、酒…各大さじ1／砂糖…小さじ1／水…カップ¼
練りがらし …………小さじ1弱

作り方
❶豚肉は食べやすい大きさに切り、耐熱容器に入れる。Ⓐをのせ、混ぜ合わせたⒷをかけて、ラップをし、4分加熱して上下を返し、さらに2分加熱する。
❷①に缶汁をきった大豆を加えて1分30秒加熱し、しょうがと長ねぎを除いて器に盛り、練りがらしを添える。（牧野）

卵

具だくさんの鉢蒸し

さすが しっとり 手間いらず 134kcal 7分

材料(2人分)
溶き卵……………………2個分
Ⓐ万能ねぎの小口切り…6本分／塩、こしょう…各少々／水…カップ1
春雨(乾燥品)………………10g
水…カップ1
鶏ひき肉……………………40g
干しえび………4g(大さじ½)
しょうゆ……………………適量

作り方
❶溶き卵にⒶを混ぜ合わせる。
❷春雨ははさみで3㎝長さに切って耐熱容器に入れる。分量の水を加えてラップをし、3分強加熱する。熱いうちにひき肉を加えて手早く混ぜ、浅めの耐熱性の器2個に等分に入れる。
❸干しえびは別の耐熱容器に入れ、ひたひたの水を加えて約1分加熱し、みじん切りにする。もどし汁ごと①に加えて混ぜる。
❹③を②に入れ、アルミホイルの中央に直径2㎝の穴をあけてかぶせ、器2個で約3分加熱する。しょうゆをかける。(浜内)

具だくさんのかに玉

さすが まろやか ノンオイル 108kcal 4分10秒

材料(2人分)
Ⓐ卵白…2個分／卵黄…1個分／片栗粉(小さじ2の水で溶く)…小さじ⅔
かに風味かまぼこ…………40g
もやし……………200g(⅘袋)
にら………………60g(約½わ)
鶏ガラスープの素(顆粒)
……………………小さじ1⅓
Ⓑ鶏ガラスープの素(顆粒)…小さじ½／しょうゆ…小さじ1／水…90mℓ
片栗粉(倍量の水で溶く)
……………………小さじ⅔

作り方
❶ボウルにⒶとほぐしたかにかまぼこを入れ、混ぜ合わせる。
❷にらは2㎝長さに切り、もやしと耐熱性の器に入れる。ラップをして2分30秒加熱し、水けをきって①、スープの素を混ぜ、さらに1分40秒加熱する。
❸小鍋にⒷを入れて煮立て、水溶き片栗粉を加えてとろみをつけ、②にかける。(大沼)

具だくさんの茶碗(ちゃわん)蒸し

さすが 片付けらくらく 消化がよい 140kcal 4分

材料(2人分)
溶き卵……………………2個分
Ⓐだし汁…カップ1／みりん…小さじ1／しょうゆ…小さじ½／塩…小さじ¼
ほうれんそう………50g(⅙わ)
生しいたけ…………15g(1個)
缶詰のツナの水煮
…………………60g(小½缶)
Ⓑしょうゆ、胡麻(ごま)油…各小さじ½
Ⓒえび(殻(から)と背わたを除く)…2尾／ゆでぎんなん…4個

作り方
❶溶き卵、Ⓐは混ぜてこす。
❷ほうれんそうはゆでて3㎝長さに、生しいたけは2つに切る。ツナは缶汁をきってほぐす。
❸フードプロセッサーに②、Ⓑを入れて約5秒回し、耐熱性の器2個に入れ、Ⓒ、①を加える。ぴったりとラップをし、中央に直径5㎝の穴をあけたアルミホイルをかぶせる。ターンテーブルの端(はし)に置き、2個で3分30秒〜4分加熱し、蒸らす。(村上)

ハムと長ねぎのキッシュ

さすが しっとり 失敗なし　1個 310kcal 約 20分

材料（直径10cmの耐熱性の器４個分）

Ⓐ溶き卵…２個分／牛乳、生クリーム…各カップ½／塩、こしょう…各少々

ハム ………… 40g（薄切り４枚）

長ねぎ ……………100g（１本）

ピザ用チーズ…………… 100g

作り方

❶Ⓐを混ぜ合わせる。

❷ハムは半分に切ってから１cm幅に切る。長ねぎは二つ割りにして５cm長さに切る。

❸耐熱性の器４個にハム、チーズ、長ねぎを少しずつ交互に入れ、①を等分に注ぎ、上にチーズをのせる。

❹③にふんわりとラップをして４個を弱で約10分加熱、器の向きを180度回転させてさらに弱で約10分加熱する。（栗原）

ポーチドエッグ入り野菜のトマト煮

さすが あっさり 鍋いらず　156kcal 7分

材料（２人分）

卵 ……………………………… ２個

ベーコン（赤身）…20g（１枚）

キャベツ …………60g（１枚）

玉ねぎのみじん切り ……………… 100g（½個分）

おろしにんにく………小さじ½

Ⓐチキンスープの素（固形・砕く）…１個／トマトピューレ…大さじ４

缶詰のマッシュルームの水煮（薄切り）…………260g（２缶）

チリパウダー……………… 適宜

作り方

❶ベーコンはみじん切りにし、キャベツはせん切りにする。

❷耐熱性の器２個に玉ねぎとにんにくを等分に入れ、ラップをして２個を１分40秒加熱。①、Ⓐ、マッシュルームを缶汁ごと等分に加えて混ぜ、さらに３分20秒加熱する。

❸②に卵を１個ずつ割り落とし、卵黄を竹串で刺して穴をあける。１人分ずつ別々に各１分加熱してチリパウダーをふる。（大沼）

レンジココット

さすが ふっくら 速い　123kcal 3分 20秒

材料（２人分）

溶き卵 …………………… ２個分

ハム …………………40g（２枚）

万能ねぎ …………… 6g（２本）

塩、こしょう…………各少々

作り方

❶ハムは１cm角に切り、万能ねぎは小口切りにする。

❷ボウルに溶き卵、①、塩、こしょうを入れて混ぜる。

❸耐熱性の器２個に②を等分に入れ、ラップなしで１個につき１分10秒～１分40秒加熱する。（竹内）

卵

スクランブルエッグ

さすが 柔らか 簡単

113kcal 約1分10秒

材料（1人分）

卵 ………………………………2個

Ⓐ塩、こしょう…各少々／サラダ油…小さじ2

作り方

❶耐熱ボウルに卵を割りほぐし、Ⓐを加えて混ぜる。

❷ラップをして約50秒加熱し、軽く混ぜて、再びラップをして約20秒加熱する。（栗原）

クリーミーなスクランブルエッグ

さすが こくが出る 片付けらくらく

164kcal 3分20秒

材料（2人分）

卵 ………………………………2個

塩、こしょう…各少々

カマンベールチーズ

…………………27g（小⅓個）

バター ……… 12g（大さじ1）

作り方

❶チーズは4等分に切る。

❷耐熱容器に卵を割り入れ、塩、こしょう、①を加えて軽く溶き混ぜ、バターをかたまりのまま加える。ラップなしで1分40秒〜2分加熱する。

❸取り出し、スプーンで軽く混ぜ、さらにラップなしで1分加熱して混ぜる。様子を見て、生っぽいようならさらに10〜20秒加熱する。余熱でかたくなるので、すぐに器に盛る。（村上）

なめこおろしのスクランブルエッグ

さすが さっぱり ヘルシー

265kcal 2分

材料（1人分）

卵 ………………………………2個

塩、こしょう…各少々

バター ……… 12g（大さじ1）

おろし大根 ……………… 100g

なめこの水煮 …………大さじ1

しょうゆ ……………………適量

作り方

❶耐熱性の器に卵を割り入れ、塩、こしょうをふって溶きほぐし、バターを半分に切って加える。ラップなしで1分30秒加熱する。

❷①を取り出し、スプーンで軽く混ぜて、さらにラップなしで30秒加熱し、取り出して1〜2回混ぜる。

❸②におろし大根、なめこの順にのせ、しょうゆをたらす。（村上）

切り干し大根の卵とじ

さすが 乾物をもどす 鍋いらず

117kcal 7分50秒

材料（2人分）

卵 ………………………………2個

塩…少々

切り干し大根（乾燥品）……20g

にんじん …………40g（⅖本）

水 ……………………カップ1

Ⓐだしの素（粉末）、しょうゆ…各小さじ1

作り方

❶切り干し大根は食べやすい長さに切り、にんじんは細切りにする。

❷耐熱容器に①、分量の水を入れ、ラップをして4分10秒加熱する。取り出して、Ⓐを加えて混ぜ、クッキングシートを密着させてかぶせ、浮き上がり防止に小皿をのせて、2分30秒加熱する。

❸ボウルに卵を割り入れ、塩を加えて溶きほぐす。

❹②はシートと小皿をはずし、③を加えてざっと混ぜ、ラップなしで50秒〜1分10秒、好みのかたさになるまで加熱する。（大沼）

小松菜の卵とじ

さすが 色あざやか 簡単

72kcal 4分30秒

材料（2人分）

卵 ………………………………1個

小松菜 ……… 200g（大½わ）

Ⓐだしの素（顆粒（かりゅう））…小さじ½／水…カップ½／しょうゆ、砂糖…各大さじ1／片栗粉…小さじ1

作り方

❶小松菜は3cm長さに切る。

❷耐熱容器にⒶを入れて混ぜ、①を葉、茎の順に加える。両端（りょうはし）をあけてラップをし、4分加熱する。取り出して混ぜ、とろみをつける。

❸ボウルに卵を溶きほぐし、②の汁が熱いうちに流し入れる。両端をあけてラップをし、約30秒、卵が半熟状になるまで加熱する。（村上）

オクラとトマトの卵とじ

さすが うまみが出る

216kcal 5分

材料（2人分）

卵 ………………………………2個

豚ばら薄切り肉 …………50g

Ⓐ酒…小さじ1／塩、こしょう…各少々

オクラ ……………50g（5本）

トマト ………… 150g（1個）

長ねぎ …………… 9g（約5cm）

しょうが …………………½かけ

Ⓑオイスターソース、胡麻（ごま）油、片栗粉…各小さじ½／酒…大さじ½／水…大さじ1½／塩…少々

作り方

❶豚肉は一口大に切り、Ⓐをもみ込んで下味をつける。

❷オクラは塩適量（材料表外）をふって板ずりしてうぶ毛を取り除き、水洗いして斜め半分に切る。トマトは12等分のくし形に切る。

❸長ねぎとしょうがはみじん切りにする。

❹耐熱容器に①と③を入れ、混ぜてほぐし、ラップをして1分30秒加熱する。

❺ボウルに卵を溶きほぐし、④に入れる。②も加えてさっくりと混ぜ、ラップをして2分30秒加熱する。

❻Ⓑを混ぜ合わせておく。⑤が半熟状になったら、Ⓑを加え、ラップをして、さらに1分加熱する。（村田）

アスパラガスとツナのキッシュ風

さすが　こくが出る　簡単

158kcal 6分30秒

材料（2人分）

卵 ……………………………… 1個

Ⓐ牛乳…カップ½／ピザ用チーズ…20g／塩、こしょう、ナツメグ…各少々

グリーンアスパラガス …………………60g（小3本）

缶詰のツナの油漬け …………………80g（小1缶）

バター ……………………… 少々

作り方

❶アスパラガスは根元のかたい部分とはかまを除き、5cm長さに切る。ラップで平らに包み1分30秒加熱する。冷水にとって冷まし、水けをきる。

❷ボウルに卵を溶きほぐし、Ⓐを加えて混ぜる。

❸耐熱容器の内側にバターを塗り、①を並べ入れ、油をきったツナをほぐして加え、②をかける。ラップをして5分加熱する。（牧野）

ラグーエッグ

さすが　手間いらず　ヘルシー

227kcal 8分

材料（2人分）

卵 ……………………………… 2個

なす ……………… 60g（小1個）

赤ピーマン ……… 30g（小1個）

玉ねぎ ……………… 50g（¼個）

トマト …………… 200g（1個）

Ⓐローリエ…1枚／塩…小さじ½／こしょう…少々／オリーブ油…大さじ2

パセリのみじん切り ……… 適量

作り方

❶なすは1cm角に切る。赤ピーマン、玉ねぎ、トマトも1cm角に切る。

❷ボウルに①とⒶを入れて混ぜる。耐熱性の器2個に等分に入れ、卵をそれぞれに割り入れ、黄身に竹串を刺して破裂を防止する。

❸②の器に両端をあけてラップをし、ターンテーブルの端（はし）に向かい合わせに置いて、8分加熱する。取り出してパセリをふる。（村上）

茶碗蒸し（ちゃわんむし）

さすが　なめらか　時間短縮

57kcal 4分

材料（2人分）

卵 ……………………………… 1個

Ⓐだしの素（顆粒）…小さじ⅙／熱湯…カップ¾／みりん、薄口しょうゆ…各小さじ1

かまぼこ ………… 15g（1cm）

生しいたけ ……… 15g（1個）

えび ……………… 20g（小2尾）

三つ葉 ……………………… 2本

作り方

❶ボウルにⒶを混ぜ合わせて冷ます。

❷別のボウルに卵を溶きほぐし、①を加えて混ぜ、こし器に通す。

❸かまぼことしいたけは半分に切り、えびは背わたと殻（から）を除き、三つ葉は3cm長さに切る。

❹耐熱性の器2個に③を等分に入れ、②を流し入れ、ぴったりとラップをする。

❺12cm角に切ったアルミホイル2枚を四つ折りにし、ひろげたときに円形になるように縁を丸く切り、中心も直径5cmの穴になるように丸く切り取る。ひろげて④にかぶせ、まわりを手できっちりと押さえる。

❻ターンテーブルの端に⑤を1個置き、1分30秒～2分、卵液が固まるまで加熱し、残りも同様に加熱する。（村上）

えび黄身ずし

さすが　色あざやか　本格味

187kcal 4分40秒

材料（10×17cm、深さ4cmの弁当箱1個分）

卵 …………………………… 3個

卵黄 ……………………… 3個分

Ⓐ酢、酒…各大さじ1／砂糖…大さじ1½／塩…少々

えび ……………… 40g（小4尾（び））

　酒…大さじ1

貝割れ菜 …………………… 適量

作り方

❶えびは背わたを除いて殻をむき、ようじを頭のほうから半分まで刺してまっすぐにする。耐熱皿に入れて酒をふり、ラップをして40秒加熱する。熱いうちにようじをはずし、冷（さ）めたら腹側に包丁を入れて開く。

❷耐熱ボウルに卵と卵黄を入れて溶きほぐし、Ⓐを加えて泡立て器で混ぜる。ラップをして、途中、1分ごとに取り出して泡立て器で混ぜながら、合計で4分加熱する。

❸弁当箱にラップを敷き、えびの背を下にし、頭側と尾を互い違いに並べる。その上に②を入れて平らにならし、ふたをして冷蔵庫で2時間おく。

❹③の味がなじんだら逆さにして取り出す。4等分になるように十文字に切る。さらに1つずつを、2つの細長い台形になるように斜めに切る。器に盛り、根元を切った貝割れ菜を添える。（村上）

納豆蒸し卵

さすが　簡単　手間いらず

136kcal 3分30秒

材料（2人分）

卵 …………………………… 2個

納豆 ………… 50g（1パック）

しょうゆ ……………… 小さじ2

長ねぎ …………… 17g（10cm）

炒り白胡麻 ………………… 少々

作り方

❶耐熱容器に納豆を入れてよく混ぜ、しょうゆを加えてさらに混ぜる。

❷長ねぎは小口切りにする。

❸卵を溶いて①にかけ、②をのせる。ラップをし、3分～3分30秒加熱して、胡麻をふる。（牧野）

卵とトマトと干しえびのスープ

さすが　うまみが出る　鍋いらず

106kcal 5分

材料（2人分）

卵 …………………………… 2個

トマト …………… 200g（1個）

干しえび ……… 8g（大さじ1）

　水…大さじ3

Ⓐ鶏ガラスープの素（顆粒）…少々／水…カップ1½

塩、こしょう …………… 各少々

作り方

❶干しえびは分量の水につけてもどし、もどし汁はとっておく。

❷トマトはくし形に切る。

❸耐熱容器にⒶと①のえび、もどし汁、②を入れ、ラップをして2分30秒加熱する。

❹取り出して、塩、こしょうで調味し、卵を溶いて加え、ラップをしてさらに2分30秒加熱する。（牧野）

乳製品

クリームコロッケ

さすが 下ごしらえ 時間短縮　593kcal 5分

材料（2人分）
温かいホワイトソース（→P107）……………カップ1¼
じゃが芋…………150g（1個）
玉ねぎのみじん切り……………… 100g（½個分）
バター……………………大さじ½
Ⓐ缶詰のかにの水煮（ほぐす）…70g（½缶）／パセリのみじん切り…小さじ1／塩、こしょう…各少々
強力粉、溶き卵、パン粉、揚げ油……………………各適量
Ⓑキャベツのせん切り…⅛個分／レモンのくし形切り…適宜

作り方
❶バットにバター（材料表外）を塗り、ホワイトソースを流す。
❷耐熱容器に玉ねぎとバターを入れ、ラップなしで2分加熱。Ⓐを加えて混ぜ、①に加える。
❸ターンテーブルに割り箸2膳をばらして置き、じゃが芋を皮つきのままのせて3分加熱する。熱いうちに皮をむき、②に加える。
❹じゃが芋をつぶしながら混ぜ、表面を平らにする。ラップをして冷蔵庫で1時間冷やす。
❺④を4～6等分して俵形にまとめ、強力粉、溶き卵、パン粉の順に衣をつける。中温に熱した揚げ油で揚げ、器に盛ってⒷを添える。（村上）

なすとベーコンのクリームスープ蒸し

さすが こくが出る 煮くずれしない　263kcal 約10分

材料（4人分）
なす（正味）………480g（6個）
ベーコン…………120g（6枚）
Ⓐ生クリーム…カップ½／スープの素（固形・砕く）…1個／湯…カップ½／塩、こしょう…各少々
バジリコ……………………適宜

作り方
❶なすはへたを切り、皮をむく。水に浸してあくを抜き、水けをよくふく。
❷Ⓐのスープの素を湯で溶かし、生クリームを加え、塩、こしょうをする。
❸なす1個につき1枚のベーコンを巻き、巻き終わりを下にして耐熱容器に並べる。②をかけてラップをし、約10分加熱する。
❹熱いうちに上下を返してラップで落としぶたをし、少しおいて味をなじませる。器に盛ってバジリコを添える。（栗原）

プチトマトのチーズ焼き

さすが 色あざやか 簡単　110kcal 2分20秒

材料（2人分）
プチトマト‥200g（1パック）
塩、こしょう……………各少々
ピザ用チーズ………………40g
パセリのみじん切り、サラダ油……………………各少々

作り方
耐熱容器にサラダ油を塗り、ヘタを取って切り目を入れたプチトマトを入れて塩、こしょうをふる。ピザ用チーズをのせてパセリを散らし、ラップをして2分20秒加熱する。（有元）

かぶのミルク煮

さすが　甘みが出る　ヘルシー　225kcal 9分40秒

材料（２人分）
かぶ……………………400g（４個）
かぶの葉…………60g（１個分）
スープの素（顆粒・カップ½の湯で溶く）…………小さじ１
Ⓐバター（室温でもどす）、小麦粉…各小さじ２
牛乳…………………………カップ２

作り方
❶かぶは茎を１cm残して切り落とし、５mm厚さの半月切りにする。葉はざく切りにする。
❷耐熱容器に①を入れてスープを加え、3分強加熱する。
❸別の耐熱容器にⒶを入れて練り混ぜ、牛乳で溶きのばす。ラップをして途中で１～２度混ぜて5分弱加熱し、手早く泡立て器で混ぜる。②に加えて混ぜ、ラップなしで１分40秒加熱する。（浜内）

カマンベールの簡単フォンデュ

さすが　鍋いらず　簡単　188kcal 2分

材料（２人分）
カマンベールチーズ
…………………90g（小１個）
オクラ………………40g（４本）
塩…少々
にんじん……………50g（½本）
セロリ………………50g（½本）
ピーマン（赤・黄）
………………各75g（各½個）
チコリ………………50g（½個）
アンチョビ…………………１枚

作り方
❶オクラは塩でもんでゆで、ざるにとる。にんじん、セロリは１cm角の棒状に切り、ピーマンは縦１cm幅の細切りにする。チコリは縦二つ割りにする。
❷アンチョビは刻む。
❸熟成したカマンベールチーズは、上部の縁１cmを残して中央を切り取り、②を散らす。ふんわりとラップをして溶けるまで約１分～２分加熱し、熱いうちに器に盛る。①を添え、溶けたチーズに野菜をつけて食べる。（塩田）

きのこのクリーム煮

さすが　しっとり　手間いらず　252kcal 3分

材料（２人分）
しめじ…150g（１～1½パック）
Ⓐ鶏ガラスープの素（顆粒）…小さじ１／片栗粉…大さじ１／こしょう…少々
生クリーム……………カップ½
万能ねぎの小口切り……２本分

作り方
しめじは小房に分けて耐熱ボウルに入れ、Ⓐを加えてよく混ぜる。生クリームを回しかけ、ふんわりとラップをして3分加熱する。器に盛り、万能ねぎを散らす。（村上）

乳製品

クリームシチュー

さすが 鍋いらず 焦げない

387kcal 9分

材料(2人分)
ホワイトソース
　強力粉…13g(大さじ1½)／バター…24g(大さじ2)／牛乳…カップ1／塩、こしょう…各少々
Ⓐチキンスープの素(顆粒)…小さじ½／熱湯…カップ1
フライドポテト(冷凍品)…50g
玉ねぎ……………50g(¼個)
ブロッコリー…… 100g(⅓個)
ハム……………80g(4枚)

作り方
❶ホワイトソースを作る。耐熱ボウルに強力粉を入れ、バターを4等分に切ってのせ、両端をあけてラップをし、1分加熱する。熱いうちに泡立て器でクリーム状になるまで混ぜ、両端をあけてラップをして、さらに1分加熱して混ぜる。
❷①に牛乳を少しずつ加えながら混ぜてのばし、2分加熱する。
❸取り出して泡立て器でよく混ぜ、さらに1分加熱して混ぜ、塩、こしょうで調味する。
❹玉ねぎは薄切りにし、ブロッコリーは小房に分け、ハムは1.5cm角に切る。
❺③のボウルにⒶを加えて溶きのばし、フライドポテトと④を加え、両端をあけてラップをし、4分加熱する。(村上)

ホワイトシチュー

さすが 本格味 焦げない

464kcal 17分

材料(2人分)
ホワイトソース
　薄力粉…18g(大さじ2)／バター…30g(大さじ2½)／牛乳…カップ2／塩、こしょう…各少々
鶏胸肉………250g(大1枚)
玉ねぎ……………100g(½個)
じゃが芋………150g(1個)
塩、こしょう……………各少々
パセリのみじん切り……1枝分

作り方
❶ホワイトソースを作る。耐熱ボウルに薄力粉をふるって入れ、バターを4等分に切ってのせて、両端をあけてラップをし、1分加熱する。取り出して、泡立て器でクリーム状になるまで混ぜる。
❷①に牛乳約カップ½を加えて混ぜ、なめらかになったら、残りの牛乳を一気に加えて溶きのばす。両端をあけてラップをし、2分加熱する。
❸取り出して塩、こしょうをふって混ぜ、ラップなしで4分加熱し、もう一度混ぜる。
❹鶏肉は8等分に切る。玉ねぎはみじん切りにし、じゃが芋は皮をむいて4つに切る。
❺③のボウルに④を加え、両端をあけてラップをし、10分加熱する。じゃが芋に竹串を刺してスーッと通ったら、塩、こしょうで味をととのえる。器に盛り、パセリをふる。(村上)

鮭と冷凍ポテトのクリームスープ

さすが 手間いらず

276kcal 12分

材料(2人分)
生鮭…………70g(小1切れ)
フライドポテト(冷凍品)…50g
缶詰のコーン(クリームタイプ)
　…………140g(大さじ4強)
牛乳……………………カップ1½
バター…………8g(小さじ2)
塩、こしょう……………各少々

作り方
❶耐熱性のスープ皿2枚にコーンと牛乳を等分に入れて、鮭をキッチンばさみで2cm幅に切って等分に加え、ポテトを凍ったまま等分に加える。両端をあけてラップをし、各6分加熱する。
❷取り出してバターをそれぞれに加え、塩、こしょうをふって軽く混ぜる。(村上)

じゃが芋とソーセージのクリームスープ

さすが 速い 鍋いらず

258kcal 4分10秒

材料(2人分)
じゃが芋………200g(1⅓個)
玉ねぎ……………70g(⅓個)
ウインナソーセージ
　……………………50g(2本)
Ⓐスープの素(顆粒)…小さじ⅓／水…カップ½／バター…6g(大さじ½)
牛乳……………………カップ1
塩、こしょう……………各少々

作り方
❶じゃが芋は皮をむき、2mm厚さのいちょう切りにして、サッと水洗いして水けをきる。玉ねぎは薄切りにする。
❷ウインナは長さを3等分に切る。
❸耐熱ボウルに①を入れ、ラップをして3分加熱する。取り出して、じゃが芋をフォークでつぶし、②とⒶ、牛乳を加え、ラップをして1分10秒加熱し、塩、こしょうで味をととのえる。(田口)

玉ねぎとハムのチーズスープ

さすが こくが出る

197kcal 3分40秒

材料(2人分)
玉ねぎ……………100g(½個)
塩、こしょう…各少々
ハム…………………40g(2枚)
粉チーズ………………大さじ1
Ⓐ牛乳…カップ½／スープの素(固形・砕く)…½個／水…カップ1½
塩、こしょう……………各少々

作り方
❶玉ねぎは薄切りにして耐熱ボウルに入れ、塩、こしょうをふる。ラップをして2分加熱する。
❷ハムはせん切りにして①に入れる。Ⓐを加えて混ぜ、ラップをして1分40秒加熱し、塩、こしょうで味をととのえ、粉チーズをふる。(田口)

アスパラガスと里芋のポタージュ

さすが 速い

53kcal 2分10秒

材料(2人分)
グリーンアスパラガス(正味)
　…………………80g(4本)
里芋(正味)……40g(小1個)
低脂肪牛乳……………カップ½
Ⓐだしの素(粉末)、みそ…各小さじ1

作り方
❶アスパラガスは根元のかたい部分を落として分量用意し、長さを半分に切る。ラップにアスパラガスの穂先と根元を互い違いにして並べ、包んで1分加熱する。
❷里芋は皮をむいて分量用意し、ラップで包んで1分10秒加熱する。
❸牛乳は小鍋で温める。
❹フードプロセッサーに①、②、Ⓐ、③の½量を合わせて攪拌する。なめらかなピュレ状になったら③の残りを加え、さらに均一になるまで攪拌する。(大沼)

ハムグラタン

さすが 簡単 手間いらず

450kcal 6分

材料（2人分）

ハム……………… 100g（5枚）
フライドポテト（冷凍品）
…………………………… 100g
Ⓐ生クリーム…カップ½／みそ、砂糖…各大さじ1／片栗粉…小さじ1
ピザ用チーズ………………30g

作り方

❶ハムは細切りにする。
❷耐熱皿にⒶを入れて混ぜ、①、凍ったままのポテトを加えて混ぜる。
❸②にチーズをのせ、ラップなしで約6分加熱、全体に火が通るまで加熱する。（村上）

カッテージチーズとヨーグルトのポテトサラダ

さすが 時間短縮

73kcal 2分30秒

材料（2人分）

じゃが芋（正味）
……………… 100g（約⅔個）
きゅうりの浅漬け（市販品）
…………………………………30g
ボンレスハム……… 15g（¾枚）
Ⓐカッテージチーズ（裏ごしタイプ）、プレーンヨーグルト…各大さじ1／だしの素（粉末）…小さじ⅔／練りがらし…小さじ½

作り方

❶じゃが芋は皮をむいて分量用意する。ラップで包み、2分30秒加熱する。
❷ハムは5㎜角に切る。
❸ボウルに①を入れ、Ⓐを加えてマッシャーなどでつぶして混ぜ、②、きゅうりの浅漬けを加えて混ぜる。（大沼）

さつま芋のマスカルポーネクリーム

さすが ほくほく

364kcal 6分40秒

材料（2人分）

さつま芋………… 250g（1本）
マスカルポーネチーズ… 100g
牛乳 ……………… 大さじ2〜3
グラニュー糖…… 小さじ2〜3

作り方

❶さつま芋はよく洗い、両端を切り落とし、皮にフォークを刺して穴をあけ、ぬれたままラップで包む。ターンテーブルの端（はし）に置き、5分50秒〜6分40秒加熱する。
❷ボウルに①を入れ、熱いうちにフォークで皮ごとつぶす。チーズを加えて混ぜ、牛乳を加えて好みのかたさにのばし、グラニュー糖を加えて混ぜ、好みの甘さにする。（飛田）

えのきのパルメザンチーズ和え

さすが 手間いらず 速い

68kcal 1分

材料（2人分）

えのきだけ…………50g（½袋）
パルメザンチーズ（粉状）
……………… 18g（大さじ3）
オリーブ油……………小さじ1
粒黒こしょう………………適量

作り方

❶えのきだけは根元を切り落とし、長さを半分に切ってほぐす。
❷耐熱容器に①を入れ、チーズをふってオリーブ油をかけ、ラップをして1分加熱する。
❸こしょうをひきかけ、よく混ぜる。（牧野）

野菜のチーズ焼き

さすが 甘みが出る ヘルシー

150kcal 5分

材料（2人分）

かぼちゃ ………………… 100g
玉ねぎ ……………30g（小⅙個）
プチトマト…………60g（4個）
溶けるチーズ（スライス）
……………………40g（2枚）
塩、こしょう……………各少々
オリーブ油……………小さじ1

作り方

❶かぼちゃは種とわたを取り除き、皮をところどころむいて、5㎜厚さに切る。玉ねぎは薄切りにし、プチトマトは縦半分に切る。
❷耐熱皿に①を入れ、塩、こしょうをふってオリーブ油をかけ、ラップをして4分30秒加熱する。
❸②にチーズをちぎってのせ、ラップなしで20〜30秒、チーズが溶けるまで加熱する。（渡辺あ）

かぼちゃのヨーグルトサラダ

さすが 柔らか 簡単

134kcal 4分

材料（2人分）

かぼちゃ（正味）
……………… 200g（小¼個）
きゅうり ………………… 1本
トマト ………………小1個
ヨーグルト（低糖タイプ）
………………………… 100g

作り方

❶かぼちゃは種とわたを除いて分量用意し、水でぬらしてポリ袋に入れる。皮を外向きにしてターンテーブルの端に置き、4分加熱する。粗熱（あらねつ）が取れたら、1㎝角に切る。
❷きゅうりは皮を縞目（しまめ）にむき、トマトとともに1㎝角に切る。
❸ボウルに①と②を入れ、ヨーグルトを加えて、よく混ぜる。（村上）

じゃが芋と玉ねぎのミルクチーズ煮

さすが 鍋いらず 焦げない

167kcal 5分40秒

材料（2人分）

じゃが芋 ……… 200g（小2個）
玉ねぎ …………… 100g（½個）
Ⓐ牛乳…大さじ2／コンソメスープの素（顆粒）…小さじ½／塩…少々
ピザ用チーズ………………30g
粗びき黒こしょう ………少々

作り方

❶じゃが芋は皮をむき、半分に切ってから1㎝幅の半月切りにする。水にさらして水けを軽くきる。玉ねぎは8等分のくし形に切る。
❷耐熱容器に①を入れ、ふんわりとラップをして4分30秒加熱する。
❸②を取り出してⒶを加え、軽く混ぜて、ラップなしで1分10秒加熱する。器に盛り、熱いうちにチーズとこしょうをふり入れ、手早くよく混ぜて器に盛り、熱いうちに食べる。（武蔵）

青背の魚 ほか

あじのハーブ・ガーリック焼き

さすが 焦げない ヘルシー　**190**kcal **6**分

材料（2人分）
あじ ……… 300～360g（2尾）
　塩…小さじ½／黒こしょう…少々
にんにくの薄切り ……2かけ分
オリーブ油……………大さじ2
セルフィーユ………………適量

作り方
❶あじはうろこ、ぜいご、はらわたを除き、洗って水けをふく。表側の中央に深い縦の切り目を入れ、背と腹の近くにも縦に1本ずつ切り目を入れる。塩、黒こしょうをふる。
❷30cm角のクッキングシート2枚の対角線上に①を1尾ずつ置き、にんにくをのせてオリーブ油をかける。クッキングシートの手前と向こう側を合わせてねじり、左右の端もそれぞれねじってとめる。間はあいたままでよい。もう1尾も同様にする。
❸ターンテーブルに割り箸2膳をばらして置き、②を2つともの せて5～6分加熱する。ポンとはじける音がしたら時間前でも取り出す。器に盛り、セルフィーユを飾る。（村上）

ぶりのみそ照り焼き

さすが 味がからむ 照りよく　**281**kcal **4**分

材料（2人分）
ぶり ………… 200g（大2切れ）
　塩…少々
みそだれ
　みそ…大さじ1／砂糖…小さじ2／しょうゆ、片栗粉…各小さじ1
黒胡麻入りおにぎり、たくあん
　…………………………各適宜

作り方
❶ぶりは両面に塩をふって1～2分おく。水けをふいて耐熱容器に並べ、みそだれの材料を合わせて表面に塗る。
❷ターンテーブルに割り箸2膳をばらして置き、①をラップをせずに容器ごとのせて約4分加熱する。ポンとはじける音がしたら、時間前でも取り出して器に盛る。好みで黒胡麻入りのおにぎり、たくあん（各カロリー外）を添える。（村上）

かつおのしょうが煮

さすが あっさり つやよく　**119kcal 4分**

材料（2人分）
かつお（刺身用）………… 150g
しょうが ………………… ½かけ
Ⓐしょうゆ、酒、砂糖…各大さじ1½／酢…大さじ½

作り方
❶かつおは2㎝幅に切る。しょうがは皮ごと薄切りにする。
❷耐熱容器にⒶを混ぜ合わせて砂糖を溶かす。かつおを入れて味をからめ、容器の縁側に並べ、しょうがを中央に置く。
❸②にクッキングシートを密着させてかぶせ、浮き上がり防止に耐熱性の小皿をのせ、両端をあけてラップをし、4分加熱して器に盛る。（村上）

藤野流さばのみそ煮

さすが 味がしみる 失敗なし　**249kcal 3分20秒**

材料（2人分）
さば（三枚おろし）…180g（半身）
しょうがの薄切り…2枚／酒…大さじ2
Ⓐだし汁…大さじ3／みそ…大さじ2／砂糖…大さじ1½／酒…大さじ1／しょうゆ…大さじ½
長ねぎのせん切り …… 10㎝分

作り方
❶さばは2㎝幅のそぎ切りにする。
❷Ⓐを合わせる。
❸耐熱容器に①を入れ、しょうが、酒を加えてラップをし、1分10秒～1分20秒加熱する。汁けをきり、②をかけてラップをし、さらに2分加熱する。さばを器に盛り、容器に残ったたれをかけ、長ねぎのせん切りをのせる。（藤野）

さんまの山椒煮

さすが ふっくら 鍋いらず　**344kcal 6分**

材料（2人分）
さんま ……………400g（2尾）
長ねぎ ……………200g（2本）
Ⓐ実山椒の佃煮…小さじ2／しょうゆ、砂糖、酒…各大さじ2

作り方
❶さんまは頭と尾を除き、はらわたは除かずに4㎝長さに切る。
❷長ねぎは3㎝長さに切る。
❸耐熱容器にⒶを合わせて①、②を入れる。クッキングシートを密着させてかぶせ、浮き上がり防止に耐熱性の小皿をのせ、両端をあけてラップをし、6分加熱する。器に盛り、容器に残った汁をかける。（村上）

青背の魚・鮭ほか

さばの唐辛子みそ煮

さすが 煮くずれしない 簡単

161kcal 4分

材料(2人分)
さば(正味)
…. 150g(三枚おろし½尾分)
Ⓐみそ…大さじ1／豆板醤…小さじ¼／酒、砂糖…各大さじ1½

作り方
❶さばは2～3cm幅に切り、皮に切り目を入れる。
❷耐熱皿にⒶを合わせてよく混ぜ、①を加えてからめ、身の厚い部分を外向きにして耐熱皿のまわりに並べる。
❸②にクッキングシートを密着させてかぶせ、浮き上がり防止に小皿をのせて、4分加熱する。(村上)

さんまの豆豉醤煮

さすが 鍋いらず

241kcal 4分

材料(2人分)
さんま(正味)…150g(大1尾)
長ねぎ……………50g(½本)
Ⓐ豆豉醤…小さじ1／しょうゆ…大さじ1／酒…大さじ1½／胡麻油…大さじ½

作り方
❶さんまは頭と尾を落とし、3cm幅の筒切りにし、内臓を除いて水洗いし、水けをふいて分量用意する。
❷長ねぎは1.5cm長さに切る。
❸耐熱皿にⒶを合わせてよく混ぜ、さんまを入れて軽く全体にからめる。背を外向きにして耐熱皿のまわりに並べ、中央に②を入れる。
❹③にクッキングシートを密着させてかぶせ、浮き上がり防止に小皿をのせて、4分加熱する。(村上)

いわしの梅煮

さすが さっぱり 焦げない

372kcal 9分30秒

材料(2人分)
いわし(正味)… 300g(大4尾)
塩…少々
梅干し……………………… 3個
しょうがの薄切り…… 1かけ分
Ⓐ酒、みりん…各大さじ4／しょうゆ…大さじ5／水…カップ1

作り方
❶いわしは頭と内臓を除いて分量用意し、水洗いし、水けをふく。塩をまぶして5分おく。
❷しょうがの薄切りは½量をせん切りにする。
❸耐熱皿にⒶを合わせて混ぜ、①を並べる。梅干しはつぶして種ごと加え、薄切りのしょうがを散らす。ふんわりとラップをし、5分30秒加熱する。
❹取り出していわしの上下を返し、同様にラップをして4分加熱する。ラップで落としぶたをして約2分おき、味をなじませる。
❺梅干しの種を除いて器に盛り、しょうがのせん切りを散らす。(村田)

いわしのしょうが煮

さすが 手間いらず 速い

202kcal 5分

材料(2人分)
いわし……… 180g(大2尾)
しょうがの薄切り……½かけ分
Ⓐだし汁…大さじ2／しょうゆ、砂糖、酒…各大さじ1

作り方
❶いわしは頭、内臓を除き、水洗いして水けをふく。
❷しょうがは½量をせん切りにする。
❸耐熱皿にⒶを合わせて混ぜ、①を入れる。しょうがの薄切りをのせ、ラップをして2分30秒加熱する。いわしの上下を返して、ラップをしてさらに2分30秒加熱する。
❹器に盛り、しょうがのせん切りをのせる。(牧野)

あじのミートソース風パスタ

さすが 簡単

443kcal 7分30秒

材料(2人分)
あじ …………… 150g(1尾)
玉ねぎのみじん切り
……………… 100g(½個分)
缶詰のトマトの水煮
……………… 200g(½缶)
Ⓐにんにくのみじん切り…½かけ分／白ワイン…大さじ1／コンソメスープの素(顆粒)…少々／ローリエ…1枚／塩、こしょう…各少々
スパゲティ …………… 160g
塩…適量
粉チーズ……………小さじ1
パセリのみじん切り ……少々

作り方
❶あじはぜいごと頭、内臓を除き、水洗いして水けをふき、2枚におろす。
❷耐熱皿にあじを入れ、ラップをして2分30秒加熱する。取り出して骨を除き、身をほぐす。
❸ボウルにトマトの水煮を入れ、果肉をつぶす。
❹耐熱容器に②、玉ねぎ、Ⓐを入れ、③を缶汁ごと加えてラップをして3分加熱し、取り出して混ぜ、同様に2分加熱する。
❺スパゲティは塩を加えた熱湯でゆで、水けをきって器に盛り、④をかけ、粉チーズ、パセリをふる。(牧野)

レンジなまりと厚揚げの煮つけ

さすが ふっくら

216kcal 2分50秒

材料(2人分)
かつお(刺身用)……… 200g
塩…小さじ½／酒…大さじ1
厚揚げ ………… 100g(½枚)
わかめ(塩蔵品) …………20g
Ⓐだし汁…カップ¾／しょうゆ…大さじ1¼／酒…大さじ1／みりん…大さじ¾
木の芽 ……………………適量

作り方
❶かつおは耐熱皿に入れて塩と酒をふり、ラップをして2分50秒加熱する。取り出してラップをはずし、そのまま冷まして、一口大に切る。
❷厚揚げは熱湯をかけて油抜きし、粗熱が取れたら縦半分に切り、小口から2cm幅に切る。
❸わかめは水につけて塩抜きし、食べやすい大きさに切る。
❹鍋にⒶを入れて煮立て、①と②を加えて中火で4～5分煮る。③を加え、再び煮立ったら火を止める。
❺器に盛り、木の芽をあしらう。(塩田)

ねぎま汁

さすが 速い 簡単

208kcal 3分30秒

材料(2人分)
まぐろ(刺身用)…………80g
長ねぎ ……………50g(½本)
Ⓐだし汁…カップ1½／みそ…大さじ1
七味唐辛子 ………………少々

作り方
❶まぐろはぶつ切りにし、長ねぎは2cm長さに切る。
❷耐熱容器に①を入れ、Ⓐを溶いて加え、ラップをして3分～3分30秒加熱する。
❸器に盛り、七味唐辛子をふる。(牧野)

鮭の香草焼き

さすが 風味がよい 速い

233kcal 5分50秒

材料(2人分)

生鮭 …………… 160g(2切れ)
　塩、こしょう…各少々
Ⓐオリーブ油…大さじ2／ローリエ、ローズマリー(あればフレッシュ)…各少々
ブロッコリー…… 150g(½個)
Ⓑ塩…少々／水…大さじ1
Ⓒプレーンヨーグルト、マヨネーズ、パセリのみじん切り…各大さじ1

作り方

❶鮭は塩、こしょうをふる。
❷耐熱皿に①を入れてⒶをからめ、約20分つけ込む。ラップをして1分40秒加熱し、鮭の上下を返して、さらに1分40秒加熱する。
❸ブロッコリーは小房に分けて耐熱容器に入れ、Ⓑをふる。ラップをして2分30秒加熱し、水にとって冷まし、水けをきる。
❹器に②、③を盛り、Ⓒを混ぜてかける。(藤野)

鮭とまいたけのバターしょうゆ蒸し

さすが まろやか 手間いらず

139kcal 4分

材料(2人分)

塩鮭(甘塩)………80g(1切れ)
まいたけ…… 100g(1パック)
塩、こしょう……………各少々
白ワイン………………カップ⅓
しょうゆ………………小さじ2
バター………… 12g(大さじ1)
三つ葉…………………………½わ

作り方

❶鮭は薄くそぎ切りにし、まいたけは小房に分ける。
❷三つ葉は2cm長さに切る。
❸耐熱皿に①を入れ、塩、こしょうをふり、ワインを注ぐ。ラップをして4分加熱する。
❹③にしょうゆをふり、バターをちぎってのせ、②を散らす。ラップをして三つ葉がしんなりするまでおく。(村田)

鮭のポテトクリームソースがけ

さすが 焦げない 柔らか

320kcal 8分

材料(2人分)

生鮭 …………… 160g(2切れ)
　塩、こしょう…各少々／白ワイン…大さじ1
じゃが芋 ………… 150g(1個)
Ⓐ玉ねぎのみじん切り…100g(½個分)／バター…12g(大さじ1)
Ⓑ牛乳…カップ⅓／チキンスープの素(固形・砕く)…½個
グリンピース(冷凍品)……30g
塩、こしょう……………各少々

作り方

❶じゃが芋は皮をむき、4等分して薄いいちょう切りにする。
❷耐熱容器に①、Ⓐを入れ、ラップをして3分加熱する。フォークなどでじゃが芋をつぶし、Ⓑを加えて混ぜ、グリンピースを凍ったまま加え、ラップをして2分加熱し、塩、こしょうで味をととのえる。
❸鮭は塩、こしょうをまぶして耐熱皿に並べ、ワインをふる。ラップをして3分加熱する。器に盛り、②をかける。(村田)

鮭と豚肉のレンジ蒸し

さすが ふっくら こくが出る

353kcal 6分40秒

材料(2人分)

塩鮭 …………… 160g(2切れ)
豚ばら薄切り肉…120g(4枚)
酒 …………………………小さじ2
長ねぎの小口切り……… 4cm分
青じそのせん切り……… 4枚分
ポン酢しょうゆ……………適宜

作り方

❶鮭は骨を除き、ざるに並べて熱湯をサッとかける。
❷①に豚肉を2枚ずつ巻きつけて耐熱皿に入れ、酒をふる。ふんわりとラップをし、5分50秒～6分40秒加熱する。
❸②を熱いうちに一口大に切って器に盛り、長ねぎ、青じそをのせる。鮭の塩けが薄ければ、ポン酢しょうゆをかけていただく。(飛田)

具だくさん塩鮭汁

さすが 簡単 鍋いらず

153kcal 12分

材料(2人分)

塩鮭 ………… 100g(大1切れ)
里芋 …………… 100g(小2個)
にんじん ……………40g(4cm)
大根 ……………… 100g(3cm)
水 …………………………カップ2
みそ(だし入り)
　………………… 大さじ1～1½

作り方

❶里芋は皮をむき、5mm厚さの輪切りにする。にんじんは1cm厚さの半月切り、大根は1cm厚さのいちょう切りにする。
❷鮭は長さを4等分に切る。
❸耐熱容器に①と分量の水を入れ、②をのせる。みそを箸でつまんで水の中に入れる。
❹両端をあけてラップをして、12分加熱する。(村上)

かじきのアーモンドフライ風

さすが 片付けらくらく

427kcal 4分

材料(2人分)

かじき …………200g(2切れ)
Ⓐおろししょうが…1かけ分／酒…大さじ1／しょうゆ…大さじ1½
小麦粉、溶き卵…………各適量
アーモンド(ダイス)…カップ1
サラダ油 ………………大さじ1
レモンの薄切り……………適量

作り方

❶かじきは1.5cm幅の棒状に切り、Ⓐをもみ込んで5分おく。
❷①に小麦粉、溶き卵、アーモンドを順にまぶす。
❸ターンテーブルにクッキングシートを敷き、②を中心をあけて並べる。サラダ油をかけ、ラップなしで4分加熱する。器に盛り、レモンを添える。(村田)

かじきの甘酢漬け

さすが 味がからむ

251kcal 4分

材料(2人分)

かじき ………… 200g(2切れ)
　塩、こしょう…各少々
玉ねぎの薄切り
　………………… 100g(½個分)
赤唐辛子 ……………………… 1本
ピーマン ……………………… ½個
赤ピーマン …………………… ½個
レモン ………………………… ½個
Ⓐ酢…カップ¼／トマトケチャップ、水、サラダ油…各大さじ1／塩…小さじ⅙／砂糖…大さじ½
塩、こしょう……………各少々

作り方

❶かじきは3cm角に切り、塩、こしょうをまぶす。
❷赤唐辛子は長さを半分に切って種を除き、2種のピーマンは細切りにし、レモンは薄い半月切りにする。
❸耐熱皿に玉ねぎをひろげて①をのせ、ラップをして4分加熱する。熱いうちに②、Ⓐを加えて混ぜ、塩、こしょうで味をととのえる。ラップで落としぶたをして粗熱を取る。(村田)

白身魚

子持ちかれいのふっくら煮

さすが 柔らか 煮くずれしない 136kcal 8分

材料（２人分）

子持ちかれい ……………240g（大２切れ）

Ⓐしょうゆ、砂糖、酒…各大さじ３

長ねぎのせん切り………10cm分

作り方

❶かれいは水けをふく。

❷耐熱性の器にⒶを入れて混ぜ合わせ、①を入れて両面に味をからめる。

❸ターンテーブルに割り箸（わりばし）２膳をばらして置く。②の両端（りょうはし）をあけてラップをし割り箸の上にのせ、8分加熱する。汁をすくってかれいにかけ、長ねぎをのせる。（村上）

金目だいの豆豉（トウチ）蒸し

さすが しっとり 片付けらくらく 152kcal 3分

材料（２人分）

金目だい………160g（２切れ）

　酒…大さじ１／塩…小さじ¼

豆豉 ……………………大さじ½

Ⓐしょうゆ…大さじ¾／酒…大さじ½／胡麻（ごま）油…小さじ½

長ねぎのせん切り ……５cm分

香菜（シャンツァイ） ………………………少々

作り方

❶金目だいは酒、塩をふって５分おき、水けをふく。

❷Ⓐを合わせる。

❸①を耐熱容器に１切れずつ並べ、豆豉を散らして②を回しかける。ラップをして１切れにつき、１分〜１分30秒加熱する。

❹器に盛って蒸し汁をすくいかけ、長ねぎをのせて香菜を飾る。（竹内）

白身魚のグリル風バルサミコソース

さすが　こくが出る　ふっくら　**176kcal 9分30秒**

材料(2人分)
白身魚(たい、すずきなど)
……………… 160g(2切れ)
塩、こしょう…各少々／オリーブ油…小さじ2
生しいたけ、しめじなどのきのこ …………………… 計100g
長ねぎ …………………… 16cm
バルサミコ酢…………… 120mℓ
セルフィーユ………………少々

作り方
❶きのこは粗(あら)みじん切りにし、長ねぎは4cm長さのせん切りにする。耐熱容器に入れてラップをし、約1分30秒加熱する。
❷バルサミコ酢は小さめの耐熱容器に入れ、途中で一度取り出し、とろみを見ながらラップなしで3～5分加熱し、とろりとさせる。
❸白身魚は塩、こしょうをふり、別の耐熱容器に入れてオリーブ油をかける。ラップなしで約3分加熱する。
❹器に①を敷いて③を盛り、②をかけてセルフィーユを飾る。
(浜内)

たいのあら煮

さすが　ジューシー　鍋いらず　**161kcal 6分**

材料(2人分)
たいのあら…….. 200～240g
Ⓐしょうゆ、砂糖、酒…各大さじ2
しょうがの薄切り(皮つき)
…………………………… 8枚

作り方
❶あらは流水で洗って大きめの一口大に切り、水けをふく。
❷耐熱容器にⒶを入れて混ぜ、砂糖が溶けたらしょうがを加え、①を加えて味をからめる。クッキングシートを密着させてかぶせ、浮き上がり防止に耐熱性の小皿をのせ、両端をあけてラップをして、6分加熱する。
(村上)

白身魚

白身魚の白菜包み蒸し

さすが 簡単

188kcal 6分40秒

材料(2人分)
白身魚 ……… 160g(2切れ)
Ⓐ塩、こしょう…各少々
白菜 ……… 320g(小4枚)
まいたけ …… 100g(1パック)
桜えび(乾燥品)
……… 4g(大さじ1)
Ⓑ白ワイン…60〜120㎖／塩、こしょう…各少々
オリーブ油 ……… 小さじ2
レモンのくし形切り …… 2切れ

作り方
❶白身魚は両面にⒶをふる。
❷白菜の茎の部分に横に切り目を数本入れ、茎を重ねて葉をひろげる。茎の部分に①をのせ、まいたけを裂いてのせ、桜えびを散らしてⒷをふる。白菜の葉の部分を折り込んでかぶせ、ラップをして6分40秒加熱する。
❸白菜の葉を開いてオリーブ油をふり、レモンを添える。(浜内)

たいとまいたけのサッと煮

さすが 焦げない 鍋いらず

108kcal 3分20秒

材料(2人分)
たい(刺身用) ……… 120g
まいたけ …… 40g(⅖パック)
長ねぎ ……… 40g(⅖本)
おろししょうが …… 小さじ2⅔
Ⓐめんつゆ(3倍濃縮)…大さじ2／水…大さじ4

作り方
❶たいは半分にそぎ切りし、長ねぎは斜め薄切りにする。
❷まいたけは大きく裂く。
❸耐熱皿に①を入れ、しょうがをのせ、Ⓐをかける。ラップをして2分30秒加熱する。
❹たいの上下を返し、②を加えてラップをし、さらに50秒加熱する。(大沼)

鱈のレンジ蒸し玉ねぎソース

さすが さっぱり 簡単

108kcal 3分30秒

材料(2人分)
甘塩鱈 ……… 160g(2切れ)
酒…大さじ½
玉ねぎの薄切り ……… ¼個分
塩…少々
Ⓐマヨネーズ、酢…各小さじ2／レモン汁…大さじ½／砂糖、塩、こしょう…各少々
貝割れ菜(根元を切る) …… 適量

作り方
❶鱈は一口大に切って耐熱皿に入れ、酒をふってラップをし、3分30秒加熱する。
❷玉ねぎは塩をふってもみ、水けを絞り、Ⓐを加えて混ぜる。
❸器に①を盛り、②をのせて、貝割れ菜を添える。(武蔵)

鱈のガーリック焼き

さすが 風味がよい 焦げない

178kcal 7分

材料(2人分)
鱈 ……… 200g(大2切れ)
塩…小さじ½／こしょう…少々
バター ……… 24g(大さじ2)
にんにくの薄切り …… 2かけ分
赤唐辛子の小口切り …… 1本分
万能ねぎの小口切り …… 2本分

作り方
❶鱈は皮目に切り目を入れ、塩、こしょうをふる。
❷耐熱皿にバターを入れ、ラップなしで1分加熱して溶かす。①を入れ、切り目ににんにくを差し込み、赤唐辛子を散らし、両端をあけてラップをする。
❸ターンテーブルに割り箸2膳をばらして置き、②をのせて3分加熱する。取り出してバターをすくって鱈にかけ、再びラップをして3分加熱する。器に盛り、万能ねぎを散らす。(村上)

鱈ピザ

さすが ふっくら 簡単

156kcal 3分40秒

材料(2人分)
甘塩鱈 …… 200g(大2切れ)
白ワイン…大さじ2
Ⓐこしょう、ガーリックパウダー…各少々
ピザソース(市販品)…大さじ2
ピザ用チーズ ……… 30g

作り方
❶耐熱皿に鱈を入れて白ワインをふり、ラップをして2分30秒加熱する。
❷①の蒸し汁をきり、Ⓐをふってピザソースを塗り、チーズをのせて、ラップなしで1分10秒加熱する。(大沼)

鱈のみそ焼き

さすが 焦げない 片付けらくらく

96kcal 5分30秒

材料(2人分)
生鱈 ……… 160g(2切れ)
塩…小さじ¼
さやいんげん… 90g(約12本)
酒 ……… 大さじ1
Ⓐみそ…大さじ1／しょうゆ…小さじ1／砂糖…小さじ2

作り方
❶鱈は両面に塩をふって10分おき、水けをふく。
❷いんげんはへたと筋を除き、長さを2等分に切る。
❸耐熱皿に②を並べ、①をのせて酒をふり、ラップをして3分30秒加熱する。
❹③のいんげんを取り出し、鱈の上下を返す。Ⓐを混ぜて塗り、ラップなしで約2分、表面が乾くまで加熱する。器に盛り、いんげんを添える。(村田)

鱈のみそマヨ焼き

さすが 簡単 ふっくら

170kcal 3分40秒

材料(2人分)
甘塩鱈 …… 200g(大2切れ)
酒…大さじ2
粉山椒 ……… 少々
Ⓐマヨネーズ…大さじ2／みそ…小さじ2

作り方
❶耐熱皿に鱈を入れて酒をふり、ラップをして2分30秒加熱する。
❷①の蒸し汁をきって粉山椒をふり、Ⓐを混ぜて塗り、ラップなしで1分10秒加熱する。(大沼)

わかさぎの梅煮

さすが うまみが出る 鍋いらず

105kcal 7分

材料(2人分)
わかさぎ …… 200g(約16尾)
梅干し ……… 20g(2個)
Ⓐだし汁…カップ¾／梅酒…カップ¼／しょうゆ…大さじ1½

作り方
❶梅干しはつぶして種を除く。
❷耐熱皿にわかさぎを並べ、①をのせ、Ⓐを混ぜてかけ、ラップをして7分加熱する。
❸わかさぎの上下を返し、ラップで落としぶたをし、2分おいて余熱で蒸らす。(村田)

ひらめの煮こごり

さすが なめらか 鍋いらず

98kcal 2分20秒

材料(2人分)
ひらめ ……… 100g(2切れ)

Ⓐ酒…大さじ1／塩…少々
粉ゼラチン………… 5g(1袋)
水 ………………………大さじ2
Ⓑだし汁…カップ1／砂糖、しょうゆ…各大さじ1／酒…小さじ1
からし酢みそ………………適量

作り方

❶耐熱容器にひらめを入れてⒶをふり、両端をあけてラップをする。ターンテーブルに割り箸2膳をばらして置き、その上に容器をのせて2分加熱する。
❷ひらめの骨を除いて身をほぐし、蒸し汁をからめる。
❸ゼラチンは分量の水にふり入れてふやかし、ラップなしで20秒加熱する。
❹ボウルにⒷを合わせ、③を加えて混ぜ、ボウルを氷水にあてながら軽くとろみがつくまで混ぜる。
❺300mℓ程度の四角い容器に3cm深さまで④の液を流し入れ、氷水にあてて固める。残りの液に②を加え、混ぜて流し入れ、冷蔵庫で冷やし固める。容器をひっくり返して出し（出なければぬるま湯で温める）、切って盛り、からし酢みそを添える。
(村上)

かれいの煮つけ

さすが うまみが出る 時間短縮

159kcal 7分

材料(2人分)
かれい………… 200g(2切れ)
　塩…少々
しょうがのせん切り…1かけ分
切り昆布……………………10g
Ⓐ酒、みりん…各大さじ4／しょうゆ…大さじ5／水…カップ1

作り方

❶かれいは両面に塩をふり、10分おいて水けをふき取り、耐熱皿に並べてラップをし、2分加熱する。上下を返し、しょうがの½量、切り昆布を散らしてⒶをかける。ふんわりとラップをし、5分加熱する。
❷①を取り出し、ラップで落としぶたをして約2分おく。器に盛りつけて、残りのしょうがを散らす。(村田)

たいのかぶと蒸し

さすが あっさり 本格味

194kcal 8分20秒

材料(2人分)
たいの頭……… 300g(1尾分)
うど ……………… 80g(10cm)
せり ……………………………⅓わ
Ⓐ塩…小さじ½／酒…大さじ3～4
Ⓑしょうがのせん切り…1かけ分／湯…カップ⅓／薄口しょうゆ、みりん…各少々
片栗粉またはくず粉(同量の水で溶く)……………小さじ1

作り方

❶たいの頭はうろこを除き、熱湯をかけて冷水につけ、残っているうろこや血合いを除く。
❷うどは皮をむき、5mm角の棒状に切り、酢水（材料表外）につけ、水洗いして水けをきる。
❸せりは熱湯でサッとゆでて、食べやすい長さに切る。
❹耐熱容器に①と②を入れ、Ⓐをふり、ふんわりとラップをし、約8分20秒加熱する。
❺小鍋にⒷを入れて煮立て、水溶き片栗粉またはくず粉を加えて混ぜる。④にかけ、③を添える。(飛田)

金目だいの香り蒸し

さすが 風味がよい 手間いらず

177kcal 5分

材料(2人分)
金目だい……… 160g(2切れ)
Ⓐ塩…小さじ⅔／酒…大さじ1／こしょう…少々
長ねぎ…………… 100g(1本)
しょうが ……………………½かけ
Ⓑ胡麻(ごま)油、砂糖…各小さじ1／しょうゆ…大さじ1／塩、こしょう…各少々
香菜(シャンツァイ)のみじん切り ………少々

作り方

❶金目だいは2cm幅のそぎ切りにし、Ⓐをまぶす。
❷長ねぎは縦半分に切ってから、斜め薄切りにする。しょうがはせん切りにする。
❸耐熱皿に②の½量をひろげ、①をのせ、残りの②をのせる。Ⓑを合わせてかけ、ラップをして5分加熱する。香菜を散らす。
(村田)

白身魚と昆布のレンジ蒸し

さすが ふっくら 片付けらくらく

189kcal 4分10秒

材料(2人分)
白身魚………… 250g(2切れ)
　塩…少々
切り昆布(乾燥品)………… 2g
しょうがのせん切り…½かけ分
酒 ………………………小さじ2
すだちまたはレモン ……… 適宜(てきぎ)

作り方

❶切り昆布は水につけてもどして、水けをきる。
❷白身魚は両面に塩をふる。
❸30cm長さのクッキングシートを2枚用意し、それぞれの中央に②を置く。しょうがと①を等分してのせ、酒をふる。クッキングシートはそれぞれ上下の端を合わせて2～3回内側に折り、左右の端をねじる。
❹③をターンテーブルの端(はし)に向かい合わせに置き、4分10秒加熱する。器に盛り、好みですだちまたはレモンを添える。(武蔵)

銀鱈のピリ辛煮

さすが つやよく 簡単

268kcal 5分

材料(2人分)
銀鱈 …………… 160g(2切れ)
Ⓐ酒、しょうゆ、オイスターソース…各大さじ1／砂糖…大さじ½／豆板醤(トウバンジャン)…小さじ1
にら ……………… 100g(1わ)
胡麻油 …………………大さじ1

作り方

❶銀鱈は1切れを3等分に切って耐熱皿に入れる。Ⓐを混ぜて加え、10分おく。
❷にらは5cm長さに切る。
❸①にラップをして2分30秒加熱し、上下を返して②をのせ、胡麻油をふって、同様に2分30秒加熱する。(藤野)

煮汁たっぷりの銀鱈の煮つけ

さすが 焦げない 鍋いらず

215kcal 6分

材料(2人分)
銀鱈(ぎんだら) …………… 200g(2切れ)
Ⓐしょうゆ、酒、砂糖…各大さじ2

作り方

❶銀鱈は骨があれば除く。
❷耐熱皿にⒶを入れ、ゴムべらで混ぜて砂糖を溶かす。①を入れてからめ、皮目を下にし、中央をあけて並べ、両端をあけてラップをする。ターンテーブルに割り箸2膳をばらして置き、その上に耐熱皿をのせて6分加熱する。
❸器に盛って、煮汁(にじる)をかける。
(村上)

えび・貝・いか

えびとしめじのチリソース

さすが　失敗なし　ノンオイル　**94kcal 4分10秒**

材料（2人分）
むきえび……………………120g
　酒、片栗粉…各小さじ1
しめじ………200g（2パック）
Ⓐ長ねぎのみじん切り…大さじ2／おろししょうが、おろしにんにく…各小さじ½／トマトピューレ…大さじ2／しょうゆ、鶏ガラスープの素（顆粒）…各小さじ1／豆板醤…小さじ½

作り方
❶えびは背わたを除く。ポリ袋を2枚重ねてえびを入れ、酒、片栗粉を加えてもみ込む。
❷しめじは小房に分けて①に加え、Ⓐも加えて再びもみ、味をなじませる。袋の口を2回ひねって軽く閉じ、4分10秒加熱する。手にミトンをはめて熱いうちに袋の上からもみ、余熱で火を通して器に盛る。（大沼）

帆立てと昆布のバター風味煮

さすが　うまみが出る　時間短縮　**107kcal 2分30秒**

材料（2人分）
帆立て貝（蒸したもの）
　……………100g（4～5個）
Ⓐ塩…小さじ½／酒、水…各大さじ1½
昆布（煮物用）………………10g
バター…………………大さじ1

作り方
❶耐熱容器にⒶを入れてよく混ぜ、塩が溶けたら帆立て貝を加えて味をからめ、容器の縁側に並べる。
❷昆布は3×6cm大に切って①の中央に入れ、バターを2つ～3つにちぎって散らす。クッキングシートを密着させてかぶせ、浮き上がり防止に耐熱性の小皿をのせ、両端をあけてラップをし、2分30秒加熱して器に盛る。（村上）

いかセロリ炒め

さすが　味がからむ　ノンオイル　**79kcal 5分**

材料（2人分）
いかの松かさ切り（冷凍品）
　…………………………120g
　酒、片栗粉…各小さじ1
セロリ…………160g（大1本）
Ⓐおろししょうが…小さじ1／めんつゆ（3倍濃縮）…大さじ1⅓
セロリの葉…………………適宜

作り方
❶ポリ袋を2枚重ねていかを冷凍のまま入れ、酒、片栗粉を加えてもみ込む。
❷セロリは筋を取り、1cm幅の斜め切りにして①に加え、Ⓐを入れてもみ、味をなじませる。
❸袋の口を2回ひねって軽く閉じ、5分加熱する。手にミトンをはめて熱いうちに袋の上からもみ、余熱で火を通す。器に盛ってセロリの葉を飾る。（大沼）

いかと黄にらの豆豉炒め

さすが こくが出る 失敗なし **126kcal 5分40秒**

材料（2人分）
いかの胴（冷凍品）……140g
黄にら……140g（2わ）
Ⓐ豆豉（刻む）、胡麻油…各小さじ2／こしょう…少々

作り方
❶いかはキッチンペーパーにのせ、弱で2分加熱して半解凍にする。縦に5㎜間隔で深い切り目を入れてから縦に3㎝幅に切り、さらに切り目に直角に2㎝幅のそぎ切りにする。水に浸し、軽く洗って水けをきる。
❷Ⓐを合わせて①にからめる。
❸黄にらは4㎝長さに切って耐熱容器に入れ、②をのせる。クッキングシートを密着させてかぶせ、浮き上がり防止に耐熱性の小皿をのせ、両端をあけてラップをし、3分40秒加熱する。ポンとはじける音がしたら時間前でも取り出し、一混ぜして器に盛る。（村上）

帆立て貝柱とカリフラワーのクリーム煮

さすが まろやか ヘルシー **164kcal 5分50秒**

材料（2人分）
帆立て貝柱（刺身用）……120g（小6個）
カリフラワー……120g（¼個）
玉ねぎ……100g（½個）
Ⓐ牛乳（低脂肪）…カップ1／チキンスープの素（固形・砕く）…1⅓個／片栗粉…小さじ2／白みそ…小さじ1

作り方
❶帆立て貝柱は水けをふく。カリフラワーは小房に分け、玉ねぎは1㎝角に切る。
❷Ⓐを混ぜ合わせる。
❸耐熱容器に玉ねぎを入れ、ラップをして1分40秒加熱する。カリフラワーと帆立て貝柱を加えてさらに3分20秒加熱。②を入れてざっと混ぜ合わせ、50秒加熱して器に盛る。（大沼）

あさりのピリッとしょうが煮

さすが うまみが出る 鍋いらず **52kcal 約5分**

材料（2人分）
あさり（殻つき・砂出ししたもの）……300g
しょうがのせん切り……大1かけ分
赤唐辛子（種を除く）……2本
みりん……大さじ2
しょうゆ……小さじ2

作り方
❶赤唐辛子は2つにちぎる。
❷耐熱容器にあさりを入れ、しょうが、①をのせてみりん、しょうゆをかける。
❸②に両端をあけてラップをし、5分加熱してあさりの口があいたら器に盛る。口があいていないあさりは様子を見ながら、さらに10秒ずつ追い加熱する。（村上）

えび・いか・貝・魚介の加工品ほか

えびとオクラのコーンクリーム煮

さすが 柔らか

391kcal 14分

材料（2人分）
えび……………160g（小8尾）
オクラ…………100g（1袋）
Ⓐ缶詰のコーン（クリームタイプ）…225g（½缶）／生クリーム…カップ½／鶏ガラスープの素（顆粒）…小さじ½／こしょう…少々

作り方
❶えびは殻をむき、背わたがあれば背に切り込みを入れて除く。
❷オクラは先端の細い部分を切り、がくの周囲をむいて水につける。
❸耐熱容器にⒶを合わせ、えびを加えてスプーンで沈める。水けをきったオクラを加え、両端をあけてラップをし、14分加熱する。（村上）

えびのタイ風スープ

さすが 速い

74kcal 5分

材料（2人分）
えび……………160g（8尾）
Ⓐ塩、こしょう、酒…各少々
生しいたけ………30g（2個）
しょうが………6g（⅓かけ）
赤唐辛子………………1～2本
Ⓑナンプラー…大さじ2／酒…大さじ1／鶏ガラスープの素（顆粒）…小さじ1／水…カップ2／塩、こしょう…各少々
香菜のざく切り…………適宜

作り方
❶えびは塩水（材料表外）で洗い、背わたを除き、尾1節を残して殻をむく。耐熱容器に入れてⒶをふり、ラップをして1分40秒加熱する。
❷しいたけは四つ割りにし、しょうがはせん切りに、赤唐辛子は種を除いて小口切りにする。
❸①に②、Ⓑを加えて混ぜ、ラップをして3分20秒加熱する。器に盛り、香菜を散らす。（田口）

ゆでえびのアボカド和え

さすが 下ごしらえ 色あざやか

235kcal 30秒

材料（2人分）
むきえび…………40g（6尾）
　酒…小さじ1／塩…少々
アボカド………200g（1個）
レモン汁………………小さじ1
Ⓐマヨネーズ…大さじ1／粒マスタード、オリーブ油、しょうゆ…各小さじ1／こしょう…少々

作り方
❶えびは背わたを取って耐熱容器に入れ、塩、酒をまぶす。ラップをして30秒加熱して、そのまま冷ます。
❷アボカドは縦にぐるりと切り込みを入れ、ひねって二つに割り、種を除き、皮をむく。ボウルに入れ、フォークで粗くつぶしてレモン汁をふりかけ、Ⓐと混ぜ合わせる。
❸えびを2つ～3つのそぎ切りにして、②で和える。（渡辺あ）

いかげそのから揚げ風

さすが 片付けらくらく

141kcal 5分

材料（2人分）
いかの足……150g（2杯分）
Ⓐおろししょうが…小さじ½／しょうゆ…大さじ1／みりん…大さじ½
片栗粉……………………適量
サラダ油…………約小さじ2

作り方
❶いかの足は先を2cmほど切り落とし、1本ずつ切り離し、食べやすい長さに切る。Ⓐをよくもみ込み、10分おく。
❷①はキッチンペーパーで軽く汁けをふいてボウルに入れ、片栗粉をたっぷりまぶし、サラダ油をからめる。
❸ターンテーブルにクッキングシートをのせ、②を中央をあけて並べる。ラップなしで4～5分加熱する。（村田）

いかとキャベツとトマトのマリネ

さすが 味がからむ

209kcal 5分10秒

材料（2人分）
するめいかの胴（刺身用）
　……………120g（1杯分）
キャベツ……120g（大2枚）
プチトマト……120g（8個）
Ⓐ酢…大さじ4／塩、粒マスタード…各小さじ1／砂糖…2つまみ／こしょう…少々／オリーブ油…大さじ2

作り方
❶いかはわたと軟骨を除き、皮をむいて1cm幅の輪切りにする。耐熱皿に入れ、ラップをして1分50秒加熱する。
❷プチトマトは、ようじでそれぞれ8ヵ所ほど刺して皮に穴をあける。
❸Ⓐは混ぜ合わせる。
❹キャベツは食べやすい大きさに切って耐熱容器に入れ、ラップをして3分20秒加熱する。取り出して、熱いうちに①、②、③を加えて混ぜる。
❺④が冷めたら冷蔵庫に入れ、1時間ほどおいて味をなじませる。（武蔵）

かきとしめじの豆乳みそ蒸し

さすが ふっくら 速い

107kcal 3分30秒

材料（2人分）
かき（むき身）……160g（8個）
しめじ……100g（1パック）
万能ねぎ…………50g（½わ）
Ⓐ豆乳（無調整）…カップ½／鶏ガラスープの素（顆粒）…小さじ½／酒…大さじ1／みそ…大さじ1½

作り方
❶かきはよく水洗いして汚れを除き、水けをきる。しめじは小房に分ける。
❷万能ねぎは5cm長さに切る。
❸耐熱容器にⒶを合わせ、よく混ぜてみそを溶かす。①を加えてラップをし、3分30秒加熱する。
❹③に②を加えて再びラップをし、そのままおいて粗熱を取る。（村田）

あさりの辛み蒸し

さすが ふっくら｜簡単

36kcal 2分30秒

材料（2人分）

あさり（殻つき・砂出ししたもの）……300g

Ⓐおろしにんにく、おろししょうが、豆板醬（トウバンジャン）…各小さじ½／酒…大さじ1／しょうゆ、砂糖…各小さじ1

作り方

❶あさりは殻をこすり洗いして水けをきる。

❷耐熱皿に①を入れ、中央をあける。Ⓐを混ぜ合わせてあさりにかけ、両端をあけてラップをして2分30秒加熱する。

❸余熱で口があくので、②はそのまま1～2分おいてから取り出し、器に盛って、蒸し汁をかける。（村上）

あさりとえのきだけの酒蒸し

さすが 鍋いらず

20kcal 1分10秒

材料（2人分）

あさり（殻つき・砂出ししたもの）……150g

えのきだけ……100g（1袋）

Ⓐ酒、水…各大さじ1

しょうゆ……適宜

作り方

❶あさりは殻をこすり洗いし、水けをきる。

❷えのきだけは根元を切り落とし、長さを半分に切ってほぐす。

❸耐熱皿に①を入れ、②を全体に散らす。Ⓐをふり、ラップをして50秒～1分10秒加熱する。味をみて、薄ければしょうゆをふる。（田口）

あさりのブイヤベース風

さすが うまみが出る｜本格味

95kcal 7分

材料（2人分）

あさり（殻つき・砂出ししたもの）……200g

玉ねぎ……50g（¼個）

セロリ……25g（¼本）

にんにくのみじん切り……½かけ分

バター……12g（大さじ1）

缶詰のトマトの水煮……200g（½缶）

Ⓐ白ワイン…カップ½／だしの素（顆粒）…小さじ½

Ⓑ砂糖、塩、こしょう…各少々

パセリのみじん切り……適宜

ガーリックトースト……適宜

作り方

❶あさりは殻をこすり洗いして水けをきる。

❷玉ねぎは繊維に沿って薄切りにし、セロリは斜め薄切りにする。

❸耐熱容器に①、②、にんにく、バターを入れてラップをし、3分加熱する。

❹トマトの水煮は果肉をつぶして缶汁ごと③に加え、Ⓐを加えて混ぜ、Ⓑで味をととのえる。再びラップをして4分加熱する。

❺器に盛り、好みでパセリをふり、ガーリックトースト（カロリー外）を添える。（村田）

レンジごまめ

さすが 焦げない｜カリカリ

56kcal 2分

材料（2人分）

ごまめ……10g

Ⓐ酒、みりん…各大さじ1／砂糖、しょうゆ…各大さじ½／サラダ油…小さじ½

赤唐辛子（とうがらし）……½本

炒り白胡麻（ごま）……少々

作り方

❶ごまめはごみや割れたものを除いて分量用意する。ターンテーブルにキッチンペーパーを敷き、中央をあけてドーナツ状にごまめをひろげる。ラップなしで1分加熱する。

❷赤唐辛子は種を除いて小口切りにする。

❸小さめの耐熱容器にⒶを合わせて混ぜ、②を加える。ターンテーブルの端に置き、ラップなしで1分加熱する。途中で泡立ってきたら時間前でも取り出す。

❹③に①を加えて混ぜ、クッキングシートにひろげて冷まし、胡麻をふる。（村上）

カリカリじゃことピーマンの和えもの

さすが 手間いらず

46kcal 5分30秒

材料（2人分）

ちりめんじゃこ……20g

ピーマン（正味（しょうみ））……120g（大4個）

めんつゆ（ストレート）……大さじ3

作り方

❶ピーマンは縦半分に切って種とへたを除いて分量用意し、5㎜幅に切る。

❷耐熱皿に①をひろげて、めんつゆをかける。ラップをし、ラップの上にじゃこをひろげ、5分30秒加熱する。

❸ラップをはずし、じゃこをピーマンに加えて混ぜる。（村田）

ツナのふりかけ

さすが 焦げない｜簡単

全量84kcal 5分20秒

材料（できあがり約カップ½分）

缶詰のツナの水煮……80g（小1缶）

しょうゆ……大さじ1

砂糖……小さじ1

七味唐辛子……少々

作り方

❶ツナは缶汁をよくきってボウルに入れ、ほぐしてしょうゆと砂糖を合わせたものを加え、混ぜる。

❷耐熱皿に①をひろげ、ラップなしで5分20秒加熱する。七味唐辛子をふってよくほぐして混ぜる。（村田）

干し貝柱とキャベツのさっぱり煮

さすが うまみが出る｜栄養をにがさない

109kcal 9分10秒

材料（2人分）

干し貝柱……40g（小8個）

水…カップ⅔

キャベツ……120g（大2枚）

干ししいたけ……9g（約2個）

水…カップ½

にんじん……30g（約⅓本）

ゆで竹の子……40g

しょうゆ……大さじ½

片栗粉（倍量の水で溶く）……大さじ½

こしょう……少々

作り方

❶貝柱としいたけはそれぞれ分量の水でもどし、しいたけは細切りにする。それぞれもどし汁はとっておく。

❷キャベツはざく切りにし、にんじんはせん切りに、竹の子は薄切りにする。

❸耐熱容器に②を入れ、ラップをして3分20秒加熱する。①の貝柱としいたけ、両方のもどし汁、しょうゆを加え、クッキングシートを密着させてかぶせ、浮き上がり防止に耐熱性の小皿をのせて重石（おもし）にし、5分加熱する。

❹③に水溶き片栗粉を加えて混ぜ、ラップなしで50秒加熱する。器に盛り、こしょうをふる。（大沼）

きのこ・海藻類

しいたけのオイスターソース煮

さすが　味がからむ　速い　48kcal 3分

材料（2人分）
生しいたけ
…………200g（大8〜10個）
酒 ……………………………大さじ2
オイスターソース ……大さじ1
長ねぎの粗みじん切り
………………………… 10cm分

作り方
❶生しいたけは縦2つに切り、耐熱容器に入れて酒、オイスターソースをかける。クッキングシートを密着させてかぶせ、浮き上がり防止に耐熱性の小皿をのせ、ラップをして3分加熱する。
❷①に長ねぎを加え、一混ぜして器に盛る。（村上）

エリンギとしいたけのスープ煮

さすが　鍋いらず　うまみが出る　192kcal 4分

材料（2人分）
エリンギ…… 100g（1パック）
生しいたけ…100g（6〜7個）
Ⓐ長ねぎのせん切り…12cm分／しょうがのせん切り…2かけ分／塩…少々
スープの素（顆粒・カップ1の湯で溶く）…………小さじ2
バター …………………小さじ2
黒こしょう …………………少々

作り方
❶エリンギ、生しいたけは一口大に切って耐熱容器に入れ、Ⓐを加えてスープを注ぐ。
❷①にラップをし、約2分加熱する。ラップをはずし、スープが少なくなるまでさらに約2分加熱する。バターを加えて混ぜ、こしょうをふる。（浜内）

きのこのレンジ蒸し

さすが　しっとり　ヘルシー　149kcal 10分

材料（2人分）
生しいたけ………60g（4個）
しめじ ………60g（⅔パック）
きくらげ（乾燥品）……… 少々
長ねぎ ……………60g（⅔本）
鶏もも肉（皮なし）
……………… 160g（小1枚）
Ⓐしょうゆ、酒…各小さじ1／おろししょうが…少々
Ⓑしょうゆ…大さじ1／酒…小さじ2／砂糖、胡麻油…各小さじ1

作り方
❶しいたけ、しめじは食べやすい大きさに切り、きくらげは水でもどす。長ねぎは斜め切りにする。
❷鶏肉は一口大に切り、Ⓐをからめる。耐熱容器に入れ、ラップをして3〜4分加熱する。
❸②に①、Ⓑを混ぜ、ラップをして2〜3分加熱する。上下を返してよく混ぜ、再びラップをして2〜3分加熱する。（小田）

きのことわかめの梅みそ蒸し

さすが さっぱり 失敗なし **39kcal 2分**

材料(2人分)
生しいたけ…………45g(3個)
えのきだけ………100g(1袋)
わかめ(乾燥品・もどしたもの)
……………………………50g
梅干し(種を除く)………… 1個
Ⓐみそ…大さじ1/酒…大さじ½/砂糖…大さじ¼

作り方
❶生しいたけは四つ割りにし、えのきだけは根元を切って3㎝長さに切る。
❷わかめはざく切りにする。
❸梅干しは包丁で粗くたたいてⒶを加えて混ぜる。
❹耐熱皿に②をひろげ、①をのせ、③をところどころにのせる。ラップをして1分30秒〜2分加熱する。(小田)

きのこのマリネサラダ

さすが あっさり 速い **162kcal 3分**

材料(2人分)
しめじ………100g(1パック)
マッシュルーム……80g(5個)
生しいたけ…………75g(5個)
レモン汁………………… ½個分
玉ねぎ………………50g(¼個)
トマト………………50g(¼個)
Ⓐおろしにんにく…½かけ分/オリーブ油…大さじ2強/塩、こしょう、タバスコ…各少々
サニーレタス、香菜(シャンツァイ)……各適宜

作り方
❶しめじは小房に分け、マッシュルームは縦二つ割り、しいたけは四つ割りにする。耐熱容器に入れてレモン汁をかけ、ラップをして2分30秒〜3分加熱する。
❷玉ねぎは薄切りに、トマトは粗みじん切りにしてボウルに入れ、Ⓐを混ぜ合わせる。①を加えて混ぜ、冷蔵庫で冷やす。
❸器にサニーレタスを敷いて②を盛り、香菜を飾る。(有元)

わかめとなすの韓国風和(あ)えもの

さすが 簡単 ヘルシー **109kcal 4分**

材料(2人分)
わかめ(塩蔵品)……………30g
なす………………180g(2個)
サニーレタス………80g(4枚)
Ⓐ炒(い)り白胡麻…小さじ1/胡麻油…大さじ1/酢、砂糖、しょうゆ…各小さじ2/七味唐辛子(とうがらし)、おろしにんにく…各少々

作り方
❶わかめは塩を洗い流す。水けをきって耐熱容器に入れ、ラップをして30秒加熱。水にとって水けを絞り、ざく切りにする。
❷なすは1個ずつラップに包み、2本で約3分30秒加熱する。水にとって水けをきり、7〜8㎜厚さの輪切りにする。
❸サニーレタスは大きめにちぎり、①、②と合わせ、混ぜ合わせたⒶと和える。(浜内)

きのこ・海藻類

しいたけのガーリック焼き

さすが｜速い｜ローカロリー

47kcal 2分

材料（２人分）
生しいたけ…………60g（４個）
Ⓐにんにくのみじん切り…½かけ分／赤唐辛子の小口切り…少々／オリーブ油…小さじ２／塩、こしょう…各少々

作り方
❶しいたけはそぎ切りにする。
❷耐熱容器に混ぜ合わせたⒶをからめたしいたけを入れ、ラップをして１分30秒〜２分加熱する。（牧野）

エリンギとマッシュルームのマリネ

さすが｜味がからむ｜簡単

88kcal 3分

材料（２人分）
エリンギ…… 100g（１パック）
マッシュルーム
…………………100g（約６個）
玉ねぎの粗みじん切り
…………………50g（¼個分）
フレンチドレッシング（市販品）
…………………………大さじ２

作り方
❶エリンギは長さを半分に切って縦に薄切りにする。マッシュルームはかさの汚れをふいて４等分に切る。
❷①を耐熱容器に入れ、ラップをして３分加熱する。軽く冷まし、玉ねぎとドレッシングを加えて混ぜ、冷蔵庫で冷やす。（牧野）

きのこの和風マリネ

さすが｜あっさり｜ノンオイル

37kcal 1分40秒

材料（２人分）
まいたけ…… 100g（１パック）
エリンギ…… 100g（１パック）
長ねぎのみじん切り
……………… 10g（約６cm分）
Ⓐ酢…大さじ½／めんつゆ（３倍濃縮）…小さじ２／赤唐辛子の小口切り…少々

作り方
❶まいたけはほぐし、エリンギは長ければ切って薄切りにする。
❷耐熱容器にまいたけ、エリンギ、長ねぎの順に入れ、ラップをして１分40秒加熱する。Ⓐを加えて混ぜる。（大沼）

えのきの明太子和え

さすが｜色あざやか｜冷めてもおいしい

36kcal 1分10秒

材料（２人分）
えのきだけ…… 150g（1½袋）
明太子（皮を除く）
……………………30g（½腹）
万能ねぎの小口切り………少々

作り方
❶えのきだけは根元を切り、ほぐす。
❷耐熱容器に①を入れ、ラップなしで１分10秒加熱し、混ぜて余熱で火を通す。明太子で和えて万能ねぎを散らす。（大沼）

えのきののり佃煮和え

さすが｜簡単｜ノンオイル

25kcal 1分10秒

材料（２人分）
えのきだけ…… 150g（1½袋）
のりの佃煮（市販品）………12g
おろししょうが………小さじ１

作り方
❶えのきだけは根元を切り、ほぐす。
❷耐熱容器に①を入れ、ラップなしで１分10秒加熱し、混ぜて余熱で火を通す。佃煮、しょうがを加えて和える。（大沼）

えのきとささ身の梅肉風味

さすが｜しっとり｜ローカロリー

45kcal 2分

材料（２人分）
えのきだけ…… 150g（1½袋）
ささ身……………40g（１本）
酒…大さじ１
Ⓐ梅肉…大さじ1½、だしの素（粉末）、しょうゆ…各小さじ½
青じそのせん切り………４枚分

作り方
❶えのきだけは根元を切り、ほぐして耐熱容器に入れ、ラップなしで１分10秒加熱し、混ぜて余熱で火を通す。
❷別の耐熱容器にささ身を入れ、酒をふってラップをし、40〜50秒加熱して火を通す。粗熱を取り、細かく裂いて蒸し汁に浸す。
❸①と②を、混ぜ合わせたⒶで和え、器に盛って青じそを散らす。（大沼）

なめこドレッシングの大根サラダ

さすが｜さっぱり｜消化がよい

36kcal 1分20秒

材料（２人分）
大根……………… 200g（７cm）
ドレッシング
なめこ…100g（１パック）／おろししょうが…小さじ2⅔／めんつゆ（３倍濃縮）…大さじ１／酒、水…各大さじ½
練りわさび…………小さじ¼
もみのり……………………適量

作り方
❶耐熱容器にドレッシングの材料を入れ、ラップをして１分20秒加熱し、フードプロセッサーに入れる。わさびを加えて10秒ほど攪拌する。
❷大根はせん切りにして器に盛り、①をかけてのりを散らす。（大沼）

昆布巻き

さすが｜ふっくら｜手間いらず

117kcal 3分

材料（２人分）
早煮昆布
………20g（20cm長さ４枚）
Ⓐ豚ひき肉…100g／にんじん…35g（¼本）／三つ葉…５本／片栗粉…小さじ１／塩、こしょう…各少々
Ⓑ酒、しょうゆ、砂糖…各大さじ１

作り方
❶昆布はサッと洗ってバットに入れ、熱湯カップ½（材料表外）を注いで２分おく。もどし汁はとっておく。
❷Ⓐのにんじんはみじん切り、三つ葉は５mm長さに刻んで、残りの材料とともにボウルに入れてよく混ぜる。
❸水けをきった①の昆布２枚の端を少し重ねて縦長に置き、②の肉種の½量をのせ、手前と向こう側を３cmずつ残してひろげる。手前の昆布を肉種の上に折って、手前からクルクルと巻く。ラップできっちり包み、両端をねじる。残りも同様に作る。
❹③の巻き終わりを下にして耐熱皿の端に向かい合わせに置き、２分加熱する。
❺耐熱ボウルに①の昆布のもどし汁とⒷを合わせ、ラップをはずした④を並べる。クッキングシートを密着させてかぶせ、浮き上がり防止に小皿をのせ、１分加熱する。冷めるまでおいて、１本を３〜４つに切り分ける。（村上）

昆布チップ

さすが パリパリ 簡単

29kcal 30秒

材料(約2人分)
昆布(だしを取った残り)
……………………3～4g(10㎝)
みりん ………………………小さじ1
炒り白胡麻 ……………………少々

作り方
❶昆布は2㎝角に切って耐熱容器に並べ、みりんと胡麻をふってラップなしで30秒加熱する。
❷パリパリになったら取り出す。(牧野)

もずくと梅干しの即席スープ

さすが さっぱり ローカロリー

11kcal 2分

材料(2人分)
もずく ……………………………50g
梅干し …………… 30g(大2個)
だし汁 ……………… カップ1½
しょうゆ ………………… 小さじ½
三つ葉のみじん切り ……… 少々

作り方
❶梅干しは種を取り、果肉を包丁でたたく。
❷耐熱ボウルにもずく、①の梅干し、だし汁、しょうゆを入れ、ラップをして2分加熱する。器に盛り、仕上げに三つ葉を散らす。(村田)

ひじきとセロリの梅煮

さすが つやよく ノンオイル

38kcal 6分40秒

材料(2人分)
長ひじき(乾燥品) …………30g
セロリ ………………50g(½本)
梅干し …………30g(大2個)
Ⓐ酒…大さじ2/しょうゆ…大さじ1⅓

作り方
❶ひじきはざっと洗い、水けをきって耐熱容器に入れる。水カップ1(材料表外)を加えてラップで落としぶたをし、2分30秒加熱し、そのまま10分おいてもどす。水けをきり、食べやすい長さに切る。
❷セロリは筋を取って薄切りにし、梅干しは種を取り、粗くちぎる。ともに耐熱容器に入れ、①とⒶを加えて混ぜ、ラップをして4分10秒加熱する。あればせん切りにしたセロリの葉を飾る。(浜内)

ひじきの炒り煮

さすが 味がからむ 鍋いらず

114kcal 6分30秒

材料(2人分)
ひじき(乾燥品) ……………10g
油揚げ ………………15g(½枚)
にんじん ……………25g(3㎝)
生しいたけ …………15g(1個)
Ⓐしょうゆ、酒、砂糖、みりん…各大さじ1/胡麻油…小さじ1/水…大さじ3

作り方
❶ひじきは長い場合は、はさみで3㎝長さに切る。耐熱ボウルに入れ、水カップ½(材料表外)を注いで、2分30秒加熱する。水がきれいになるまで何度かゆすぎ、ざるに上げて耐熱ボウルに戻す。
❷油揚げは半分に切ってから細切りにし、にんじんは短冊(たんざく)切り、生しいたけは細切りにする。
❸②に①を入れ、Ⓐを加える。クッキングシートを密着させてかぶせ、浮き上がり防止に小皿をのせ、両端をあけてラップをし、4分加熱する。そのまま粗熱が取れるまでおき、味をしみ込ませる。(村上)

ひじきとひき肉の炒め煮

さすが こくが出る 焦げない

244kcal 6分30秒

材料(2人分)
ひじき(乾燥品) ……………20g
豚ひき肉 …………………… 100g
にんじん …………30g(約⅓本)
油揚げ ………………15g(½枚)
さやいんげんの斜め薄切り
………………………………2本分
Ⓐ胡麻油…小さじ1/だし汁…カップ½/みりん…大さじ2/しょうゆ…大さじ3

作り方
❶ひじきは水でサッと洗い、長い場合は食べやすい長さに切る。にんじんはせん切り、油揚げは半分に切ってから5㎜幅に切る。
❷耐熱容器にⒶとひき肉を入れてよくほぐし、①を加えて混ぜ合わせる。ラップをして4分加熱する。
❸②を取り出していんげんを加えてさっくりと混ぜ合わせ、再びラップをして2分30秒加熱する。(村田)

わかめとセロリの炒めナムル風

さすが 焦げない 速い

27kcal 1分30秒

材料(2人分)
わかめ(塩蔵品) ……………20g
セロリ(葉つき) ….50g(½本)
Ⓐ胡麻油…小さじ1/酒…大さじ1/塩、こしょう…各少々
炒り白胡麻 …………………少々

作り方
❶わかめは水にさらして塩を落とし、食べやすい大きさに切る。セロリは茎は筋を取って斜め薄切りにし、葉は細かく刻む。
❷耐熱容器にわかめとセロリの茎を入れ、Ⓐをかけてラップをし、1分30秒加熱する。取り出して、セロリの葉、胡麻を加えて混ぜ合わせる。(牧野)

わかめとささ身の胡麻だれ和え

さすが まろやか ノンオイル

43kcal 1分40秒

材料(2人分)
わかめ(乾燥品) ……………3g
ささ身 ………………40g(1本)
酒…大さじ1
えのきだけ ………100g(1袋)
Ⓐめんつゆ(3倍濃縮)…小さじ2/すり白胡麻…小さじ½

作り方
❶わかめは熱湯をかけてもどし、水けをきり、食べやすい大きさに切る。
❷耐熱容器にささ身を入れ、酒をふってラップをし、40～50秒加熱して火を通す。粗熱を取って細かく裂く。
❸えのきだけは根元を切り、ほぐしてラップで包み、50秒加熱する。
❹器に①、②、③を合わせ、Ⓐを加えて混ぜる。(大沼)

わかめとねぎのスープ

さすが あっさり 簡単

24kcal 3分30秒

材料(2人分)
わかめ(乾燥品) ……………2g
長ねぎ ……………8g(約5㎝)
ちくわ ………………30g(1本)
鶏ガラスープの素(顆粒)
……………………………小さじ1
水 ……………………………カップ2
塩、こしょう ……………各少々

作り方
❶ちくわは小口切りにし、ねぎは白髪(しらが)ねぎにする。
❷耐熱ボウルに水とスープの素を入れて混ぜ合わせ、わかめ、①を加えて塩、こしょうする。ラップをし、3分～3分30秒加熱する。(村田)

もち米・米

芋・栗おこわ

さすが ふっくら 簡単　389kcal 17分

材料(2人分)

もち米……………………カップ1
さつま芋……………50g(⅕本)
栗の甘露煮(市販品)
……………………50g(3～4個)
湯…………………………175mℓ
みりん…………………大さじ½
塩…………………………小さじ½

作り方

❶もち米は洗って水けをきる。
❷さつま芋は皮をむかずに7㎜厚さの輪切りにし、大きければ2つに切る。水に浸してあくを抜き、洗って水けをきる。
❸栗の甘露煮は汁けをきる。
❹耐熱容器に分量の湯、みりん、塩を入れ、①を加えて表面を平らにする。②、③をのせ、両端をあけてラップをする。約5分加熱し、沸騰したら弱で12分加熱して、さっくり混ぜる。(村上)

赤飯

さすが つやよく 時間短縮　全量 1128kcal 16分

材料(作りやすい分量)

もち米……………米用カップ2
ささげ(ゆでたもの・市販品)
……………………………70g
水………………米用カップ1½
塩、炒り黒胡麻…………各適量

作り方

❶もち米は洗ってたっぷりの水に浸し、1時間おく。
❷①の水けをきって耐熱容器に入れ、分量の水を注いでささげを混ぜる。ラップをして8分加熱し、一混ぜして再びラップをし、さらに8分加熱する。そのまま5分蒸らして器に盛り、塩、胡麻をふる。

＊胡麻豆腐(全量529kcal)
くず粉35g、塩少々をボウルに入れて混ぜ、だし汁カップ1¼を少しずつ注いで溶く。練り白胡麻50gを加えて混ぜ、こして耐熱ボウルに入れる。ラップをして2分20秒加熱して泡立て器で混ぜ、再びラップをして50秒加熱して混ぜる。同様にさらに3回くり返す。粗熱が取れたらボウルの底を氷水にあてて冷やし固める。切り分けて器に盛り、だし汁大さじ2、砂糖、しょうゆ、すり黒胡麻各大さじ1を混ぜてかける。

＊乾燥品のささげを煮る場合は、ささげ50gを洗って鍋に入れ、かぶる程度の水を加えて中火で煮立て、あくをすくう。弱火にして、豆が常に煮汁に浸った状態になるようにときどき水を加え、指でつぶれるくらいのかたさまで煮る。煮汁米用カップ1と水米用カップ½を合わせ、分量の水にする。(藤野)

ミニ飯蒸し

さすが｜色あざやか｜失敗なし｜えび201kcal うに157kcal 8分20秒

材料（小さめの器４個分）

もち米 …………… 米用カップ１
水 …… 米用カップ⅗（約110mℓ）
大正えび ………… 160g（８尾）
　酒…大さじ１
生うに ……………………大さじ２
　塩…少々
ゆかり、金糸卵、万能ねぎの小口切り ……………………各適量

作り方

❶もち米は洗って水けをきる。たっぷりの水に２時間浸し、水けをきって耐熱容器に入れる。分量の水を注ぎ、ふんわりとラップをして6分加熱する。そのまま10分蒸らして混ぜる。

❷えびは頭、殻、背わたを除いて別の耐熱容器に入れ、酒をふってラップをし、１分加熱する。

❸ふたつきの耐熱性の器４個に①を等分に盛る。器２個に②のえびをのせ、残りの２個に生うにをのせる。ふたをして１個につき20秒加熱する。

❹③のえびにゆかりをふって金糸卵をのせ、生うにには塩をふって万能ねぎを散らす。（伊藤）

いかの姿ずし

さすが｜しっとり｜味がしみる｜177kcal 34分50秒

材料（２人分）

米 ………………… 米用カップ１
水 ………………………カップ１
合わせ酢
　酢…大さじ２／砂糖…大さじ¾／塩…小さじ¾
青じその細切り ………… ５枚分
甘酢しょうがの細切り …..25g
いか ………… 180g（小２杯）
　酒…大さじ½
Ⓐ砂糖、しょうゆ…各大さじ½／しょうが汁…少々／片栗粉…小さじ½
筆しょうが ………………… 適量

作り方

❶米は洗って水に浸し、30分おいて水けをきる。耐熱容器に入れ、分量の水を加えてラップをし、8分加熱し、弱で24分加熱する。そのまま10分蒸らす。

❷①に合わせ酢を加えてさっくり混ぜ、粗熱を取って青じそ、甘酢しょうがを加えて混ぜる。

❸いかは足、軟骨、わたを除く。足は２本ずつ切り離し、長さを３つに切る。胴とともに洗って水けをふき、耐熱容器に入れて酒をふる。ラップをしてターンテーブルの端に置き、50秒加熱し、上下を返して容器を半回転させ、さらに50秒加熱。再び容器の向きを変え、50秒加熱する。蒸し汁はとっておく。

❹いかの胴に②を等分に詰め、３cm幅に切る。いかの足とともに器に盛る。

❺耐熱容器に③の蒸し汁カップ¼とⒶを入れ、ラップなしで20秒加熱し、よく混ぜる。④にかけ、筆しょうがを添える。（藤野）

もち米・米

高菜とじゃこのおこわ

さすが うまみが出る 手間いらず

325kcal 18分

材料(2人分)
もち米……………………カップ1
高菜漬けのみじん切り……50g
ちりめんじゃこ………大さじ1
湯……………………………180mℓ
Ⓐ鶏ガラスープの素(顆粒)…小さじ½／しょうゆ、胡麻油…各小さじ1／酒…小さじ2

作り方
❶耐熱ボウルに熱湯とⒶを入れて混ぜ、洗ったもち米を加え、表面を平らにする。
❷高菜漬けとちりめんじゃこをもち米の上にのせて、両端をあけてラップをする。6分加熱し、沸騰を確かめて、弱に切り替えて12分加熱し、5分蒸らす。取り出して混ぜる。(村上)

山菜おこわ

さすが こくが出る 失敗なし

332kcal 18分

材料(2人分)
もち米……………………カップ1
山菜ミックスの水煮……50g
油揚げ……………30g(1枚)
湯…………………………カップ¾
Ⓐだしの素(顆粒)…小さじ½／しょうゆ…小さじ2／酒…大さじ1

作り方
❶耐熱ボウルに熱湯とⒶを入れて混ぜ、洗ったもち米を加え、表面を平らにする。油揚げは短辺を2等分し、1cm幅に切る。
❷油揚げと水けをきった山菜をもち米の上にのせて、両端をあけてラップをする。6分加熱し、沸騰を確かめて、弱に切り替えて12分加熱し、5分蒸らす。取り出して混ぜる。(村上)

帆立て貝柱のおこわ

さすが うまみが出る 鍋いらず

315kcal 18分

材料(2人分)
もち米…………… 米用カップ1
缶詰の帆立て貝柱の水煮
……………………45g(小1缶)
干ししいたけ………12g(3個)
ゆで竹の子…………………50g
Ⓐしょうゆ、酒…各小さじ1½／胡麻油…小さじ1

作り方
❶貝柱はほぐす。干ししいたけは水でもどして、細かく刻む。竹の子は小さめの乱切りにする。
❷缶汁としいたけのもどし汁はⒶに加え、180mℓになるように水を加える。
❸耐熱ボウルに洗ったもち米を入れ、②を加えて混ぜる。もち米の上に①をのせ、ラップをして6分加熱し、沸騰を確かめて、弱に切り替えて12分加熱する。取り出して、5分蒸らしてから混ぜる。(牧野)

松たけご飯

さすが 本格味 味がしみる

308kcal 18分

材料(2人分)
米…………………………カップ1
松たけ……………50g(½本)
湯…………………………200mℓ
Ⓐだしの素(顆粒)…小さじ½／しょうゆ、酒…各大さじ1
ゆずの皮のせん切り……適量

作り方
❶松たけは、石づきを鉛筆を削る要領で取る。キッチンペーパーを水でぬらして汚れをふき、かさは薄切り、軸は長さを2等分して、5mm角の棒状に切る。
❷耐熱ボウルに熱湯とⒶを入れて混ぜ、洗った米を加える。
❸松たけを米の上にのせて、両端をあけてラップをする。6分加熱し、沸騰を確かめて、弱に切り替えて12分加熱する。取り出して10分蒸らし、ゆずの皮を混ぜる。(村上)

かきご飯

さすが ふっくら 本格味

325kcal 18分

材料(2人分)
米…………………………カップ1
かき(むき身)…………100g
にんじん………30g(約⅓本)
ごぼう…………30g(約⅐本)
湯…………………………180mℓ
Ⓐだしの素(顆粒)…小さじ½／しょうゆ、酒…各大さじ1
三つ葉……………………10本

作り方
❶かきは氷を入れた塩水(材料表外・水カップ1に塩小さじ1の割合)の中でゆすいで、ざるに上げる。にんじんとごぼうは5mm角に切り、ごぼうは水にはなしてあくを抜き、ざるに上げる。三つ葉は1cm長さに刻む。
❷耐熱ボウルに熱湯とⒶを入れて混ぜ、洗った米を加える。
❸三つ葉以外の①を米の上にのせて、両端をあけてラップをする。6分加熱し、沸騰を確かめて、弱に切り替えて12分加熱する。10分蒸らし、三つ葉を混ぜて仕上げる。(村上)

五目ご飯

さすが 定番の味 失敗なし

394kcal 15分

材料(2人分)
米………………… 米用カップ1
鶏胸肉……………………70g
にんじん………100g(1本)
生しいたけ………45g(3個)
ごぼう……………50g(¼本)
Ⓐしょうゆ、酒、みりん…各小さじ2／水…180mℓ

作り方
❶鶏肉は2cm角に切る。にんじん、しいたけは細切りにする。ごぼうはささがきにし、水にはなしてあくを抜き、ざるに上げる。
❷耐熱ボウルに洗った米を入れ、Ⓐを加えて混ぜる。米の上に①をのせ、ラップをして5分加熱し、沸騰を確かめて、弱に切り替えて10分加熱する。10分蒸らしてから混ぜる。(牧野)

茶めし

さすが あっさり 簡単

301kcal 18分

材料(2人分)
米…………………………カップ1
湯…………………………カップ1
Ⓐだしの素(顆粒)…小さじ½／しょうゆ、酒…各大さじ1

作り方
❶耐熱ボウルに熱湯とⒶを入れて混ぜ、洗った米を加える。
❷①に両端をあけてラップをする。6分加熱し、沸騰を確かめて、弱に切り替えて12分加熱する。10分蒸らし、器に盛る。(村上)

竹の子ご飯

さすが 季節の味 こくが出る

411kcal 19分

材料(2人分)
米…………………………カップ1
鶏もも細切れ肉…………100g
ゆで竹の子………………100g
湯…………………………200mℓ
Ⓐだしの素(顆粒)…小さじ½／しょうゆ、酒…各小さじ2
木の芽……………………少々

作り方
❶鶏肉の大きいものは2つに切る。竹の子は5mm厚さのいちょう切りにする。
❷耐熱ボウルに熱湯とⒶを入れて混ぜ、洗った米を加える。
❸①を米の上にのせて、両端を

あけてラップをする。7分加熱し、沸騰を確かめて、弱に切り替えて12分加熱する。10分蒸らして混ぜ、木の芽を飾る。(村上)

うなぎとしいたけの卵とじ丼

さすが 味がしみる 簡単

509kcal 5分30秒

材料(2人分)
ご飯……260g(茶碗2杯分)
うなぎのかば焼き……½尾
生しいたけ……45g(3個)
卵……3個
グリンピース(冷凍品)……10g(大さじ1)
Ⓐだし汁…カップ½/しょうゆ、みりん…各大さじ2
粉山椒……適宜

作り方
❶うなぎは縦半分に切って1cm幅に切り、しいたけは薄切りに。
❷耐熱容器にⒶを入れて混ぜ、①を加えてラップをし、2分加熱する。卵を溶きほぐして回し入れ、再びラップをして1分30秒加熱する。軽く混ぜ、さらに1分加熱する。
❸卵が半熟のうちに取り出して、グリンピースを冷凍のまま加えて軽く混ぜ合わせ、再びラップをして1分加熱し、取り出して1分ほどおく。
❹器に盛ったご飯に③を等分にのせて、粉山椒をふる。(村田)

鮭丼

さすが 速い

332kcal 4分

材料(2人分)
ご飯……260g(茶碗2杯分)
塩鮭(甘塩)……80g(1切れ)
Ⓐ酒…大さじ2/しょうゆ、みりん…各大さじ1
貝割れ菜……⅔パック
焼きのり(全形)……½枚

作り方
❶鮭は骨と皮を取り、薄いそぎ切りにする。貝割れ菜は1cm長さに切る。
❷耐熱性のどんぶり2個にご飯を等分に盛り、鮭を½量ずつのせ、合わせたⒶを½量ずつ全体にふる。ラップをして1人分につき、1分40秒~2分加熱する。上に貝割れ菜とちぎったのりを散らす。(田口)

オクラとろろ丼

さすが 色あざやか 手間いらず

336kcal 1分20秒

材料(2人分)
ご飯……260g(茶碗2杯分)
オクラ……160g(16本)
卵黄……2個分
Ⓐめんつゆ(3倍濃縮)…大さじ2/練りわさび…小さじ½
もみのり……適量

作り方
❶オクラは塩適量(材料表外)をふってもみ、うぶ毛を取る。水けがついたまま、へた側と先端を互い違いに並べてラップで包み、1分20秒加熱する。
❷①とⒶをフードプロセッサーにかけてとろろ状にする。器に盛ったご飯にかけ、卵黄を落としてもみのりを散らす。(大沼)

かますとみょうがの混ぜご飯

さすが あっさり 失敗なし

354kcal 3分20秒

材料(2人分)
ご飯……260g(茶碗2杯分)
かますの干物……150g(1枚)
きゅうり……½本
みょうがの斜め薄切り…1個分
昆布茶……小さじ1
炒り黒胡麻……大さじ1
すだちまたはレモン……適量

作り方
❶ターンテーブルにクッキングシートを敷いてかますをのせ、ラップなしで3分~3分20秒加熱する。熱いうちに皮と骨を除いて、身をほぐす。
❷きゅうりは輪切りにして塩適量(材料表外)でもみ、しんなりしたら水けを絞る。
❸ご飯に昆布茶をふってさっくりと混ぜ、①と②、みょうが、胡麻を加えて混ぜ合わせる。すだちを絞って食べる。(村田)

鶏そぼろと胡麻の混ぜご飯

さすが 味がからむ 簡単

385kcal 2分30秒

材料(2人分)
ご飯……260g(茶碗2杯分)
鶏ひき肉……120g
Ⓐしょうゆ、砂糖、酒…各大さじ1⅓~2
しょうが汁……小さじ1
炒り白胡麻……大さじ1⅓

作り方
❶耐熱容器にひき肉とⒶを入れてよく混ぜ、ラップをして1分40秒~2分30秒加熱する。ひき肉をほぐして、しょうが汁を加え、混ぜる。
❷ご飯に①と胡麻を加えて混ぜる。(田口)

たぬききつねご飯

さすが こくが出る 味がからむ

338kcal 3分

材料(2人分)
ご飯……260g(茶碗2杯分)
油揚げ……30g(1枚)
揚げ玉……カップ¼
めんつゆ(ストレート)……大さじ1½
万能ねぎの小口切り……2本分

作り方
❶油揚げは短辺を半分に切って、5mm幅に切る。ターンテーブルにクッキングシートを敷いた上にのせ、ラップなしで3分、カリカリになるまで加熱する。
❷ご飯にめんつゆを加えてさっくりと混ぜ、①と揚げ玉、万能ねぎを加えて混ぜる。(村田)

胡麻かやくご飯

さすが 鍋いらず

231kcal 5分50秒

材料(2人分)
冷やご飯……220g(茶碗2杯分弱)
干ししいたけ…12g(2~3個)
ゆで竹の子……140g
にんじん……40g(約½本)
しょうゆ、だしの素(粉末)……各小さじ1
炒り胡麻……小さじ1

作り方
❶もどしたしいたけと竹の子、にんじんはみじん切りにする。
❷大きめの耐熱ボウルに①としいたけのもどし汁カップ½、しょうゆ、だしの素を入れ、クッキングシートを密着させてかぶせ、浮き上がり防止に小皿をのせる。汁が大さじ1ぐらいになるまで、約4分10秒加熱して煮つめる。
❸②にご飯を加えて混ぜ、ラップをして1分40秒加熱する。仕上げに胡麻を混ぜる。(大沼)

しその実ご飯

さすが 速い 手間いらず

192kcal 2分30秒

材料(2人分)
冷やご飯……200g(茶碗〈小〉2杯分)
えのきだけ……200g(2袋)
しその実漬け(市販品)……大さじ2

作り方
❶えのきだけは粗く刻む。
❷耐熱容器にご飯を入れ、上に①をのせ、ラップなしで2分30秒加熱する。取り出して混ぜ、しその実を混ぜる。(大沼)

もち米・米

中華ちまき

さすが もちもち 手間いらず　1個 226kcal 8分

材料(10個分)

もち米…………米用カップ3
長ねぎ………………8g(5cm)
にんじん………150g(1½本)
ゆで竹の子……………… 100g
生しいたけ………30g(2個)
焼き豚(市販品)……… 100g
サラダ油、胡麻油…各大さじ1
Ⓐ砂糖…大さじ1½／しょうゆ…大さじ2½
Ⓑ鶏ガラスープの素(顆粒・カップ2¼の湯で溶く)…小さじ2／八角…½個
甘栗(皮をむいたもの)… 10個

作り方

❶もち米は洗ってたっぷりの水に浸し、1時間おいて水けをきる。Ⓐは合わせておく。
❷長ねぎはみじん切りにし、にんじん、ゆで竹の子、生しいたけ、焼き豚は1cm角に切る。
❸中華鍋にサラダ油を熱して②を中火で炒め、油が回ったらⒶの½量で味をつけて取り出す。
❹③の鍋に胡麻油を足して熱し、①のもち米を入れて表面が透き通るまで炒める。残りのⒶ、Ⓑを加え、③を戻し入れる。汁けが少なくなるまで炒め、甘栗を加える。
❺④を10等分して竹皮で包み、たこ糸でしばる。耐熱容器に並べてラップをし、4分加熱して上下を返し、さらに4分加熱する。(藤野)

中華おこわ

さすが つやよく 時間短縮　428kcal 17分

材料(2人分)

もち米………………カップ1
粗びきソーセージ…40g(3本)
ゆで竹の子………………50g
生しいたけ………45g(3個)
ゆでぎんなん……………… 6個
Ⓐ鶏ガラスープの素(顆粒)…小さじ½／湯…カップ¾
Ⓑ XO醤…大さじ1／酒…大さじ½／塩…小さじ¼

作り方

❶もち米は洗って水けをきる。
❷ソーセージは1.5cm幅の斜め切りにし、竹の子は穂先を4cm長さに切ってくし形に切り、残りは乱切りにする。生しいたけは4つに裂く。ぎんなんは水けをきる。
❸耐熱ボウルにⒶを入れて①を加え、表面を平らにする。②とⒷを混ぜ合わせ、もち米の上にのせる。
❹③に両端をあけてラップをして約5分加熱する。沸騰したら弱で12分加熱する。さっくり混ぜて器に盛る。(村上)

サーモンピラフ

さすが　色あざやか　手間いらず　434kcal 20分

材料（2人分）

米……………………………カップ1
湯……………………………カップ¾
バター………………………大さじ1⅓
しょうゆ……………………小さじ2
生鮭……………100g（1切れ）
玉ねぎのみじん切り
……………………40g（⅕個分）
こしょう……………………少々
レタスの細切り…………2枚分
パセリのみじん切り………少々

作り方

❶米はサッと洗って水けをきり、耐熱ボウルに入れ、分量の湯を注ぐ。バター、しょうゆを加えて混ぜ、鮭、玉ねぎをのせる。
❷①に両端をあけてラップをし、8分加熱してから弱で12分加熱する。5分蒸らして鮭の皮と骨を除き、こしょうをふり、レタスを加えて混ぜる。器に盛り、パセリを散らす。（村上）

青豆とベーコンのリゾット

さすが　鍋いらず　消化がよい　130kcal 17分

材料（2人分）

米……………………………カップ½
グリンピース（冷凍品）…100g
ベーコン……………60g（3枚）
オリーブ油……………大さじ2
Ⓐ鶏ガラスープの素（顆粒）…小さじ1／塩…小さじ½／湯…カップ2
バター………………………大さじ2
こしょう……………………少々

作り方

❶米は洗って水けをきる。
❷ベーコンは1cm角に切り、グリンピースは湯をかけて解凍し、合わせてオリーブ油をまぶす。
❸耐熱ボウルにⒶを入れ、①を加えて混ぜ、②をのせる。両端をあけてラップをして5分加熱する。沸騰したら弱で12分加熱する。バターとこしょうを加え、手早く混ぜて器に盛る。（村上）

もち米・米

焼き豚の中華風おこわ

さすが　こくが出る　失敗なし

527kcal 21分

材料（2人分）
もち米…………米用カップ1½
焼き豚…………50g（約3枚）
ゆで竹の子……………………50g
干ししいたけ………8g（2個）
缶詰の帆立て貝柱の水煮
…………………85g（小1缶）
Ⓐしょうゆ…大さじ1⅓／酒…大さじ1½／砂糖…小さじ2／オイスターソース…小さじ1／鶏ガラスープの素（顆粒）…小さじ½／塩…小さじ¼
こしょう……………………少々
胡麻油…………………小さじ1

作り方
❶もち米は洗い、水に30分～1時間つけて、ざるに上げる。
❷干ししいたけは耐熱容器に入れ、水カップ1（材料表外）を加えてラップなしで5分加熱し、そのまま10分おいてもどす。もどし汁はⒶに加えて混ぜ合わせる。
❸しいたけ、竹の子、焼き豚はともに1cm角に切る。
❹耐熱ボウルにもち米としいたけ、竹の子、ほぐした貝柱を缶汁ごと入れ、Ⓐとこしょうを加えてさっくりと混ぜ合わせる。ふんわりとラップをして8分加熱する。取り出して焼き豚を加えて一混ぜし、ラップをして8分加熱する。
❺④に胡麻油を加えて混ぜ合わせ、ラップで落としぶたをして3分蒸らす。（村田）

ナシゴレン

さすが　色あざやか　手間いらず

375kcal 18分

材料（2人分）
米、もち米…………各カップ½
むきえび…………30g（10尾）
赤ピーマン………30g（1個）
グリンピース（冷凍品）
………………20g（大さじ2）
湯………………………カップ¾
Ⓐおろしにんにく、おろししょうが…各小さじ¼／鶏ガラスープの素（顆粒）…小さじ¼／ナムプラー、サラダ油…各大さじ1

作り方
❶耐熱ボウルに熱湯とⒶを入れて混ぜ、洗った米ともち米を加え、表面を平らにする。
❷えびと小さめの角切りにしたピーマンと凍ったままのグリンピースを米の上にのせ、両端をあけてラップをする。6分加熱し、沸騰を確かめて、弱に切り替えて12分加熱する。取り出して5分蒸らし、混ぜる。（村上）

パエリヤ

さすが　うまみが出る　色あざやか

549kcal 20分

材料（2人分）
米…………………米用カップ1
するめいかの胴
………………100g（½杯分）
あさり（殻つき・砂出ししたもの）………150g（約20個）
えび（殻つき）……80g（4尾）
鶏もも肉………125g（½枚）
玉ねぎの薄切り
………………50g（¼個分）
ピーマン（赤・黄）の細切り
………各40g（各約¼個分）
白ワイン……………カップ½
サフラン……………………適宜
Ⓐにんにくのみじん切り…½かけ分／トマトピューレ…大さじ2／オリーブ油…大さじ1
塩、こしょう……………各少々
レモンのくし形切り……2切れ

作り方
❶米は洗ってざるに上げ、30分ほどおく。
❷いかは1cm幅の輪切りにし、えびは殻をつけたまま、背わたを取る。鶏肉は2cm角に切る。
❸耐熱ボウルにいか、あさり、えびを入れて白ワインを注ぎ、ラップをして6分加熱する。熱いうちに蒸し汁をこして、あればサフランを加え、水を足して180mlにする。
❹別の耐熱ボウルに米と鶏肉、玉ねぎ、Ⓐと③の蒸し汁を入れて混ぜ合わせ、塩、こしょうをふる。ふんわりとラップをして10分加熱する。取り出してピーマンを加えて一混ぜし、ラップをして4分加熱する。
❺④に③の魚介類を戻し入れて軽く混ぜ合わせ、ラップで落としぶたをして3分ほど蒸らす。レモンを絞って食べる。（村田）

カレーおこわ

さすが　ふっくら　簡単

346kcal 10分

材料（2人分）
もち米…………………カップ1
えび（殻つき）……50g（6尾）
ミックスベジタブル（冷凍品）
…………50g（約カップ½）
Ⓐ鶏ガラスープの素（顆粒）…小さじ½／湯…175ml
Ⓑカレー粉…小さじ½／しょうゆ、酒…各大さじ½／塩…小さじ¼／サラダ油…小さじ1

作り方
❶えびは背わたを取り、サッとゆでて殻をむく。
❷耐熱ボウルにⒶを入れて混ぜ、洗ったもち米を加え、表面を平らにする。
❸凍ったままのミックスベジタブルにⒷをまぶして米の上にのせ、その上にえびをのせる。
❹クッキングシートを密着させてかぶせ、浮き上がり防止に小皿をのせる。ラップをして10分加熱し、10分蒸らす。（村上）

納豆チャーハン

さすが　味がからむ　ヘルシー

400kcal 3分30秒

材料（2人分）
ご飯……260g（茶碗2杯分）
卵……………………………1個
Ⓐ納豆…50g（1パック）／高菜漬けのみじん切り…50g／しょうゆ…大さじ½／サラダ油…大さじ1
塩、こしょう…………各適量
炒り白胡麻…………大さじ1

作り方
❶大きめの耐熱容器に卵を溶き、塩、こしょうで調味する。ラップをして50秒加熱する。
❷①を取り出し、菜箸で卵を細かくほぐし、ご飯とⒶを加えて軽く混ぜ合わせる。塩、こしょうで調味し、再びラップをして2分40秒加熱する。仕上げに胡麻を混ぜる。（村田）

ねぎチャーハン

さすが　作りやすい　手間いらず

321kcal 2分30秒

材料（2人分）
ご飯……260g（茶碗2杯分）
長ねぎ（青い部分も含む）
…………………50g（½本）
サラミソーセージ
…………………15g（5枚）
胡麻油………………小さじ1
豆板醤、しょうゆ…各小さじ½
塩、こしょう…………各少々

作り方
❶長ねぎはせん切りにし、サラミは細切りにする。
❷耐熱容器に①と胡麻油を入れ、ラップをして1分加熱し、豆板醤を入れて混ぜ合わせる。ラップをしてさらに1分30秒加熱する。
❸②にご飯、しょうゆを加えてさっくりと混ぜ合わせ、塩、こしょうで調味する。（村田）

鮭チャーハン

さすが 焦げない 速い

270kcal 2分

材料(2人分)
ご飯……260g(茶碗2杯分)
鮭フレーク(市販品)
……40g(カップ¼)
レタス……30g(2枚)
クレソン……20g(½わ)
Ⓐバター…6g(大さじ½)/しょうゆ…小さじ1/コンソメスープの素(顆粒)…小さじ¼
塩、こしょう……各少々

作り方
❶レタスは5㎜幅に切り、クレソンは葉を摘む。
❷耐熱容器にご飯とⒶを入れてさっくりと混ぜ、①と鮭フレークを加えて混ぜ合わせる。塩、こしょうし、ラップをして2分加熱する。(村田)

セロリの葉とベーコンのチャーハン

さすが こくが出る 鍋いらず

329kcal 2分

材料(2人分)
ご飯……260g(茶碗2杯分)
セロリの葉……25g
ベーコン……40g(2枚)
赤ピーマン……40g(約¼個)
Ⓐオリーブ油…小さじ1/コンソメスープの素(顆粒)…小さじ½
塩、こしょう……各少々

作り方
❶セロリの葉はみじん切り、ベーコン、ピーマンは細切りにしておく。
❷耐熱容器にご飯とⒶを入れて混ぜ、①を加えて混ぜ合わせ、塩、こしょうする。ラップをして2分加熱する。(村田)

干しえびの中華風クイックがゆ

さすが うまみが出る ノンオイル

202kcal 2分30秒

材料(2人分)
冷やご飯
……200g(茶碗〈小〉2杯分)
干しえび……20g(大さじ3)
水……カップ1
長ねぎのみじん切り
……40g(25㎝分)
おろししょうが
……10g(小さじ2⅔)
鶏ガラスープの素(顆粒)
……小さじ½
しょうゆ……小さじ1

作り方
❶耐熱容器に干しえびと分量の水を入れ、ラップなしで1分40秒加熱して、5分ほどそのままおく。
❷①に長ねぎとしょうがを加えて50秒加熱し、こして具と汁に分ける。
❸②の汁に熱湯を足してカップ1にしたものと、ご飯、スープの素、しょうゆを合わせてフードプロセッサーにかけて、ざっと攪拌(かくはん)する。
❹③を器に盛り、②の具を戻し入れて混ぜる。(大沼)

きのこのリゾット

さすが つやよく 鍋いらず

276kcal 18分

材料(2人分)
米……カップ¼
玉ねぎのみじん切り
……100g(½個分)
しめじ……100g(1パック)
えのきだけ……100g(1袋)
生しいたけ……30g(2個)
Ⓐチキンスープの素(顆粒)…小さじ1/湯…カップ2/塩…小さじ¼
オリーブ油……大さじ1
バター……12g(大さじ1)
パルメザンチーズ……大さじ4
こしょう……少々

作り方
❶しいたけは薄切りにし、しめじ、えのきだけは根元を切ってほぐす。
❷耐熱ボウルにⒶを入れて混ぜ、オリーブ油、玉ねぎと米を洗わずに加えて、もう一度混ぜる。
❸②にきのこ類をおおうようにのせて、混ぜずに両端をあけてラップをして6分加熱し、沸騰してきたら弱に切り替えて12分加熱する。
❹③を取り出したらすぐにバター、チーズを加えてとろみが出るまで混ぜ、仕上げにこしょうをふる。(村上)

そら豆のリゾット

さすが 焦げない 鍋いらず

316kcal 25分

材料(2人分)
米……カップ1
そら豆(さやつき)
……400g(10本)
玉ねぎのみじん切り
……50g(¼個分)
Ⓐバター…12g(大さじ1)/白ワイン…大さじ2/チキンスープの素(固形・砕(くだ)く)…½個
湯……カップ2
塩、こしょう……各少々
バター……12g(大さじ1)
粉チーズ……大さじ2

作り方
❶米は洗ってざるに上げて30分おく。
❷そら豆はさやごとターンテーブルにのせ、7分加熱する。そのまま粗熱(あらねつ)を取り、さやから出して薄皮をむく。
❸耐熱ボウルに玉ねぎとⒶを入れ、ラップをして2分加熱する。
❹③に米、熱湯、塩、こしょうを加えて混ぜ合わせ、ふんわりとラップをして、さらに8分加熱する。
❺④にそら豆を加えて混ぜ合わせ、再度ふんわりとラップをして8分加熱する。バターを加え、混ぜ合わせて器に盛り、粉チーズをふる。(村田)

鶏雑炊(ぞうすい)

さすが あっさり 簡単

269kcal 8分20秒

材料(2人分)
冷やご飯
……260g(茶碗2杯分)
ささ身……80g(2本)
酒、しょうゆ…各小さじ2
Ⓐ昆布茶…小さじ1/しょうゆ、酒、塩…各少々/水…カップ2
三つ葉のざく切り……適量

作り方
❶ささ身は筋を取って耐熱皿に入れ、酒、しょうゆをふってラップをして1分40秒加熱し、粗く裂く。
❷広口のどんぶり2つにご飯を等分に盛り、①を等分にのせ、合わせたⒶを等分にかける。ラップをして1人分につき3分20秒加熱し、三つ葉を散らす。(田口)

黒胡麻のおかゆ

さすが こくが出る 鍋いらず

152kcal 8分

材料(2人分)
冷やご飯
……130g(茶碗1杯分)
鶏ガラスープの素(顆粒)
……小さじ1
水……カップ3
胡麻油……小さじ1
塩、こしょう……各少々
すり黒胡麻……大さじ1
白髪(しらが)ねぎ……5㎝分
しょうがのせん切り…½かけ分

作り方
❶耐熱ボウルにスープの素と水を入れて混ぜ合わせ、ご飯を加えてラップをし、6分加熱する。
❷①をよく混ぜ、胡麻油、塩、こしょうで調味し、すり胡麻を加える。再びラップをして2分加熱する。白髪ねぎとしょうがを添えて食べる。(村田)

めん類

和風パスタ たいのたたきのせ

さすが あっさり ノンオイル 193kcal 7分30秒

材料（2人分）
スパゲティ（直径1.2㎜）…40g
湯……………………カップ3
えのきだけ………300g（3袋）
たい（刺身用）………………80g
Ⓐ長ねぎのみじん切り…小さじ2／しょうがのみじん切り…小さじ⅔／めんつゆ（3倍濃縮）…大さじ1／みそ…小さじ½
めかぶの細切り………… 100g
めんつゆ（3倍濃縮）…大さじ2
うずらの卵………………… 2個

作り方
❶えのきだけは根元を切り落としてほぐす。
❷たいは粗く刻み、Ⓐを加えて包丁でたたきながら混ぜ、味をからめる。
❸スパゲティは3つに折って耐熱容器に入れ、分量の湯を注ぐ。ラップをして5分加熱する。①を加え、再びラップをして2分30秒加熱し、熱いうちに一混ぜして水けをきる。ボウルに移してめかぶ、めんつゆを加えて混ぜる。
❹③を器2個に等分に盛り、②をのせて中央にうずらの卵を割り落とす。（大沼）

冷やし中華

さすが 手間いらず さっぱり 646kcal 5分

材料（2人分）
中華蒸しめん（冷やし中華用）
…………………… 150g（1玉）
胡麻油…大さじ1
鶏もも肉…………250g（1枚）
Ⓐ酒…大さじ½／塩…小さじ½／こしょう…少々
Ⓑはちみつ、しょうゆ…各大さじ1½／胡麻油…大さじ½／練りがらし…小さじ½
青じそのせん切り ……… 2枚分
貝割れ菜（3つに切る）
……………… 50g（1パック）
レタスの細切り（3㎝長さ）
……………… 40g（2⅔枚分）
花らっきょう（2つに切る）
………………………大さじ2
炒り白胡麻…………………少々

作り方
❶鶏肉はⒶをまぶしてレンジ専用バッグに皮を上にして入れる。口の中央を少し残して閉じる。
❷ターンテーブルに割り箸2膳をばらして置き、①をのせて5分加熱する。鶏肉の皮を除いて細く裂く。蒸し汁はとっておく。
❸ボウルにⒷと②の蒸し汁大さじ1を混ぜ合わせ、②の鶏肉を入れて味をなじませる。
❹中華めんはゆでて冷水にとり、ぬめりを洗う。水けをきって胡麻油をまぶし、器に盛る。青じそ、貝割れ菜、レタス、③をたれごとのせ、らっきょうを散らして胡麻をふる。（村上）

あさりのパスタ

さすが うまみが出る | 簡単 | **257kcal 6分**

材料（２人分）
スパゲティ（ゆでたもの）
……………………………200g
あさり（殻つき・砂出ししたもの）
……………………………400g
おろしにんにく……………少々
赤唐辛子（種を除く）……… １本
オリーブ油……………大さじ２
塩、黒こしょう…………各少々
パセリのみじん切り………少々

作り方
❶スパゲティは塩を加えた熱湯でゆでる。赤唐辛子は２つに切る。
❷耐熱性の器にあさりを入れ、おろしにんにくをところどころにのせて赤唐辛子を置く。オリーブ油を回しかけ、両端をあけてラップをし、6分加熱する。
❸②にスパゲティを混ぜ、塩、こしょうで調味し、パセリをふる。（村上）

キムチとナムルの冷やしそうめん

さすが 下ゆで | ローカロリー | **145kcal 2分 50秒**

材料（２人分）
そうめん……………40g（$\frac{4}{5}$わ）
しらたき（あく抜きしたもの）
……………………200g（１袋）
白菜キムチ………………… 100g
ほうれんそう……100g（$\frac{1}{3}$わ）
もやし……………200g（$\frac{4}{5}$袋）
Ⓐめんつゆ（３倍濃縮）…大さじ1$\frac{1}{3}$／おろしにんにく、すり白胡麻…各小さじ$\frac{1}{2}$
糸唐辛子……………………適宜
たれ
　めんつゆ（３倍濃縮）、水…各大さじ２／長ねぎのみじん切り…小さじ２／おろししょうが、コチュジャン…各小さじ１

作り方
❶ほうれんそうは葉と茎に切り分け、葉の上に茎をのせてラップで包み、１分10秒加熱する。水にとって絞り、４cm長さに切る。
❷もやしはラップで包んで１分40秒加熱し、水けをきる。キムチは１cm幅に切る。
❸Ⓐを合わせ、$\frac{1}{3}$量で①を和え、残りでもやしを和える。
❹たれの材料は混ぜ合わせる。
❺そうめんはゆでて冷水にとり、食べやすい長さに切ったしらたき、糸唐辛子と混ぜる。③、キムチとともに器に盛り、④を添え、食べるときにかけて混ぜる。（大沼）

めん類・パン

ドライトマトの冷たいパスタ

さすが　色あざやか

546kcal 5分

材料（2人分）
スパゲティ（直径1.0mm）……120g
プチトマト……100g（約7個）
アンチョビ……2枚
モッツァレラチーズ……100g（½個）
バジリコ……1枝
オリーブ油……大さじ3
塩、こしょう……各適量

作り方
❶プチトマトは横半分に切る。耐熱皿にキッチンペーパーを敷き、トマトの切り口を下にして並べ、5分加熱する。
❷アンチョビは細切りにし、チーズは1cm角に切り、バジリコは葉を刻んでボウルに入れる。①とオリーブ油、塩、こしょう各少々を加えてさっくり混ぜる。
❸スパゲティは表示通りにゆで、ざるにあけて流水で洗う。水けをきって②に混ぜ、味をみて、塩、こしょう各少々で調味し、あればバジルを飾る。（藤野）

煮込みスパゲティ

さすが　鍋いらず

549kcal 13分

材料（2人分）
スパゲティ（直径1.2mm）……160g
セロリ……30g（約⅓本）
玉ねぎ……50g（¼個）
ピーマン（赤・黄）……各75g（各½個）
ベーコン……40g（2枚）
にんにく……1かけ
オリーブ油……大さじ2
Ⓐトマトジュース、水…各カップ1／塩…小さじ½
塩、こしょう……各少々

作り方
❶セロリは筋を取って5mm幅の斜め切り、玉ねぎは5mm幅の薄切り、にんにくは薄切りにする。
❷ピーマンは縦に5mm幅の細切りにし、ベーコンは1cm幅に切る。スパゲティは10cm長さに手で折る。
❸耐熱ボウルに①とオリーブ油を入れてラップをし、3分加熱する。さらに②とⒶを加えて軽く混ぜ合わせ、ラップをして5分加熱する。
❹③を取り出して軽く混ぜ合わせ、塩、こしょうで調味する。ラップなしで再び5分加熱して仕上げる。（村田）

ミネストローネ

さすが　簡単

273kcal 4分

材料（2人分）
パスタ（フジッリ）……80g
トマト……200g（1個）
玉ねぎ……100g（½個）
ベーコン……40g（2枚）
Ⓐコンソメスープの素（顆粒）…少々／水…カップ1½／ローリエ…1枚／塩、こしょう…各少々
パセリのみじん切り……少々

作り方
❶トマトは皮をむいてざく切りに、玉ねぎは粗みじん切りにし、ベーコンは1cm幅に切る。
❷フジッリは塩適量（材料表外）を加えた熱湯でかためにゆで、水けをきっておく。
❸耐熱ボウルに①とⒶを入れてラップをし、3分加熱する。②を加えてさらに1分加熱し、取り出してパセリを散らす。（牧野）

そうめんチャンプルー

さすが　あっさり　ノンオイル

372kcal 3分40秒

材料（2人分）
そうめん……100g（2束）
豚もも薄切り肉……70g
にら……30g（⅓わ）
もやし……60g（約⅙袋）
卵……2個
Ⓐしょうゆ…小さじ2／酒…小さじ1／塩、こしょう…各少少

作り方
❶そうめんはたっぷりの熱湯でかためにゆでて水けをきっておく。
❷豚肉は2cm幅に切り、にらは4～5cm長さに切る。もやしはひげ根を取る。
❸耐熱容器ににら、もやし、豚肉の順に入れ、ラップをして2分加熱する。そうめんとⒶを加えて混ぜ合わせ、さらに1分加熱する。溶きほぐした卵を回しかけ、再び40秒加熱してよく混ぜ合わせる。（牧野）

トマトとえびのそうめん

さすが　甘みが出る　下ごしらえ

461kcal 1分10秒

材料（2人分）
そうめん……100g（2束）
トマト……400g（2個）
えび（殻つき）……120g（6尾）
酒…小さじ2／塩…少々
Ⓐオリーブ油…大さじ2／しょうゆ…小さじ2／塩、こしょう…各少々
青じそ……6枚

作り方
❶トマトはざく切りにして、フォークで軽くつぶす。
❷えびは背わたを取って殻をむき、粗く刻む。耐熱容器に入れ、酒、塩をふってラップをし、1分10秒加熱する。
❸そうめんはたっぷりの熱湯でゆでて、水けをきる。
❹ボウルに①、②、③を入れ、Ⓐとちぎった青じそを加えて和える。（田口）

とろろ蒸しうどん

さすが　鍋いらず

365kcal 8分20秒

材料（2人分）
ゆでうどん……500g（2玉）
長芋のすりおろし……100g（5cm分）
めんつゆ（2倍濃縮）…大さじ4
水……カップ4
卵……2個
かまぼこ……2切れ
青のり粉……適量

作り方
❶耐熱ボウル2個にめんつゆと分量の水を等分に入れ、洗ってほぐしたうどんの水けをきって½量ずつ入れる。ラップをして1人分につき2分30秒～3分加熱する。
❷①を取り出して長芋を等分にかけてかまぼこをのせ、卵を割り入れ、卵黄を竹串で刺す。1人分につき1分10秒加熱する。器に盛り、青のり粉をふる。（牧野）

みそ煮込みほうとう風

さすが　手間いらず

357kcal 16分

材料（2人分）
うどん（冷凍品）……420g（2パック）
かぼちゃ（冷凍品）

…………………… 120g（4個）
鶏細切れ肉…………………50g
万能ねぎのぶつ切り
…………………20g（4本分）
しめじ（ほぐす）
……………… 50g（½パック）
Ⓐみそ…大さじ2／みりん…小さじ4／しょうゆ…小さじ2／だしの素（顆粒）…小さじ1／湯…カップ2

作り方

❶1人分ずつ作る。耐熱性のどんぶりにⒶの½量を入れて、箸でよく混ぜる。
❷①にうどん1パックを入れ、かぼちゃ、鶏肉、ねぎ、しめじのそれぞれ½量をのせ、両端をあけてラップをして8分加熱する。残りも同様に作る。（村上）

焼きそば

さすが 味がからむ 速い

403kcal 4分

材料（2人分）
中華蒸しめん…… 300g（2玉）
焼き豚………………45g（3枚）
キャベツ………… 100g（2枚）
ピーマン……………60g（2個）
にんじん…………40g（小½本）
サラダ油……………大さじ1½
塩、こしょう……………各少々
焼きそば用ソース（市販品）
……………………………大さじ1

作り方

❶焼き豚は1cm角に切り、キャベツはざく切りにする。ピーマンは縦半分に切って細切りにし、にんじんは5cm長さの細切りにする。
❷耐熱容器に中華めんを入れ、上に①をのせる。サラダ油を回しかけ、塩、こしょうをふる。ふんわりとラップをして3〜4分加熱し、ソースをかけてよく混ぜ合わせる。（牧野）

汁ビーフン

さすが 味がしみる 下ごしらえ

371kcal 6分30秒

材料（2人分）
ビーフン（乾燥品）……… 140g
鶏胸肉…………… 100g（½枚）
酒…小さじ1
Ⓐ鶏ガラスープの素（顆粒）…小さじ1／塩、こしょう…各少々／水…カップ4
白髪ねぎ………………… 15cm分
香菜…………………………適宜
Ⓑナムプラー、レモン汁…各小さじ2

作り方

❶ビーフンはかためにゆで、水けをきっておく。
❷鶏肉は皮目にフォークで数ヵ所穴をあけ、酒をふってラップをし、2分30秒加熱し、細く裂く。皮は細切りにする。
❸耐熱ボウル2個にⒶと①を½量ずつ入れ、ラップをして1人分につき2分加熱する。器に盛って②の鶏肉、白髪ねぎ、香菜を½量ずつのせ、混ぜ合わせたⒷを等分にかける。（牧野）

おから入りすいとん

さすが 簡単 ヘルシー

144kcal 2分30秒

材料（2人分）
すいとんの生地
薄力粉……………………45g
水………………………… 45mℓ
おから……………………60g
だしの素（粉末）……小さじ½
ゆで竹の子…………………40g
にんじん…………40g（小½本）
長ねぎ……………… 40g（25cm）
だし汁…………………カップ2
しょうゆ………………大さじ½

作り方

❶耐熱ボウルにすいとんの生地の材料を入れて練り混ぜ、ラップで包んで2分30秒加熱する。
❷竹の子、にんじんは細切り、ねぎは斜め切りにしてだし汁とともに鍋に入れて中火にかけ、沸騰したら弱火にする。①を2cm角ぐらいずつにちぎって加え、しょうゆで調味して3分煮る。（大沼）

明太マフィン

さすが ふっくら 手間いらず

167kcal 4分

材料（直径8cmのプリン型4個分）
Ⓐ薄力粉…80g／ベーキングパウダー…小さじ1
明太子……………50g（½腹）
砂糖……………………大さじ1
サラダ油………………大さじ2
牛乳……………………大さじ5

作り方

❶12cm角に切ったクッキングシートを4枚用意し、四隅に3〜4cmの切り込みを入れて耐熱性のプリン型に敷く。
❷ボウルに薄皮を除いた明太子を入れ、砂糖、サラダ油、牛乳を加えて泡立て器で混ぜる。Ⓐをふるいながら加えて、なめらかになるまで泡立て器で混ぜる。
❸②を①の型の八分目まで流し入れる。ターンテーブルに割り箸2膳をばらして並べその上に中央をあけて置き、型全体にふんわりとラップをし、4分加熱する。（村上）

パングラタン

さすが しっとり 簡単

321kcal 1分30秒

材料（2人分）
食パン（6枚切り）
………………… 120g（2枚）
Ⓐ缶詰のホワイトソース…100g（¼缶）／卵…1個／牛乳…カップ¼
ピザ用チーズ………………20g

作り方

❶食パンは縦、横3等分に切り、Ⓐを混ぜた液に浸す。
❷耐熱容器に①を入れてピザ用チーズをのせ、ラップをして1分30秒加熱する。（牧野）

レンジ蒸しパン

さすが ふんわり 失敗なし

180kcal 2分30秒

材料（直径6cmの耐熱容器4個分）
ホットケーキミックス…… 50g
Ⓐ卵…½個／牛乳…大さじ2／サラダ油…大さじ1

作り方

❶ボウルにⒶを入れ、泡立て器でよく溶き混ぜ、ホットケーキミックスを加えて、粉っぽさがなくなるまで泡立て器で混ぜる。
❷耐熱容器4個に①を等分に流し入れ、ターンテーブルのまわりに並べる。型全体にふんわりとラップをし、2分30秒加熱する。好みの具をはさんで食べる。（牧野）

かぼちゃのディップサンド

さすが ほくほく 甘みが出る

344kcal 3分20秒

材料（2人分）
食パン（8枚切り）………… 2枚
かぼちゃ……… 160g（約⅙個）
バター………… 12g（大さじ1）
塩……………………………少々
スライスチーズ……………2枚

作り方

❶かぼちゃは種とわたを除いて薄切りにし、耐熱容器に入れる。ラップをして3分20秒加熱し、皮をむく。熱いうちにバターと塩を加え、軽くつぶしながら混ぜる。
❷食パンは軽くトーストし、上にチーズと①をのせる。（田口）

乾物・缶詰

五目切り干し大根

さすが 乾物をもどす ヘルシー 32kcal 2分30秒

材料(6人分)

切り干し大根……………………40g
しらたき(あく抜きしたもの)
……………………100g(½袋)
にんじん…………40g(小½本)
干ししいたけ………15g(4個)
切り昆布……………………10g
Ⓐだしの素(粉末)、しょうゆ…各小さじ1
さやいんげん(冷凍品)……40g

作り方

❶切り干し大根は洗って絞る。
❷しらたきはざく切りにし、にんじんは細切りにする。
❸耐熱容器に干ししいたけを入れ、かぶる程度の水を注ぎ、クッキングシートで落としぶたをし、2分30秒加熱。①と切り昆布を加え、ぬるま湯をひたひたに注いで15分おく。干ししいたけは薄切りに、切り干し大根と切り昆布は食べやすく切る。
❹鍋に②、③をもどし汁ごと入れて煮立て、あくを除く。Ⓐで調味し、ふたをして約20分煮る。さやいんげんを斜め切りにして加え、一煮する。(大沼)

切り干し大根のサラダ

さすが 乾物をもどす 手間いらず 148kcal 6分50秒

材料(2人分)

切り干し大根……………………20g
ハム……………………40g(2枚)
きゅうり…………100g(1本)
溶き卵……………………1個分
塩、砂糖…各少々
Ⓐ酢、しょうゆ、だし汁…各小さじ2/胡麻(ごま)油、炒り白胡麻…各小さじ1
香菜(シャンツァイ)……………………適宜(てきぎ)

作り方

❶切り干し大根は洗って耐熱容器に入れ、水をひたひたに注ぐ。ラップで落としぶたをし、約3分加熱。一混ぜしてさらに3分加熱する。そのまま少しおいて粗熱(あらねつ)を取ってざく切りにする。
❷ハム、きゅうりは細切りにする。
❸別の耐熱容器に溶き卵、塩、砂糖を入れて混ぜ、ラップなしで50秒加熱し、手早く混ぜて余熱で火を通し、炒(い)り卵にする。
❹①、②をⒶで和(あ)えて器に盛り、③をのせて香菜を飾る。(浜内)

さばのみそ煮缶と野菜の煮もの

さすが 味がしみる 簡単 129kcal 4分

材料(2人分)

缶詰のさばのみそ煮
……………………100g(½缶)
しめじ………100g(1パック)
つるむらさき……100g(½わ)
しょうゆ………………大さじ1

作り方

❶しめじはほぐす。
❷つるむらさきは4㎝長さに切り、葉と茎に分ける。
❸耐熱容器の中央に①、②の葉を入れ、茎をまわりに置く。缶詰のさばは缶汁ごとのせ、しょうゆをかける。クッキングシートを密着させてかぶせ、浮き上がり防止に耐熱性の小皿をのせ、両端(りょうはし)をあけてラップをする。4分加熱し、器に盛る。(村上)

和のおかず、もう一品
ご飯に合う、もう一品
エスニックの、もう一品
洋風のおかず、もう一品
箸休めに、もう一品
酒の肴
野菜のおかず、もう一品
洋の主菜
和の主菜
和と中華の主菜
中華・エスニックの主菜
スピードお弁当
軽食仕立てのごはん
食べるスープ
たっぷり卵料理

こんなときどうする？
こんなこともできる！

4章

あわてない、待たせない
スピードクッキング

忙しいとき、急ぐときほど出番あり！　電子レンジならではのとびっきりの早ワザをお見せします。解凍、温めはもとより和・洋・中の総菜から主食まで、15分以内でできるおいしいレシピが盛りだくさん。時間と勝負の朝食やお弁当作り、１人分のお昼に大活躍。間食・夜食の要望にも即、応えられます。また、突然のお客様にも酒の肴（さかな）やおもてなし料理をサッと出せ、おしゃべりの輪にも参加できます。どんな状況でもスピードとできは抜群。さすが電子レンジ！　です。

和のおかず、もう一品

ほうれんそうともやしの胡麻(ごま)みそ和(あ)え

さすが まろやか ヘルシー 88kcal 調理時間 10分 3分

材料(2人分)
ほうれんそう…… 100g(⅓わ)
もやし ………… 100g(⅖袋)
和え衣
すり白胡麻(粗(あら)ずり)…小さじ2/みそ…大さじ1⅓/削り節…5g(1袋)/砂糖…小さじ2/しょうゆ…大さじ1⅓

作り方
❶ほうれんそうは長さを半分に切り、葉と茎の向きを互い違いにしてラップで包む。もやしはひげ根を除き、ラップで包む。
❷①をいっしょに約3分加熱する。ほうれんそうはすぐ水にとってあくを抜き、水けを絞って3cm長さに切る。もやしはざるに上げて手早く冷(さ)ます。
❸ボウルに和え衣の材料を表記の順に入れて混ぜ、②を加えて和える。(浜内)

なすの簡単みそ煮

さすが 味がからむ 手間いらず 91kcal 調理時間 11分 7分

材料(2人分)
なす ………… 300g(大3個)
Ⓐ赤唐辛子(とうがらし)の小口切り(種を除く)…1本分/みそ、砂糖、酒、水…各大さじ2

作り方
❶耐熱容器にⒶを入れて混ぜる。
❷なすは3cmぐらいの乱切りにし、①に加えてまんべんなくからめる。
❸②にクッキングシートを密着させてかぶせ、浮き上がり防止に耐熱性の小皿をのせる。両端(りょうはし)をあけてラップをし7分加熱する。取り出して一混ぜし、なすに煮汁(にじる)をからめる。(村上)

きのこの当座煮

さすが 簡単 ヘルシー 26kcal 調理時間 8分 3分20秒

材料(2人分)
しめじ ……… 80g(⅘パック)
えのきだけ ………60g(⅗袋)
生しいたけ ………90g(6個)
Ⓐしょうがのみじん切り…小さじ2/めんつゆ(3倍濃縮)…大さじ1/一味唐辛子…少々

作り方
❶しめじは小房に分け、えのきだけは根元を切ってほぐす。生しいたけは薄切りにする。
❷耐熱容器に①を入れ、混ぜ合わせたⒶをふりかける。
❸クッキングシートをかぶせて落としぶたにし、約3分20秒加熱する。(大沼)

かぼちゃの簡単いとこ煮

さすが ほくほく 失敗なし **118kcal** 調理時間 **10分** **3分**

材料（２人分）

かぼちゃ………250g（小¼個）
缶詰のゆで小豆……………40g
しょうゆ………………小さじ⅔

作り方

❶かぼちゃは種を除いて200g用意し、厚めのくし形切りにしてから、食べやすい大きさにさらに２〜３等分する。

❷耐熱容器に①を重ならないように並べてラップをし、2分30秒〜３分加熱する。

❸かぼちゃが柔らかくなったら、ゆで小豆としょうゆを加え混ぜ、余熱で味をなじませる。（竹内）

豆腐と枝豆のうま煮

さすが うまみが出る まろやか **175kcal** 調理時間 **13分** **8分20秒**

材料（２人分）

木綿豆腐………… 300g（１丁）
枝豆（冷凍品・さやなし）…60g
缶詰のかにの水煮 …………40g
Ⓐ昆布茶…小さじ２／酒…60mℓ／水…カップ１
片栗粉（倍量の水で溶く）……………………… 大さじ１

作り方

❶豆腐は１〜1.5㎝厚さの一口大に切る。枝豆は解凍し、かには軟骨を除く。

❷耐熱容器にⒶを入れてラップをし、約３分20秒加熱して沸騰させる。①を入れ、再びラップをして約５分加熱する。煮汁に手早く水溶き片栗粉を加えて混ぜ、余熱でとろみをつけて器に盛る。（浜内）

もやしとベーコンのお浸し

さすが 鍋いらず ローカロリー **38kcal** 調理時間 **8分** **2分30秒**

材料（２人分）

もやし…………… 200g（⅘袋）
ベーコン（赤身）….20g（１枚）
Ⓐしょうゆ…小さじ１／だしの素（粉末）…小さじ½／こしょう…少々

作り方

❶もやしは好みでひげ根を取り、ベーコンは細切りにする。

❷耐熱性の器にベーコンを入れてもやしをのせ、ラップをして約２分30秒加熱する。熱いうちにⒶをふりかけてざっと混ぜ、味をなじませる。（大沼）

ご飯に合う、もう一品

帆立て貝柱と青梗菜のサッと煮

さすが　あっさり　ノンオイル　32kcal　調理時間 10分　3分

材料(2人分)

缶詰の帆立て貝柱の水煮 ……………………40g(⅖缶)

青梗菜 ………… 200g(2株)

Ⓐ酒…小さじ2／帆立て貝柱の缶汁…大さじ2／塩、こしょう…各少々

作り方

❶青梗菜は葉を5㎝長さに切り、茎は3㎝長さに切ってから六つ〜八つ割りにする。

❷耐熱容器に葉、茎の順に入れ、貝柱をほぐしてのせ、Ⓐをふりかける。両端をあけてラップをし、3分加熱する。(村上)

しゃきしゃきれんこん

さすが　冷めてもおいしい　失敗なし　41kcal　調理時間 5分　2分

材料(2人分)

れんこん …… 120g(約½節分)

しょうゆ ……………… 小さじ2

オリーブ油 …………… 小さじ2

削り節、こしょう ……… 各少々

作り方

❶れんこんは1.5〜2㎝厚さの輪切りにしてから半月切りにし、さらにそれを斜め半分に切り、耐熱容器に入れる。

❷①にしょうゆとオリーブ油をふりかけ、両端をあけてラップをし、2分加熱する。器に盛り、削り節とこしょうをふりかける。(村上)

＊れんこんは変色を防ぐため、切ったらすぐに加熱するのがコツ。

三つ葉のあったかお浸し

さすが　あっさり　手間いらず　14kcal　調理時間 5分　2分

材料(2人分)

三つ葉 ………… 100g(2わ)

Ⓐ削り節… 1g(2つまみ)／水…50㎖

しょうゆ ……………… 小さじ2

すり白胡麻 ……………… 適量

作り方

❶三つ葉は6〜7㎝長さに切り、耐熱性のコップに立てて入れ、ラップをする。

❷小さめの耐熱ボウルにⒶを入れてラップをする。

❸ターンテーブルの両端に①と②をのせ、2分加熱する。三つ葉は水けをきって器に盛る。②のだし汁は削り節を箸で押さえながら三つ葉にかけ、しょうゆと胡麻をふりかける。(村上)

えのきつくね

さすが ヘルシー ローカロリー 92kcal 調理時間 11分 5分

材料（2人分）
ささ身ひき肉…………… 100g
えのきだけ……… 200g（2袋）
だしの素（粉末）……… 小さじ⅔
片栗粉……………… 小さじ1
おろしだれ（市販品）… 大さじ2
貝割れ菜………………… 適宜

作り方
❶えのきだけは根元を切り、小口切りにする。
❷ボウルにひき肉、だしの素、片栗粉を入れてよく練り混ぜ、①を加えてまんべんなく混ぜ合わせる。
❸②の肉種を6等分して軽く丸め、1個ずつラップで包む。これをターンテーブルのまわりに並べ、5分加熱する。ラップをはずして器に盛り、おろしだれをかけて貝割れ菜を散らす。（大沼）

かぶのひき肉詰め蒸し

さすが うまみが出る 煮くずれない 127kcal 調理時間 11分 4分

材料（2人分）
かぶ………………400g（4個）
鶏ひき肉……………………80g
Ⓐしょうが汁…小さじ¼／酒…小さじ1／片栗粉…小さじ2／塩、こしょう…各少々
Ⓑだし…カップ½／みりん…小さじ⅔／薄口しょうゆ…小さじ½
片栗粉（倍量の水で溶く）……………………………小さじ1
ゆずの皮のせん切り………適宜

作り方
❶かぶは1個ずつラップに包みターンテーブルのまわりに並べ、1分10秒加熱し、中をくりぬいて器にする。中身は刻む。
❷ボウルにひき肉と①の中身、Ⓐを合わせてよく練る。
❸①のかぶの器に②を詰め、耐熱容器に並べてⒷを入れる。ラップをして約2分50秒加熱する。
❹③の煮汁が熱いうちに水溶き片栗粉を混ぜ、余熱でとろみをつけてかぶに回しかけ、ゆずをのせる。（塩田）

ほうれんそうの簡単白和え

さすが 水きり 味がからむ 132kcal 調理時間 9分 約3分30秒

材料（4人分）
絹ごし豆腐……… 300g（1丁）
ほうれんそう…… 150g（½わ）
　しょうゆ…少々
Ⓐ練り白胡麻…大さじ3／砂糖…大さじ1～1½／薄口しょうゆ…小さじ½／塩…少々

作り方
❶豆腐はざっとくずし、キッチンペーパーを敷いた耐熱容器に入れて約2分加熱。キッチンペーパーを敷いたざるにあけて水けをきっておく。
❷ほうれんそうは葉と茎の向きを交互に並べてラップで包み、約1分30秒加熱。すぐ水にとってあくを抜き、3cm長さに切ってしょうゆをふり、水けを絞る。
❸ボウルにⒶを合わせて混ぜ、①と②を加えて和える。（栗原）

エスニックの、もう一品

キャベツの XO醤和え

さすが うまみが出る | 簡単 | 92kcal

調理時間 6分 | 2分

材料（2人分）

キャベツ ………… 200g（4枚）
XO醤 …………………… 大さじ1
胡麻油 ………………… 小さじ1
こしょう …………………… 少々

作り方

❶キャベツは芯を除き、4cm長さ、1cm幅のざく切りにする。
❷耐熱容器に①を入れ、XO醤を全体に散らし、胡麻油とこしょうをふりかける。
❸両端をあけてラップをし、2分加熱して混ぜて、器に盛る。（村上）

鶏肉の レンジ蒸しサラダ

さすが まろやか | 失敗なし | 115kcal

調理時間 5分 | 2分30秒

材料（2人分）

鶏もも肉 ……… 100g（小½枚）
Ⓐ酒…大さじ1／塩…小さじ⅓
Ⓑ長ねぎのみじん切り、練り白胡麻…各大さじ1／しょうがのみじん切り…少々／砂糖…小さじ2／酢…小さじ1／しょうゆ…大さじ1
きゅうり …………………… ½本
レタスの細切り ………… 1枚分
トマトの乱切り ………… 1個分

作り方

❶耐熱容器に鶏肉を入れてⒶをふる。ラップをして2分30秒加熱し、薄切りにする。
❷Ⓑをよく混ぜ、①にからめる。
❸縦半分に切って斜め薄切りにしたきゅうりとレタス、トマトを盛り、②をのせる。（渡辺あ）

ブロッコリーのオイスターソースがけ

さすが 栄養をにがさない　簡単　52kcal　調理時間 6分　3分

材料（2人分）

ブロッコリー…… 200g（2/3個）
オイスターソース …… 大さじ2

作り方

❶ブロッコリーは茎を小さめの一口大に切り、花蕾（からい）は小房に分ける。ともに水にくぐらせ、小房は耐熱皿の外側、茎は内側に放射状に並べる。

❷ラップをして約3分加熱する。水けをきって器に盛り、熱いうちにオイスターソースを回しかける。（浜内）

ひき肉ともやしのナムル

さすが 味がからむ　簡単　118kcal　調理時間 8分　1分20秒

材料（2人分）

牛ひき肉 ……………………… 60g
Ⓐおろしにんにく…½かけ分／砂糖…大さじ½／しょうゆ…大さじ1強／胡麻油…少々
もやし ………… 150g（3/5袋）
万能ねぎの小口切り……… 適量

作り方

❶耐熱容器にひき肉を入れてⒶを加え、箸（はし）でほぐしながらまんべんなく混ぜる。ラップをして50秒加熱し、取り出して手早く混ぜる。再びラップをしてさらに30秒加熱し、全体を混ぜる。

❷もやしは熱湯でサッとゆでる。ざるに上げ、熱いうちに①と和え、汁けをきって器に盛り、万能ねぎを散らす。（武蔵）

青梗菜（チンゲンツァイ）の貝柱あんかけ

さすが 鍋いらず　味がからむ　31kcal　調理時間 11分　4分

材料（2人分）

青梗菜 ………… 200g（2株）
缶詰の帆立て貝柱の水煮
　…………………… 60g（小1缶）
長ねぎの斜め切り……… 3cm分
Ⓐ湯…カップ¼／オイスターソース…小さじ2／くこの実（あれば）…小さじ1／こしょう…少々／片栗粉…小さじ½

作り方

❶青梗菜は葉を5cm長さに切り、茎は3cm長さに切ってから六つ～八つ割りにする。

❷耐熱ボウルにⒶを入れ、とろみがつくまで混ぜる。

❸帆立て貝柱はほぐし、缶汁ごと長ねぎとともに②に加える。青梗菜の葉、茎の順に重ねる。

❹③にクッキングシートを密着させてかぶせ、浮き上がり防止に耐熱性の小皿をのせる。両端をあけてラップをし、4分加熱して一混ぜする。（村上）

洋風のおかず、もう一品

たっぷりパセリのポテトサラダ

さすが しっとり 鍋いらず 177kcal 調理時間 9分 3分

材料（2人分）

じゃが芋………… 150g（1個）
パセリ………………………… 1枝
Ⓐ酢、サラダ油、水…各カップ¼／昆布茶、塩、しょうゆ…各小さじ½／こしょう…少々

作り方

❶じゃが芋は洗ってぬれているうちに皮の上からフォークで3ヵ所突く。ターンテーブルに割り箸2膳をばらして置き、その端にのせ、ラップなしで3分加熱する。
❷パセリは細かく刻んでキッチンペーパーで包み、水けを取る。
❸ボウルにⒶを合わせ、②を加えてよく混ぜる。
❹①のじゃが芋が冷めたら皮をむき、縦半分に切ってから7～8㎜厚さに切り、③に加えて一混ぜし、器に盛る。（村上）

カップコロッケ

さすが ほくほく 失敗なし 146kcal 調理時間 10分 1分40秒

材料（2人分）

カリフラワーポテト（→P314）………………………… 2人分
缶詰のコンビーフ…………………60g（⅓缶弱）
玉ねぎ…………60g（小⅓個）
コンソメスープの素（顆粒）…………………… 小さじ⅖
パン粉（炒ったもの）…大さじ1

作り方

❶玉ねぎは粗みじん切りにしてスープの素をまぶし、ラップで包んで1分40秒加熱する。
❷ボウルにカリフラワーポテト、ほぐしたコンビーフ、冷ました①を合わせてよく混ぜる。
❸アルミケース（お菓子のマドレーヌ用など）に②を詰めてパン粉をふりかけ、温めておいたオーブントースターで3分焼く。（大沼）

＊パン粉はフライパンに薄くひろげ、中火できつね色になるまで空炒りする。冷凍保存しておくと便利。

かぼちゃのレンジサラダ

さすが まろやか 手間いらず 117kcal 調理時間 11分 6分

材料（2人分）

かぼちゃ…….. 160g（約⅙個）
マヨネーズ………… 大さじ1
牛乳………………… 小さじ2
塩、こしょう………… 各少々

作り方

❶かぼちゃは種を除いて7～8㎜厚さの一口大に切る。耐熱容器に入れてラップをし、4～6分加熱。ラップをはずして粗熱を取る。
❷①にマヨネーズと牛乳を加えてざっと混ぜ、塩、こしょうで味をととのえる。（小田）

簡単マッシュポテト風

さすが 栄養をにがさない ｜ 片付けらくらく ｜ 180kcal 調理時間 11分 6分

材料（2人分）

じゃが芋 ………… 300g（2個）

Ⓐ塩…小さじ⅖／砂糖…大さじ2／バター…小さじ2／水…大さじ2

作り方

❶じゃが芋は洗ってぬれているうちに皮の上からフォークで3ヵ所突く。

❷ターンテーブルに割り箸2膳をばらして置き、その端に①を向かい合わせにのせて、ラップなしで6分加熱する。

❸②を取り出してキッチンペーパーの上にのせ、皮をむいてペーパーで押さえながら粗くつぶす。ボウルに移し、Ⓐを表記の順に加えて混ぜる。（村上）

にんじんのピクルス

さすが さっぱり ｜ 色あざやか ｜ 26kcal 調理時間 6分 1分

材料（2人分）

にんじん ………… 90g（小1本）

ディル ………………………… ½枝

Ⓐ酢…大さじ4／白ワイン、水…各大さじ2／砂糖…小さじ2／塩…小さじ⅓／粒白こしょう…少々／ピンクペッパー…適宜

作り方

❶にんじんは縦半分に切り、7〜8㎜厚さの斜め切りにする。

❷耐熱容器にⒶを入れてラップをし、30秒加熱する。①とちぎったディルを加えて再びラップをし、30秒加熱する。粗熱が取れたら、冷蔵庫でよく冷やす。（竹内）

キャベツとかきの炒めもの

さすが 下ゆで ｜ まろやか ｜ 157kcal 調理時間 8分 2分

材料（2人分）

キャベツ ………… 200g（⅙個）

缶詰のかきのオイル漬け ……………………90g（1缶）

こしょう …………………… 適宜

作り方

❶キャベツは芯を除く。大きめの一口大にちぎってポリ袋に入れ、口を内側に折る。

❷①をターンテーブルの端に置き、2分加熱する。

❸フライパンに缶詰のかきをオイルごとあけて温め、水けをきった②を加えて一混ぜし、こしょうを好みでたっぷりとふる。（村上）

箸休めに、もう一品

ほうれんそうのチーズ和え

さすが | 手間いらず | ヘルシー | 26kcal | 調理時間 5分 | 1分10秒

材料（2人分）
ほうれんそう…120g（小½わ）
Ⓐカッテージチーズ…大さじ1／瓶詰の味つけえのきだけ…小さじ2／溶きがらし…少々

作り方
❶ほうれんそうは長さを半分に切る。葉の上に茎をのせてラップで包み、1分10秒加熱する。水にとって水けを絞り、4～5㎝長さに切る。
❷Ⓐを混ぜ合わせ、①を和える。（大沼）

じゃが芋のバターしょうゆ

さすが | ほくほく | 鍋いらず | 95kcal | 調理時間 13分 | 10分

材料（2人分）
じゃが芋……200g（小2個）
バター、しょうゆ…各小さじ2

作り方
❶じゃが芋は洗って泥を落とし、皮つきのまま1個ずつラップで包み、ターンテーブルの両端に置いて8～10分加熱する。
❷ラップをはずし、少し冷ましてから皮つきのままくずして、バターとしょうゆをからめる。（小田）

キャベツとトマトの中華蒸し

さすが | 手間いらず | ノンオイル | 62kcal | 調理時間 8分 | 4分30秒

材料（2人分）
キャベツ……300g（¼個）
トマト……200g（1個）
干しえび……4g
しょうがのせん切り…1かけ分
酒……大さじ4
塩……少々

作り方
❶干しえびは耐熱容器に入れ、ひたひたの水（材料表外）につけ、ラップなしで30秒加熱してもどし、粗く刻む。
❷キャベツは芯は薄切り、葉は大きめにちぎる。トマトはくし形に切る。
❸別の耐熱容器に②と①のえびをもどし汁ごと入れ、しょうがを散らし、酒、塩をふる。ラップをして約4分加熱する。途中で一度、上下を返す。（浜内）

なすと豚肉の重ね蒸し

さすが クリーミー | 鍋いらず | **166kcal** 調理時間 **13**分 約**4**分

材料(4人分)
なす ………………180g(2個)
豚もも薄切り肉…120g(4枚)
塩、こしょう…各少々
Ⓐ酢、サラダ油…各大さじ2/スープの素(顆粒)…小さじ½/しょうゆ…小さじ2/塩、こしょう…各少々
Ⓑピクルスのみじん切り…大さじ1〜2/サワークリーム…大さじ2/牛乳…大さじ1½/白ワイン…大さじ½/塩、こしょう…各少々
セロリ、きゅうり、にんじん、レタスのせん切り…… 各適宜

作り方
❶豚肉は長さを半分に切り、塩、こしょうをふる。なすはヘタを除き、1個を縦8枚の薄切りにし、水にさらしてあくを抜く。
❷なすの水けをふいて2枚を1組にし、豚肉1枚分ずつをはさみ、切り口を上にして耐熱皿に並べる。
❸Ⓐを混ぜて②にかけ、ラップをして約4分加熱し、ラップで落としぶたをしておく。
❹器に盛り、Ⓑを合わせてかけ、野菜のせん切りを添える。(栗原)

モロヘイヤと豆腐のチャンプルー

さすが 水きり | ヘルシー | **212kcal** 調理時間 **7**分 **3**分

材料(2人分)
モロヘイヤ……100g(½袋)
木綿豆腐………300g(1丁)
にんにくのみじん切り ………………………½かけ分
しょうがのみじん切り ………………………½かけ分
溶き卵 …………………… 1個分
サラダ油 ………………大さじ1
Ⓐしょうゆ、酒…各大さじ½/塩…小さじ⅓

作り方
❶豆腐はキッチンペーパーで包み、ラップなしで3分加熱して水けをきる。
❷モロヘイヤはサッとゆでて水けを絞り、3cm長さに切る。
❸フライパンに油の½量を熱し手でくずした豆腐を入れて炒め、薄く色づいたら取り出す。
❹残りの油を熱し、にんにく、しょうがを入れ、②を加えて炒める。③の豆腐を戻し入れ、Ⓐを加えて炒める。溶き卵を加えて大きくかき混ぜる。(竹内)

キューブサラダ

さすが まろやか | 簡単 | **288kcal** 調理時間 **9**分 **4**分

材料(2人分)
じゃが芋……200g(小2個)
エメンタールチーズ(2×8cm、1cm厚さ) ……………2個
ハム(1cm厚さの輪切り)…1枚
Ⓐマヨネーズ…大さじ1⅓/粒マスタード…小さじ1/牛乳…小さじ1〜2

作り方
❶じゃが芋は皮つきのまま、フォークで3ヵ所刺す。
❷ターンテーブルに割り箸2膳をばらして置き、その端に①をのせ、ラップなしで4分加熱する。皮をむいて1cm角に切る。チーズ、ハムも1cm角に切る。
❸②にⒶを加えて混ぜ合わせる。(村上)

酒の肴

蒸し鶏の梅肉和え

さすが さっぱり ローカロリー 67kcal 調理時間 9分 3分20秒

材料（2人分）
ささ身（筋なし）…・80g（2本）
　酒…大さじ2
えのきだけ…160g（約1½袋）
Ⓐ梅肉…小さじ2／しょうゆ…小さじ1／だしの素（粉末）…小さじ½
青じそのせん切り………4枚分

作り方
❶耐熱容器に大きめのラップを敷いてささ身をのせ、酒をふって全体にからめる。ラップで包み、1分40秒加熱する。そのままおいて粗熱を取り、食べやすい大きさに手で裂く。
❷えのきだけは根元を切ってほぐし、耐熱容器に入れる。ラップをして1分40秒加熱する。
❸ボウルにⒶを合わせて①と②を和え、器に盛って青じそを散らす。（大沼）

あさりともやしのキムチだれ

さすが ピリ辛 時間短縮 54kcal 調理時間 12分 5分

材料（2人分）
あさり（殻つき・砂出ししたもの）…………………160g（20個）
もやし…………300g（1⅓袋）
Ⓐキムチの素（市販品）…小さじ2／しょうゆ…小さじ2／酒…大さじ2／だしの素（粉末）…小さじ⅔
Ⓑ片栗粉（倍量の水で溶く）…小さじ1
あさつきの小口切り……6本分

作り方
❶あさりは殻をこすり洗いし、もやしは好みで芽とひげ根を取る。Ⓑは混ぜておく。
❷耐熱容器にあさりを入れてⒶをふりかけ、ラップをして1分40秒加熱する。口があいたらもやしを加えて一混ぜし、再びラップをして2分30秒加熱する。熱いうちにⒷを混ぜ、ラップをしてさらに50秒加熱する。器に盛り、あさつきを散らす。（大沼）

変わりきんぴら

さすが シャキシャキ 鍋いらず 115kcal 調理時間 13分 8分

材料（2人分）
れんこん…………150g（⅗節）
にんじん……………40g（⅖本）
赤唐辛子の小口切り……1本分
Ⓐパセリのみじん切り…小さじ2／バルサミコ酢…大さじ4／オリーブ油…小さじ2／黒こしょう、塩…各適量

作り方
❶れんこんは薄い輪切りまたは半月切りにし、水にさらしてあくを抜く。にんじんも薄い輪切りにする。
❷れんこんの水けを軽くきってにんじんとともに耐熱容器に入れ、ラップをして約4分加熱し、ざるに上げて水けをきる。
❸赤唐辛子とⒶを合わせて②にからめ、再びラップをして約4分加熱する。（浜内）

ふっくら レバもやし

さすが 味がからむ｜失敗なし｜153kcal

調理時間 10分　6分

材料（2人分）

もやし……………200g（⅘袋）
豚レバー…………………150g
Ⓐおろしにんにく…小さじ1／砂糖、しょうゆ…各大さじ2／胡麻油…小さじ2／片栗粉…小さじ1

作り方

❶もやしはサッと水洗いし、水けをきって耐熱容器に入れる。
❷豚レバーは流水で洗って水けをふく。そぎ切りにしてボウルに入れ、Ⓐをからめ①にのせる。
❸②にクッキングシートを密着させてかぶせ、浮き上がり防止に小皿をのせる。両端をあけてラップをし、6分加熱する。水けをきるようにして器に盛る。好みでご飯（カロリー外）を添える。（村上）

かきのパン粉焼き

さすが ジューシー｜片付けらくらく｜101kcal

調理時間 8分　2分30秒

材料（2人分）

かき（むき身）……………100g
Ⓐ塩、こしょう…各少々／白ワイン…大さじ½
Ⓑにんにくのみじん切り…½かけ分／パセリのみじん切り…½枝分／バター…大さじ1
パン粉…………………大さじ2
チリソース（市販品）、パセリ…………………………各適量

作り方

❶かきは塩水（材料表外）でふり洗いをし、Ⓐをふって耐熱皿に並べる。ラップをして1分30秒加熱し、出た水けは捨てる。
❷Ⓑを混ぜ合わせて①にのせ、パン粉をふる。ラップなしで、1分加熱する。チリソースをのせ、パセリを飾る。（藤野）

酒の肴

鮭ポテト

さすが 時間短縮 ローカロリー 129kcal 調理時間 12分 4分10秒

材料（2人分）
じゃが芋……… 160g（小2個）
鮭フレーク（市販品）…大さじ2
粒こんにゃく…………… 140g
だしの素（粉末）……… 小さじ½
鮭フレーク（飾り用）………適量
エンダイブ…………………適宜

作り方
❶じゃが芋は皮をむいて正味140gを用意し、ラップで包み、4分10秒加熱する。熱いうちにボウルに入れて、マッシャーで細かくつぶす。
❷フッ素樹脂加工のフライパンを強めの中火にかけ、水けをきった粒こんにゃくを入れる。だしの素をふり、こんにゃくの水分をとばしながら、空炒りする。
❸①に②、鮭フレークを加えてよく混ぜ合わせ、6等分してそれぞれラップで茶巾に絞る。
❹器に盛り、飾り用の鮭フレークをふって、あればエンダイブを添える。（大沼）

パリッとじゃこチーズ

さすが 失敗なし 簡単 42kcal 調理時間 4分 2分

材料（2人分）
ピザ用チーズ
…20g（3本の指で2つまみ）
ちりめんじゃこ
…4g（3本の指で2つまみ）

作り方
❶シリコン加工の紙ケース2個にチーズを½量ずつ入れ、じゃこを等分にのせる。ターンテーブルの端に向かい合わせに置き、ラップなしで2分加熱する。
❷チーズが溶け、ところどころきつね色になったら取り出す。粗熱が取れると、パリパリのせんべいになる。（村上）

もやしのピリ辛

さすが 失敗なし ヘルシー 57kcal 調理時間 8分 1分20秒

材料（2人分）
もやし…………… 200g（⅘袋）
Ⓐ赤唐辛子の粗みじん切り、しょうゆ、鶏ガラスープの素（顆粒）…各小さじ½／酢、胡麻油…各小さじ2／塩…少々

作り方
❶もやしはたっぷりの水に入れ、手でぐるぐる回しながら洗ってざるに上げる。これを3回くり返し、もやし臭さを消し、ひげ根を取る。ポリ袋に入れ、口を折って1分20秒加熱する。
❷袋の隅を切って水けを捨ててからもやしをボウルに入れ、Ⓐを加え、全体を混ぜ合わせる。（村上）

里芋のそぼろ煮

さすが　味がからむ　手間いらず　**188**kcal　調理時間 **13**分　**9**分

材料（２人分）
里芋（冷凍品）…… 300g（12個）
豚ひき肉 ……………………… 50g
Ⓐしょうゆ、酒、砂糖、水…各大さじ２
しょうがのせん切り……… 少々

作り方
❶耐熱容器にひき肉とⒶを入れて混ぜ、里芋を加える。クッキングシートを密着させてかぶせ、浮き上がり防止に耐熱性の小皿をのせ、両端をあけてラップをして9分加熱する。
❷一混ぜして器に盛り、上にしょうがをのせる。（村上）

なすと帆立てのチャイニーズサラダ

さすが　新鮮味　栄養をにがさない　**87**kcal　調理時間 **13**分　**4**分

材料（２人分）
なす …………… 200g（小３個）
玉ねぎの薄切り ………… ¼個分
帆立て貝柱（刺身用）…… 大２個
Ⓐ XO醤、しょうゆ…各大さじ½／水…大さじ１

作り方
❶なすはへたを切り落とし、皮むき器で薄く皮をむき、塩水（材料表外・水カップ３に塩大さじ１）に２～３分つける。
❷①を３個いっしょにラップで包み、ターンテーブルに割り箸２膳をばらして置き、その端にのせる。4分加熱し、へたを切り落とし、1.5cm幅の斜め切りにする。
❸玉ねぎは氷水でもみ洗いし、水けをきる。貝柱は十字に切り込みを入れてから裂く。②の上に盛って、Ⓐを混ぜてかける。（村上）

トマトと豆腐のおかか和え

さすが　水きり　ヘルシー　**47**kcal　調理時間 **8**分　**40**秒

材料（２人分）
絹ごし豆腐 ………… 75g（¼丁）
トマト …………………… 大½個
オクラ ……………………… ４本
塩…少々
なす ……………… 50g（大½個）
Ⓐ削り節…½パック／しょうゆ…大さじ½／塩…少々

作り方
❶豆腐はキッチンペーパーで包んで耐熱容器に入れ、30～40秒加熱して水きりをし、粗くくずす。
❷トマトは１cm厚さのくし形切りにする。オクラは塩をふって板ずりをし、ゆでて水にとって冷まし、斜め半分に切る。
❸なすは縦半分に切り、斜め薄切りにして塩水（材料表外）につけ、あくを抜く。しんなりしたら水けを絞る。
❹①、②、③を合わせ、Ⓐで和える。（竹内）

野菜のおかず、もう一品

厚揚げのガドガド風

さすが こくが出る 手間いらず **113kcal** 調理時間 6分30秒 **30秒**

材料(2人分)
厚揚げ……………100g(½枚)
キャベツ…………100g(2枚)
にんじんの短冊切り
………………20g(小⅛本分)
Ⓐピーナツバター…大さじ1⅓／砂糖…小さじ⅔／しょうゆ…小さじ1強／水…小さじ2

作り方
❶厚揚げは熱湯をかけて油抜きし、5㎜角の拍子木切りにする。
❷キャベツは塩少々(材料表外)を加えた熱湯でゆで、ざるにひろげて冷まし、7～8㎜幅の細切りにする。
❸にんじんはラップで包み、約30秒加熱する。
❹①、②、③を合わせて器に盛り、混ぜ合わせたⒶを添える。(竹内)

サラダニソワーズ

さすが 味がからむ 時間短縮 **260kcal** 調理時間 10分 **3分**

材料(2人分)
じゃが芋…………150g(1個)
白いフレンチドレッシング(市販品)……………カップ¼
きゅうり……………………½本
プチトマト…………………2個
缶詰のツナの水煮
…………………60g(小1缶)
黒オリーブ…………………4個
アンチョビ…………………2枚
サラダ菜……………………¼株
パセリ………………………1枝
オリーブ油……………大さじ1

作り方
❶ターンテーブルに割り箸2膳をばらして置き、その端にじゃが芋をのせ、ラップなしで3分加熱する。
❷すぐに半分に切り、切り口を下にしてボウルに入れ、上からフォークでつぶす。皮を除き、ドレッシングを加えて混ぜる。
❸きゅうりはフォークで皮に筋をつけて輪切り、トマトは半割り。オリーブは輪切りにする。
❹サラダ菜を敷いて②、③、ツナを盛る。アンチョビを裂いてのせ、パセリをちぎって散らし、オリーブ油をかける。(村上)

ささ身とねぎのエスニックサラダ

さすが しゃきしゃき 鍋いらず 123kcal 調理時間 10分 1分30秒

材料（2人分）
ささ身………………80g（2本）
　酒…小さじ2／塩…少々
長ねぎの白い部分…………½本
大根のせん切り…………5㎝分
赤ピーマンのせん切り
　…………………20g（½個分）
青じそ………………………4枚
Ⓐナムプラー…大さじ1⅓／豆板醤（トウバンジャン）…適宜（てきぎ）／砂糖…小さじ½／しょうゆ…小さじ⅔／酢、サラダ油…各大さじ1

作り方
❶ささ身は筋を取り、酒、塩をふってラップで包み、1分30秒加熱して、粗（あら）くほぐす。
❷長ねぎは5㎝長さのせん切りにし、青じそもせん切りにして、それぞれ水にさらす。大根は塩少々（材料表外）をふって、しんなりしたら水けを絞る。
❸①、②、赤ピーマンを合わせて器に盛り、Ⓐを混ぜ合わせてかける。（竹内）

白身魚のカルパッチョ風サラダ

さすが さっぱり 簡単 141kcal 調理時間 10分 2分

材料（2人分）
白身魚（刺身（さしみ）用）………… 100g
　塩、こしょう…各少々
レタス類、ルッコラ、ラディッシュなど好みの野菜… 120g
トマト……………400g（2個）
Ⓐオリーブ油、レモン汁…各小さじ2／塩、こしょう…各少々

作り方
❶白身魚は薄いそぎ切りにし、片面に塩、こしょうをふる。
❷葉野菜は大きめに手でちぎり、ラディッシュは薄切りにする。ともに水につけてパリッとさせる。水けをきって①と混ぜ、器に盛る。
❸トマトは皮に十字に切り目を入れ、ラップをして約2分加熱する。すぐに冷水にとって皮をむき、横半分に切って種を除く。粗みじんに切ってⒶと混ぜ、②にかける。（浜内）

かぼちゃのレンジ甘煮

さすが 味がからむ ｜ 簡単 ｜ 84kcal

調理時間 10分 ｜ 5分

材料（2人分）
かぼちゃ……… 160g（約⅙個）
しょうゆ、砂糖……各小さじ2

作り方
❶かぼちゃは種とわたを取って、皮つきのまま大きめのくし形切りにする。ふんわりとラップで包んで、4～5分加熱する。
❷①が熱いうちにしょうゆと砂糖をからめて味をなじませる。（小田）

かぼちゃのレンジバター蒸し

さすが 煮くずれしない ｜ 104kcal

調理時間 10分 ｜ 4分30秒

材料（2人分）
かぼちゃ……… 160g（約⅙個）
バター……………………小さじ2
塩、シナモン……………各少々

作り方
❶かぼちゃは種とわたを取って、7～8㎜厚さの薄切りにする。ラップで包んで、4分～4分30秒加熱する。
❷①に竹串を刺してスーッと通るくらいになったらボウルに移し、バター、塩を加えて混ぜ、味をなじませて器に盛り、シナモンをふる。（小田）

かぼちゃのみそ炒（いた）め

さすが 作りやすい ｜ 時間短縮 ｜ 134kcal

調理時間 8分 ｜ 2分

材料（2人分）
かぼちゃ……… 160g（約⅙個）
サラダ油………………小さじ2
Ⓐおろししょうが…小さじ1／みそ、酒…各大さじ1／砂糖…少々

作り方
❶かぼちゃは種とわたを取って、5㎜厚さの薄切りにする。ラップで包んで、約2分加熱する。
❷フライパンにサラダ油を熱し、①を入れ、形をくずさないように両面に焼き色をつける。Ⓐを練り混ぜて加え、全体に味をなじませる。（小田）

和風パンプキンサラダ

さすが ほくほく ｜ 簡単 ｜ 136kcal

調理時間 6分 ｜ 5分

材料（2人分）
かぼちゃ（種とわたを除いたもの）………… 200g（小¼個）
Ⓐおろし玉ねぎ…小さじ1／ローカロリーマヨネーズ…大さじ2／めんつゆ（3倍濃縮）…大さじ½／ガーリックパウダー、こしょう…各少々

作り方
❶かぼちゃはラップで包んで、5分加熱し、皮を除いて140g用意する。
❷ボウルにⒶを合わせ、かぼちゃを入れてつぶしながら混ぜる。（大沼）

タラモサラダ

さすが 失敗なし ｜ ローカロリー ｜ 99kcal

調理時間 3分30秒 ｜ 2分30秒

材料（2人分）
じゃが芋（正味（しょうみ））
　…………………… 100g（⅔個）
たらこ（甘塩・薄皮を除いたもの）…………………30g（½腹）
おろし玉ねぎ…………小さじ1
レモン汁………………小さじ½
ローカロリーマヨネーズ
　…………………………大さじ2

作り方
❶じゃが芋はラップで包み、2分30秒加熱し、ボウルに入れて玉ねぎ、レモン汁と混ぜマッシャーでつぶす。
❷①にたらことマヨネーズを加えて均一になるように混ぜる。（大沼）

ポテトサラダ

さすが ほくほく ｜ 下ゆで ｜ 221kcal

調理時間 10分 ｜ 4分

材料（2人分）
じゃが芋………… 150g（1個）
きゅうり……………50g（½本）
ハム…………………40g（2枚）
マヨネーズ…………大さじ3
塩…………………………適量
こしょう……………………少々

作り方
❶じゃが芋は薄切りにして水にさらし、水けをきる。耐熱ボウルに入れ、ラップをして4分加熱して、粗熱（あらねつ）を取る。
❷ハムは1㎝角に切り、きゅうりは小口切りにして塩少々でもみ、水けを絞る。
❸①にマヨネーズ、塩、こしょうを加えてじゃが芋を軽くつぶしながら混ぜ合わせ、②を加えてさっくりと混ぜる。（村田）

ズッキーニのキッシュ風

さすが ヘルシー ｜ ローカロリー ｜ 54kcal

調理時間 5分30秒 ｜ 4分10秒

材料（2人分）
ズッキーニ………60g（小½本）
缶詰のマッシュルームの水煮（薄切り）………… 40g（小1缶）
玉ねぎのみじん切り…大さじ2
Ⓐうずらの卵…2個／プレーンヨーグルト（低脂肪タイプ）…大さじ3／だしの素（粉末）、みそ…各小さじ½／片栗粉…小さじ1
缶詰のかにの水煮…………20g

作り方
❶ズッキーニは5㎜厚さの輪切りにする。耐熱容器に入れ、缶汁をきったマッシュルームと玉ねぎを加え、ラップなしで2分30秒加熱する。
❷Ⓐを混ぜ合わせて①にかけ、かにをほぐして散らす。ラップをしてさらに1分40秒加熱する。（大沼）

ゆず大根

さすが さっぱり 時間短縮 5kcal
調理時間 3分 1分

材料（2人分）
大根 ……………………………
70g（1cm厚さの輪切り2枚）
ゆずの皮のせん切り、ゆずの絞り汁 ……………………各適量
塩、砂糖 …………………各少々

作り方
❶大根は皮をむかずにそれぞれ1cm角、5cm長さの拍子木切りにして耐熱容器に入れ、両端をあけてラップをし、1分加熱する。
❷①の水けを絞ってボウルに移し、塩、砂糖、ゆずの皮のせん切りとゆずの絞り汁を加えて和える。（村上）

にんじんの南蛮ピクルス

さすが 速い 29kcal
調理時間 4分 1分30秒

材料（2人分）
にんじん ………… 100g（1本）
セロリ …………… 30g（10cm）
南蛮漬けの素（市販品）
……………………………大さじ3

作り方
❶にんじんは1cm厚さの輪切りにする。セロリは筋を取って斜め薄切りにする。
❷耐熱ボウルに①を入れ、南蛮漬けの素を加える。クッキングシートを密着させてかぶせ、浮き上がり防止に小皿をのせ、両端をあけてラップをし、ターンテーブルの端に置いて1分30秒加熱する。取り出して全体を混ぜる。（村上）

蒸しなす

さすが 簡単 鍋いらず 43kcal
調理時間 8分 6分

材料（2人分）
なす ……………… 180g（2個）
Ⓐすり白胡麻…小さじ2／砂糖、酒…各小さじ1／しょうゆ…大さじ1／酢…小さじ1⅓

作り方
❶なすは皮を縞目にむき、1cm厚さの輪切りにする。耐熱ボウルに入れてひたひたの水を注ぎ、ラップをして6分加熱する。そのままおいて、粗熱を取る。
❷①の水けをきり、合わせたⒶで和える。（村田）

グリーンアスパラガスの浅漬け

さすが 手間いらず 速い 17kcal
調理時間 3分 40秒

材料（2人分）
グリーンアスパラガス
…………………… 100g（4本）
めんつゆ（3倍濃縮）
…………………… 大さじ1～2

作り方
❶アスパラガスは根元3cmを切り落とし、下半分はピーラーで薄く皮をむく。長さを3等分に切る。
❷耐熱ボウルに①を入れ、めんつゆをかける。クッキングシートを密着させてかぶせ、浮き上がり防止に小皿をのせ、40秒加熱して混ぜる。（村上）

もやしとささ身のタイ風サラダ

さすが ノンオイル 37kcal
調理時間 6分 2分

材料（2人分）
もやし ………… 100g（⅖袋）
ささ身 ………………40g（1本）
酒…大さじ1
玉ねぎのみじん切り ……… 10g
香菜の葉 ……………………少々
Ⓐナムプラー、砂糖…各小さじ½／しょうゆ…小さじ⅔／レモン汁…小さじ1／おろしにんにく…小さじ¼

作り方
❶耐熱容器にささ身を入れ、酒をふってラップをし、40～50秒加熱して火を通す。少しおいて蒸らし、細かく裂く。
❷もやしを別の耐熱容器に入れ、ラップをして1分10秒加熱する。ざっと混ぜて、水けをきる。
❸Ⓐを合わせ、①の蒸し汁を加えて混ぜる。
❹ささ身ともやし、玉ねぎ、刻んだ香菜を合わせ、③で和える。（大沼）

梅肉もやし

さすが さっぱり 速い 11kcal
調理時間 3分 1分10秒

材料（2人分）
もやし ………… 100g（⅖袋）
梅肉 ……………………小さじ2
だしの素（粉末） ……小さじ⅓
もみのり ……………………少々

作り方
❶耐熱容器にもやしを入れ、ラップをして1分10秒加熱する。ざっと混ぜて、水けをきる。
❷①に梅肉、だしの素を混ぜて器に盛り、のりを散らす。（大沼）

もやしとあさりのからし和え

さすが 味がからむ 失敗なし 25kcal
調理時間 3分 1分10秒

材料（2人分）
もやし ………… 100g（⅖袋）
缶詰のあさりの水煮
………… 20g（約大さじ2）
Ⓐしょうゆ…小さじ1弱／みりん…小さじ⅓／練りがらし…小さじ¼
万能ねぎの小口切り ……… 少々

作り方
❶耐熱容器にもやしを入れ、ラップをして1分10秒加熱する。ざっと混ぜて、水けをきる。
❷器にⒶを溶き混ぜ、①とあさりを加えて和え、万能ねぎを散らす。（大沼）

もやしのにら納豆

さすが 手間いらず ローカロリー 45kcal
調理時間 3分 1分20秒

材料（2人分）
もやし ………… 100g（⅖袋）
にら ……………………25g（¼わ）
納豆 ……… 30g（大さじ2強）
めんつゆ（3倍濃縮）…大さじ½
練りがらし …………… 小さじ¼

作り方
❶耐熱容器に4cm長さに切ったにらを入れ、上にもやしをのせる。ラップをして1分20秒加熱し、ざっと混ぜて、水けをきる。
❷納豆、めんつゆ、練りがらしをよく混ぜ、粗熱を取った①にかける。（大沼）

もやしとかにかまの煮浸し

さすが 焦げない 鍋いらず 45kcal
調理時間 5分 4分

材料（2人分）
もやし ………… 200g（⅘袋）
かにかまぼこ ……40g（2本）
万能ねぎの小口切り
…………… 40g（約13本分）
だしの素（粉末） ……小さじ⅔
しょうゆ ……………… 大さじ½

作り方
❶耐熱容器にほぐしたかにかまぼこを入れ、上に万能ねぎ、もやしを順にのせ、だしの素としょうゆをふる。ラップをして2分50秒加熱する。
❷①をざっと混ぜ、再びラップをして1分10秒加熱して、混ぜる。（大沼）

洋の主菜

キーマカレー

さすが 鍋いらず ローカロリー 196kcal 調理時間 14分 6分40秒

材料（2人分）
牛赤身ひき肉………………80g
Ⓐしょうゆ…小さじ2／カレー粉…小さじ1／クミンパウダー…小さじ⅔／スキムミルク、片栗粉…各小さじ2
干ししいたけ…….16g（4個）
玉ねぎのみじん切り………………200g（1個分）
おろしにんにく………小さじ1
おろししょうが………小さじ2
トマトジュース………カップ1
コンソメスープの素（固形・砕く）……………………… 2個
黒砂糖（砕く）…………小さじ⅔
香菜、クラッカー、ピクルス…………………………各適宜

作り方
❶ボウルにひき肉、Ⓐを入れて、練らずに混ぜ合わせておく。
❷干ししいたけはもどして、みじん切りにする。
❸耐熱容器に玉ねぎ、にんにく、しょうがを入れてラップをし、2分30秒加熱する。ラップをはずし、②、トマトジュース、スープの素、黒砂糖を加えて一混ぜし、再びラップをして2分30秒加熱する。熱いうちに①のひき肉を加えて全体を混ぜ合わせ、ラップをしてさらに1分40秒加熱する。
❹器に盛り、あれば香菜を飾り、クラッカーとピクルス（各カロリー外）を添える。（大沼）

ミートボールイタリアン

さすが こってり 色あざやか 189kcal 調理時間 15分 5分

材料（2人分）
牛赤身ひき肉…………… 100g
えのきだけ………200g（2袋）
玉ねぎ………………70g（⅓個）
チキンスープの素（固形）… ¾個
片栗粉…………………小さじ1
ピザソース（市販品）…大さじ3
プチベール…………………適宜

作り方
❶えのきだけは小口切りにし、玉ねぎはみじん切りにする。フッ素樹脂加工のフライパンで玉ねぎを炒め、しんなりしたらスープの素をくずし入れ、強火で炒めて水分をとばす。えのきだけを加えて一混ぜし、火を止めて混ぜながら、余熱で火を通す。
❷ボウルにひき肉と片栗粉を入れてよく練り混ぜ、①を加えてむらなく混ぜ合わせる。10等分して丸め、1個ずつラップで包み、ターンテーブルのまわりに並べ、5分加熱する。
❸器に②を盛り、ピザソースをかけ、あればゆでたプチベールまたは、キャベツを添える。（大沼）

いわしのシチリア風パン粉焼き

さすが｜さっくり｜ヘルシー｜227kcal｜調理時間 15分｜3分

材料（2人分）
いわし（正味）…130g（3尾分）
　塩、こしょう…各少々
エリンギ…150g（1½パック）
パン粉…………………大さじ4
オリーブ油……………小さじ2
にんにくのみじん切り
　………………………1かけ分
パセリのみじん切り ………少々
赤唐辛子の小口切り ……1本分
レモンのくし形切り ……2切れ

作り方
❶いわしはうろこを取り、三枚におろす。腹骨をそぎ取り、両面に塩、こしょうをふる。
❷フライパンにオリーブ油を熱し、パン粉を中火で香ばしく色づくまで炒める。にんにく、パセリ、赤唐辛子を加えて炒める。
❸①でエリンギを巻き、巻き終わりに竹串を刺してとめる。耐熱性の器に並べて②をかけ、ラップなしで約3分加熱する。レモンを添える。（浜内）

かじきの生トマト煮込み

さすが｜色あざやか｜簡単｜221kcal｜調理時間 13分｜6分

材料（2人分）
かじき…………200g（2切れ）
トマト…………300g（1½個）
赤ピーマン…………80g（2個）
Ⓐおろし玉ねぎ…大さじ2／酢、
　サラダ油…各大さじ2／塩…
　小さじ½／黒こしょう…少々
パセリのみじん切り ………少々

作り方
❶トマトは8～12個のくし形切りにする。赤ピーマンは乱切りにする。
❷耐熱容器にⒶを入れて混ぜ、かじきを並べ、上に①をのせてパセリをふる。両端をあけてラップをし、6分加熱する。（村上）

鮭の一口フライ

さすが 鍋いらず ローカロリー 320kcal
調理時間 10分 5分

材料（2人分）
生鮭 ………… 200g（大2切れ）
揚げせんべい（しょうゆ味）
……………… 50g（4〜5枚）
Ⓐマヨネーズ…大さじ2／薄力粉…大さじ1／水…小さじ2／塩、こしょう…各少々
レモン、パセリ…………各適量

作り方
❶鮭は中骨がついていれば除き、1切れを3つに切る。
❷ポリ袋にせんべいを入れて口を閉じ、すりこ木などで上からたたいて砕く。
❸鮭によく混ぜ合わせたⒶをからませ、②をまぶしてクッキングシートを敷いた耐熱皿のまわりに並べる。上にもクッキングシートをかぶせ、両端をあけてラップをして5分加熱する。器に盛ってレモン、パセリを添える。（村上）

鮭のクリーム煮

さすが まろやか しっとり 433kcal
調理時間 10分 5分

材料（2人分）
生鮭 ………… 200g（大2切れ）
Ⓐ生クリーム…カップ1／砂糖…小さじ2／片栗粉…小さじ1／塩…小さじ½
パセリのみじん切り ……… 少々

作り方
❶耐熱容器にⒶを入れて混ぜ、鮭を入れ、スプーンでⒶのソースをすくってかける。両端をあけてラップをする。
❷ターンテーブルに割り箸2膳をばらして置き、その上に①をのせて5分加熱する。
❸鮭に火が通ってソースにとろみがついたら器に盛り、パセリをふる。（村上）

かじきのチーズパン粉焼き風

さすが 冷めてもおいしい 片付けらくらく 233kcal
調理時間 7分30秒 3分30秒

材料（2人分）
かじき ………… 200g（2切れ）
ブロッコリー ……… 50g（½個）
塩、こしょう …………… 各少々
白ワイン ……………… 大さじ1
Ⓐマヨネーズ…大さじ1／にんにくのみじん切り…½かけ分／粒マスタード…小さじ1
パン粉 ………………… 大さじ3
粉チーズ ……………… 大さじ1

作り方
❶かじき、小房に分けたブロッコリーに塩、こしょうをふり、ともに耐熱皿に並べる。ワインをふり、ラップをして2分加熱する。
❷①を取り出して上下を返す。表面全体に混ぜ合わせたⒶを塗り、パン粉、粉チーズの順にふってラップなしで1分30秒加熱する。（村田）

金目だいとカリフラワーのカレーボイル

さすが 鍋いらず 232kcal
調理時間 9分 5分

材料（2人分）
金目だい ……… 160g（2切れ）
カリフラワー … 120g（約¼個）
玉ねぎ …………… 100g（½個）
Ⓐカレー粉…小さじ2／チキンスープの素（顆粒）…小さじ½／湯…カップ1／塩、こしょう…各少々
オリーブ油 …………… 大さじ1

作り方
❶金目だいは皮目に切り込みを入れる。カリフラワーは小房に分け、玉ねぎは薄切りにする。
❷耐熱皿に①を入れ、Ⓐをよく混ぜて全体にかける。ラップをして5分加熱して器に盛り、オリーブ油をかける。（田口）

すずきのトマト煮

さすが しっとり 簡単 202kcal
調理時間 9分 3分

材料（2人分）
すずき ………… 160g（2切れ）
塩、こしょう…各少々
プチトマト …… 180g（12個）
玉ねぎ ………… 100g（½個）
にんにく ………………… ⅔かけ
Ⓐ酒…大さじ2／オリーブ油…大さじ1

作り方
❶すずきは1切れを半分に切り、塩、こしょうする。プチトマトは半分に切り、玉ねぎ、にんにくはともに薄切りにする。
❷耐熱皿に玉ねぎを敷き、すずきをのせてプチトマトとにんにくを散らす。Ⓐをかけてラップをし、3分加熱する。（田口）

すずきのガーリックバター焼き

さすが 味がからむ 鍋いらず 191kcal
調理時間 8分 4分

材料（2人分）
すずき ………… 160g（2切れ）
白ワイン…大さじ1／塩、こしょう…各少々
Ⓐおろしにんにく…小さじ1／バター…24g（大さじ2）／パセリのみじん切り…小さじ2

作り方
❶耐熱皿にすずきをのせて塩、こしょう、白ワインをふって、ラップをして2分30秒加熱。
❷すずきを裏返して、よく混ぜたⒶのガーリックバターをのせる。ラップなしで1分30秒加熱する。（村田）

帆立てのマリネ

さすが さっぱり 簡単 231kcal
調理時間 10分 3分

材料（2人分）
帆立て貝柱 ……… 180g（6個）
玉ねぎ ……………… 50g（¼個）
グリーンアスパラガス
…………………… 75g（3本）
缶詰のコーン（ホールタイプ）
…………………… 大さじ3
オリーブ油 …………… 大さじ2
レモン汁 ……………… 大さじ1
塩、こしょう …………… 各少々

作り方
❶帆立ては厚みを半分に切る。玉ねぎは薄切りに、アスパラガスは根元の皮を薄くむき、斜め薄切りにする。
❷耐熱皿に玉ねぎ、アスパラガス、帆立ての順にのせ、塩、こしょうをふってコーンをのせる。ラップをして3分加熱する。
❸②が熱いうちにオリーブ油、レモン汁を加えて混ぜ合わせ、粗熱を取る。（村田）

帆立てとアスパラガスのバター風味

さすが こくが出る 速い 210kcal
調理時間 7分 3分20秒

材料（2人分）
帆立て貝柱（生食用）
…………… 200g（6〜8個）
塩、こしょう…各少々
グリーンアスパラガス
…………………… 150g（6本）
バター ………………… 大さじ2
しょうゆ ……………… 大さじ1

作り方
❶帆立ては十字に浅く切り込みを入れ、塩、こしょうをふる。
❷アスパラガスは根元の皮を薄くむき、4〜5cm長さに切る。
❸耐熱皿に①と②を並べ、バターをちぎって散らし、ラップをして3分20秒加熱する。仕上げにしょうゆをふる。（田口）

たこといんげんのバジリコソース和え

さすが 柔らか 簡単 630kcal
調理時間 13分 5分

材料（2人分）
ゆでだこの足…160g（小2本）
さやいんげん……30g（約5本）
じゃが芋………… 150g（1個）
Ⓐバジリコペースト（市販品）…大さじ3／白ワインビネガーまたは酢…大さじ2／フレンチマスタード…小さじ1／サラダ油…カップ½／塩、こしょう…各少々

作り方
❶いんげんはあれば筋を除き、3cm長さに切る。じゃが芋は皮をむいて四つ割りにして5mm厚さのいちょう切りにし、水に5分さらして水けをきる。
❷耐熱容器に①を入れ、ラップをして4～5分加熱する。
❸ボウルにⒶを混ぜ合わせ、②が熱いうちに加えて混ぜ、粗熱（あらねつ）を取る。
❹たこは一口大の乱切りにし、③に加えて混ぜる。（村田）

鶏ひき肉のロールレタス

さすが あっさり ヘルシー 94kcal
調理時間 8分 5分

材料（2人分）
ささ身ひき肉…………… 100g
レタス…………… 160g（4枚）
Ⓐ片栗粉…小さじ1／鶏ガラスープの素（顆粒）…小さじ⅔
長ねぎのみじん切り
…………………50g（½本分）
切り昆布のみじん切り… 100g
オイスターソース……小さじ1

作り方
❶レタスは耐熱容器に入れ、ラップなしで1分40秒加熱して、しんなりさせる。
❷ひき肉にⒶを加えてよく練り混ぜ、ねぎ、切り昆布、オイスターソースを加えてさらに練り混ぜる。
❸レタスをひろげ、②の肉種（にくだね）を等分にのせる。手前から巻き、途中で左右を折りたたんでさらに巻いて形を整える。耐熱容器に並べ、ラップをして約3分20秒加熱する。（大沼）

ブロッコリーのひき肉包み

さすが ノンオイル 97kcal
調理時間 10分 5分

材料（2人分）
ささ身ひき肉………………90g
ブロッコリー……120g（6房）
玉ねぎのみじん切り
………………25g（⅛個分）
えのきだけ………90g（約1袋）
Ⓐ片栗粉、だしの素（粉末）、みそ…各小さじ1
からしじょうゆ……………適宜

作り方
❶耐熱容器にブロッコリーを入れ、ラップをして1分10秒加熱する。
❷別の耐熱容器に玉ねぎを入れ、ラップなしで50秒加熱する。えのきだけは、根元を切り落として粗（あら）く刻む。
❸ひき肉にⒶを加えてもみ込み、②を加えて練り混ぜる。
❹③の肉種を6等分し、ブロッコリーを芯にして包む。耐熱容器に入れてラップをし、約3分加熱して肉に完全に火を通す。からしじょうゆなどを添える。（大沼）

牛ひき肉のメキシコ風ミートソース

さすが 鍋いらず 時間短縮 175kcal
調理時間 11分 8分30秒

材料（2人分）
牛赤身ひき肉…………… 100g
Ⓐしょうゆ…小さじ1⅓／片栗粉…小さじ1／こしょう…少少
玉ねぎ………… 140g（約¾個）
にんにく…………………1かけ
Ⓑトマトジュース（無塩）…カップ1／チキンスープの素（固形・砕（くだ）く）…1個／黒砂糖…小さじ1／チリパウダー…小さじ½／タイム（ドライ）、クミンパウダー、カイエンペッパー…各少々

作り方
❶ひき肉にⒶをもみ込む。
❷玉ねぎ、にんにくはみじん切りにし、耐熱容器に入れ、ラップなしで3分20秒加熱する。
❸②にⒷを加え、ラップなしで4分10秒加熱する。①を加えて混ぜ、余熱で火を通し、再びラップなしで1分加熱して、ひき肉に完全に火を通す。（大沼）

ビーフストロガノフ

さすが こくが出る 474kcal
調理時間 9分 7分

材料（2人分）
牛薄切り肉（バター焼き用）
………………… 150g（8枚）
塩、こしょう…各少々／小麦粉…大さじ1
玉ねぎ…………80g（小½個）
マッシュルーム…70g（約4個）
牛乳……………………カップ½
生クリーム…………カップ¼
バター……………………… 15g
バターライス………………適量

作り方
❶牛肉は細切りにし、塩、こしょうをふり、小麦粉をまぶす。マッシュルームは薄切りにする。
❷玉ねぎは薄切りにして耐熱容器に入れ、バターをのせてラップなしで3分加熱する。①を加えて混ぜ、牛乳、生クリームを加えて塩小さじ½、こしょう少々（各材料表外）をふり、ラップをして4分加熱する。
❸温めたご飯にバターを混ぜたバターライス（カロリー外）を添える。（渡辺あ）

牛肉とキャベツのオクラトマト煮

さすが 鍋いらず 194kcal
調理時間 14分 8分20秒

材料（2人分）
牛もも薄切り肉………… 100g
Ⓐしょうゆ、片栗粉…各小さじ1／こしょう…少々
キャベツ……… 180g（小4枚）
オクラ……………60g（6本）
玉ねぎ…………… 100g（½個）
にんにく…………………1かけ
パセリのみじん切り………10g
Ⓑチキンスープの素（固形・砕（くだ）く）…1個／黒砂糖、しょうゆ…各小さじ⅔／チリパウダー…小さじ1
トマトジュース（無塩）
……………… 160g（小1缶）

作り方
❶牛肉は食べやすくちぎり、Ⓐをもみ込んで下味をつける。
❷キャベツはざく切り、玉ねぎとにんにくはみじん切りにし、オクラは小口切りにする。
❸耐熱ボウルににんにくを入れ、上に玉ねぎをのせて、ラップなしで2分30秒加熱する。取り出して、キャベツ、パセリ、Ⓑを加えてよく混ぜ、トマトジュースを注ぐ。
❹③にクッキングシートをかぶせ、浮き上がり防止に小皿をのせて4分10秒加熱する。取り出してオクラを加え、同様にシートと小皿をかぶせて50秒加熱する。熱いうちに①を混ぜ、余熱である程度火を通し、ラップなしで、さらに50秒加熱する。（大沼）

ねぎまのくしゃくしゃ豆腐

さすが 時間短縮 ヘルシー 83kcal 調理時間 8分 2分

材料（2人分）

まぐろ（冷凍品）………… 100g
絹ごし豆腐……… 150g（½丁）
長ねぎの粗（あら）みじん切り
…………………………小さじ2
大根のせん切り……………50g
Ⓐしょうゆ…大さじ1／胡麻（ごま）油
…小さじ2／砂糖…小さじ½

作り方

❶豆腐はキッチンペーパーで軽く水けをきり、手で大きくちぎりながら器に盛る。
❷キッチンペーパーを二つ折りにしてターンテーブルの端（はし）に置き、凍ったままのまぐろをのせてラップなしで弱で2分加熱する。キッチンペーパーで水けをふき、半解凍の状態で粗みじんに切り、①にのせる。長ねぎを散らし、大根を中央にこんもりと盛る。
❸Ⓐを混ぜ合わせて②にかけ、全体を混ぜる。（村上）

いかの足のつや煮

さすが 味がしみる ジューシー 94kcal 調理時間 9分 2分30秒

材料（2人分）

いかの足…………………… 100g
しし唐（とう）………………25g（5本）
Ⓐしょうゆ…大さじ1⅓／砂糖、
オリーブ油…各大さじ½

作り方

❶耐熱容器にⒶを合わせ、混ぜて砂糖を溶かす。
❷いかの足は2本ずつ切り離し、長ければ半分に切り、①に入れて全体に調味料をからめ、容器の縁（ふち）側に沿って並べる。
❸しし唐は包丁の先で1ヵ所ずつ切り込みを入れ、②の中央に置く。
❹③にクッキングシートを密着させてかぶせ、浮き上がり防止に耐熱性の小皿をのせる。両端（りょうはし）をあけてラップをし、2分30秒加熱する。全体に一混ぜして器に盛る。（村上）

いわしの煮もの

さすが 鍋いらず 味がしみる 233kcal 調理時間 13分 約3分

材料（2人分）
いわし（正味）
………………200g（大4尾分）
早煮昆布 ……………………10g
しょうがのせん切り…½かけ分
Ⓐしょうゆ…大さじ2／砂糖…大さじ1½／みりん…大さじ½

作り方
❶いわしはうろこを取り、頭と尾、はらわたを除く。洗って水けをふいて200g用意し、3つに切る。
❷昆布はサッと洗ってひたひたの水に浸し、もどして2cm四方に切る。
❸耐熱ボウルに①、②、しょうがを適量ずつ交互に入れ、Ⓐを合わせて全体にからめる。ふんわりとラップをして約3分加熱し、取り出してそっと上下を混ぜる。ラップを落としぶたの状態にして、余熱で味を充分に含ませ、器に盛る。（栗原）

鮭のさっぱり煮

さすが うまみが出る ローカロリー 150kcal 調理時間 12分30秒 8分

材料（2人分）
生鮭 ………… 140g（小2切れ）
生しいたけ ….. 100g（大6個）
玉ねぎ ………….. 200g（1個）
しょうがの薄切り …..½かけ分
Ⓐしょうゆ…大さじ2／酒…大さじ4／塩…少々／水…カップ1

作り方
❶鮭は骨を除いて一口大に切る。
❷生しいたけは好みでかさに飾り包丁を入れる。玉ねぎは2〜3cm幅のくし形切りにする。
❸耐熱容器にⒶを入れて混ぜ、①、②、しょうがを加え、ラップをして約3分加熱する。ラップをはずして、さらに約5分加熱する。（浜内）

さんまの塩焼き

さすが 片付けらくらく 473kcal

調理時間 10分 8分

材料(2人分)

さんま …………… 300g(2尾)

おろし大根、すだち、しょうゆ、塩 ………………………各適量

作り方

❶1人分ずつ作る。さんまは水洗いして水けをふく。1尾を2つに切り、両面に塩をふる。30cm角に切ったクッキングシートに、盛りつけたときに表になるほうを下にして、対角線上に並べる。クッキングシートの手前と向こうの角を重ねて包み、両端をねじってとめる。

❷ターンテーブルに割り箸2膳をばらして置き、その上に①をのせて1尾につき4分加熱する。さんまの皮がパチッとはじける音がしたら設定時間前でも取り出す。もう1尾も同様に加熱する。

❸②を器に盛り、おろし大根と半分に切ったすだち、しょうゆを添える。(村上)

あじの塩焼き

さすが 片付けらくらく 109kcal

調理時間 8分 6分

材料(2人分)

あじ ……………… 300g(2尾)

おろし大根 ……………… 100g

すだち ……………………… 1個

塩、しょうゆ ……………各適量

作り方

❶1人分ずつ作る。あじは内臓を取り除き、ぜいごを取って水洗いする。水けをふき、両面に塩をふる。30cm角に切ったクッキングシートに、盛りつけたときに表になるほうを下にして、対角線上に並べる。クッキングシートの手前と向こうの角を重ねて包み、両端をねじってとめる。

❷ターンテーブルに割り箸2膳をばらして置き、その上に①をのせて1尾につき3分加熱する。もう1尾も同様に加熱する。器に盛り、おろし大根と半分に切ったすだち、しょうゆを添える。(村上)

かつおと大根の和風煮

さすが こっくり 103kcal

調理時間 12分 8分20秒

材料(2人分)

かつおのたたき ………… 100g

Ⓐおろししょうが…小さじ1½／みりん、しょうゆ…各小さじ1

大根 …………… 140g(5cm)

長ねぎ ……………40g(⅖本)

Ⓑしょうゆ…大さじ1½／だしの素(粉末)…小さじ2／湯…60mℓ

貝割れ菜 ……………………少々

作り方

❶かつおは5mm厚さに切り、Ⓐをよくもみ込む。大根は一口大に切り、ねぎは斜め薄切りにする。

❷耐熱ボウルに大根とねぎを入れ、ラップをして3分20秒加熱する。

❸Ⓑを加えて混ぜ、クッキングシートを密着させてかぶせる。浮き上がり防止に小皿をのせて3分20秒加熱する。

❹③の煮汁のところに①のかつおを重ならないように入れ、再びクッキングシートを密着させてかぶせ、同様に1分40秒加熱する。器に盛り、貝割れ菜を添える。(大沼)

まぐろのみそ煮

さすが 味がからむ 焦げない 195kcal

調理時間 6分 3分20秒

材料(2人分)

まぐろ(刺身用) ………… 160g

わけぎ …80～120g(4～6本)

Ⓐみそ…大さじ1⅓／酒、みりん…各大さじ2／砂糖、しょうゆ…各小さじ2

作り方

❶まぐろは2～3cm幅のぶつ切りにし、わけぎは3～4cm長さに切る。

❷耐熱皿に混ぜ合わせたⒶとまぐろ、わけぎを入れ、ラップをして3分20秒加熱して混ぜる。(田口)

たたきまぐろののり巻き

さすが 速い 101kcal

調理時間 7分 1分40秒

材料(2人分)

まぐろ(赤身・刺身用) …..80g

Ⓐみそ…小さじ1／だしの素(粉末)、片栗粉…各小さじ⅔

ひじき(もどしたもの) …..40g

長ねぎ ……………30g(約⅓本)

しょうが……. 10g(小1かけ)

焼きのり(全形) …………… 2枚

作り方

❶まぐろは包丁で細かくたたき、Ⓐをもみ込んで練る。

❷ねぎ、しょうがはみじん切りにする。

❸①に②とひじきを加えて混ぜ、2等分してそれぞれのりの上に塗りひろげて、端からくるくると巻く。1本ずつラップで包み、1分40秒加熱する。(大沼)

あじのみそペースト焼き

さすが 焦げない 285kcal

調理時間 3分30秒 2分

材料(2人分)

あじ(三枚おろし) …………………… 120g(2枚)

長ねぎ ……………40g(約½本)

Ⓐおろししょうが…小さじ2／みそ、みりん…各大さじ1⅔

作り方

あじの身のほう全体に混ぜ合わせたⒶを塗り、耐熱容器に入れる。斜め薄切りにしたねぎをまわりに入れ、ラップをして2分加熱する。(大沼)

いわしのうま煮

さすが 照りよく 鍋いらず 213kcal

調理時間 8分 5分

材料(2人分)

いわし …………… 240g(2尾)

Ⓐしょうゆ、酒、砂糖…各大さじ2

おろししょうが(皮つき) ……………………………小さじ½

作り方

❶いわしはうろこを落とし、内臓を除いて洗う。はじけないように、皮目に十字の切り目を入れる。

❷耐熱皿にⒶを入れて混ぜ、砂糖を溶かす。いわしを入れ、汁をすくってかけ、両端をあけてラップをする。

❸ターンテーブルに割り箸2膳をばらして置き、その上に②をのせて5分加熱する。器に盛り、煮汁をかけ、おろししょうがを添える。(村上)

すずきの酒蒸し

さすが うまみが出る 焦げない 180kcal

調理時間 4分 2分40秒

材料(2人分)

すずき……140g(小2切れ)
昆布……5×10cm2枚
にんじんの細切り
……60g(約½本分)
酒……大さじ2
ローカロリーマヨネーズ
……大さじ4
マスタード……小さじ1

作り方

❶耐熱容器2個にそれぞれ昆布を敷き、すずき、にんじんを等分にのせ、すずきに酒を等分にふる。ラップをして1人分につき1分20秒加熱する。蒸し汁は取り分ける。
❷マヨネーズ、マスタードに①の蒸し汁を加え、混ぜてソースにし、①に添える。(大沼)

かれいのしょうが煮

さすが 味がしみる 115kcal

調理時間 10分 4分10秒

材料(2人分)

かれい……200g(2切れ)
しめじ……100g(1パック)
しょうがのせん切り
……6g(½かけ分)
Ⓐしょうゆ…大さじ2強／酒…大さじ2／砂糖…大さじ1⅓

作り方

❶かれいはうろこを取り、皮に切り目を入れる。しめじは小房に分ける。
❷耐熱皿に①を入れ、上にしょうがを散らし、よく混ぜたⒶを回しかける。ラップをして3分20秒〜4分10秒加熱する。(田口)

すずきのねぎしょうが煮

さすが さっぱり 136kcal

調理時間 8分 5分50秒

材料(2人分)

すずき……140g(小2切れ)
長ねぎの斜め薄切り
……100g(1本分)
おろししょうが……小さじ2⅔
めんつゆ(3倍濃縮)…大さじ2

作り方

❶すずきは4cm幅のそぎ切りにする。
❷耐熱容器にすずきとねぎ、おろししょうが、めんつゆを入れ、クッキングシートを密着させてかぶせ、浮き上がり防止に小皿をのせて5分50秒加熱する。(大沼)

白身魚の緑茶蒸し

さすが さっぱり ヘルシー 128kcal

調理時間 5分 3分30秒

材料(2人分)

白身魚……160g(2切れ)
Ⓐ酒、みりん…各大さじ½／塩…小さじ½
煎茶の葉……大さじ½
水……カップ¼
Ⓑ長ねぎの細切り…¼本分／しょうがの細切り…¼かけ分

作り方

❶耐熱皿に魚を入れ、Ⓐをふり、茶葉を散らして分量の水を注ぐ。ふんわりとラップをし、3分〜3分30秒加熱する。
❷Ⓑは水にさらし、水けをきって器にひろげ、①をのせる。(小田)

さわらの梅蒸し

さすが さっぱり 171kcal

調理時間 6分30秒 3分20秒

材料(2人分)

さわら……160g(2切れ)
酒…大さじ2
長ねぎ……100g(1本)
梅干し……2個
Ⓐしょうゆ、みりん…各小さじ2

作り方

❶さわらは1切れを半分に切り、酒をふって2〜3分おく。
❷ねぎは縦半分に切り、斜めに3〜4mm幅に切る。
❸梅干しは種を取って果肉を粗く刻み、Ⓐと混ぜる。
❹耐熱皿にねぎを敷き、①をのせて③をかける。ラップをして3分20秒加熱し、ラップをしたまま1〜2分おく。(田口)

魚介の豆乳煮

さすが 焦げない 175kcal

調理時間 6分 3分

材料(2人分)

かじき……100g(1切れ)
帆立て貝柱……100g(小4個)
えび(殻(から)つき)……80g(小8尾)
酒……大さじ1
塩、こしょう……各少々
Ⓐ豆乳(無調整)…カップ½／片栗粉…小さじ⅔／塩…少々

作り方

❶かじきは1cm幅のそぎ切りにする。帆立ては厚みを半分に切り、えびは尾の1節を残して殻をむき、背わたを取る。
❷耐熱ボウルに①を入れて、酒、塩、こしょうをふり、ラップをして約1分40秒加熱する。ボウルに出た汁はそのままにしてⒶを加えて混ぜ合わせる。再びラップをして約1分20秒加熱する。(武蔵)

鮭とキャベツのサッと煮

さすが しっとり 焦げない 253kcal

調理時間 10分 4分30秒

材料(2人分)

塩鮭(甘塩)……160g(2切れ)
酒…大さじ2
キャベツ……160g(約3枚分)
しょうがのせん切り
……6g(½かけ分)
Ⓐしょうゆ、みりん…各小さじ2／サラダ油…大さじ1

作り方

❶鮭は1切れずつ、なるべく等分の大きさになるように半分に切り分ける。
❷①を耐熱皿に重ならないように並べ、酒を全体にふりかける。そのまま2〜3分おき、塩けをまろやかにし、風味をつける。
❸キャベツは芯を除いて少し太めのざく切りにし、芯も薄切りにする。
❹Ⓐの調味料は混ぜ合わせる。
❺②に③のキャベツとしょうがをのせ、④を全体に回しかける。ふんわりとラップをして、4分30秒加熱する。途中で魚からポンとはじける音がしたら、設定時間より前でも取り出し、ラップをかけたままおいて、余熱で火を通す。熱いうちに皿に盛り、鮭をくずしながらキャベツとともに食べる。(田口)

和と中華の主菜

牛肉とレタスの中華風サッと炒め

さすが　味がからむ　簡単　170kcal　調理時間 9分　2分

材料（2人分）
牛もも薄切り肉………… 100g
Ⓐ酒、しょうゆ…各大さじ½／胡麻油…小さじ½
レタス ……………… 50g（⅙個）
缶詰のマッシュルームの水煮（ホールタイプ）…25g（小½缶）
Ⓑしょうゆ…小さじ⅔／酒、オイスターソース、胡麻油…各小さじ2

作り方
❶牛肉は5㎝長さに切り、Ⓐをもみ込んで下味をつける。
❷レタスは手で大きめにちぎる。マッシュルームは缶汁をきり、軸に十字に切り目を入れる。
❸Ⓑを混ぜ合わせる。
❹耐熱容器に①とマッシュルームを入れ、ラップをして1分30秒加熱する。取り出して混ぜ、熱いうちにレタスを加え、③を回しかけて大きく混ぜる。再びラップをして、20～30秒加熱する。（藤野）

藤野流牛肉のたたき

さすが　本格味　ジューシー　122kcal　調理時間 9分　3分20秒

材料（2～3人分）
牛ももかたまり肉 ……… 300g
塩…小さじ1／こしょう…少々
プチトマト…………………… 4個
貝割れ菜 ……………… 1パック
だし汁、しょうゆ、おろし大根 ………………………… 各適量

作り方
❶牛肉は塩、こしょうをもみ込み、たこ糸を巻いてしばり、両端をアルミホイルでおおう。
❷耐熱容器に①を入れ、ラップをして1分40秒加熱する。上下を返し、再びラップをして1分40秒加熱する。
❸粗熱が取れたら、ホイルと糸をはずし、薄切りにする。半割りのプチトマト、貝割れ菜と器に盛り合わせる。同量のだし汁としょうゆを混ぜたたれとおろし大根を添える。（藤野）

豚肉とキャベツのロール巻き

さすが　さっぱり　ヘルシー　296kcal　調理時間 9分30秒　3分30秒

材料（2人分）
豚もも薄切り肉………… 200g
こしょう…少々
キャベツ …………250g（5枚）
しょうが ………………… ½かけ
塩 ……………………… 大さじ¼
甘酢しょうが、すだち ‥各適量
酢、しょうゆ…………… 各適量

作り方
❶キャベツは5㎜幅に切り、しょうがは細切りにする。ボウルに入れ、塩をふって混ぜる。
❷豚肉をひろげてこしょうをふり、①の水けを絞ってのせ、芯にして巻く。ラップで包み、2分30秒加熱する。上下を返し、さらに30秒～1分加熱する。
❸粗熱を取り、ラップをはずして切る。甘酢しょうがとすだち、酢じょうゆを添える。（田口）

さばの酒蒸し根菜サラダ添え

さすが　うまみが出る　ヘルシー　**203kcal**　調理時間 15分　7分

材料（2人分）

さば ………… 160g（2切れ）
　塩、こしょう…各少々／酒…大さじ2
ごぼう ……………40g（⅕本）
にんじん ………60g（大½本）
Ⓐおろし玉ねぎ…大さじ2／炒り黒胡麻…小さじ2／酢…大さじ1
パセリのみじん切り ……少々

作り方

❶さばは耐熱皿に入れ、両面に塩、こしょうをふり、酒をかけて5分おく。ごぼう、にんじんは細切りにし、ごぼうは水につけてあくを抜き、水けをきる。
❷さばの間隔をあけて並べ、ラップをして約4分加熱して出す。そのままおいて蒸らす。
❸ごぼうとにんじんは耐熱容器に入れ、ラップをして約3分加熱する。②の蒸し汁とⒶを合わせて加え、混ぜる。
❹器にさばを盛り、③をのせ、パセリをふる。（浜内）

牛肉と白菜の酸味炒め

さすが　下ゆで　さっぱり　**146kcal**　調理時間 10分　2分

材料（2人分）

牛ロース薄切り肉 ………50g
白菜 ……………200g（2枚）
トマト …………150g（1個）
サラダ油 …………大さじ1½
Ⓐ酢…小さじ2／鶏ガラスープの素（顆粒）…小さじ½／湯…大さじ2／塩、こしょう…各少々

作り方

❶白菜は葉のほうから5cm長さに切り、茎の太い部分はさらに縦3cm幅のそぎ切りにする。
❷ポリ袋に白菜を入れ、口を内側に折ってターンテーブルの端に置き、2分加熱する。取り出して袋の隅を切り、中の水分を捨てる。
❸トマトは乱切りにし、牛肉は3～4cm幅に切る。
❹フライパンにサラダ油を熱し、牛肉を入れて強火で炒める。肉の色が変わったら、トマト、Ⓐ、白菜を加え、手早く味をからめながら一炒めする。（村上）

豚肉と白菜のみそ炒め

さすが　ジューシー　焦げない　**158kcal**　調理時間 11分　6分

材料（2人分）

豚ロース薄切り肉 …… 100g
白菜 ……………300g（3枚）
Ⓐ豆板醤…小さじ½／みそ…大さじ2／胡麻油…大さじ1⅓

作り方

❶豚肉は3cm長さに切る。ボウルにⒶを合わせ、豚肉を入れてからめる。
❷白菜は葉と茎に分け、葉は4～5cm幅のざく切りに、茎は3cm幅のそぎ切りにする。
❸耐熱容器に②の葉、茎、①の順に入れ、両端をあけてラップをし、6分加熱する。取り出して一混ぜし、器に盛る。（村上）

鱈(たら)の甘酢あんかけ

さすが うまみが出る 99kcal

調理時間 10分 3分30秒

材料(2人分)

生鱈 ………… 160g(2切れ)
生しいたけ ………30g(2個)
ピーマン …………30g(1個)
ゆで竹の子 ………………40g
Ⓐ酢、酒…各大さじ1/砂糖…小さじ2/しょうゆ…小さじ½/鶏ガラスープの素(顆粒)…少々/水…カップ¼
片栗粉(倍量の水で溶く) ……………………小さじ1

作り方

❶鱈は塩少々(材料表外)をふって、10分ほどおく。
❷しいたけは薄切り、ピーマン、竹の子はそれぞれせん切りにする。
❸耐熱容器に②を入れ、上に水けをふいた鱈をのせ、合わせたⒶをかける。ふんわりとラップをし、2分30秒加熱する。水溶き片栗粉を回しかけ、全体を混ぜ、ラップなしで1分加熱する。全体をよく混ぜて仕上げる。(牧野)

さわらの野菜あんかけ

さすが しっとり 失敗なし 202kcal

調理時間 6分30秒 4分30秒

材料(2人分)

さわら ……… 180g(2切れ)
えのきだけ ………50g(½袋)
にんじん …………20g(⅓本)
万能ねぎ …………12g(4本)
Ⓐ酒、しょうゆ…各大さじ2/みりん…大さじ1/片栗粉…小さじ1

作り方

❶えのきだけは根元を切り落とし、半分に切ってほぐす。にんじんはせん切り、万能ねぎは4cm長さに切り、ともにⒶと混ぜ合わせる。
❷耐熱皿にさわらを並べて①をのせ、ラップをして4分30秒加熱する。(渡辺あ)

白身魚のケチャップあんかけ

さすが 失敗なし 片付けらくらく 197kcal

調理時間 9分30秒 3分

材料(2人分)

白身魚 ……… 200g(2切れ)
Ⓐしょうゆ…大さじ1/みりん…小さじ1/しょうが汁…小さじ1
長ねぎ ……………10g(5cm)
しょうが ………… 8g(½かけ)
Ⓑトマトケチャップ…大さじ3/豆板醤(トウバンジャン)…小さじ¼/砂糖、片栗粉…各小さじ1

作り方

❶白身魚は1cm厚さのそぎ切りにし、Ⓐをからめて5分ほどおく。耐熱皿に並べ、ラップなしで2分加熱する。
❷ねぎ、しょうがはみじん切りにして別の耐熱容器に入れ、Ⓑを加えてラップをし、1分加熱して手早く混ぜる。
❸①に②をかける。(渡辺あ)

わかさぎの和風マリネ

さすが 冷めてもおいしい 183kcal

調理時間 7分 2分30秒

材料(2人分)

わかさぎ ………… 200g(8尾)
塩、酒…各少々
玉ねぎ ……………………大⅓個
貝割れ菜 ………………⅔パック
Ⓐしょうゆ、サラダ油、酢…各大さじ1⅓/酒…大さじ1/砂糖、塩…各少々
しょうが汁 …………小さじ1

作り方

❶わかさぎは流水で表面の汚れを洗い流し、水けをふいて塩、酒をふり、耐熱皿に並べてラップをし、2分30秒加熱する。
❷玉ねぎはごく薄切りに、貝割れ菜は根元を切り落として半分に切り、ともに水にさらして水けをきる。
❸①と②を合わせてⒶで和え、しょうが汁をかけてさっと混ぜる。(田口)

えびの山椒(さんしょう)風味

さすが 色あざやか 簡単 142kcal

調理時間 10分 3分20秒

材料(2人分)

えび(殻(から)つき)…. 200g(10尾)
Ⓐしょうゆ…大さじ1⅓/砂糖、酢、酒、胡麻(ごま)油…各小さじ2
セロリ ………… 100g(1本)
赤唐辛子(とうがらし) ………………小2本
粉山椒 ……………………少々

作り方

❶えびは尾を1節残して殻をむき、背に切り込みを入れて背わたを取る。Ⓐをまぶし、2〜3分おく。
❷セロリは筋を取って、3〜4cm長さの拍子木(ひょうしぎ)切りにし、赤唐辛子は種を除いて小口切りにする。
❸耐熱皿に①と②を入れて混ぜ、ラップなしで3分20秒加熱し、仕上げに粉山椒をふる。(田口)

かきと豆腐のポン酢仕立て

さすが あっさり 速い 173kcal

調理時間 5分 4分

材料(2人分)

かき(生食用むき身)…150〜180g(10〜12個)
酒…大さじ2
木綿豆腐 ……… 300g(1丁)
三つ葉 ……………………8本
ポン酢しょうゆ ……大さじ4
七味唐辛子 ………………少々

作り方

❶かきはざるに入れ、塩水(材料表外)の中でふり洗いし、酒をふっておく。
❷豆腐は8〜12等分に切る。
❸耐熱皿に①と②を並べ、ラップをして3分30秒〜4分加熱する。4cm長さに切った三つ葉を散らし、ポン酢しょうゆと七味唐辛子をふる。(田口)

牛肉と青梗菜(チンゲンツアイ)のオイスターソース炒め煮風

さすが 味がからむ 片付けらくらく 209kcal

調理時間 10分 5分20秒

材料(2人分)

牛もも薄切り肉 ……… 150g
Ⓐオイスターソース…小さじ⅔/酒、しょうゆ…各小さじ1/胡麻油、こしょう…各少々
青梗菜 ………… 200g(2株)
しめじ … 140g(約1½パック)

作り方

❶牛肉は一口大に切り、Ⓐをからめて下味をつける。
❷青梗菜は葉と茎に切り分け、葉は5cm長さに、茎は縦に8つに切る。しめじは小房に分ける。
❸耐熱ボウルに青梗菜の茎を入れ、上に牛肉をかぶせるようにのせる。ラップをして4分10秒加熱する。
❹取り出して、青梗菜の葉としめじを加えて軽く混ぜ、ラップをして約1分10秒加熱する。混ぜてから器に盛る。(武蔵)

牛肉と竹の子のみそ風味

さすが つやよく こくが出る 173kcal

調理時間 7分 4分30秒

材料(2人分)

牛もも薄切り肉…………100g

Ⓐ片栗粉、酒、オイスターソース…各小さじ1／こしょう…少々

ゆで竹の子の細切り……240g

長ねぎのみじん切り………………60g(約½本分)

Ⓑ酒…大さじ2／みそ…小さじ2／鶏ガラスープの素(顆粒)…小さじ1

作り方

❶牛肉は食べやすい大きさに切り、Ⓐをもみ込んでおく。

❷耐熱容器に竹の子、ねぎ、Ⓑを入れて混ぜ、ラップをして3分40秒加熱する。取り出して①を加えて混ぜながら、余熱である程度火を通す。再びラップをして50秒加熱して肉に完全に火を通す。(大沼)

豚ヒレ肉とブロッコリーのゆで豚風

さすが 柔らか ヘルシー 132kcal

調理時間 8分 5分

材料(2人分)

豚ヒレかたまり肉 ……… 100g

ブロッコリー…… 140g(7房)

酒 …………………………大さじ4

Ⓐすり白胡麻…大さじ1½／みそ…大さじ1／黒砂糖…小さじ1／練りがらし…小さじ¼

作り方

❶豚肉は4㎜厚さに切る。

❷耐熱性の器に①の½量とブロッコリーを重ならないように並べ、酒の½量をふる。ラップをして約2分30秒加熱して肉に火を通し、蒸し汁を取り分けておく。残りも同様に作る。

❸②の蒸し汁にⒶを混ぜてたれを作り、②に添える。(大沼)

豚ヒレ肉のしょうが煮おろしだれ

さすが さっぱり 時間短縮 178kcal

調理時間 5分 2分30秒

材料(2人分)

豚ヒレかたまり肉 ……… 100g

Ⓐおろししょうが…小さじ2⅔／片栗粉…小さじ1／しょうゆ、みりん…各大さじ½

おろし大根……………大さじ2

ポン酢しょうゆ………小さじ1

作り方

❶豚肉は5㎜厚さに切り、Ⓐをもみ込んでおく。

❷耐熱皿のまわりに①を重ならないように並べ、ラップをして約2分30秒加熱し、火を通す。

❸②におろし大根をのせ、ポン酢しょうゆをかける。(大沼)

豚肉と昆布の香味野菜煮

さすが ノンオイル ヘルシー 145kcal

調理時間 9分 3分20秒

材料(2人分)

豚もも薄切り肉…………100g

Ⓐ片栗粉、オイスターソース…各小さじ1／こしょう…少々

切り昆布 …………………100g

にんじん …………40g(⅔本)

えのきだけ ……… 100g(1袋)

長ねぎのみじん切り………………40g(約½本)

しょうがのみじん切り………………………小さじ2⅔

Ⓑオイスターソース、しょうゆ…各小さじ1

作り方

❶豚肉は食べやすい大きさに切って、Ⓐをもみ込んでおく。

❷切り昆布は食べやすい長さに切り、にんじんはせん切りにする。えのきだけは根元を切り落としてほぐす。

❸耐熱ボウルに切り昆布、ねぎ、しょうが、にんじんの順に入れ、ラップをして1分40秒加熱する。取り出して、えのきだけとⒷを加えてラップをし、50秒加熱する。

❹③に①を加えて混ぜながら、余熱である程度火を通す。再びラップをして約50秒加熱し、肉に完全に火を通す。(大沼)

和風バーベキュー

さすが 甘みが出る ジューシー 210kcal

調理時間 9分 2分50秒

材料(2人分)

鶏もも肉 …………………160g

長ねぎの粗(あら)みじん切り………………………小さじ2

しょうがのみじん切り………………………小さじ1

Ⓐ酒、しょうゆ、みりん…各小さじ2／はちみつ…小さじ⅔／トマトケチャップ…小さじ1

片栗粉(同量の水で溶く)………………………小さじ1

青じそ ……………………2枚

作り方

❶鶏肉は食べやすい大きさに切る。

❷耐熱容器に①、ねぎ、しょうがとⒶを入れて混ぜ合わせる。ラップをして約2分10秒加熱する。

❸②を取り出して、水溶き片栗粉を加えて軽く混ぜ合わせ、ラップなしで30〜40秒、調味料の縁(ふち)がふつふつと煮立つまで加熱する。

❹器に盛り、ちぎった青じそをのせる。(武蔵)

豚ひき肉の高菜炒(いた)め

さすが 簡単 128kcal

調理時間 8分 3分50秒

材料(2人分)

豚赤身ひき肉………………80g

Ⓐおろししょうが…小さじ2／しょうゆ…小さじ1／片栗粉…小さじ⅔

高菜漬け ……………………70g

セロリ、長ねぎ……………各70g(各約⅔本)

鶏ガラスープの素(顆粒)………………………小さじ1

炒り白胡麻……………大さじ1

作り方

❶豚ひき肉はⒶをもみ込んでおく。

❷高菜漬け、セロリ、長ねぎはそれぞれみじん切りにする。

❸耐熱ボウルに②を入れてスープの素を散らし、ラップをして3分20秒加熱する。取り出して①を加えて混ぜながら、余熱でほぼ火を通す。再びラップをして約30秒加熱する。

❹肉に完全に火が通ったら、胡麻を混ぜる。(大沼)

肉だんごと白菜の蒸し煮

さすが ふっくら 193kcal

調理時間 13分 8分

材料(2人分)

豚ひき肉 …………………150g

Ⓐ酒…大さじ1／しょうゆ、小麦粉…各小さじ1／しょうが汁…小さじ1／塩…1つまみ／こしょう…少々

白菜 ……………… 200g(2枚)

鶏ガラスープの素(顆粒)………………………小さじ1

水 ……………………カップ¼

作り方

❶豚ひき肉にⒶを加えて練り混ぜ、6等分してだんご状に丸める。耐熱皿に並べ、ラップをして1分加熱する。

❷白菜は5㎝長さの細切りにして①にのせ、スープの素と水を加える。ラップをして7分、白菜が柔らかくなるまで加熱する。味をみて塩少々(材料表外)で調味する。(渡辺あ)

中華・エスニックの主菜

ヘルシー酢豚

さすが　ローカロリー　本格味　**211**kcal　調理時間 **13**分　**6**分

材料(2人分)

豚厚切り肉(とんカツ用)
…………………100g(1枚)
塩、こしょう…各少々／小麦粉…小さじ2
サラダ油………………小さじ2
玉ねぎ……………100g(½個)
赤ピーマン………60g(小½個)
スナップえんどう…40g(16個)
Ⓐトマトケチャップ、砂糖、水…各大さじ2／しょうゆ、酒…各大さじ1／チキンスープの素(顆粒)…小さじ½
Ⓑ片栗粉(大さじ2の酢で溶く)…小さじ1

作り方

❶玉ねぎと赤ピーマンは一口大に切り、スナップえんどうは筋を取って両端を落とす。以上を耐熱皿の中央に置く。
❷豚肉は片面に5㎜間隔の切り目を格子状に入れ、2㎝角に切る。ポリ袋に塩、こしょう、小麦粉、豚肉を入れ、空気を入れて口を閉じ、振ってまぶす。
❸②の豚肉を取り出し、サラダ油をからめ、①の皿の野菜のまわりに置く。Ⓐを混ぜ合わせて豚肉にかけ、ラップをして6分加熱する。
❹Ⓑを溶いて③が熱いうちに加え、全体を混ぜて余熱でとろみをつけ、器に盛る。(村上)

豚ひき肉とさきいかの中華風蒸しもの

さすが　うまみが出る　ローカロリー　**199**kcal　調理時間 **13**分**30**秒　**7**分**30**秒

材料(2人分)

豚ひき肉………………… 100g
塩…小さじ½／こしょう…少々
さきいか(市販品)…………20g
春雨(乾燥品)………………10g
ゆで竹の子…………………60g
玉ねぎ……………20g(1/10個)
きくらげ(乾燥品・もどしたもの)……………………… 6個
溶き卵…………………… 1個分
しょうがのみじん切り
……………………小さじ2
片栗粉…………………小さじ2
生野菜(三つ葉や香菜など)
…………………………適量
こしょう…………………… 適宜

作り方

❶さきいかは耐熱容器に入れ、水少々(材料表外)をふってラップをし、30秒弱加熱する。
❷春雨は別の耐熱容器に入れ、水カップ1(材料表外)を注いでラップをし、3分強加熱する。
❸①と②の水けをきってみじん切りにし、竹の子、玉ねぎもみじん切りにする。きくらげは石づきを除いて手で粗くちぎる。
❹ボウルにひき肉を入れ、塩、こしょうをふって練り混ぜる。溶き卵、③、しょうが、片栗粉の順に加えて混ぜる。耐熱皿に平らにのばし、中央を少し薄くする。ラップをして3〜4分加熱する。生野菜をざく切りにしてのせ、好みでこしょうをふる。(浜内)

牛肉とブロッコリーの炒(いた)めもの

さすが | ローカロリー | 簡単 | 149kcal | 調理時間 9分 | 4分10秒

材料（2人分）

牛もも薄切り肉…………100g
Ⓐしょうゆ、片栗粉…各小さじ⅔
ブロッコリー……100g（⅓個）
缶詰のマッシュルームの水煮（薄切り）……100g（小2缶）
Ⓑ長ねぎのみじん切り…大さじ2／オイスターソース…小さじ2／しょうゆ…小さじ1

作り方

❶牛肉は4～5㎝長さに切り、2枚重ねにしたポリ袋に入れ、Ⓐを加えて軽くもむ。
❷ブロッコリーは小房に分け、マッシュルームは缶汁をきる。
❸②とⒷを①に加え、軽くもんで全体を混ぜる。ポリ袋の口を2回ひねって軽く閉じ、4分10秒加熱する。肉に赤みが残っていたら熱いうちに手にミトンをはめ、袋の上から軽くもんで余熱で火を通し、器に盛る。（大沼）

鶏肉となすの棒々鶏(バンバンジー)ソース

さすが | さっぱり | 鍋いらず | 207kcal | 調理時間 9分30秒 | 4分20秒

材料（2人分）

鶏もも肉…………130g（½枚）
Ⓐ酒…大さじ½／塩、こしょう…各少々
なす……………140g（小2個）
さやえんどう……15g（6枚）
Ⓑ長ねぎのみじん切り…小さじ2／しょうが汁…少々／練り白胡麻(ごま)…大さじ1／豆板醤(トウバンジャン)…少々／砂糖、しょうゆ…各大さじ½／中華スープの素（顆粒・大さじ1の水で溶く）…少々

作り方

❶鶏肉は耐熱皿に入れてⒶをふり、ラップをして1分30秒加熱し、上下を返して30秒加熱する。身は大きめに裂き、皮は細く切る。
❷なすはへたを除いて縦に数本切り目を入れ、ラップで包み、2分加熱する。冷水にとって粗熱(あらねつ)を取り、大きめに裂く。さやえんどうは筋を取り、ラップで包み、20秒加熱し、冷水にとって水けをきり、3つ～4つの斜め切りにする。器に①と盛り、Ⓑを混ぜてかける。（藤野）

かじきのタンドリー風

さすが 焦げない 213kcal

調理時間 12分 5分

材料（2人分）

かじき……… 200g（2切れ）

赤ピーマン……… 150g（1個）

Ⓐプレーンヨーグルト…大さじ4／カレー粉…大さじ1／トマトケチャップ…大さじ2／塩…少々

作り方

❶かじきは1切れを3つに切り、塩少々（材料表外）を全体にふって4〜5分おく。赤ピーマンは種を取って1cm幅の細切りにする。

❷Ⓐをよく混ぜ合わせて①にまぶし、耐熱皿に放射状に並べる。ラップなしで5分加熱する。（田口）

さんまの中華香味蒸し

さすが ふっくら 栄養をにがさない 353kcal

調理時間 9分 4分30秒

材料（2人分）

さんま……… 300g（2尾）

長ねぎ……… 50g（½本）

にんじん……… 30g（約⅓本）

生しいたけ……… 30g（2個）

しょうが……… ½かけ

Ⓐ豆板醤（トウバンジャン）…小さじ½／胡麻（ごま）油、酒、砂糖…各小さじ1／しょうゆ…大さじ1／鶏ガラスープの素（顆粒（かりゅう））…少々／水…カップ⅓

三つ葉のざく切り……… 適量

作り方

❶さんまは頭と内臓を取り除き、半分に切る。ねぎ、にんじん、しょうがはせん切りに、しいたけは薄切りにする。

❷耐熱容器にすべての野菜の½量を入れ、上にさんまをのせ、残りの野菜をのせる。混ぜ合わせたⒶを回しかけ、ラップをして4分〜4分30秒加熱し、三つ葉を飾る。（牧野）

さわらのカレーピカタ

さすが こくが出る 237kcal

調理時間 6分 4分

材料（2人分）

さわら……… 160g（2切れ）

塩、こしょう…各少々

Ⓐ卵…1個／カレー粉…小さじ½／粉チーズ…大さじ2

小麦粉……… 適量

作り方

❶ボウルにⒶの卵を溶きほぐし、残りのⒶの材料と混ぜ合わせておく。

❷さわらは1切れを3つに切り、塩、こしょうをまぶす。耐熱皿にのせ、ラップをして2分30秒加熱する。

❸②の水けをふき取って小麦粉をまぶし、①をからめる。耐熱皿に並べ、ラップなしで1分30秒加熱する。（村田）

ぶりのコチュジャン焼き

さすが 焦げない 326kcal

調理時間 6分 4分

材料（2人分）

ぶり……… 200g（大2切れ）

Ⓐ長ねぎのみじん切り、すり白胡麻…各大さじ1／おろししょうが、おろしにんにく、コチュジャン…各小さじ1／しょうゆ、砂糖、酒…各大さじ2

香菜（シャンツァイ）……… 適宜（てきぎ）

作り方

❶ぶりは1切れを2つに切る。

❷耐熱ボウルにⒶを入れてよく混ぜる。ぶりを加え、スプーンでⒶをすくってかける。

❸②の上にクッキングシートを密着させてかぶせ、浮き上がり防止に小皿をのせる。両端をあけてラップをし、4分加熱する。器に盛り、香菜を添える。（村上）

太刀魚（たちうお）の韓国煮

さすが 味がからむ 鍋いらず 324kcal

調理時間 10分 4分10秒

材料（2人分）

太刀魚……… 200g（2切れ）

にら……… 60g（約⅔わ）

おろしにんにく……… 小さじ⅓

Ⓐコチュジャン、酒…各大さじ2／しょうゆ、胡麻油…各小さじ1

作り方

❶太刀魚は表面に切り目を入れる。にらは3〜4cm長さに切る。

❷耐熱皿におろしにんにくとⒶを入れて混ぜ、太刀魚を入れ、途中で上下を返しながら3〜4分おいて味をなじませる。ラップをして3分20秒加熱し、にらを入れ、さらに50秒加熱する。（田口）

さばのナムプラー焼き

さすが 時間短縮 ノンオイル 127kcal

調理時間 6分 4分

材料（2人分）

さば……… 120g（小2切れ）

ナムプラー……… 小さじ2

赤唐辛子（とうがらし）……… 1本

にんにく……… ½かけ

レモンのくし形切り……… 2切れ

作り方

❶赤唐辛子は種を取って、5mm幅に切る。にんにくは薄切りにする。

❷ボウルにナムプラーと①を入れ、さばを加えてからめる。

❸クッキングシートを30cm角に切って、さばを皮目を上にして置く。シートの四隅をねじって、立ち上がりをつける。

❹ターンテーブルに割り箸（わりばし）2膳をばらして置き、その上に③をのせてラップなしで4分加熱する。器に盛り、レモンを添える。（村上）

鮭のエスニック風蒸し

さすが さっぱり 速い 127kcal

調理時間 9分 2分30秒

材料（2人分）

生鮭……… 160g（2切れ）

塩、こしょう…各少々

にんにくの輪切り……… 1かけ分

Ⓐナムプラー…大さじ1／塩、こしょう…各少々

きゅうり……… ½本

にんじん……… 30g（約⅓本）

レモン汁……… 小さじ1½

作り方

❶鮭は塩、こしょうをして耐熱容器に並べ、上ににんにくをのせる。Ⓐをかけてラップをし、2分30秒加熱する。

❷①にせん切りにしたきゅうりとにんじんを添え、レモン汁をかける。（牧野）

かれいのザーサイ蒸し

さすが あっさり ローカロリー 115kcal

調理時間 9分 4分

材料（2人分）

かれい……… 200g（2切れ）

Ⓐ塩…小さじ½／酒…大さじ2

ザーサイ（味つけ）……… 4枚

長ねぎ……… 8g（5cm）

しょうが……… 8g（½かけ）

サラダ油……… 小さじ1

作り方

❶かれいは耐熱皿に並べ、Ⓐをふって5分ほどおく。

❷ザーサイ、ねぎ、しょうがはせん切りにし、油をまぶして①にのせ、ラップをして4分加熱する。（渡辺あ）

焼き肉のホットサラダ

さすが　味がからむ　405kcal
調理時間 9分　4分

材料（2人分）
牛細切れ肉……………… 200g
　塩、こしょう…各少々
サニーレタス……………… 2枚
焼きのり（全形）………… ½枚
Ⓐすり白胡麻…大さじ½／おろしにんにく…小さじ½／しょうゆ…大さじ2／砂糖、酒…各小さじ2／胡麻油…小さじ1
胡麻油…………………小さじ1
すり白胡麻……………大さじ½
白髪（しらが）ねぎ………………… 5cm分

作り方
❶サニーレタスは⅓〜½枚にちぎり、のりは一口大にちぎる。
❷牛肉に塩、こしょうして耐熱ボウルに入れ、Ⓐを加えて混ぜ、ラップをして4分加熱する。胡麻油を加えて混ぜ合わせ、ラップで落としぶたをして1分おく。
❸器に①を合わせて盛り、上に②をたれごとのせ、すり胡麻と白髪ねぎを散らす。（村田）

豚肉と長芋のナムプラー炒め

さすが　しゃきしゃき　時間短縮　284kcal
調理時間 10分　5分

材料（2人分）
豚細切れ肉……………… 150g
Ⓐしょうゆ、酒…各小さじ2
長芋 …………… 200g（10cm）
ナムプラー……………大さじ1
胡麻油…………………小さじ1
塩、こしょう……………各少々

作り方
❶豚肉はⒶをもみ込む。長芋は長さを半分に切り、1.5cm角の棒状に切る。
❷耐熱ボウルに豚肉を入れてラップをし、3分加熱する。
❸②に長芋、ナムプラー、胡麻油を加えて軽く混ぜ合わせ、塩、こしょうで調味する。再びラップをして2分加熱する。（村田）

豚キムチのり巻き

さすが　簡単　140kcal
調理時間 7分　3分20秒

材料（2人分）
豚赤身ひき肉…………… 100g
Ⓐ片栗粉…小さじ1／だしの素（粉末）…小さじ⅔
長ねぎのみじん切り
　…………………50g（½本分）
しょうがのみじん切り ……10g
白菜キムチ……………… 120g
焼きのり（全形） ………… 2枚

作り方
❶豚ひき肉にⒶを加えて混ぜ、ねぎ、しょうがを加えてさらに練り混ぜる。
❷のりは半分に切って4枚にし、①を等分にのせて塗りひろげる。上に汁けをきったキムチを等分にのせ、端（はし）からくるりと巻く。
❸②を1本ずつラップで包み、ターンテーブルのまわりに並べて約3分20秒加熱する。（大沼）

鶏肉とにんにくの茎の辛み炒め

さすが　味がからむ　164kcal
調理時間 10分　3分

材料（2人分）
鶏もも肉………………… 100g
Ⓐ豆板醤（トウバンジャン）…小さじ¼／しょうゆ、胡麻油…各大さじ½／砂糖…小さじ½
にんにくの茎……40g（約½束）
　サラダ油…………小さじ1
片栗粉…………………小さじ½

作り方
❶鶏肉は4cm長さの細切りにし、混ぜ合わせたⒶをからめて5分おいて味をなじませる。
❷にんにくの茎は5cm長さに切り、油をまぶす。
❸①と②を混ぜて耐熱皿に入れ、ラップをして2分30秒加熱する。片栗粉を加えて手早く混ぜ、再び30秒加熱してとろみをつける。（渡辺あ）

ささ身のベトナム風サラダ

さすが　下ごしらえ　111kcal
調理時間 7分　1分40秒

材料（2人分）
ささ身 ……………80g（2本）
　酒…大さじ2
キャベツ ……… 160g（約3枚）
玉ねぎ ……………………… 15g
ピーナツの粗（あら）みじん切り…. 10g
香菜の葉 …………………… 10g
Ⓐおろしにんにく…小さじ¼／レモン汁…大さじ1／ナムプラー、しょうゆ、水…各小さじ2／砂糖…小さじ1／赤唐辛子、うまみ調味料…各少々

作り方
❶耐熱容器にささ身を入れ、酒をふってラップをして1分20秒〜1分40秒加熱して火を通す。そのまま約5分おき、細かくほぐし、塩少々（材料表外）をふって混ぜ、蒸し汁につけておく。
❷キャベツはせん切り、玉ねぎはみじん切りにして①と香菜とともに器に盛りつける。上にピーナツを散らし、混ぜ合わせたⒶをかける。（大沼）

豚肉とにらのキムチ炒め風

さすが　ピリ辛　205kcal
調理時間 10分　2分50秒

材料（2人分）
豚薄切り肉……………… 120g
Ⓐ酒、しょうゆ…各小さじ1／塩、こしょう…各少々
白菜キムチ……………… 100g
にら ………… 80g（8〜10本）
胡麻油 …………………小さじ1

作り方
❶豚肉は食べやすい大きさに切り、Ⓐをもみ込んで下味をつける。にらは5cm長さに切り、キムチは食べやすい大きさに切る。
❷耐熱ボウルに豚肉とキムチを入れ、ラップをして約1分40秒加熱する。にらを入れ、胡麻油をふって軽く混ぜる。再びラップをして1分10秒加熱する。混ぜ合わせて器に盛る。（武蔵）

薄切り肉の簡単酢豚

さすが　ジューシー　鍋いらず　329kcal
調理時間 14分　5分

材料（2人分）
豚ばら薄切り肉………… 120g
玉ねぎ ………… 100g（½個）
にんじん …………40g（⅖本）
ピーマン ………40g（小2個）
缶詰のパイナップル ……… 2枚
塩、こしょう……………各少々
Ⓐパイナップルの缶汁、トマトケチャップ、酢、水…各大さじ1⅓／しょうゆ…小さじ2／砂糖、片栗粉…各小さじ⅔

作り方
❶豚肉は4cm幅に切る。玉ねぎは薄切りに、にんじんは薄い短冊切りに、ピーマンは細切りにする。パイナップルは8等分に切る。
❷耐熱容器に豚肉、玉ねぎ、にんじんを入れ、塩、こしょうをする。ラップをして約2分加熱する。出た汁は捨て、合わせたⒶとピーマン、パイナップルを加えて混ぜ合わせる。再びラップをして3分加熱する。（武蔵）

スピードお弁当

じゃこしそライス弁当

さすが　こくが出る　簡単　262kcal　調理時間 7分　1分10秒

材料（1人分）

ご飯 ……… 120g（茶碗1杯分）
ちりめんじゃこ………大さじ2
青じそ ………………………… 3枚
おろしにんにく（市販品）
…………………………小さじ¼
オリーブ油 ……………小さじ1

作り方

❶耐熱容器にご飯を入れ、じゃこをのせる。
❷青じそは重ね、キッチンばさみで縦に3本切り込みを入れてくるくると丸め、端（はし）から4～5㎜幅に切って½量を①に散らす。残りはとっておく。
❸容器ににんにくとオリーブ油を入れて箸（はし）で混ぜ、②のご飯にかける。両端（りょうはし）を少しあけてラップをし、1分10秒加熱する。
❹取り出して箸で混ぜ、残りの青じそを散らして弁当箱に詰める。温泉卵やサラダなど（材料表外・各カロリー外）を添える。（村上）

ベーグルサンド弁当

さすが　油抜き　カリカリ　574kcal　調理時間 6分　1分30秒

材料（1人分）

ベーグル ……………………… 1個
ベーコン ……………40g（2枚）
リーフレタス ………………… 1枚
リコッタチーズ……………40g
粗（あら）びき黒こしょう ………… 少々
カフェラテ
　コーヒー（ブラック）、牛乳…
　各カップ½

作り方

❶ベーコンはキッチンペーパーにのせ、ラップなしで約1分30秒加熱する。
❷ベーグルは厚みを半分に切る。レタスをのせてチーズを塗り、こしょうをふって①をのせ、はさむ。
❸コーヒーは濃いめにいれ、牛乳を混ぜる。（浜内）

チキン照り焼き弁当

さすが ふっくら　手間いらず　**471**kcal　調理時間 **9**分　**3**分

材料（1人分）

鶏もも肉 ········ 150g（大½枚）
Ⓐしょうゆ、酒、砂糖…各小さじ2／片栗粉、胡麻油…各小さじ½
レタス ··························· ¼枚
紅しょうが ····················· 少々
ご飯 ········· 120g（茶碗1杯分）

作り方

❶耐熱皿にⒶを合わせ、鶏肉を入れてからめる。
❷ターンテーブルに割り箸2膳をばらして置き、その上に①の皿をのせ、両端をあけてラップをし、3分加熱する。取り出して8つに切る。
❸弁当箱にご飯を詰め、ちぎったレタスと鶏肉をのせ、皿に残った汁をかけ、紅しょうがを添える。（村上）

プルーンチキン弁当

さすが さっぱり　失敗なし　**328**kcal　調理時間 **9**分　**2**分

材料（1人分）

鶏胸肉 ············ 150g（大½枚）
　塩、こしょう…各適量
プルーン（種抜き）··········· 2個
酒 ·························· 大さじ½
クレソン、パン、オレンジ、チョコレート ·············· 各適量

作り方

❶鶏肉は身の厚いところに切り込みを入れて開き、厚みを均等にし、塩、こしょうをふる。
❷プルーンは粗めに刻み、①にのせて巻く。酒をふり、ラップで包み、両端をねじってとめ、2分加熱する。
❸粗熱が取れたらラップをはずし、食べやすく切る。弁当箱に詰め、クレソンを添える。パン、オレンジ、チョコレート（各カロリー外）などと詰め合わせる。（渡辺有）

スモークサーモンサンド弁当

さすが 時間短縮　手間いらず　**496**kcal　調理時間 **8**分 **30**秒　**1**分 **10**秒

材料（1人分）

ライ麦パン（サンドイッチ用）
　································ 4枚
スモークサーモン… 30g（2枚）
Ⓐ玉ねぎの薄切り…少々／サラダ菜のせん切り…適量
マヨネーズ ····················· 適量

ズッキーニのマヨネーズ焼き　90kcal

　ズッキーニ…70g（½本）／マヨネーズ…大さじ1／塩、こしょう…各少々

つけ合わせ
　トマト、キウイフルーツ、サラダ菜…各適量

作り方

❶パン4枚の片面にマヨネーズを塗り、スモークサーモン、Ⓐをのせてはさむ。ラップで包んでなじませ、詰める直前にラップをはずして2つに切る。
❷ズッキーニは輪切りにして耐熱容器に入れ、マヨネーズをのせて塩、こしょうをふり、ラップをして1分10秒加熱する。
❸弁当箱にサラダ菜を敷いて①を詰め、トマトを一口大に切って②ではさみ、キウイフルーツとともに詰める。（有元）

鮭とじゃが芋のバター風味弁当

さすが 手間いらず 下ゆで 686kcal

調理時間 15分 5分30秒

材料（1人分）

鮭とじゃが芋のバター風味　266kcal

鮭（甘塩）……………80g（1切れ）
じゃが芋……………80g（約½個）
　塩、こしょう…各少々
Ⓐ酒…大さじ½／バター…6g（大さじ½）

ブロッコリーのオイルがけ　57kcal

ブロッコリー
　……………60g（小房3個）
　塩…少々
オリーブ油……………小さじ1

カリフラワーのピクルス　31kcal

カリフラワー
　……………60g（小房3個）
Ⓑ酢、水…各大さじ1½／砂糖…大さじ⅔／塩…少々

チーズサンドパン　332kcal

クリームチーズ……………40g
ロールパン……………2個
レタス……………1枚

作り方

鮭とじゃが芋のバター風味

じゃが芋は薄い半月切りにして水にくぐらせ、耐熱皿に並べて塩、こしょうをふる。鮭を3つに切ってのせ、Ⓐを加えてラップをし、2分30秒加熱する。

ブロッコリーのオイルがけ

ブロッコリーは水にくぐらせ、塩をふってラップで包む。30〜50秒加熱し、オリーブ油をふる。

カリフラワーのピクルス

カリフラワーとⒷを合わせて耐熱容器に入れ、ラップをして1分40秒加熱する。

チーズサンドパン

クリームチーズはラップで包み、20〜30秒加熱する。パンに切り目を入れて塗り、レタスをちぎってはさむ。（田口）

白身魚のカレーマリネ弁当

さすが 時間短縮 色あざやか 684kcal

調理時間 11分 3分40秒

材料（1人分）

白身魚のカレーマリネ　218kcal

白身魚……………80g（1切れ）
　塩…少々
玉ねぎ……………20g
にんじん……………20g（⅕本）
　酒…大さじ½
Ⓐトマトケチャップ…大さじ½／酢、サラダ油…各小さじ2／カレー粉…小さじ½／塩…少々

ベーコンのバターしょうゆ　130kcal

ベーコン……………20g（1枚）
えのきだけ……………50g（½袋）
バター……………4g（小さじ1）
しょうゆ……………少々

レーズンご飯　329kcal

レーズン……………大さじ2
　水…大さじ3
ご飯…160g（茶碗〈大〉1杯分）
塩……………少々

プチトマト　7kcal

プチトマト……………3個

作り方

白身魚のカレーマリネ

❶白身魚は4つに切って耐熱皿に入れ、塩をふる。玉ねぎは薄切りに、にんじんは短冊切りにして魚にのせ、酒をふってラップをし、2分加熱する。
❷Ⓐを合わせて①をつけ込む。

ベーコンのバターしょうゆ

ベーコンは細切りに、えのきだけは根元を除いて3等分する。ともに耐熱容器に入れ、バターをのせてラップをし、50秒加熱してしょうゆで和える。

レーズンご飯

耐熱容器にレーズンと水を入れ、ラップをして30〜50秒加熱する。水けをきってご飯と合わせ、塩をふって混ぜる。

プチトマト

プチトマトを詰める。（田口）

鮭と帆立て貝の酒蒸し弁当

さすが 片付けらくらく ふっくら 344kcal

調理時間 7分 2分40秒

材料（1人分）

鮭と帆立て貝の酒蒸しご飯　327kcal

塩鮭……………15g（約¼切れ）
帆立て貝柱……………40g（1個）
　酒…小さじ½
冷やご飯
　……150g（茶碗〈大〉1杯分）
Ⓐ酒…大さじ1／しょうゆ…小さじ1
三つ葉（2cm長さに切る）…少々

青菜のお浸し　17kcal

小松菜……………25g（1株）
Ⓑだし汁…大さじ1／しょうゆ…小さじ1／みりん…小さじ½
切り白胡麻……………小さじ½

作り方

鮭と帆立て貝の酒蒸しご飯

鮭は皮と骨を除いて4mm厚さの薄切りにする。帆立て貝柱は1cm角に切り、酒をふる。ご飯とⒶを合わせて耐熱皿にひろげ、鮭と帆立て貝柱をのせる。ラップをして1分40秒加熱し、三つ葉を散らして20秒加熱する。

青菜のお浸し

小松菜は4cm長さに切って水にくぐらせ、ラップで包んで、40秒加熱。Ⓑを加え、5分おいて水けを絞り、胡麻をふる。（渡辺あ）

牛肉のオイスターソース炒め弁当

さすが 簡単 色あざやか 717kcal

調理時間 13分30秒 3分20秒

材料（1人分）

牛肉のオイスターソース炒め　354kcal

牛薄切り肉……………80g
Ⓐオイスターソース、酒…各大さじ½／片栗粉…小さじ1／しょうゆ、こしょう…各少々
赤ピーマン……………75g（½個）
サラダ油……………大さじ½

アスパラガスのラー油しょうゆ　68kcal

グリーンアスパラガス
　……………50g（2本）
ちくわ……………30g（1本）
Ⓑしょうゆ、砂糖…各小さじ1／ラー油…少々

たたききゅうりの甘酢漬け　21kcal

きゅうり……………50g（½本）
Ⓒ酢、水…各大さじ½／砂糖…小さじ1／塩…少々

作り方

牛肉のオイスターソース炒め

牛肉は3cm幅に切ってⒶをまぶし、赤ピーマンは細切りにしてともに耐熱容器に入れて混ぜ、油をふってラップをして2分加熱する。

アスパラガスのラー油しょうゆ

アスパラガスは根元を切って水にくぐらせ、ちくわは縦4つに切り、それぞれ3cm長さに切る。ともに耐熱容器に入れ、Ⓑを加えて混ぜ、ラップをして1分加熱する。

たたききゅうりの甘酢漬け

きゅうりはすりこ木でたたき、2cm長さに手で裂き、Ⓒと耐熱容器に入れ、ラップをして20秒加熱する。

●ご飯160g（茶碗1⅓杯分）を詰め、炒り黒胡麻小さじ1をふる。（田口）

しし唐の豚肉ロール弁当

さすが 鍋いらず ノンオイル 578kcal

調理時間 16分 4分40秒

材料（1人分）

しし唐の豚肉ロール　153kcal

豚もも薄切り肉……………80g
Ⓐしょうゆ、酒…各小さじ1／しょうが汁…小さじ⅓
しし唐……………10g（2本）

竹の子の土佐煮　54kcal

ゆで竹の子……………70g
Ⓑ削り節…2g／しょうゆ…小さじ2／砂糖…小さじ1½／水…大さじ2

さつま芋の甘煮　102kcal

さつま芋……………60g（約¼本）
Ⓒ砂糖…小さじ2／水…大さじ2／塩…少々

作り方

しし唐の豚肉ロール

豚肉にⒶをもみ込み３分おく。½量をひろげて重ね、しし唐１本を芯にして巻き、ラップで包む。同様にしてもう１個を作り、２個を１分40秒加熱する。

竹の子の土佐煮

竹の子はくし形切りにして耐熱容器に入れ、Ⓑを加えて混ぜる。ラップをして30秒加熱し、一混ぜして再び30秒加熱する。

さつま芋の甘煮

さつま芋は一口大の乱切りにし、水にくぐらせて耐熱容器に入れ、Ⓒを加える。ラップをして１分30秒加熱し、混ぜて30秒加熱する。

●ご飯160g（茶碗１杯分）を詰め、ゆかり小さじ１をふる。（田口）

たら玉ご飯弁当

さすが　手間いらず　668kcal

調理時間 14分　5分10秒

材料（１人分）

たら玉ご飯　355kcal

溶き卵 …………………… １個分

たらこ（薄皮を除いたもの）

…………40～50g（小½腹）

マヨネーズ …………小さじ½

ご飯 ‥ 150g（茶碗〈大〉１杯分）

豚肉と玉ねぎの

ケチャップ風味　127kcal

豚ロース薄切り肉‥40g（２枚）

玉ねぎ …………30g（約⅛個）

ピーマン ………10g（約½個）

塩、こしょう …………各少々

トマトケチャップ …‥小さじ１

ソーセージのチーズ風味　186kcal

ウインナソーセージ

…………………40g（約２本）

フライドポテト（冷凍品）…40g

塩、こしょう …………各少々

粉チーズ …………………… 適量

作り方

たら玉ご飯

耐熱ボウルに溶き卵を入れ、ラップなしで40秒加熱して混ぜ、粗（あら）いそぼろ状にする。たらこ、マヨネーズを加えて40秒加熱し、ご飯を加えて混ぜる。

豚肉と玉ねぎのケチャップ風味

豚肉は３cm幅に切り、玉ねぎは薄切りに、ピーマンは細切りにして耐熱容器に入れ、塩、こしょうをふる。ラップをして１分30秒加熱し、トマトケチャップを加えて混ぜ、40秒加熱する。

ソーセージのチーズ風味

ウインナは１cm幅の斜め切りにする。耐熱皿にポテトを並べてウインナをのせ、塩、こしょうをふる。ラップなしで１分40秒加熱し、粉チーズをふって混ぜる。（武蔵）

鶏肉のカレー風味弁当

さすが　失敗なし　822kcal

調理時間 13分　3分

材料（１人分）

鶏肉のカレー風味　360kcal

鶏胸肉 …………100g（½枚）

塩…少々

Ⓐトマトケチャップ…大さじ１／サラダ油、酒…各大さじ½／カレー粉…小さじ１強／おろしにんにく…少々

レタス（ちぎる）…‥15g（１枚）

マヨネーズ …………小さじ１

キャベツとにんじんのサラダ　85kcal

キャベツ …………50g（１枚）

にんじん …………………… 10g

Ⓑ酢、サラダ油…各大さじ½／砂糖…小さじ１／塩…少々

干しあんずのシロップ漬け　58kcal

干しあんず ………………… ３個

Ⓒ砂糖…小さじ½／水…大さじ２

作り方

鶏肉のカレー風味

鶏肉は塩をすり込んで一口大に切り、耐熱容器に入れ、Ⓐを加えて混ぜる。ラップなしで２分加熱し、レタスとマヨネーズを添える。

キャベツとにんじんのサラダ

キャベツはざく切りに、にんじんはせん切りにして耐熱容器に入れる。Ⓑを加えて混ぜ、ラップをし、30秒加熱する。

干しあんずのシロップ漬け

干しあんずは水にくぐらせて耐熱容器に入れる。Ⓒを加えてラップをし、30秒加熱して３分おき、味を含ませる。

●ジャムサンド（サンドイッチ用食パン４枚とジャム大さじ２で作る）と詰め合わせる。（田口）

油揚げと鶏肉の混ぜご飯弁当

さすが　速い　あっさり　572kcal

調理時間 13分30秒　3分

材料（１人分）

油揚げと鶏肉の混ぜご飯　455kcal

鶏胸肉（皮なし）…‥50g（⅓枚）

油揚げ …………… 10g（⅓枚）

にんじん …………20g（⅕本）

Ⓐ酒、みりん、しょうゆ…各小さじ1½／塩…少々

ご飯…‥200g（茶碗〈小〉２杯分）

さや豆のおかか和え　16kcal

さやえんどう…… 30g（12枚）

削り節 ……………………… １g

しょうゆ …………………… 少々

桜えびの卵煮　101kcal

桜えび（乾燥品）…………… ５g

溶き卵 ………………… １個分

しょうゆ、みりん ……各少々

作り方

油揚げと鶏肉の混ぜご飯

鶏肉は１cm角に切り、油揚げは細かく刻む。にんじんは薄切りにする。耐熱容器に入れ、Ⓐを加えて混ぜ、ラップをし、２分加熱してご飯と混ぜ合わせる。

さや豆のおかか和え

さやえんどうは筋を取り、水にくぐらせてラップで包み、30秒加熱して削り節としょうゆで和える。

桜えびの卵煮

耐熱容器にすべての材料を入れて混ぜ、ラップをして30秒加熱し、３分おいて味をなじませる。（田口）

和風ミニバーグ弁当

さすが　色あざやか　ヘルシー　671kcal

調理時間 15分　6分20秒

材料（１人分）

和風ミニバーグ　227kcal

鶏ひき肉 ………………… 100g

生しいたけのみじん切り

………………30g（２個分）

酒、小麦粉 ………各大さじ½

塩、砂糖、しょうゆ ‥…各少々

にんじんのたらこ和え　80kcal

にんじん ………40g（小½本）

酒、サラダ油 ……‥各小さじ１

たらこ ……………20g（⅓腹）

切り干し大根の即席漬け　40kcal

切り干し大根（乾燥品）…… ３g

水…カップ１

Ⓐ酢、しょうゆ、みりん…各大さじ１／赤唐辛子（とうがらし）の小口切り…½本分

小松菜とじゃこのご飯　324kcal

小松菜 …………60g（大１株）

サラダ油 ……………小さじ１

塩 ………………………… 少々

Ⓑご飯…160g（茶碗〈大〉１杯分）／ちりめんじゃこ…５g

作り方

和風ミニバーグ

ボウルにしょうゆ以外の材料を入れてよく練り混ぜ、３つの小判形にまとめる。耐熱皿に並べ、ラップなしで１分加熱し、しょうゆを塗って30秒加熱する。

にんじんのたらこ和え

にんじんは短冊切りにして耐熱容器に入れ、酒、油を加えてラップをし、１分30秒加熱。たらこの身をかき出してにんじんの上に散らし、10～20秒加熱する。

切り干し大根の即席漬け

切り干し大根と分量の水を耐熱ボウルに入れ、ラップをして２分30秒加熱する。水けをきって洗い、食べやすく切って絞る。Ⓐに切り干し大根を漬ける。

小松菜とじゃこのご飯

小松菜は細かく刻み、耐熱容器に入れて油と塩を加え、ラップをして20～30秒加熱。汁けをきってⒷを混ぜる。（田口）

軽食仕立てのごはん

懐かしのソースドライカレー

さすが　うまみが出る　鍋いらず　470kcal

調理時間 7分　4分

材料（2人分）

牛ひき肉 …………………… 100g
グリンピース（冷凍品）
　…………………………大さじ4
レーズン ………………大さじ2
玉ねぎのみじん切り
　……………… 100g（½個分）
Ⓐウスターソース…大さじ2／カレールウ（固形・削る）…30g／ラー油…適宜
ご飯 ……… 120g（茶碗1杯分）

作り方

❶耐熱容器にひき肉とグリンピース、レーズン、玉ねぎを入れ、Ⓐを加えて混ぜる。両端をあけてラップをかけ、4分加熱する。

❷取り出して一混ぜし、とろみを全体にいきわたらせる。器に盛ったご飯にかける。（村上）

シーフードボウル

さすが　味がしみる　手間いらず　393kcal

調理時間 10分　3分

材料（2人分）

まぐろ（赤身・刺身用）… 100g
Ⓐしょうゆ…大さじ1⅓／練りわさび…適量
イクラ ………………………60g
厚焼き卵（市販品） …………60g
きゅうり …………………… 1本
レタス ……………………… 4枚
ご飯 ……200g（茶碗1⅔杯分）
Ⓑ酢…大さじ2／砂糖…小さじ1／塩…小さじ½

作り方

❶まぐろは1㎝角に切り、Ⓐをからめる。

❷厚焼き卵は1㎝角、きゅうりは5㎜角に切る。レタスは食べやすい大きさにちぎる。

❸耐熱容器にご飯を入れ、Ⓑを混ぜて回しかけ、ラップをして約3分加熱し、取り出してさっくり混ぜる。冷めたら、①、②、イクラをのせる。（浜内）

ロールキャベツライス

さすが 色あざやか ローカロリー **174kcal** 調理時間 11分 **5分50秒**

材料（2人分）
キャベツ…………300g（6枚）
ハム…………………40g（2枚）
玉ねぎのみじん切り
………………100g（½個分）
セロリのみじん切り
…………………20g（⅕本分）
ご飯………80g（茶碗⅔杯分）
Ⓐパセリのみじん切り…大さじ2／コンソメスープの素（顆粒）、トマトペースト…各小さじ2
イタリアンパセリ…………適宜

作り方
❶キャベツは水にくぐらせてラップでまとめて包み、2分30秒加熱する。取り出して、芯はそぎ取ってみじん切りにする。
❷ハムは1cm角に切る。
❸玉ねぎとセロリは耐熱容器に入れ、ラップをして1分40秒加熱する。ご飯、キャベツの芯、ハム、Ⓐを加えてよく混ぜ、再びラップをして1分40秒加熱する。
❹③を6等分してキャベツで包み、器に盛る。あればイタリアンパセリを添える。（大沼）

いかすみもどきスパゲティ

さすが 鍋いらず ノンオイル **163kcal** 調理時間 9分 **7分30秒**

材料（2人分）
スパゲティ（直径1.2mm）……40g
湯…………………………カップ3
えのきだけ………400g（4袋）
Ⓐいか（刺身用・細切り）…60g／いかの塩辛（市販品）…40g／のりの佃煮（市販品）…小さじ1⅓／ゆずの絞り汁…少々
ゆずの皮……………………適宜

作り方
❶スパゲティは3つに折って耐熱容器に入れ、分量の湯を注ぎ、ラップをして5分加熱する。
❷えのきだけは根元を切ってほぐす。①に加え、ラップをして2分30秒加熱する。熱いうちに混ぜ、水けをきって器に盛る。
❸Ⓐを混ぜ合わせ、②にかけ、ゆずの皮をのせる。（大沼）

ポテトお好み焼き

さすが 下ゆで ヘルシー **143kcal** 調理時間 8分 **1分40秒**

材料（2人分）
キャベツ…………80g（小2枚）
Ⓐもやし…100g（⅖袋）／長ねぎのみじん切り…½本分
Ⓑじゃが芋のすりおろし…160g（大1個分）／うずらの卵…2個／片栗粉、紅しょうがのみじん切り…各小さじ2／だしの素（粉末）…小さじ½／とろろ昆布…4g／青のり粉…小さじ1
ベーコン（赤身）……20g（1枚）
Ⓒオイスターソース、しょうゆ…各小さじ1
Ⓓ紅しょうが、青のり粉、削り節…各適宜

作り方
❶キャベツは細切りにし、Ⓐと合わせてラップで包み、1分40秒加熱する。
❷Ⓑを混ぜ、①を加えて混ぜる。
❸オーブントースターの天パンにクッキングシートを敷き、ベーコンを1cm角に切って半量をひろげ、上に②の生地の半量を流して、直径15cmくらいの円形にする。温めておいたトースターで3分焼く。残りも同様に焼く。
❹Ⓒを混ぜて③に塗り、切り分けてⒹを散らす。（大沼）

さんまのかば焼き丼

さすが 鍋いらず 煮くずれしない 658kcal

調理時間 10分 8分

材料（2人分）
冷やご飯
……400g（どんぶり２杯分）
缶詰のさんまのかば焼き
………………… 200g（２缶）
長ねぎ …………… 50g（20cm）
溶き卵 ……………………… ２個分

作り方
❶長ねぎは縦に半分に切って斜め切りにする。
❷耐熱性の器２個にご飯を等分に盛る。
❸②の器より一回り大きな耐熱皿２枚に溶き卵を１個分ずつ入れ、さんまのかば焼き、缶汁大さじ２、長ねぎを等分に加えてざっと混ぜ、両端をあけてラップをする。皿ごと②の上にのせてふたがわりにし、１個ずつを４分加熱。皿の具をすべらせてご飯の上にのせる。（村上）

豆腐とじゃこの雑炊

さすが 失敗なし ヘルシー 359kcal

調理時間 10分 8分

材料（2人分）
冷やご飯
……300g（茶碗〈大〉２杯分）
絹ごし豆腐 ……… 300g（１丁）
湯 ……………………… カップ２
しょうゆ ……………… 小さじ２
だしの素（顆粒）……… 小さじ１
Ⓐちりめんじゃこ…大さじ２／長ねぎの小口切り…12g（5cm分）／味つけのり（ちぎる）…２パック

作り方
❶豆腐は２cm角に切る。
❷耐熱性の器２個に分量の湯、しょうゆ、だしの素を等分に入れてよく混ぜ、ご飯、①を等分に加える。両端をあけてラップをし、１個ずつを４分加熱し、Ⓐを等分にのせる。（村上）

野菜いっぱいの鶏雑煮

さすが 色あざやか 栄養をにがさない 284kcal

調理時間 10分 8分

材料（2人分）
切り餅 ………… 200g（４個）
小松菜 …………… 50g（２株）
にんじん ………… 50g（½本）
大根 …………… 50g（約２cm）
湯 ……………………… カップ２
Ⓐしょうゆ、酒…各小さじ２／だしの素（顆粒）…小さじ１
鶏細切れ肉 ………………… 40g

作り方
❶小松菜は葉と茎に分け、４cm長さに切る。にんじん、大根はピーラーでささがきにして混ぜ合わせる。
❷耐熱性の器２個に分量の熱湯、Ⓐを等分に入れ、餅を２個ずつ加える。鶏肉を等分に入れて汁の中に沈め、小松菜の葉、茎、にんじんと大根の順に等分にのせる。両端をあけてラップをし、１個ずつを４分加熱する。（村上）

めかぶとなめたけの雑炊

さすが あっさり ローカロリー 188kcal

調理時間 5分 3分20秒

材料（2人分）
冷やご飯
…… 200g（茶碗〈小〉２杯分）
Ⓐめかぶ…80g／瓶詰の味つけえのきだけ…50g（大さじ3⅓）／おろししょうが…小さじ２
だしの素（粉末）……… 小さじ⅔
湯 ……………………… カップ２
しょうゆ ………………… 少々
万能ねぎの小口切り…大さじ２

作り方
耐熱性の器２個にご飯、Ⓐ、だしの素を等分に入れ、熱湯をカップ１ずつ注いで混ぜる。ラップなしで２個を３分20秒加熱し、味をみてしょうゆを加え、万能ねぎを散らす。（大沼）

漬けものチャーハン

さすが 片付けらくらく 焦げない 390kcal

調理時間 8分 6分

材料（2人分）
冷やご飯
…… 300g（茶碗〈大〉２杯分）
野沢菜茶漬けの素（市販品）
……………… 14g（２パック）
胡麻油 ………………… 大さじ１
溶き卵 ……………………… ２個分

作り方
耐熱性の器２個にご飯、茶漬けの素、胡麻油、溶き卵を等分に加えて混ぜる。ラップをして２個を６分加熱する。（村上）

きな粉餅

さすが もちもち ふっくら 331kcal

調理時間 10分 4分

材料（2人分）
切り餅 ………… 200g（４個）
水…カップ１
きな粉 ………………… 大さじ４
砂糖 …………………… 大さじ２
塩 ……………………………… 少々

作り方
❶きな粉、砂糖、塩を合わせる。
❷直径20cmほどの耐熱皿に餅を並べ、分量の水を注ぐ。ラップをして４分加熱する。湯をきってキッチンばさみで餅を一口大に切りながら①の上に移してまぶす。（村上）

納豆餅

さすが ヘルシー 手間いらず 347kcal

調理時間 6分 3分

材料（2人分）
切り餅 ………… 200g（４個）
納豆 ……… 100g（２パック）
長ねぎのみじん切り
……………… 17g（10cm分）
しょうゆ …………… 大さじ1½

作り方
❶納豆と長ねぎを混ぜ合わせてしょうゆを加える。
❷直径20cmほどの耐熱皿に餅を並べ、ひたひたの水を注ぐ。ラップをして２～３分加熱し、湯をきって①に加え、からめる。（田口）

中華風オートミール

さすが 速い 94kcal

調理時間 3分 1分40秒

材料（2人分）
Ⓐオートミール…40g（カップ½）／湯…カップ1½
鶏ガラスープの素（顆粒）
……………………… 小さじ１
味つけメンマの細切り（市販品）
……………………………… 40g
万能ねぎの小口切り ……… 少々

作り方
大きな耐熱ボウルにⒶを入れて混ぜ、ラップなしで１分40秒加熱し、中央が盛り上がったら時間前でも取り出す。スープの素を加えて混ぜ、メンマ、万能ねぎをのせる。（大沼）

和風オートミール

さすが ヘルシー 簡単 89kcal

調理時間 3分 1分40秒

材料（2人分）
Ⓐオートミール…40g（カップ½）／湯…カップ1½
だしの素（粉末）……… 小さじ１
のりの佃煮（市販品）…小さじ２
貝割れ菜 ……………………… 適量

作り方
大きな耐熱ボウルにⒶを入れて混ぜ、ラップなしで１分40秒加熱し、中央が盛り上がったら時間前でも取り出す。だしの素を加えて混ぜ、のりの佃煮、貝割れ菜をのせる。（大沼）

レンジオムライス

さすが 片付けらくらく ノンオイル 431kcal
調理時間 12分 8分

材料(2人分)

ご飯…300g(茶碗〈大〉2杯分)
Ⓐチキンスープの素(顆粒)…小さじ¼/トマトケチャップ…小さじ4/ハムの細切り…40g(2枚分)/ピザ用チーズ…大さじ2
溶き卵……………………2個分
トマトケチャップ……小さじ4
パセリのみじん切り……少々

作り方

❶30cm角に切ったクッキングシートをひろげてご飯の½量をのせ、Ⓐをスープの素、トマトケチャップ、ハム、チーズの順に各½量をのせ、溶き卵1個分を回しかける。
❷シートの手前と向こう側の端(はし)を合わせて軽く2回折り込み、左右の端をねじる。同様にもう1個作る。
❸1個につき4分加熱し、シートをはずして器に盛り、それぞれにトマトケチャップをかけ、パセリをふる。(村上)

サラダずし

さすが 味がからむ 速い 321kcal
調理時間 4分 1分30秒

材料(2人分)

冷やご飯
……300g(茶碗〈大〉2杯分)
レタス……………………2枚
缶詰のツナの油漬け
……………………40g(小½缶)
トマト……………………½個
Ⓐレモン汁…大さじ1/塩、こしょう…各少々

作り方

❶レタスは一口大にちぎる。ツナは油をきってほぐし、トマトは一口大に切る。
❷ご飯はラップで包んで1分30秒加熱する。ボウルに移し、Ⓐをふってよく混ぜる。ご飯に味がなじんだら、①をすべて加え、混ぜ合わせる。(村田)

スパゲティカルボナーラ

さすが 失敗なし しっとり 563kcal
調理時間 10分 6分

材料(2人分)

スパゲティ(ゆでたもの)
……………………400g
Ⓐベーコン(1cm幅に切る)…40g(2枚)/粉チーズ…24g(大さじ4)/オリーブ油…大さじ2/塩…少々
溶き卵……………………2個分
黒こしょう………………少々
パセリのみじん切り……少々

作り方

耐熱皿2枚に溶き卵とⒶを等分に入れて混ぜ、スパゲティを等分に加えて軽くからめる。ラップをして1皿につき3分加熱し、よく混ぜて黒こしょう、パセリをふる。(村上)

イタリアン鍋焼きうどん

さすが うまみが出る 355kcal
調理時間 15分 12分

材料(2人分)

うどん(冷凍品)
……………420g(2パック)
長ねぎ…………35g(約20cm)
Ⓐめんつゆ(3倍濃縮)…カップ⅔/湯…カップ3
薬味
味つけのり(ちぎる)…2パック/七味唐辛子(とうがらし)…少々
オリーブ油……………大さじ2

作り方

❶長ねぎは7mm幅の斜め切りに。
❷耐熱性の器2個にうどん、①、Ⓐを等分に入れ、ラップをして1個につき6分加熱。薬味とオリーブ油を加える。(村上)

スクランブルエッグトースト

さすが ふっくら しっとり 287kcal
調理時間 5分 1分40秒

材料(2人分)

食パン(8枚切りをトーストする)……………………2枚
溶き卵……………………2個分
Ⓐマヨネーズ…大さじ2/牛乳…小さじ2/塩、こしょう、ガーリックパウダー、パセリのみじん切り…各少々

作り方

耐熱容器に溶き卵とⒶを入れて均一になるように混ぜ、ラップなしで1分10秒加熱する。一混ぜして30秒加熱して、さらに混ぜてパンに等分にのせる。(大沼)

じゃこガーリックパン

さすが ヘルシー 簡単 253kcal
調理時間 4分 2分

材料(2人分)

食パン(6枚切り)…………2枚
Ⓐマヨネーズ…大さじ1⅓/ちりめんじゃこ…大さじ2/すり白胡麻…小さじ2/おろしにんにく…小さじ1/焼きのり(全形・ちぎる)…½枚

作り方

ボウルにⒶを合わせてパンに等分に塗り、耐熱皿にのせる。ラップなしでパン1枚につき1分加熱する。(村上)

フレンチトースト

さすが しっとり 味がからむ 225kcal
調理時間 10分 6分

材料(2人分)

食パン(8枚切り)…………2枚
Ⓐ溶き卵…1個分/砂糖…大さじ2/バニラエッセンス…少々
牛乳……………………カップ½

作り方

皿にⒶを合わせ、牛乳を注ぎながら泡立て器で混ぜる。4等分に切ったパンを加え、上下を返しながら2分浸(ひた)して卵液をしみ込ませる。耐熱容器に重ならないように並べ、ラップなしで1人分につき3分加熱する。(村上)

ベトナム風サンドイッチ

さすが 下ごしらえ 186kcal
調理時間 4分 1分

材料(2人分)

バゲット……………………⅓本
むきえび……………………40g
酒…小さじ1/塩…1つまみ
大根のせん切り……………20g
にんじんのせん切り………10g
きゅうり……………………¼本
Ⓐナムプラー…大さじ1/砂糖、レモン汁…各小さじ1/赤唐辛子の小口切り…少々/香菜(シャンツァイ)のみじん切り…適宜
バター………………………適量

作り方

❶えびは背わたを取って耐熱容器に入れ、酒と塩をまぶす。ラップをして30秒加熱して、そのまま冷ます。
❷きゅうりは薄切りにし、大根とにんじんとともに耐熱容器に入れ、ラップをして30秒加熱して混ぜ合わせたⒶをからめる。
❸バゲットに縦に切り込みを入れ、バターを塗り、①と②をはさむ。(渡辺あ)

食べるスープ

かにとかぶのスープ

さすが | 甘みが出る | さっぱり | 鍋いらず | 83kcal | 調理時間 10分 | 7分

材料（2人分）
缶詰のかにの水煮
…………………50g（小1缶）
かぶ ………………300g（3個）
かぶの葉（柔らかいところ）
………………40g（約1個分）
水 ………………………カップ¾
塩 ………………………小さじ¼
バター …………………小さじ2

作り方
❶かには軟骨があれば取り除いて身をほぐす。
❷かぶは皮の汚れたところだけをむいて六つ割りにし、葉は3～4cm長さのざく切りにする。
❸耐熱容器に分量の水と塩を入れて混ぜ、②を加える。かにをのせ、その上にバターを置き、クッキングシートをじかにかぶせる。浮き上がり防止に耐熱性の小皿をのせ、両端（りょうはし）をあけてラップをかけ、7分加熱する。
（村上）

かきのスピードクリームシチュー

さすが | こくが出る | 失敗なし | 182kcal | 調理時間 11分 | 6分

材料（2人分）
かき（むき身）………… 150g
小麦粉 …………………大さじ1
バター …………………大さじ2
牛乳 ……………………カップ¾
チキンスープの素（顆粒（かりゅう））
………………………小さじ½
こしょう ……………………少々
グリンピース（冷凍品）
………………………大さじ4

作り方
❶かきはざるに入れ、塩水（材料表外・水カップ2に塩小さじ2）にざるごとつけてゴムべらで混ぜるように洗い、水けをきる。
❷耐熱容器に小麦粉とバターを入れ、両端をあけてラップをし、1分加熱する。取り出して、泡立て器で混ぜながら、牛乳を少しずつ加えて溶きのばす。
❸②にスープの素、こしょう、かき、凍ったままのグリンピースを加え、両端をあけてラップをし、再び5分加熱する。取り出してゴムべらで混ぜ、均等にとろみをつける。（村上）

おかわりなしの豚汁

さすが　本格味　簡単　105kcal　調理時間15分　10分

材料（２人分）

豚もも薄切り肉……40g（２枚）
じゃが芋……100g（小１個）
にんじん……40g（４cm）
長ねぎの青い部分……10cm長さ２本
水……カップ1½
みそ（だし入りタイプ）……大さじ1½
七味唐辛子（とうがらし）……適宜（てきぎ）

作り方

❶豚肉は３cm長さに切り、じゃが芋、にんじんは小さめの乱切りに、長ねぎは1.5cm長さのぶつ切りにする。
❷耐熱性の器２個に分量の水、①を等分に入れ、みそを箸（はし）で少しずつつまんで半量ずつ入れる。両端をあけてラップをし、10分加熱する。
❸取り出して混ぜ、好みで七味唐辛子をふる。（村上）

白きくらげのミネストローネ

さすが　失敗なし　ローカロリー　89kcal　調理時間13分　7分30秒

材料（２人分）

白きくらげ(乾燥品)…10g(5個)
玉ねぎ……60g（小⅓個）
キャベツ……80g（小２枚）
セロリ……20g（⅕本）
ベーコン（赤身）……20g（１枚）
缶詰のマッシュルームの水煮（薄切り）……270g（２缶）
Ⓐトマトペースト…大さじ２／おろしにんにく…小さじ⅔／チキンスープの素（固形・砕（くだ）く）…１個／湯…カップ２／ローリエ…１枚／オレガノ、タイム（各ドライ）、こしょう…各少々

作り方

❶きくらげは水につけてもどす。大きければ手でちぎる。
❷玉ねぎは１cmの角切り、キャベツはざく切りにし、セロリは筋を取り、縦に薄切りにする。
❸ベーコンはみじん切りにする。
❹耐熱容器に玉ねぎを入れてラップをし、１分40秒加熱する。取り出して、①、残りの②を入れ、マッシュルームを缶汁ごと加えてⒶを入れる。ラップをして５分加熱する。
❺取り出して、熱いうちに③を散らして一混ぜし、ラップなしでさらに50秒加熱する。（大沼）

ポーチドエッグスープ

さすが　速い　消化がよい　**86kcal**
調理時間 3分30秒　約2分

材料（2人分）
卵 ………………………………… 2個
スープの素（固形・砕く）… 2個
湯 ………………………… カップ2
パセリのみじん切り ……… 適量

作り方
耐熱性の器にスープの素を1個入れて湯カップ1で溶き、卵を1個割り入れて黄身にようじで穴をあけ、ふんわりとラップをする。同様にもう1個作る。1人分ずつ約1分加熱し、それぞれにパセリを散らす。（栗原）

簡単オニオングラタンスープ

さすが　失敗なし　下ごしらえ　**144kcal**
調理時間 8分30秒　4分

材料（2人分）
玉ねぎ …………… 200g（1個）
オリーブ油 ……………… 小さじ2
Ⓐローリエ…1枚／コンソメスープの素（顆粒）…小さじ1／塩、こしょう…各少々／水…カップ1½
パセリのみじん切り ……… 少々
粉チーズ ………………… 小さじ2
バゲット（トーストする）
　…………………………… 2切れ

作り方
玉ねぎは薄切りにし、耐熱容器に入れてオリーブ油をかけ、ラップをして2分加熱。Ⓐを加えて混ぜ、2分加熱して1人分ずつ器に盛り、パセリ、粉チーズをふり、パンをのせる。（牧野）

はんぺんオニオンスープ

さすが　鍋いらず　消化がよい　**112kcal**
調理時間 8分　6分

材料（2人分）
はんぺん ………… 140g（2枚）
玉ねぎ …………… 200g（1個）
Ⓐチキンスープの素（顆粒）…小さじ1／しょうゆ…小さじ2／こしょう…少々／湯…カップ2

作り方
❶玉ねぎはできるだけ薄く切る。
❷耐熱性の広口の器2個に①、Ⓐを等分に入れ、はんぺんを各1枚のせる。ラップをして1個につき、3分加熱する。（村上）

かぼちゃとさつま揚げのスープ

さすが　手間いらず　ノンオイル　**175kcal**
調理時間 10分　8分

材料（2人分）
かぼちゃ（冷凍品）
　…………… 120g（小片4個）
さつま揚げ ……… 160g（2枚）
Ⓐチキンスープの素（顆粒）…小さじ1／しょうゆ…小さじ2／こしょう…少々／湯…カップ2

作り方
耐熱性の器2個に混ぜ合わせたⒶ、ほかの材料を等分に入れ、両端をあけてラップをし、1個につき4分加熱する。（村上）

アスパラ缶のクリームスープ

さすが　速い　まろやか　**112kcal**
調理時間 4分　2分30秒

材料（2人分）
缶詰のホワイトアスパラガス
　……………… 150g（約1缶）
低脂肪牛乳 …………… カップ⅔
Ⓐマヨネーズ…大さじ1½／練りがらし…小さじ¼／しょうゆ…小さじ½

作り方
耐熱ボウルにアスパラガス、牛乳を入れ、ラップなしで2分30秒加熱してフードプロセッサーに入れる。Ⓐを加えてなめらかになるまで攪拌する。（大沼）

枝豆の和風クリームスープ

さすが　簡単　ヘルシー　**88kcal**
調理時間 5分　2分

材料（2人分）
じゃが芋（正味）…50g（⅓個）
Ⓐ枝豆（冷凍品・さやを除く）…50g／みそ…小さじ½／だしの素（粉末）…小さじ1／湯…カップ1¼
スキムミルク ……………… 16g

作り方
❶じゃが芋はラップで包んで1分10秒加熱し、Ⓐは耐熱ボウルに入れて混ぜ、ラップなしで50秒加熱する。
❷フードプロセッサーに①、スキムミルクを入れ、なめらかになるまで攪拌する。（大沼）

玉ねぎのにんにくスープ

さすが　失敗なし　こくが出る　**24kcal**
調理時間 5分　2分50秒

材料（2人分）
Ⓐ玉ねぎの薄切り…50g（¼個分）／にんにくのみじん切り…6g（1かけ分）
マッシュルームの薄切り
　………… 50g（½パック分）
Ⓑチキンスープの素（固形・砕く）…1個／こしょう…少々／湯…カップ1¼

作り方
耐熱ボウルにⒶを入れ、ラップなしで1分10秒加熱。マッシュルームを加え、ラップをして50秒加熱し、Ⓑを加えて混ぜ、ラップなしで50秒加熱する。（大沼）

きのこのスープ

さすが　ヘルシー　うまみが出る　**41kcal**
調理時間 11分30秒　7分30秒

材料（2人分）
生しいたけ ……… 30g（2個）
エリンギ ………… 50g（1本）
マッシュルーム …… 80g（5個）
にんにく ………… 3g（½かけ）
バター ………… 6g（大さじ½）
Ⓐチキンスープの素（固形・砕く）…½個／塩、こしょう…各少々／水…カップ2

作り方
しいたけは7㎜幅に切り、エリンギは長ければ半分に切って短冊切りに、マッシュルームは四つ割りにし、にんにくはみじん切りに。耐熱ボウルに入れ、バターを加えてラップをし、1分30秒加熱。Ⓐを加えて混ぜ、さらに6分加熱する。（村田）

おろしにんじんとトマトのスープ

さすが　栄養をにがさない　まろやか　**81kcal**
調理時間 12分　6分

材料（2人分）
にんじん ……… 120g（大1本）
トマト …………… 200g（1個）
Ⓐチキンスープの素（固形・砕く）…⅓個／オリーブ油…小さじ2／塩、こしょう…各少々／湯…カップ1⅓

作り方
にんじんはすりおろし、トマトは角切りにして耐熱容器に入れ、Ⓐを加えて混ぜる。ラップをして6分加熱する。（田口）

じゃが芋ときのこのみそ仕立てスープ

さすが　下ごしらえ　栄養をにがさない　76kcal

調理時間 10分　7分30秒

材料（2人分）

じゃが芋 ………… 100g（⅔個）
生しいたけ …………30g（2個）
えのきだけ ………70g（約⅔袋）
Ⓐだしの素（粉末）…小さじ1／湯…カップ2
小松菜 …………… 100g（2株）
みそ ………………………大さじ1

作り方

❶じゃが芋はいちょう切りに、生しいたけは四つ割りにし、えのきだけは根元を切って3cm長さに切る。耐熱ボウルに入れ、Ⓐの¼量を加えてラップをし、2分30秒加熱する。
❷小松菜はざく切りにして①に加え、残りのⒶ、みそを入れて混ぜ、5分加熱する。（田口）

わかめのみそ汁

さすが　鍋いらず　簡単　31kcal

調理時間 8分　6分

材料（2人分）

Ⓐカットわかめ（乾燥品）…5g／だしの素（粉末）…小さじ1／みそ…大さじ1⅓
湯 …………………………カップ2
長ねぎのみじん切り ………少々

作り方

耐熱性の器2個に熱湯をカップ1ずつ注ぎ、Ⓐを等分に加えて混ぜる。ラップをして1個につき3分加熱し、一混ぜしてそれぞれに長ねぎを散らす。（村上）

和風ヴィシソワーズ

さすが　あっさり　失敗なし　91kcal

調理時間 5分　2分30秒

材料（2人分）

里芋（正味）……100g（約2個）
低脂肪牛乳 ……………カップ1
Ⓐだしの素（粉末）…小さじ1／白みそ…大さじ½

作り方

❶里芋は耐熱容器に入れてラップをし、2分30秒加熱する。牛乳は人肌に温める。
❷フードプロセッサーに①、Ⓐを入れてなめらかになるまで攪拌し、冷蔵庫で冷やす。（大沼）

もやしと昆布のスープ

さすが　手間いらず　ローカロリー　12kcal

調理時間 3分　2分30秒

材料（2人分）

もやし ………… 100g（⅖袋）
塩昆布（市販品・細切りタイプ）…………………………… 8g
湯 …………………………カップ1
万能ねぎの小口切り…大さじ1

作り方

耐熱容器にもやし、塩昆布を入れて混ぜ、ラップをして1分40秒加熱する。分量の熱湯を注ぎ、ラップなしで50秒加熱して器に盛り、万能ねぎを散らす。（大沼）

キムチスープ

さすが　鍋いらず　下ゆで　36kcal

調理時間 5分　2分

材料（2人分）

大根のせん切り ……………50g
レタス …………50g（約3枚）
にら ………………… 25g（¼わ）
Ⓐキムチの素（市販品）…小さじ2／しょうゆ、鶏ガラスープの素（顆粒）…各小さじ½／湯…カップ1¼
胡麻油 ………………… 小さじ1

作り方

❶レタスは食べやすい大きさにちぎる。にらは4cm長さに切る。
❷耐熱ボウルに大根、レタスを入れ、ラップをして1分10秒加熱する。にらとⒶを加えて混ぜ、ラップなしで50秒加熱し、胡麻油をふる。（大沼）

きゅうりの韓国風冷たいスープ

さすが　さっぱり　速い　22kcal

調理時間 5分　50秒

材料（2人分）

きゅうり …………50g（½本）
えのきだけ …………50g（½袋）
鶏ガラスープの素（顆粒）…………………………小さじ1
わかめ（乾燥品・もどしたもの）…………………………20g
Ⓐしょうゆ…小さじ1／胡麻油、おろしにんにく…各小さじ¼／赤唐辛子（とうがらし）の小口切り…少々／氷水…カップ1

作り方

❶きゅうりはせん切りにし、えのきだけは根元を切ってほぐす。
❷耐熱ボウルにきゅうりを入れてえのきだけをのせる。ラップをして50秒加熱し、器2個に等分に盛る。スープの素を等分に加え、混ぜて溶かし、わかめとⒶを等分に加えて混ぜる。（大沼）

帆立て缶の中華風スープ

さすが　うまみが出る　ノンオイル　74kcal

調理時間 8分　4分10秒

材料（2人分）

缶詰の帆立て貝柱 …………………45g（小1缶）
片栗粉…小さじ1
白菜 …………………50g（½枚）
にんじん …………30g（約⅓本）
長ねぎ …………… 10g（約6cm）
しょうが ………… 5g（⅓かけ）
Ⓐオイスターソース、しょうゆ…各小さじ1／湯…カップ1¼
こしょう …………………… 少々

作り方

❶白菜の葉はざく切り、茎はそぎ切りにし、にんじんはせん切りに、長ねぎとしょうがはみじん切りにして耐熱ボウルに入れる。ラップをして2分加熱する。
❷帆立て貝柱は片栗粉をまぶし、缶汁はとっておく。
❸①に②の缶汁、Ⓐを加えて混ぜ、さらに1分40秒加熱する。②の貝柱を加えてざっと混ぜ、ラップなしで30秒加熱し、器に盛ってこしょうをふる。（大沼）

干しえびのエスニックスープ

さすが　うまみが出る　ローカロリー　33kcal

調理時間 9分　3分20秒

材料（2人分）

干しえび ……14g（大さじ2）
水 ……………………カップ½
えのきだけ …………50g（½袋）
Ⓐおろししょうが…小さじ1弱／鶏ガラスープの素（顆粒）、しょうゆ…各小さじ1／豆板醤（トウバンジャン）…少々／湯…カップ1
レモン汁 ………………小さじ½
炒り白胡麻 …………小さじ½
香菜（シャンツァイ）の葉 ……………………10g

作り方

❶耐熱ボウルに干しえびと分量の水を入れ、ラップなしで1分40秒加熱し、5分おく。
❷えのきだけは根元を切ってほぐす。
❸①に②とⒶを加えて混ぜ、ラップなしで1分40秒加熱する。器に盛り、それぞれレモン汁、胡麻をふり、香菜を飾る。（大沼）

たっぷり卵料理

ポーチドエッグとブロッコリーのハムサラダ

さすが	柔らか	手間いらず	126kcal
調理時間 7分			3分20秒

材料（２人分）

卵 …………………………… ２個
湯 ……………………… カップ２
塩 ………………………………少々
ピザソース（市販品）…大さじ２
ブロッコリー（冷凍品）… 100g
ハムの細切り……20g（１枚分）
ノンオイルドレッシング（市販品）……………………小さじ２

作り方

❶小さめの耐熱容器２個に分量の湯を½量ずつ注いで塩を加え、卵を１個ずつ割り入れる。竹串で黄身を刺し、１個につきラップなしで50秒加熱。そのままおいて余熱で好みのかたさにする。水けをきり、ソースをかける。
❷ブロッコリーは凍ったままラップで包み、１分40秒加熱。ハムをのせ、ドレッシングをかける。（大沼）

キャベツオムレツ

さすが	ヘルシー	片付けらくらく	200kcal
調理時間 8分30秒			5分

材料（２人分）

卵 …………………………… ２個
Ⓐ塩、こしょう…各少々
キャベツ …………200g（４枚）
ハム …………………40g（２枚）
ドレッシング（市販品）…… 適宜（てきぎ）

作り方

❶キャベツ、ハムは食べやすい大きさに手でちぎる。耐熱容器に入れてラップをし、約３分加熱し、出た水けを捨てる。
❷ボウルに卵をほぐしてⒶで調味し、①に回しかける。ラップなしで約２分加熱し、熱いうちに２つに分け、それぞれラップで包んで形を整える。好みでドレッシングをかける。（浜内）

こんなときどうする?

いろいろな料理が簡単にスピーディーにできる電子レンジ。
「さすが!」と感動する一方、疑問や失敗に悩むことも。
そんなときの「困った」を解決します。(監修:村上祥子)

Q1 刺身(さしみ)の解凍がうまくいきません

冷凍庫から出したらすぐに、「弱」で半解凍するのがコツ。

冷凍庫から出してすぐに電子レンジに入れましたか? 表面の霜が溶け始めていると、その水分にマイクロ波が集中し、加熱ムラを起こします。

重さをはかって加熱時間を割り出しましたか? 刺身の解凍の目安は100gにつき「弱」で1~2分。厚さもなるべく均一にしましょう。

刺身の解凍のコツは半解凍の状態で加熱を止めること。キッチンペーパーの上にのせてラップなしで加熱し、表面に水分がにじんできたら取り出し、包丁で切り分けます。

Q2 ポリ袋で野菜をゆでても大丈夫?

袋の口をきつくしばってはダメ。蒸気のにげ道を作りましょう。

電子レンジで加熱すると、食品の水分は蒸気に変わります。蒸気は水の体積の1700倍にも膨張。このため、加熱時にポリ袋の口をきつくしばると蒸気のにげ道がなくなり、破裂してしまうこともあります。ポリ袋の口は軽く折る程度にして加熱しましょう。この際、野菜の量は1分くらいの加熱時間で火が通る程度にとどめて。口がしまるジッパーつきのポリ袋の場合は、中央を少しあけましょう。

中の水分がターンテーブルに流れ出すのが気になる人は、底が二股になっているレンジ専用バッグ(→P446)がおすすめ。この場合も口は少しあけたままに。底が広いと安定感があるので、蒸気は上ににげ、ターンテーブルも汚れません。

破裂を防ぐために、蒸気のにげ道はきちんと確保しましょう。

Q3 野菜をムラなくゆでる方法は?

かたい茎は上、柔らかい葉は下。細長いものはカットして加熱します。

マイクロ波が上から当たる電子レンジでは、まず食品の上部から温まります。加熱する野菜を容器に入れるときは、火の通りにくいかたい茎は上、柔らかい葉は下にする、が原則。

また、電子レンジは、余分な水分を加えなくても、食品自体の水分だけで加熱できるのが特徴ですが、ほうれんそうなどあくの強い野菜は、加熱後に水にさらしてあく抜きをしましょう。

グリーンアスパラガスなどの細長い野菜をそのまま加熱すると、端(はし)はゆですぎ、真ん中が生の状態に。食べやすい大きさに切り、穂先は下、茎は上になるように容器に入れて加熱します。

また、電子レンジでの煮浸(にびた)しは水を少なめに。野菜からの水分が調味料と合わさり、いい具合に。かぶせたクッキングシートの上に小皿をのせてふたをすれば、さらに味がしみます。

Q4 煮ものが水っぽくなります

ラップの両端を少しあけ、余分な蒸気をにがしましょう。

まず、ラップのかけ方をチェックしてください。容器をぴったりと密封するかけ方では、容器内に蒸気がこもり、どうしても水っぽくなってしまいます。煮ものを作るときは、容器の両(りょう)端(はし)を5㎜程度あけてラップをし、余分な蒸気をにがしましょう。

また調味料の量は正確ですか? 電子レンジの加熱時間は食品の重量と水分量により大きく変わります。コンロでの調理のときのように目分量では失敗することもあります。調味料はきちんとはかって入れましょう。レシピにない余分な水を加えるのも禁物。電子レンジは食品の水分を使って加熱することを忘れないでください。

容器が大きすぎたり重すぎたりしても、熱が容器に奪われるため、指定の時間では食品が充分に加熱されず生っぽくなることがあります。容器の大きさは材料が¼~⅓におさまる程度を目安にしましょう。

Q5 加熱時間が短いのに中まで火が通るのですか？

食品の内側から加熱するので、短時間で火が通ります。

電子レンジの加熱の仕組みはコンロとは全く違います。まず、マイクロ波が1秒間に24億5000万回の速さで食品内の水分子を揺り動かし、その摩擦熱で食品自らを発熱させます。そのため食品の水分は100度の水蒸気に変わり、蒸しあげられる状態で内側から火が通るのです。ですから、コンロと比べて加熱時間がぐっと短くても、中まで火が通りやすいのです。

Q6 温まり方にムラがあります

ターンテーブルへの置き方を工夫しましょう。

マイクロ波はターンテーブルの端に当たりやすくなっています。だから、小さな器1個なら端に、2個なら向かい合わせになるよう両端に置くのが原則。大きな器の下には、割り箸をばらして敷くと均一に温まります。

さらにマイクロ波には塩けに集中する性質があり、カレーなど塩けが多くとろみのある食品は、表面だけが温まりがち。加熱途中で数回かき混ぜましょう。

Q7 マフィンを温めたら中が黒焦げに

加熱のしすぎが原因です。外側が温かい程度で加熱をストップ。

電子レンジは食品の内側から加熱します。そのため外側がまだそれほど熱くなくても、内側はあつあつ、ということもあるのです。外見だけで判断するのは禁物。指で触ってみて、熱いというより温かいと感じる程度で加熱をストップするのがコツ。パン、ケーキ、マフィンなどの解凍温めはバターロールサイズ（30g）で20秒が限度です。

黒焦げ状態までいかなくても、加熱のしすぎは仕上がりを左右します。「冷めやすい」「冷えるとかたくなる」と感じているなら、それは加熱をしすぎている証拠。表面の温度だけで判断しないことが大切です。

食品内部の水分が水蒸気となってにげない程度で加熱をストップ。

Q8 中身が吹きこぼれそうなときは？

水分が多い場合は大きめの器で。材料は器の$\frac{1}{4}$～$\frac{1}{3}$までが目安。

鍋と同じように、電子レンジでも水分の多いものは沸騰します。通常でも3倍、米を炊くときなどは4倍にふくれあがります。水分が多い料理のときは、材料が器の$\frac{1}{4}$～$\frac{1}{3}$におさまるように容器を選びましょう。

それでも吹きこぼれそうなときは「弱」に切り替えます。残りの加熱時間を3倍したものが、「弱」での加熱時間です。

また、リゾットやおかゆなど、水分をたくさん使って米を調理する場合は要注意です。材料が器の$\frac{1}{4}$以下になるように気をつけましょう。

Q9 茶碗蒸しにすが入ります

オーバー加熱を防ぐために、アルミホイルを使ってゆっくり加熱。

卵液を器に注ぐ際、きちんと液量をはかりましたか？　器によって量がバラバラの状態で加熱すれば、量が少ないものは当然オーバー加熱に。それこそすが入りやすくなります。

茶碗蒸しにすが入ってしまう原因のほとんどは加熱のしすぎです。これを防ぐ方法としては、アルミホイルを使うテクニックがあります。

使う器によって、切り口の大きさは調整しましょう。

まず12cm角に切ったアルミホイルを四つ折りにし、Aのように外側の点線の箇所を切ります。内側も半径2.5cmになるように切り、ドーナツ型にします。

次に卵液を注いだ器にラップをし、その上にAをかぶせ、まわりを手で押さえてBのように固定します。あとはターンテーブルの端に置き、1個につき2分加熱します。

電子レンジ調理は、食品を急速に加熱して短時間で仕上げる調理方法です。茶碗蒸しのようにゆっくりと加熱したい料理の場合は、マイクロ波を反射するアルミホイルをして、加熱のスピードをゆるめましょう。これならすも入りにくくなります。

この方法でもダメなら、あえてマイクロ波の当たりにくいターンテーブルの真ん中に器を置いて加熱してみましょう。また、加熱時間を半分にし、様子を見ながら追加加熱するのも一つの手です。まずは、自分の電子レンジの加熱のくせをつかむことが大事です。

Q10 魚を加熱すると身がはじけてしまいます

下ごしらえが大事。身には必ず切り目を入れて。

加熱する前に、皮目に切り目を入れましたか？ Q2（→P257）でも触れましたが、電子レンジで加熱すると食品の水分は1700倍もの体積の蒸気に膨張。加熱により縮んでいる皮を押し上げます。このとき、蒸気のにげ道がないと、皮は蒸気に押し破られ、身がはじけてしまうのです。

破裂を防ぐコツは下ごしらえにあります。塩焼きにする場合、まず魚の重量の2～3%の塩をふり、10分以上おきます。身が締まったところで、キッチンペーパーで水分を吸い取り、破裂防止のために切り目を入れましょう。

一尾まるごと加熱する場合は、中骨の下に深く1本、背びれと胸びれに沿って1本ずつ、合わせて3本の切り目を入れます。切り身なら、皮に1本切り目を入れれば大丈夫です。

また魚だけでなく、卵、いか、レバー、ウインナソーセージといった膜や皮のある食品も、蒸気のにげ道がないと、同じように破裂します（→P44）。箸や竹串で表面に大きく穴をあけたり、包丁で切り目を入れてから加熱してください。

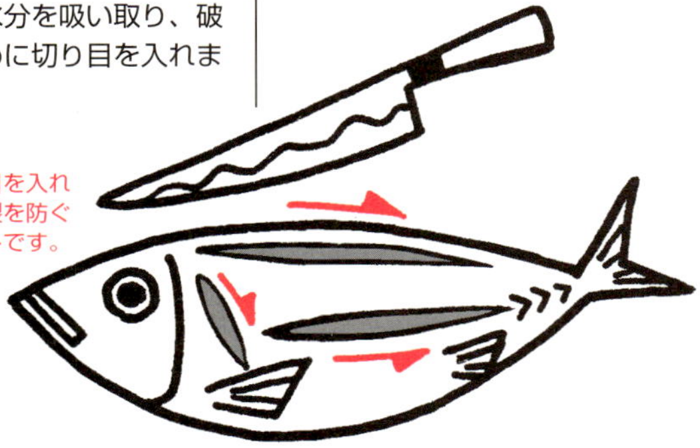

しっかり切り目を入れることが、破裂を防ぐ大事なポイントです。

Q11 切り身の魚にまんべんなく火が通りません

皮を外向きに置き、加熱して。割り箸を使えばより効果的です。

ターンテーブルへの置き方に注意しましょう。火の通りにくい皮を外向きにしてターンテーブルの端に置くだけでも加熱ムラが防げます。

骨があり厚みのある魚は、耐熱皿にのせ、ターンテーブルに割り箸2膳をばらして置いた上に皿ごとのせて加熱しましょう。割り箸のすき間からも加熱されるため、裏返さなくても均一に火が通ります。

皮や身が軽くはじける音がしたら加熱完了のしるしです。セットした時間がまだ残っていても、すぐ取り出しましょう。

Q12 鶏のから揚げが上手にできません

皮に破裂防止の穴をいくつかあけて。皮を下にして置くのが油はね防止策。

鶏肉の皮には必ず穴をいくつかあけましょう。これを忘れると、加熱により破裂し、庫内に粉や油が飛び散ります。粉をまぶし油をからめたら、皮を下にして耐熱皿に並べます。カラッと仕上げるためにラップなしでOK。皿の下にばらした割り箸を置けば裏返しも不要です。

油がはねやすい皮は下にして、クッキングシートを敷いた耐熱皿へ。

Q13 煮魚が生臭くなくなるって本当ですか？

電子レンジを使えば、生臭さのない煮魚が作れます。

コンロを使う場合、まず鍋に入った煮汁を熱し、その熱で外側から魚を加熱します。すると魚の細胞膜が破れ、細胞の中の栄養素とともに臭みのもとが外に出てしまいます。たんぱく質の一部であるこの成分が血合いに含まれる鉄分と化合し、臭みを発生させるのです。一方電子レンジなら、食品を内部から加熱するので、臭みのもととなる成分も中に閉じ込められたまま。だから生臭さのないおいしい煮魚ができるのです。

Q14 スピード調理に適した容器はありますか？

加熱ムラを防ぐためにも、角形より丸形がおすすめです。

食品を加熱するマイクロ波は雷といっしょで、とがったところ、細長いところをめがけて当たります。このため四角い容器だとマイクロ波が角に集中。四隅ばかりが煮えてしまいます。効率よく加熱するには、まんべんなくマイクロ波が当たる丸形の容器がおすすめです。

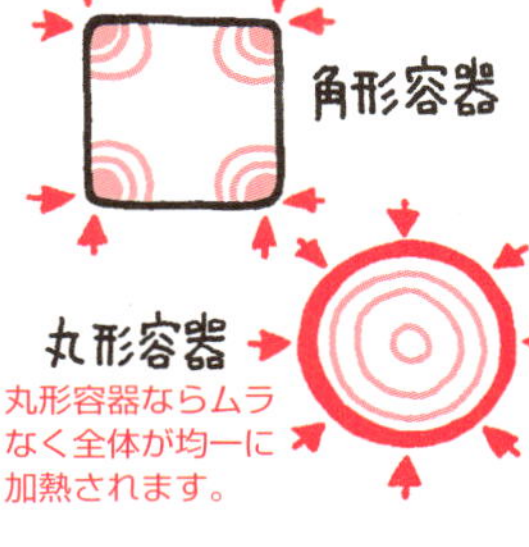

丸形容器ならムラなく全体が均一に加熱されます。

まだある！こんなテクニック

●果物を熟成させる●

まだ熟していない果物をスピード熟成できます。アボカドやキウイフルーツは、そのままターンテーブルの端に置いて１分加熱。触って柔らかければOK。まだかたいようなら、さらに30秒ほど加熱してみて。日持ちはしないので食べきりましょう。

●アイスクリームを食べ頃に●

カチカチに凍ったアイスクリームもたちまち柔らかくなります。ふたを取り、表面をおおうアルミホイルやビニールをはがし、100gにつき「弱」で30秒加熱しましょう。マイクロ波の当たりが弱いながら、まんべんなく加熱されるターンテーブルの真ん中に置きましょう。

ターンテーブルの真ん中に置いて１個ずつ加熱して。

●クルトンを作る●

スープやサラダにあると便利なクルトン作りも簡単です。

食パンの耳を落として７㎜角くらいに切ります。これをターンテーブルのまわりにドーナツ状に並べ、１分30秒～２分加熱するだけ。油を使わなくてもカリッと仕上がります。

湿気たせんべいやクッキーをパリッとさせるのも得意です。キッチンペーパーを敷いたターンテーブルのまわりに並べ、100gにつき１分加熱すれば元通りの食感に戻ります。

●にんにくのにおいを弱める●

にんにくは、薄皮をつけたままターンテーブルの端に置き、ラップなしで１分加熱。１かけでも１個でも加熱時間は同じ。食べてもほとんどにおいません。薄皮をむいてペースト状にすれば、ガーリックトースト、パスタソース、ドレッシングに重宝。

●ソーセージをゆでる●

忙しい朝にぴったりの小ワザです。ポットの湯を使ってもOK。

ソーセージの皮にナイフで軽く切り目を入れ、耐熱容器に入れます。ひたひたになる程度に湯を注ぎ、両端をあけてラップをします。200g（８本）につき約４分加熱すれば、歯ごたえのいいボイルドソーセージのできあがり。最初から湯を使うのが、破裂させずスピーディーに仕上げるコツです。

●果汁を絞りやすく●

柑橘類がかたくて絞りにくいときも、電子レンジが活躍。

レモン80g（１個）の場合、そのまま１分加熱。これだけで皮も身も柔らかくなって、たっぷりと果汁を絞れます。ジュースはもちろん、カクテルや焼酎割りのときも便利です。

●はちみつを柔らかくする●

固くなったはちみつは、ふたを取って瓶ごと１分加熱。あとは様子を見て少しずつ時間を追加します。バターやチョコレートは耐熱容器に入れ、ラップをして、100gにつき１分加熱。100g未満でも１分セットし、様子を見て時間を加減しましょう。

●干物をパリッと焼く●

水分を上手にとばす電子レンジなら干物もおいしく焼けます。

まず割り箸２膳をばらして、ターンテーブルの上に等間隔に並べます。その上に直接、干物150g（１枚）を皮を下にして置き、３分加熱すれば、表面がパリッとした見事な焼きあがりになります。

使った後のにおいが気になったら、庫内をぬれぶきんでひとふきして、室内用の無香消臭剤（→P447）を入れておけば問題なし。ただし次に使う前に消臭剤を取り出すのを忘れないように注意しましょう。

割り箸のすき間からも加熱され、網であぶったような仕上がりに。

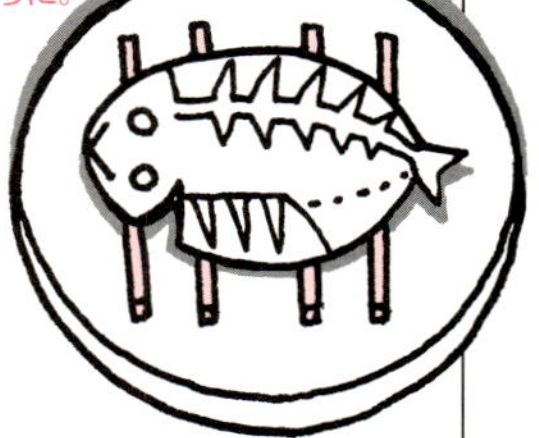

●スパイスの香りを引き出す●

こしょうやシナモンなどのスパイス類は、キッチンペーパーにのせて「弱」で30秒～１分加熱。また、ゆずの皮やドライハーブ類は、耐熱容器に入れ、水を大さじ１ほど加え、ラップをせずに「弱」で10～20秒加熱。これで、香りがよみがえります。

●ベーコンをカリカリに●

フライパンだと時間がかかるカリカリベーコンも、素早く簡単に作れます。

ターンテーブルにキッチンペーパーを敷き、まわりに薄切りのベーコンを並べます。上にキッチンペーパーを重ね、１枚につき10～20秒加熱。脂が約30%も落ちてカリカリに仕上がります。細かく刻めばサラダのトッピングにもぴったりです。

二つ折りにしたキッチンペーパーに１枚ずつはさんで加熱してもOK。

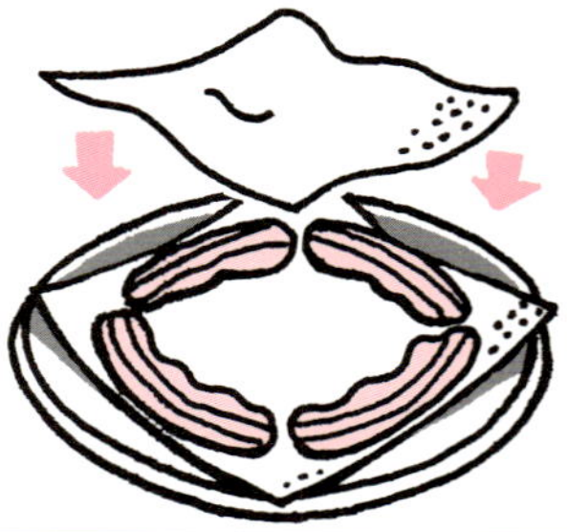

まだある！ こんなテクニック

●一番だし●

耐熱ボウルに水340mℓを注ぎ、3×3cm大の昆布2枚、削り節3gを加えます。両端をあけてラップをし、4分加熱してこせば、一番だしカップ1½の完成。

編集部のおすすめは、耐熱容器に水カップ2を注ぎ、削り節5gを加え、同様に5分加熱して作るかつおだし。風味豊かでおこわのだし汁にぴったりです。

大さじ1杯分のだし汁なら削り節1つまみと水大さじ2を30秒加熱して。

●レンジ甘酢●

耐熱ボウルにみりんカップ½を入れ、ラップなしで4分加熱。熱いうちに、酢大さじ4、塩小さじ⅓を加えます。

鍋では時間がかかるみりんの煮つめも、電子レンジならわずか4分。胡麻と合わせれば胡麻酢和えに、みそと合わせれば酢みそ和えにと便利です。（栗原）

●簡単野菜ブイヨン●

耐熱ボウルに水カップ1½を注ぎ、薄切りにした玉ねぎ60g、にんじん40g、セロリ20gを入れます。またあればパセリの茎少々、ローリエ½枚を加えます。両端をあけてラップをし、4分加熱。取り出して茶こしでこせば、2人分の野菜ブイヨン（カップ1½）のできあがり。スープ、シチュー、煮ものにも最適です。

●簡単チキンブイヨン●

耐熱ボウルに水カップ1½を注ぎ、鶏ひき肉60g、しょうがの薄切り2枚、3cm長さに切った長ねぎ2本を加えて混ぜます。両端をあけてラップをし、4分加熱。取り出して茶こしでこせば、2人分のチキンブイヨン（カップ1½）の完成です。

●簡単ゴールデンブイヨン●

耐熱ボウルに水カップ1½を注ぎ、砕いた固形ブイヨン1個と、つぶしたにんにく1かけを入れ、ローリエ½枚、にんじんの薄い輪切り8～10枚を加えます。両端をあけてラップをし、4分加熱。茶こしでこせば、2人分のゴールデンブイヨン（カップ1½）に。

●めんつゆ●

耐熱ボウルに水カップ1と、削り節カップ1、しょうゆ大さじ4、みりんカップ¼、砂糖大さじ1を入れてラップをし、約3分加熱します。取り出してそのまま粗熱が取れたら茶こしでこします。

冷蔵庫で冷やせば、そばやうどん、そうめんのめんつゆに。そのほか、天つゆや煮もののだしとしても重宝します。急ぎのときは、耐熱容器より一回り大きめのボウルに水と氷を入れ、その中に耐熱容器をつけて素早く冷やしましょう。（栗原）

活用度の高いめんつゆ。これなら手持ちを切らしていてもすぐ間に合います。

スピードアップの隠しワザ

1 湯を活用すべし

おかゆ、豚汁など水分の多い料理には、水のかわりに湯を使いましょう。調理時間を1人分につき1分短縮できます。特に、おこわを作るのなら断然湯が便利。もち米を前もって水に浸す手間が省けます。加熱時間も短縮できるので、思い立ったときに、おいしいおこわが食べられます。

2 軽い容器を選ぶべし

電子レンジの加熱時間の基準は「重さ」。これには食品だけでなく、食品を入れた器の重さも含まれることをお忘れなく。スピーディーに温めるには、重い器より軽い器を選びましょう。また、器のかわりにラップやクッキングシート、レンジ専用バッグなどのアイテムを活用することもおすすめです。

3 下ごしらえに活用すべし

電子レンジは天ぷらやフライなどの揚げものの下ごしらえにも活躍。たとえば、かぼちゃは種とわたを取り、レンジぶたかラップをして100gにつき1分加熱。かたいかぼちゃの薄切りもこれでらくらくです。

また、じゃが芋は皮つきのままラップなしで、100gにつき2分加熱。ばらした割り箸の上にのせると均一に火が通ります。そのあと皮をむきカットして油で揚げれば、時間が短縮。おまけに油の吸収量も半分ですみ、ヘルシーです。

かたい皮を外にして、ターンテーブルの端に置いて。

スピードクッキング

こんなこともできる！

思い立ったらすぐできる、スピードレシピはまだあります。
小腹がすいたときのスープから、おしゃれなテリーヌまで、
手早くおいしいメニューのレパートリーがさらにひろがります。

かぼちゃの粒マスタード炒め

さすが ほくほく 鍋いらず　197kcal 4分30秒

材料（2人分）
かぼちゃ（冷凍品）……………………300g（3/4袋）
Ⓐ粒マスタード…小さじ2／オリーブ油…小さじ1／塩、こしょう…各少々
パセリのみじん切り ……… 少々

作り方
❶かぼちゃは凍ったまま耐熱皿に並べ、ラップなしで約1分30秒加熱して半解凍する。
❷①を一口大に切り、Ⓐをからめて耐熱容器に入れる。
❸ラップなしで3分強加熱して器に盛り、パセリをふる。（浜内）

ホットチーズポテト

さすが こくが出る 手間いらず　133kcal 7分

材料（2人分）
じゃが芋 ………… 300g（2個）
ピザ用チーズ ………………… 10g
塩、黒こしょう ………… 各少々

作り方
❶洗ったじゃが芋は皮つきのまま六つ割りにし、ポリ袋に入れて口を内側に折る。
❷ターンテーブルに割り箸2膳をばらして置き、その上に①をのせて6分加熱する。
❸じゃが芋の皮をむき、耐熱性の器に入れてチーズをのせる。ラップなしで1分加熱し、塩、こしょうをふる。（村上）

金時豆と粒山椒の甘ピリご飯

さすが 味がからむ 手間いらず　301kcal 2分20秒

材料（2人分）
ご飯 ……… 240g（茶碗2杯分）
金時豆の甘煮（市販品）……80g
粒山椒の佃煮（市販品）
……………………………小さじ2

作り方
❶ご飯を耐熱容器に入れ、上に金時豆と粒山椒を散らす。
❷ラップをして2分20秒加熱する。
❸②を取り出して箸で混ぜ、器に盛る。（村上）

野菜エッグボール

さすが あっさり ノンオイル **98kcal 5分50秒**

材料(2人分)

Ⓐ卵白…2個分／卵黄…1個分／片栗粉(小さじ2の水で溶く)…小さじ⅔

Ⓑ干ししいたけ…15g(4個)／にんじん…80g(小1本)／ゆで竹の子…80g

だしの素(粉末)……小さじ1

ノンオイルおろしだれ(市販品)……大さじ2

豆苗(トウミヤオ)……適宜(てきぎ)

作り方

❶小さめの耐熱容器4個に大きめに切ったラップを敷いておく。

❷Ⓐを混ぜ合わせる。

❸Ⓑのしいたけはもどし、ほかの野菜とともに刻む。耐熱容器に入れてだしの素をふり、ラップをして3分10秒加熱する。

❹③に②を混ぜて①に入れ、ラップで包む。容器ごと1個につき40秒加熱し、ラップを取り、たれと豆苗を添える。(大沼)

鮭のテリーヌ

さすが まろやか 簡単 **全量852kcal 約3分**

材料(耐熱性のパウンド型1個分)

生鮭(皮と骨を除く・正味)……160g(大2切れ)

卵白……1個分

生クリーム……カップ½

白ワイン……大さじ1

マヨネーズ……大さじ2

スープの素(顆粒(かりゅう))……小さじ½

塩、こしょう……各少々

つけ合わせ

プチトマト、ディル…各適宜

作り方

❶鮭は一口大にして水けをふく。

❷ミキサーに鮭とつけ合わせ以外の材料、鮭の順に入れてかけ、なめらかにする。

❸型にクッキングシートを敷き、②を四隅まで詰めてならす。ラップをし、約3分加熱する。

❹③が冷めたらクッキングシートごと出し、1㎝厚さに切り、つけ合わせを添える。(栗原)

チーズとヨーグルトの簡単サーモンパテ

さすが しっとり ローカロリー **160kcal 4分30秒**

材料(4人分)

生鮭……180g(大2切れ)

酢…少々

プレーンヨーグルト…カップ1

スライスチーズ……80g(4枚)

青じそ……10枚

塩、こしょう……各少々

作り方

❶ざるにキッチンペーパーを敷いてヨーグルトを入れる。スプーンで5分ほど上からゆっくり押すようにして水けをきる。

❷鮭は耐熱皿にのせて酢をふり、ラップをして3分弱加熱する。皮と骨を除いてすりつぶす。

❸チーズは耐熱容器にちぎって入れ、ラップをして1分30秒加熱。青じそは細かく刻む。

❹①、②、③を混ぜ、塩、こしょうで調味する。(浜内)

中華風かきたま汁

さすが うまみが出る 時間短縮 **101kcal 5分**

材料(2人分)
卵 ……………………………… 2個
長ねぎの小口切り……… 10cm分
簡単チキンブイヨン(→P261)
……………………カップ1½
Ⓐ酒…小さじ2/塩、しょうゆ…各少々
片栗粉(小さじ4の水で溶く)
……………………小さじ1

作り方
❶卵と長ねぎは混ぜる。
❷耐熱容器に簡単チキンブイヨンとⒶを入れ、両端(りょうはし)をあけてラップをし、4分加熱する。
❸②に水溶き片栗粉と①を入れて混ぜ、②と同様にラップをし、さらに1分加熱する。(村上)

さっぱり中華がゆ

さすが 消化がよい **388kcal 8分**

材料(2人分)
ご飯
……300g(茶碗〈大〉2杯分)
缶詰の帆立て貝柱の水煮
……………… 180g(小2缶)
青梗菜(チンゲンツァイ) ………… 200g(2株)
Ⓐ熱湯…カップ2/塩、こしょう…各少々/胡麻油…小さじ2

作り方
❶青梗菜は葉先から1～1.5cm幅に切り、茎は八つ割りにする。
❷やや大きめの耐熱容器かどんぶりにご飯とⒶを入れて混ぜ、①を加える。
❸帆立て貝柱を缶汁ごと加えて混ぜ、両端をあけてラップをし、8分加熱する。(村上)

かにのクリームスープ

さすが うまみが出る 時間短縮 **168kcal 2分**

材料(2人分)
缶詰のかにの水煮(軟骨を除く)
……………………………… 100g
簡単野菜ブイヨン(→P261)
……………………カップ1½
塩、こしょう…………各少々
生クリーム……… 大さじ4～6

作り方
❶耐熱容器に簡単野菜ブイヨン、かにをほぐして入れ、塩、こしょうで調味する。
❷①に両端をあけてラップをし、2分加熱する。途中で沸騰(ふっとう)したら時間が残っていても取り出す。
❸器に注ぎ、生クリームを回しかける。(村上)

キャベツの甘酢がけ

さすが さっぱり 失敗なし **76kcal 約1分30秒**

材料(2人分)
キャベツ ………… 200g(4枚)
しょうがのせん切り ……… 少々
レンジ甘酢(→P261)
……………………大さじ6

作り方
❶キャベツは大きめのざく切りにし、ラップで包んで約1分30秒加熱する。
❷キャベツの水けを絞ってボウルに入れ、しょうが、レンジ甘酢を加えて混ぜ合わせる。
❸そのまましばらくおいて味をなじませ、器に盛る。(栗原)

リゾットスープ

さすが まろやか 鍋いらず **230kcal 5分**

材料(2人分)
ご飯 ……… 120g(茶碗1杯分)
グリーンアスパラガス
……………… 100g(4本)
モッツァレラチーズ(水けをきる)…………………… 100g
簡単ゴールデンブイヨン
(→P261)………カップ1½
こしょう ………………… 少々

作り方
❶アスパラガスは根元のかたい部分を除き、穂先を3～4cm長さに切る。中央の部分は1cm幅に切る。モッツァレラチーズは1cm角に切る。
❷耐熱容器に簡単ゴールデンブイヨンとご飯を入れ、上にアスパラガスをのせる。
❸②に両端をあけてラップをし、5分加熱する。取り出してモッツァレラチーズを加えて混ぜ、こしょうをふる。(村上)

ごぼうの胡麻酢和え(ごまずあえ)

さすが 味がからむ ヘルシー **106kcal 約1分**

材料(2人分)
ごぼう ……………90g(小½本)
Ⓐレンジ甘酢(→P261)…大さじ2/練り白胡麻、すり白胡麻…各大さじ1/しょうゆ、塩…各少々

作り方
❶ごぼうは皮をこそげて80g用意し、ささがきにし、水にさらして水けをよくふく。
❷Ⓐをよく混ぜる。
❸耐熱皿にキッチンペーパーを敷いてごぼうをひろげ、ラップをして約1分加熱する。
❹③のキッチンペーパーをはずし、熱いうちに②の胡麻酢を加えて和える。(栗原)

やっぱり、朝はご飯党
おしゃれにヘルシー朝食
お弁当もカロリー管理
あっさりヘルシー、魚介類の夕食
たっぷりおいしい、鶏肉の夕食
こくを楽しむ、お肉の夕食
ササッと、味ご飯の夕食
おしゃれな、味ご飯の夕げ
50kcal 以下
51 ～ 100kcal
101 ～ 200kcal
201kcal 以上
こんなときどうする？
こんなこともできる！

5章

おいしい、ヘルシー、楽しい
バランスダイエット献立

ノンオイル調理をもっとも得意とする電子レンジ。その料理はローカロリーなだけではありません。中からの短時間加熱で栄養をにがさないからヘルシー。同時にうまみを閉じ込めるから、塩分や糖分控えめでも素材の持ち味を引き出しておいしい。さらには少量の油で炒（いた）めもの風や揚げもの風の料理までできてしまうから楽しい。これならダイエットも続けられそうですね。朝夕の献立、お弁当、単品メニューの数々。気になる生活習慣病の予防にもご活用ください。

やっぱり、朝はご飯党

手巻き混ぜご飯献立

さすが　おなかも満足　速い　1分　190kcal

材料（1人分）

手巻き混ぜご飯　190kcal

ご飯…………80g（茶碗⅔杯分）

Ⓐ桜えび（乾燥品）…2g／ちりめんじゃこ…5g／赤唐辛子の小口切り…½本分

にら、万能ねぎ…………各10g

香菜……………………………適量

サンチュ……………………8枚

Ⓑ長ねぎ、しょうがのみじん切り…各小さじ½／炒り白胡麻…小さじ½／しょうゆ…大さじ1／胡麻油…小さじ1／水…大さじ½

緑茶

作り方

手巻き混ぜご飯

❶耐熱容器にご飯を入れてⒶを加えて混ぜ、ラップをして1分弱加熱する。

❷にら、万能ねぎ、香菜は10～15㎝長さに切る。

❸皿に①、②とサンチュを盛る。Ⓑを混ぜ合わせてたれを作り、別の器に入れて添える。サンチュに混ぜご飯と野菜を適宜のせ、たれをかけてから包んで食べる。

●緑茶を添える。（浜内）

かにトマトご飯献立

さすが　色あざやか　鍋いらず　2分　352kcal

材料（1人分）

かにトマトご飯　259kcal

ご飯………120g（茶碗1杯分）

缶詰のかにの水煮

……………………20g（小½缶）

三つ葉……………………4～5本

トマト…………150g（小1個）

しょうゆ、酒………各小さじ2

プレーンヨーグルト　93kcal

……………………………カップ¾

紅茶………………………カップ¾

作り方

かにトマトご飯

❶耐熱容器にご飯を入れ、しょうゆと酒をふりかける。

❷かには身をほぐして①のご飯にのせ、三つ葉は½量をキッチンばさみで3～4㎝長さに切って、散らす。

❸トマトはへたをくりぬいて②にのせ、軽くラップをして2分加熱する。ラップを取り、残りの三つ葉を②と同様にはさみで切って散らす。

●プレーンヨーグルトや紅茶を添える。（村上）

玄米雑炊献立

さすが | おかず兼用 | ヘルシー　2分　**286kcal**

材料（1人分）

玄米雑炊　163kcal

発芽玄米がゆ（レトルト）……………200g（カップ1）
塩昆布（市販品・細切りタイプ）………………………… 2～3g
ミックスベジタブル（冷凍品）……………………………30g
炒り白胡麻……………小さじ1

サーモンとグレープフルーツのサラダ　123kcal

スモークサーモン ………… 2枚
グレープフルーツ ………… ½個
クリームチーズ………大さじ1
黒こしょう ………………… 適量

作り方

玄米雑炊

❶発芽玄米がゆは耐熱容器に入れて塩昆布をのせ、ミックスベジタブルを凍ったまま加える。
❷ラップをし、1分40秒～2分加熱し、仕上げに胡麻をふる。

サーモンとグレープフルーツのサラダ

サーモンとチーズは一口大に切り、グレープフルーツは薄皮を除く。玄米雑炊とともに皿に盛り合わせて黒こしょうをふる。（浜内）

もずく雑炊献立

さすが | さっぱり | ローカロリー　3分20秒　**107kcal**

材料（1人分）

もずく雑炊　92kcal

冷やご飯 …. 50g（約茶碗⅖杯）
もずく ……. 50g（大さじ3強）
湯 ………………………カップ1
Ⓐおろししょうが…小さじ1／だしの素（粉末）、しょうゆ…各小さじ½
イクラ …………………小さじ1
練りわさび ………………… 適宜

ゆず香大根　15kcal

大根 ………………60g（2㎝）
Ⓑゆずの絞り汁…大さじ½／だしの素（粉末）、ダイエット用甘味料…各小さじ¼／ゆずの皮…適宜

作り方

もずく雑炊

❶もずくは洗って水けをきる。
❷耐熱容器にご飯、もずく、分量の湯とⒶを入れ、よく混ぜ合わせてラップをし、2分30秒加熱する。
❸器に盛ってイクラをのせ、好みでわさびを添える。

ゆず香大根

❶大根は3～4㎜厚さの短冊（たんざく）切りにし、ラップで包んで50秒加熱する。
❷ポリ袋にⒷを合わせ、①の大根の水けを軽くきって加え、しばらくもんで味をなじませ食べやすく盛る。（大沼）

おしゃれにヘルシー朝食

パンスープ献立

さすが　胃にやさしい　ノンオイル　　6分30秒　**408kcal**

材料（1人分）

パンスープ　245kcal
全粒粉食パン（8枚切り）
……………………45g（1枚）
トマトジュース………大さじ2
水………………………カップ1
コンソメスープの素（固形・砕く）
…………………………½個
卵…………………………1個
塩、こしょう…………各適量

レタスサラダ　31kcal
レタス……………………3枚
プレーンヨーグルト…大さじ2

きな粉ミルク　115kcal
牛乳……………………カップ¾
きな粉…………………小さじ1

いちご　17kcal
…………………50g（小4個）

作り方

パンスープ

❶耐熱性の器にトマトジュース、分量の水、スープの素を入れ、塩、こしょうを加えてラップなしで2分30秒加熱し、よく混ぜる。

❷①にパンを入れ、卵を割り入れる。黄身にようじを刺して穴をあけ、ラップをして1分40秒～2分30秒加熱し、卵を好みのかたさに仕上げる。

レタスサラダ

レタスは食べやすい大きさに手でちぎり、器に盛ってヨーグルトをかける。

きな粉ミルク

牛乳を耐熱容器に入れ、ラップなしで1分30秒弱加熱し、きな粉を加えて溶き混ぜる。

●いちごを添える。（浜内）

ホットサラダ献立

さすが　簡単　失敗なし　　3分20秒　**374kcal**

材料（1人分）

ホットサラダ　111kcal
温野菜ミックス（冷凍品）
…………………………100g
ハム…………………20g（1枚）
ノンオイルドレッシング（市販品）
…………………………大さじ1
ピザ用チーズ…………大さじ1
黒こしょう…………………適量

胚芽食パン　119kcal
（8枚切り）……………1枚

牛乳　106kcal
…………………………カップ¾

グレープフルーツ　38kcal
…………………………½個

作り方

ホットサラダ

❶温野菜ミックスは凍ったまま、ハムは六つ切りにし、ともに耐熱性の器に盛る。ドレッシングを回しかけてチーズを散らす。

❷こしょうをふり、ラップをして2分弱加熱する。

●パンはオーブントースターでこんがり焼く。

●牛乳は耐熱容器に入れ、ラップなしで1分20秒加熱する。

●グレープフルーツは薄皮を除いて添える。（浜内）

くりぬきバーガー献立

さすが 時間短縮 低脂肪　3分50秒　210kcal

材料（1人分）

くりぬきバーガー　149kcal

バンズ（厚みを半分に切ったもの）…………………………½個
ささ身ひき肉………………30g
コンソメスープの素（顆粒）…………………………小さじ¼
片栗粉…………………小さじ⅓
えのきだけのみじん切り…60g
玉ねぎのみじん切り…………………30g（⅓個分）
Ⓐトマトペースト…小さじ1／チキンスープの素（固形・砕く）…¼個／黒砂糖、しょうゆ…各小さじ¼／こしょう、オレガノ（ドライ）…各少々／水…小さじ2
レタス………………………30g
きゅうりの斜め薄切り……20g
玉ねぎの薄い輪切り………10g

カリフラワースープ　61kcal

カリフラワー（花蕾部）……70g
玉ねぎの薄切り‥30g（⅓個分）
Ⓑチキンスープの素（固形）…½個／スキムミルク…大さじ1／カレー粉…小さじ¼／クミン（粉末）、こしょう…各少々
湯……………………カップ½
低脂肪牛乳…………………適宜（てきぎ）

作り方

くりぬきバーガー

❶ひき肉とスープの素、片栗粉を合わせ、手で練り混ぜる。
❷玉ねぎを耐熱容器に入れ、ラップをして50秒加熱する。
❸①にえのきだけと②を混ぜ、バンズより少し小さく丸める。ラップで包み、1分加熱する。
❹耐熱容器にⒶを混ぜ、ラップをして10〜20秒加熱する。
❺バンズの中身をくりぬいて器状にし、レタスを敷いて③をのせ、きゅうりをはさむ。④をかけて、上に玉ねぎをのせる。

カリフラワースープ

❶カリフラワーは小房に分ける。
❷耐熱容器に玉ねぎを入れ、ラップをして30秒加熱し、①を加え、同様に1分10秒加熱。
❸フードプロセッサーにⒷと分量の湯の⅓量を入れ、②を水けごと混ぜてざっとかける。残りの湯も加えてなめらかになるまでかける。器に盛り、牛乳をふる。（大沼）

きのこハーブスープ献立

さすが 充実メニュー 片付けらくらく　6分30秒　337kcal

材料（1人分）

きのこハーブスープ　154kcal

きのこミックス（冷凍品）…………………………100g
水……………………カップ1
コンソメスープの素（固形・砕く）……………………½個
Ⓐハーブミックス（市販品）…適量／塩、こしょう…各少々
シリアル……………………30g

ホットアップル　183kcal

りんご…………300g（大1個）
プレーンヨーグルト…大さじ3
シナモンパウダー…………適量

作り方

きのこハーブスープ

❶きのこミックスは凍ったまま耐熱容器に入れ、分量の水、スープの素を加える。ラップなしで4分加熱し、Ⓐを混ぜる。
❷別の器にシリアルを盛り、①のスープに浸して食べる。

ホットアップル

りんごはよく洗い、まるごと耐熱容器に入れてラップをし、2分30秒加熱し、ヨーグルトをかけ、シナモンをふる。（浜内）

お弁当もカロリー管理

チャイニーズデリ風ランチ

さすが 栄養をにがさない｜鍋いらず　2分30秒　**329kcal**

材料（1人分）

チャイニーズデリ風ランチ　329kcal

豚もも薄切り肉……………30g

Ⓐおろしにんにく、おろししょうが（各市販品）…各小さじ¼／しょうゆ…小さじ2／胡麻油…小さじ1／豆板醤…小さじ¼

豆もやし………100g（⅖袋）

炒り胡麻（白・黒）…各小さじ½

プリーツレタス……………¼枚

ご飯………120g（茶碗1杯分）

作り方

チャイニーズデリ風ランチ

❶豚肉ははさみで6～7㎝長さに切る。Ⓐを混ぜ合わせ、肉にからめる。

❷耐熱皿（直径22㎝）の中央に豆もやしを置き、もやしのまわりにぐるりと①を並べる。

❸②にラップをし、2分～2分30秒加熱する。ラップが熱くなっているので、はさみで十字に切ってひろげ、胡麻をふり、豚肉ともやしを混ぜる。

❹容器にご飯を詰めてレタス、③の順にのせる。（村上）

鮭のカフェ風弁当

さすが あっさり｜ノンオイル　3分　**390kcal**

材料（1人分）

鮭のカフェ風弁当　390kcal

生鮭（キングサーモン）……………130g（大1切れ）

塩…小さじ¼

サラダほうれんそう（葉先）……………………………10枚

焼きのり（全形）…………¼枚

レモン………………………¼個

ご飯………120g（茶碗1杯分）

作り方

鮭のカフェ風弁当

❶25㎝角のクッキングシートを用意し、対角線上の中央に塩の½量を鮭の長さに、パラパラとふる。鮭をのせて、上から残りの塩をふる。鮭の両サイドのクッキングシートを持ち上げて合わせ、端をねじってとめる。蒸気のにげ道をあけて、残りの両角をそれぞれねじる。

❷ターンテーブルに割り箸2膳をばらして置き、①をのせて2分30秒～3分加熱する。ポンとはじける音が、鮭に火が通った目安。時間が残っていても加熱をやめて取り出す。

❸容器にご飯を詰めてほうれんそう、②の順にのせ、のりをちぎって散らし、鮭から出た汁をかけ、レモンを添える。（村上）

鱈(たら)となすのピリッと炒めご飯

さすが ピリ辛 失敗なし　2分30秒 **355kcal**

材料（1人分）
鱈となすのピリッと炒めご飯 355kcal
鱈（甘塩）……60g（大½切れ）
小麦粉…小さじ1
なす ………………70g（小1個）
Ⓐ赤唐辛子(とうがらし)（種を取り、小口切り）…½本／サラダ油…小さじ1／しょうゆ、砂糖、酒…各小さじ2
ご飯 …… 120g（茶碗1杯分）

作り方
鱈となすのピリッと炒めご飯
❶なすは皮にフォークで3〜4ヵ所穴をあける。ターンテーブルに割り箸2膳をばらして置き、なすをのせ、ラップなしで1分加熱する。箸がスーッと通るようになったら取り出し、へたを切って4つ〜5つに切る。
❷鱈は3つに切り、ポリ袋に小麦粉といっしょに入れ、口を閉じて振る。耐熱皿にⒶを入れて混ぜ、鱈を加えて上下を返し、味をからめる。ラップをして1分30秒加熱する。
❸容器にご飯を詰め、上に鱈、なすをのせ、②の皿に残ったたれをかける。（村上）

タンドリーチキン弁当

さすが 冷めても美味 ノンオイル　1分40秒 **329kcal**

材料（1人分）
タンドリーチキン　105kcal
鶏胸肉 …………… 100g（½枚）
Ⓐプレーンヨーグルト…大さじ1／カレー粉…小さじ1／オールスパイス、塩、こしょう…各少々
一口おむすび　217kcal
ご飯 …… 120g（茶碗1杯分）
梅肉(ばいにく)、炒り黒胡麻、ふりかけ、バジリコ（ドライ）、五香粉(ウーシャンフエン)
…………………………各少々
粉チーズ ………………小さじ1
野沢菜漬け　7kcal
……………………………30g

作り方
タンドリーチキン
❶鶏肉は皮と余分な脂肪を除いて一口大に切り、耐熱容器に入れてⒶを加えてもみ込む（この作業は前夜にしておくとよい）。
❷①にラップをし、約1分40秒加熱する。
一口おむすび
ご飯は5等分し、それぞれに梅肉、ふりかけ、バジリコ、五香粉、粉チーズを混ぜて丸くにぎる。梅肉には黒胡麻をのせる。
●容器におむすび、タンドリーチキンを入れ、野沢菜を食べやすく切って添える。（浜内）

あっさりヘルシー、魚介類の夕食

鮭とコーンのグリル献立

さすが 焦げない ヘルシー　4分40秒　**381kcal**

材料（1人分）

鮭とコーンのグリル　179kcal

生鮭……………80g（1切れ）
コーン（冷凍品）…………30g
オールスパイス……………少々
ノンオイルドレッシング（市販品）…………………………適量

レタススープ　21kcal

レタス……………15g（1枚）
水………………………カップ1
お茶漬けの素（市販品）…… 1袋

発芽玄米ご飯　181kcal

発芽玄米ご飯
…………100g（茶碗5/6杯分）
焼きのり……………………適宜
炒り白胡麻…………小さじ½

作り方

鮭とコーンのグリル

❶耐熱性の器に鮭をのせ、コーンを凍ったまま散らし、オールスパイスをふり、ドレッシングを回しかける。
❷①にラップをし、1分30秒～1分40秒加熱する。

レタススープ

レタスは一口大にちぎって耐熱性の器に入れ、分量の水を注いでラップをし、3分弱加熱する。熱いうちにお茶漬けの素を混ぜて調味する。
●ご飯を茶碗に盛り、ちぎったのりと胡麻をふる。（浜内）

スパゲティボンゴレ献立

さすが　ジューシー　栄養をにがさない　6分30秒　377kcal

材料（1人分）

スパゲティボンゴレ　256kcal

スパゲティ……………………50g
あさり（殻つき・砂出ししたもの）……………………100g
オリーブ油……………小さじ1
Ⓐにんにく（つぶす）…1かけ／赤唐辛子（種を取る）…½本
パセリのみじん切り…小さじ1
白ワイン……………………適量
レタス………………………2枚

帆立てときのこの紙包み蒸し　87kcal

帆立て貝柱（刺身用）……………………80g（小3個）
きのこ（好みのもの）……………… 40g（⅖パック）
塩、こしょう……………各少々
レモンのくし形切り……1切れ

簡単ミネストローネ　34kcal

ブロッコリー……30g（小2房）
さやいんげん……20g（約3本）
にんじん……………20g（⅙本）
水………………………カップ1
コンソメスープの素（固形・砕く）…………………………½個
塩、こしょう……………各適量

作り方

スパゲティボンゴレ

❶塩小さじ2を加えた熱湯カップ2½（各材料表外）でスパゲティをかためにゆで、ざるに上げる。ゆで汁は少しとっておく。

❷フライパンにオリーブ油とⒶを入れ、弱めの中火で香りが出るまで炒め、あさりを加えてサッと炒める。パセリ、ワインを加えてふたをし、あさりの口があくまで蒸し煮にする。

❸②に①のスパゲティとゆで汁を加えて混ぜ、アルデンテになるように火を通し、火を止めてレタスをちぎって混ぜる。

帆立てときのこの紙包み蒸し

❶クッキングシートをひろげ、中央に食べやすい大きさに切ったきのこ、帆立て貝柱をのせ、塩、こしょうをふる。

❷クッキングシートを折って包み、1分30秒加熱し、レモンを添えて盛る。

簡単ミネストローネ

❶野菜はそれぞれ1㎝角に切る。耐熱性の器に入れ、水少々（材料表外）をふってラップをし、2分弱加熱する。

❷①に分量の水とスープの素を加え、ラップなしで3分加熱し、塩、こしょうで調味する。

（浜内）

たっぷりおいしい、鶏肉の夕食

鶏肉の蒸しもの献立

さすが　しっとり　栄養をにがさない　6分10秒　**485kcal**

材料（1人分）

鶏肉の蒸しもの　169kcal

鶏胸肉……………150g（¾枚）
塩、こしょう…各少々
Ⓐえのきだけ（根元を切る）…25g（¼袋）／長ねぎの斜め薄切り…7g（4㎝分）／にんじんの細切り…20g／しょうがのせん切り…小1かけ分
Ⓑ酢…大さじ½／しょうゆ…大さじ1／練りがらし…少々

ブロッコリー和え　81kcal

ブロッコリー（小房に分ける）……………………100g（⅓個）
プルーン（乾燥品・種抜き）……………………20g（大2個）
塩、こしょう……………各少々

枝豆ご飯　192kcal

発芽玄米ご飯……………100g
枝豆（冷凍品・さやつき）…40g

れんこんのサラダ　37kcal

れんこんの薄切り…………50g
ノンオイルドレッシング（市販品）……………………小さじ1

おぼろ汁　6kcal

とろろ昆布……………………2g
しょうゆ……………………適量

作り方

鶏肉の蒸しもの

❶鶏肉は皮と脂肪を除き、塩、こしょうをふる。耐熱容器に入れて肉の薄い部分にⒶをのせる。
❷ラップをして、2分30秒加熱。出た汁はⒷと混ぜてたれにする。鶏肉は一口大のそぎ切りにし、野菜をのせてたれをかける。

ブロッコリー和え

❶ブロッコリー、プルーンは水を通し、耐熱容器に入れる。ラップをして約1分40秒加熱する。
❷①のプルーンをフォークの背などでつぶして塩、こしょうを混ぜ、ブロッコリーを和える。

枝豆ご飯

枝豆は凍ったまま耐熱容器に入れ、ラップなしで1分弱加熱。さやを除いてご飯に混ぜる。

れんこんのサラダ

れんこんは洗って、耐熱容器に入れ、ドレッシングをふってラップなしで1分弱加熱する。

おぼろ汁

器にとろろ昆布と湯カップ1（材料表外）を入れ、しょうゆをたらす。（浜内）

チキンのトマト煮献立

さすが しっとり 色あざやか　5分30秒　422kcal

材料(1人分)

チキンのトマト煮　232kcal

鶏胸肉……………150g(¾枚)
　塩、こしょう…各少々
トマトのざく切り
　………………200g(1個分)
玉ねぎの粗(あら)みじん切り
　………………30g(小⅙個分)
にんにく(つぶす)………1かけ
赤唐辛子(とうがらし)(種を除く)………½本
オリーブ油……………小さじ1
ルッコラ……………………適量

長ねぎのマリネ　26kcal

長ねぎ……………100g(1本)
塩、こしょう……………各少々
白ワイン………………大さじ1
レモンの輪切り……………2枚

マカロニサラダ　164kcal

マカロニ……………………30g
　塩、こしょう…各少々
きゅうり…………100g(1本)
Ⓐアンチョビ(刻む)…1枚／プレーンヨーグルト…大さじ3／塩、こしょう…各少々

作り方

チキンのトマト煮

❶鶏肉は皮と脂肪を除いてそぎ切りにし、塩、こしょうをふる。

❷耐熱性の器に①を並べ、トマト、玉ねぎをのせ、にんにくと赤唐辛子を加え、ラップをして3分強加熱する。オリーブ油をたらし、ルッコラをのせる。

長ねぎのマリネ

長ねぎは4㎝長さのぶつ切りにし、耐熱容器に入れて塩、こしょう、ワインをふる。レモンをのせてラップなしで2分30秒加熱して混ぜる。

マカロニサラダ

❶マカロニは表示通りにゆでて水けをきり、熱いうちに塩、こしょうをふる。

❷きゅうりはところどころ皮をむいて5㎜厚さの小口切りにし、①と盛ってⒶをかける。(浜内)

こくを楽しむ、お肉の夕食

豚肉のマスタードソース献立

さすが　味がからむ　焦げない　本格味　9分30秒　**545kcal**

材料（1人分）

豚肉のマスタードソース　157kcal

豚ヒレ肉……………………50g
　塩、こしょう…各少々
きのこ（好みのもの）
　………………50g（½パック）
ピーマン（赤・黄）
　………………各75g（各½個）
Ⓐ粒マスタード…大さじ1／カレー粉、しょうゆ…各小さじ1／砂糖…小さじ½
スープの素（顆粒・カップ½の湯で溶く）………………少々

菜飯　173kcal

発芽玄米ご飯
　…………100g（茶碗⅚杯分）
大根の葉…………30g（⅛本分）

かぼちゃのナムプラー煮　99kcal

かぼちゃ（冷凍品）……… 100g
Ⓑナムプラー…小さじ2／砂糖…小さじ1／水…大さじ2
香菜…………………………適宜

納豆スープ　116kcal

ひき割り納豆
　…………25g（小1パック）
Ⓒスープの素（固形・カップ1の湯で溶く）…½個／スイートチリソース（市販品）…少々
塩……………………………少々

作り方

豚肉のマスタードソース

❶豚肉は一口大のそぎ切りにし、両面に塩、こしょうをふる。
❷きのこ、ピーマンは一口大に切って耐熱容器に入れる。①、Ⓐを加えて混ぜ、ラップをして約2分加熱する。
❸②にスープを加え、再びラップをして2分弱加熱する。

菜飯

大根の葉はラップで包んで30秒弱加熱。水にとり、水けを絞って細かく刻み、ご飯に混ぜる。

かぼちゃのナムプラー煮

かぼちゃは凍ったまま耐熱容器に入れ、Ⓑを混ぜ合わせて回しかけ、ラップなしで約2分30秒加熱する。あれば香菜を飾る。

納豆スープ

耐熱容器にⒸを入れ、ラップなしで2分30秒加熱し、納豆と塩を加える。（浜内）

鶏肉だんご献立

さすが　こくが出る　ふっくら　　7分　**416kcal**

材料（1人分）

鶏肉だんご　149kcal

鶏ひき肉……………………30g
木綿豆腐…………100g（⅓丁）
Ⓐ玉ねぎのみじん切り…25g（⅛個分）／塩…小さじ¼／こしょう…少々
青梗菜（チンゲンツァイ）のざく切り…………………50g（½株分）
ノンオイルドレッシング（市販品）…………………………適量

いかの酢のもの　67kcal

いか（冷凍品）………………50g
酒…適量
黄ピーマン…………………½個
ザーサイ（味つけ）のみじん切り……………………………5g
Ⓑ酢…大さじ½／塩、こしょう…各適量

アスパラのオイスターソースがけ　23kcal

グリーンアスパラガス…………………80g（約3本）
オイスターソース…..大さじ½

ザーサイスープ　12kcal

ザーサイ（味つけ）の薄切り……………………………5g
Ⓒチキンスープの素（固形）…½個／水…カップ1
焼きのり……………………適量

発芽玄米ご飯　165kcal

発芽玄米ご飯…………100g（茶碗⅚杯分）

作り方

鶏肉だんご

❶豆腐は耐熱容器に入れ、ラップなしで1分弱加熱する。粗熱（あらねつ）が取れたらつぶし、ひき肉、Ⓐを加えて練り、一口大に丸め、耐熱皿の縁（ふち）に沿って並べる。
❷青梗菜を①の中央にのせ、ラップをして1分30秒強加熱し、ドレッシングをかける。

いかの酢のもの

❶いかは半解凍して表側に格子状に切り目を入れ、1cm幅に切る。耐熱容器に入れて酒をふり、ラップをして1分弱加熱する。
❷ピーマンはオーブントースターで焦（こ）げ目がつくまで焼き、水にとって皮をむき、1cm幅に切る。
❸ザーサイは水につけて塩抜きし、水けをきる。
❹①、②、③とⒷを混ぜる。

アスパラのオイスターソースがけ

グリーンアスパラは根元の皮をむき、3等分に切る。水に通してラップで包み、1分加熱し、オイスターソースをかける。

ザーサイスープ

ザーサイは水につけて塩抜きし、水けをきって耐熱性の器に入れる。Ⓒを加え、ラップなしで約2分30秒加熱し、のりをちぎって散らす。

●ご飯を添える。（浜内）

ササッと、味ご飯の夕食

卵ライス献立

さすが まろやか 手間いらず 片付けらくらく

材料（１人分）

卵ライス　342kcal

発芽玄米ご飯
　…………… 100g（茶碗⅚杯分）
卵 ……………………………… １個
ウインナソーセージ（ようじで
　穴をあける）……50g（２本）
Ⓐハーブミックス…適量／塩、
　こしょう…各少々

トマトみそスープ　51kcal

プチトマト…………45g（３個）
ほうれんそう（冷凍品）……50g
水 …………………………カップ１
みそ ………………………大さじ½
削り節 ………………………… ２g

じゃがバター　76kcal

じゃが芋（冷凍品・フライドポ
　テト用）……………………50g
バター、しょうゆ…各小さじ１
レタス ………………………… １枚

作り方

卵ライス

❶耐熱容器に温かいご飯を入れ、

簡単ちらしずし献立

さすが 味がからむ 手間いらず　４分　**350kcal**

材料（１人分）

簡単ちらしずし　283kcal

発芽玄米ご飯
　…………… 60g（茶碗½杯分）
粒こんにゃく ………………60g
Ⓐ酢…大さじ１／砂糖…小さじ
　１／塩…小さじ½
卵 …………………………… １個
　塩…少々
刻みあなご、絹さや ……各30g
炒り白胡麻 ……………小さじ½

即席漬け　17kcal

大根の薄切り…50g（約２㎝分）
きゅうりの薄切り
　……………… 30g（約⅓本分）
にんじんの細切り …………10g
塩 ……………………………少々

豆腐の吸いもの　50kcal

豆腐のさいの目切り
　……………… 80g（約¼丁分）
三つ葉の小口切り ……… ４本分
だし汁 …………………カップ¾
塩 ………………………小さじ¼

作り方

簡単ちらしずし

❶耐熱容器に卵を溶き、塩を混ぜて１分弱加熱し、混ぜる。
❷絹さやは筋を除き、水を通してラップで包み、30秒加熱。冷水にとって斜め細切りにする。
❸こんにゃくは熱湯をかけて水けをきり、耐熱容器に入れる。ご飯を加え、Ⓐを混ぜてかけ、よく混ぜる。ラップをして２分弱加熱する。器に盛り、①、②、あなごをのせ、胡麻をふる。

即席漬け

耐熱容器に材料を入れて混ぜ、ラップをして30秒加熱する。水けをきって冷やす。

豆腐の吸いもの

鍋に豆腐、だし汁、塩を入れて、一煮立ちさせる。器に盛り、三つ葉を散らす。（浜内）

7分　469kcal

中央をくぼませて卵を割り入れ、ようじで黄身を刺す。
❷①にウインナをのせ、ラップをして約1分30秒加熱する。Ⓐを混ぜてふる。

トマトみそスープ

❶ほうれんそうは耐熱容器に入れ、ラップなしで約1分30秒加熱し、水けを絞る。
❷プチトマトは半分に切って別の耐熱容器に入れ、分量の水を注いで、ラップなしで3分弱加熱する。みそを溶き入れ、①、削り節をのせる。

じゃがバター

じゃが芋は凍ったまま耐熱容器に入れてしょうゆをかけ、ラップなしで30秒加熱する。バターをのせてさらに30秒加熱し、ざっと混ぜる。ちぎったレタスとともに盛る。（浜内）

チキンライス献立

さすが　焦げない　鍋いらず　5分40秒　451kcal

材料（1人分）

チキンライス　288kcal

発芽玄米ご飯…………100g（茶碗⅚杯分）
ささ身………………40g（1本）
しめじ……30g（約⅓パック）
玉ねぎ………………50g（¼個）
Ⓐトマトケチャップ…大さじ1／サラダ油…小さじ1／塩、黒こしょう…各少々
Ⓑパセリのみじん切り、黒こしょう…各適宜

豆とりんごサラダ　128kcal

大豆の水煮、コーン（冷凍品）…………………………各30g
りんご…………75g（大¼個）
さやいんげん（冷凍品）……20g
玉ねぎのみじん切り……少々
Ⓒ酢、しょうゆ…各小さじ1／塩、こしょう…各適量

わかめスープ　35kcal

カットわかめ（乾燥品・もどす）……………………………5g
しめじ………20g（⅕パック）
Ⓓ鶏ガラスープの素（顆粒）…適量／水…カップ1
Ⓔ長ねぎの小口切り…4cm分／炒り白胡麻…小さじ1

作り方

チキンライス

❶ささ身は筋を除いて細切りにする。しめじは小房に分け、玉ねぎは薄切りにする。
❷耐熱容器に①とⒶを入れて混ぜ、ラップをして1分40秒加熱する。温かいご飯を加えて混ぜ、盛りつけて好みでⒷをふる。

豆とりんごサラダ

❶さやいんげんは自然に半解凍し、1cm長さに切る。
❷コーンは凍ったまま耐熱容器に入れ、①、玉ねぎを加え、ラップをして1分弱加熱する。すぐに大豆の水けをきって加える。
❸りんごは皮つきのまま5mm厚さの半月切りにし、②と盛り合わせ、Ⓒを混ぜてかける。

わかめスープ

❶しめじは小房に分け、ラップで包んで30秒加熱する。
❷耐熱容器にⒹを入れ、ラップなしで約2分30秒加熱し、わかめ、①、Ⓔを入れる。（浜内）

おしゃれな、味ご飯の夕げ

ベジタブルライス献立

さすが さっぱり　手間いらず　30秒　311kcal

材料（1人分）

ベジタブルライス　152kcal

ご飯…………60g（茶碗½杯分）
ミックスベジタブル（冷凍品）
…………………………40g
カットわかめ（乾燥品）……2g
しらすぼし…………………5g
Ⓐ酢…小さじ1／だしの素（粉末）
…小さじ⅓／砂糖…小さじ¾
レタス………………………1枚

帆立ての焼き浸し　75kcal

帆立て貝柱（刺身用）
………………60g（小3個）
しし唐……………15g（3本）
生しいたけ………30g（2個）
めんつゆ（3倍濃縮）…大さじ½
赤唐辛子の小口切り……少々

豆腐のみそ汁　39kcal

絹ごし豆腐………………30g
だし汁……………カップ⅔
みそ………………大さじ½
万能ねぎの小口切り……少々

フレッシュフルーツ　45kcal

グレープフルーツ………70g
ぶどう……………………30g

作り方

ベジタブルライス

❶ミックスベジタブルは凍ったままラップで包み、30秒加熱する。わかめは熱湯でもどし、水けをきる。しらすぼしはざるに入れて熱湯をかける。

❷Ⓐを混ぜてご飯にふりかけ、①を加えて混ぜる。器にちぎったレタスを敷いて盛りつける。

帆立ての焼き浸し

❶温めておいたオーブントースターの天パンにクッキングシートを敷き、帆立て貝柱、しし唐、石づきを除いたしいたけを並べ、3分焼く。

❷バットにめんつゆと赤唐辛子を入れ、焼きあがった①を入れてからめ、味をなじませる。

豆腐のみそ汁

❶豆腐は7㎜角に切る。

❷鍋にだし汁を煮立て、みそを溶き入れ、①を加えて温める。器に盛り、万能ねぎを散らす。

フレッシュフルーツ

グレープフルーツはくし形に切り、ぶどうは水洗いしてともに器に盛る。（大沼）

レンジいかめし献立

さすが | 柔らか | 本格味 | 速い

7分 262kcal

材料（１人分）

レンジいかめし　206kcal

いかの胴 ……… 120g（１杯分）
ご飯 …………40g（茶碗⅓杯分）
干ししいたけ ……… 8g（2個）
にんじん、ゆで竹の子 ‥各20g
Ⓐめんつゆ（３倍濃縮）…小さじ１／水…大さじ１
切り三つ葉 …………………… 適宜

あさりの酒蒸し　18kcal

あさり（殻つき・砂出ししたもの）…………… 40g（小６～７個）
しめじ ………… 50g（½パック）
Ⓑ酒…大さじ１／しょうゆ…小さじ½／おろしにんにく…少々
万能ねぎの小口切り ….. １本分

アスパラ酢みそ　28kcal

グリーンアスパラガス ……………………75g（３本）
カットわかめ（乾燥品）…… ３g
Ⓒ酢、みそ、水…各小さじ½／だしの素（粉末）…小さじ¼／砂糖…小さじ¾／練りがらし…少々

えのきの澄まし汁　10kcal

えのきだけ ……… 30g（約⅓袋）
湯 ………………………カップ１
梅昆布茶（市販品）…..小さじ１
木の芽 ……………………… 適宜

作り方

レンジいかめし

❶干ししいたけはもどし、にんじん、竹の子とともに刻む。
❷耐熱容器に①を入れ、Ⓐを加え、クッキングシートを密着させて落としぶたにし、2分30秒加熱する。
❸ご飯に②を混ぜていかの胴に詰め、ようじで４～５ヵ所刺し、ラップで包んでターンテーブルに置き、1分10秒加熱する。
❹③を食べやすい大きさに切り、あれば三つ葉を飾る。

あさりの酒蒸し

❶あさりは殻をこすり洗いし、しめじは小房に分ける。
❷耐熱容器に①、混ぜ合わせたⒷを入れ、ラップをして2分30秒加熱し、万能ねぎを散らす。

アスパラ酢みそ

❶グリーンアスパラは根元のかたい部分を切り落とし、ラップで包んで50秒加熱する。わかめは湯でもどし、水けをきる。
❷①を盛り、Ⓒを混ぜてかける。

えのきの澄まし汁

❶えのきだけは根元を切り落としてほぐす。
❷鍋に分量の湯を入れて火にかけ、梅昆布茶、①を入れて一煮する。器に盛り、あれば木の芽を飾る。（大沼）

添えて気にならない、50kcal以下

にんじんのきんぴら

さすが　簡単　鍋いらず　栄養をにがさない　1分20秒　33kcal

材料（1人分）

にんじん……………60g（3/5本）
Ⓐめんつゆ（3倍濃縮）…小さじ½／胡麻油、一味唐辛子…各少々
万能ねぎの斜め切り………適宜

作り方

❶にんじんは5～6㎝長さの細切りにして耐熱容器に入れ、ラップなしで1分20秒加熱する。
❷取り出してⒶを加え、混ぜて味をからめ、器に盛りつける。あれば万能ねぎを散らす。（大沼）

もやしキムチスープ

さすが　うまみが出る　鍋いらず　50秒　29kcal

材料（1人分）

もやし……………60g（約¼袋）
白菜キムチ……………………30g
カットわかめ（乾燥品）……2g
Ⓐ鶏ガラスープの素（顆粒）…小さじ⅓／しょうゆ…小さじ½
湯…………………………カップ1

作り方

❶もやしは好みでひげ根を取り、耐熱容器に入れ、ラップをして50秒加熱する。
❷キムチは食べやすい大きさに切る。
❸器にわかめとⒶを入れ、分量の湯を注ぎ、①の水けをきって入れ、②を加えて一混ぜする。（大沼）

オクラとろろ汁

さすが　あっさり　色あざやか　1分20秒　34kcal

材料（1人分）

オクラ………………80g（8本）
Ⓐだしの素（粉末）、しょうゆ…各小さじ½／冷水…カップ½／練りがらし…少々

作り方

❶オクラはへたを切り、へた側と先端を互い違いに並べ、ラップで包み、1分20秒加熱する。
❷①を取り出し、飾り用少々を残してフードプロセッサーに入れ、Ⓐを加えてなめらかになるまでかける。
❸器に②を盛り、残しておいたオクラを小口切りにして散らす。好みで焼きのり（材料表外）をちぎって散らす。（大沼）

たらことしらたきの炒り煮

さすが　味がからむ　鍋いらず　2分　42kcal

材料（１人分）
たらこ ……… 15〜20g（¼腹）
しらたき ……………70g（⅓袋）
Ⓐ酒、砂糖…各小さじ１／塩…少々

作り方
❶しらたきはざく切りにし、耐熱皿にキッチンペーパーを敷いてのせ、耐熱性の小皿をかぶせて１分加熱する。キッチンペーパーを抜き取ると水けが取れる。
❷たらこは包丁の背でしごき出し、しらたきにのせる。
❸②に混ぜ合わせたⒶを加えて両端（りょうはし）をあけてラップをし、１分加熱する。取り出して、よく混ぜる。（村上）

オニオンピクルス

さすが　鍋いらず　時間短縮　1分10秒　21kcal

材料（１人分）
小玉ねぎ（好みで白・紫）
……………………50g（５個）
Ⓐアップルビネガーまたは酢…小さじ１／だしの素（粉末）…少々／砂糖…小さじ⅗／ローリエ…½枚

作り方
❶小玉ねぎは皮をむいて根元を切り落とし、ラップで包んで１分10秒強加熱する。
❷ポリ袋にⒶを合わせ、①を熱いうちに入れてよくもみ込み、少しおいて味をなじませる。（大沼）
＊一度に２〜３人分を作り、保存しておくと便利。

キャロットみそスープ

さすが　甘みが出る　栄養をにがさない　ノンオイル　2分30秒　45kcal

材料（１人分）
にんじん …………… 50g（½本）
長ねぎ …………… 40g（約½本）
Ⓐみそ…小さじ⅔／だしの素（粉末）…小さじ½／練りがらし…少々
湯 ………………………カップ½
あさつきの小口切り ……… 適宜

作り方
❶にんじんは１㎝厚さの輪切りにし、長ねぎは粗（あら）く刻む。
❷耐熱容器に①を入れ、ラップをして２分30秒加熱する。
❸②を出てきた水けごとフードプロセッサーに入れ、Ⓐ、分量の湯の⅓量を加え、ざっとかける。残りの湯を加え、なめらかになるまで、攪拌（かくはん）する。
❹器に盛り、あればあさつきを散らす。（大沼）

キャベツとベーコンの蒸し煮

さすが さっぱり 手間いらず　2分30秒　73kcal

材料（1人分）

キャベツ…………100g（2枚）
ベーコン……………20g（1枚）
Ⓐ鶏ガラスープの素（顆粒）…小さじ¼／酢…小さじ2½／塩、こしょう…各少々

作り方

❶耐熱容器にⒶを合わせ、ベーコンを1.5㎝幅に切って加え、指で混ぜながらよくほぐす。
❷キャベツは手で3～4㎝幅にちぎって①に加える。
❸クッキングシートを密着させてかぶせ、浮き上がり防止に耐熱性の小皿をのせて、2分30秒加熱して混ぜる。（村上）

春菊のにんにくサラダ

さすが うまみが出る 手間いらず　1分30秒　54kcal

材料（1人分）

春菊………………100g（⅖わ）
にんにく…………………½かけ
しょうゆ、胡麻油…各大さじ¼

作り方

❶にんにくは薄切りにしてボウルに入れ、しょうゆと胡麻油を加えて混ぜる。
❷洗った春菊は根元を2㎝ほど切り落とし、茎は3㎝、葉は4㎝長さに切る。水けがついたままポリ袋に入れ、口を内側に折って1分30秒加熱する。
❸②の袋の隅を切って水けを流し、春菊を①のボウルに入れて混ぜる。（村上）

くず豆腐

さすが 本格派 味がからむ　約7分　79kcal

材料（4人分）

絹ごし豆腐………300g（1丁）
長ねぎ……………200g（2本）
生しいたけ…………60g（4個）
Ⓐだし汁…カップ½／しょうゆ…大さじ3／酒、片栗粉…各大さじ1／砂糖…小さじ2
七味唐辛子…………………適宜

作り方

❶豆腐はキッチンペーパーで包み、約1分30秒加熱して軽く水きりする。
❷長ねぎは4～5㎝長さの短冊切り、生しいたけは2㎝幅のそぎ切りにする。
❸耐熱容器に①をざっとくずして入れ、②を加え、混ぜ合わせたⒶをかける。ラップをして、約5分30秒加熱。取り出して、熱いうちに上下を混ぜ合わせる。
❹器に盛り、好みで七味唐辛子をふる。（栗原）

里芋の明太子和え

さすが　柔らか　鍋いらず　**2**分　**95kcal**

材料（1人分）

里芋……………80g（小2個）
明太子……………10g（⅛腹）
焼きのり（全形）…………¼枚
Ⓐマヨネーズ…大さじ½／しょうゆ…小さじ¼
万能ねぎの小口切り………少々

作り方

❶里芋は洗って上下を切り落とし、ラップで包み、約2分加熱して柔らかくする。
❷①は熱いうちにふきんなどで包んで皮をむき、食べやすい大きさの乱切りにする。
❸明太子は皮を除いてボウルに入れ、粗くほぐす。②、Ⓐを加え、のりをちぎって加え、全体を混ぜる。器に盛り、万能ねぎを散らす。（竹内）
＊明太子の塩けによって、しょうゆの量を加減する。

竹の子のじっくり土佐煮

さすが　本格味　速い　鍋いらず　**7**分**30**秒　**77kcal**

材料（1人分）

ゆで竹の子……………… 150g
Ⓐだしの素（粉末）…小さじ⅓／しょうゆ、酒、砂糖…各小さじ1／水…70mℓ
削り節………3g（小1パック）
木の芽……………………適宜

作り方

❶竹の子の柔らかい穂先は5cm長さに切ってから、四つ〜六つ割りにする。残りは1cm厚さの半月切りにする。
❷耐熱容器にⒶを合わせ、①を入れる。クッキングシートを密着させてかぶせ、浮き上がり防止に耐熱性の小皿をのせる。さらに両端をあけてラップをし、3分加熱する。汁が沸騰してきたら、弱でさらに3〜4分加熱する。取り出して、粗熱が取れたら器に盛る。
❸別の耐熱容器に削り節を入れ、ラップなしで強にし、30秒加熱する。②にのせ、あれば木の芽を添える。（村上）

カリフラワーのコロッケ

さすが 下ゆで ノンオイル　1分40秒　92kcal

材料（1人分）
カリフラワー（花蕾部）……80g
じゃが芋（正味）……20g（1/6個）
玉ねぎ……………………20g
ボンレスハム………20g（1枚）
コンソメスープの素（顆粒）
　……………………小さじ1/2
卵白……………………1/3個分
パン粉（炒ったもの…→P216カップコロッケ）……大さじ1

作り方
❶カリフラワーは小房に分け、じゃが芋は薄切りにし、ともにラップで包む。1分40秒加熱し、水けをきる。
❷すぐにフードプロセッサーに入れ、スープの素を加えてマッシュ状にし、皿にひろげる。
❸玉ねぎとハムはみじん切りにし、フッ素樹脂加工のフライパンで炒め、②に加えて混ぜる。
❹③を小判形1個にまとめ、溶いた卵白を片面につけ、炒ったパン粉をまぶす。
❺オーブントースターの天パンにクッキングシートを敷いて④をのせ、5分ほど焼く。（大沼）

ハーブソーセージ

さすが あっさり ノンオイル　2分30秒　81kcal

材料（1人分）
ささ身ひき肉……………40g
Ⓐアガー…小さじ1／コンソメスープの素（顆粒）…小さじ1/2／重曹…1つまみ／セージ（ドライ）、ガーリックパウダー…各少々
えのきだけ………60g（3/5袋）
玉ねぎのみじん切り…小さじ1
パセリのみじん切り…小さじ1
Ⓑタイム、トマトケチャップ、粒マスタード、バゲット、トレビス、レタス…各適宜

作り方
❶ひき肉とⒶを混ぜて練る。
❷えのきだけは細かく刻む。
❸①に②と玉ねぎ、パセリを混ぜ、赤くする場合は、パプリカ少々（材料表外）を加える。4等分してウインナの形にし、1本ずつラップで包む。ターンテーブルのまわりに並べ、2分30秒加熱。ラップをはずし、Ⓑを添える。（大沼）
＊アガーは海藻からできた凝固剤。製菓売り場で買える。

きくらげシューマイ

さすが 味がからむ ふっくら　4分10秒　99kcal

材料（1人分）
白きくらげ（乾燥品）…6g（3個）
Ⓐ鶏ガラスープの素（顆粒）…小さじ1/4／片栗粉…小さじ1/2
むきえび……………………20g
Ⓑ豚赤身ひき肉…20g／鶏ガラスープの素（顆粒）、片栗粉…各小さじ1/3／しょうゆ…小さじ1/4
Ⓒゆで竹の子のみじん切り…50g（約1/3本分）／長ねぎのみじん切り…大さじ2
香菜、からしじょうゆ…各適宜

作り方
❶きくらげはもどして、サッとゆでて、水けをきる。Ⓐをまぶす。
❷えびは背わたを取って包丁でたたき、Ⓑを加えてさらにたたく。Ⓒも混ぜて6等分する。
❸ラップに①の1/6量をひろげて②をのせ、茶巾に絞り、6個作る。
❹③をターンテーブルのまわりに並べ、4分10秒加熱する。器に盛って香菜とからしじょうゆを添える。（大沼）

わかさぎの南蛮漬け

さすが　ヘルシー　ノンオイル　**1分10秒**　**56kcal**

材料（1人分）
わかさぎ……………50g（6尾）
長ねぎの白い部分
…………………20g（約10cm）
赤唐辛子……………………少々
Ⓐおろししょうが…小さじ¼／めんつゆ（3倍濃縮）…小さじ1／酢…小さじ½

作り方
❶わかさぎは水けをふく。長ねぎは長さを半分に切ってせん切りにし、赤唐辛子は種を除いて小口切りにする。
❷ボウルにⒶを混ぜ合わせる。
❸耐熱容器に割り箸1膳をばらして5cmほど間をあけてのせる。箸の上にわかさぎを左右に3尾ずつ、腹を中央に向けて並べる。
❹③をラップなしで1分10秒強加熱し、熱いうちに②にからめる。長ねぎと赤唐辛子を加えて少しおき、器に盛る。（大沼）

えびレタスロールのなめこあんかけ

さすが　味がからむ　ヘルシー　**3分20秒**　**97kcal**

材料（1人分）
えびのすり身（市販品）……50g
レタス……………40g（大2枚）
えのきだけ………100g（1袋）
長ねぎのみじん切り…大さじ1
Ⓐだしの素（粉末）…小さじ⅓／片栗粉…小さじ½
Ⓑ缶詰のなめこの水煮…85g（1缶）／おろししょうが…小さじ½／めんつゆ（3倍濃縮）…大さじ½

作り方
❶レタスはサッと水洗いしてラップで包み、50秒加熱する。
❷えのきだけは細かく刻む。
❸ボウルにえび、Ⓐを入れて混ぜ、②と長ねぎも加えて混ぜる。
❹③を2等分して①で包む。巻き終わりを下にして耐熱皿の端に離して並べ、ふんわりとラップをかけて2分30秒加熱する。
❺④を食べやすく切って器に盛る。小鍋でⒷを温めて上にかける。（大沼）

白菜の唐辛子炒め

さすが　うまみが出る　時間短縮　**1分30秒**　**95kcal**

材料（1人分）
白菜…………150g（小1½枚）
赤唐辛子……………………1本
胡麻油…………………大さじ½
Ⓐ砂糖、酢…各小さじ1弱／しょうゆ…大さじ½
Ⓑ片栗粉（小さじ1の水で溶く）
………………………小さじ½

作り方
❶白菜は洗って5cm長さに切り、茎の太い部分は縦に3cm幅のそぎ切りにする。Ⓐ、Ⓑはそれぞれ混ぜ合わせておく。
❷白菜をポリ袋に入れ、口を内側に折って1分30秒加熱。袋の隅を切って水けを流す。
❸赤唐辛子は半分にちぎって種を出す。フライパンに胡麻油を熱して赤唐辛子を炒め、②とⒶを加えて強火で炒める。
❹全体がしんなりしたら、Ⓑを加えてとろみをつける。（村上）

キャベツいっぱいミートローフ

さすが　あっさり　ヘルシー　3分20秒　137kcal

材料（1人分）
牛赤身ひき肉……………………50g
Ⓐコンソメスープの素（顆粒）、片栗粉…各小さじ½
キャベツ………120g（大2枚）
缶詰のマッシュルームの水煮（薄切り）………60g（大½缶）
玉ねぎのみじん切り…大さじ1
パセリのみじん切り………少々
ピザソース（市販品）…大さじ1
パン……………………………適宜

作り方
❶ひき肉はⒶをもみ込む。キャベツは芯を除いて10㎝長さの細切りにし、マッシュルームは缶汁をきっておく。
❷①のひき肉にマッシュルーム、玉ねぎ、パセリを加えてざっと混ぜる。
❸直径10㎝、高さ4㎝の丸い耐熱容器にキャベツの½量を入れる。次に②をひろげるように入れてギュッと押し、さらに残りのキャベツを入れる。
❹③の上から押さえるように耐熱性の小皿またはラップをし、3分20秒加熱。器に盛り、ピザソースをかけてパン（カロリー外）を添える。（大沼）

ささ身と竹の子のみそ炒め

さすが　味がからむ　ノンオイル　2分50秒　129kcal

材料（1人分）
ささ身（筋なし）…40g（1本）
Ⓐ酒、しょうゆ、片栗粉…各小さじ⅓
干ししいたけ………12g（3個）
ゆで竹の子の細切り……100g
Ⓑ長ねぎのみじん切り…大さじ3／しょうがのみじん切り…小さじ½／おろしにんにく…小さじ¼
Ⓒ甜麺醤…小さじ1／しょうゆ、鶏ガラスープの素（顆粒）…各小さじ½
香菜……………………………適宜

作り方
❶ささ身は細切りにしてⒶをもみ込む。干ししいたけは水でもどして薄切りにする。もどし汁はとっておく。
❷耐熱容器にしいたけともどし汁大さじ1、竹の子を入れてⒷを加え、ラップをして1分10秒加熱する。
❸②を取り出してⒸを加えて混ぜ、ラップをしてさらに1分10秒加熱。
❹③を取り出し、熱いうちにささ身を加えて全体を混ぜる。再びラップをして30秒加熱する。器に盛って香菜を添える。（大沼）

赤貝と菜の花のオイスター煮

さすが こくが出る 失敗なし　2分10秒　114kcal

材料（１人分）

缶詰の赤貝の味つけ煮……50g
　片栗粉…小さじ½
菜の花……………100g（½わ）
長ねぎのみじん切り
　……………35g（約20cm分）
しょうがのみじん切り
　………………………小さじ１
おろしにんにく………小さじ⅓
Ⓐオイスターソース、しょうゆ
　…各小さじ½

作り方

❶赤貝は缶汁をきり、片栗粉をまぶす。菜の花は茎の端を切り落として３cm長さに切る。
❷耐熱容器に菜の花を入れ、長ねぎ、しょうが、にんにくを散らしてⒶをふり、ラップをして１分40秒加熱する。
❸②を取り出し、熱いうちに赤貝を加えて全体を混ぜ、再びラップをして30秒加熱する。
（大沼）

ミルクポテト

さすが しっとり ほくほく　2分　127kcal

材料（１人分）

じゃが芋…………80g（約½個）
コンデンスミルク……大さじ１
塩 ……………………………少々

作り方

❶じゃが芋はラップでぴっちり包む。
❷ターンテーブルに割り箸２膳をばらして置き、①を端にのせて２分加熱する。
❸②のラップをはずしてボウルに入れ、皮の上からフォークで粗くつぶし、皮を取り除く。塩をふり、コンデンスミルクをかけて、全体をざっと混ぜ合わせる。（村上）

簡単からし豆腐

さすが 柔らか しっとり　2分40秒　157kcal

材料（１人分）

木綿豆腐………… 150g（½丁）
焼きのり（全形）…………… ¼枚
万能ねぎの小口切り …… １本分
Ⓐ塩…少々／片栗粉…小さじ１
　弱
Ⓑ白みそ…大さじ½／練りがら
　し…小さじ１弱
しょうゆ……………………適量

作り方

❶豆腐はキッチンペーパーで包み、１分10秒加熱し、水けをきる。手でくずし、ちぎったのり、万能ねぎ、Ⓐを加えて混ぜ、２等分する。
❷15×15cmのラップを２枚用意し、中央に①を１個ずつのせ、Ⓑを½量ずつのせて茶巾に絞る。
❸②をターンテーブルの端に向かい合わせに置き、１分10秒～１分30秒加熱。粗熱が取れたら冷蔵庫で冷やす。ラップをはずして器に盛り、しょうゆを添える。（竹内）

鶏レバーのにんにく風味煮

さすが　こくが出る　ヘルシー　2分　155kcal

材料（１人分）
鶏レバー……………………80g
にんにく（皮をむく）…… ２かけ
Ⓐしょうゆ、酒、砂糖…各大さじ½／胡麻油…小さじ１弱

作り方
❶レバーは脂肪と筋を取り除き、洗って水けをふく。１房ずつに切り離し、薄皮に、はじけ防止の切り目を１本入れる。
❷耐熱容器にⒶを合わせ、①を入れて全体に味をからめる。レバーを器の縁にドーナツ状に並べ、にんにくを中央に入れる。
❸クッキングシートを耐熱容器より一回り大きく切って②に密着させてかぶせ、浮き上がり防止に耐熱性の小皿をのせる。さらにラップをして、2分加熱する。（村上）

焼き春巻き

さすが　あっさり　ヘルシー　2分10秒　146kcal

材料（１人分）
春巻きの皮（市販品）……… １枚
豚もも薄切り肉……………30g
Ⓐしょうゆ、片栗粉…各小さじ½／こしょう…少々
干ししいたけ………8g（２個）
ゆで竹の子の細切り ………50g
もやし……… 40g（約⅙袋分）
にらのざく切り（３㎝長さ）…………………20g（⅕わ分）
Ⓑオイスターソース、しょうゆ、チキンスープの素（顆粒）…各小さじ½
胡麻油…………………小さじ¼

作り方
❶肉は細切りにしてⒶをもみ込み、しいたけはもどして薄切りにする。
❷耐熱容器にしいたけ、竹の子、もやしの順に入れ、混ぜ合わせたⒷをかけ、ラップをして1分40秒加熱する。
❸②を取り出して熱いうちに①の肉を加えて混ぜ、ラップをして30秒加熱。にらを加えてよく混ぜる。
❹春巻きの皮で③を巻き、表面に胡麻油を塗る。オーブントースターの天パンにクッキングシートを敷き、春巻きの巻き終わりを下にしてのせ、３分焼き、食べやすく切る。（大沼）

かじきとキムチのレンジ蒸し

さすが　こくが出る　失敗なし　2分30秒　171kcal

材料（1人分）

かじき…………80g（小1切れ）
Ⓐ塩…小さじ¼／こしょう…少少
白菜キムチ…………………50g
ブロッコリー……40g（2房）
胡麻油…………………大さじ½

作り方

❶かじきにはⒶをふる。（冷凍品の場合は耐熱皿にキッチンペーパーを敷いてのせ、ラップなしで、弱で1分30秒加熱。半解凍にして表面の水けをふき、Ⓐをふる）。
❷ブロッコリーは7〜8㎜幅に切る。
❸耐熱皿に①を入れ、キムチをのせ、さらに②をのせて胡麻油を回しかける。両端をあけてラップをし、2分〜2分30秒加熱する。（村上）

レンジポテトのミートソースがけ

さすが　味がからむ　ノンオイル　7分　194kcal

材料（1人分）

じゃが芋………100g（小1個）
牛赤身ひき肉………………30g
Ⓐしょうゆ、片栗粉…各小さじ½
ピーマン…………15g（½個）
玉ねぎ…………100g（½個）
おろしにんにく………小さじ½
Ⓑトマトジュース…カップ½／チキンスープの素（固形・砕く）…½個／黒砂糖、しょうゆ、チリパウダー…各小さじ½／クミン（粉末）…少々／湯…カップ½
ローズマリー………………適宜

作り方

❶ひき肉にⒶを混ぜる。ピーマンと玉ねぎは5㎜角に切る。
❷耐熱容器に玉ねぎとにんにくを入れてラップをし、1分10秒加熱する。さらにⒷとピーマンを加えて混ぜ、ラップをして2分30秒加熱する。
❸②を取り出し、熱いうちにひき肉を加えて全体を混ぜ、ラップをして30秒加熱し、混ぜる。
❹じゃが芋は皮をむいてラップで包み、約2分50秒加熱し、食べやすい大きさに切って器に盛る。上から③のミートソースをかけ、ローズマリーを散らす。（大沼）

白菜とツナの蒸し煮

さすが　うまみが出る　片付けらくらく　3分　144kcal

材料（1人分）

白菜………………100g（1枚）
缶詰のツナの油漬け…………………40g（小½缶）
Ⓐしょうゆ、みりん…各小さじ1／塩…少々／湯…カップ¼
ゆずこしょう………………適宜

作り方

❶耐熱容器にⒶを合わせ、ツナを缶汁ごと混ぜる。
❷白菜は葉と茎に分け、葉は4〜5㎝長さに切る。茎は6〜7㎝長さに切ってから縦に1〜1.5㎝幅に切る。
❸①に白菜の葉を加え、上に茎をのせる。クッキングシートを密着させてかぶせ、浮き上がり防止に耐熱性の小皿をのせ、ラップをして3分加熱する。器に盛り、好みで煮汁にゆずこしょうを溶かして食べる。（村上）

いかのチリソース風

さすが　味がからむ　色あざやか　　3分20秒　**132kcal**

材料（1人分）

いか（松かさ切りの冷凍品）……………………………60g
Ⓐ酒、しょうゆ…各小さじ½／トマトピュレ、片栗粉…各小さじ1
白きくらげ（乾燥品）……………………5g（小3個）
長ねぎ…………70g（小1本）
しょうがのみじん切り……………………………小さじ1
おろしにんにく………小さじ½
Ⓑトマトピュレ…大さじ2⅔／めんつゆ（3倍濃縮）…大さじ1／豆板醤…小さじ⅓

作り方

❶いかは解凍してⒶをもみ込む。
❷きくらげはもどしてちぎる。長ねぎの白い部分はみじん切り、青い部分少々はとっておく。
❸耐熱容器にきくらげと長ねぎの白い部分、しょうが、にんにく、Ⓑを入れて混ぜ、ラップをして2分30秒加熱する。
❹③に①を加えて混ぜ、ラップをしてさらに50秒加熱し、ねぎの青い部分を飾る。（大沼）

クイックリゾット

さすが　しっとり　ふっくら　　3分20秒　**193kcal**

材料（1人分）

ご飯…………40g（茶碗⅓杯分）
粒こんにゃく………………50g
ベーコン（赤身）…30g（1½枚）
玉ねぎ………………50g（¼個）
キャベツ…………60g（大1枚）
セロリ……………30g（約⅓本）
缶詰のマッシュルームの水煮（薄切り）………135g（1缶）
チキンスープの素（固形）…½個
Ⓐローリエ…1枚／タイム、オレガノ（各ドライ）、こしょう…各少々
タイム（生）……………………適宜

作り方

❶ベーコンと玉ねぎは1㎝角、キャベツは2㎝角に切り、セロリは斜め細切りにする。
❷耐熱容器にスープの素を砕いて入れ、①を加え、マッシュルームを缶汁ごと加える。さらにご飯、粒こんにゃく、Ⓐを加えてよく混ぜ合わせ、ラップをして3分20秒加熱する。
❸②にタイムを散らす。（大沼）

中華がゆ

さすが　しっとり　手間いらず　　14分　**178kcal**

材料（1人分）

米………………………カップ⅛
Ⓐ鶏ガラスープの素（顆粒）…小さじ¼／胡麻油…大さじ¼／塩…少々／湯…カップ¾
缶詰のあさりの水煮………20g
香菜………………………1本

作り方

❶耐熱ボウルにⒶを入れ、洗って水けをきった米を加え、あさりを缶汁ごと加えてざっと混ぜ合わせる。
❷①にラップをして、2分加熱し、弱に切り替えて12分加熱する。取り出してそのまま10分蒸らす。
❸②を器に盛り、1～1.5㎝長さに刻んだ香菜を散らしてサッと一混ぜする。（村上）

鱈(たら)のチリソース

さすが　味がからむ　色あざやか　3分　**195kcal**

材料（1人分）

鱈（甘塩）…………80g（1切れ）
グリンピース（冷凍品）……50g
チリソース
　おろしにんにく、おろししょうが…各小さじ¼／トマトケチャップ、砂糖、酒…各大さじ½／豆板醤、鶏ガラスープの素（顆粒）…各小さじ¼／片栗粉…小さじ½
湯 ……………………………カップ¼
胡麻油 ………………………小さじ½

作り方

❶耐熱容器にチリソースの材料を合わせてよく混ぜ、なめらかになったら分量の湯を加えてとろみがつくまで混ぜる。
❷鱈は3等分に切り、①に加える。全体にソースをからめてから、容器の縁(ふち)に並べ、中央にグリンピースを入れる。
❸クッキングシートを耐熱容器より一回り大きく切り、②に密着させてかぶせる。浮き上がり防止に耐熱性の小皿をのせて、3分加熱する。シートごと小皿を取り、胡麻油をふる。（村上）

野菜増量焼きそば

さすが　味がからむ　鍋いらず　3分20秒　**184kcal**

材料（1人分）

中華蒸しめん…………………30g
もやし ……………150g（⅗袋）
キャベツ …………… 50g（1枚）
長ねぎ ……………70g（小1本）
しょうが、にんにく…各1かけ
かにかまぼこ（ほぐす）……40g
Ⓐオイスターソース、しょうゆ…各大さじ½
青のり粉、紅しょうが…各適宜

作り方

❶もやしは好みでひげ根を取り、キャベツは5㎝長さの細切りにする。長ねぎ、しょうが、にんにくはみじん切りにする。
❷耐熱容器に①を入れてラップをし、1分40秒加熱する。
❸②にかにかまぼこと中華めんを加え、Ⓐをふって全体を混ぜ合わせる。再びラップをして1分40秒加熱する。
❹③を器に盛り、青のり粉をふって紅しょうがを添える。（大沼）

肉みそ包みご飯

さすが　味がからむ　こくが出る　1分40秒　**196kcal**

材料（１人分）
ささ身ひき肉………………30g
Ⓐめんつゆ（３倍濃縮）、片栗粉…各小さじ½
えのきだけ…………50g（½袋）
Ⓑ長ねぎのみじん切り…大さじ２／しょうがのみじん切り…小さじ½／おろしにんにく…小さじ¼／みそ、トマトピュレ、めんつゆ（３倍濃縮）…各小さじ１
もやし…………100g（⅖袋）
みょうがのみじん切り…１個分
ご飯…………………………50g
サンチュまたはレタス…５枚

作り方
❶ひき肉はⒶを加えてざっと混ぜる。えのきだけは根元を切って細かく刻む。
❷耐熱容器にえのきだけとⒷを入れて混ぜ、ラップをして50秒加熱する。
❸②を取り出し、熱いうちにひき肉を加えて全体をよく混ぜ、ラップをして50秒加熱し、肉みそを作る。
❹もやしは好みでひげ根を取り、湯でサッとゆでて水けをきる。みょうがはご飯と混ぜる。
❺③と④を器に盛り、サンチュで適量を包んで食べる。（大沼）

鶏肉と野菜ミックスのクリーム煮

さすが　こくが出る　まろやか　3分50秒　**171kcal**

材料（１人分）
ささ身（筋なし）…25g（小１本）
Ⓐしょうゆ…小さじ¼／片栗粉…小さじ½
玉ねぎ……………50g（¼個）
温野菜ミックス（冷凍品）……………………100g
Ⓑ低脂肪牛乳…カップ½／チキンスープの素（固形・砕（くだ）く）…½個／白みそ、片栗粉…各小さじ½

作り方
❶ささ身は一口大のそぎ切りにしてⒶをもみ込み、玉ねぎは１cm角に切る。Ⓑは混ぜ合わせる。
❷耐熱容器に玉ねぎと温野菜ミックスを入れてラップをし、２分30秒加熱。さらにⒷを加え、ラップをして50秒加熱する。
❸②を取り出し、すぐにささ身を混ぜ、再びラップをして30秒加熱する。（大沼）

あじのビネガーマリネ

さすが　さっぱり　ノンオイル　3分30秒　**159kcal**

材料（１人分）
あじ…………150g（１尾）
小玉ねぎ…………50g（５個）
にんじん…………30g（約⅓本）
セロリ……………50g（½本）
プチトマト…………30g（２個）
Ⓐ酢…大さじ２／水…大さじ３／ローリエ…１枚／塩、粒黒こしょう…各少々

作り方
❶あじはうろこ、頭、はらわた、ぜいごを除いて洗い、３つ～４つのぶつ切りにする。
❷小玉ねぎとにんじんは５mm厚さの輪切りにし、筋を取ったセロリは５mm厚さに切り、プチトマトは半分に切る。
❸耐熱容器に①、②、Ⓐを入れて混ぜ、ラップをして３分30秒加熱する。ラップをしたまま蒸らして味をなじませる。（浜内）

太刀魚のみそ煮

さすが 味がからむ 失敗なし　3分10秒　185kcal

材料（1人分）

太刀魚…………60g（小1切れ）
生しいたけ…………30g（2個）
長ねぎ……………15g（約8㎝）
しょうが……… 10g（小1かけ）
昆布……………………… 10㎝
Ⓐみそ…小さじ1／めんつゆ（3倍濃縮）…大さじ½／湯…大さじ3

作り方

❶太刀魚は長さを半分に切る。ねぎは長さを半分に切り、しょうがはせん切りにし、昆布は汚れを落とす。
❷耐熱容器に昆布を敷いて太刀魚をのせ、あいたところにしいたけとねぎを入れ、魚の上にしょうがをのせる。
❸Ⓐを混ぜて②にかけ、クッキングシートを密着させてかぶせる。さらにラップをして3分10秒加熱する。（大沼）

あじのねぎ蒸し

さすが さっぱり ヘルシー　2分　139kcal

材料（1人分）

あじ……………100g（小1尾）
Ⓐ塩…少々／酒…大さじ½
長ねぎの白い部分
　…………………15g（約7㎝）
しょうが……………………少々
Ⓑ酢…大さじ¼／しょうゆ…小さじ⅔
香菜（シャンツァイ）…………………………適量

作り方

❶あじはうろこ、ぜいごとえらを除き、盛りつけたとき下になるほうの腹に切り目を入れてはらわたを除く。洗って水けをふき、Ⓐで下味をつける。
❷長ねぎは約7㎝長さの太めのせん切り、しょうがはせん切りにする。
❸耐熱皿に①を入れて②をのせ、ラップをして1分30秒～2分加熱する。器に盛り、混ぜ合わせたⒷをかけて香菜を添える。（竹内）

生鮭のれんこん蒸し

さすが 甘みが出る しっとり　5分50秒　123kcal

材料（4人分）

生鮭…………… 160g（2切れ）
　酒…大さじ1
れんこん………300g（大1節）
溶き卵……………………½個分
万能ねぎの小口切り……2本分
しょうゆ……………………少々

作り方

❶生鮭は皮と骨を除き、1切れを半分にして酒をふりかける。
❷れんこんは皮をむいて酢水（材料表外）につけ、すりおろして溶き卵と混ぜる。
❸耐熱皿に①を並べ、上に②をのせる。ラップをして5分50秒加熱する。器に盛って万能ねぎを散らし、しょうゆをふって食べる。（伊藤）

一品で一食、201kcal以上

豚ひき豆腐の四川蒸し

さすが　味がからむ　栄養をにがさない　3分　**218kcal**

材料（1人分）

豚ひき肉……………………50g
木綿豆腐…………75g（¼丁）
カットわかめ（乾燥品）
　…………2.5g（小½パック）
ザーサイ（味つけ）
　…………………10g（3切れ）
生しいたけ………30g（2個）
長ねぎの青い部分…8g（約5㎝）
Ⓐ片栗粉…小さじ2／鶏ガラスープの素（顆粒）…小さじ½／こしょう…少々
Ⓑしょうゆ…大さじ½／胡麻油、酢…各小さじ1
香菜……………………適宜

作り方

❶ボウルにひき肉、豆腐、わかめ、刻んだザーサイを入れる。
❷生しいたけは4つに裂き、長ねぎは小口切りにしてともに①に加え、Ⓐも加えて豆腐をつぶしながら全体をよく混ぜる。
❸耐熱皿に胡麻油（材料表外）を塗り、②をドーナツ状に、中央を直径3㎝ほどあけて入れる。ラップをして3分加熱する。Ⓑを混ぜて回しかけ、刻んだ香菜を散らす。（村上）

チーズときのこのリゾット

さすが　こくが出る　失敗なし　14分　**364kcal**

材料（1人分）

米……………………カップ¼
Ⓐ鶏ガラスープの素（顆粒）…小さじ¼／湯…カップ¾／塩…少々
しめじ………50g（½パック）
オリーブ油…………小さじ2
バター………………小さじ1
Ⓑ卵…1個／パルメザンチーズのおろしたもの…大さじ1／パセリのみじん切り…適量／こしょう…少々

作り方

❶耐熱ボウルにⒶを入れ、洗った米を加えて混ぜ合わせる。
❷しめじは刻んでオリーブ油をまぶし、米の上にのせる。
❸②に両端をあけてラップをし、2分加熱し、煮立ったことを確かめて弱に切り替え、さらに12分加熱する。
❹③が熱いうちにバターを加えて溶かしながら、よく混ぜ合わせたⒷを加え、とろみがつくまで勢いよくかき混ぜる。（村上）

鶏肉ときのこのおこわ

さすが　味がからむ　ふっくら　13分　**250kcal**

材料（約6人分）

もち米………………カップ2
鶏胸肉（皮なし・1.5㎝角に切る）…………150g（約1枚）
にんじん……………………30g
生しいたけ…………………40g
ごぼう、しめじ……各100g
Ⓐしょうゆ…大さじ1／みりん…大さじ2／塩…小さじ½強／水…カップ⅔

作り方

❶米は水に1時間ほどつけ、水けをきって耐熱ボウルに入れる。
❷野菜ときのこは適宜に切り、鶏肉とともにⒶで6～7分煮る。
❸②の煮汁と水（材料表外）を合わせてカップ1にし、①に加えてラップをし、8分加熱する。
❹③を上下によく混ぜ、約3分30秒加熱。再び混ぜて②の具をのせ、1分30秒加熱する。そのまま10分蒸らして、ゆでたさやいんげん（材料表外）少々の斜め切りを混ぜる。（竹内）

こんなときどうする？

美容と健康のための献立だけに気になることもいろいろ。
おいしく続ける工夫も知りたい。ダイエット目標の達成を
願って、疑問や不安を一挙解決！（監修：大沼奈保子）

Q1 ノンオイルでもおいしく作れますか？

うまみ成分の豊富な調味料や素材でおいしく仕上げる工夫をします。

油脂を使わずに調理できるのが、電子レンジの強みです。ダイエットにはぴったりですが、カロリーを抑えるために、ただ油脂をカットするだけでは、味けなくなってしまいます。油脂は「疑似うまみ」ともいわれるように、素材の味をふくらませたり、調和させたりする働きがあります。ノンオイルでもおいしくするには、やはり油脂にかわってうまみを補うなんらかの工夫が必要です。

まずは和食の調味料やだしに注目。みそ、しょうゆ、だしには、うまみ成分であるグルタミン酸、イノシン酸が多く含まれます。油脂を使わなくても和食がおいしいのは、このうまみ成分のおかげ。そこで、和食以外の料理でもこれらを隠し味に使うと、味に深みが出てきます。

手軽にうまみをプラスできる、コンソメスープの素やオイスターソースもよいでしょう。コンソメスープの素は水溶けをよくするために、粉末状のものや細かく砕くことのできるタイプを選びましょう。

グルタミン酸が豊富なトマトの加工品も活用したい素材です。スープや煮ものにトマトピューレを加えるだけで、こくが生まれます。グアニル酸などのうまみ成分が豊富なきのこ類も、シチューなどに入れれば、だしの役割も果たすのでおすすめです。

うまみ成分の豊富な素材や調味料で、ノンオイルの物足りなさを補いましょう。

Q2 調味料をなるべく減らしたいのですが

落としぶたやポリ袋を活用して。少ない調味料でも味がしみ込みます。

ダイエット中は調味料のカロリーさえ気がかり。そんなときは、クッキングシートを落としぶたとして使いましょう。材料の表面にはりつけるようにかぶせれば、調味料はシートに当たって循環し、素材に味がしっかりからむので、調味料が少なくてすみます。

煮ものの場合は、素材を先に加熱してからポリ袋に入れ、調味料を合わせて１時間ほどそのままおく方法も。電子レンジの加熱で水分がとんだ分、素材に味がしみ込みやすくなります。

素材から出た水分も捨てず、調味料と合わせて味がなじむようにつけておきます。

Q3 市販の冷凍野菜を使うと仕上がりが水っぽいのですが

余分な霜を取り除いてから、水分をとばすように「強」で解凍。

市販されている冷凍野菜は、ゆでた素材を瞬間冷凍しているため、ビタミンの損失も少なくおすすめです。ただ難点は、上手に解凍しないと水っぽくなりがちなこと。解凍は「弱」ではなく「強」で行い、余分な水分をとばしましょう。

保存状態が悪くて、霜がたくさんついている場合は、まず水にサッとさらして霜のかたまりを取り除きます。その後、キッチンペーパーを下に敷いてラップなしで解凍しましょう。

また、シチューやスープといった汁ものに入れたり、チーズなどでとろみを加えて調理すれば、水っぽさはさほど気にならないはずです。

Q4 刺身の薄切りが上手にできません

半解凍状態ならほどよいかたさで、くずさずきれいに切れます。

見た目にボリューム感があり、少量でも満足感のある魚のカルパッチョ。ただし、上手に薄切りするのは至難の業。手持ちの包丁で、簡単かつきれいに切るコツは、冷凍のものを「半解凍」の状態で薄切りにすること。刺身の解凍は100gにつき「弱」で約1分。電子レンジから取り出して、すぐスライスしてみて。半解凍の状態なら包丁も入りやすく、切り口もくずれません。

Q5 食品の温めにポリ袋を使っても安全？

耐熱温度が140度以上なら基本的にはOK。油分や糖分が多い食品は避けましょう。

耐熱温度が140度以上あるものなら、基本的には問題ありません。ただし、油分や糖分が多い食品、煮汁やソースたっぷりの料理の温めには不可。これらの食品は、温めると耐熱温度を超えることがあるからです。ポリ袋の耐熱温度は、加熱の前に取り扱い表示などで必ず確認することが大事です。

またポリ袋の口をきつく縛ると加熱中に破裂する恐れがあります。軽くひねる程度にとどめましょう。

Q6 白和えの衣が水っぽいのですが

豆腐は粗くくずして電子レンジで加熱。加熱後は、ざるにあけましょう。

豆腐の水きりが不充分だったことが考えられます。まず豆腐は粗くくずしてからキッチンペーパーで軽く包み、電子レンジへ。白和えの場合、炒り豆腐よりやや長めに加熱します。終了後、ざるにあけるとさらに水分を減らせます。

また、仕上げの時点になって水っぽさに気づいたら、すり胡麻、青のり粉、きな粉など吸水性のある素材を加えましょう。味をつける前なら、調味料を水分の少ないみそにかえてもいいでしょう。

時間がかかる豆腐の水きりも100gにつき約2分で完了。

Q7 蒸しなすが変色してしまいます

空気に触れないように、ぴっちりとラップをしましょう。

なすは、へたを取りまるごとラップをして加熱します。

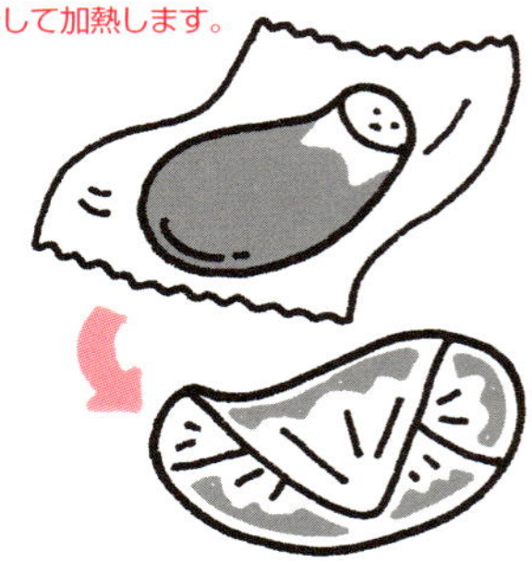

加熱により美しい紫色が変色してしまうのは、なすの表皮に含まれる褐変酵素のせいです。加熱中に空気に触れたことによって、変色が起こったのです。これを防ぐには、まるごとのなすに、ぴっちりとラップをかけるのがコツ。たとえ2個以上加熱するときでも、まとめてではなく、一個一個にぴっちりとラップをしてください。

Q8 きくらげをスピーディーにもどすには？

ひたひたに浸る程度の水で加熱し、加熱後すぐに水を補いましょう。

吸水率の高いきくらげをもどすには、たっぷりの水が必要。ただし、最初から水を多くすると、その分、時間がかかってしまいます。まず直径15cmの耐熱ボウルにきくらげ10gを入れ、ひたひたになる程度に水を加えて3〜4分加熱。取り出してすぐに水を補えば、あっという間にもどります。

加熱後は水不足の状態ですが、すぐに水を加えれば大丈夫です。

Q9 作るたびに仕上がりが違います

水分量に個体差のある野菜の調理は、加熱時間を調節することも必要です。

目分量で調理していませんか？　同じワット数で調理していますか？　また、水分に働きかける電子レンジの場合、水分量は加熱時間と大きく関係します。同じ野菜でも季節や品種によって水分量が違うので、加熱時間の調整が必要なときも。たとえば、新じゃがはひねじゃがに比べ火の通りが速いようです。

こんなときどうする？

Q10 煮ものに均一に味がしみません

味がしみにくい素材は、切り方をひと工夫して。

電子レンジの調理では、味がしみやすい素材もしみにくい素材も、一度に加熱することが多くなります。このため、素材の切り方が味のムラを防ぐ重要なポイントです。味のしみにくい素材は一回り小さめに切るなど工夫して。とがったところに集中するマイクロ波の性質を利用して、角をたくさん作った乱切りにしてもいいでしょう。加熱後に、味をしみ込ませる時間をとるのも効果的です。

大きさや厚さは、素材ごとにできるだけそろえて切りましょう。

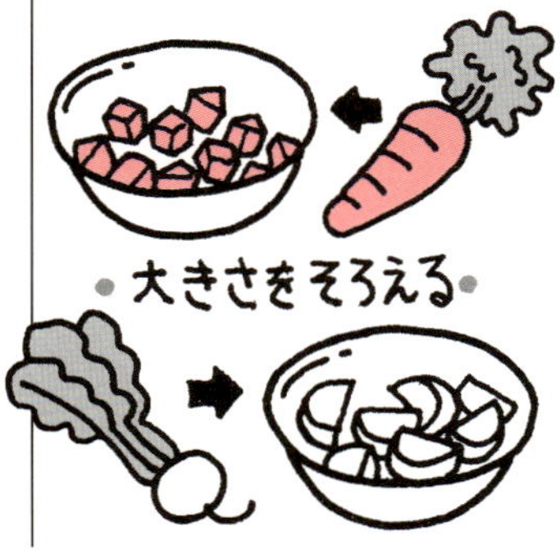

Q11 ふわっとしたかに玉が作れません

具を加熱してから、じわじわと火を通すのがコツ。

短時間で一気に加熱する電子レンジだと、卵料理にはすが入りがち。カロリーダウンにもなるので、卵液は少なめ、具だくさんにして仕上げましょう。

かに玉はまず、具になるかにや香味野菜を加熱。そこに卵液を加えると、余熱でじわじわと半熟状態に。それから加熱すれば、熱が入りすぎず、ふわっと仕上がります。

器は丸形の小ぶりの耐熱容器を使って。マイクロ波が均等に当たり、加熱ムラが防げます。

Q12 ポーチドエッグが破裂してしまいます

完全に沸騰した湯を分量通りに使用してください。

耐熱性の容器に水カップ1と塩少々を入れ、約2分加熱すると沸騰状態になります。そこに卵1個を割り入れて再加熱しましょう。湯の温度が低い場合や湯の量が少ない場合は卵が固まらず、そのあとの加熱で破裂するおそれがあります。また、使用している電子レンジの出力が600Wかどうかも確認して。W数が異なる場合は、正しい加熱時間（→P62）を調べて設定しましょう。

Q13 鶏のドラムスティックの中まで火を通すには？

加熱が速いのはターンテーブルの端。骨の部分は内側に向けます。

マイクロ波はターンテーブルの端に当たりやすいので、端に肉の部分、中央に骨の部分がくるように置きましょう。細い骨の部分には、マイクロ波が集中しやすいため、マイクロ波を反射するアルミホイルを巻きます。これで、加熱ムラなく中まで火が通ります。

2本の場合は向かい合わせに置き、3本以上なら等間隔に並べます。

Q14 ヒレ肉やささ身がパサつきます

低脂肪の肉を調理するときは、酒、しょうが、片栗粉を活用して。

肉に酒を多めにふって加熱すれば、コハク酸の働きで、ふっくらジューシーに仕上がります。しばらくおけば、蒸し汁を吸ってさらにしっとりします。

しょうがには肉を柔らかくする酵素が。下ごしらえの段階で、絞り汁をもみ込みましょう。片栗粉は、あらかじめなじませておけば、なめらかな口当たりに。

レシピによって、3つを上手に使い分けましょう。

Q15 酒を使うと高カロリーでは？

調理中にアルコール分がとぶので、カロリーは$\frac{1}{9}$〜$\frac{1}{5}$まで減ります。

アルコールのエネルギー量は、白ワインカップ$\frac{1}{2}$あたり約70kcal、日本酒1合約200kcal。しかし調理で使う場合は調理中にアルコール分がとぶので、残るのはほぼ糖質のカロリーのみ。最終的にワインでは$\frac{1}{9}$、日本酒では$\frac{1}{5}$までカロリーは減ります。

アルコールは肉を柔らかくし、ノンオイルでも風味豊かに仕上げるので、上手に使えばおいしいダイエット料理を楽しめます。

Q16 加熱のしすぎで肉がかたくなってしまいます

余熱を利用することで、ふっくらジューシーに。

たんぱく質は油脂を使わずに加熱するとかたくなりがち。野菜が肉の４～５倍量あるようなダイエットレシピならではのテクニックがあります。

まず、野菜だけをほぼ完全に加熱。その中にひき肉もしくは薄切り肉を入れ、混ぜながら野菜の余熱を通します。肉に八分ぐらい熱が通ったら、最後に仕上げとして加熱。これで完全に熱が通り､しかもパサつきません。

また下ごしらえのとき、衣などにほんの少し重曹を加えるテクニックも。肉を縮めず柔らかく仕上げるプロの技です。

Q17 魚を上手に焼きあげるコツは？

みそやしょうゆでつけ汁を作り、下味をつけてから加熱しましょう。

マイクロ波を食品に当て、食品の水分を水蒸気に変えて蒸しあげる電子レンジ。ただし、塩分に集中するマイクロ波の性質を利用し、魚をパリッと焼きあげることも可能です。みそやしょうゆなど塩分を多く含むつけ汁で下味をつけて加熱すれば、表面の塩分にマイクロ波が集まり、こんがりパリッと仕上がります。ただしその分、内部に熱が届きにくくなりますから、調理には小さめの切り身を選ぶといいでしょう。

Q18 減塩効果はありますか？

加熱するだけで塩もみ効果あり。少ない調味料で味つけできます。

素材の水分をとばす電子レンジの性質は減塩にも役立ちます。

たとえばきゅうりもみ。せん切りにしたきゅうり50g(½本)を、耐熱容器に入れて、ラップなしで20～30秒加熱。こうすると余分な水分がとび、塩もみしたのと同じようにしんなり。ぎゅっと絞って味をつければ、少ない調味料でも充分に味がつき、無理なく減塩の料理に仕上がります。

Q19 薄味を補うための裏技はありますか？

味つけの工夫しだいで、満足感のあるおいしさが作り出せます。

油脂を使わずに調理できるうえ、調味料の量も少なくてすむので、電子レンジはダイエットライフの心強い味方です。ただし、素材の持ち味を活かした薄めの味つけは、濃い味つけに慣れてしまっている人には、いまひとつ物足りないと感じられることも。そこで、薄味をカバーするテクニックをいくつかご紹介します。

●表面にだけ味をつける

全体に味をしみ込ませようとすると調味料の量が増えるため、カロリーも上がってしまいます。魚や豆腐などの場合、あんをかけるなどして、素材の表面にだけ味をつけましょう。とろみのあるあんが舌に触れることによって、満足感もアップします。

●濃度をつける

とろみがあると、味は濃厚に感じられます。これは、舌にからむ時間が長くなるからです。ある程度濃度のあるたれをかけたり、水溶き片栗粉を材料に混ぜ合わせて再加熱し、とろみのある中華風に仕上げたりするのもおすすめです。

●酸味をきかせる

レモンや酢などで、酸味を加えることで味に変化をもたせましょう。塩分をほとんど使わなくても、酸味により味が引き締まり、物足りなさを補えます。また、バルサミコ酢なら、それだけで立派なソースになります。

●スパイスをきかせる

スパイスやハーブなどを使って味にアクセントをつけたり、風味を加えたりするのも、調味料控えめの料理を味わい豊かにするアイデアの一つです。

Q20 いつものレシピをカロリーダウンできますか？

低・無脂肪素材に切りかえれば、カロリーは抑えられます。

Q１(→P297)でも触れたように、油脂はうまみをふくらませる大事な要素。低脂肪や無脂肪の素材にかえれば、見た目の仕上がりは変わらなくても、味にどこか物足りなさを感じます。

たとえば、生クリームを使わずにホワイトシチューを作る場合、低脂肪牛乳やスキムミルクを使います。こんなときは、隠し味として白みそを加えましょう。味に深みが出るはずです。

また、甘みもうまみの大切な要素。ダイエット中は、白砂糖のかわりに黒砂糖を使いましょう。カロリーを軽減できるうえ、各種ミネラルも豊富なのでこくも出ます。みりんは酒と黒砂糖少々で代用するとよいでしょう。

Q21 肉や魚を加熱しすぎてしまったら

たれ、あんをかける方法や、フレークにする方法で対処します。

肉や魚がパサついたり、かたくなってしまうのは、加熱のしすぎが原因です。しかも水蒸気となって食品の外に出てしまった水分は、残念ながら二度と中に戻ることはありません。

60～70度で固まるたんぱく質は加熱のしすぎに敏感。短時間で急速に加熱する電子レンジだと、慣れないうちは失敗もあるでしょう。特にダイエットメニューで使う肉や魚は低脂肪のものがほとんど。加熱時間がちょっとオーバーしただけでもかたくなりやすいのです。

加熱時間に注意が必要なことはいうまでもありませんが、もし失敗してしまったら、次の対処法がおすすめです。

たとえば、かたくなってしまった肉や魚の上に、おろしだれやとろみのあるあんをかけると、パサつきが抑えられます。

またフードプロセッサーにかけ、フレークにしてしまう方法もあります。これに香味野菜を混ぜ、肉みそ風にしてもよいでしょう。さらには、次のようなとっておきレシピもあります。

●和風チキンペースト

オーバー加熱ぎみのささ身40g（1本）と、プレーンヨーグルト小さじ2、みそ小さじ½、練りがらし、だしの素（粉末）各少々をフードプロセッサーにかけます。様子を見て、まだパサついているようなら、酒、油を加えて柔らかさを補い、口当たりがなめらかになるようにして、味をととのえます。サンドイッチにはさんでも、温野菜に添えてディップ風にしてもおいしく食べられます。

Q22 ローカロリーのおつまみは作れますか？

オーバー加熱を逆手に取れば、ノンフライおつまみが作れます。

電子レンジの欠点は、加熱をしすぎると必要な水分までとばしてしまうこと。この欠点を逆手に取れば、ノンフライなのにカリッとしたおいしいおつまみを作ることができます。スナックはカロリーが高いからとあきらめていた人もこれなら大丈夫。

●ノンフライポテトチップス

皮をむいたじゃが芋100g（⅔個）を薄切りにし、水にさらします。水けをきり、スープの素（顆粒）小さじ½をまぶします。ターンテーブルにクッキングシートを敷き、重ならないように並べラップなしで4分10秒、裏返して1分20秒加熱して完成です。（全量80kcal）

●繊維たっぷりベジチップス

種とわたを取ったかぼちゃ10gと皮をむいた里芋とれんこんを各20g用意し、すべてを薄切りにします。里芋とれんこんにはだしの素（粉末）少々をまぶし、かぼちゃはそのままで、ターンテーブルに敷いたクッキングシートの上に重ならないように並べます。ラップなしで3分20秒加熱してできあがりです。（全量36kcal）

●ギョーザの皮せんべい

市販のギョーザの皮の片面に薄くめんつゆを塗ります。ターンテーブルにクッキングシートを敷き、重ならないように並べます。ラップなしで1枚につき50秒加熱し、金網にのせて冷まします。味つけは、塩、カレー粉、ドライハーブなど、お好みで。（1枚6kcal）

余ったギョーザの皮で手早く簡単に作れ、しかもローカロリーです。

Q23 ローカロリーのお菓子は作れますか？

水分をとばして甘さを引き出せば、フルーツがお菓子に変身します。

電子レンジなら、高カロリーな砂糖や油脂を使わなくても、おいしいお菓子が作れます。使う素材は、食物繊維もビタミンもたっぷりのフルーツ。「水菓子」といわれるほど水分の多いフルーツは、電子レンジで水分をとばせば、甘みが増してまた別の味わいに。ローカロリーの果物を選んで作りましょう。

●レンジアップル

りんご100g（½個）の芯を取り、皮ごと乱切りにします。ドライプルーン1個、白ワイン小さじ½とともにポリ袋に入れ、口をゆるく閉じて1分40秒加熱。加熱後、袋ごと冷水につけ、粗熱を取ります。器に盛って袋に残った蒸し汁をかけ、シナモンをふります。好みでミントを飾って完成です。

皮つきのままのりんごだから、食物繊維がたっぷり。鉄分が豊富なプルーンとの組み合わせで、ヘルシーさもおいしさも2倍です。（全量57kcal）

ビタミン、ミネラル、食物繊維がたっぷり。砂糖を使わなくても充分な甘さです。

●パパイヤのコンポート

皮、種を取り除いた100g（½個）のパパイヤを4つに切り、耐熱ボウルに入れます。白ワイン小さじ1、レモン汁少々をふり、ラップをして1分40秒加熱。加熱後は汁ごとポリ袋に移し、砂糖を好みで加えます。ポリ袋の口を絞り、汁をパパイヤに回しかけます。そのまま冷やせば、コンポートのできあがりです。（全量39kcal）

こんなこともできる!

ダイエット中の食卓をおいしくにぎやかにするのは、
サッとできるローカロリーの小鉢やおかず、そしてスイーツ。
食べる楽しみを増やして、やる気を後押ししましょう!

いりこの土佐酢漬け

さすが　うまみが出る　ヘルシー　全量 **295**kcal 約 **6** 分

材料(作りやすい分量)

いりこ……………50g(25尾)
玉ねぎの薄切り…50g(¼個分)
しょうがのせん切り…1かけ分
赤唐辛子(種を除く)……1本
土佐酢
　だし汁…カップ½／酢…大さじ3／薄口しょうゆ、砂糖…各大さじ2／塩…少々

作り方

❶いりこははらわたを取る。
❷ターンテーブルにクッキングシートを敷き、①をドーナツ状にひろげ、ラップなしで弱で5〜6分加熱する。
❸土佐酢を混ぜ、②と玉ねぎ、しょうが、赤唐辛子を加え、味がなじむまでつける。(栗原)

れんこんのしそ風味きんぴら

さすが　味がからむ　片付けらくらく　全量 **133**kcal 約 **2** 分 **30** 秒

材料(作りやすい分量)

れんこん(正味)
　………………200g(小1節)
青じそ……………………5枚
すき昆布(もどしたもの)
　…………………………100g
Ⓐだし汁…大さじ1／しょうゆ…大さじ2／みりん、砂糖、胡麻油…各小さじ1

作り方

❶れんこんは薄切りにして水にさらし、水けをよくふく。
❷青じそはせん切り、昆布は食べやすい長さに切る。
❸①を耐熱容器に入れてⒶを混ぜてかけ、ラップをして約2分30秒加熱し、昆布を混ぜ、冷めたらしそを混ぜる。(栗原)

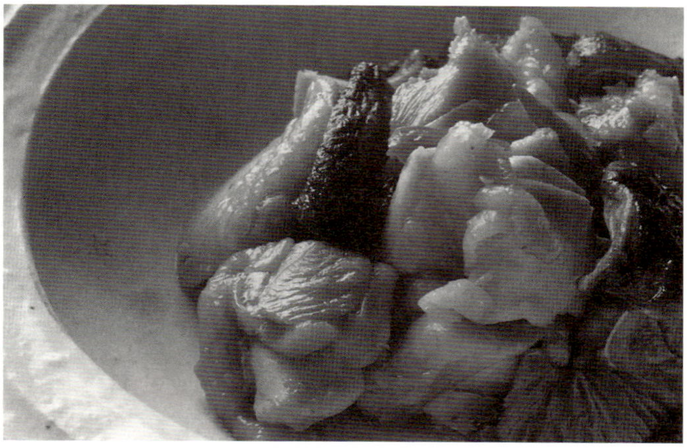

鶏肉としいたけのつや煮

さすが　ふっくら　時間短縮　**180**kcal **4** 分

材料(1人分)

鶏もも肉…………75g(大¼枚)
干ししいたけ………4g(1個)
赤唐辛子(種を除く)……½本
Ⓐ梅酒、しょうゆ…各大さじ1½

作り方

❶耐熱容器にⒶを合わせ、鶏肉を2〜3個に切ってからめる。皮を下にして容器の縁に並べる。
❷干ししいたけは軸を切り、かさの部分も2〜3等分に折る。①の容器の中央に入れて味をからめ、かさの表面を上にする。
❸赤唐辛子も入れ、クッキングシートを密着させてかぶせ、浮き上がり防止に耐熱性の小皿をのせる。両端をあけてラップをし、4分加熱する。(村上)

こんなこともできる!

牛肉の三色ロール

さすが　色あざやか　鍋いらず　155kcal 3分10秒

材料(1人分)

牛もも薄切り肉……50g(1枚)
Ⓐめんつゆ(3倍濃縮)、片栗粉…各小さじ½
にんにくの茎……30g(4本)
にんじん……30g(約⅓本)
たくあん(市販品)……30g
糸三つ葉……適宜

作り方

❶牛肉はⒶで下味をつける。
❷にんにくの茎は8㎝長さに、にんじん、たくあんは5㎜角、8㎝長さの棒状に切る。にんにくの茎とにんじんはともにラップで包み、1分10秒加熱する。
❸①の牛肉をひろげて8㎝四方2枚に切る。
❹③の手前に②を½量ずつのせ、きっちりと巻く。大きめの耐熱皿に巻き終わりを下にして間隔をあけて並べる。
❺④にふんわりとラップをし、2分加熱する。食べやすく切り、三つ葉を添える。(大沼)

ミックス野菜の蒸し煮

さすが　ジューシー　栄養をにがさない　101kcal 5分

材料(1人分)

ピーマン……30g(1個)
赤ピーマン……40g(約¼個)
セロリ……25g(¼本)
セロリの葉……少々
玉ねぎ……50g(¼個)
トマト……50g(¼個)
にんにく……½かけ
Ⓐローリエ…¼枚／オリーブ油…大さじ½／塩、こしょう…各少々

作り方

❶ピーマン、赤ピーマンは一口大にちぎり、耐熱容器に入れる。
❷セロリの葉はちぎり、茎は筋を取り乱切りにする。玉ねぎは2等分のくし形に、トマトは乱切りにする。にんにくはつぶす。
❸①に②とⒶを混ぜ、クッキングシートをかぶせる。耐熱性の小皿をのせ、両端をあけてラップをし、5分加熱する。(村上)

カリフラワーのカレーピクルス

さすが　味がからむ　時間短縮　96kcal 約3分30秒

材料(約4人分)

カリフラワー…400g(小1個)
ベーコンのみじん切り……20g(1枚分)
玉ねぎのみじん切り…大さじ2
Ⓐチキンスープの素(顆粒)…小さじ1／湯…大さじ2
Ⓑカレー粉、ワインビネガー、サラダ油…各大さじ1
パセリのみじん切り…大さじ1
しょうゆ……適宜

作り方

❶カリフラワーは小房に切る。
❷耐熱容器でⒶを溶き、ベーコン、玉ねぎ、Ⓑを入れて混ぜる。
❸②にラップをして約2分加熱して混ぜ、ソースにし、すぐにカリフラワーを入れてからめる。
❹再びラップをして約1分30秒加熱し、冷ましてパセリを混ぜ、好みでしょうゆをふる。(栗原)

豆腐のレアチーズケーキ風

さすが　クリーミー　ヘルシー　105kcal 1分30秒

材料（1人分）
絹ごし豆腐……………75g（¼丁）
プレーンヨーグルト
……………65mℓ（大さじ4）
砂糖……………………大さじ½
Ⓐ粉ゼラチン…1.5g（小さじ½）
／水…大さじ2
好みのシリアル……………適宜（てきぎ）

作り方
❶豆腐はキッチンペーパーで包み、耐熱皿にのせて1分加熱し、水きりする。すぐに目の細かいざるに通し裏ごしする。
❷①にヨーグルトと砂糖を加えて混ぜ合わせる。
❸耐熱容器にⒶの水を入れ、ゼラチンをふり入れてふやかす。ラップなしで30秒加熱して溶かし、②に混ぜる。
❹器に流し入れ、冷蔵庫で冷やし固める。好みでシリアルをのせる。（浜内）

フルーツいっぱいのゼリーフラッペ

さすが　色あざやか　片付けらくらく　99kcal 30秒

材料（1人分）
赤ワイン………………大さじ3
Ⓐ粉ゼラチン…2.5g（大さじ¼）
／水…カップ¼
砂糖……………………小さじ2
いちご………100g（6〜7個）

作り方
❶耐熱容器にⒶの水を入れ、ゼラチンをふり入れてふやかす。ラップなしで30秒加熱して溶かす。
❷ボウルに砂糖と①を入れて混ぜ、ワインを加えてグラスに流し、冷蔵庫に入れて冷やし固める。グラスを傾けて固めると表面が斜めになり、表情が出る。
❸いちごは好みでまるごとや縦半分に切り、固まった②にのせる。（浜内）

大根ゼリーカラメルソースがけ

さすが　鍋いらず　105kcal 4分10秒

材料（1人分）
おろし大根……………カップ½
Ⓐ粉ゼラチン…5g（大さじ½）
／水…カップ½
砂糖……………………大さじ½
Ⓑミルクキャラメル…2個／牛乳または水…大さじ1

作り方
❶大根は耐熱容器に入れ、ラップなしで3分加熱。ペーパーで包んで水中でもみ、水けを絞る。
❷耐熱容器にⒶの水を入れ、ゼラチンをふり入れてふやかす。ラップなしで40秒加熱して溶かし、砂糖とともに①に混ぜる。
❸②を直径6cmの丸型3個に流し、冷やし固めて型から出す。
❹耐熱容器にⒷを入れ、ラップなしで30秒加熱して溶かし、③にかける。（浜内）

すぐになめらか、野菜のスープ
安心にこだわって、一から手作り
家庭で楽しむ本格味
風味が生きる、もてなしの一品
野菜をたくさん食べる
何にでも合うフルーツソース
フルーツで手作りいろいろ
季節の恵みのまるごとデザート
繊維たっぷり、やさしい甘み
新鮮食感、即席漬け
作っておくとお役立ちピクルス
スピードマリネでもう一品
こだわり派の本格ソース
懐かしくて、おいしい手前みそ
常備菜こそ、手作りで
わが家仕様のふりかけ
こんなときどうする？
こんなこともできる！

6章

こんなことも、あんなこともできる

さすが電子レンジ！

フードプロセッサーを随所に活用しながらとっておきのワザをこらして作る、電子レンジレシピを紹介。手作り料理のレパートリーが一挙にひろがります。プロの味に迫る本格スープやソース、おもてなしの一品にふさわしいムースやしんじょ、そしてジャム、漬けもの、佃煮（つくだに）、ふりかけなどの自家製保存食まで。自分で作るから素材もはっきりしていて安心。簡単お手軽だけど愛情いっぱい。使いこなすほどに、電子レンジは手作りの味方、食生活の名パートナーです。

すぐになめらか、野菜のスープ

温かいかぼちゃのスープ

さすが　まろやか　簡単　**158**kcal **4**分

材料（2人分）
かぼちゃ（種とわたを除く）
　……………… 200g（小¼個）
Ⓐトマトケチャップ…大さじ½／鶏ガラスープの素（顆粒）…小さじ½／湯…カップ¼／塩…小さじ¼／こしょう…少々
牛乳 ……………………カップ¾
ウエハース（チョコレート味）
　またはクッキー ………… 適量

作り方
❶かぼちゃは水にくぐらせてポリ袋に入れ、皮を上にして袋の口を内側に折る。そのままターンテーブルの端に置き、4分加熱する。皮を下にして4つに切り、皮をそぎ取る。
❷フードプロセッサーにかぼちゃとⒶを入れて5〜10秒かけ、なめらかにする。
❸②を鍋に移して牛乳を加え、中火にかける。泡立て器でたえずかき混ぜながら温め、煮立つ直前に火を止める。
❹③を器に盛り、ウエハースを割って浮かべる。（村上）

ガスパチョ

さすが　さっぱり　ローカロリー　**51**kcal **4**分 **10**秒

材料（2人分）
セロリ ……………40g（小½本）
キャベツ …………80g（小2枚）
玉ねぎ ……………80g（小½個）
パセリ、おろしにんにく
　…………………………各少々
チキンスープの素（固形・砕く）
　……………………………… 1個
Ⓐトマトペースト…大さじ2／クミンパウダー、オレガノ（ドライ）、こしょう…各少々
冷水 ……………………カップ1
イタリアンパセリ ………… 適宜

作り方
❶セロリは筋を取って小口切り、キャベツは細切り、玉ねぎは薄切りにする。
❷耐熱容器に①、パセリ、おろしにんにくとスープの素を入れ、ラップをして4分10秒加熱する。
❸フードプロセッサーにⒶと冷水の⅓量を入れ、②を汁ごと加えてざっと攪拌する。さらに残りの冷水を加えてなめらかになるまで攪拌する。器に盛り、イタリアンパセリの葉を散らす。（大沼）

ヴィシソワーズ

さすが | 甘みが出る | 速い

243kcal 4分

材料(2人分)

じゃが芋 ………… 150g(1個)
玉ねぎ ………………50g(¼個)
生クリーム ……………カップ¼
Ⓐ塩…小さじ¼／こしょう…少少／酢…小さじ½
牛乳 ……………………カップ1
万能ねぎ(1.5cm長さに切る) ………………………2〜3本

作り方

❶じゃが芋はきれいに洗い、皮つきのままフォークで3ヵ所刺す。ターンテーブルに割り箸2膳をばらして置き、じゃが芋を端にのせ、3分加熱する。半分に切って皮をむく。

❷玉ねぎは皮つきのまま、切り口を下にしてターンテーブルの端に置き、1分加熱する。皮をむき、半分に切る。

❸フードプロセッサーに①、②、生クリームとⒶを入れ、5〜10秒かけてクリーム状にする。さらに牛乳カップ½を加え、再び5〜10秒かけてなめらかにし、ボウルに移す。

❹③に残りの牛乳を少しずつ加えながら泡立て器でよく混ぜ、冷蔵庫で冷やす。器に盛り、万能ねぎを散らす。(村上)

枝豆スープ

さすが | 色あざやか | 消化がよい

236kcal 2分30秒

材料(2人分)

枝豆(ゆでてさやから出したもの) ……………… 60g(カップ½)
じゃが芋 ……………75g(½個)
玉ねぎ ………………50g(¼個)
生クリーム ……………カップ¼
Ⓐ塩…小さじ¼／こしょう…少少／酢…小さじ½
牛乳 ……………………カップ¾

作り方

❶じゃが芋はきれいに洗い、皮つきのままフォークで3ヵ所刺す。ターンテーブルに割り箸2膳をばらして置き、端にのせ、1分30秒加熱する。半分に切って皮をむく。

❷玉ねぎは皮つきのまま、切り口を下にしてターンテーブルの端に置き、1分加熱する。皮をむき、半分に切る。

❸フードプロセッサーに①、②、枝豆を入れ、5〜10秒かけてなめらかにする。生クリームとⒶを加えて、再び5〜10秒かけてクリーム状にし、最後に牛乳を加え、5〜10秒かけてなめらかにする。

❹ボウルに移し、食べる直前まで冷蔵庫で冷やす。(村上)

安心にこだわって、一から手作り

レトロバーグ

さすが　ジューシー｜簡単　**311**kcal **5**分

材料（2人分）
牛もも薄切り肉……… 150g
玉ねぎ………… 100g（½個）
食パン（6枚切り）……… ½枚
Ⓐ牛乳…大さじ1／卵…½個／塩…小さじ¼／こしょう、ナツメグ…各少々
サラダ油………………大さじ¾
Ⓑスープの素（顆粒）…小さじ½／水…カップ½／トマトケチャップ…大さじ1／砂糖、片栗粉…各小さじ½／こしょう…少々
ほうれんそう（1分30秒加熱して、3cm長さに切る）…⅓わ
にんじん（四つ割りにして面取りをする）……………… ½本
バター……… 12g（大さじ1）
砂糖……………………大さじ½
塩、こしょう…………… 各適量

作り方

❶玉ねぎは半分に切り、フードプロセッサーに5秒かけてみじん切りにする。耐熱容器に移し、両端をあけてラップをして1分加熱する。牛肉は5cm長さに切り、フードプロセッサーに5～10秒かけて粗びきにする。ともにボウルに入れる。食パンはフードプロセッサーでパン粉にして加える。Ⓐを加え、粘りけが出るまで手でよく混ぜる。

❷手にサラダ油少々（材料表外）をつけ、①を2等分して楕円形にまとめ、両手でキャッチボールをするようにして中の空気を抜く。中央を少しくぼませる。

❸フライパンにサラダ油を熱して②を並べ、中火で焼き色をつける。裏返して弱めの中火で4～5分焼き、器に盛る。

❹フライパンの油を捨て、Ⓑを入れて混ぜ、とろみがつくまで中火で煮て、③にかける。

❺ほうれんそうはバター大さじ½で炒め、塩、こしょう各少々で調味する。にんじんは、水大さじ1（材料表外）、バター大さじ½、砂糖、塩少々を加え、クッキングシートをかぶせ、小皿をのせる。両端をあけてラップをし、2分30秒加熱して、ともに④に添える。（村上）

ミートローフ

さすが　本格味｜速い　全量 **2250**kcal **24**分

材料（8.5×19cm、高さ5.5cmのローフ型1個分）
肉種
牛もも薄切り肉……300g
豚ばら薄切り肉……100g
食パン（6枚切り）……1枚
Ⓐ牛乳…大さじ2／卵…1個／塩…小さじ1／こしょう…少々
ベーコン………100g（5枚）
ウインナソーセージ…150g(6本)
Ⓑ缶詰のデミグラスソース…145g（½缶）／赤ワイン…大さじ2／トマトケチャップ…大さじ1
じゃが芋………600g（4個）
クレソン…………………… 適宜

作り方

❶牛肉、豚肉はともに5cm長さに切り、フードプロセッサーに入れて10～20秒かけ、ひき肉にする。食パンをちぎって加え、Ⓐも加えて、再び10～20秒かけてなめらかにする。

❷ローフ型の内側にサラダ油少々（材料表外）を塗り、ベーコンを縦横に敷き込み、端を型の縁からはみ出させる。

❸①の½量を型に詰めてウインナを埋め込むようにのせ、残りの肉種をのせて表面を平らにする。はみ出させたベーコンを肉種の上に折り返して、包むようにする。クッキングシートを密着させてかぶせ、浮き上がり防止に小皿をのせ、ターンテーブルの端に置く。12分加熱する。

❹Ⓑを鍋に入れて混ぜ、一煮立ちさせてソースを作る。

❺じゃが芋はよく洗い、皮つきのままフォークで3ヵ所刺す。ターンテーブルに割り箸2膳をばらして置き、その上の端にじゃが芋をのせ、12分加熱する。熱いうちに十字の切り目を入れ、ふきんで包んで両手でギュッとはさみ、切り口を開いて粉をふかせる。塩少々（材料表外）をふる。

❻型にまな板をのせ、ひっくり返して中身を取り出し、食べやすく切る。器に⑤、クレソンと盛り、④を添える。（村上）

三色そぼろ丼

さすが しっとり 失敗なし　**462kcal 6分**

材料（2人分）
牛肉のしぐれ煮
　牛もも薄切り肉……… 100g
　砂糖、しょうゆ…各大さじ1
卵 ……………………………… 2個
Ⓐ砂糖…大さじ2／塩…小さじ¼
さやいんげん………………50g
ご飯（炊きたて）
　……300g（茶碗〈大〉2杯分）

作り方
❶牛肉のしぐれ煮を作る。牛肉は5～6㎝長さに切り、耐熱ボウルに入れて砂糖、しょうゆを加える。両端をあけてラップをし、2分30秒加熱する。
❷①をフードプロセッサーに入れ、5～10秒かけてそぼろにして取り出す。
❸耐熱ボウルに卵を割り入れ、Ⓐを加えて泡立て器で溶きほぐし、ふんわりとラップをして2分加熱する。熱いうちにフードプロセッサーに入れ、様子を見ながら5～10秒かけ、きめ細かいそぼろにして取り出す。
❹さやいんげんは筋を除き、2つに切る。耐熱ボウルに移し、水カップ¼（材料表外）を加える。両端をあけてラップをし、1分30秒加熱する。冷水にとり、水けをきる。フードプロセッサーに入れて5～10秒かけ、粗みじん切りにして取り出す。
❺器にご飯を盛り、②、③、④を彩（いろど）りよくのせる。（村上）

レンジおから

さすが 焦げない ヘルシー　**100kcal 6分**

材料（2人分）
おから …………………… 100g
いかの胴 ……………………50g
にんじん …………50g（½本）
きくらげ（水でもどす）
　…………………0.5g（大1個）
Ⓐ酒…カップ¼／砂糖…大さじ½／塩…小さじ½
Ⓑだし汁…カップ¼／砂糖…大さじ½／塩…小さじ¼
万能ねぎの小口切り ….. ½わ分

作り方
❶耐熱ボウルにおからを入れ、ふんわりとラップをして3分加熱する。泡立て器で10回ほど手早くかき混ぜて、炒りおから状にする。
❷いかは皮をむいて2つに切る。にんじんは皮つきのまま、3㎝厚さに切る。きくらげは半分にちぎる。
❸フードプロセッサーに②を入れて約10秒かけ、粗みじん切りにし、別の耐熱ボウルに移す。
❹③にⒶを加えて箸（はし）でよく混ぜ、ふんわりとラップをして2分30秒加熱し、ざるにあける。
❺小さめの耐熱容器にⒷを合わせ、ラップなしで30秒加熱して混ぜ、砂糖と塩を溶かす。
❻①に④と⑤を加え、しっとりするまで箸でよくかき混ぜ、万能ねぎを混ぜる。（村上）

わかめ寄せ豆腐

さすが 簡単 ローカロリー　**64kcal 3分20秒**

材料（2人分）
絹ごし豆腐……… 140g（½丁）
カットわかめ（乾燥品）…… 4g
アガー …………………大さじ1
だしの素（粉末）………小さじ⅔
ノンオイル梅ドレッシング（市販品）…………………大さじ2
小梅漬け、長ねぎの青い部分
　……………………………各適宜

作り方
❶わかめは水でもどして、水けをきる。
❷耐熱容器にアガーとだしの素を入れ、水カップ1（材料表外）を注いでよく溶き混ぜ、豆腐をくずし入れてラップをし、3分20秒加熱する。
❸②をすぐにフードプロセッサーにかけてなめらかにし、わかめを混ぜて器に流し入れる。室温で固め、梅ドレッシングをかけて、あれば刻んだ梅漬けとせん切りのねぎを飾る。（大沼）
＊アガーは海藻が原料のローカロリーの凝固剤。製菓材料売り場で手に入る。

家庭で楽しむ本格味

えびしんじょ椀

さすが ふっくら 手間いらず

55kcal 2分

材料（2人分）

えびしんじょ
　えび（殻つき）…50g（4尾）
　／はんぺん…60g（½枚）
だし汁
　昆布…3×5cm／削り節…5g／水…カップ1⅗
Ⓐ酒…小さじ1／しょうゆ…小さじ¼／塩…小さじ⅓
三つ葉……………………………4本
ゆずの皮…………………………少々

作り方

❶えびしんじょを作る。えびは殻をむき、背に切り目を入れて背わたを除き、フードプロセッサーに入れる。はんぺんは2つにちぎって加え、5秒ほど攪拌してなめらかにする。
❷①を2等分して、水でぬらしたスプーンとゴムべらでラグビーボール形に整える。クッキングシートを敷いた耐熱容器の縁に向かい合わせにのせ、ラップをして2分加熱する。
❸だし汁を作る。鍋に水カップ1½と昆布を入れて中火にかけ、煮立ちかけたら昆布を取り出す。残りの水と削り節を加えて強火にし、沸騰したらこす。
❹③を鍋に戻し、Ⓐを加えて火にかける。2本ずつ片結びにして5cm長さに切りそろえた三つ葉を加えて温める。
❺椀にえびしんじょを1個ずつ盛り、三つ葉を添えて汁をはり、ゆずの皮をのせる。（村上）

いかシューマイ

さすが 柔らか 時間短縮

1個 79kcal 8分

材料（12個分）

シューマイの皮…100g（1袋）
いかの胴………300g（1杯分）
Ⓐ卵白…1個分／片栗粉…大さじ1／マヨネーズ…大さじ4／塩…小さじ⅔
三つ葉（4cm長さに切る）…½わ
ポン酢しょうゆ、練りがらし
　…………………………各適宜

作り方

❶フードプロセッサーにシューマイの皮を入れ、5〜10秒かけて粗いフレークにし、取り出してバットに平らにひろげる。すり身はべたつきやすいので、最初に皮をかけること。
❷いかは皮をむいて水けをふき、3cm角に切ってフードプロセッサーに入れ、10〜20秒かけてみじん切りにする。Ⓐを加えてさらに20〜30秒かけて、なめらかなすり身にする。三つ葉を加え、さらに5〜10秒かけて粗みじん切りにして混ぜる。淡泊ないかにマヨネーズを加えて油分を補うことで、しっとりとしてこくが出る。
❸水でぬらしたスプーン2本で②をすくって12個の梅干し大に丸くまとめ、①のバットに入れてシューマイの皮をまぶす。
❹③の½量を水にくぐらせ、クッキングシートを敷いた耐熱皿にドーナツ状に並べ、ふんわりとラップをする。
❺ターンテーブルに割り箸2膳をばらして置き、その上に④の皿をのせて4分加熱する。残りも同様にして作る。器に盛り、ポン酢しょうゆ、練りがらしを添える。（村上）

中華風蒸し豆腐

さすが　ふんわり　手間いらず　**290**kcal **4**分

材料（2人分）
木綿豆腐…………200g（⅔丁）
　片栗粉…大さじ1
焼き豚………………………100g
きくらげ……………1g（大2個）
しめじ…………50g（½パック）
ゆで竹の子…………………50g
ザーサイ（味つけ）…………50g
鶏ガラスープの素（顆粒）
　………………………小さじ½
胡麻油…………………大さじ½
三つ葉（2～3cm長さに切る）
　………………………………¼わ
オリーブ油または胡麻油
　…………………大さじ1～2
粗びき黒こしょう…………適宜
しょうゆ……………………適量

作り方
❶焼き豚は薄切りにして半分に切る。きくらげは水でもどし、半分にちぎる。しめじは小房に分ける。ゆで竹の子は四つ割りにする。
❷フードプロセッサーに①とザーサイを入れ、5秒ほどかけて粗く刻み、ボウルに移す。フードプロセッサーに一度に入りきらないときは、2回に分ける。
❸豆腐はキッチンペーパーで包んで水けを軽くきり、片栗粉をまぶして②に加える。スープの素も加え、手でほぐし混ぜる。
❹ドーナツ形の耐熱容器に胡麻油を流し、③を手ですくってのせ、クッキングシートをかぶせる。ふたまたは軽い皿をのせ、4分加熱する。クッキングシートをかぶせて加熱すると、蒸気を適度に通すので水っぽくならない。
❺④のクッキングシートをはずして三つ葉を散らし、好みで黒こしょうをふり、オリーブ油をたらす。
❻食卓で取り分け、しょうゆをかけて食べる。（村上）
＊電子レンジ加熱は中央より周囲に速く熱が通るので、ドーナツ形の器が最適。平らな耐熱容器を使う場合は、油を円を描くように塗り、種をドーナツ形にしてのせるとよい。

風味が生きる、もてなしの一品

サーモンムース

さすが　本格味　手間いらず　　1個 302kcal 20秒

材料（長径8.5cmの楕円型4個分）
スモークサーモン（薄切り）……100g
生クリーム……カップ1
牛乳……大さじ1
粉ゼラチン……5g（1袋）
　水…大さじ2
Ⓐらっきょうの甘酢漬け…4個／セルフィーユ…少々／レモン汁、白ワイン、オリーブ油…各大さじ1／粗びき黒こしょう…少々

作り方

❶耐熱容器に分量の水を入れて粉ゼラチンをふり入れ、キューブ状の氷1個（材料表外）を加え、5分おいてふやかす。氷を除き、ラップなしで20秒加熱して溶かす。

❷スモークサーモンは4～5cm長さに切る。フードプロセッサーに入れ、生クリームの½量、牛乳を加え、10～20秒かけてなめらかにする。残りの生クリームと①を加えて、さらに約10秒かけてコンデンスミルクくらいのとろみをつける。

❸型にサラダ油少々（材料表外）を塗り、②を等分に流し入れ、冷蔵庫に入れて約30分、冷やし固める。

❹Ⓐのらっきょうとセルフィーユは粗みじん切りにし、残りのⒶとよく混ぜる。

❺③を型から出して器に盛り、④をかける。（村上）

簡単レバームース

さすが　なめらか　時間短縮　　1個 270kcal 6分10秒

材料（長径7cmのココット型8個分）
鶏レバー……300g
豚の背脂……100g
Ⓐ砂糖…小さじ½／塩…小さじ1½／ラム酒、こしょう、ナツメグ…各少々
卵……3個
生クリーム……カップ¾
好みのハーブ……適宜

作り方

❶鶏レバーは洗って筋や脂肪、血のかたまりなどを除き、水けをふく。背脂は刻んでレバーと合わせ、Ⓐを加えて混ぜ、冷蔵庫で20分ほどおく。

❷フードプロセッサーに①を入れてざっと攪拌し、卵を割り入れてピュレ状になるまで15～20秒攪拌する。30秒加熱した生クリームを加えて、なめらかになるまで混ぜる。

❸ココット型8個に②を等分に流し入れ、それぞれふんわりとラップをする。4個をターンテーブルのまわりに並べ、1分10秒加熱する。軽く一混ぜし、ラップをしてさらに1分40秒加熱する。残り4個も同様に作り、ハーブを飾る。（藤野）

帆立て貝柱とささ身のテリーヌ

さすが ふっくら なめらか　全量 2416kcal 24分

材料(7.5×22㎝、高さ7.5㎝のテリーヌ型1個分)

生地
- 帆立て貝柱……40g(大1個)
- ささ身………200g(5本)
- 卵白……………………3個分
- 塩……………………小さじ1
- 生クリーム…………カップ2

えび(殻つき)……80g(小8尾)
帆立て貝柱……120g(大3個)
わかめ…………………………50g
生クリーム…………大さじ1⅓
トマトケチャップ……小さじ2
クレソン………………………適宜

作り方

❶えびは殻、背わたを除き、サッとゆでて冷ます。わかめは同じ湯でサッとゆでて冷水にとり、水けを絞る。
❷フードプロセッサーに生クリーム以外の生地の材料を入れ、10〜20秒かけてなめらかにする。生クリームをカップ½ずつ4回に分けて加え、10〜20秒ずつ撹拌する。
❸わかめの½量を型のサイズに合わせてひろげ、えびと四つ切りにした帆立て貝柱を並べ、残りのわかめをかぶせる。
❹型にバター少々(材料表外)を塗り、②の¼量を流して③をのせ、残りの②を流し入れる。クッキングシートを密着させてかぶせ、浮き上がり防止に小皿を2〜3枚のせてふんわりとラップをする。弱で24分加熱する。
❺④の型を冷水につけて冷ましてから、小皿とシートをはずす。ラップをして冷蔵庫で一晩おく。適宜切り分け、生クリームを敷いた器に盛り、ケチャップ、クレソンを添える。(村上)

白身魚のはんぺん

さすが ふっくら　149kcal 3分40秒

材料(2人分)

生鱈……………200g(大2切れ)
やまと芋…………………………25g
Ⓐ卵…小½個／酒…大さじ½／砂糖…大さじ1½／塩…小さじ¼／片栗粉…大さじ1
おろしわさび、しょうゆ……………………………各適量

作り方

❶生鱈は骨、皮を除き、3㎝角に切る。やまと芋はひげ根を除いてよく洗い、水けをふいて皮ごと1㎝厚さに切る。
❷フードプロセッサーに①とⒶを入れて、20秒かけてなめらかにする。
❸ターンテーブルにクッキングシートを敷いて②を移し、上にもクッキングシートをかぶせ、手で押さえて平らにする。上のクッキングシートをいったんはがし、ゴムべらで生地の中央に直径6〜7㎝の穴をあける。再びクッキングシートを密着させてかぶせ、3分40秒加熱する。
❹③を取り出して、上下のクッキングシートをはがす。4等分し、それぞれ3つに切って盛り、おろしわさび、しょうゆを添える。(村上)

野菜をたくさん食べる

カリフラワーポテト

さすが ローカロリー　41kcal 4分10秒

材料（2人分）
カリフラワー（花蕾部）
…………………… 160g（8房）
じゃが芋…………40g（約⅓個）
チキンスープの素（固形）… 1個

作り方
❶カリフラワーは小房に分け、じゃが芋は薄切りにする。ともにラップで包み、4分10秒加熱する。
❷①をざるに上げて軽く水けをきる。熱いうちにフードプロセッサーに入れてスープの素を砕いて加え、なめらかなピュレ状になるまで、1分ほど攪拌する。（大沼）

カリフラワーのマッシュサラダ

さすが ノンオイル　69kcal 3分20秒

材料（2人分）
カリフラワー（花蕾部）
…………………… 160g（8房）
じゃが芋…………40g（約⅓個）
Ⓐカッテージチーズ（裏ごしタイプ）…大さじ1／チキンスープの素（顆粒）…小さじ⅔／練りがらし…小さじ½
きゅうり ………………… 100g
にんじん ……………………40g
玉ねぎ ………………………20g
チキンスープの素（顆粒）
………………………小さじ¼

作り方
❶カリフラワーは小房に分け、じゃが芋は薄切りにする。ともにラップで包み、3分20秒加熱し、ざるに上げて軽く水けをきる。
❷①が熱いうちにフードプロセッサーに入れ、Ⓐを加えてマッシュする。
❸きゅうりは薄い輪切りにし、塩少々（材料表外）をふってもみ、水けを絞る。
❹にんじん、玉ねぎは1㎝角に切る。小鍋ににんじんとかぶるくらいの水を入れて火にかけ、にんじんに火が通ったら玉ねぎを加えて一煮する。水けをきってチキンスープの素をふる。
❺④に②、③を加え、さっくり混ぜる。（大沼）

野菜豆腐のディップ

さすが 色あざやか ヘルシー **96kcal 5分50秒**

材料(2人分)
絹ごし豆腐……………………120g
ブロッコリー(花蕾部)
……………………200g(10房)
たくあん…………………………20g
Ⓐ白みそ、だしの素(粉末)…各小さじ1/青のり粉…大さじ2
練りわさび……………小さじ⅔
クラッカー、チコリ……各適量

作り方
❶ブロッコリーは小房に分け、たくあんはみじん切りにする。
❷耐熱容器にキッチンペーパーを敷いてブロッコリーとくずした豆腐をのせ、ラップをして5分50秒加熱する。ざるに上げて水けをきる。
❸フードプロセッサーに②とⒶを入れてなめらかになるまで40秒ほど撹拌し、たくあんとわさびを加えて混ぜ合わせる。クラッカーやチコリ(各カロリー外)にのせて食べる。(大沼)
＊写真のオレンジ色のディップは、ブロッコリーを薄切りにしたにんじん200g(2本)に、青のり粉をとろろ昆布2gに、わさびを練りがらし小さじ⅔にかえて、同様に作ったもの。

野菜のディップ3種

さすが 味がからむ タラモディップ **3分**/他各 **1分**

材料(4〜6人分)
タラモディップ　68kcal
じゃが芋………… 150g(1個)
明太子(薄皮を除く)…… 100g
Ⓐ牛乳…大さじ3/生クリーム…大さじ2/レモン汁…½個分/こしょう…少々
モザイクディップ　87kcal
ピーマン(赤・黄)………各¼個
生しいたけ…………30g(2個)
パセリの葉……………………1本分
Ⓑマヨネーズ…大さじ6/砂糖…小さじ1/塩…小さじ¼
ブラウンディップ　51kcal
にんじん……………30g(⅓本)
しょうが(皮をむく)……½かけ
赤唐辛子(種を除く)………3本
にんにく(皮をむく)……1かけ
Ⓒ炒り白胡麻、ラズベリージャム、みそ、しょうゆ…各大さじ2

作り方
❶タラモディップを作る。じゃが芋は皮つきのまま、フォークで3ヵ所刺す。ターンテーブルに割り箸2膳をばらして置き、その上の端にのせ、3分加熱する。皮をむき、4つに切る。フードプロセッサーに明太子、Ⓐとともに入れて10〜20秒かけてなめらかにする。
❷モザイクディップを作る。ピーマン、しいたけは半分に切る。フードプロセッサーにパセリとともに入れ、10〜20秒かけて粗みじん切りにする。冷水にはなしてあく抜きをし、ざるに上げて水けをよく絞る。耐熱ボウルに移し、両端をあけてラップをし、1分加熱する。よく冷まし、Ⓑを加えて混ぜる。
❸ブラウンディップを作る。にんじん、しょうが、赤唐辛子は半分に切ってフードプロセッサーに入れ、にんにくを加えて10〜20秒かけてなめらかにする。耐熱ボウルに移し、両端をあけてラップをして1分加熱する。よく冷まし、Ⓒを加えて混ぜる。
❹3種のディップを好みの野菜に添える。(村上)

何にでも合うフルーツソース

鶏肉のオレンジソース煮

さすが | 甘みが出る | 香り豊か　**248**kcal **7**分**40**秒

材料（2人分）
鶏胸肉 …………… 200g（1枚）
　塩、こしょう、小麦粉…各少少
にんじん ……… 120g（大1本）
オレンジソース
　オレンジ…200g（1個）／バター…24g（大さじ2）／しょうゆ…小さじ2／塩…少々
イタリアンパセリ ………… 適宜

作り方
❶鶏肉は一口大に切り、塩、こしょうをして小麦粉を薄くまぶす。耐熱皿に並べてラップなしで3分加熱する。
❷にんじんはピーラーでリボン状にむく。
❸オレンジはラップで包んで40秒加熱し、果汁（カップ½が目安）を絞り、バター、しょうゆ、塩を混ぜ合わせる。
❹耐熱容器に①、②、③を入れ、ラップをして4分加熱する。器に盛ってイタリアンパセリを添える。（田口）

サーモンのレモンソース

さすが | さっぱり | 失敗なし　**258**kcal **4**分**40**秒

材料（2人分）
生鮭 …………… 160g（2切れ）
　塩、こしょう、小麦粉…各少々
生しいたけ ………… 60g（4個）
　サラダ油…小さじ2／塩、こしょう…各少々
レモンソース
　レモン…120g（1個）／バター…24g（大さじ2）／しょうゆ…小さじ2／片栗粉（倍量の水で溶く）…小さじ2
あさつきの小口切り ….. 4本分

作り方
❶生鮭は皮と骨を除き、半分に切って塩、こしょうし、小麦粉を薄くまぶす。耐熱皿に並べてラップなしで2分加熱する。
❷しいたけは半分に切り、塩、こしょうし、サラダ油をふる。ラップをして、1分加熱する。
❸レモンはラップで包み、40秒加熱して果汁（大さじ4が目安）を絞る。耐熱容器に入れ、バター、しょうゆを合わせ、水溶き片栗粉を加えて混ぜる。ラップをして1分加熱し、ソースにする。
❹器に①、②を盛って③をかけ、あさつきを散らす。（田口）

白玉(しらたま)だんごのあんずソース

さすが しっとり 簡単 315kcal 2分30秒

材料(2人分)
白玉粉 …………………… 100g
水…カップ½
あんずソース
干しあんず…50g/水…カップ¼/砂糖…大さじ2
Ⓐきな粉…大さじ1/砂糖…大さじ½

作り方
❶白玉粉に分量の水を加えてよく混ぜ、耳たぶくらいのかたさにして10〜12個に丸める。耐熱皿に並べてラップをし、40秒〜1分加熱する。
❷耐熱容器に干しあんず、分量の水、砂糖を合わせてラップをし、1分30秒加熱する。フードプロセッサーに1分30秒かけてなめらかにする。
❸器に①を盛り、②をかけて、混ぜたⒶをふる。(田口)

蒸しパンとプルーンソース

さすが ふっくら 全量1455kcal 5分30秒

材料(直径18cmの耐熱ボウル1個分)
蒸しパン
卵…3個/砂糖…100g/薄力粉(はくりきこ)…120g/ベーキングパウダー…小さじ1/バター…20g/バニラエッセンス…少少
プルーンソース
プルーン(種抜き)…50g(6個)/紅茶のティーバッグ…1個/水…カップ½/生クリーム…大さじ2〜3

作り方
❶蒸しパンを作る。バターを耐熱容器に入れてラップをし、20〜30秒加熱する。ボウルに卵を割り入れてほぐし、砂糖、いっしょにふるった小麦粉とベーキングパウダーを加え混ぜ、さらにバターとバニラエッセンスを加えてゴムべらでさっくり混ぜる。
❷耐熱ボウルにラップを敷いて①を流し入れ、ラップをして3分加熱。
❸プルーンソースを作る。耐熱容器にプルーン、ティーバッグ、分量の水を入れ、ラップをして2分加熱する。そのまま5分おいて冷まし、ティーバッグを取り出し、汁の½量を捨てる。
❹③と生クリームをフードプロセッサーに30秒ほどかける。
❺②を適宜に切って器に盛り、④のソースを添える。(田口)

アイスクリームのベリーソースがけ

さすが 簡単 206kcal 1分

材料(2人分)
アイスクリーム(市販品) ………………………… 150g
ラズベリー(冷凍品) ….. 100g
砂糖 …………………大さじ1½
ミント ……………………… 少々

作り方
❶ラズベリーは凍ったまま耐熱皿に入れてラップをし、1分加熱する。
❷①と砂糖をフードプロセッサーに30秒ほどかけてなめらかにし、冷やしておく。
❸アイスクリームをスプーンですくって器に盛り、②をかけてミントを添える。(田口)

フルーツで手作りいろいろ

梅ジャム

さすが　ほどよい酸味　香り豊か　**220**kcal **10**分

材料（２人分）

青梅 ………… 200g（６〜７個）
砂糖 ………………………… 100g

作り方

❶青梅は竹串でへたを除き、水洗いしてざるに上げる。ふきんで水けをふき、ナイフで果肉を削り取る。フードプロセッサーに入れ、10〜20秒かけてペースト状にする。

❷大きめの耐熱ボウルに①と砂糖を入れ、両端をあけてラップをする。2分加熱し、沸騰したらラップなしで、さらに6〜8分、とろみがつくまで加熱する。

❸②が熱いうちに清潔な密閉保存容器に詰めて、ふたをする。常温で６ヵ月は保存できる。（村上）

＊パンにつけたり、ヨーグルトなどにのせて食べるとおいしい。

フルーツジャム

さすが　色あざやか　各**6**分**40**秒

材料（各作りやすい分量）

バナナジャム　全量320kcal
バナナ（正味）…． 100g（１本）
砂糖 …………………………60g
レモン汁 ………………大さじ１

キウイジャム　全量283kcal
キウイフルーツ（正味）
…………………… 100g（２個）
砂糖 …………………………60g

パイナップルジャム　全量281kcal
パイナップル（正味）…．． 100g
砂糖 …………………………60g

いちごジャム　全量268kcal
いちご（正味）
……………… 100g（約７個）
砂糖 …………………………60g
レモン汁 ………………大さじ１

作り方

❶バナナ、キウイは皮をむく。パイナップルは皮と芯を除き、ざく切りにする。いちごはへたを除く。

❷①をそれぞれ耐熱皿に入れてフォークで繊維を切るように粗くつぶし、砂糖を加え混ぜ、皿全体にひろげる。バナナといちごにはレモン汁をふる。

❸②をそれぞれラップなしで5分加熱する。水分をとばしたいときは、さらに50秒〜１分40秒加熱する。取り出して冷まし、密閉保存容器に入れる。（伊藤）

バナナカスタード

さすが クリーミー　**256**kcal **2**分

材料（２人分）
プレーンヨーグルト …… 125mℓ
卵黄（室温にもどす）…… １個分
グラニュー糖…………大さじ１
Ⓐ薄力粉、コーンスターチ…各大さじ½
牛乳（室温にもどす）…カップ½
Ⓑバター…６g（大さじ½）／ラム酒…大さじ½
バナナ …………………… １本
ミント ……………………少々

作り方
❶ヨーグルトは厚手のキッチンペーパーかガーゼなどを敷いたざるに入れ、１時間ほどおいて水けをきる。
❷ボウルに卵黄とグラニュー糖を入れてすり混ぜ、Ⓐを加えてよく混ぜる。さらに牛乳を少しずつ加えて混ぜ、裏ごし器を通して耐熱ボウルに入れる。
❸②にラップをして１分10秒加熱。取り出して泡立て器でよく混ぜ、なめらかになったら、さらに50秒加熱する。
❹③にⒷを加えて混ぜ、表面をラップでぴったりおおう。冷めたら①を加えて混ぜ、冷蔵庫で冷やす。
❺器にバナナの輪切りと④を盛り合わせて、上にミントを飾る。（河村）

フルーツシロップ

さすが 香り豊か

各 **3** 分 **20** 秒

材料（各作りやすい分量）
オレンジシロップ　全量654kcal
オレンジ………… 400g（２個）
Ⓐ砂糖…150g／水…カップ½
いちごシロップ　全量637kcal
いちご ……… 200g（約14個）
砂糖 ……………………… 150g
ぶどうシロップ　全量673kcal
ぶどう ……… 200g（大20粒）
Ⓐ砂糖…150g／水…カップ½

作り方
❶オレンジは果肉が見えるまで包丁で皮をむき、輪切りにする。いちごはへたを除き、ぶどうは皮ごとつぶす。
❷①をそれぞれ耐熱容器に入れ、オレンジとぶどうにはⒶを、いちごには砂糖を混ぜ、ラップなしで各３分20秒加熱する。オレンジとぶどうはざるでこし、いちごは細かいうぶ毛が残るため、ざるにかたく絞ったぬれぶきんをひろげてこす。（伊藤）

季節の恵みのまるごとデザート

いちじくのコンポート

さすが　フルーティー　鍋いらず　**45kcal 2分20秒**

材料（1人分）
いちじく……………60g（1個）
白ワイン………………大さじ1
レモン汁………………大さじ1
きび砂糖………………小さじ1

作り方
❶いちじくは包丁で皮を薄く、はがすようにしてむく。
❷耐熱容器に白ワインを入れて①を加え、上からレモン汁ときび砂糖をふりかける。
❸②にふんわりとラップをして1分30秒加熱する。いちじくの上下を返し、同様にして30〜50秒加熱する。
❹③をそのまま冷まし、粗熱（あらねつ）が取れたら冷蔵庫で一晩冷やす。（大森）

りんごのコンポート

さすが　フルーティー　鍋いらず　**108kcal 2分20秒**

材料（1人分）
りんご（紅玉）…100g（小½個）
水………………………大さじ1
レモン汁………………小さじ½
きび砂糖………………小さじ2
レーズン………………大さじ1

作り方
❶りんごは皮ごと縦半分に切り、スプーンなどで芯をくりぬく。
❷耐熱容器に分量の水と①を入れ、上からレモン汁ときび砂糖をふりかけ、レーズンをのせる。
❸②にふんわりとラップをして1分30秒加熱する。出てきたシロップをスプーンですくって上からかけ、同様にしてさらに30〜50秒加熱する。
❹③を冷まし、粗熱が取れたら冷蔵庫で一晩冷やす。（大森）

とうがんのコンポート

さすが ローカロリー　40kcal 3分20秒

材料（2人分）
とうがん（正味）………… 120g
Ⓐレモン汁…小さじ2／砂糖…大さじ2弱／バニラエッセンス、塩…各少々
国産レモンの皮のせん切り、ミント…………………………各適宜

作り方
❶とうがんは種とわたを取って皮を厚めにむき、正味の分量を用意する。身のかたい皮側に、味がしみやすいように細かい切り目を入れて一口大に切る。
❷①を耐熱容器に入れてラップをし、3分20秒加熱する。出た汁けごとポリ袋に入れ、Ⓐを加えて、とうがんの表面に汁けがかぶるように袋を絞る。粗熱が取れたら、冷蔵庫に3時間以上入れて、味をよくしみ込ませる。
❸②を器に盛り、レモンの皮を散らしてミントを飾る。（大沼）
＊とうがんを加熱するときに、アルコール分をとばした赤ワインを大さじ1ほど加えると、美しい色も楽しめる。

プルーンのワイン漬け

さすが ふっくら　全量817kcal 約1分

材料（作りやすい分量）
プルーン（種抜き）……… 300g
赤ワイン………………カップ½
水………………………カップ½
砂糖……………… 大さじ2～3
レモン汁………………大さじ2
シナモンスティック……… 適宜

作り方
❶耐熱容器に赤ワイン、分量の水、砂糖を合わせて混ぜ、ラップをして約1分加熱する。
❷①にレモン汁を入れ、プルーンを加えてつける。あればシナモンスティックを入れる。（栗原）

オレンジのスパイシーコンポート

さすが 香り豊か　55kcal 約8分30秒

材料（2人分）
オレンジ………… 400g（2個）
Ⓐ八角…1個／シナモンスティック…1本／クローブ…2個／ローズマリー、タイム…各1枝
コーヒー（ブラック）…カップ4

作り方
❶オレンジは果肉が見えるまで包丁で皮をむき、適宜に切る。
❷耐熱容器にⒶとコーヒーを入れ、ラップをして5分加熱する。
❸②に①を加え、ラップを落としぶたのように密着させてかぶせ、約3分30秒加熱する。途中で1～2度裏返して、10分以上そのままおき、味をなじませる。（浜内）

繊維たっぷり、やさしい甘み

さつま芋とりんごの茶巾(ちゃきん)

さすが 甘さ控えめ 99kcal 2分50秒

材料（2人分）
さつま芋 ………… 125g（½本）
りんご ………………60g（¼個）
レモン汁 ………………小さじ1
塩 …………………………少々

作り方
❶さつま芋は1.5cm角に切って水にさらす。りんごは皮をむいて芯を除き、1.5cm角に切る。
❷①を耐熱容器に入れ、ラップをして2分30秒〜2分50秒加熱する。柔らかくなったら、水けをきってつぶし、レモン汁と塩を加えてよく混ぜる。
❸②を8等分して、それぞれをラップで包んで茶巾に絞る。
（渡辺有）

かぼちゃのきんとん

さすが ほくほく 全量672kcal 6分40秒

材料（6〜8個分）
かぼちゃ ………… 600g（⅜個）
クリームチーズ ……………60g

作り方
❶かぼちゃは種とわたを取り、皮をところどころむいてから、一口大に切る。
❷①を耐熱容器に入れ、ふんわりとラップをして5分50秒〜6分40秒加熱する。フォークなどでよくつぶして混ぜ、6〜8等分する。
❸②が熱いうちにそれぞれ適宜(てきぎ)カットしたラップにのせ、中央にクリームチーズを小さじ1くらいずつ入れる。これを茶巾に絞り、形を整える。（飛田）
＊かぼちゃの甘みが足りないようなら、砂糖を適量加えて調節を。また加熱後、かぼちゃがパサつくときは牛乳、生クリーム、バターなどを適宜加えてなめらかにし、水分が多いときはラップなしで加熱し、水けをとばす。

やまと芋あん

さすが しっとり ほくほく　全量 **285**kcal **3**分**20**秒

材料(作りやすい分量)
やまと芋(正味) ……………… 200g(小½個)
砂糖 ……………… 大さじ2〜3

作り方
❶やまと芋は乱切りにし、ざっと水にくぐらせ、耐熱容器に入れて水大さじ1〜2(材料表外)を加える。
❷①にラップをして3分20秒加熱する。水けをきり、熱いうちにめん棒でつぶす。
❸②が完全に冷(さ)めたら、砂糖を加え混ぜる。(伊藤)

さつま芋あん

さすが ほくほく　全量 **333**kcal **5**分**50**秒

材料(作りやすい分量)
さつま芋(正味) ……………… 200g(小1本)
砂糖 ……………… 大さじ2〜3

作り方
❶さつま芋は乱切りにし、耐熱容器に入れてかぶるくらいの水を加える。
❷①にラップをして5分50秒加熱する。かたいようなら、様子を見ながら、50秒ずつ追加加熱する。
❸②が柔らかくなったら、湯を捨てて熱いうちにめん棒でつぶし、完全に冷めたら、砂糖を加え混ぜる。(伊藤)

かぼちゃあん

さすが まろやか　全量 **251**kcal **3**分**20**秒

材料(作りやすい分量)
かぼちゃ(正味) ……………… 200g(¼個)
砂糖 ……………… 大さじ2〜3

作り方
❶かぼちゃは種とわたを除いてざっと水にくぐらせ、耐熱容器に入れて水大さじ1〜2(材料表外)を加える。
❷①にラップをして3分20秒加熱する。水けをきり、熱いうちにめん棒でつぶす。
❸②が完全に冷めたら、砂糖を加え混ぜる。(伊藤)

そら豆あん

さすが 色あざやか　全量 **285**kcal **3**分**20**秒

材料(作りやすい分量)
そら豆(さやから出したもの・正味(しょうみ)) …… 200g(カップ1⅔)
砂糖 ……………… 大さじ1〜2

作り方
❶そら豆は皮つきのまま、ざっと水にくぐらせ、耐熱容器に入れて水大さじ1〜2(材料表外)を加える。
❷①にラップをして3分20秒加熱する。水けをきって皮をむき、熱いうちにめん棒でつぶす。
❸②が完全に冷めたら、砂糖を加え混ぜる。(伊藤)

新鮮食感、即席漬け

みょうがの甘酢漬け

さすが 手間いらず

21kcal 2分10秒

材料（2人分）

みょうが…………80g（8個）
甘酢
　酢…カップ½／水…カップ¼／砂糖…大さじ2／塩…小さじ⅔

作り方

❶みょうがは縦半分に切る。耐熱皿にドーナツ状に並べ、ラップをして30秒加熱する。

❷耐熱ボウルに甘酢の材料を合わせ混ぜ、ラップをして1分40秒加熱する。取り出して①を加え、30分以上漬け込む。（田口）

れんこんの甘酢漬け

さすが あっさり

45kcal 2分50秒

材料（2人分）

れんこん………… 100g（⅖節）
赤唐辛子（とうがらし）……………………… 1本
甘酢
　酢…カップ½／水…カップ¼／砂糖…大さじ1½／塩…小さじ⅔

作り方

❶れんこんは皮をむいて薄切りにする。酢水（材料表外）につけてから、耐熱皿に並べ、ラップをして50秒〜1分10秒加熱する。

❷耐熱ボウルに甘酢の材料、赤唐辛子を合わせて混ぜる。ラップをして1分40秒加熱する。取り出して①を加え、10分以上漬け込む。（田口）

かぶの甘酢漬け

さすが さっぱり

41kcal 2分30秒

材料（2人分）

かぶ………… 250g（2〜3個）
昆布 ………………………… 5㎝
赤唐辛子 …………………… 1本
甘酢
　酢…カップ⅔／水…カップ¼／砂糖…大さじ2／塩…小さじ1

作り方

❶かぶは八つ割りのくし形に切る。耐熱皿にひろげ、ラップなしで50秒加熱する。

❷耐熱ボウルに甘酢の材料、昆布、赤唐辛子を合わせて混ぜる。ラップをして1分40秒加熱する。取り出して冷（さ）まし、①を加えて30分以上漬け込む。（田口）

きゅうりの和風ピクルス

さすが 簡単

21kcal 1分40秒

材料（2人分）

きゅうり………… 200g（2本）
漬け汁
　めんつゆ（3倍濃縮）…大さじ1／酢、しょうがのみじん切り…各小さじ2／赤唐辛子の小口切り…少々

作り方

❶きゅうりは皮を縦1㎝幅くらいの縞目（しまめ）にむいて長さを3等分する。ラップで包んで1分40秒加熱する。

❷ポリ袋に漬け汁の材料を合わせて混ぜる。①を出た水けごと加え、よくもみ込んで味をなじませる。（大沼）

白菜の塩漬け

さすが　あっさり｜失敗なし　　30kcal 2分

材料（2人分）
白菜 ……………… 400g（4枚）
塩 ………………………小さじ1⅓
昆布茶 …………………小さじ1

作り方
❶白菜は葉と茎に切り分け、200gずつ用意する。葉はざく切りにし、茎は2㎝幅に切る。
❷耐熱ボウルに①の茎を入れ、塩の½量をふってラップなしで50秒加熱する。ボウルを取り出して葉を加え、残りの塩を加えて全体を混ぜ、ラップなしで50秒〜1分10秒加熱する。
❸②が冷めたら、昆布茶を加えて混ぜ、10分以上そのままおく。（田口）

大根のしょうゆ漬け

さすが　味がからむ　　34kcal 1分10秒

材料（2人分）
大根 ……………… 200g（⅕本）
昆布 ………………………… 5㎝
漬け汁
　しょうゆ、酢…各カップ¼／
　みりん…大さじ1

作り方
❶大根は四つ割りにして6〜7㎜厚さのいちょう切りにし、耐熱皿にひろげる。ラップなしで1分10秒加熱し、冷ます。
❷ボウルに昆布と漬け汁の材料を合わせて①を加え、全体に味をからめるようによく混ぜて、20分以上漬け込む。（田口）

キャベツとりんごの昆布茶漬け

さすが　速い｜さっぱり　　46kcal 1分10秒

材料（2人分）
キャベツ ………… 200g（4枚）
りんご ………………………… ¼個
塩 ………………………小さじ⅔
昆布茶 …………………小さじ1

作り方
❶キャベツは洗って水けをきり、芯を除いてざく切りにする。耐熱ボウルに入れて塩を全体にふり、ラップなしで1分10秒加熱する。
❷りんごはくし形に切って芯を取り、2〜3㎜厚さのいちょう切りにする。塩水（材料表外）につけて水けをきる。
❸①が冷めたら②と昆布茶を加えて混ぜ、10分以上そのままおく。（田口）

作っておくとお役立ちピクルス

カラーピーマンのピクルス

さすが 色あざやか　35kcal 2分30秒

材料（2人分）
カラーピーマン…160g（1個）
Ⓐアップルビネガーまたは酢…小さじ2／砂糖…大さじ½／スープの素（顆粒）…小さじ½／オニオンパウダー、こしょう…各少々／ローリエ…1枚

作り方
❶カラーピーマンは食べやすい大きさの乱切りにし、ラップで包んで2分30秒加熱する。
❷ポリ袋にⒶを合わせて混ぜ、①を出た水けごと加えて味をなじませる。（大沼）

カリフラワーのピクルス カレー風味

さすが さっぱり　31kcal 2分30秒

材料（2人分）
カリフラワー…… 120g（¼個）
玉ねぎのみじん切り…小さじ2
Ⓐアップルビネガーまたは酢…大さじ1／砂糖…大さじ½／だしの素（粉末）、しょうゆ…各小さじ½／カレー粉…小さじ¼
ディル……………………… 適宜

作り方
❶カリフラワーは小房に分け、玉ねぎといっしょにラップで包んで2分30秒加熱する。
❷ポリ袋にⒶを合わせて混ぜ、①を出た水けごと加えてよくもみ込み、味をなじませる。食べやすく切って器に盛り、ディルを飾る。（大沼）

サワークラウト

さすが あっさり ヘルシー　89kcal 8分

材料（2人分）
コールスロー（下記参照。サラダ油を加えていないもの）…………… ½量
ローリエ……………1½～2枚
ベーコン…………50g（2½枚）
粗びき黒こしょう …………少々

コールスロー（4人分）
キャベツ…… 500g（小½個）
玉ねぎ………… 100g（½個）
にんじん…………35g（大¼本）
Ⓐ天然塩…大さじ¾／ざらめまたは砂糖…大さじ½／粗びき黒こしょう…適量
酢、サラダ油………各カップ¼

作り方
❶コールスローを作る。キャベツは芯ごと四つ割りにし、玉ねぎとにんじんは半分に切る。
❷キャベツを¼量ずつフードプロセッサーに5～10秒かけ、粗刻みにしてボウルに移す。玉ねぎ、にんじんもフードプロセッサーにかけ、粗刻みにしてキャベツの上にのせる。上からⒶをふって酢を回しかけ、両手でざっくりと混ぜて味をなじませる。
❸②の½量をサワークラウトの材料にし、残りにはサラダ油を加え、ざっと混ぜて冷やす。
❹③の取り分けたコールスローはローリエを加えて瓶に詰め、一晩以上冷蔵庫におく。
❺ベーコンは1㎝幅に切って耐熱ボウルに入れ、④を混ぜる。ふんわりとラップをして8分加熱し、こしょうを混ぜる。サワークラウトは、冷蔵庫で1ヵ月は保存可能。（村上）

にんじんとセロリのピクルス

さすが 歯ざわり　　全量 80kcal 1分40秒

材料（作りやすい分量）
にんじん………… 100g（１本）
セロリ…………… 100g（１本）
赤唐辛子……………………… １本
粒黒こしょう…………小さじ１
ローリエ……………………… １枚
漬け汁
　酢、水…各カップ½／砂糖…大さじ1½／塩…小さじ１

作り方
❶にんじんは６～７cm長さ、１cm角の棒状に切り、セロリは筋を取って同じ大きさに切る。
❷耐熱ボウルに漬け汁の材料を合わせ混ぜ、赤唐辛子、粒黒こしょう、ローリエを加える。ラップをして１分40秒加熱する。
❸②を取り出して熱いうちに①を加え、20分以上漬け込む。（田口）

きのこのピクルス

さすが さっぱり　　全量 100kcal 3分20秒

材料（作りやすい分量）
しめじ……… 200g（２パック）
生しいたけ……… 120g（８個）
マッシュルーム……80g（５個）
レモン汁………………小さじ１
赤唐辛子……………………… １本
ローリエ……………………… １枚
漬け汁
　酢、水…各カップ½／砂糖…大さじ１／塩…小さじ１／オリーブ油…小さじ２

作り方
❶しめじは小房にほぐし、生しいたけは半分に切る。
❷耐熱皿に①とマッシュルームをひろげ、塩少々（材料表外）とレモン汁をふりかけ、ラップをして１分40秒加熱する。
❸耐熱ボウルに漬け汁の材料を合わせ混ぜ、赤唐辛子とローリエを加える。ラップをして１分40秒加熱する。熱いうちに②の汁けをきって加え、10分以上漬け込む。（田口）

ラディッシュのピクルス

さすが 色あざやか　　全量 42kcal 1分40秒

材料（作りやすい分量）
ラディッシュ…… 120g（10個）
粒黒こしょう…………小さじ１
漬け汁
　酢、水…各カップ½／砂糖…大さじ２／塩…小さじ½

作り方
❶ラディッシュは葉を切り落として縦半分に切る。
❷耐熱ボウルに漬け汁の材料と粒黒こしょうを合わせ混ぜ、ラップをして１分40秒加熱する。
❸②を取り出して熱いうちに①を加え、10分以上漬け込む。（田口）

スピードマリネでもう一品

きのこのハーブマリネ

さすが 味がからむ | 簡単　144kcal 8分

材料(2人分)
しめじ……200g(2パック)
生しいたけ…200g(2パック)
えのきだけ…… 160g(小2袋)
Ⓐ酢、サラダ油…各大さじ4／みりん…大さじ2／塩…小さじ½／ローリエ(2つにちぎる)…2枚
パセリのみじん切り……適量

作り方
❶しめじは小房に分け、しいたけは1個を2つ〜4つに切る。えのきだけは根元を切って、細かくほぐす。
❷①を耐熱ボウルに入れ、混ぜ合わせたⒶを加え、ラップをして8分加熱する。
❸②を取り出して一混ぜして味をなじませ、仕上げにパセリをふる。(村上)

あじのマリネ

さすが 下ごしらえ | 時間短縮　274kcal 2分

材料(2人分)
あじ(刺身用・三枚におろしたもの)……3尾
　塩…小さじ½
トマト……1個
Ⓐオリーブ油…カップ⅓／にんにくの薄切り…1かけ分／黒オリーブのみじん切り…4個分／酢…大さじ2／しょうゆ…大さじ½／塩、砂糖…各小さじ½／こしょう…少々
小玉ねぎ……125g(5個)
万能ねぎの小口切り……¼わ分

作り方
❶あじはバットなどに並べ、塩をふって10〜15分おいて身を締める。水でサッと洗って塩を落とし、キッチンペーパーで水けをふく。小骨をていねいに抜き、頭側から皮をむき、1枚を3つ〜4つに切る。
❷トマトは皮を湯むきし、横2つに切って種を除き、1cm角に切る。
❸耐熱ボウルにⒶのオリーブ油とにんにくを入れ、ラップをして1分加熱する。冷めたら残りのⒶを混ぜ合わせる。
❹小玉ねぎは1cm幅の輪切りにしてポリ袋に入れ、口を内側に折って1分加熱する。熱いうちに③につける。
❺④に①のあじと②のトマトを加え、サッと混ぜて5分ほどおく。器に盛り、万能ねぎを散らす。(村上)

大根とハムのマリネ

さすが ノンオイル　**219**kcal 約**1**分

材料（4人分）
大根（正味）…… 230g（約¼本）
ロースハム …………………… 適量
Ⓐポン酢しょうゆ…大さじ4／酢…大さじ2／粗びき黒こしょう…少々
ゆずの皮のせん切り ……… 少々

作り方
❶大根は7㎝長さ、1㎝角くらいの拍子木切りにする。重ならないようにラップで包み、約1分加熱して、そのまましばらくおいて水けを絞る。
❷大根を1本ずつハムで巻き、巻き終わりを下にして器に並べる。Ⓐのポン酢と酢を混ぜ合わせてかけ、こしょうをふってゆずの皮を散らす。冷蔵庫で冷やして味をなじませる。（栗原）

野菜の簡単マリネ

さすが ヘルシー　**145**kcal **4**分**10**秒

材料（2人分）
セロリ ………………50g（½本）
ピーマン ……………30g（1個）
にんじん ……………50g（½本）
カリフラワー…160g（約⅓個）
小玉ねぎ ………… 125g（5個）
いかの胴 ……………………60g
Ⓐ塩、こしょう…各少々／白ワイン…大さじ1
Ⓑ酢…大さじ3／チキンスープの素（顆粒）…少々／水…大さじ2／サラダ油…大さじ1／こしょう…少々
レモンの薄切り …………… 1枚

作り方
❶セロリは筋を取って斜め薄切りに、ピーマンはざく切りにする。にんじんは乱切りにし、カリフラワーは小房に分ける。小玉ねぎは四つ割りにする。
❷いかは皮をむき、1㎝幅の輪切りにする。Ⓐをふってラップをし、50秒加熱する。
❸大きめの耐熱容器にⒷを入れて混ぜ合わせ、①を入れてラップをし、3分20秒加熱する。②を汁ごと加え混ぜ、味がなじむまで30分ほどおいて冷ます。レモンを6等分して散らす。（藤野）

こだわり派の本格ソース

鶏肉のゴルゴンゾーラチーズソース

さすが　こくが出る　焦げない　466kcal 11分

材料(2人分)
鶏胸肉……………200g(1枚)
キャベツ…………160g(3枚)
赤ピーマン…………75g(½個)
しめじ…………50g(½パック)
オリーブ油……………小さじ2
塩、こしょう、小麦粉…各適量
Ⓐゴルゴンゾーラチーズ…100g/牛乳…大さじ2

作り方
❶鶏肉は大きめのそぎ切りにして、塩、こしょうし、小麦粉をごく薄くまぶして2〜3分おく。耐熱皿にひろげて、ラップなしで3分加熱する。
❷キャベツはざく切り、赤ピーマンは細切り、しめじは小房に分けて別の耐熱皿に入れる。塩、こしょうし、オリーブ油をまぶしてラップをし、4分加熱する。
❸耐熱容器にⒶを入れ、ラップをして弱で4分加熱して、ソースにする。器に盛った①と②にかける。(田口)

スティック野菜とクリームチーズソース

さすが　失敗なし　速い　203kcal 2分

材料(2人分)
セロリ…………………………⅔本
ミニにんじん………………2本
きゅうり……………………1本
サラダ菜……………………4枚
クリームチーズ…………100g
牛乳……………………大さじ2
塩……………………………少々

作り方
❶耐熱容器にクリームチーズと牛乳を入れ、ラップをして弱で2分加熱し、塩を加えて混ぜ、ソースにする。
❷筋を取ったセロリ、にんじん、きゅうりはスティック状に切り、サラダ菜とともに器に盛る。①のソースを添える。(田口)

生鮭のチーズクリームソース

さすが　まろやか　301kcal 3分40秒

材料(2人分)
生鮭……………160g(2切れ)
Ⓐ白ワイン…大さじ½/塩、こしょう…各少々/パセリの茎…1本
チーズクリームソース
　小麦粉…大さじ1/バター…12g(大さじ1)/牛乳…カップ½/ピザ用チーズ…25g/塩、こしょう…各少々
ブロッコリー……150g(½個)
バター…………………大さじ½

作り方
❶耐熱容器に鮭を並べ、Ⓐを加えてラップをし、1分10秒加熱する。そのまま5分おいて余熱で火を通す。
❷ソースを作る。耐熱容器に小麦粉とバターを入れて泡立て器で練り、牛乳を加えて混ぜる。ラップをして50秒加熱し、取り出してピザ用チーズを少しずつ加えながら混ぜる。塩、こしょうし、再度ラップをして30秒加熱する。
❸ブロッコリーは小房に分け、水にくぐらせて耐熱容器に入れ、塩少々(材料表外)をふる。ラップをして1分10秒加熱し、熱いうちにバターをからめる。
❹鮭に②のソースをかけ、③を添える。(藤野)

えびとアスパラガスのバターソース

さすが さわやか 色あざやか **181kcal 5分20秒**

材料(2人分)
えび(殻つき)…… 160g(8尾)
グリーンアスパラガス …………………… 150g(6本)
酒 …………………………小さじ2
塩、こしょう、片栗粉…各適量
Ⓐバター…24g(大さじ2)/レモン汁、しょうゆ…各小さじ2

作り方
❶えびは洗って殻をむき、背を切り開いて背わたを取る。塩、こしょうして酒をふり、片栗粉を薄くまぶして2～3分おく。
❷アスパラガスは根元のかたい部分を切り、根元側の皮を⅓ほどむいて長さを半分にする。
❸耐熱皿にえびとアスパラガスをドーナツ状に並べ、アスパラガスに軽く塩、こしょうしてラップをし、4分加熱する。
❹耐熱容器にⒶを入れ、ラップをして弱で1分20秒加熱してソースを作り、器に敷いて③を盛る。(田口)

かじきのカレーソース

さすが こくが出る ノンオイル **223kcal 5分**

材料(2人分)
かじき ………… 200g(2切れ)
さやいんげん‥120g(約20本)
さやえんどう…… 40g(16枚)
こしょう ……………………少々
塩、小麦粉 ………………各適量
Ⓐカレー粉…小さじ2/トマトケチャップ…大さじ2/牛乳…大さじ3

作り方
❶かじきは1切れを半分に切り、軽く塩、こしょうする。小麦粉を薄くまぶして2～3分おき、耐熱皿に並べ、ラップなしで2～3分加熱する。
❷いんげんはへたを切って筋を取り、4cm長さに切る。さやえんどうは筋を取る。ともに耐熱皿に重ならないように並べ、水(材料表外)と塩各少々をふってラップをし、1分～1分20秒加熱する。
❸耐熱容器にⒶを入れ、ラップをして弱で40秒加熱し、混ぜてソースを作り、器に盛った①に塗り、②を添える。(田口)

牛肉のバルサミコソース

さすが 焦げない **462kcal 6分20秒**

材料(2人分)
牛ステーキ用肉(サーロイン) ……………………………200g
エリンギ …………100g(3本)
さやえんどう…… 30g(12枚)
酒 …………………………小さじ2
塩、こしょう、小麦粉…各適量
Ⓐバルサミコ酢…大さじ3/しょうゆ…大さじ1/バター…24g(大さじ2)

作り方
❶牛肉は3～4cm角に切り、塩、こしょうし、小麦粉を薄くまぶして2～3分おく。耐熱皿にドーナツ状に並べ、ラップなしで3分加熱する。
❷エリンギは四つ割りにして半分に切る。さやえんどうは筋を取る。耐熱皿に並べ、塩、こしょうして酒をふり、ラップをして1分～1分20秒加熱する。
❸耐熱容器にⒶを入れ、ラップをして弱で2分加熱して①にかけ、②を添える。(田口)

懐かしくて、おいしい手前みそ

基本の練りみそ

赤練りみそ

さすが　焦げない　全量 **333**kcal **1**分

材料（できあがり約1カップ分）
赤みそ……………………… 100g
砂糖 ……………………大さじ3
みりん …………………大さじ1

作り方
耐熱容器にみそと砂糖、みりんを入れて混ぜ、ラップをして1分加熱する。冷蔵庫で2週間は保存可能。（田口）
＊豆腐の田楽や豚肉、牛肉などのみそ焼きに向く。

白練りみそ

さすが　焦げない　全量 **274**kcal **1**分

材料（できあがり約1カップ分）
白みそ……………………… 100g
砂糖 ……………………大さじ1
みりん …………………大さじ½

作り方
耐熱容器にみそと砂糖、みりんを入れて混ぜ、ラップをして1分加熱する。冷蔵庫で2週間は保存可能。（田口）
＊ふろふき大根や鶏みそ焼きに。

豆腐とゆで野菜の肉みそがけ

さすが　こくが出る　焦げない　**397**kcal **7**分

材料（2人分）
絹ごし豆腐 …… 300g（1丁）
青梗菜（チンゲンツァイ） ………… 100g（1株）
白菜 …………… 150g（1½枚）
Ⓐサラダ油、塩…各少々／水…大さじ½
牛ひき肉 ……………… 150g
長ねぎ …………… 17g（10㎝）
しょうが ……………… ⅓かけ
Ⓑ砂糖…小さじ1／甜麺醤（テンメンジャン）、酒…各大さじ1／しょうゆ、豆板醤（トウバンジャン）…各小さじ½

作り方
❶ねぎ、しょうがはみじん切りにする。牛ひき肉にねぎ、しょうがとⒷを加えてよく混ぜ合わせ、耐熱ボウルの内側に貼りつけるように、均等にのばす。ラップをし、2分30秒加熱する。取り出して全体を混ぜ、ラップなしでさらに50秒加熱する。
❷豆腐は耐熱容器に入れ、ラップをして1分40秒加熱して水けをきり、食べやすい大きさに切る。
❸青梗菜は四つ割りにして、茎の部分はそぎ切りにして厚みを半分にする。白菜はざく切りにして、茎は一口大のそぎ切りにする。耐熱皿に入れ、Ⓐをふってラップをし、2分加熱して、水けをきる。
❹②、③を器に盛り合わせ、①の肉みそを添える。（藤野）

豆腐田楽２種

さすが 香り豊か 速い

247kcal 2分

材料（２人分）
木綿豆腐 ……… 300g（１丁）
Ⓐ基本の白練りみそ（→P332）…½量／木の芽…10〜15枚（飾り用に４枚取り分ける）
Ⓑ基本の白練りみそ（→P332）…½量／ゆずの絞り汁…小さじ１／ゆずの皮のせん切り…少々

作り方
❶豆腐は８つに切り、キッチンペーパーを敷いた耐熱皿にドーナツ状に並べる。ラップなしで１分30秒〜２分加熱する。
❷基本の白練りみその½量にはⒶの粗く刻んだ木の芽を混ぜる。残りの½量にはⒷのゆずの絞り汁を混ぜる。
❸①に②を等分してのせ、木の芽とゆずの皮を飾る。（田口）

いんげんとたこのからし酢みそ

さすが 味がからむ

96kcal 1分30秒

材料（２人分）
さやいんげん… 60g（約10本）
ゆでだこ …………………60g
きゅうり ………………… ½本
Ⓐ赤みそ…大さじ２／酢、砂糖…各大さじ１
練りがらし …………小さじ⅓

作り方
❶いんげんはへたを切り、３〜４cm長さに切って耐熱皿に並べる。水少々（材料表外）をふってラップをし、１分加熱して冷ます。
❷たこは薄切りにする。きゅうりは小口切りにして塩少々（材料表外）をふり、５分ほどおいて、軽く水けを絞る。
❸耐熱容器にⒶを合わせ、ラップをして弱で30秒加熱する。練りがらしを加えて混ぜ、冷めたら①と②を和える。（田口）

くるみの田作りみそ

さすが こくが出る 焦げない

全量 334kcal 3分

材料（作りやすい分量）
むきくるみ ………20g（５個）
田作り …………… 15g（30尾）
Ⓐ赤みそ…50g／砂糖…大さじ1½〜２／水…大さじ１

作り方
❶くるみは耐熱皿にひろげ、ラップなしで１分加熱する。薄皮をむき、粗く刻む。
❷田作りは耐熱皿にひろげ、ラップなしで30秒加熱する。
❸耐熱皿に①、②とⒶを合わせて混ぜ、ラップなしで１分30秒加熱する。（田口）

ピーナツみそ

さすが 鍋いらず

全量 442kcal 2分30秒

材料（作りやすい分量）
ピーナツ（無塩） …………50g
Ⓐ赤みそ…50g／砂糖…大さじ1½〜２／水…大さじ１

作り方
❶ピーナツは耐熱皿にひろげ、ラップなしで１分加熱し、粗く刻む。
❷耐熱皿に①とⒶを合わせて混ぜ、ラップなしで１分30秒加熱する。（田口）

常備菜こそ、手作りで

鮭そぼろ

さすが 失敗なし　全量278kcal 6分40秒

材料（作りやすい分量）
生鮭…………200g（大2切れ）
　塩…小さじ½
炒り白胡麻……………小さじ2

作り方
❶鮭は塩を全面にすり込み、耐熱皿に皮目を下にして並べる。ふんわりとラップをして3分20秒加熱。鮭の上下を返し、さらに3分20秒加熱する。
❷①の粗熱が取れたら皮と骨を除き、フードプロセッサーに10秒かけてフレーク状にする。仕上げに胡麻をふる。（村上）
＊鮭そぼろは冷蔵庫で1週間、冷凍庫で1ヵ月は保存可能。

牛肉そぼろ

さすが 味がからむ　全量1157kcal 約9分

材料（作りやすい分量）
牛細切れ肉………………300g
しょうがのせん切り…1かけ分
Ⓐしょうゆ…大さじ3／酒…大さじ½／砂糖…大さじ1½
削り節……………10g（2袋）
炒り白胡麻……………大さじ2

作り方
❶耐熱ボウルに牛肉としょうがを入れ、Ⓐを加え混ぜて、ラップなしで約5分加熱する。
❷①に削り節、白胡麻を加え混ぜ、さらに約3〜4分加熱する。（栗原）

白身魚のでんぶ

さすが あっさり　全量215kcal 5分50秒

材料（作りやすい分量）
鱈（甘塩）……200g（2切れ）
Ⓐ砂糖…大さじ2／酒…大さじ1／塩…小さじ⅓〜½

作り方
❶耐熱皿に鱈を並べ、ラップをして1分40秒加熱する。粗熱が取れたら皮と骨を除き、目の細かいざるか、さらしのふきんに包んで流水でよく洗い、生臭みと塩けを除いて水けを絞る。
❷フードプロセッサーに①とⒶを入れて1分ほどかけ、耐熱皿にひろげる。ラップなしで2分30秒加熱する。取り出してかき混ぜ、さらに50秒〜1分40秒加熱し、冷ます。（田口）

なまり節のそぼろ

さすが 時間短縮　全量366kcal 6分40秒

材料（作りやすい分量）
なまり節…………200g（2本）
しょうが……………………⅓かけ
Ⓐしょうゆ…大さじ2½／砂糖、酒…各大さじ2／みりん…大さじ½

作り方
❶なまり節は皮と骨を除いて粗くほぐし、耐熱ボウルに入れて、ひたひたの水を加える。
❷①にラップをして2分30秒加熱。ざるにとって水けをきる。
❸フードプロセッサーに②、しょうが、Ⓐを入れて1分ほどかけ、耐熱皿にひろげる。ラップなしで2分30秒加熱する。取り出してかき混ぜ、さらに1分40秒加熱し、冷ます。（田口）

煮干しの佃煮風

さすが 歯ざわり　　全量 214kcal 2分30秒

材料(作りやすい分量)

煮干し …………… 30g（15尾）

Ⓐしょうゆ、砂糖…各大さじ1½ ／みりん、水…各大さじ１

作り方

❶煮干しは耐熱皿にひろげ、ラップなしで１分加熱し、乾かす。

❷耐熱皿にⒶを合わせてよく混ぜ、①を加えて全体に味をからませる。これをラップなしでさらに１分30秒加熱する。（田口）

昆布の佃煮風

さすが しっとり　　全量 94kcal 8分

材料(作りやすい分量)

昆布 …………………………60g

Ⓐしょうゆ…大さじ1½／酢、みりん、砂糖…各大さじ１

作り方

❶昆布は２㎝角に切ってサッと洗い、耐熱皿に入れてひたひたの水を加える。

❷①にラップをして４分加熱する。取り出してⒶを加え混ぜ、さらに４分加熱する。そのまま冷まして味を含ませる。（田口）

竹の子の当座煮

さすが つやよく　　全量 205kcal 6分30秒

材料(作りやすい分量)

ゆで竹の子 ………………200g

胡麻油 …………………大さじ１

Ⓐしょうゆ…大さじ１／みりん…大さじ½／豆板醤…小さじ½

作り方

❶竹の子は４～５㎝長さの薄切りにする。耐熱皿にひろげてラップなしで５分加熱し、全体に乾かす。

❷①に胡麻油とⒶを加えてよく混ぜ、さらに１分30秒加熱する。（田口）

わが家仕様のふりかけ

手作り韓国のりと桜えび

さすが　香り豊か

全量 **58**kcal **2**分 **40**秒

材料（作りやすい分量）

焼きのり（全形）……………２枚
胡麻油、塩………………各少々
桜えび（乾燥品）
……………15g（大さじ５）

作り方

❶のりはスプーンの背で片面に胡麻油を塗り、塩を薄くふる。これを耐熱皿に１枚置き、ラップなしで１分加熱。もう１枚も同様にして１分加熱する。
❷①が乾燥したらポリ袋に入れ、よくもみくずす。
❸桜えびは耐熱皿にひろげてラップなしで40秒加熱し、②に加えて混ぜる。（田口）

鶏ひき肉と黒胡麻

さすが　味がからむ

全量 **482**kcal **4**分

材料（作りやすい分量）

鶏ひき肉…………………200g
しょうが汁……………小さじ½
Ⓐしょうゆ、砂糖…各大さじ２／酒…大さじ１
炒り黒胡麻…………大さじ1½

作り方

❶耐熱ボウルにひき肉、しょうが汁、Ⓐを合わせ混ぜ、ラップをして２分加熱。取り出して全体をよくほぐし、今度はラップなしで２分加熱する。
❷①をさらにほぐし、黒胡麻を加え混ぜる。（田口）

たらこと青じそ

さすが　速い　簡単

全量 **141**kcal **1**分

材料（作りやすい分量）

たらこ………100g（約1½腹）
酒……………………大さじ½
青じそ……………………３枚

作り方

❶たらこは薄皮に切り目を入れ、包丁の背で身をこそげ出して耐熱皿に入れる。酒をふり混ぜ、ラップをして１分加熱する。
❷青じそは細かく刻む。
❸①が冷めたら、②を加えてよく混ぜる。（田口）

じゃことベーコンとピーナツ

さすが　速い　ヘルシー

全量 **447**kcal **8**分 **20**秒

材料（作りやすい分量）

ちりめんじゃこ
……………30g（カップ½）
ベーコン……………60g（３枚）
大根の葉………100g（⅖本分）
ピーナツ（刻む）
……………30g（大30粒）
一味唐辛子…………………少々

作り方

❶ちりめんじゃこを耐熱容器に入れ、ラップをする。
❷ベーコンは刻んでキッチンペーパーにのせる。
❸大根の葉はゆでて細かく刻み、水けを絞る。別の耐熱容器に入れてラップをする。
❹①〜③を同時に50秒加熱し、じゃこを取り出す。さらにベーコンと大根の葉を同時に１分40秒加熱してベーコンを取り出し、再び５分加熱して大根の葉を取り出す。大根の葉はラップをはずし、さらに50秒加熱する。
❺④にピーナツ、一味唐辛子を混ぜ合わせる。（浜内）

こんなときどうする？

電子レンジとともに使いこなしたい、フードプロセッサー。
でも慣れないと、とまどうこともしばしばです。
電子レンジともども、効率的な使い方を再確認しましょう。

Q1 フードプロセッサーにかける時間の目安は？

わずかな時間の差が、刻み具合を決定。一気にではなく、少しずつかけます。

フードプロセッサーは、電源を入れると同時に刃が高速で回転。中に入れた食品を、混ぜたり、刻んだり、すりつぶしたり、めんどうな作業を素早くこなしてくれます。

メーカーや機種により差はありますが、５秒程度で粗刻み、10秒で粗みじん切り、20秒で細かいみじん切りというのが目安。特にかたい素材は、数回に分け、徐々に細かくしましょう。

あっという間にできるので、常に外から状態を確かめながら、料理に適した状態に仕上げましょう。（村上）

細かいみじん切りでも、わずか20秒とスピーディーです。

Q2 材料はどのくらい入れればいいの？

少なすぎると空回りし、多すぎると動きません。説明書の指示に従って。

フードプロセッサーに入れる材料の量は容器の$\frac{1}{2}$から$\frac{2}{3}$ぐらいまでが目安です。ただしメーカーや機種によりその量は異なります。詳しくは取扱説明書に記載されていますので、その指示に従ってください。

量が少なすぎると、刃に材料がひっかからず、空回りしてしまいます。特に胡麻のように粒が小さなものは要注意。保存がきく胡麻だれなどは、ある程度まとめて作ることをおすすめします。（村上）

フードプロセッサーに入れる量が多すぎると、モーター部分に過度の負担がかかってしまうので、そうした使い方は禁止されています。また、刃に当たる部分と当たらない部分ができるので、仕上がりにムラが出てしまいます。（大沼）

Q3 電源は入っているのに動きません

電源を切り、プラグを抜いてから、材料の大きさを整えて入れ直します。

フードプロセッサーに入れた材料が多すぎる以外の原因として、ごぼうやにんじんのようなかたいものが、刃にひっかかって動かなくなっていることが考えられます。また、材料のかたまりが、刃と容器の底面の間にはさまってしまって動かなくなることもあります。

このように、フードプロセッサーはモーター部分に過度の負担がかかると、通常よりも多くの電流が流れ、安全のため自動的に運転が止まる仕組みになっているのです。

まず第一に必ず電源を切り、プラグを抜いてから材料を取り出すようにしましょう。このとき刃には充分注意して。材料をもう少し細かくし、量も確認して入れ直しましょう。多すぎる場合は、２回に分けてかけるようにしましょう。（村上）

Q4 かたいものも柔らかいものもいっしょに入れていいの？

かたすぎるものがなければ大丈夫です。ただし、入れ方を工夫しましょう。

液体と固形物をいっしょにかける場合、容器ごと回して混ぜてから。

フードプロセッサーで液体と固形物を混ぜ合わせるときは、ふたをして容器ごと手で揺り動かしてから電源を入れます。こうすれば材料が刃にひっかからず、あふれることもありません。

また、入れ方も工夫が必要です。材料が多めのときは、かたい野菜は下、柔らかい野菜やゆでた豆などは上。少ないときは、逆にして。ただし、かたすぎるものは避けましょう。（村上）

こんなときどうする？

Q5 ハンバーグの仕上がりが水っぽくなります

刃が鈍っていると材料をつぶします。まめな手入れで刃を大切に。

ハンバーグの中に入れた玉ねぎが水っぽいのでは？ それはフードプロセッサーの刃が鈍っているのが原因です。鈍っている包丁と同じで、材料を切るのではなく「つぶす」状態になってしまい、余計な水分が出て水っぽくなるのです。

刃が鈍ってきたと感じたら、早目に新しいものに取り替えましょう。また、刃を取りはずすときは必ず電源を切り、プラグを抜いてからにしましょう。（大沼）

Q6 材料の混ざり方にムラがあります

電源のONとOFFをこまめにくり返し、途中で一度かき混ぜるのがコツ。

フードプロセッサーで液体と固形物を混ぜ合わせたり、水分の少ないものをかけたりするときは、ON、OFFをこまめにくり返します。途中で一度、ふたの裏側や容器の壁面についた材料が残らないようにゴムべらで落としてかき混ぜ、かけ直しましょう。

また、材料の大きさやかたさのばらつきもムラの原因です。大きさはなるべくそろえ、かたすぎるものは電子レンジで軽く加熱しておきましょう。（大沼）

Q7 材料があふれてしまいます

容器のふたをしっかり押さえながらかけ、材料は何回かに分けて入れましょう。

フードプロセッサーをかけるときは、両手でふたをしっかり押さえましょう。容器の側面だけを持っていると、勢い余ってふたの間から中身があふれ出すことがあります。

また、材料が多めのときや液状の材料をかけるときはあふれやすいので注意。この場合、材料は何回かに分けて入れましょう。少量の場合は最初から全部入れても大丈夫です。（村上）

生クリームやゼラチン液はあふれやすいので注意。

Q8 ピュレやソースがなめらかになりません

材料は大きさをなるべくそろえ、加熱前に水分を補いましょう。

材料は１cm角を目安に大きさを切りそろえておきましょう。

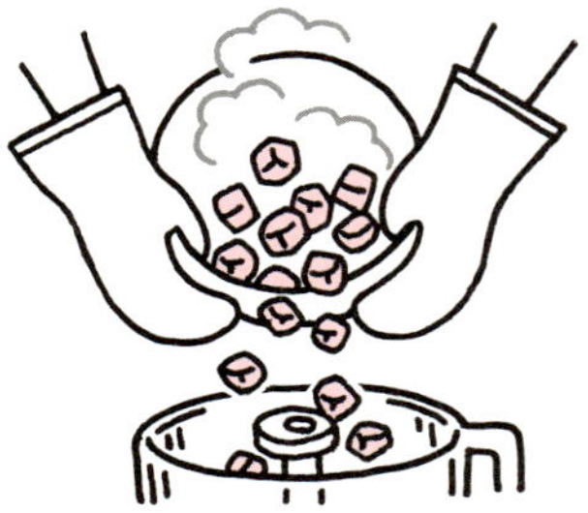

電子レンジにかける前の野菜の切り方が大きすぎたり、大きさが不ぞろいだったりしませんか？

こんな場合、加熱しても仕上がりがムラになり、フードプロセッサーにかけても粒々が残ってしまいます。材料はおよそ１cm角の大きさに切りそろえておくことが、なめらかな仕上がりのポイントです。

また、野菜のピュレを作るときの下ごしらえとして、水分をほとんど加えずに野菜を加熱することがあります。このとき油断すると、加熱しすぎてカラカラになることがあります。特にじゃが芋や、さつま芋、かぼちゃなど、でんぷん質の多い野菜は要注意です。加熱前に、サッと水にくぐらせるか、霧吹きなどで水を補っておくと、失敗がありません。

また、口当たりをなめらかに仕上げるには、材料の粗熱が取れたらすぐにフードプロセッサーにかけること。いったん冷めてしまったものや冷蔵庫に入れておいたものは、温め直してからかけましょう。（村田）

Q9 フードプロセッサーでとろろを上手に作れますか？

うまみもスピードもアップして手もかゆくならず、おすすめです。

フードプロセッサーなら、手がかかるとろろもあっという間に仕上がります。

やまと芋300gはひげ根を除き、皮をたわしでよく洗います。水けをふき、皮ごと２～３cm厚さに切ってからフードプロセッサーに入れ、みそ50gと卵白１個分を加え、10～20秒かけます。皮はうまみの濃い部分なのでむかずに入れましょう。また、皮ごとかけることで空気に触れる時間も減り、変色を防げます。もちろん、すりおろしたときのように、手がかゆくなることもありません。

とろろのように、多量の水分を使ってのばすものは、何回かに分けて水分を加えるのがコツ。１回に加えるだし汁の量はカップ½とし、これを３回くり返します。そのつど数秒ずつかければムラなく混ざり、あふれることもありません。（村上）

Q10 フードプロセッサーだと粘りけが気になります

フードプロセッサーにかけすぎです。でんぷん質を多く含む食品は特に注意。

じゃが芋、里芋など、でんぷん質を多く含む食品をフードプロセッサーにかけるとよく起こることですが、原因はフードプロセッサーにかけすぎです。激しい攪拌によって芋類の細胞膜が破れ、のり状のでんぷん質が飛び出した結果、粘りけが出てしまったのです。かけすぎには充分注意しましょう。

しかし、この性質を逆手にとると、思わぬ一品ができます。まず、皮をむいた里芋100gをラップで包み、２分30秒加熱します。これをすぐにフードプロセッサーにかけると、粘りけが出て、一かたまりの餅状になります。これにきな粉をまぶすと、きな粉餅風の低カロリーのおやつになります。（大沼）

Q11 肉みそがしっとりできません

肉種の厚みが均一になるように、耐熱ボウルに貼りつけて加熱します。

厚みが均一になるよう貼りつけることで加熱ムラが防げます。

しっとり仕上げるには、肉種に均一に火を通し、赤みが少し残っているところで電子レンジから出すのがポイントです。よく混ぜたらラップをし、余熱を利用すればパサつきません。加熱しすぎたら、熱いうちに酒を少量ふりかけラップをし、しばらくおきましょう。（村田）

Q12 おからの仕上がりが水っぽくなります

電子レンジの加熱が足りないと、仕上がりが水っぽくなります。

加熱時間の設定を間違えていませんか？　もしくは、使っている容器が大きすぎたり重すぎたりしませんか？　容器に余分に熱を奪われるため材料が充分に加熱されず、水分がとばないことも考えられます。

また、加熱後の熱いうちに、おからを泡立て器で10回ほど泡立てるようにかき混ぜ、水分を充分にとばすことも忘れないようにしましょう。（村上）

Q13 ピュレを加熱すると容器からあふれます

深めの耐熱容器にふんわりとラップをかけて、蒸気のにげ道を作りましょう。

野菜のピュレに牛乳やコンソメを加えてスープを作る場合、気をつけないと容器からあふれてしまったり、ラップが破裂することがあります。ピュレと水分をよく混ぜないまま加熱すると、ピュレが水分よりも先に温まってしまうため、こういうことが起こるのです。

電子レンジで水分が多いものを加熱する場合は、必ず深めの耐熱容器を使うようにしてください。材料の量は容器の½以内に抑えましょう。特にとろみのあるスープ、牛乳を使うものなどは３～４倍にもふくれあがることがあります。できれば全体の¼～⅓程度におさめるのが無難です。またラップはふんわりかけ、蒸気のにげ道を作っておきましょう。（村田）

Q14 はんぺんやしんじょがかたくなります

加熱前に霧吹きで水分を補い、外からも蒸気を回しましょう。

電子レンジの加熱法は独特。蒸し器のように外からの蒸気で加熱するのではなく、食品自らの水分を水蒸気に変え、内部から蒸しあげる方法です。それでもはんぺんやしんじょを作る際（→P340）、ふっくら仕上がらないことがあります。その場合は、材料をフードプロセッサーにかけるときに、大さじ１～２の水を加えましょう。

また、電子レンジの加熱前に、霧吹きで水を一吹きして水分を補給するのも有効です。こうすれば種の外側にも水蒸気が回り、ふっくら仕上がります。加熱によって小さく縮んでしまうこともありません。

中がかたくなってしまうのは、加熱のしすぎが原因です。オーバー加熱は取り返しがつかないので注意して。加熱時間を短めに設定し、様子を見ながら少しずつ加熱していきましょう。

または、電子レンジで加熱後、耐熱容器ごと取り出し、ラップをしたまま余熱で火を通す方法も有効です。

それでもかたく仕上がってしまった場合は、あんをからめるなどして表面に水分を補いましょう。（村田）

水を一吹きしてから加熱するのが、しっとり仕上げるテクニックです。

Q15 しんじょや肉だんごをふんわりさせるコツは？

材料を充分に混ぜることが何より大事。空気をたっぷり含ませてください。

サラダ油、生クリーム、卵はふっくら口あたりよく仕上げるために活用したいアイテム。

材料をフードプロセッサーに充分かけましょう。かける時間が足りないと、空気をたっぷり含むことができないため、ふっくらと仕上がりません。水分、油分を加えることも、柔らかさをアップさせます。（大沼）

えびしんじょは、えびにちぎったはんぺんを加え、フードプロセッサーにかけて作ります。このとき、はんぺんがかたければ、様子を見ながら大さじ１ずつ、酒か水を足しながら攪拌するとよいでしょう。

ささ身を使った肉だんごの場合は、ささ身100gに対して大さじ１のサラダ油を加えてフードプロセッサーにかけると、なめらかな仕上がりになります。サラダ油のかわりに生クリームを加えてもかまいません。また、卵を加えて攪拌するとふわふわした口当たりに。特に卵白が空気をたっぷり含むため、かさが増えてこのような仕上がりになるのです。（村上）

Q16 ムースやテリーヌの加熱ムラが気になります

アルミホイルを使うこと、「弱」を活用することで改善しましょう。

器に対して材料が多すぎたり、角形容器を使って加熱したりすると、マイクロ波がまんべんなく当たらず、均一に仕上がらないことがあります。器を大きくしたり、丸形の容器を使うことでも解決できますが、アルミホイルを使うのも効果的です。

アルミホイルのマイクロ波をはね返す性質を利用して、角形容器の四隅をアルミホイルでおおえば、角部分に集中するマイクロ波をブロックしてくれるため、加熱ムラが防げます。

また、表面の塩けにマイクロ波が吸収され、表面だけ加熱が速く進み、すが入ることがあります。この場合もアルミホイルで表面をおおう方法が有効です。

ほかに「強」で２～３分加熱したら、１～２分そのままおき、「弱」で２～３分加熱する方法もあります。さらに、一気に加熱せず、器に接した部分が固まり始めた時点で、加熱をやめてそのまま１～２分おき、その後再び加熱する方法もあります。中央を指で押してみて、弾力があるようなら、加熱をやめ、余熱で火を通します。（村田）

Q17 ふりかけがカラッと仕上がりません

大きめの耐熱皿を使うか、キッチンペーパーにひろげて加熱。

ふりかけを作るときは、水分がとびやすいように大きめの耐熱皿を使います。あるいは、ターンテーブルの上にじかにキッチンペーパーを敷いて、材料が重ならないようにひろげ、ラップなしで加熱します。加熱により水分がとぶうえ、キッチンペーパーが、水分を吸い取る役割を果たしてくれます。

電子レンジから出して粗熱を取ったら、軽く手でほぐし、胡麻、塩、青のり粉、七味唐辛子などを加えて仕上げましょう。

本来なら粗熱を取った段階で、カラッと仕上がるはず。もう少し水分をとばしたいときは、加熱後に新しいキッチンペーパーの上にほぐしてひろげ、しばらくおきましょう。

それでもカラッとしない場合は、様子を見ながら少しだけ追加加熱して。加熱後は再びキッチンペーパーの上にひろげ、乾燥させましょう。（村田）

Q18 フルーツソースのとろみがうまくつきません

こまめにかき混ぜ、一歩手前で加熱をやめることがポイントです。

フルーツソースには砂糖を多く加えるため、加熱時間が足りないと水っぽくなり、オーバーするとカラメル状になり、焦げてしまいます。

こうした失敗を避けるためには、何回かに分けて加熱することです。まずは砂糖が溶けたところで、いったん電子レンジから取り出し、よく混ぜ合わせ、再び加熱します。

砂糖が溶けた段階と煮立ってきた段階で、よくかき混ぜましょう。

とろみがつき始めると、温度は一気に上がります。今度はこの段階を見逃さないことが大事。ふつふつと煮立ってきたら、再び取り出し、よく混ぜ合わせ、また加熱。これをくり返します。

熱いうちはとろみが足りないように見えますが、温度が下がるとととろみが出てきます。あともう一歩というところで加熱をストップしましょう。

砂糖を多く含む液体は、加熱によりあふれやすいことも忘れずに。深めの耐熱容器を使い、量はその⅓程度に抑えましょう。（村田）

まだある！小ワザテクニック

●簡単ブルーベリーソース●

アイスクリームやヨーグルトにアクセントを加えるソースもパッと手作りできます。

耐熱容器にブルーベリー15gを入れ、ラップをして「弱」で20秒加熱。一粒でもパチンとはじけたら、時間前でも加熱をストップしてください。これに砂糖小さじ1½を加えてよく混ぜ、冷やせばできあがりです。

加える砂糖の量は、ブルーベリーの甘さと好みに応じて加減してみてください。（大沼）

●自家製生パン粉●

フランスパン、食パンが余ったら、すぐにフードプロセッサーへ。自家製生パン粉にして、無駄なく有効に使いきりましょう。パン粉の粗さはフードプロセッサーにかける時間しだいで自由自在。好みに合わせて調節してください。できあがったパン粉は１回で使いきるのが原則ですが、保存するのであれば、ジッパーつきポリ袋などで密封し、冷凍保存しましょう。（大沼）

●とろとろおかゆ●

フードプロセッサーが一台あれば、まさにあっという間におかゆが作れます。

用意するものは、冷凍ご飯と熱湯のみでOK。電子レンジでご飯を食べ頃の温度に温めたら、同量の熱湯といっしょにフードプロセッサーにかけるだけの早技です。

フードプロセッサーにかける時間は好みに合わせて調整してください。短くかければさらさらに、長くかければとろとろに仕上がります。（大沼）

●自家製粉末だし●

煮干し50gをキッチンペーパーの上にひろげ、ラップなしで「弱」で３分、水分がとんでカラカラの状態になるまで加熱します。頭と内臓を取り除いてからフードプロセッサーに入れ、粉末になるまでかければ、自家製の粉末だしができあがり。料理の味に深みがほしいときに、手軽にうまみを加えることができます。みそ汁のだしをはじめ、煮ものや炒（いた）めものなど、さまざまな料理に大活躍してくれます。（田口）

●ドライハーブ●

生のハーブ類は、電子レンジで加熱してドライハーブにし、冷蔵庫に保存しておきましょう。

水けをきったハーブを、２枚重ねにしたキッチンペーパーにのせ、10gにつき１分30秒を目安に加熱。乾燥が足りない場合は、50秒ずつ追加します。キッチンペーパーは加熱のつど取り替えましょう。同じペーパーを何度も使うと、発火することがあります。（伊藤）

ハーブはキッチンペーパーの上にドーナツ状に並べて加熱します。

●薄焼き卵と金糸卵●

電子レンジなら、薄焼き卵も金糸卵も簡単に失敗なく作ることができます。

溶き卵大さじ１につき、塩１つまみを加えて混ぜ合わせます。直径15㎝くらいの平らな耐熱皿にラップを敷き、その上に卵液を薄くひろげます。スプーンの背で丸く円を描くようにすると薄くひろがります。ラップなしで30〜40秒加熱し、加熱後は粗熱を取り、ラップからそっとはがします。あとは細切りにするだけで、きれいな金糸卵のできあがりです。何枚も作る場合はそのつど新しいラップを使いましょう。また、皿を２枚用意しておき、交互に使えば効率的です。（渡辺あ）

●陳皮（ちんぴ）●

みかんの皮１個分を小さくちぎり、キッチンペーパーを敷いたターンテーブルに並べラップなしで１分加熱します。しんなりしたらキッチンペーパーを取り替え、再び３分加熱。冷（さ）めてカラッとなるまで常温におき、フードプロセッサーで細かく砕（くだ）きます。清潔な空き瓶に入れて、直射日光のあたらない場所で常温で保存しましょう。ドレッシングやソースに混ぜ込んだり、鍋ものや汁ものの薬味として重宝します。（村上）

●低カロリーひき肉●

市販されているひき肉は脂肪分が多く含まれるため、ダイエットメニューに使うには不向きです。脂肪分の少ない冷凍の赤身肉をかたまりで買い、フードプロセッサーで自家製のひき肉を作ってダイエット食に活用しましょう。

冷凍の赤身肉のかたまりは半解凍し、２㎝角程度に切ります。完全に解凍してしまうと、フードプロセッサーにかけたときに、モーターの熱で肉が温まり、余計な粘りけが出てしまいます。半解凍の状態でフードプロセッサーにかければ、粘りけのない赤身ひき肉に仕上がります。

赤身肉以外の応用として、牛、豚、鶏を使った特製合いびき肉も、簡単に作れます。（大沼）

さすが！ 電子レンジ

こんなこともできる！

フードプロセッサーと電子レンジで作るソーセージ。
水分をとばして作るフルーツピール、チップス。
おつまみやお茶うけにぴったりのレシピです。

からみ明太子餅

さすが ふっくら 速い 305kcal 4分

材料（2人分）
もち米…………米用カップ1
明太子…………50g（小1腹）
おろし大根………………適量
あさつきまたは万能ねぎの小口切り、しょうゆ、湯…各適量

作り方
❶もち米は洗って湯カップ2に30分浸し、ざるに上げてフードプロセッサーに移す。湯カップ¼を加えて30秒かけ、耐熱容器に移し、ラップをかける。
❷①を4分加熱して再びフードプロセッサーに30秒かける。
❸明太子、湯大さじ1を加え、フードプロセッサーに20秒かけて混ぜる。水でぬらしたゴムべらなどですくって器に盛り、おろし大根とあさつきを添え、しょうゆをかける。（村上）

皮なしソーセージ

さすが ジューシー 簡単 1本127kcal 4分

フランクフルトソーセージ

材料（6本分）
Ⓐ豚もも薄切り肉…300g／豚ばら薄切り肉…100g／玉ねぎ…50g（¼個）／にんにく…1かけ／パセリ…3枝／ざらめ、塩、こしょう…各小さじ1
サラダ油………………小さじ2

作り方
❶肉種を作る。豚肉は3cm長さに切り、パセリは葉を摘む。
❷フードプロセッサーにⒶを入れ、40秒～1分かける。
❸②を6等分し、手にサラダ油少々（材料表外）をつけて細長くまとめ、耐熱皿に並べる。ラップをかけ、4分加熱し、油をひいたフライパンで焼く。（村上）

チョリソー

1本38kcal 4分

材料（20本分）
Ⓐ豚もも薄切り肉…300g／豚ばら薄切り肉…100g／玉ねぎ…50g（¼個）／にんにく…1かけ／パセリ…3枝／ざらめ、パプリカ、一味唐辛子、塩、こしょう…各小さじ1
サラダ油………………小さじ2

作り方
❶豚肉は3cm長さに切り、パセリは葉を摘む。残りのⒶとともにフードプロセッサーに入れ、40秒～1分かけ、粗びき状の肉種を作る。
❷①を20等分し、手にサラダ油少々（材料表外）をつけて人さし指ほどの太さに細長く形作る。耐熱皿に並べ、ふんわりとラップをかけて4分加熱する。
❸フライパンにサラダ油を熱して、②を並べ入れる。中火にしてフライパンを揺り動かして転がし、全体にこんがりと焼き色をつける。
❹チョリソーを器に盛り、好みでハーブやオリーブ、粒マスタード各適宜を添える。（村上）

材料は、はじめは断続的にガッガッとフードプロセッサーにかけ、その後、連続してガーッとかける。

オレンジピール

さすが 色あざやか 時間短縮　全量 **148**kcal **9**分**10**秒

材料（作りやすい分量）
オレンジの皮……80g（１個分）
グラニュー糖…………大さじ６

作り方

❶オレンジの皮は白いわたの部分をすべてそぎ落とし、斜め細切りにして水に半日さらす。
❷水けをきって耐熱容器に入れ、水カップ１を加える。ラップなしで２分30秒加熱し、水けをきる。再び耐熱容器に戻して水カップ１を加え、２分30秒加熱してざるに上げる。
❸すぐに耐熱容器に戻し、グラニュー糖大さじ４をまぶす。ラップなしで２分30秒加熱して混ぜ、さらに１分10秒～１分40秒加熱。つやが出て砂糖液が少し残っている状態がよい。
❹残りのグラニュー糖をバットか皿にひろげ、③が熱いうちに表面にまぶす。（伊藤）

レモンピールとアップルピール

さすが 色あざやか 時間短縮　全量 **332**kcal **8**分**20**秒

レモンピール

材料（作りやすい分量）
国産レモンの皮…50g（２個分）
グラニュー糖…………大さじ５

作り方

❶オレンジピールの作り方①、②と同様にし、耐熱容器に入れ、グラニュー糖大さじ３をまぶす。ラップなしで２分30秒加熱する。
❷①を混ぜてさらに50秒加熱し、残りのグラニュー糖をまぶす。（伊藤）

さすが 味がからむ 時間短縮　全量 **123**kcal 約**6**分**40**秒

アップルピール

材料（作りやすい分量）
りんご（あれば紅玉）の皮……………………40g（１個分）
グラニュー糖…… 大さじ２～３

作り方

❶りんごの皮は斜め細切りにしてボウルに入れ、グラニュー糖大さじ１をまぶす。５～10分おいてよく水けをきる。
❷ターンテーブルにクッキングシートを敷き、①を重ならないようにドーナツ状にひろげる。
❸２分30秒～３分20秒加熱し、残りのグラニュー糖をまぶす。水けをふき、重さ10gに対し、50秒を目安に加熱する。（伊藤）

にんじんチップス

さすが 色あざやか ヘルシー　**28**kcal **8**分**20**秒

材料（２人分）
にんじん………… 100g（１本）
オリーブ油…………………少々

作り方

❶にんじんはスライサーで縦に薄切りにし、キッチンペーパーでよく水けをとる。
❷にんじんの表面に刷毛（はけ）などで薄くオリーブ油を塗る。
❸ターンテーブルにキッチンペーパーを２枚重ねにして敷き、にんじんを重ならないようにひろげる。
❹ときどきにんじんを裏返し、パリッとするまで合計約８分20秒加熱する。少しおくとしっとりしてしまうので、できたてのパリパリを食べる。（大森）

焼きたてせんべい

さすが　ノンオイル　時間短縮　全量 **107kcal 3分20秒**

材料（10枚分）
ご飯 ……… 60g（茶碗½杯分）
Ⓐしょうゆ、水…各大さじ½

作り方
❶ご飯はすりこ木で半つぶしにし、大さじ１ずつ丸める。クッキングシート２枚の間にはさみ、上からめん棒で薄くのばす。
❷上のクッキングシートをはがしてターンテーブルにのせ、ラップなしで１分40秒加熱し、裏返す。さらに50秒加熱し、弱にして50秒加熱する。
❸ざるにひろげ、風通しのよい涼しい場所で１時間乾燥させる。
❹弱火にかけた焼き網で③の両面を焼き、Ⓐを合わせて刷毛で両面に塗って焼く。（大森）

胡麻きな粉餅

さすが　柔らか　ヘルシー　**163kcal 2分**

材料（２人分）
切り餅 ………… 100g（２個）
胡麻きな粉
　すり白胡麻…大さじ½／きな粉、砂糖…各大さじ１／塩…少々

作り方
❶耐熱皿に餅を並べ、水カップ½（材料表外）を注いでふんわりとラップをし、２分加熱する。
❷胡麻きな粉の材料は混ぜる。
❸餅をキッチンばさみで３つ～４つに切り、軽く水けをきり、②をまぶす。（村上）

●電子レンジで作れるホットドリンク●

ホットアップル

材料と作り方（１人分）
❶耐熱カップにりんごの皮１個分と砂糖、レモン汁各大さじ２、水カップ¾を入れて混ぜる。
❷ラップなしで４分10秒加熱し、りんごの皮を取り除き、レモンの輪切り１枚を浮かべて飲む。

ホットレモン

材料と作り方（１人分）
❶耐熱カップにレモン汁、砂糖またははちみつ各大さじ２、水カップ¾を入れて混ぜる。
❷ラップなしで４分10秒加熱し、レモンの輪切り１枚を浮かべる。

ミントティー

材料と作り方（１人分）
❶耐熱カップにミントの葉10gと水カップ¾を入れる。
❷ラップなしで３分20秒加熱し、ミントの葉を除き、好みで砂糖適宜を加える。

ウーロン茶

材料と作り方（１人分）
❶耐熱カップにウーロン茶の葉小さじ１強と水カップ¾を入れる。
❷ラップなしで３分20秒加熱し、ウーロン茶の葉が沈んでから飲む。

ミルクティー

材料と作り方（１人分）
❶耐熱カップに紅茶のティーバッグ１個と牛乳カップ¾を入れる。
❷ラップなしで３分20秒加熱し、ティーバッグを取り出す。好みで砂糖適宜を加える。（以上伊藤）

基本の生地を覚えればアレンジは自由自在
＋αの素材を混ぜたパン
＋αの素材を中に入れたパン
揚げパン
型に入れて焼くパン
細長い形に焼くパン
オーブントースターで焼いてみましょう
フライパンで焼いてみましょう
野生酵母を使ったヘルシーなパン
基本のアレンジで作る「中華まんじゅう」
花巻の生地を使って
基本の生地＋バターでクロワッサンに挑戦
クロワッサンの生地を使ったデニッシュ
こんなときどうする？

7章

こねないから力いらず。電子レンジで30秒発酵

最速35分でできるパン作り

焼きたてのパンのおいしさは格別ですが、「こねる」という重労働と、発酵にかかる長い時間を考えると、よほどの覚悟が必要——というのが、これまでのパン作りでした。そして、この常識を見事に打ち破ったのが村上祥子先生の「電子レンジ発酵パン」です。慣れてくれば、材料を合わせるところから、オーブンで焼きあがるまで最速35分。しかも、こねる必要がないので、力いらず。家庭で気軽にパン作りが楽しめる画期的なレシピです。（製作・監修：村上祥子）

基本の生地を覚えればアレンジは自由自在

「電子レンジ発酵パン」の生地は、基本的な作り方を覚えてしまえば、あとはどんなふうにも応用がききます。まずは基本の作り方を「コロコロパン」でマスターしましょう。100gの小麦粉で小さなパンが6個できます。一つ一つの大きさがちょっとぐらい違っても、形がいびつでもご愛嬌。これも手作りの味わいです。

エネルギーは、基本の生地（強力粉100g）を2人分として、1人分のカロリーを表示しています。

コロコロパンで基本の作り方をマスターする

基本の材料

注意

日本製粉「ゴールデンヨット」

日清製粉「カメリヤ」

国産「はるゆたかブレンド」

牛乳の分量は、使用する小麦粉の銘柄によって調節してください。
「ゴールデンヨット」（日本製粉）→牛乳75mℓ
「カメリヤ」（日清製粉）→牛乳85mℓ
「はるゆたかブレンド」（国産）→牛乳65mℓ
＊本書のレシピでは75mℓで統一しています。

コロコロパン

さすが　ふっくら　簡単　**262kcal 1分30秒**

材料（6個分）

強力粉……100g
牛乳……75mℓ
バター……8g
ドライイースト……小さじ1
塩……小さじ⅕
砂糖……大さじ1
打ち粉用の強力粉……適量

1.牛乳とバターを温める

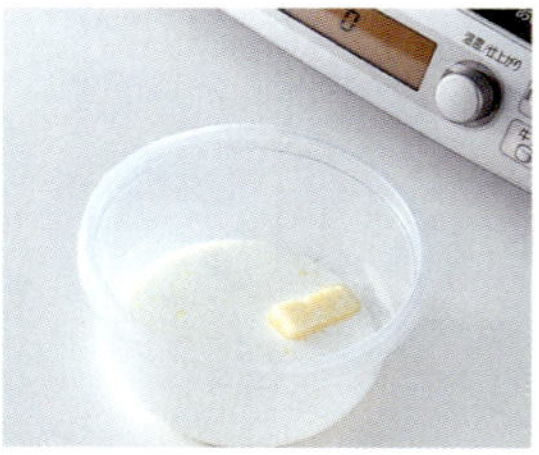

1 牛乳とバターを電子レンジで温める

直径14cmの耐熱樹脂ボウルに牛乳とバターを入れ、ふたをしないで電子レンジ強で30秒加熱する。

2 バターを溶かす

泡立て器で混ぜ、バターを溶かす。

★ポイント　このとき、牛乳の温度が人肌（約37度）を超えてしまったら少し冷ます。イーストを混ぜるときの牛乳の温度は37度が最適。逆に、牛乳がまだ冷たいときには、あと10秒ほど加熱する。

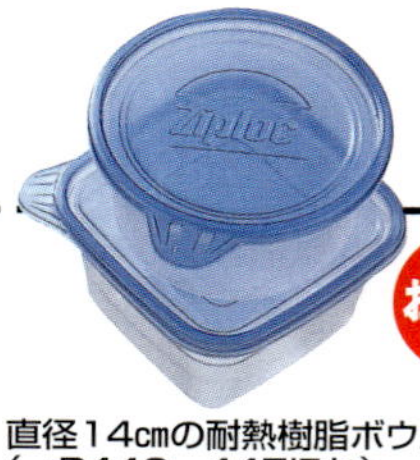

直径14cmの耐熱樹脂ボウル（→P446〜447ほか）

おすすめ　材料を混ぜるとき、耐熱樹脂ボウルを使うと、軽くて、生地が容器につきにくいのでおすすめです。基本の分量（強力粉100g）に対しては、直径14cmぐらいの丸形（角形でもOK）がちょうどよい大きさです。

2.材料を混ぜる

3 ドライイーストなどを加える

ドライイーストを加えて泡立て器で散らし、続けて塩、砂糖を加え、サッと混ぜる。

4 強力粉の⅓量を加える

強力粉の⅓量を加え、泡立て器でなめらかになるまで混ぜる。

5 残りの強力粉を加える

残りの強力粉をすべて加え、箸に持ちかえて、ぐるぐると混ぜ合わせる。箸はひろげて持つと混ぜやすい。

★ポイント
生地を箸で持ち上げたとき、一かたまりになればOK。ここで練ってしまうと、ふっくらと焼けないので注意。

3.1回目の発酵

6 電子レンジにかける

ふたを軽くのせ（ぴったりとかぶせない）、電子レンジ弱に30秒かける。

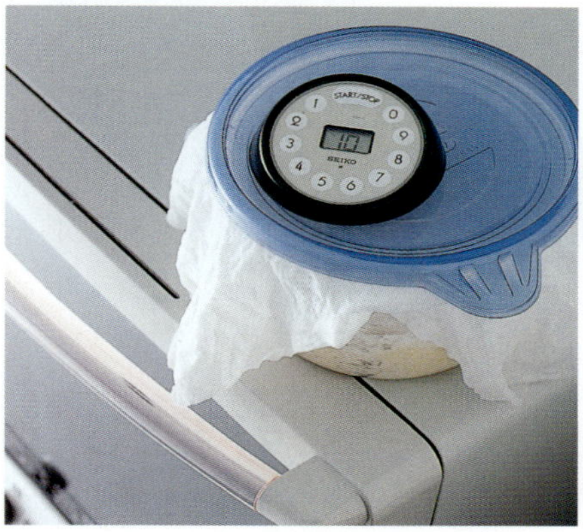

7 生地を休ませる

レンジから取り出してふたを取り、水でぬらしたキッチンペーパーをかけて、軽くふたをし、26～27度の暖かいところに10分おく。

26～27度のところで10分休ませると

★ポイント
室温が低いときは、電子レンジの上（余熱を利用）や電気ポットの横など、暖かい場所に置くとよい。生地が2倍くらいにふくらんだら発酵終了。ふくらみが足りない場合は、もう少しおく。

4.成形

8
取り出す

まな板に打ち粉をして生地を取り出し、裏返した面にも打ち粉をつける。

★ポイント

「電子レンジ発酵パン」は、一般のパンのレシピに比べて水分が多く、生地が柔らかいので、この段階で両面に打ち粉をつけて調整すると、丸めやすくなる。打ち粉は基本的に生地の粉と同じものを使い、分量はティースプーン１杯ぐらいが適量。つけすぎると生地がかたくなるので注意。

9
ガス抜きをする

ゴムべらで軽く押さえてガス抜きし、ざっと形を丸く整える。

10
分割する

ゴムべらで6等分する。

11
丸める

1 切り口を中に巻き込むようにして、ゴムべらと指で丸く形を作る。

2 閉じ目（生地の合わせ目）は指先でつまんでしっかり合わせる。

3 閉じ目を下にして、両手で形を整える。

4 閉じ目を下にしたまま、手のひらで表面がなめらかになるように形を整える。

5.2回目の発酵

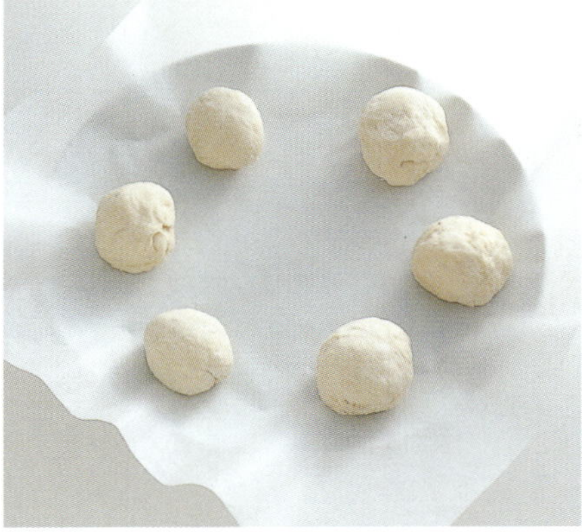

12 ターンテーブルに並べる

ターンテーブルにクッキングシートを敷き、閉じ目を下にして生地をドーナツ状に並べる。

13 電子レンジにかける

上にクッキングシートをかけ、電子レンジ弱に30秒かける。

14 生地を休ませる

1 レンジから取り出して、下のクッキングシートごとオーブンの天パンに移す。

2 上にクッキングシートと、水でぬらしたキッチンペーパーをかけ、26〜27度の暖かいところに10分おく。

★ポイント
2倍くらいの大きさにふくらんだら発酵終了。このときも、ふくらみが足りない場合はもう少しおく。

6.オーブンで焼く

15 粉を軽くふる

上のクッキングシートと水でぬらしたキッチンペーパーをはずし、強力粉（材料表外）を軽くふる。刷毛につけてトントンとたたくとよい。粉をふっておくと、パンがふくらむ前に焦げるのを防げる。

16 焼く

180度に温めたオーブンで12〜15分焼く。きれいな焼き色がついたらできあがり。

＋αの素材を混ぜたパン

ポイント

＋αの材料は、基本の作り方5で残りの強力粉といっしょに加える(→P347)。

コロコロパンと同様に、箸でくるくるっと混ぜて、一かたまりになればOK。こねないのがコツ。ここからは基本の作り方6～16と同様に。

コロコロパンの生地に胡麻やハーブなどを混ぜてみましょう。
＋αの材料は、P347の「作り方5」で「残りの強力粉を加える」ときに、いっしょに入れます。それ以外はすべてコロコロパンと同じ作り方です。

豆入りパン

さすが　ふっくら　ヘルシー

371kcal　1分30秒

材料（6個分）
コロコロパンの材料(→P346) ……………………………… 全量
金時豆の甘煮(市販品) ‥ 100g

作り方
コロコロパンと同様に作る（→P346～349)。
＊作り方5で残りの強力粉を加えるときに金時豆をいっしょに入れる。

胡麻パン

さすが　ふっくら　ヘルシー

316kcal　1分30秒

材料（6個分）
コロコロパンの材料(→P346) ……………………………… 全量
すり黒胡麻、炒り黒胡麻 ……………………… 各大さじ1

作り方
コロコロパンと同様に作る（→P346～349)。
＊作り方5で残りの強力粉を加えるときにすり黒胡麻、炒り黒胡麻をいっしょに入れる。

ハーブパン

さすが　ふっくら　ヘルシー

262kcal　1分30秒

材料（6個分）
コロコロパンの材料(→P346) ……………………………… 全量
ミント、バジリコ、それぞれの粗みじん切り ……各大さじ1

作り方
コロコロパンと同様に作る（→P346～349)。
＊作り方5で残りの強力粉を加えるときにミントとバジリコをいっしょに入れる。

ドライフルーツパン

さすが　ふっくら　色あざやか

371kcal　1分30秒

材料（6個分）
コロコロパンの材料(→P346) ……………………………… 全量
レーズン ……………………50g
ドレンチェリー …………… 4個

作り方
コロコロパンと同様に作る（→P346～349)。
＊作り方5で残りの強力粉を加えるときにレーズンとチェリー（各粗みじん切り）をいっしょに入れる。

豆入りパン
胡麻パン
ハーブパン
ドライフルーツパン

＋αの素材を中に入れたパン

ウインナロールパン

さすが ふっくら　**406kcal 1分30秒**

材料（6個分）
コロコロパンの材料（→P346）
……………………………全量
ウインナソーセージ ……… 6本

作り方

●**材料を混ぜる・1回目の発酵**
❶P346〜347の基本の作り方1〜7と同様に。

●**成形**
❷打ち粉をしたまな板に生地を取り出し、ガス抜きする。6等分して丸め、手のひらで転がしながら12〜13cm長さのしずく形にする。めん棒で20cm長さにのばし、生地が縮まないように、向こう側の端にめん棒をのせる。
❸手前から7cmのところにウインナソーセージをのせて生地をかぶせ、生地を少し引っぱりながら手前から巻いていく。巻き終わりはしっかりつまんで閉じる。

●**2回目の発酵・オーブンで焼く**
❹P349の基本の作り方12〜16と同様に作業し、焼く。

めん棒で押さえておくと、生地が縮みにくく、巻きやすい。

へそ胡麻あんパン

さすが しっとり　**464kcal 1分30秒**

材料（8個分）
コロコロパンの材料（→P346）
……………………………全量
練りあん（8等分して丸めておく）……………………… 250g
溶き卵、炒り白胡麻 ……各適量

作り方

●**材料を混ぜる・1回目の発酵**
❶P346〜347の基本の作り方1〜7と同様に。

●**成形**
❷打ち粉をしたまな板に生地を取り出してガス抜きし、8等分して丸める。めん棒で直径6cmの円形にのばし、あんをのせて包む（**a**）。合わせ目を閉じ、上から押さえて平らな形にする。

●**2回目の発酵**
❸P349の基本の作り方12〜14と同様に。

●**オーブンで焼く**
❹指に打ち粉をつけて中心部を押し、へそを作る（**b**）。表面に溶き卵を薄く塗り、炒り白胡麻をのせる。
❺180度に温めたオーブンで12〜15分焼く。

a

b

揚げパン

カレーパン

さすが ふっくら さっくり **600kcal 3分**

材料（6個分）
コロコロパンの材料（→P346）……全量
Ⓐレトルトカレー…105g／小麦粉…大さじ1／豆板醤…小さじ½
小麦粉、溶き卵、パン粉、揚げ油……各適量

作り方

❶耐熱ボウルにⒶの小麦粉と豆板醤を合わせ、レトルトカレーを加えてよく混ぜる。ラップをして電子レンジ強で2分加熱し、混ぜ合わせて冷ます。

●**材料を混ぜる・1回目の発酵**

❷P346～347の基本の作り方1～7と同様に。

●**成形・揚げる**

❸打ち粉をしたまな板に生地を取り出し、ガス抜きする。6等分し、めん棒で10×12cmの楕円形にのばす。①のカレーを⅙量ずつのせて包み、上から軽く押さえる。

❹小麦粉、溶き卵、パン粉を順につける。

❺フライパンに揚げ油を1～1.5cmの深さに注ぎ、低温（140度）に熱して④を入れる。こまめに上下を返しながら揚げ、2倍くらいにふくらみ、きつね色になったら油をきる。

カレーは冷ましておく。生地にのせたら、両端を持ち上げて上で閉じ、両端もしっかり閉じる。

ドーナツ

さすが 簡単 **438kcal 1分**

材料（10個分）
コロコロパンの材料（→P346）……全量
Ⓐ砂糖、グラニュー糖…各大さじ1
揚げ油……適量

作り方

●**材料を混ぜる・1回目の発酵**

❶P346～347の基本の作り方1～7と同様に。

●**成形・揚げる**

❷打ち粉をしたまな板に生地を取り出し、ガス抜きして10等分し、丸める。手のひらで軽く押さえて平らにし、中央に指を入れて穴をあける。両方の人さし指を穴に入れてぐるぐる回し、リング状にする（**a**）。

❸フライパンに揚げ油を1～1.5cmの深さに注ぎ、低温（140度）に熱して②を入れる。こまめに上下を返しながら揚げ（**b**）、2倍くらいにふくらみ、きつね色になったら油をきる。

❹紙袋にⒶを合わせて③を入れ、口を閉じてふり、まぶしつける。

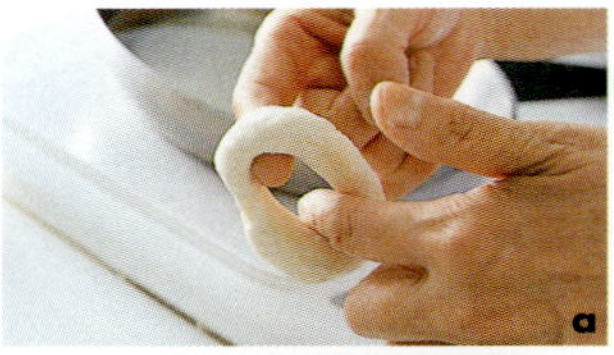

a

b

成形したらすぐに揚げる。こまめに上下を返しながら揚げないと、片側だけふくらんでしまうので注意。

型に入れて焼くパン

ミニ食パン

さすが ふっくら | 簡単

262kcal 2分

材料（12×5.5㎝、深さ4.5㎝のアルミケース１個分）
コロコロパンの材料（→P346）……………………………全量
＊アルミケースにはバター（材料表外）を塗っておく。

作り方

材料を混ぜる・１回目の発酵

1 P346〜347の基本の作り方１〜７と同様に。

成形

2 打ち粉をしたまな板に生地を取り出してガス抜きし、２等分する。

3 めん棒で10×18㎝の長方形にのばす。

4 生地を縦長に置き、左右を中心に向かって折る。合わせ目を指でつまんでしっかり閉じる。

5 端からぐるぐると巻き、巻き終わりを下にしてアルミケースに入れる。残りの生地も同様にして、アルミケースに入れる。
★ポイント　渦巻きの形が側面にくるようにして、２個並べて入れる。

２回目の発酵

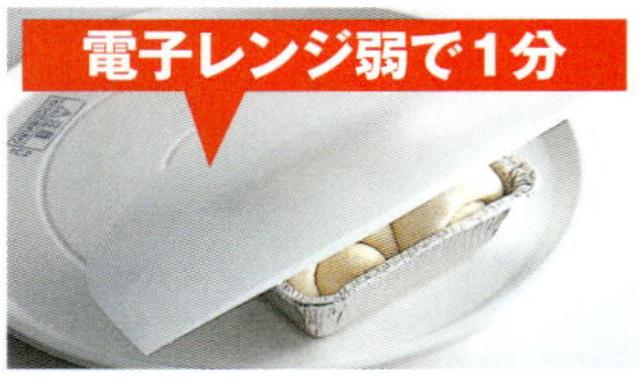

6 クッキングシートをかぶせ、電子レンジ弱に１分かける。
★ポイント　金属製の型を使う場合、電子レンジにかける時間はP349の基本（30秒）の２倍にする。

7 取り出して、クッキングシートと水でぬらしたキッチンペーパーを順にかぶせ、26〜27度の暖かいところに10分おく。型から盛り上がるくらいふくらめば発酵終了。

オーブンで焼く

8 クッキングシートとぬらしたキッチンペーパーをはずし、刷毛で強力粉（材料表外）を薄くつける。

9 180度に温めたオーブンの底に⑧をじかに置き（天パンは使わない）15〜18分焼く。

10 焼きあがったらすぐにアルミケースから取り出す。

にんじんパン

さすが ふっくら ヘルシー 色あざやか **248kcal 2分**

材料（12×5.5㎝、深さ4.5㎝のアルミケース１個分）

コロコロパンの材料（→P346）（牛乳のかわりににんじんジュースを使う）……………全量

＊アルミケースにはバター（材料表外）を塗っておく。

牛乳のかわりに、にんじんジュースを使う。電子レンジ強で30秒加熱する。人肌（約37度）に温め、バターを溶かす。

作り方

●材料を混ぜる・１回目の発酵

❶耐熱樹脂ボウルににんじんジュースとバターを入れ、電子レンジ強に30秒かけて泡立て器で混ぜ、バターを溶かす。あとはP347の基本の作り方３～７と同様に。

●成形・２回目の発酵・オーブンで焼く

❷P354「ミニ食パン」の作り方２～10と同様に。

レーズンパン

さすが ふっくら しっとり **438kcal 2分**

材料（12×5.5㎝、深さ4.5㎝のアルミケース１個分）

コロコロパンの材料（→P346）……………………………全量

レーズンの粗みじん切り………………………… 100g

シナモンシュガー

シナモンパウダー…小さじ½／グラニュー糖…大さじ１

＊アルミケースにはバター（材料表外）を塗っておく。

シナモンシュガーは皿に入れ、アルミケースに入れたパン生地を逆さにしてつける。表面に水を塗っておくと、つきやすい。

作り方

●材料を混ぜる・１回目の発酵

❶P346～347の基本の作り方１～７と同様に。作り方５で残りの強力粉を加えるときに、レーズンをいっしょに入れる。

●成形

❷打ち粉をしたまな板に生地を取り出し、ガス抜きする。分割せずに、めん棒で12×20㎝にのばす。端からぐるぐると巻き、巻き終わりは指でつまんで閉じる。巻き終わりを下にしてアルミケースに入れる。

●２回目の発酵・オーブンで焼く

❸P354「ミニ食パン」の作り方６～７と同様に。

❹刷毛で表面に水を塗り、シナモンシュガーをつける。「ミニ食パン」と同様に焼く。

細長い形に焼くパン

フランスパン専用粉
強力粉の中ではたんぱく質（グルテン）の含有量が比較的少ないタイプで「フランスパン用強力粉」として市販されている。手に入らなければ、強力粉70gに薄力粉30gを混ぜ、よくふるってから使うとよい。

バゲット

さすが ふっくら 本格派

262kcal 1分30秒

材料（1本分）
コロコロパンの材料（→P346・強力粉はフランスパン専用粉を使う）……………………全量

作り方

材料を混ぜる・1回目の発酵

1 強力粉をフランスパン専用粉に替え、P346～347の基本の作り方1～7と同様にする。

成形

2 打ち粉をしたまな板に生地を取り出し、ゴムべらで押さえてガス抜きし、15×20cmの楕円形にのばす。

3 生地を縦長に置き、左右を中心に向かって折り、上下を少し折り返す。

4 縦半分に折り、合わせ目を指でつまんで閉じる。
★ポイント 中に空気が入ると穴あきパンになってしまうので、空気を入れないようにする。

5 両手で転がして30cm長さにのばす。

2回目の発酵

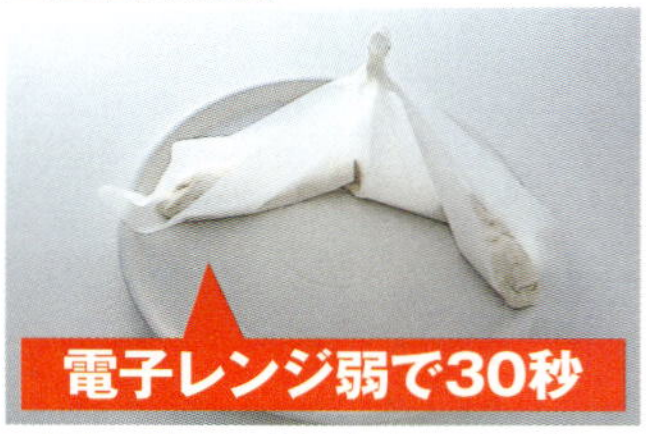

6 30×30cmに切ったクッキングシートに⑤をのせ、P360の⑦の要領で包み、電子レンジ弱に30秒かける。

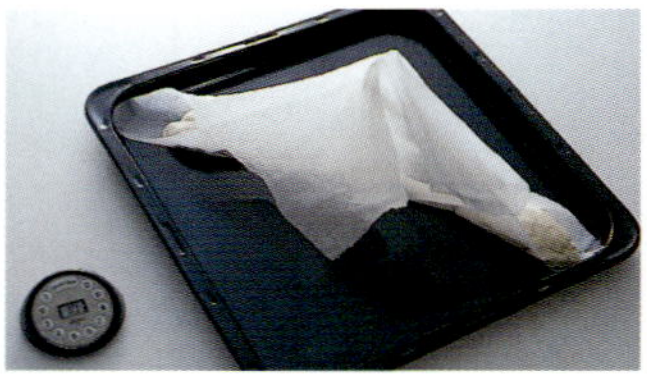

7 クッキングシートごと天パンに移し、水でぬらしたキッチンペーパーをかけ、26～27度の暖かいところに10分おく。

オーブンで焼く

8 キッチンペーパーをはずし、クッキングシートのねじり目をといて平らにひろげる。刷毛で強力粉（材料表外）を薄くつける。

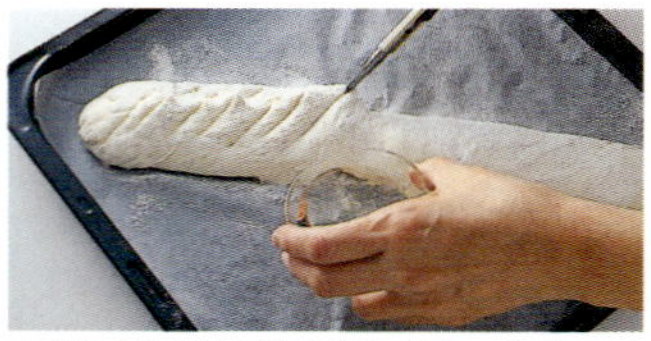

9 サラダ油（材料表外）を塗ったカッターで斜めに切り目を入れ、180度に温めたオーブンで20～25分焼く。
★ポイント カッターの刃先にサラダ油をつけておくと、きれいに切れる。

コーンマヨネーズ入りパン

さすが ふっくら　**359kcal 1分30秒**

材料（1本分）
コロコロパンの材料（→P346）……………………全量
缶詰のコーン（ホールタイプ）……………………100g
マヨネーズ……………小さじ4

作り方

●材料を混ぜる・1回目の発酵
❶P346～347の基本の作り方1～7と同様に。

●成形
❷打ち粉をしたまな板に生地を取り出して、ゴムべらでガス抜きし、15×20㎝の楕円形にのばす。
❸生地を縦長に置き、中央にマヨネーズを塗り、コーンをのせる。左右を中心に向かって折り、上下を少し折り返す。縦半分に折り、合わせ目を指でつまんで閉じる。両手で転がして25㎝長さにのばす。

●2回目の発酵・オーブンで焼く
❹P356「バゲット」の作り方6～7と同様に。
❺刷毛で強力粉（材料表外）を薄くつけ、サラダ油（材料表外）をつけたカッターで中央に1本切り込みを入れ、180度に温めたオーブンで20～25分焼く。

ほうれんそう入りパン

さすが ふっくら ヘルシー　**270kcal 1分30秒**

材料（1本分）
強力粉……………………90g
全粒粉……………………10g
牛乳……………………65㎖
バター……………………8g
ドライイースト………小さじ1
塩……………………小さじ⅕
砂糖……………………大さじ1
ほうれんそう（ゆでてみじん切りにする）……………100g
打ち粉用の粉（全粒粉）……適量
＊牛乳は基本の分量より10㎖少なくする。

作り方

●材料を混ぜる・1回目の発酵
❶強力粉と全粒粉を合わせてふるい、P346～347の基本の作り方1～7と同様にする。作り方5で残りの強力粉を加えるときに、ほうれんそうをいっしょに入れる。

●成形・2回目の発酵
❷P356「バゲット」の作り方2～7と同様に。

●オーブンで焼く
❸刷毛で全粒粉（材料表外）を薄くつけ、刃先にサラダ油（材料表外）をつけたカッターで斜めに4本切り込みを入れる。180度に温めたオーブンで20～25分焼く。

オーブントースターで焼いてみましょう

ベーグル

さすが さっぱり **268kcal 1分**

材料(3個分)
コロコロパンの材料(→P346) ……全量
けしの実 ……少々
砂糖 ……大さじ1

作り方
●**材料を混ぜる・1回目の発酵**
❶P346〜347の基本の作り方1〜7と同様に。
●**成形・ゆでる**
❷打ち粉をしたまな板に生地を取り出し、ゴムべらでガス抜きする。3等分し、丸める。
❸上から軽く押さえて平らにし、中央に指を入れて穴をあける。両方の人さし指を穴に入れてぐるぐる回し、リング状にする。
❹フライパンに湯を沸かし、砂糖を加えて③を入れる。静かに沸騰する程度の火加減で4分ゆで、裏返してさらに4分ゆでる。バットに上げ、けしの実をふる。
●**オーブントースターで焼く**
❺アルミホイルを敷いた天パンに移し、予熱していないオーブントースターで12〜15分焼く。
＊ベーグルを横半分に切り、カマンベールチーズとトマトジャムをはさんでいます。(具材は表示カロリー外)

扁平な形で、上火とそれほど近くならないので、アルミホイルをかぶせなくてもよい。

ピタパン

さすが 簡単 **262kcal 1分30秒**

材料(4個分)
コロコロパンの材料(→P346) ……全量

オーブントースターに一度に入りきらない場合は2回に分けて焼く。

半分に切ると、中がポケット状になっている。ここにハムなどをはさむ。

作り方
●**材料を混ぜる・1回目の発酵**
❶P346〜347の基本の作り方1〜7と同様に。
●**成形**
❷打ち粉をしたまな板に生地を取り出し、ガス抜きする。4等分し、丸める。
❸めん棒で3㎜厚さ、8×9㎝の楕円形にのばす。
●**2回目の発酵**
❹P349の基本の作り方12〜14と同様に。
●**オーブントースターで焼く**
❺予熱していないオーブントースターで5〜6分、プッとふくらむまで焼く。
＊ピタパンを半分に切り、生ハム、アボカド、トマト、玉ねぎ(薄切りにして水にさらしたもの)、サニーレタスをはさんでいます。(具材は表示カロリー外)

フライパンで焼いてみましょう

オリーブのフォカッチャ

さすが　簡単　**358kcal 1分**

材料（直径22～24cmのもの1枚分）
コロコロパンの材料（→P346）……………………………全量
黒オリーブ、グリーンオリーブ（種抜き・横半分に切る）…各10個
ローズマリー、タイム…各少々
塩、こしょう……………各少々
オリーブ油……………大さじ1

作り方
●**材料を混ぜる・1回目の発酵**
❶P346～347の基本の作り方1～7と同様に。
●**成形**
❷打ち粉をしたまな板に生地を取り出し、ガス抜きする。めん棒で18×20cmの楕円形にのばし、フォークで全体に穴をあける。
●**フライパンで焼く**
❸フライパンにオリーブ油を入れ、オリーブを並べてローズマリー、タイムを散らし、②をのせて火にかける。ふたをして弱火で3分焼き、裏返して、塩、こしょうをふり、さらに弱火で3分焼く。

フライパンにオリーブを並べてハーブを散らし、その上に生地をのせる。

ピザ・マルゲリータ

さすが　簡単　**537kcal 1分**

材料（直径22～24cmのもの1枚分）
コロコロパンの材料（→P346）……………………………全量
トマトの輪切り…………2個分
ピザ用チーズ…………… 100g
パセリのみじん切り ……適量
バジリコ……………………適量
塩、こしょう……………各少々
オリーブ油……………大さじ1

作り方
●**材料を混ぜる・1回目の発酵**
❶P346～347の基本の作り方1～7と同様に。
●**成形**
❷打ち粉をしたまな板に生地を取り出し、ガス抜きする。めん棒で18×20cmの楕円形にのばし、フォークで全体に穴をあける。
●**フライパンで焼く**
❸フライパンにオリーブ油を入れ、②をのせて火にかける。ふたをして弱火で4分焼く。裏返して塩、こしょう、パセリをふり、トマトを並べ、チーズをのせる。ふたをして、さらに弱火で5～6分焼く。
❹器に盛り、バジリコをちぎって散らす。

ふたをして、弱火で両面焼く。焼くことで2回目の発酵も兼ねている。

野生酵母を使ったヘルシーなパン

全粒粉やライ麦粉などを使ったパンが近年注目を集めています。これらの粉はグルテンを形成しにくいので、電子レンジ発酵パンでは強力粉に混ぜて使うのがポイントです。ここでは野生酵母を使いますが、通常のドライイーストでももちろんOKです。

ライ麦粉
麦の一種「ライ麦」を製粉したもので、黒パンの材料としても使われる。

ライ麦パン

さすが ヘルシー ローカロリー

230kcal 1分30秒

材料（1本分）

- 強力粉……………………90g
- ライ麦粉（細びき）…………10g
- 牛乳……………………50mℓ
- サラダ油………………小さじ1
- 白神こだま酵母………小さじ1
- ぬるま湯（約30度）….大さじ2
- 塩……………………小さじ1/5
- 砂糖…………………小さじ1
- 打ち粉用の粉（ライ麦粉）…適量

野生酵母

「白神こだま酵母」は、秋田・青森両県にまたがる白神山地の腐葉土から採取した数千株に及ぶ野生酵母の中から、パン作りに適した菌株を選抜し、培養した野生酵母です。本書ではドライ加工された製品を使います。

取り寄せ先
取扱代理店：株式会社サラ秋田白神
☎ 0426(79)7173
容量：10g×5包　価格：¥680

作り方

材料を混ぜる

1 小さめの器に白神こだま酵母を入れ、分量のぬるま湯を注いで5分おく。

2 直径14cmの耐熱樹脂ボウルに牛乳とサラダ油を入れ、ふたをしないで電子レンジ強に30秒かける。人肌（約37度）に温まったら①を加え、泡立て器で混ぜる。

3 塩、砂糖、強力粉の1/3量を加え、なめらかになるまで混ぜる。

4 残りの強力粉とライ麦粉をいっしょに加え、箸に持ちかえてぐるぐると混ぜ合わせる。一かたまりになればOK。

1回目の発酵

5 P347の基本の作り方6～7と同様に。

成形

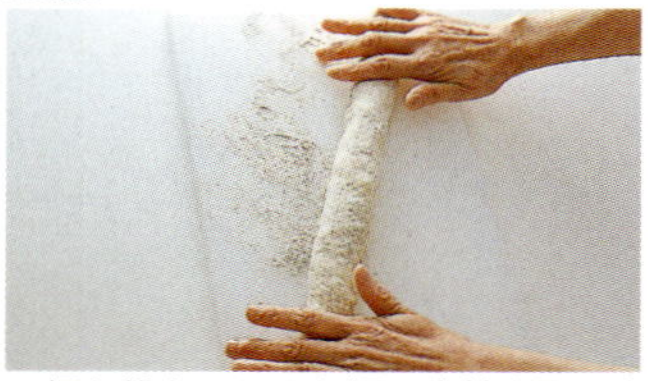

6 打ち粉をしたまな板に生地を取り出して、ゴムべらで押さえてガス抜きし、15×20cmの楕円形にのばす。生地を縦長に置き、左右を中心に向かって折り、上下を少し折り返す。縦半分に折り、合わせ目を指でつまんで閉じる。両手で転がして34cm長さにのばす。

2回目の発酵

7 30×30cmに切ったクッキングシートの対角線上に⑥をのせ、シートの両端を持ち上げ、中央で合わせねじる。電子レンジ弱に30秒かける。
8 クッキングシートごと天パンに移し、水でぬらしたキッチンペーパーをかけ、26～27度の暖かいところに10分おく。

オーブンで焼く

9 キッチンペーパーをはずし、クッキングシートのねじり目をといて平らにひろげる。刷毛でライ麦粉（材料表外）を薄くつける。サラダ油（材料表外）をつけたカッターで切り目を入れる。180度に温めたオーブンで20～25分焼く。

全粒粉パン

さすが ヘルシー ローカロリー **226kcal 1分30秒**

材料（1個分）

強力粉……………………………80g
全粒粉（細びき）……………20g
牛乳…………………………… 50mℓ
サラダ油………………小さじ1
白神こだま酵母………小さじ1
ぬるま湯（約30度）…大さじ2
塩………………………小さじ⅕
砂糖……………………小さじ1
打ち粉用の粉（全粒粉）…適量

作り方

●材料を混ぜる・1回目の発酵

❶P360「ライ麦パン」の作り方1～5と同様に（全粒粉は作り方4で残りの強力粉を加えるときにいっしょに入れる）。

●成形・2回目の発酵

❷打ち粉をしたまな板に生地を取り出し、ゴムべらで押さえてガス抜きする。生地は分割しないで、一つに丸める。

❸P349の基本の作り方12～14と同様に。

●オーブンで焼く

❹刷毛で全粒粉（材料表外）を薄くつけ、刃先にサラダ油（材料表外）をつけたカッターでノの字の切り目を2本入れる。180度に温めたオーブンで20～25分焼く。

全粒粉
皮や胚芽がついたまま小麦をひいた粉。食物繊維やミネラルを多く含む。

玄米パン

さすが ヘルシー **289kcal 1分30秒**

材料（1本分）

強力粉……………………………90g
玄米粉（細びき・ローストしたもの）……………………10g
牛乳…………………………… 50mℓ
サラダ油………………小さじ1
白神こだま酵母………小さじ1
ぬるま湯（約30度）…大さじ2
塩………………………小さじ⅕
砂糖……………………小さじ1
打ち粉用の粉（玄米粉）…適量
Ⓐ押し麦、炒り白胡麻、ひまわりの種…各大さじ1

作り方

●材料を混ぜる・1回目の発酵

❶P360「ライ麦パン」の作り方1～5と同様に（玄米粉は作り方4で残りの強力粉を加えるときにいっしょに入れる）。

●成形

❷打ち粉をしたまな板に生地を取り出し、ガス抜きする。分割せずに一つに丸め、ゴムべらで15×20㎝の楕円形にのばす。生地を縦長に置き、左右を中心に向かって折り、上下を少し折り返す。縦半分に折り、合わせ目を指でつまんでしっかり閉じる。

❸閉じ目を下に向け、上側に刷毛で水をぬり、Ⓐをまぶす。

●2回目の発酵・オーブンで焼く

❹P349の基本の作り方12～14と同様に。

❺刷毛で玄米粉（材料表外）を薄くつけ、180度に温めたオーブンで20～25分焼く。

玄米粉
うるち玄米をローストし、製粉したもの。

コーンミールパン

さすが ヘルシー ロー カロリー　**229kcal 1分30秒**

材料（４個分）

強力粉……………………………80g
コーンミール………………20g
牛乳 ………………………… 50mℓ
サラダ油 ………………小さじ１
白神こだま酵母………小さじ１
ぬるま湯（約30度）‥‥大さじ２
塩 ………………………小さじ⅕
砂糖 ……………………小さじ１
打ち粉用の粉（コーンミール）
…………………………………適量

作り方

● **材料を混ぜる・１回目の発酵**

❶P360「ライ麦パン」の作り方１～５と同様に（コーンミールは作り方４で残りの強力粉を加えるときにいっしょに入れる）。

● **成形**

❷打ち粉をしたまな板に生地を取り出し、ガス抜きする。４等分して丸め、めん棒で10×15㎝の楕円形にのばす。

❸生地を縦長に置き、左右を中心に向かって折り、上下を折り返す。合わせ目は指でつまんでしっかり閉じる。閉じ目を下にして置き、両手ではさんで形を整える。ほかの３個も同様に。

● **２回目の発酵**

❹P349の基本の作り方12～14と同様に。

● **オーブンで焼く**

❺刷毛でコーンミール（材料表外）を薄くつけ、刃先にサラダ油（材料表外）をつけたカッターで中央に１本切り込みを入れる。180度に温めたオーブンで15～20分焼く。

五穀米パン

さすが ふっくら ヘルシー　**338kcal 1分30秒**

材料（３個分）

強力粉 …………………… 100g
五穀米ご飯 ……………… 150g
牛乳 ………………………… 50mℓ
サラダ油 ………………小さじ１
白神こだま酵母………小さじ１
ぬるま湯（約30度）‥‥大さじ２
塩 ………………………小さじ⅕
砂糖 ……………………小さじ１
打ち粉用の粉（強力粉）‥‥適量

作り方

● **材料を混ぜる・１回目の発酵**

❶P360「ライ麦パン」の作り方１～５と同様に。

● **成形**

❷打ち粉をしたまな板に生地を取り出し、ガス抜きする。３等分して丸め、めん棒で７×14㎝の長方形にのばす。

❸生地を縦長に置き、中央に五穀米ご飯の⅓量をのせる。ご飯をくるむように左右を中心に折り、上下を折り返す。合わせ目は指でつまんでしっかり閉じる。ほかの２個も同様にする。

● **２回目の発酵**

❹P349の基本の作り方12～14と同様に。

● **オーブンで焼く**

❺刷毛で強力粉（材料表外）を薄くつけ、刃先にサラダ油（材料表外）をつけたカッターでV字に４本切り目を入れる。180度に温めたオーブンで20～25分焼く。

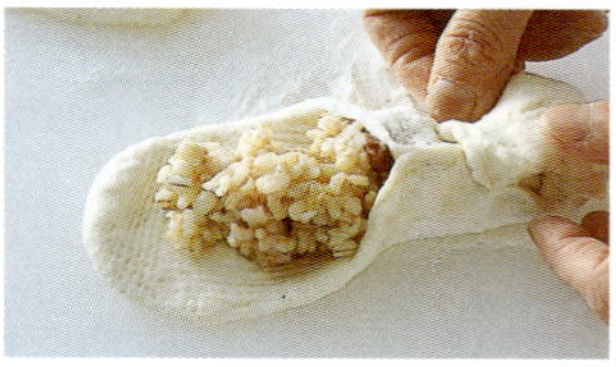

五穀米ご飯はレトルトのものを利用してもよい。パン生地の中にしっかりと包み込む。

基本のアレンジで作る「中華まんじゅう」

コロコロパンの生地を作る要領で「中華まんじゅう」も作れます。小麦粉は、ふっくらとした口当たりにするために薄力粉を使います。蒸すのも電子レンジにおまかせです。

花巻

さすが　ふっくら　簡単

294kcal **6**分

材料（8個分）

- 薄力粉 …………………… 100g
- 牛乳 …………………… 70～75mℓ
- サラダ油 …………………… 10mℓ
- ドライイースト ……… 小さじ1
- 塩 …………………… 小さじ⅕
- 砂糖 …………………… 大さじ1
- 打ち粉用の粉（薄力粉）…… 適量

作り方

材料を混ぜる・1回目の発酵

1 P346～347の基本の作り方1～7と同様にする。ここではバターのかわりにサラダ油を使い、強力粉のかわりに薄力粉を使う。

成形

2 打ち粉をしたまな板に生地を取り出して、ゴムべらでガス抜きし、めん棒で15×22cmの長方形にのばす。

3 スプーン1杯分のサラダ油（材料表外）を塗り、塩少々（材料表外）をふる。

4 手前からくるくると巻いていき、合わせ目は指でしっかり閉じる。

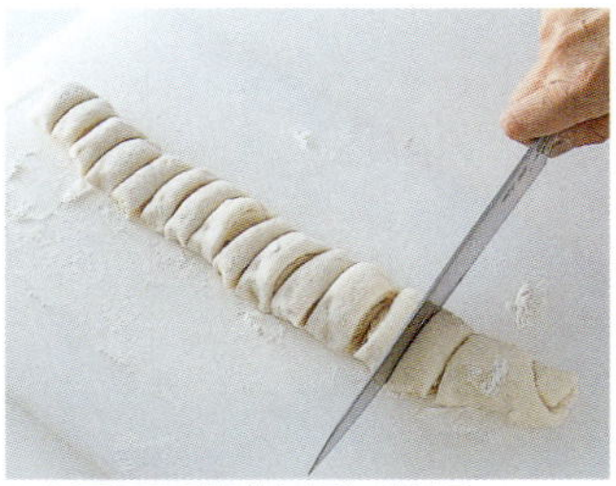

5 包丁で16等分に切り分ける。

6 切り分けた生地を2個重ねて置き、打ち粉をつけた菜箸を真ん中にあてる（**a**）。下までぐっと押さえつけて（**b**）、菜箸を引き抜く。

電子レンジで蒸す

7 直径20cmの耐熱皿にクッキングシートを敷いて⑥をドーナツ状に並べ、ラップをかける。

8 ターンテーブルに直径15cmの耐熱皿を置いて熱湯200mℓ（材料表外）を注ぎ（**a**）、割り箸2膳を間隔をあけてのせる。⑦の皿をのせ（**b**）、電子レンジ強で5分加熱する。

花巻の生地を使って

肉まん

さすが　あっさり　ふっくら

449kcal 8分

材料（6個分）

花巻の生地（→P363・1回目の発酵を終え、2倍にふくらむまでおいたもの）………全量
打ち粉用の粉（薄力粉）……適量
<肉まんの具>
豚ひき肉…………………… 100g
キャベツ………… 100g（2枚）
長ねぎの粗みじん切り……10g
Ⓐ酒、しょうゆ、砂糖、片栗粉…各大さじ1／こしょう…少少

作り方

具を作る

1 キャベツはポリ袋に入れて、電子レンジ強で2分加熱し、刻む。ボウルに豚ひき肉とⒶを入れ、箸で混ぜる。長ねぎとキャベツも加えて混ぜる。

成形

2 花巻の生地は打ち粉をしたまな板に取り出し、6等分して丸め、めん棒で直径7cmの円形にのばす。

3 生地の中央に具の⅙量をのせる。

4 周囲の生地をつまんでは閉じ、真ん中に寄せていく。合わせ目を指でつまんでしっかり閉じる。残りも同様にする。

5 閉じ目を上にしてシリコン加工の紙ケースに入れる。

電子レンジで蒸す

6 直径20cmの耐熱皿に⑤をドーナツ状に並べ、ラップをかける。
7 ターンテーブルに直径15cmの耐熱皿を置き、熱湯200mℓ（材料表外）を注ぐ。割り箸2膳を間隔をあけてのせ、⑥の皿をのせる。電子レンジ強で5分加熱する。

1個だけ食べたい

電子レンジで蒸した中華まんじゅうは、冷めてしまうとかたくなり、温め直してもふんわりとしません。このレシピでは肉まんが6個できますが、一度に全部食べない場合は、蒸すのは必要な数だけにして、残りは冷凍保存しておくことをおすすめします。たとえば1個だけ蒸すときは、電子レンジでの蒸し方は作り方6～7と同様ですが、加熱時間が変わります。皿の上には、個数に関係なく端に置くようにします。

【加熱時間】
2個までは600Wで2分
（500Wなら2分30秒）
3個以上は
1個あたり600Wで1分
（500Wなら70秒強）
で計算します。
＊2個の場合は向かい合わせになるように、3～6個の場合は等間隔に皿の端に並べます。

チョコレートまんじゅう

さすが ふっくら | 簡単 | **396**kcal **6**分

材料(10個分)
花巻の生地(→P363・1回目の発酵を終え、2倍にふくらむまでおいたもの)………全量
板チョコレート‥43g(小1枚)

作り方

●成形

❶花巻の生地は10等分して丸め、チョコレートの1/10量を入れて包む。閉じ目を下にして紙ケースに入れ､残りも同様にする。

●電子レンジで蒸す

❷直径20㎝の耐熱皿に①をドーナツ状に並べ、ラップをかける。

❸ターンテーブルに直径15㎝の耐熱皿を置き、熱湯200㎖(材料表外)を注ぐ。

❹割り箸2膳を間隔をあけて③にのせ、②の皿をのせる。電子レンジ強で5分加熱する。

キャラメルまんじゅう

さすが ふっくら | 簡単 | **428**kcal **6**分

材料(10個分)
花巻の生地(→P363・1回目の発酵を終え、2倍にふくらむまでおいたもの)………全量
キャラメル………………… 10個

作り方

「チョコレートまんじゅう」と同じ要領で、中にキャラメルを入れる。

ブルーチーズ＆オリーブまんじゅう

さすが ふっくら | 簡単 | **469**kcal **6**分

材料(10個分)
花巻の生地(→P363・1回目の発酵を終え、2倍にふくらむまでおいたもの)………全量
ブルーチーズ…………… 100g
グリーンオリーブ(種抜き)
…………………………… 10個

作り方

「チョコレートまんじゅう」と同じ要領で、中にブルーチーズとオリーブを入れる。

基本の生地＋バターでクロワッサンに挑戦

基本の生地に慣れたら、次はクロワッサンを作ってみましょう。生地にたっぷりのバターを加え、折り込む作業がありますが、手間をかけたぶんだけ上手に焼けると感激もひとしおです。

クロワッサン

さすが　こくが出る　ふっくら　本格派　**422**kcal **1**分**30**秒

材料（4個分）

- 強力粉……………………75g
- 薄力粉……………………25g
- 牛乳……………………75mℓ
- バター……………………10g
- ドライイースト………小さじ1
- 塩……………………小さじ1/5
- 砂糖……………………大さじ1
- 折り込み用バター（無塩タイプ）……………………40g
- 打ち粉用の粉（強力粉）……適量

パン生地を作る

P346～347の基本の作り方1～7の要領で、材料を合わせ、1回目の発酵まで済ませます。ここでは、サクサク感を出すために、強力粉と薄力粉を3：1の割合でブレンドします。あらかじめ合わせてふるっておきましょう。

1.バターを包む

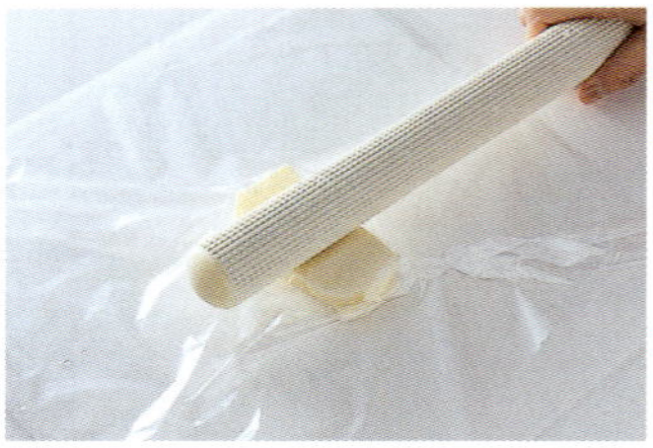

1 バターをのばす

折り込み用のバターは冷蔵庫から出したてのものを使う。ポリ袋に入れ、めん棒でたたいて7cm角にのばす。

2 生地を四角くのばす

打ち粉をしたまな板に1回目の発酵を終え、2倍にふくらんだ生地を取り出し、ゴムべらで軽く押さえてガス抜きする。

3

バターを置く中央部分はのばさずに厚みを残し、めん棒で四方に薄くのばして四角形にする。

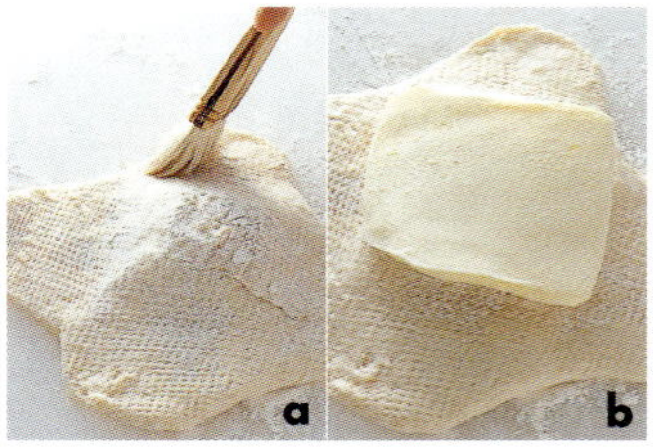

4 バターをのせる

刷毛で生地の縁に水をつけ（**a**）（バターを包むときにのりがわりになる）、中央にバターをのせる（**b**）。

5 バターを包む

1辺ずつ余分な粉をはらいながらバターを包む。生地をかぶせるたびに、生地とバターの間にすき間ができないように生地を指で押さえる（**a**）。包み終えたら、生地の端をつまんでしっかり閉じる（**b**）。

2.バターと生地をなじませる

6 生地をのばして三つ折りを3回くり返す

1 四角い生地の１辺がまな板と平行になるように置き、両面に打ち粉をする。生地の中央にめん棒をのせ、押さえつけるようにして、生地を上下にのばしていく。めん棒は転がさず、体重をかけるようにして、上下に（中央から向こう側に４回、中央から手前に４回ぐらい）押し動かしていく。中央のバターのかたまり部分がほぼ平らになったら、めん棒を転がして、表面のデコボコをならす。

a

b

2 長さが幅の３倍くらいになったら、手前⅓を折り、向こう側からも折って三つ折りにし、端をつまんでしっかりとめる（**a**）。**3** 生地の向きを90度変えて置き直し、再びめん棒でのばし（**b**）、三つ折りにし、端をつまんでとめる。もう一度生地の向きを90度変えて、めん棒でのばし、三つ折りにし、端をつまんでとめる。

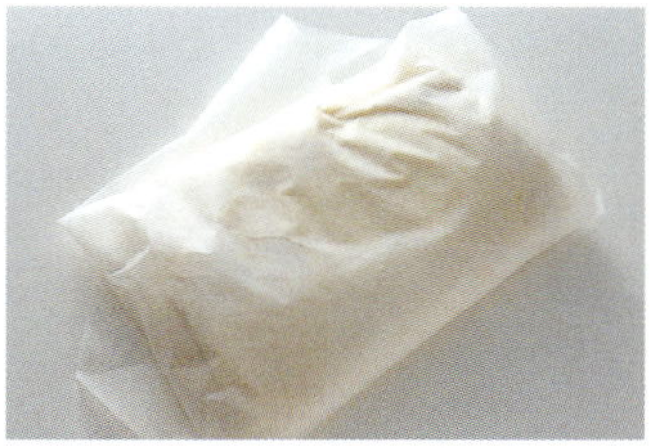

7 冷やす

3 ⑥をクッキングシートで包んで冷凍庫で20分休ませる（柔らかくなったバターを冷やす）。★これでクロワッサン生地のできあがり。この生地でP368の「デニッシュ」が作れます。

3.成形

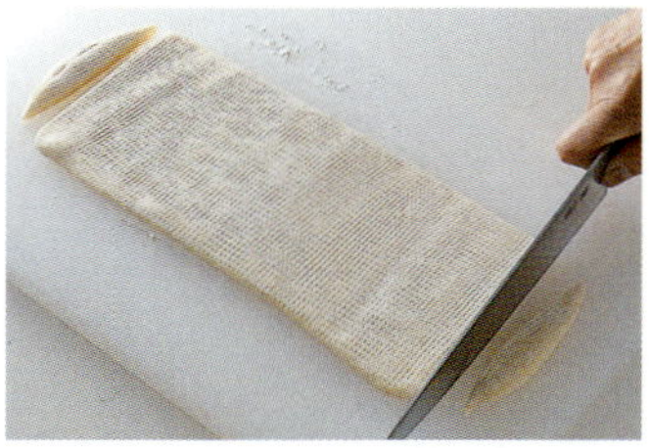

8 生地を切り分ける

打ち粉をしたまな板に⑦をのせ、上にも打ち粉をする。⑥の要領でめん棒でのばしていき、12×24㎝の長方形にする。包丁で周囲の余計な部分を切り落とし、形をきっちり整える。長辺に６㎝間隔で１㎝ほどの切り込みを入れ、左右の切り込みに互い違いに包丁をあて、切り分ける。正三角形が３枚と、直角三角形が２枚できる。

9

両端の直角三角形をつなぎ合わせて、正三角形を計４枚にする。つなぎ目部分には刷毛で打ち粉をつけ、指でつまむようにしてくっつける。

10 形を作る

切り込みの入ったところを手前に置き、生地の中央からそれぞれの角に向かって、めん棒で３方向にのばし、２㎜厚さ、18㎝長さのタワー形にする。

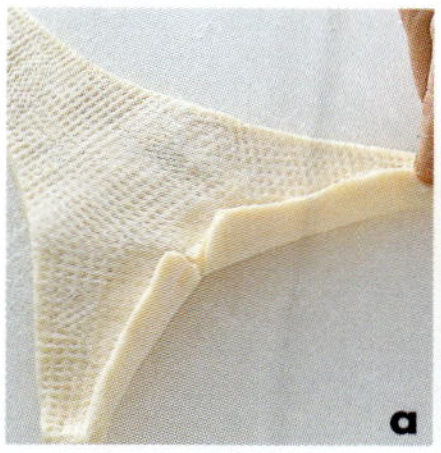

a

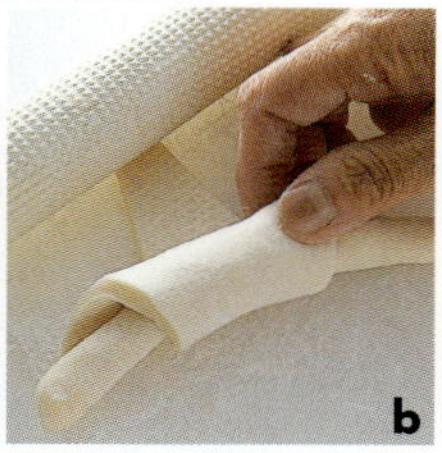

b

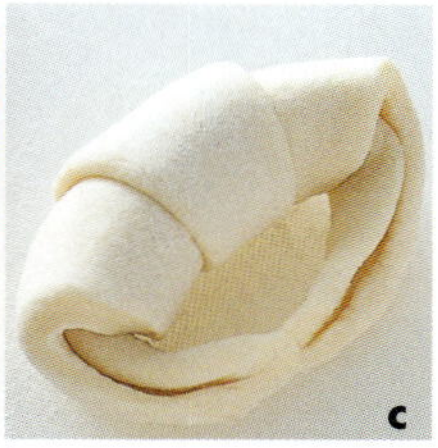

c

底辺の切り込みの入った部分を内側に折り（**a**）、そのままくるくる巻いていく。めん棒を向こう側の端にのせておくと作業しやすい（**b**）。巻き終わりを下にして、両端（りょうはし）を内側に曲げて合わせる（**c**）。

4.２回目の発酵

11 電子レンジにかける・生地を休ませる

ターンテーブルにクッキングシートを敷き、生地をドーナツ状に並べる。上からもクッキングシートをかぶせ、電子レンジ弱に30秒かける。クッキングシートごと天パンに移し、水でぬらしたキッチンペーパーをかけて26〜27度の暖かいところに10分おく。

5.オーブンで焼く

12

上にかけたクッキングシートとキッチンペーパーを取り、180度に温めたオーブンで12〜15分焼く。

クロワッサンの生地を使ったデニッシュ

りんごのデニッシュ

さすが　しっとり　甘さ控えめ

544kcal **5**分**30**秒

材料（4個分）

クロワッサンの生地（→P366）……全量
りんご……1個
バター……大さじ1
グラニュー糖……大さじ1
溶き卵……少々
打ち粉用の粉（強力粉）……適量

クロワッサンの生地はP366～367の作り方1～7まで終わらせたもの（冷凍庫で20分休ませたもの）を使います。

作り方

●**りんごを煮る**

❶りんごは皮をむいて（皮を残してもよい）4等分し、芯を除いて薄切りにする。

❷耐熱ボウルに①のりんごとバター、グラニュー糖を入れる。クッキングシートを密着させてかぶせ、耐熱性の小皿を浮き上がり防止にのせ、電子レンジ強で2分加熱する。いったんかき混ぜて、さらに電子レンジ強で1～2分加熱し、煮つめる。常温で冷ましておく。

●**成形**

❸打ち粉をしたまな板にクロワッサンの生地（冷凍庫で休ませたもの）を取り出し、めん棒で押さえるようにして、12×24㎝の長方形にのばす。周囲の余計な部分は包丁で切り落とし、形を整える。

❹縦に2等分し、それぞれをもう一度12×24㎝にのばし、さらに2等分して、12㎝角の生地を4枚作る。

❺縁から1㎝内側にL字形の切り込みを2本入れる（**a**）。

❻切り離した手前の角を持ち上げ、対角にのせる（**b**）。反対側の角も同様にして手前の角にのせ（**c**）、指で押さえる。

❼中央のくぼみに②のりんごを¼量のせる（**d**）。残りの3個も同様にする。

❽生地の表面に刷毛で溶き卵を塗る。

●**2回目の発酵・オーブンで焼く**

❾P367「クロワッサン」の作り方11と同様に2回目の発酵をさせ、180度に温めたオーブンで15～20分焼く。

a 縁から1㎝内側にL字形の切り込みを2本入れる。向かい合う2角は切り落とさない。

b 切り離した左手前の角を持ち上げ、右上の角にのせる。

c 右上の角を持ち上げ、左手前の角にのせ、両角を指で押さえる。

d 中央のくぼみにりんごをのせる。

こんなときどうする？

パン作り初心者でも、電子レンジ発酵パンなら心配ご無用。
これさえ守れば失敗なし、本格派のパンが焼きあがる
大事なポイントをじっくり解説します。（監修：村上祥子）

作り方について

Q1 小麦粉は2回に分けて入れますが、2回目はなぜしっかり混ぜてはいけないのですか？

2回目にしっかり混ぜると、パン生地がふくらみにくくなるからです。

まずはパン生地がふくらむ仕組みを説明しましょう。小麦粉に水分を加えて温めると、小麦粉に含まれる酵素が、小麦粉のでんぷんをブドウ糖と果糖に分解します。そこにイーストが加わると、ブドウ糖をさらに分解し、炭酸ガスを発生させます。そして、その炭酸ガスが、小麦粉のたんぱく質と水分が結合して作り出す「グルテン組織」をふくらませ、ふっくらとしたパンを作ります。

電子レンジ発酵では、通常、「弱」で30秒かける作業を2回行い、イーストを活性化させます。1回目は、牛乳などの水分を小麦粉のたんぱく質やでんぷんにジリジリとしみわたらせ、グルテン組織を形成させたり、でんぷんをブドウ糖と果糖に分解させます。これでイーストが活動を始める下準備が整います。

しかし、2回目の材料を合わせるときに小麦粉をしっかり混ぜてしまうと、電子レンジにかける前の段階でグルテン組織ができあがり、水分がその中に閉じ込められてしまうので、でんぷんを分解するために必要な水分が不足してしまい、発酵不足を起こしふくらみにくくなります。

だからといって、小麦粉を一度に入れてあまりよく混ぜないと、だまができてしまいます。そこで、2回に分けて入れるのです。1回目は、水分の間に小麦粉をまんべんなく散らすためになめらかになるまで混ぜ、2回目の小麦粉を加えたあとは箸に持ちかえて、サッと混ぜるだけにするのです。

1回目に入れた小麦粉が、2回目に入れた小麦粉をキャッチしてくれるので、粘りを出さずにサッと混ぜ込むことができます。

Q2 一度に2倍または3倍量を作れますか？

基本分量の3倍までは作れます。分量が増えても弱で30秒でOK。

電子レンジ発酵の場合、分量が2倍、3倍になっても電子レンジにかける時間は弱で30秒です。なぜなら、これは加熱が目的ではなく、発酵を助けるためにかけるからです。

2回目の小麦粉を加えたとき、箸でぐるぐると混ぜ合わせるのは基本分量の何倍量まで可能か試してみましたが、3倍が上限のようです。これ以上作りたいときは、はじめから2回に分けることをおすすめします。

また、2倍量、3倍量の生地の2回目の発酵のとき、成形した生地がターンテーブルに一度にのらなければ、2〜3回に分けましょう。「コロコロパン」（→P346）のように分割した生地は、ターンテーブルのまわりにドーナツ状に並べるのが原則。全面にのせると、場所によってはムラが出てしまいます。

Q3 材料を混ぜる容器はどんなものがいいの？

軽くて生地がつきにくい耐熱樹脂ボウルがおすすめです。

基本的には耐熱性で電子レンジに使える容器ならどんなものでも使えます。混ぜやすさの点から特におすすめするなら、P346でも紹介した、耐熱樹脂ボウルが、軽くて生地がくっつきにくいので便利です。中でも直径14㎝の丸形（同じくらいの大きさの角形でもよい）は、電子レンジ発酵パンの基本分量にちょうどよい大きさです。2倍量、3倍量を作るときは、容器もそれに合わせて大きいものを使いましょう。

もちろん、耐熱ガラス製のボウルも使えます。耐熱ボウルを使う際に気をつけたいのは、最初に牛乳を温めるとき。通常は「強」で30秒温めますが、耐熱ボウルは厚みがあるので、この秒数では牛乳が人肌（約37度）まで温まらないことがあります。特に、冬場は注意。それほど気温が低くなくても、器に厚みがあり大きいとその分、熱が奪われるので、温まりにくい傾向があります。

また、耐熱ボウルの場合は側面に生地がくっつきやすいので、ゴムべらを活用しましょう。側面についた生地をこそげ落としながら混ぜたり（写真下）、1回目の発酵後に生地を取り出すときなどにたいへん便利です。

電子レンジの加熱時間は材料と器の重量に比例します。厚みがあり大きい耐熱ボウルだと、基本の加熱時間では足りないこともあります。

Q4 1回目の発酵後生地がベタベタしてうまく丸められません

生地を打ち粉をしたまな板に取り出し、両面に粉をつけてまとめましょう。

電子レンジ発酵パンのレシピでは、基本材料の牛乳の分量を75㎖で統一していますが、強力粉の種類によっては、調整が必要です。「ゴールデンヨット」（日本製粉）なら、100gに対して牛乳は75㎖ですが、「カメリヤ」（日清製粉）なら85㎖に増やし、「はるゆたかブレンド」などは65㎖に減らすといいようです（そのほかのメーカーの強力粉は「カメリヤ」と同じ85㎖に）。強力粉100gに対する量ですから、10㎖多いだけでベタベタした生地になることもあります。

電子レンジ発酵パンは、もともと、一般のパンのレシピに比べて水分が多めで柔らかいのが特徴です。これは、Q1（→P369）でも説明したとおり、水分を小麦粉のたんぱく質やでんぷんにジリジリとしみ込ませるためにどうしても必要な量なのです。そして、この柔らかさを調節するには、1回目の発酵がすんだ生地を丸める際に、打ち粉をしたまな板に生地を取り出して、両面に粉をつけるとうまくまとまります。打ち粉はティースプーン1杯程度が目安です。これで足りないときは、強力粉の種類と水分の量（牛乳の分量）をもう一度確かめてください。

油脂分が多い生地はさらに柔らかいので、打ち粉をしたまな板の上に取り出したら、ゴムべらを使ってまとめましょう。

Q5 電子レンジを使って一般のパン生地を発酵させたいのですが

水分が少ないのでむずかしいでしょう。電子レンジ専用レシピで作りましょう。

電子レンジ発酵パンは、一般のパン生地のレシピより水分をやや多くし、こねないことで、電子レンジでの発酵を可能にしたものです。一般のパン生地の配合では、水分が不足するので、電子レンジでの発酵はむずかしいでしょう。

Q6 アルミケースや製菓用の金属製の焼き型を使えますか？

金属はマイクロ波をはね返すので発酵に時間がかかってしまいます。

金属にはマイクロ波をはね返す性質があります。パン生地をアルミケースや金属製の型に入れて電子レンジにかけると、底と側面はマイクロ波を受けられません。本書の「ミニ食パン」（→P354）で使ったアルミケースは小ぶりで、生地が頭をのぞかせている上側はマイクロ波を受けられますが、右上の写真のように、パン生地がすっぽりと入ってしまう金属製の型を使うと、上側からのマイクロ波も受けにくくなります。

こういう場合は、2回目の発酵の際、成形した生地を型に入れずに「弱」にかけ、そのあと型に入れて充分ふくらむまで暖かいところに置きましょう。型に入れないで電子レンジにかける方法は「コロコロパン」を参考にしてください（→P349作り方12〜13）。

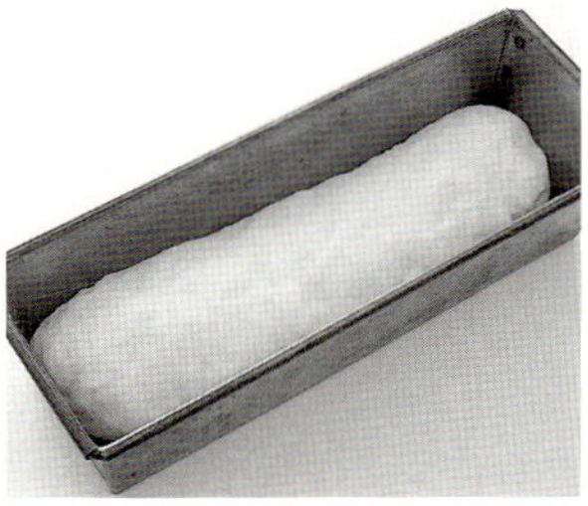

金属製の型にパン生地がすっぽり入ってしまう場合（写真上）、2回目の発酵は、型に入れずに電子レンジにかけます。そのあと型に入れれば（写真下）充分に発酵します。

Q7 ガス抜きは何のためにするのですか？

きめの細かいふっくらしたパンにするためです。

パン生地中のガスは、イーストの発酵活動によって発生する炭酸ガスです。パン生地を丸めたり、めん棒でのばしたりしていったん抜いても、ガスは再び発生します。最終的には、生地がオーブンの中で高温になり、イーストが発酵の力を失うまでガスの発生は続きます。

ふくらんだパン生地を押さえてつぶすのは（ガス抜き）、炭酸ガスを出すことで、生地に新しい酸素を送り、イーストの働きを活発にするためです。これによって、よりきめの細かい、ふっくらしたパンになります。

打ち粉をしたまな板に、1回目の発酵がすんだ生地を取り出したら、ゴムべらで軽く押さえます。生地はやさしく扱いましょう。

Q8 1回目の発酵後10分たっても生地がふくらみません

室温が低いと発酵に時間がかかります。大きさが2倍になるまで休ませて。

生地を休ませること（時間）を「ベンチタイム」といいます。10分というのは、26〜27度のところに置いた場合の目安で、これよりも室温の低いところでは発酵が遅くなり、高いところでは発酵が進みます。

室温が低いときは、暖かい場所に置いたり、人肌（約37度）のお湯に容器ごとつけてその上からポリ袋をかぶせたりするといいでしょう。そして、10分たったところで、生地がおおよそ2倍の大きさになっていれば大丈夫です。この段階でふくらみが足りない場合は、もう少し時間をおいて様子を見ましょう。

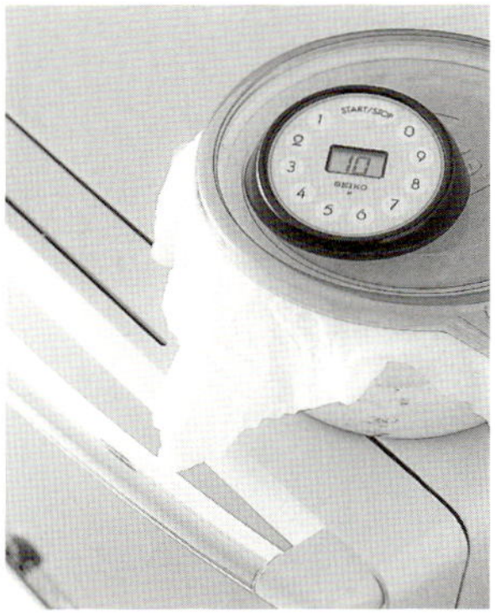

1回目の発酵後、電子レンジから取り出しふたを取り、水でぬらしたキッチンペーパーをかけて軽くふたをして休ませます。

Q9 2回目の発酵で10分以上休ませたら発酵しすぎてしまいました

もう一度ガス抜きをして丸め直し2倍にふくらむまで休ませましょう。

写真のような状態を「オーバー発酵」といい、このままでは、ふっくらと焼けず、きめの粗いパンになってしまいます。

これは生地を休ませる時間が長すぎたり、室温が高すぎたりすると起こる現象ですが、こういう場合は、もう一度ガス抜きをして丸め直し、2倍にふくらむまでおいて次に進みましょう。

発酵のしすぎで、生地の表面がでこぼこになっています。いくらふっくらさせたくても、発酵のさせすぎは禁物です。

Q10 すぐに焼き色がついてしまいました

焼き始めてすぐに焼き色がつくなら温度を少し下げてみてください。

オーブンは機種や機能によって加熱の進み方に差があります。また、場所によって焼き加減にムラがあったりと、オーブンごとにくせもあります。

特に、庫内の小さなタイプは温度が上がりやすいようです。焼き始めてすぐに焼き色がついてしまうようなら、設定温度を少し下げてみてください。

焼きムラが気になる場合は、途中で一度天パンの向きを変えるといいでしょう。

すぐに焼き色がつく場合、庫内の温度が高すぎることが考えられます。ふんわり焼きあげるために設定温度を下げましょう。

Q11 オーブントースターでも焼けますか？

焦げやすい点にさえ注意すればおいしく焼けます。

食パンのように、こんもりと高さのあるパン以外なら、オーブントースターでもおいしく焼けます。ただし、熱源が近く、焦げやすいので注意しましょう。

天パンにアルミホイルを敷いて焼きますが、生地がくっつかないようにするため、アルミホイルには、あらかじめサラダ油を薄く塗っておくといいでしょう。市販されているシリコン樹脂加工のアルミホイルを使えば、生地がつかないので油は不要です。温度やW数の表示があれば、いちばん低いところに合わせます。基本分量なら160度または450Wで15分ぐらいが目安です。

また、2回目の発酵で生地を休ませる時間を10分から20分に延長して、充分にふくらませましょう。そうすることで、焼きあがりがよりふっくらします。

なお、本書ではP358で「ベーグル」「ピタパン」をオーブントースターで焼く方法を紹介しています。

ピタパンのように扁平な形のときは、上のアルミホイルはなくても大丈夫（写真上）。コロコロパンのように高さのあるパンは、上にアルミホイルをかぶせます（写真下）。

材料について

Q12 砂糖の分量を変えてもいいですか？

砂糖を控えたら生地を充分休ませます。増やすことはおすすめしません。

砂糖はイーストの栄養源となり、発酵を助ける役割があります。もちろん、砂糖の補助がなくても発酵は起こるので、どうしても砂糖を控えたい場合は入れなくてもかまいませんが、やはり、砂糖を加えた生地のほうが、イーストの発酵が活発になり、ふっくらとしたパンに焼きあがります。

強力粉（きょうりきこ）100gに対して砂糖大さじ1という分量は、一般のパンのレシピより多めですが、はじめてパン作りをされる方やお子さんでも簡単に作れる割合にしています。砂糖を減らす（もしくは入れない）場合は、生地を休ませる時間を長くして、充分にふくらませてから焼いてください。

逆に、砂糖を増やすことはおすすめしません。砂糖の量が多すぎると生地が発酵しすぎて、オーブンに入れるころにはしぼんだ風船状態になってしまうからです。

Q13 バターの量を変えてもいいですか？

バターを10g増やすごとに牛乳を10㎖ずつ減らせば大丈夫です。

バターはパンに香りとこくを出すほか、グルテンののびをよくし、生地をなめらかにする働きがあります。

動物性の油脂を控えたい場合は、バターの量を減らすのではなく、マーガリンやサラダ油にかえることをおすすめします（→Q15）。

逆に、バターの量を増やしたい場合は、強力粉100gに対して8gのところを40gまで増やしても大丈夫です。ただし、生地に含まれる油脂分が増えると、イーストの発酵能力が低下してふくらみにくくなるので、その分、牛乳の量を減らします。

バターを10g増やすごとに、牛乳を10㎖ずつ減らすとうまくいくようです。生地を休ませる時間を2～3倍に延長して、発酵前の生地の2倍の大きさを目安にふくらませてから焼くと、ふっくらと焼きあがります。

Q14 イースト臭が気になります。量を減らしてもいいですか？

小さじ½まで減らしてもOKです。その分生地を長めに休ませましょう。

本書で基本としているイーストの分量は、強力粉100gに対してイースト小さじ1。これは、誰でも簡単にパン作りが楽しめるよう、一般のパン生地よりも多めにしています。イーストを減らす場合は、生地を休ませる時間を長めにして、しっかりふくらませることが大切。そうすれば、強力粉100gに対して小さじ½まで減らせます。

「イースト臭」が気になるのは、イーストが完全に発酵していないことが原因です。充分に生地が発酵しているかどうか、Q8（→P371）を参考にチェックしてみてください。

イースト臭の原因として、使ったイーストが古いため、発酵が不充分というケースも考えられます。

Q15 バターをサラダ油やオリーブ油にかえてもいいですか？

サラダ油やオリーブ油でOKです。小さじ2で代用できます。

バターを加えるのはグルテンののびをよくし、生地をなめらかにするためです。バター以外の油脂でも同じ働きをしますから、サラダ油やオリーブ油にかえても大丈夫です。分量はバターと同じ8g（小さじ2）が基本の分量です。

Q16 子供が乳製品アレルギーで、バターや牛乳を使えません

バターはマーガリンやサラダ油などで、牛乳は水で代用できます。

分量や作り方は基本どおりでOKです。マーガリンやサラダ油は8g（小さじ2）、水は75㎖を基本とし、使う強力粉の種類によって調整しましょう（→P346）。水にマーガリンやサラダ油を加え、人肌（約37度）に温めてから強力粉などの材料と合わせるプロセスも基本とまったく同じです。

Q17 パン生地にラムレーズンを加えたら生地がふくらみません

アルコールは発酵を妨げるので、生地を休ませる時間を延長して。

ラムレーズンに含まれるラム酒が発酵の邪魔をしたのです。アルコールは発酵の妨げになり、生地のふくらみが悪くなります。生地を休ませる時間を延長し、充分にふくらませてから焼いてください。

アルコールは、油脂分と同様に発酵の妨げになることがあるので、生地のふくらみ具合に注意しましょう。

Q18 「野生酵母」と一般のイーストはどこが違うのですか？

酵母菌の種類や発酵の方法が違うので、風味や発酵時間が異なります。

イースト（酵母菌）はそもそも天然の生きものです。「野生酵母」というと、一般のイーストが人工的であるかのように誤解されますが、一般のイーストも決して化学的に合成されたものではありません。

「野生酵母」と一般のイーストのいちばん大きな違いは、「野生酵母」が穀物、野菜、果実などを培地として作られる多数の野生の酵母菌の集合体であるのに対して、一般のイーストは単一の酵母菌を純粋培養したものである点です。野生の酵母菌の種類や培地の違いによって風味が異なり、種類によって、生地の発酵に時間がかかるものも多くあります。

Q19 全粒粉やライ麦粉だけでもパンを作れますか？

ふくらみが悪くなるので、基本分量の30％が上限です。

小麦を皮つきのままひいている全粒粉は、皮や胚芽が含まれるため、同じ重量の強力粉に比べてグルテン組織を作り出すたんぱく質の量が少なく、ふくらみが悪くなります。また、ライ麦粉に含まれるたんぱく質は粘りがなく、酸性にならないとグルテン組織が形成されません。

電子レンジ発酵でこれらの粉の風味を生かしたパンを焼く場合は、強力粉と混ぜて作ります。割合は、強力粉70gに対して全粒粉またはライ麦粉30g程度が上限。それでもふくらみはよくないので、生地を休ませる時間を延長して、発酵前の生地の2倍の大きさを目安に、充分にふくらませて焼いてください（→P360～362）。

粉をブレンドするときは、強力粉7に対して全粒粉（ライ麦粉）3の割合を限度にしましょう。

Q20 「白神こだま酵母」は、ほかのパンにも使えますか？

もちろん使えます。ぬるま湯で5分ほどもどして使いましょう。

本書で使っている野生酵母「白神こだま酵母」を使うときは、予備発酵としてぬるま湯で5分ほどもどします。そのプロセスは「ライ麦パン」（→P360）の作り方1を参照してください。

「白神こだま酵母」は、白神山地のブナ林の腐葉土から採取した野生の酵母菌のうち、パン作りに適した菌を選び、それを培養したものです（問い合わせ先→P360）。「酵母（菌）」はイーストとは別のものに思われがちですが、イーストの和訳です。

こんなときどうする？

電子レンジについて

Q21 電子レンジに「弱」キーがありません

「解凍」キーがあれば「弱」キーのかわりとして使えます。

170W、200Wといった出力切り替えや解凍キーがありませんか？　それが弱キーにあたります。それもない場合は、強で加熱し、その分、加熱時間を短縮します。強は弱のおよそ3倍の出力なので、時間を⅓にすればいいのです。

発酵は弱で30秒なので、あたためまたは強キーを使う場合は15秒にしてください。計算上では10秒ですが、はじめの5秒はマイクロ波を出すための準備時間と考えてください。

Q22 電子レンジを買いかえてから、パンの発酵がうまくいきません。出力は同じなのにどうして？

設定時間を⅓にして、「強」キーを使い、発酵させてみましょう。

電子レンジの機種によっては、低出力を連続して出すことのできないものもあります。それが、弱で発酵がうまくできない理由でしょう。この場合は、強で加熱時間を短くしたほうがうまく発酵します。強の出力が600Wの電子レンジなら、設定時間を15秒にして生地の様子を見てください（→Q21）。

Q23 オーブンレンジの「発酵」キーを使ってもいいですか？

「発酵」キーは、電子レンジ発酵とは関係ないので使えません。

発酵キーは発酵に適した温度になるように庫内を温める機能です。本書で紹介している電子レンジ発酵とは原理的に違います。

電子レンジ発酵パンは、電子レンジのマイクロ波が1秒間に24億5000万回電極の向きを変えることを利用し、イーストにバイブレーションを与えて発酵を活発にさせるという理論から開発したものです。

保存について

Q24 普通のパンと同じように冷凍保存できますか？

もちろん大丈夫。保存方法は普通のパンと全く同じです。

ジッパーつきポリ袋などに入れて冷凍保存しましょう。コロコロパンのような小型パンなら、電子レンジで1個につき10〜20秒加熱すると、焼きたてと同じ状態になります。食パンは切り分けてから冷凍し、食べるときは凍ったままオーブントースターで焼くといいでしょう。

生地をひとつにまとめて焼いたパンは、食べやすい大きさに切り分けてから冷凍しましょう。

Q25 パンを翌日までおいておくとかたくなってしまいます

ジッパーつきポリ袋に入れてしっかり密封して保存しましょう。

焼きあがったパンを、ラップで包んだままにしていませんか？　ジッパーつきポリ袋に入れて密封保存しておけば、翌日になってもかたくなりません。電子レンジかオーブントースターで温めれば、焼きたての状態がよみがえります。

Q26 イーストの保存はどうすればいいですか？

開封後は密封して冷凍室で保存します。

イーストは生きものですから、新鮮なものほどパワーがあります。封を切ったらなるべく早く使いきりましょう。保存は密封して冷凍室で。使用する前に品質保持期限を必ず確かめましょう。

Q27 忙しい朝でも焼きたてのパンを食べたいのですが

前日までに生地の成形をすませ冷凍しておきましょう。

前日の夜までに、１回目の発酵をすませ、生地を成形したら冷凍しておきましょう。

翌朝は、冷凍した生地を、強力粉100gで作ったもの全量に対して、電子レンジ弱に４分（¼量なら１分）かけ、解凍と２回目の発酵を同時に行います。通常10分休ませるところを、20分ほどにして、充分にふくらんだのを確認してからオーブンで焼きます。

なお、カレーパンやドーナツなどの揚げパンは、同じ要領で冷凍・解凍し、解凍したらすぐに揚げます。

油脂分の多いクロワッサンやデニッシュは、強力粉100gで作ったもの全量に対して弱で３分でOK。バターが溶け出すことがあるので、加熱時間は短めにします。

パン生地の冷凍 & 解凍法

1 成形した生地を冷凍する

金属製のバットにクッキングシートを敷き、生地を並べ、バットごとジッパーつきポリ袋などに入れて冷凍します。金属製のバットにのせ、急速に凍らせたほうが生地の質が保てます。生地が凍ったら、バットとクッキングシートをはずしましょう。

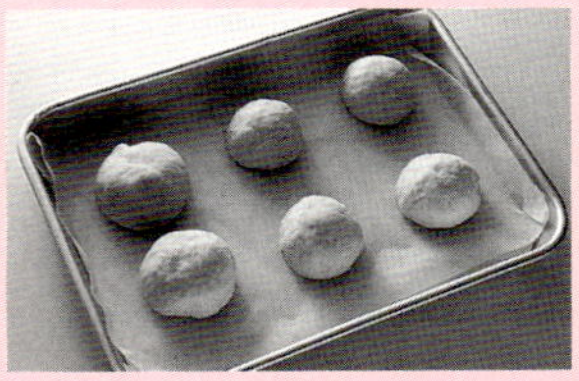

2 解凍と２回目の発酵を同時にする

ターンテーブルにクッキングシートを敷き、生地をドーナツ状に並べ弱に４分かけます。基本分量で６個できるコロコロパンを１個解凍する場合は、４分÷６＝40秒。２個なら80秒、弱にかけます。解凍後天パンに移し、上にクッキングシートと水でぬらしたキッチンペーパーをかけ休ませます。

うまくいかないときのチェックリスト

1 強力粉やイーストが古くありませんか？
材料が古いと、ふくらみが悪くなります。

2 牛乳は人肌（約37度）に温めましたか？
人肌ぐらいの温度が、イーストがもっとも活発に働く、つまり発酵しやすい温度です。
→Q３参照

3 小麦粉を混ぜすぎていませんか？
小麦粉を混ぜすぎるとふくらみにくくなります。
→Q１参照

4 １回目および２回目の発酵後、生地が充分にふくらんでいますか？
発酵不足だと、生地がつまったかたいパンになってしまいます。
→Q8、Q17、Q19、Q22参照

5 オーバー発酵になっていませんか？
加熱する時間が長かったり、生地を休ませる時間が長かったりすると、きめの粗いパンになります。
→Q９参照

6 オーブン用の天パンの材質は？
セラミック（陶板）のターンテーブルが天パンを兼ねている場合、パンは白っぽく焼きあがり、ふくらみもいまひとつです。そのときは、ターンテーブルをはずして、付属のトースト用の金属網にアルミホイルをかぶせて予熱し、２回目の発酵をすませたパン生地をのせて焼きます。充分に火が通り、ふっくらと焼きあがります。

8章

洋菓子
- スポンジケーキ
- チョコレートケーキ
- チーズケーキ
- 薄型スポンジケーキ・オムレツケーキ
- シフォンケーキ・パウンドケーキ
- パイ・クッキー
- プリン
- チョコレート
- ババロア・チーズケーキ・ゼリー
- マシュマロ・グミ　ほか

和菓子
- 桜餅
- 道明寺
- 生八橋
- かしわ餅
- うぐいす餅・はなびら餅
- 練りきり
- わらび餅
- 水ようかん・錦玉
- くずの茶巾絞り
- かるかん・ういろう
- 栗蒸しようかん
- おはぎ　ほか

こんなときどうする？　和菓子編
こんなときどうする？　洋菓子編
こんなこともできる！

これならできる、こんなにできる
手作りお菓子アラカルト

憧(あこが)れながらもむずかしそうなイメージから、トライできずにいたお菓子作り。その願い、いまこそ電子レンジが叶えます。材料の分量と調理時間さえ押さえれば、はじめてでも簡単。下ごしらえから仕上げまで素早く手際(てぎわ)よくこなし、オーブンや蒸し器も必要なし。準備も片付けもらくらくです。ケーキ、プリン、クッキー、餅菓子、ようかん、きんとんetc.……その見事なできばえはちょっとした感動。「本当に手作りなの？」家族や友達の驚く顔が目に浮かびます。

洋菓子

団欒のひととき。本日のパティシエを囲んで、
おしゃべりの花が咲きます。

※使用する型は電子レンジ対応の、耐熱ガラス製がおすすめです。

基本のスポンジケーキ

1 型の底にぴったりの大きさのクッキングシートを敷き、側面は貼りつける。

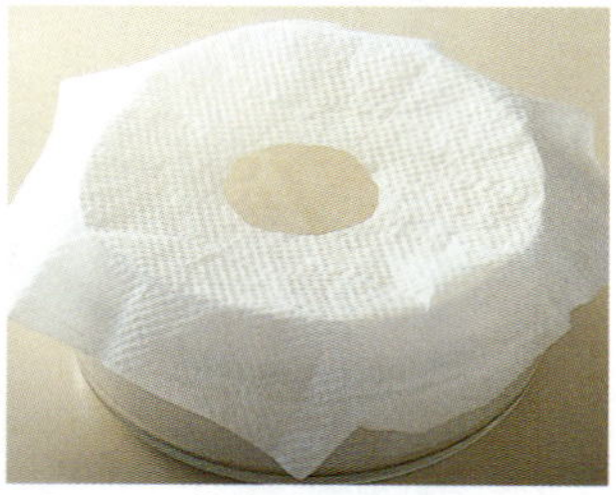

2 しっとり仕上げるためにぬらしたキッチンペーパーをかぶせて加熱。

さすが ふっくら | 速い | 4分40秒

材料(直径18cmの丸型1個分)

薄力粉 ……………………… 110g
ベーキングパウダー ‥小さじ1
卵 ………………………………… 2個
砂糖 ……………………………90g
牛乳 ……………………大さじ6
バター …………………………20g
バター(型用)………………… 少々

作り方

❶型の内側にバターを薄く塗り、底と側面にクッキングシートを敷く(写真1)。側面は型より高くなるようにする。
❷薄力粉とベーキングパウダーは合わせてふるい、だまをなくす。バターは耐熱容器に入れ、ラップなしで20～30秒加熱して溶かす。牛乳は室温にもどす。
❸ボウルに卵をほぐし、砂糖を加えて50度の湯せんにかけながら、泡立て器またはハンドミキサーでしっかりと泡立てる。生地がリボン状に落ち、跡がくっきり残る状態が目安。
❹③に②を粉類、牛乳、バターの順に加え、そのつどゴムべらで粘りけが出ないように、さっくり混ぜる。
❺④を①の型に流し、型の底を台に軽く打ちつけて、余分な空気を抜く。
❻キッチンペーパーの中央に直径5cmの穴をあけて水でぬらし、⑤にかぶせる(写真2)。3分20秒加熱し、ペーパーをはずしてさらに50秒加熱する。
❼スポンジに竹串を刺して、生地がつかなければできあがり。熱いうちに型からはずして網にのせ、クッキングシートを除いて冷ます。(伊藤)

いちごのショートケーキ

さすが 時間短縮 | 作りやすい | 4分40秒

材料(直径18cmの丸型1個分)

基本のスポンジケーキ ….. 1個
生クリーム……………カップ1
砂糖 ……………… 大さじ3～4
いちご …………………… 6～8個

作り方

❶スポンジケーキは上記の手順で仕上げる。
❷いちごは洗って水けをふき、2個はへたをつけたまま縦二つ割りにし、残りはへたを除いて縦5mm厚さに切る。
❸ボウルに生クリームと砂糖を入れ、ボウルの底に氷水をあてながら、泡立て器で七分立てに泡立てる。
❹③のクリームを少し取り分け、残りをスポンジケーキの上面と側面に均一に塗り、上面にいちごを飾る。
❺取り分けたクリームをスプーンでいちごのまわりに落とし、あればセルフィーユを飾る。(伊藤)
＊電子レンジで作るスポンジケーキはややかためなので2～3段に切り分けてシロップを塗り、いちごやクリームをサンドすると、しっとりとする。

オレンジケーキ

さすが | ジューシー | ふっくら | 5分50秒

材料(直径18㎝、高さ10㎝のボウル1個分)

スポンジ生地
- 薄力粉……………………100g
- ベーキングパウダー……………………小さじ½
- 卵……………………2個
- 砂糖……………………80g
- 牛乳……………………大さじ2
- バター……………………20g

オレンジシロップ
- オレンジジュース……………カップ1½〜2
- 砂糖……………………30g
- 洋酒(コアントローまたはブランデー)………大さじ½

オレンジ(皮をむき、薄い輪切りにする)……………1個分

バター(型用)………………少々

作り方

❶ボウルの内側にバターを薄く塗っておく。

❷薄力粉とベーキングパウダーは合わせてふるう。バターは耐熱容器に入れ、ラップなしで20〜30秒加熱して溶かし、牛乳は室温にもどしておく。

❸シロップを作る。耐熱容器にオレンジジュースの½量と砂糖を入れ、ラップなしで1分40秒加熱する。取り出して混ぜ、残りのジュースと洋酒を加える。

❹ボウルに卵を割りほぐし、ラップなしで10〜20秒加熱して人肌に温め、砂糖を加えてしっかりと泡立てる(写真1)。②を粉類、牛乳、バターの順に加えて混ぜ、①のボウルに流す。

❺水でぬらしたキッチンペーパーを④にかぶせる(写真2)。3分20秒加熱する。

❻スポンジに竹串を刺して、生地がつかなければOK。生地の加熱しすぎはかたくなるので、側面が少しべたつく程度でよい。

❼⑥を皿に返してボウルからはずし、スポンジに③のシロップを玉じゃくしなどでゆっくりと回しかける。完全に冷まして、表面にオレンジを貼りつける。(佐々木)

＊バターを室温に出しておいたときは、ラップなしで20秒加熱と短かめにする。

＊スポンジがボウルからはずしにくい時は、側面にナイフを入れるとよい。

1 生地を持ち上げるとリボン状に落ち、跡が残る状態までしっかりと泡立てる。

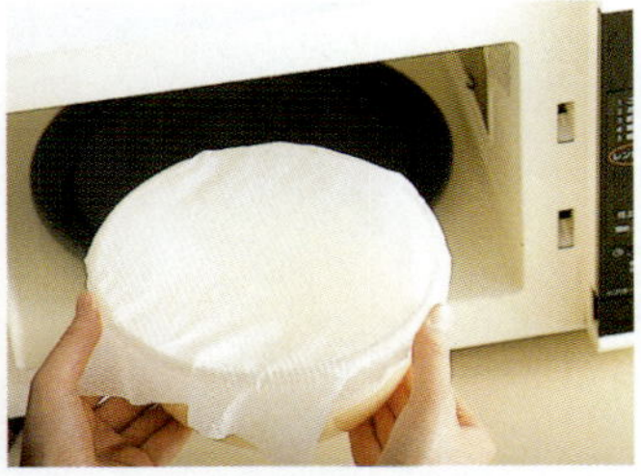

2 型のボウルに水でぬらしたキッチンペーパーをかぶせ、水分を補う。

基本のチョコレートケーキ

1 卵白は砂糖を2〜3回に分けて加え、角が立つまで泡立てる。

2 水でぬらしたキッチンペーパーを型にかぶせ、水分を補って加熱する。

さすが　ふっくら　簡単　**3分50秒**

材料(直径18㎝の丸型1個分)

薄力粉……………………………60g
ベーキングパウダー‥小さじ1
ココアパウダー……………30g
卵白………………………3個分
　砂糖…30g
卵黄………………………3個分
　砂糖…30g
バター……………………………25g
サラダ油(型用)…………少々
粉砂糖………………………適宜

作り方

❶型の内側にサラダ油を薄く塗り、側面と底にクッキングシートを敷いて準備する。

❷薄力粉とベーキングパウダー、ココアパウダーは合わせてふるう。バターは耐熱容器に入れ、ラップなしで**20〜30秒**加熱して溶かしておく。

❸卵白に砂糖を2〜3回に分けて加え、泡立て器かハンドミキサーで角が立つまで泡立てて、メレンゲを作る（写真**1**）。

❹卵黄は砂糖を加えて泡立て器ですり混ぜ、色が白くなってもったりするまで泡立てる。②の粉類、溶かしバターを加えてそのつどさっくりと混ぜ、③の⅔量を加えてゴムべらで切るように混ぜる。さらに残りの③を加えて手早く混ぜる。

❺①の型に④を流し入れ、底を軽く台にたたきつけて中の空気を抜く。キッチンペーパーの中央に直径5㎝の穴をあけて水でぬらしてかぶせ（写真**2**）、**3分20秒**加熱する。

❻⑤のペーパーをはずし、すぐに型を上下に返して網にのせ、型からはずして冷ます。好みで粉砂糖をふる。(伊藤)

チョコクリームケーキ

さすが　まろやか　しっとり　**6分20秒**

材料(直径18㎝の丸型1個分)

基本のチョコレートケーキ
　………………………………1個
ラムシロップ
　シロップ(砂糖カップ1／水カップ½を合わせて作る)…大さじ3／ラム酒…大さじ1
チョコクリーム
　ミルクチョコレート(板チョコ)…110g(1枚)／プレーンヨーグルト…大さじ3／サワークリーム…カップ½／生クリーム…カップ½
ダークチェリー(瓶詰)…約30粒

作り方

❶まずシロップを作る。耐熱容器に分量の砂糖と水を入れて混ぜ、ラップなしで**2分30秒**加熱し、混ぜて砂糖を溶かす。このうちから大さじ3を取り、冷めたらラム酒を混ぜてラムシロップにする。

❷チョコレートケーキは上記の手順で仕上げ、横2枚にスライスし、それぞれ上面にラムシロップを塗る。

❸チョコクリームを作る。チョコレートを刻んでステンレス製のボウルに入れ、50度の湯せんにかけて溶かす。

❹③の湯せんをはずし、ヨーグルト、サワークリームと八分立てにした生クリームを混ぜる。

❺下の段になる②の表面にチョコクリームの½量をひろげて塗り、飾り用6個を除いたチェリーを並べる。もう1枚の生地を重ね、クリームの残りを上に塗って飾り用のチェリーを並べる。(伊藤)

バナナのせチョコレートケーキ

さすが こくが出る　13分50秒

材料(直径18cmの丸型1個分)
基本のチョコレートケーキ
(→P380) ……………… 1個
ラムシロップ
シロップ(→P380)…大さじ4／ラム酒…大さじ2
カスタードクリーム(下記参照)
……………………………… ½量
生クリーム …………カップ1½
砂糖 ……………………大さじ2
バナナの輪切り(7mm厚さ)
……………………3～4本分

作り方
❶チョコレートケーキは厚みを3等分して切り分ける。それぞれの上面にラムシロップを塗る。
❷カスタードクリームに生クリームカップ½を加えてなめらかになるまで混ぜる。残りの生クリームに砂糖を混ぜて七分立てにして加え、さらに混ぜる。
❸①の2枚に②のクリームを¼量ずつ塗り、バナナも¼量ずつ並べて順に重ねる。上にもう1枚の生地を重ねてクリームの残りを塗り、バナナを飾る。(伊藤)

カスタードクリーム

材料(できあがり2½カップ分)
Ⓐ卵黄…3個分／砂糖…55g／コーンスターチ…25g／牛乳…大さじ2
牛乳 …………………カップ2

作り方
❶耐熱ボウルにⒶの牛乳以外の材料を入れて泡立て器で混ぜ、牛乳を加えて混ぜる。
❷牛乳カップ2は4分10秒加熱して①に少しずつ加えて混ぜる。ラップなしで1分40秒加熱して取り出して混ぜ、50秒加熱して混ぜる。さらに50秒加熱して混ぜて仕上げる。

アップルチョコタルト

さすが まろやか　10分30秒

材料(直径18cmの丸型1個分)
基本のチョコレートケーキ
(→P380) …………約½個
生クリーム ………………… 適量
りんご(あれば紅玉)
………………… 150g(1個)
三温糖(さんおんとう)または砂糖 ……大さじ4
アーモンドパウダー ………50g
くるみ(粗(あら)く刻む) ……… 少々

作り方
❶型の底にクッキングシートを敷く。
❷チョコレートケーキは1cm厚さのものを2枚用意する。
❸②のケーキ1枚は型に敷き、上面と型の周囲に直接、軽く泡立てた生クリームを薄く塗る。
❹もう1枚は3cm幅の帯状に切り、両端を斜めに切りそろえる。③の型の側面にくるりと巻いて貼り、端(はし)に生クリームをつけて接着する。残った切れ端はこし器で、指の腹で網の目にあててこするようにして、粉状にする。
❺りんごは芯を除き、皮をところどころむいて5mm角に切る。大きめの耐熱ボウルに入れ、三温糖をまぶし、アーモンドパウダーをふるって加える。全体を混ぜ、ボウルの側面と底に均一に貼りつけるようにしてひろげ、ラップなしで3分20秒加熱する。取り出して混ぜ、再びボウルにひろげ、3分20秒加熱する。
❻④の型の中央に⑤のりんごを入れて表面をならし、粉状にした生地をまわりに散らしてなじませる。りんごが冷めてケーキとなじんだら、型からはずしてくるみを飾る。(伊藤)

基本のふわふわチーズケーキ

1 加熱したチーズにバターを混ぜると、チーズの熱で柔らかくなる。

2 側面は型より少し高めにクッキングシートを敷き、生地を流す。

さすが ふんわり 約20分

材料（直径18cmの丸型１個分）

クリームチーズ………… 150g
バター ……………………………20g
生クリーム ……………大さじ２
プレーンヨーグルト ‥大さじ２
牛乳 ……………………大さじ３
国産レモンの皮
（表皮のみすりおろす）… １個分
薄力粉 …………………大さじ３
卵 ………………………………３個
砂糖 ……………………………40g
サラダ油（型用） …………… 少々
粉砂糖 ………………………… 適宜

作り方

❶型の内側にサラダ油を薄く塗り、側面と底にクッキングシートを敷いて準備する。
❷耐熱ボウルにチーズを入れ、ラップなしで30秒ほど加熱して柔らかくする。バターを加え、泡立て器で練り混ぜる（写真1）。
❸②に生クリーム、ヨーグルト、牛乳、レモンの皮の順に加えて混ぜ、薄力粉をふるって入れ、ゴムべらでさっくりと混ぜる。
❹ボウルに卵を溶きほぐし、砂糖を加えて白くもったりするまで泡立てる。２回に分けて③に加え、底から生地を持ち上げては切るように混ぜる。
❺①の型に④を流し入れ（写真2）、型の底を台に軽く打ちつけて余分な空気を抜く。キッチンペーパーの中央に直径５cmの穴をあけて水でぬらしてかぶせる。
❻⑤を弱（170W）で約16分加熱し、ペーパーをはずしてさらに様子を見ながら３分〜３分30秒加熱する。中央に竹串を刺して、生地がつかなければできあがり。型の上下を返して網にのせ、はずして冷ます。好みで粉砂糖をふる。（伊藤）

サワークリームチーズケーキ

さすが こくが出る 約20分

材料（直径18cmの丸型１個分）

基本のふわふわチーズケーキ
……………………………… １個
サワークリーム………カップ１
生クリーム ……………カップ½
砂糖 ……………………大さじ３
抹茶 ………………………… 少々

作り方

❶チーズケーキは上記の手順で仕上げる。
❷ボウルにサワークリームを入れ、泡立て器で混ぜてなめらかにし、生クリーム、砂糖を加えて混ぜる。
❸②のクリームを①のチーズケーキの上にひろげて全体に塗り、抹茶を茶こしに入れて上にふる。（伊藤）

松の実風味のチーズケーキ

さすが　こくが出る　まろやか　10分40秒

材料(直径18cmの丸型１個分)
カッテージチーズ(裏ごしタイプ)
　……………………………200g
バター…………………………50g
砂糖……………………………25g
卵黄…………………………３個分
国産レモンの皮(すりおろす)
　……………………………１個分
アーモンドパウダー………30g
卵白…………………………１個分
　砂糖…25g
松の実…………………………30g
バームクーヘン(市販品)
　…………………100〜150g
生クリーム(ホイップする)
　…………………………大さじ３
バター(型用)………………少々
ミントの葉…………………適宜

作り方

❶型にバターを薄く塗る。バター、卵は室温にもどしておく。

❷松の実は耐熱容器にひろげ、ラップなしで１分40秒加熱し、混ぜてさらに１分30秒加熱して冷ます。

❸バームクーヘンは１cm角に切り、½量を型の底に敷き詰める。

❹ボウルにカッテージチーズと①のバターを混ぜ、砂糖、卵黄、レモンの皮の順に混ぜる。アーモンドパウダーをふるいながら加え、さっくりと混ぜる。

❺卵白は砂糖を２〜３回に分けて加え、泡立て器またはハンドミキサーで角(つの)が立つまで泡立ててメレンゲを作る。½量ずつ④に加えてゴムべらで切るように混ぜる。

❻③の型に⑤を流し入れ、②の松の実を散らし、キッチンペーパーの中央に直径５cmの穴をあけて水でぬらしてかぶせる。３分20秒加熱し、ペーパーをはずしてさらに４分10秒加熱する。冷まして型からはずす。

❼側面に生クリームを塗って、③の残りのバームクーヘンを貼りつけ、ミントを飾る。(伊藤)

基本の薄型スポンジケーキ

1 粉を加えたら手早く混ぜること。間をおくと粉に粘りけが出る。

2 ならした生地の中央を少しくぼませると、均一に加熱される。

さすが ふっくら ｜ 速い ｜ 3分20秒

材料（直径18cmの丸型1枚分）

卵白 ……………………… 1個分
　砂糖…30g
卵黄 ……………………… 1個分
薄力粉 ……………………30g

作り方

❶ボウルに卵白を入れて泡立て器で溶きほぐす。砂糖を3回に分けて加え、泡立て器かハンドミキサーで角が立つまで泡立ててメレンゲを作る。

❷①に卵黄を加えて混ぜ、薄力粉をふるいながら加える（写真1）。ゴムべらで泡をつぶさないように下から持ち上げては縦に切るように、さっくりと混ぜる。

❸ターンテーブルにクッキングシートを敷いて中央に②の生地を流し、直径16cmほどにひろげてゴムべらで表面をならし（写真2）、中央を少しくぼませる。

❹3分20秒加熱し、クッキングシートごと取り出して網にのせる。粗熱が取れたらシートをはがす。（伊藤）

＊加熱後はターンテーブルとクッキングシートの間に水滴がたまるので、必ず網に移して冷ますこと。

オールドファッションケーキ

さすが 失敗なし ｜ 色あざやか ｜ 9分10秒

材料（2個分）

基本の薄型スポンジケーキ
　…………………………… 1枚
シロップ（→P380）…大さじ2
生クリーム …………… カップ½
砂糖 ……………………大さじ1
いちご ………………… 3～4個
いちごソース
　いちご（つぶしたもの）…カップ½／いちごシロップ（＊参照）…大さじ6／ブランデー…大さじ1

作り方

❶スポンジケーキは上記の手順で仕上げ、シロップを塗る。

❷ボウルに生クリームと砂糖を入れ、底に氷水をあてながら泡立て器で八分立てにする。

❸①のケーキを6等分に切り、3枚ずつ組み合わせる。それぞれの上面に②のクリームを塗り、下になる2枚分に、へたを取り、縦四つ割りにしたいちごを等分にのせて重ね、残りのケーキを上に重ねる。

❹いちごソースの材料を混ぜて等分にとろりとかける。（伊藤）

＊いちごシロップは、耐熱容器にいちご200gと砂糖150gを混ぜ、ラップなしで3分20秒加熱する。かたく絞ったぬれぶきんをざるにひろげ、こして仕上げる。冷蔵庫で1ヵ月は保存可能。

オムレツケーキ

さすが まろやか｜作りやすい｜9分10秒

材料（2個分）
基本の薄型スポンジケーキ（→P384）………………２枚
シロップ（→P380）…大さじ４
モカクリーム
　生クリーム…カップ½／砂糖…大さじ1½～２／コーヒーリキュール…大さじ１
胡麻（ごま）クリーム
　生クリーム…カップ½／砂糖…大さじ1½～２／練り黒胡麻…大さじ１
粉砂糖………………………少々

作り方
❶スポンジケーキは温かいうちに上面にシロップを塗り、めん棒を中央にあてて半分に折る。
❷モカクリームはボウルに生クリームと砂糖を入れ、底に氷水をあてながら八分立てに泡立て、リキュールを加え混ぜる。
❸胡麻クリームは生クリームと砂糖を同様に冷やしながら五分立てにし、練り胡麻を混ぜる。
❹①に②と③をはさみ、粉砂糖を茶こしに入れてふる。（伊藤）

バナナオムレツケーキ

さすが しっとり｜簡単｜2分30秒

材料（３個分）
卵…………………………………１個
砂糖、薄力粉……………各30g
バナナ（３等分する）………１本
生クリーム……………カップ½
砂糖……………………大さじ１

作り方
❶ボウルに卵を溶きほぐし、砂糖を加えてかたく泡立てる。薄力粉をふるい入れて、さっくり混ぜる。
❷ターンテーブルにラップを敷き、①の⅓量を玉じゃくしで直径10cmにのばす。40～50秒加熱し、熱いうちに二つ折りにして冷ます。残りも同様に作る。
❸生クリームに砂糖を加えて八分立てにし、等分に②の間にバナナとともにはさむ。（葛西）

基本のシフォンケーキ

薄く切り分けるときは、ナイフを縦に入れ、かつらむきの要領で刃を進めて好みの厚さに。

さすが　ふっくら　速い　4分30秒

材料(直径18cmの紙製シフォン型1個分)

薄力粉(はくりき)……………………………70g
コーンスターチ……………25g
ベーキングパウダー
　………………………小さじ1½
卵 ……………………………３個
三温糖(さんおんとう)または砂糖 …………90g
サラダ油………………大さじ３
サラダ油(型用)……………少々

作り方

❶型の内側にサラダ油を薄く塗る。
❷薄力粉、コーンスターチ、ベーキングパウダーは合わせてふるっておく。
❸ボウルに卵を割りほぐし、三温糖を加えて泡立て器で白っぽくもったりするまで泡立て、さらにサラダ油を少しずつ加えて混ぜる。
❹③に②の粉類を３～４回に分けて加え、泡をつぶさないようにゴムべらを縦に動かし、底から生地(きじ)を持ち上げては返し、切るように混ぜる。
❺①の型に④を流し、型の底を台に軽く打ちつけて、余分な空気を抜く。
❻キッチンペーパーを型より一回り大きく切り、中央に直径５cmの穴をあけて水でぬらし、⑤にかぶせる。3分20秒加熱し、ペーパーをはずしてさらに50秒～１分10秒加熱する。
❼型の底を上にして網にのせ、そのまま冷(さ)まして型からはずす。(伊藤)

ミニロールシフォンケーキ

さすが　柔らか　7分20秒

材料(３～４人分)

基本のシフォンケーキ ….. ½個
シェリーシロップ
　シロップ(→P380)…大さじ３／シェリー酒…大さじ２
Ⓐ粉ゼラチン…10g(２袋)／水…大さじ３
生クリーム……………カップ１
砂糖 ……………………大さじ３
ラズベリー………… 12～14個

作り方

❶シフォンケーキは上記の手順で仕上げる。写真を参照して1.5～２cm厚さで約30cm長さに切り、さらに半分に切る。
❷シェリー酒を混ぜたシロップを、①の上面に塗る。
❸ラズベリーは洗って、水けをふいておく。
❹耐熱容器にⒶの水を入れ、ゼラチンをふり入れてふやかし、ラップなしで20秒加熱する。
❺生クリームに砂糖を混ぜて七分立てにし、④を加えて混ぜる。
❻クッキングシートをひろげて②を１枚のせ、⑤のクリームの½量を１cm厚さに塗りひろげる。
❼⑥の縦中央にラズベリーの½量を並べ、生地の短かい辺から向こう側に巻いて包む。シートの両端をねじって形を整える。もう１枚も同様に作る。
❽冷蔵庫で30分以上ねかせてクリームを固め、生地となじませる。シートをはずし、食べやすい大きさに切り分ける。(伊藤)

レモンバタークリームサンド

さすが　まろやか　作りやすい　7分50秒

材料（3～4人分）

基本のシフォンケーキ（→P386）………………½個
ブランデー……………大さじ2
レモンクリーム
　バター…100g／卵白…1個分／シロップ（→P380）…カップ⅓／レモン汁…大さじ2
トッピング
　ピスタチオ、くるみ、レーズン、レモンピールなど…各少少

作り方

❶シフォンケーキは2cm厚さで約30cm長さに切る。さらに半分に切って、それぞれの上面にブランデーを塗る。

❷レモンクリームを作る。バターは室温にもどし、泡立て器でクリーム状に練る。

❸卵白は泡立て器かハンドミキサーで、角（つの）が立つまでかたく泡立てる。

❹シロップはラップなしで40～50秒加熱し、③に少しずつ加えて泡をつぶさないように混ぜる。

❺④を②に加えてさらに混ぜ、レモン汁も混ぜる。

❻①のブランデーを塗った面に⑤のクリームをそれぞれ塗りひろげ、クリームを塗った面を上にして重ねる。表面のクリームにフォークで筋をつけてデコレーションする。

❼食べやすく切り、好みのナッツやドライフルーツをトッピングする。（伊藤）

くるみのパウンドケーキ

さすが　こくが出る　4分10秒

材料（22×11.5cm、高さ7cmの型1個分）

薄力粉………………………120g
ベーキングパウダー…小さじ½
バター（室温にもどす）…120g
黒砂糖（粉末）………………40g
三温糖または砂糖…………40g
溶き卵………………………1個分
卵黄…………………………1個分
くるみの粗（あら）みじん切り……50g
バター（型用）………………少々

キッチンペーパーに長径12cm、短径3cmの楕円形の穴をあける。

作り方

❶型の内側にバターを薄く塗り、底にクッキングシートを敷く。

❷薄力粉とベーキングパウダーは合わせてふるう。

❸ボウルにバターを入れ、泡立て器で練ってクリーム状にし、黒砂糖と三温糖を加えてすり混ぜる。次に溶き卵に卵黄を混ぜたもの、くるみ、②の順に加え、ゴムべらで切るようにさっくりと混ぜる。①の型に流し、生地の中央を少しくぼませる。

❹キッチンペーパーに楕円（だえん）形の穴をあけ、水でぬらしてかぶせる（写真）。3分20秒加熱し、ペーパーをはずしてさらに50秒加熱する。型からはずし、網にのせてクッキングシートを除いて冷ます。（伊藤）

基本の全粒粉パイ

1 バターに粉をまぶし、溶けないうちに手早くすり合わせる。

2 生地はラップでぴったり包み、冷蔵庫で半日ねかせる。

3 クラッカーをまんべんなく散らして三つ折りにする。

4 90度回転させてのばし、生地とクラッカーをなじませる。

5 生地を型に沿って貼りつけ、はみ出た生地はフォークで切る。

6 生地が平均にふくらむよう、底全体と側面をフォークで刺す。

さすが　さっくり　ヘルシー　3分40秒

材料(直径約19cmのパイ皿３個分)
全粒粉……………………… 200g
バター ……………………… 100g
三温糖または砂糖 …………40g
水 ……………… 大さじ４～4½
バタークラッカー(細かく砕く)
……………………………大さじ３
薄力粉(打ち粉用) ………… 少々
バター(型用)………………… 少々

作り方

❶型の内側にバターを薄く塗り、底にクッキングシートを敷く。
❷バターは１cm角に切り、使う直前まで冷蔵庫で冷やしておく。
❸ボウルに全粒粉と②のバターを入れ、バターに粉をまぶしながら指先ですり合わせて（写真1）、そぼろ状にする。体温でバターが溶けないように手早く作業する。
❹③に三温糖を混ぜ、水を少しずつ加えて混ぜる。水は生地がやっとまとまる程度に加減し、少し粉っぽさが残ってもよい。
❺④の生地をまとめ、ラップに包んで（写真2）、冷蔵庫で半日ねかせて落ち着かせる。
❻台に打ち粉をふり、⑤の生地をのせてめん棒で１cm厚さの長方形にのばす。クラッカーの½量を全体に散らし（写真3）、手前と向こうから折りたたんで三つ折りにする。90度向きを変えて（写真4）、再び１cm厚さの長方形にのばす。全体に残りのクラッカーを散らして三つ折りにし、もう一度長方形にのばして生地とクラッカーをなじませ、３等分にカットする。
❼⑥の⅓量を2mm厚さにのばし、パイ皿にのせ、型に沿ってしっかり貼りつけ、縁からはみ出た生地をフォークで切り落とす（写真5）。
❽⑦の底全体と側面をフォークでまんべんなく刺して(写真6)、空気穴をあける。縁はフォークの背で押して模様をつけ、ラップをして冷蔵庫で約30分ねかせる。
❾⑧をラップなしで様子をみながら3分40秒加熱し、型からはずして網の上で冷ます。(伊藤)
＊⑥のすぐに使わない残りの生地は冷凍保存しておく。

レモンカスタードパイ

さすが　さっくり　まろやか　11分10秒

材料(直径約19cmのパイ皿１個分)
基本の全粒粉パイ生地
…………………………………⅓量
レモンカスタードクリーム
　カスタードクリーム(→P381)
　…全量／レモン汁…１個分
卵白 ………………………… １個分
　砂糖…大さじ1½
ピスタチオ ………………… 少々

作り方

❶パイ生地は上記の手順で仕上げ、型からはずして冷ます。
❷P381を参照してカスタードクリームを作る。熱いうちにレモン汁を加えて混ぜ、なめらかになったら①のパイ生地に詰めて冷ます。
❸卵白に砂糖を２～３回に分けて加え、角が立つまで泡立ててメレンゲを作る。
❹②に③のメレンゲをのせ、ピスタチオの細かく刻んだものと、粗く刻んだものを散らす。(伊藤)

パンプキンパイ

さすが ほくほく 12分50秒

材料（直径約19㎝のパイ皿1個分）
基本の全粒粉パイ生地
（→P388）……………… ⅓量
かぼちゃ ………… 350g（⅓個）
バター ………………………25g
卵黄 ……………………… 2個分
Ⓐ砂糖…大さじ4／ナツメグ、シナモンパウダー…各小さじ⅓／ブランデー…少々

作り方

❶パイ生地は型からはずして冷ます。
❷かぼちゃは皮をそぎ取り、種を除いて水にくぐらせ、耐熱容器に入れてラップをし、5分加熱する。
❸②のかぼちゃの皮適量はラップなしで40〜50秒加熱し、飾り用に取り分けておく。
❹②のかぼちゃの水けをきってつぶし、熱いうちにバターと卵黄を加えて手早く混ぜ、Ⓐを混ぜる。
❺④が温かいうちに①のパイに詰め、ラップなしで3分20秒加熱し、③を刺し込んで飾る。冷めてから切り分け、好みで八分立ての生クリームを添える。（伊藤）
＊冷凍したパイ生地を冷蔵庫で自然解凍してから使っても。

シガレット

さすが さっくり 6分

材料（18本分）
バター ………………………15g
生クリーム ……………… 40㎖
粉砂糖 ………………………50g
卵白 ……………………… 1個分
薄力粉 ………………………40g
バニラエッセンス …… 2〜3滴

作り方

❶バターは耐熱容器に入れ、ラップなしで20〜30秒加熱する。
❷ボウルに生クリーム、粉砂糖を入れ、泡立てないように静かに混ぜる。
❸②に卵白を加え、①の溶かしバターと薄力粉をふるい入れる。粘りけが出ないように底から生地を持ち上げては返して、むらなく混ぜる。バニラエッセンスを落として混ぜたらラップをし、冷蔵庫で30分ねかせる。
❹③を18等分し、クッキングシートを敷いたターンテーブルにスプーンですくって一度に6つずつドーナツ状に並べる。スプーンの背で押しひろげて、薄く丸くのばす。1分30秒加熱し、内側と外側の向きを変えてさらに20秒加熱する。
❺④が熱いうちに箸（はし）にくるりと巻いてロール状にし、網の上で冷ます。残りも同様に。（伊藤）

アーモンドスノー

さすが カリカリ 6分

材料（約25個分）
アーモンドの粗みじん切り
………………………………50g
バター（室温にもどす）……50g
砂糖 ……………………大さじ4
薄力粉 ………………カップ1¼
レモン汁、水………各大さじ1
粉砂糖 ……………………… 適量

作り方

❶バターと砂糖は白っぽくなるまですり混ぜ、アーモンドを混ぜる。薄力粉をふるい入れ、練らないようにさっくりと混ぜる。レモン汁と水を少しずつ加え、やっとまとまる程度まで混ぜる。
❷①の生地を手で握って一口大にまとめ、半量をクッキングシートを敷いたターンテーブルにドーナツ状に並べる。3分加熱し、熱いうちに粉砂糖をまぶす。残りも同様にする。（佐々木）

アーモンドチュイール

さすが カリカリ　**8分10秒**

材料(12個分)

アーモンドスライス ……30g
　バター…6g
強力粉………………大さじ1½
砂糖 ………………………30g
卵白 ……………………1個分

1 アーモンドは砕かないように、そっと生地に混ぜる。

2 生地が熱いうちにめん棒などに巻いて、手早くカーブをつける。

作り方

❶耐熱容器にアーモンドスライスを入れてバターをちぎってのせ、ラップなしで2分30秒加熱する。
❷①を取り出して混ぜ、さらに1分40秒加熱して混ぜ、ひろげて冷ます。
❸ボウルに強力粉、砂糖、卵白を入れて混ぜ、②を加えて砕かないように、ゴムべらでそっと生地に混ぜる(写真1)。
❹③を室温で30分ねかせ、アーモンドと生地をなじませる。
❺④を12等分し、クッキングシートを敷いたターンテーブルにドーナツ状に6個のせる。スプーンの背で同じ大きさに薄くひろげ、様子を見ながら2分加熱する。
❻取り出して熱いうちにめん棒などにくるりと巻いてカーブをつけ、網にのせて冷ます。残りも同様に作る。(伊藤)

くるみのガレット

さすが ふっくら　**3分**

材料(直径18㎝のもの1枚分)

くるみ ……………………30g
卵白 ……………………1個分
　三温糖または砂糖…30g
卵黄 ……………………1個分
薄力粉 ………………大さじ1
パイ菓子(リーフパイなどの市
　販品) …………………適量

作り方

❶くるみは少量を飾り用に取り分けて粗みじん切りにし、残りは細かく刻む。
❷ボウルに卵白を入れ、三温糖を3回に分けて加え、泡立て器で角が立つまで泡立てる。
❸②に卵黄を加えて混ぜ、薄力粉をふるい入れ、①の刻んだくるみを加える。ゴムべらで生地を底からすくっては返し、縦に切るように混ぜる。
❹ターンテーブルにクッキングシートを敷き、中央に③の生地を流し、直径16㎝ほどになるように表面をならす。中央を周囲より少しくぼませる。
❺パイ菓子を小さく割って全面に刺し込み、飾り用のくるみを散らす。
❻⑤をラップなしで様子を見ながら3分加熱し、クッキングシートごと取り出して網にのせる。粗熱が取れたら、シートをはずす。(伊藤)

玄米フレーククッキー

さすが カリカリ 11分40秒

材料(12個分)

玄米フレーク……………………20g
レーズン…………………大さじ2
バター(室温にもどす)……30g
砂糖………………………………30g
薄力粉……………………………50g
牛乳…………………………小さじ2
玄米フレーク(飾り用)……適量

ポリ袋の中で生地にフレークをまぶし、袋の外から押してなじませる。

作り方

❶ボウルにバターを入れて泡立て器で混ぜ、砂糖を加えて白っぽくなるまですり混ぜる。レーズンを加え、玄米フレークを砕(くだ)いて混ぜる。

❷①に薄力粉をふるい入れ、牛乳を加えて粘りけが出ないようにゴムべらで切るように混ぜる。少し粉っぽさが残った状態でラップに包んで、冷蔵庫で30分ねかせる。レーズンを生地に埋め込むようにしながら12等分して丸める。

❸飾り用の玄米フレークをポリ袋に入れ、手で握って粗く砕く。②を袋の中に入れ、フレークをまぶし（写真)、袋の外から手で押しつけて形を平らに整える。

❹ターンテーブルにクッキングシートを敷き、③の½量をドーナツ状に並べる。ラップなしで弱(200W)で5分加熱する。内側と外側の向きを変えて、さらに50秒加熱し、網にのせて冷ます。残りも同様に作る。(佐々木)

チョコレートクッキー

さすが さっくり こくが出る 9分40秒

材料(24個分)

アーモンドスライス………30g
　バター…4g
バター(室温にもどす)……40g
　砂糖…25g
薄力粉……………………………60g
ココアパウダー………………15g
グラニュー糖…………………適量
牛乳…………………………大さじ2

作り方

❶耐熱容器にアーモンドスライスを入れてバターをちぎってのせ、ラップなしで2分30秒加熱する。取り出して混ぜ、さらに1分40秒加熱して混ぜ、ひろげて冷ます。

❷40gの生地用のバターは泡立て器で混ぜ、砂糖を加えて白っぽいややかためのマヨネーズ状になるまでよく混ぜる。

❸薄力粉とココアパウダーを合わせてふるって②に加え、牛乳と①も加えて練らないように混ぜる。

❹③を3等分し、それぞれ直径3〜4㎝の棒状にまとめ、側面にグラニュー糖をまぶす。ラップで包み、冷蔵庫で30分ねかせてなじませる。

❺④の1本を小口から8等分に切り分け、ターンテーブルにクッキングシートを敷いてドーナツ状に並べる。そのまま1分30秒加熱し、生地の内側と外側の向きを変えてさらに20秒加熱し、網にのせて冷ます。残り2本も同様に作る。(佐々木)

＊加熱しすぎると内側から焦(こ)げるので、少し色づいてきたら内側と外側の向きを入れ替え、均一に加熱する。

カスタードプリン

さすが　なめらか　失敗なし　**17分**

材料（耐熱性のプリン型４個分）

牛乳……………………カップ1¼
砂糖…………………………50g
卵……………………………２個
バニラエッセンス……２～３滴
カラメルソース
　砂糖…大さじ３／水…大さじ１／熱湯…大さじ１弱
バター（型用）………………少々

1 焦がした砂糖に熱湯を加える。熱いカラメルがはね上がるので要注意。

2 加熱すると水分が蒸発するので、ぬらしたペーパーをかけ水分を補う。

作り方

❶型の内側にバターを薄く塗る。
❷カラメルソースを作る。耐熱容器に砂糖と分量の水を入れ、軽くゆすって混ぜる。ラップなしで1分加熱し、再びゆすって混ぜる。さらに1分加熱して同様に混ぜ、様子を見ながら20～30秒、焦げ色がつくまで加熱する。取り出して分量の熱湯を加え（写真1）、固まらないうちに手早く①の型に等分に入れる。
❸耐熱ボウルに牛乳を入れ、ラップなしで2分30秒加熱する。熱いうちに砂糖を加え、混ぜて溶かし、粗熱を取ってバニラエッセンスで香りをつける。
❹別のボウルに卵を割りほぐし、③が人肌に冷めたら静かに加える。こし器を通してなめらかな生地にし、②の型に等分に注ぐ。
❺キッチンペーパーを水でぬらして型にかぶせ（写真2）、ターンテーブルの中央をあけてまわりに並べ、弱（200W）で11～12分加熱する。竹串を刺して何もついてこなければできあがり。粗熱を取って冷蔵庫で冷やす。（伊藤）

サバイヨーネ

さすが　本格味　手間いらず　**30秒**

材料（４人分）

卵……………………………２個
砂糖…………………………50g
マルサラ酒または白ワイン
　………………………大さじ３
生クリーム…………50～80mℓ

卵が固まらないように、熱いマルサラ酒は少しずつ混ぜながら加える。

作り方

❶ボウルに卵を割りほぐし、50度の湯せんにかけて泡立て器で混ぜる。
❷①に砂糖を加えてさらに白っぽくなってとろみがつくまで泡立てる。
❸耐熱容器にマルサラ酒を入れ、ラップなしで30秒加熱する。熱いうちに、②に少しずつ加えて混ぜる（写真）。
❹生クリームを③に少しずつ糸のようにたらしながら入れ、なめらかになるまで混ぜて器に盛る。（伊藤）

ウフ・ア・ラ・ネージュ

さすが ふっくら 4分40秒

材料（４人分）
卵白 ……………………… ２個分
　砂糖…大さじ３
牛乳 ……………………カップ１
アングレーズソース
　卵黄…２個分／砂糖…大さじ３／コーンスターチ、レモン汁、ラム酒…各大さじ１

メレンゲはスプーンですくって牛乳に浮かべ、加熱して形を安定させる。

作り方
❶耐熱ボウルにアングレーズソースの卵黄、砂糖を入れ、泡立て器で白っぽくなるまで混ぜ、コーンスターチを加えてさらに混ぜる。
❷別のボウルに卵白を入れて軽く泡立て、砂糖を２〜３回に分けて加えながら角（つの）がピンと立つまで泡立ててメレンゲを作る。
❸耐熱皿に牛乳を入れ、②を４等分にすくい取って浮かべ（写真）、ラップなしで２分30秒加熱する。メレンゲだけを取り出して冷蔵庫で冷やす。
❹③の牛乳は熱いうちに①に少しずつ加えながら混ぜ、ラップなしで１分40秒加熱して混ぜる。さらに30秒加熱して混ぜ、粗熱が取れたらレモン汁、ラム酒を加えて混ぜる。
❺冷蔵庫で冷やし、盛りつけたメレンゲにかける。（伊藤）

みかんのココナッツミルクプリン

さすが まろやか 簡単 2分30秒

材料（２人分）
みかん …………… 100g（１個）
ココナッツミルク …..大さじ３
はちみつ ………………小さじ２
くず粉 ………………大さじ1⅓
水 ………………………大さじ２

くず粉のかたまりは、ポリ袋に入れて外からたたいて砕くと扱いやすい。

作り方
❶みかんは横半分に切り、皮をむいておく。
❷くず粉はポリ袋に入れ、上からスプーンでたたいて細かく砕（くだ）く（写真）。ボウルに入れ、分量の水を加えて溶かす。
❸②にココナッツミルク、はちみつを加えて混ぜる。茶こしでこしながら½量ずつ耐熱容器に入れる。
❹③に①を切り口を上にして入れ、ふんわりとラップをして２分30秒加熱する。あつあつがおいしい。（大森）

チョコレートムース

さすが　速い　3分20秒

材料（4人分）
製菓用チョコレート（ビター）……………………………100g
　牛乳…大さじ2
粉ゼラチン……………小さじ½
　水…大さじ1
コアントロー…………大さじ1
生クリーム……………カップ½
卵白…………………………2個分
　グラニュー糖…大さじ2
カスタードソース
　卵黄…2個分／グラニュー糖…大さじ2／牛乳…カップ¾／バニラビーンズ…½本／コアントロー…大さじ1／生クリーム…カップ¼
ミント…………………………適宜

ゼラチンは電子レンジにかけるとすぐ溶ける。チョコレートに加えて。

作り方
❶チョコレートは細かく刻み、耐熱容器に入れて牛乳を加える。ラップをしてチョコが溶けるまで2分30秒〜3分加熱する。
❷別の耐熱容器に分量の水を入れ、粉ゼラチンをふり入れて20秒加熱する。①に加え（写真）、コアントローも加えて混ぜる。
❸ボウルに生クリームを入れ、角が立つくらいまで泡立てる。
❹別のボウルに卵白を入れ、グラニュー糖を2回に分けて加えながら、ハンドミキサーでしっかりとしたメレンゲを作る。
❺②に③を加えて混ぜ、さらに④を加えて混ぜる。容器に流し、冷蔵庫で冷やし固める。
❻ソースを作る。ボウルに卵黄とグラニュー糖を入れてよく混ぜ、熱くした牛乳を加え、こし器を通して鍋に入れる。バニラビーンズのさやをしごいて中の種を加え、一煮立ちさせてボウルにあける。氷水をあてて粗熱を取り、コアントロー、生クリームを加えて混ぜる。
❼器に⑥を注ぎ、⑤をスプーンですくって入れ、あればミントを飾る。（河村）

ビターココアムース

さすが　手間いらず　ローカロリー　20秒

材料（18×12㎝、高さ4㎝の器1個分）
ココアパウダー………大さじ2
牛乳……………………大さじ2
生クリーム……………大さじ2
Ⓐはちみつ…小さじ2／黒こしょう…少々
卵白…………………………1個分
　塩…少々
粉ゼラチン……………小さじ1
　水…大さじ1
ブルーベリー…………カップ¼
プルーン（種抜き）…………1個

作り方
❶ブルーベリーは洗って水けをふく。プルーンは洗って水けをふき、好みの大きさに切る。
❷耐熱容器に分量の水を入れ、粉ゼラチンをふり入れ、少しおいてふやかす。
❸ボウルにココアパウダーを入れ、牛乳と生クリームを少しずつ加えて泡立て器で混ぜて溶かし、Ⓐを加えて混ぜる。
❹②をラップなしで20秒加熱して溶かし、③に加えて混ぜる。
❺別のボウルに卵白を入れ、底を氷水で冷やしながら、泡立て器で泡立てる。塩を加え、角が立つまでしっかりと泡立てる。
❻④に⑤を加え、ゴムべらで泡を消さないように手早く混ぜ合わせる。
❼器に⑥を流し、表面を平らにならして①のフルーツを散らす。冷蔵庫で1時間冷やす。（大森）

ガナッシュクリームケーキ

さすが　本格味　簡単　3分40秒

材料（楕円形のココット小4個分）

ガナッシュクリーム
　生クリーム…カップ½／製菓用チョコレート（スイート）…200g
型用チョコレート
　製菓用チョコレート（ビター）…100g／製菓用チョコレート（ホワイト）…少々
黒砂糖カステラ（市販品）‥適量
Ⓐシロップ（→P380）…大さじ3／ラム酒…大さじ1

作り方

❶チョコレートはそれぞれ刻む。
❷ガナッシュクリームを作る。耐熱ボウルに生クリームを入れ、ラップなしで1分10秒加熱する。刻んだチョコレートを加えて混ぜ、だまのないようによく溶かし、底に氷水をあてながら泡立て器で空気を含ませるように、とろりと泡立てる。
❸カステラはココットの大きさに合わせ、1㎝厚さのものを8枚用意する。Ⓐを混ぜてラムシロップを作り、カステラの片面に塗る。塗った面を上にして1枚ずつココットに入れる。②を等分に入れ、残りのカステラをシロップを塗った面を下にしてのせ、軽く押して平らにする。
❹型用チョコレートを作る。2種のチョコレートはそれぞれステンレス製のボウルに入れ、50度の湯せんにかけて、木べらで混ぜながら溶かす。ビターは少量を残して③に流し入れ、冷蔵庫で冷やし固める。残りとホワイトはクッキングシートに薄くひろげて冷凍し、ハートの抜き型で抜いて上に飾る。（伊藤）

トリュフ

さすが　簡単　なめらか　40秒

材料（約10個分）

ガナッシュクリーム
　生クリーム…カップ¼／製菓用チョコレート（スイート）…100g／好みの洋酒（ラム酒、ブランデーなど）…大さじ1
製菓用チョコレート（スイート）…………………… 150～200g
ココアパウダー、粉砂糖…………………………………各少々

スプーンにガナッシュを取り、もう1本で返しながらすくって丸く形作る。

作り方

❶チョコレートはそれぞれ刻む。
❷ガナッシュクリームを作る。耐熱ボウルに生クリームを入れ、ラップなしで40秒加熱する。刻んだチョコレートを加え、木べらでなめらかに混ぜる。粗熱が取れたら洋酒を加えて混ぜ、ボウルの底に氷水をあてながら泡立て器で混ぜ、とろりとするまで冷やす。
❸②をティースプーン2本で丸く形作り（写真）、クッキングシートにのせて涼しい場所または冷蔵庫で冷やす。
❹製菓用チョコレートはステンレス製のボウルに入れ、50度の湯せんにかけて、木べらで空気を含まないように底からこそげて、つやよく溶かす。
❺③を串に刺し、約½量は④にくぐらせてクッキングシートにのせ、残りはココアパウダーと粉砂糖をそれぞれまぶす。（伊藤）

ババロアのプロセス

1 水でふやかしたゼラチンを、熱い牛乳に入れて溶かす。

2 泡立てた卵黄が固まらないよう、1を少しずつ混ぜながら加える。

3 生クリームは卵黄と同じ濃度に泡立てて加えると、混ざりやすい。

オレンジババロア

さすが　柔らか　鍋いらず　9分10秒

材料（直径18cmのクグロフ型1個分）

粉ゼラチン……………10g（2袋）
　水…カップ¼
卵黄……………………………3個分
砂糖……………………………70g
牛乳…………………………カップ1¼
バニラエッセンス……1～2滴
生クリーム…………………カップ½
オレンジの皮の砂糖煮
　オレンジの皮のせん切り…20g／水…カップ1／砂糖…適量

作り方

❶分量の水に粉ゼラチンをふり入れてふやかす。
❷ボウルに卵黄を入れて軽くほぐし、砂糖を加えて、泡立て器で白くふっくらし、とろりとするまで泡立てる。
❸耐熱容器に牛乳を入れ、ラップなしで3分20秒加熱する。
❹③に①を混ぜて溶かす（写真1）。熱いうちに½量を少しずつ②に加えて混ぜ（写真2）、残りは一度に入れ、バニラエッセンスを加えて混ぜる。
❺別のボウルに生クリームを入れ、②と同じくらいの濃度に泡立てる（五分立て）。
❻④のボウルの底に氷水をあてながらゴムべらで混ぜてとろみをつける。⑤を手早く加えて混ぜ（写真3）、内側を水でぬらした型に注ぎ、冷蔵庫で固める。
❼耐熱容器にオレンジの皮と分量の水を加えてラップなしで4分10秒加熱する。取り出して水けをきり、水に約30分さらして水けをきる。再び耐熱容器に入れて砂糖大さじ1を加え、ラップなしで1分40秒加熱し、さらに砂糖少々をまぶす。型からはずした⑥に飾る。（伊藤）

レアチーズケーキ

さすが　なめらか　簡単　1分

材料（容量600mlの長方型1個分）

クリームチーズ（室温で柔らかくする）………………200g
粉ゼラチン……………10g（2袋）
　水…カップ½
卵黄……………………………1個分
砂糖……………………………50g
レモン汁………………大さじ2
サワークリーム………カップ½
生クリーム…………………カップ½
ぶどう（皮をむく）…………適量

クッキングシートは型からはみ出るくらいに敷いておくとはずしやすい。

作り方

❶耐熱容器に分量の水を入れて、粉ゼラチンをふり入れ、少しおいてふやかす。
❷ボウルに卵黄を入れてほぐし、砂糖を加えて、泡立て器で白っぽい、かためのマヨネーズ程度の濃度になるまで泡立てる。
❸①をラップなしで50秒～1分加熱して溶かす。熱いうちに少しずつ②に加えながら混ぜる。
❹③にクリームチーズを加えてなめらかに混ぜ、レモン汁、サワークリーム、生クリームを加えて手早く混ぜる。
❺型にクッキングシートを敷き込み、④を流して（写真）、冷蔵庫で冷やし固める。型からはずして適宜（てきぎ）に切り、ぶどうを飾る。（伊藤）

マンゴーゼリー

さすが なめらか 鍋いらず 6分10秒

材料(4人分)
マンゴーピュレ(果肉約3個分をミキサーにかける、または冷凍品を解凍して)…… 300g
粉ゼラチン………… 5g(1袋)
　水…大さじ3
Ⓐ卵黄…2個分/グラニュー糖…大さじ3/水…カップ½
リキュール(ディタ、コアントローなど)…………大さじ1
生クリーム……………カップ½

作り方
❶分量の水に粉ゼラチンをふり入れてふやかす。
❷Ⓐを混ぜ合わせ、こし器を通して耐熱容器に入れ、ラップをして1分40秒〜2分加熱し、取り出して混ぜる(写真1)。①を加え、混ぜて溶かす(写真2)。
❸マンゴーピュレは耐熱容器に入れ、ラップをして約4分10秒加熱する。
❹②に③とリキュールを加えて混ぜ合わせ、冷ます。
❺④に生クリームを加えて混ぜ(写真3)、器に流して冷蔵庫で冷やし固める。(河村)

1 砂糖と水を加えた卵黄はとろみがつくくらいを目安にレンジで加熱。

2 ふやかしたゼラチンを加えて混ぜ、生地の余熱でゼラチンを溶かす。

3 生地が冷めたら、生クリームを加えて全体によく混ぜ、こくを出す。

グレープジュースの2層ゼリー

さすが 色あざやか 6分40秒

材料(グラス4個分)
グレープジュース(100%果汁・市販品)…………カップ1¼
砂糖……………………50〜70g
生クリーム……………カップ1
粉ゼラチン………… 10g(2袋)
　水…カップ¼

作り方
❶分量の水に粉ゼラチンをふり入れてふやかす。
❷耐熱容器にグレープジュースと砂糖を入れて混ぜ、ラップなしで4分10秒加熱する。①を加え、混ぜて溶かす。
❸②に生クリームを加えて混ぜ、ラップなしで2分30秒加熱する。
❹③をグラスに静かに注ぎ、冷蔵庫で冷やし固める。脂肪分と水分の比重の差で自然に2層に分かれる。(伊藤)

フルーツトリュフ

さすが　速い　ローカロリー　30秒

材料（10個分）
ドライいちじく……………４個
ドライマンゴー……………４個
ラム酒…………………大さじ１
ビスケット（市販品）………３枚
Ⓐスキムミルク…大さじ１／シナモンパウダー…小さじ¼
ココアパウダー………小さじ½
スキムミルク…………小さじ½

作り方
❶いちじく、マンゴーは細かく切り、耐熱容器に入れる。ラム酒をふりかけ、ラップをして30秒加熱する。
❷ボウルの中でビスケットを細かく砕く。①とⒶを加えて混ぜ、10等分して丸める。
❸②の½量にはココアパウダーをまぶし、残りにはスキムミルクをまぶす。（大森）

マシュマロ

さすが　ふっくら　本格味　各3分20秒

材料（18×20cmのバット３枚分）
基本の白いマシュマロ
Ⓐ［粉ゼラチン…20g（４袋）／水…カップ½］　Ⓑ［卵白…２個分／砂糖…大さじ１］
砂糖…カップ２／バニラエッセンス…少々
ココアのマシュマロ
基本のマシュマロ…全量／ココアパウダー…大さじ１
抹茶のマシュマロ
基本のマシュマロ…全量／抹茶…大さじ１
コーンスターチ……………少々

型にくっつくので、クッキングシートを敷いて流し、板状に固める。

作り方
❶耐熱容器にⒶの水を入れ、粉ゼラチンをふり入れてふやかす。
❷ボウルにⒷの卵白を入れて白っぽくなるまで泡立て、砂糖を加えて角が立つまで泡立てる。
❸①をラップなしで50秒加熱し、砂糖を加えて混ぜ、さらに２分30秒加熱して溶かす。熱いうちに②に少しずつ加えながら混ぜ、バニラエッセンスを加えて混ぜる。ゼラチンは、一度に加えると固まるので要注意。ここまでの作業は手早くすること。色づけする場合は、ココアパウダーや抹茶をここで加える。
❹クッキングシートを敷いたバットに③を流し（写真）、冷蔵庫で冷やし固める。コーンスターチをまぶし、好みの型で抜いたり、切り分ける。くっつかないよう、切り口にもコーンスターチをまぶす。（伊藤）

かぼちゃのモンブラン

さすが　色あざやか　ローカロリー　5分

材料（２人分）
かぼちゃ…………………200g
Ⓐ低脂肪牛乳…大さじ２／砂糖…大さじ１／ラムエッセンス、塩…各少々
クラッカー（市販品）………１枚

作り方
❶かぼちゃは種とわたを取り、ラップで包んで５分加熱する。皮をそぎ取り、正味160gを用意する。
❷フードプロセッサーに①を入れ、Ⓐを加えて攪拌し、なめらかなペースト状にする。
❸モンブラン用の口金をつけた絞り出し袋に②を入れ、器に絞り出し、クラッカーを添える。（大沼）

キャラメル

さすが　つやよく　9分20秒

材料（15×15㎝のバット１枚分・約30個分）

水あめ ……………………… 60g
グラニュー糖 …………… 150g
コンデンスミルク ……… 150g
バター …………………… 10g

加熱した生地を水に落として確認。生地は高温のため、やけどに注意。

作り方

❶バットにクッキングシートを敷いておく。
❷大きめの耐熱ボウルに材料を全部入れ、軽く混ぜる。ラップなしで１分40秒加熱し、取り出して底にたまった水あめをこそげるように混ぜる。
❸さらに、②を２分加熱し、取り出して混ぜることを３回くり返す。吹きこぼれそうなときは、少し冷まして、最後に１分40秒加熱する。キャラメル色に煮つまってきたら少量を水に落としてみて（写真）、固まって、カリッとした歯ごたえになればよい。
❹①のバットに流して固め、シートをはがして２㎝角に切る。かたくて切りにくければ、少し加熱するとよい。（伊藤）

はちみつグミ

さすが　柔らか　ヘルシー　各50秒

材料

アセロラはちみつグミ（14個分）
アセロラジュース ‥大さじ６
粉ゼラチン ……… 15g（３袋）
はちみつ …………… 大さじ２
レモン汁 …………… 大さじ１

はちみつヨーグルトグミ（14個分）
ヨーグルトドリンク … 大さじ４
粉ゼラチン ……… 15g（３袋）
はちみつ …………… 大さじ２
レモン汁 …………… 大さじ２

作り方

❶アセロラはちみつグミを作る。耐熱容器にアセロラジュース大さじ４を入れ、粉ゼラチンをふり入れる。スプーンで軽く混ぜ、ラップなしで30秒加熱して溶かす。
❷①にはちみつ、残りのアセロラジュース大さじ２、レモン汁を加えてかき混ぜ、再び20秒加熱する。
❸製氷器やチョコレート型にサラダ油（材料表外）を薄く塗り、②を流し入れて、冷蔵庫に約10分おく。
❹固まったら指で型からはずす。はちみつヨーグルトグミも同様に作る。（大森）

カカオトロピカーナ

さすが　味がからむ　手間いらず　20秒

材料（約８本分）

オレンジピール（市販品）… 30g
水あめ …………………… 小さじ１
ココアパウダー ……… 小さじ１
刻みピーナツ ………… 大さじ１

作り方

❶オレンジピールを細長く切る。
❷耐熱容器に水あめと①を入れる。ラップなしで20秒加熱し、水あめが柔らかくなったら、オレンジピールにからめる。
❸②の½量にはココアパウダーをまぶし、残りにはピーナツをまぶす。網にひろげて乾かす。（大森）

和菓子

季節を感じます。景色があります。
どんな器にのせましょう。

桜餅

さすが しっとり 時間短縮 **5分**

材料(10個分)

道明寺の生地
- 道明寺粉(→P401) ‥ 120g
- 赤の色粉(→P401) …‥ 微量
- 水 …………………… 180mℓ
- 砂糖 ………………… 大さじ2
- 塩 …………………… 少々

こしあん(市販品) ……‥ 150g
桜の葉の塩漬け ………… 10枚

作り方

❶あんは10等分して丸める。

❷色粉は分量の水に溶かし、ごく薄いピンク色にする。

❸耐熱ボウルに道明寺粉を入れて、だまにならないように混ぜながら②の水を注ぐ(写真1)。

❹③にラップをして4分30秒〜5分加熱する。取り出してラップをはずし、乾いたふきんをかけてそのまま10分蒸らし、粗熱を取る(写真2〜5)。

❺④に砂糖と塩を加え、道明寺粉の粒をつぶさないように木べらでよく混ぜる(写真6)。

❻⑤の生地は½量ずつをかたく絞ったぬれぶきんまたはラップで包み、転がしながら細長くまとめ5等分する(写真7〜9)。

❼両手のひらを水でぬらし、⑥の1個を指で軽く押しひろげながら直径6〜7㎝の円形にし、左手で握るように持つ(写真10、11)。

❽⑦に、①のあん玉をのせる。右手の指で軽くあん玉を押しながら、生地の縁をのばしてあんを包んで、口を閉じる(写真12〜14)。

❾全部包んだら、生地の外側にあんがつかないように、一度手を洗う。⑧を手のひらで転がして俵形に整え(写真15)、桜の葉を巻く。(金塚)

1 道明寺粉に薄い色のついた水を加えて、ごく薄いピンク色に染める。

2 全体を軽く混ぜ合わせ、まんべんなく色づいたら、ラップをする。

3 レンジで4分30秒〜5分加熱する。

4 道明寺粉が水分を含み、ふっくらしたら取り出す。熱いので注意。

5 ラップをはずしてふきんをかけ、10分蒸らして、粗熱を取る。

6 砂糖と塩を加え、底から大きくすくうようにして全体をよく混ぜる。

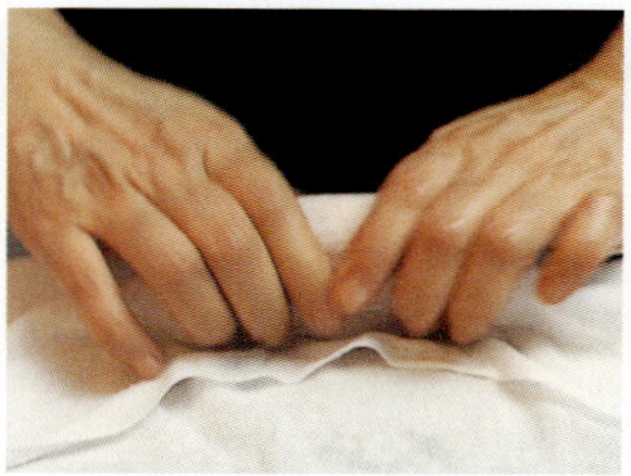

7 生地が熱く、べたつくので、ぬれぶきんで½量ずつ包んでまとめる。

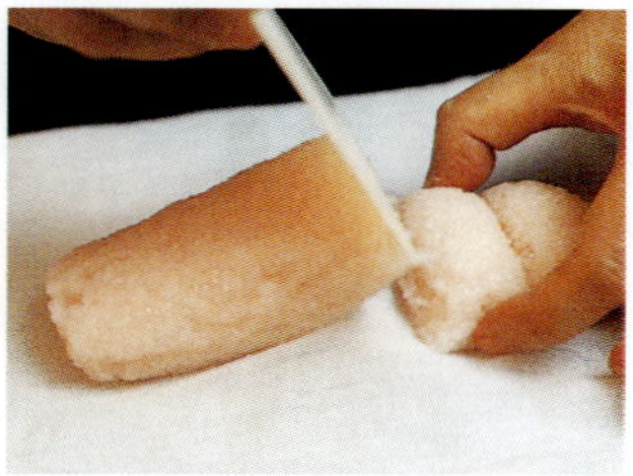

8 ふきんごと転がし、細長くまとまったら、へらで5等分する。

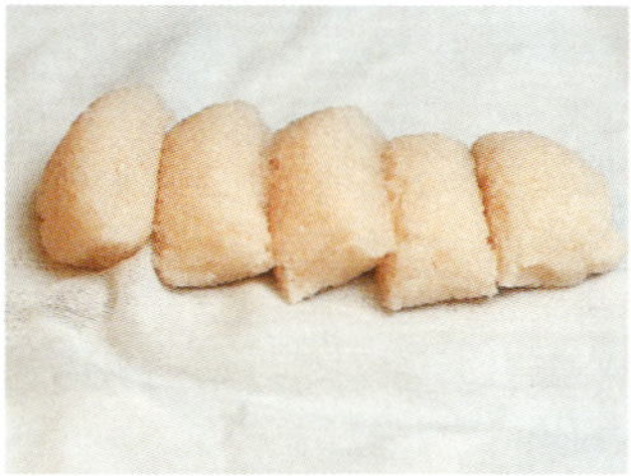

9 残りの生地も同様にへらで5等分する。

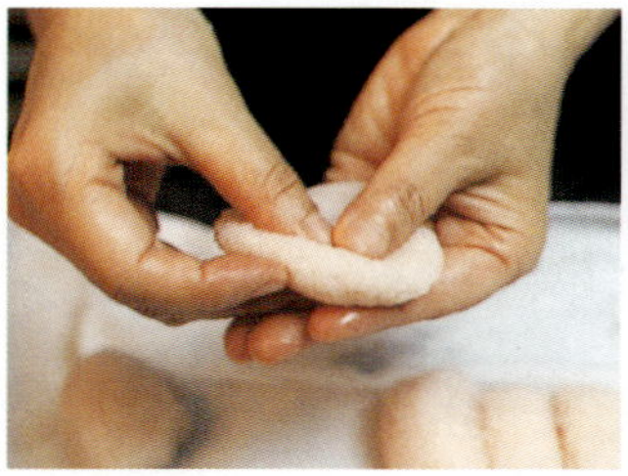

10 生地を両手で軽く押しひろげながら、平らに丸くのばしていく。

11 生地が直径6〜7㎝の円形になったら、左手で軽く握るように持つ。

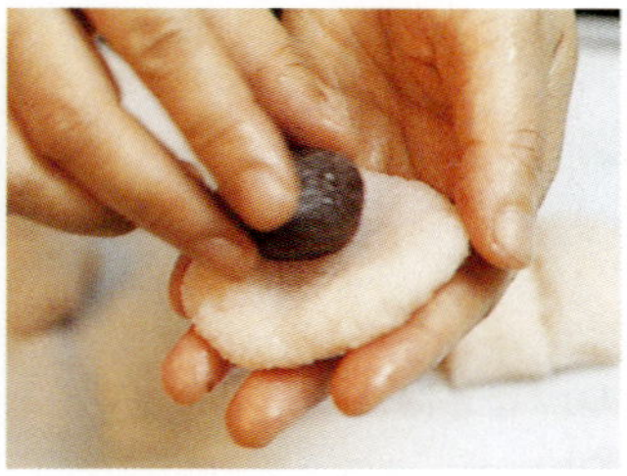

12 あん玉をのせる。手についたあんをふけるよう、ぬれぶきんも用意。

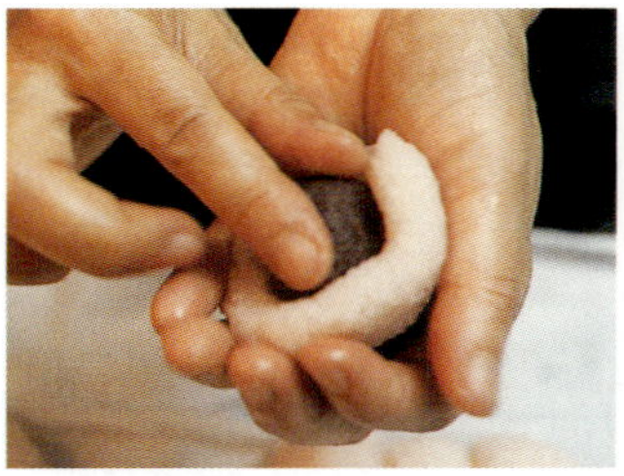

13 あん玉を軽く押しながら、生地の縁をのばして全体を握るように包む。

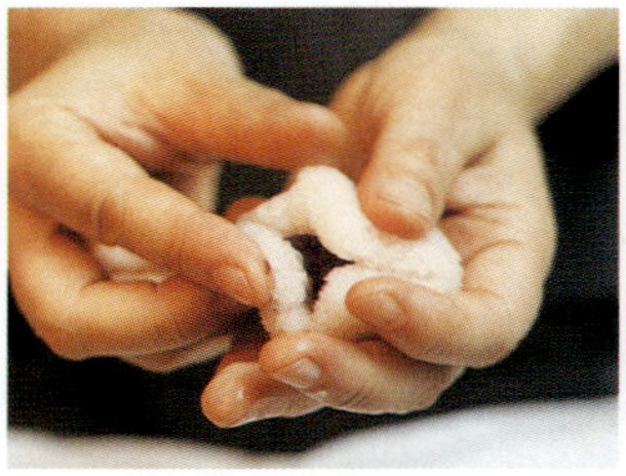

14 あん玉が包み込まれたら、両手の親指と人さし指で口を閉じる。

15 手のひらで静かに転がしながら、俵形に形を整えていく。

＊道明寺の生地についてはP433も参照してください。

いちご姫

さすが 色あざやか　5分

材料（10個分）

道明寺の生地（→P400）……全量
こしあん（市販品）……150g
いちご……小10個

作り方

❶生地は「桜餅」と同様に作り、丸くひろげ、丸めたあんといちごをのせる。

❷①を左手にのせ、軽く握り込みながら半包みにする。（金塚）

道明寺粉　もち米を洗って水につけ、蒸して乾燥後、粗くひいたもの。
色粉　赤、緑、黄、青の4色が一般的。ようじの先ほどの微量を少量の水で溶かして使う。赤と黄でオレンジ、赤と青で紫など、組み合わせで色の変化も楽しめる。

春の野の道明寺

さすが 時間短縮 しっとり **5**分

材料（10個分／つくし４個、木の芽３個、実山椒３個分）

道明寺の生地

- 道明寺粉（→P401）‥ 120g
- 水 ‥‥‥‥‥‥‥‥‥‥‥‥ 180mℓ
- 砂糖 ‥‥‥‥‥‥‥‥‥‥大さじ２
- 塩 ‥‥‥‥‥‥‥‥‥‥‥‥‥‥少々

白あん（市販品）‥‥‥‥‥ 150g

つくし ‥‥‥‥‥‥‥‥‥‥‥‥‥ ８本

Ⓐ砂糖…大さじ１／しょうゆ…小さじ２

木の芽 ‥‥‥‥‥‥‥‥‥‥‥‥‥ ３枚

実山椒 ‥‥‥‥‥‥‥‥‥‥‥‥‥ ９粒

作り方

❶白あんは10等分して丸めておく。つくしははかまを取って下ゆでし、Ⓐでサッと煮る。

❷耐熱ボウルに道明寺粉を入れて分量の水を注ぎ、全体を軽く混ぜ合わせる。

❸②にふんわりとラップをし（写真１）、4分30秒～5分加熱する。取り出してラップをはずし、ふきんをかけて10分蒸らし、粗熱を取る（写真２）。

❹③に砂糖と塩を加えて混ぜ、全体をよく混ぜる。ラップで包み、転がしながら棒状にのばし（写真３）、へらで10等分する。

❺両手のひらを水でぬらし、④の１個をのせ、丸くひろげながら直径６～７㎝の円形にする。①のあん玉をのせ、握り込むようにあんを包む。

❻同様に10個包んだら、生地の外側にあんがつかないよう、手を洗って俵形に整える。つくしは汁けをきって２本ずつ、木の芽は１枚、実山椒は３粒ずつ形よくのせる。（金塚）

１道明寺粉と水がなじんだら、ふんわりとラップをする。

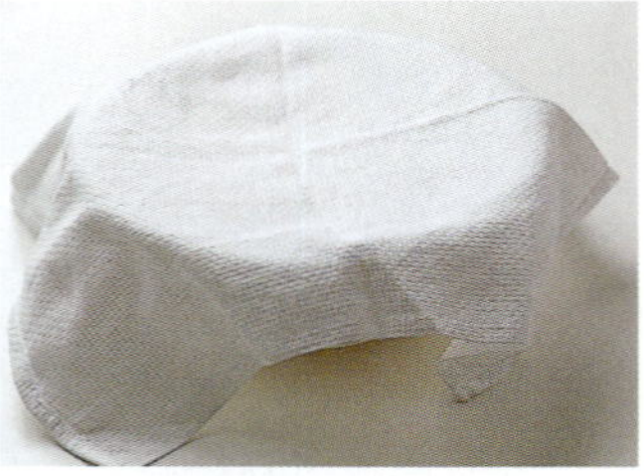

２レンジ加熱後ラップをはずし、乾いたふきんをかけて蒸らす。

３生地はラップで包み、均等になるように転がして棒状にのばす。

＊**白あん**　東京都内では、紀ノ国屋インターナショナルや恵比寿三越地下２階「生活職人」コーナーなどで販売しています。和菓子屋さんでも事前にお願いすれば分けてもらえるようです。

栗道明寺

さすが ほくほく しっとり 5分30秒

材料（10個分）

道明寺の生地

　道明寺粉……………………120g

　水……………………………180mℓ

　砂糖…………………………大さじ2

　塩……………………………少々

栗の甘露煮（市販品）……10個

作り方

❶栗の甘露煮はみつとともに30秒加熱し、ざるに上げる。

❷生地は「春の野の道明寺」（→P402）の作り方②〜④と同様に作る（写真1）。

❸手に水をつけ、②の1個を丸くひろげて①の栗を1個のせ、半包みにする（写真2）。残りも同様に作る。（金塚）

1 道明寺粉に砂糖と塩を加えたら、木べらで混ぜてなじませる。

2 生地は直径6〜7㎝の円形にひろげて栗をのせ、握り込んで半包みに。

しがらき

さすが 時間短縮 約2分

材料（約8個分）

道明寺粉……80g（カップ½）

水……………………カップ1

塩……………………1つまみ

すり黒胡麻………………適量

きな粉……………………適量

黒みつ（→P440）………適量

作り方

❶耐熱ボウルに道明寺粉を入れて分量の水を注ぎ、1時間ほど浸してふやかしておく。

❷①にラップをして、約2分加熱する。取り出して熱いうちに塩を加え混ぜる。

❸②の粗熱が取れたら、8等分し、水をつけた両手のひらで転がしながら丸める。

❹③の½量ずつにすり黒胡麻ときな粉をそれぞれまぶし、器に盛って黒みつをかける。（伊藤）

りんごの生八橋風

さすが　本格味　しっとり　**7**分

材料（12個分）

生八橋風の生地
- 上用粉（→P405）……70g
- もち粉（→P405）……40g
- グラニュー糖……200g
- 水……カップ¾

りんご……約200g（1個）
グラニュー糖……70g
シナモン……適量
粒あん（市販品）……180g

作り方

❶りんごのみつ煮を作る。りんごは皮と芯を除いていちょう切りにし、グラニュー糖を加えて中火で柔らかくなるまで煮る。

❷生地を作る。耐熱ボウルに上用粉ともち粉を入れて、よく混ぜる。

❸別の耐熱ボウルにグラニュー糖と分量の水を入れ、2分加熱し、取り出してよく混ぜる。

❹②に③を少しずつ加えながら、泡立て器でよく混ぜる（写真1）。全体になじんだら、2分〜2分30秒加熱して取り出し、木べらで混ぜる（写真2）。

❺さらに1分30秒〜2分30秒加熱し、透明感が出て、コシのある状態にする（写真3）。

❻⑤を取り出してかたく絞ったぬれぶきんで包み、手でよくもんで生地をまとめる（写真4）。

❼⑥をシナモン大さじ2をふったバットに移し、さらによくもんでまとめる（写真5）。

❽⑦を2等分し、シナモンを手粉にして、めん棒でそれぞれ24×16㎝にのばす（写真6）。

❾⑧を8×8㎝の正方形6枚に切り、切り口に刷毛でシナモンをつける。残りも同様に。

❿⑨の1枚にあん大さじ1と①を大さじ2のせ、三角形に折る（写真7）。（金塚）

1 粉に砂糖湯を加えたら、だまにならないように、よく混ぜる。

2 加熱していったん取り出し、全体を木べらで混ぜる。

3 さらに加熱する。生地にコシと透明感が出ればOK。

4 生地をぬれぶきんで包み、手でよくもんでしっかりまとめる。

5 シナモンをふったバットに移し、粉をからませながらさらにもむ。

6 シナモンを手粉にして生地をのばし、8×8cmの正方形12枚に切る。

7 1枚の生地の対角線上にあんとりんごのみつ煮をのせ、三角形に折る。

抹茶の生八橋風

さすが　しっとり　7分

材料（10個分）

生八橋風の生地
- 上用粉……………………70g
- もち粉……………………40g
- グラニュー糖………… 200g
- 水……………………カップ¾

抹茶……………………………適量

粒あん（市販品）………… 150g

栗の甘露煮（市販品）…… 10個

作り方

❶生地は「りんごの生八橋風」（→P404）の作り方②〜⑥と同様にし、作り方⑦のシナモンを抹茶にかえて同様にまとめる。

❷生地を2等分し、抹茶を手粉にしながら、めん棒で2㎜厚さにのばし、4.5×10cmの長方形5枚に切る。残りも同様にする。

❸それぞれに10等分したあんと栗をのせ、半分に折る。（金塚）

上新粉　うるち米を洗って乾燥させ、細かくひいたもの。餅菓子に使われる。

上用粉　上新粉よりさらに細かく製粉したもの。

もち粉　もち米を洗って脱水し、製粉して乾燥させたさらさらした粉。羽二重粉とも呼ばれる。

みたらしだんご

さすが 失敗なし　**9分10秒**

材料（3串分）
白玉粉（→P407）…………50g
水…カップ¼
Ⓐ砂糖…大さじ3／しょうゆ…大さじ2／水…大さじ4
片栗粉（小さじ2の水で溶く）……………………………小さじ1

作り方
❶白玉粉は分量の水を加えながら混ぜ、耳たぶくらいの柔らかさにこねて9等分し、丸める（写真1）。
❷耐熱ボウルに水カップ2（材料表外）を入れ、ラップなしで4分10秒加熱して沸かす。ここに①を入れ（写真2）、さらに2分30秒加熱。だんごを水にとって（写真3）水けをきり、3個ずつ串に刺して器に盛る。
❸耐熱容器に合わせたⒶを入れて1分40秒加熱し、さらに水溶き片栗粉を加え混ぜて50秒加熱する。とろみがついたら、熱いうちに②にからめる。（小森）

1 白玉粉に水を少しずつ加えながらこねる。水は粉の乾燥具合で加減を。

2 レンジで沸かした湯に白玉だんごを入れ、再び加熱する。

3 ゆでただんごは手早く水にとって冷まし、表面の粘りけを流す。

かしわ餅

さすが しっとり　**6分30秒**

材料（6個分）
かしわ餅の生地
　上新粉（→P405）
　　…………130g（カップ1）
　水……………………カップ1
　砂糖…………………大さじ2
粒あん（市販品）…………200g
かしわの葉（市販品）………6枚
白みつ（→P440・手水用）‥適量

作り方
❶あんは6等分して丸める。
❷耐熱ボウルに分量の水を入れ、2分30秒加熱して沸かし、上新粉を一度に加えて菜箸で混ぜる。さらに砂糖も加えてまんべんなく混ぜる。
❸②を手でざっとまとめ、ラップをして約2分加熱。取り出して、熱いうちに水でぬらしためん棒やすりこ木でついて粘りけを出す。
❹再びラップをして1分40秒〜2分加熱する。やけどをしないように、かたく絞ったぬれぶきんを手にかぶせ、生地がなめらかになるまで手でこねる。
❺④を6等分して丸め、1個ずつ白みつを手につけながら丸く押しひろげる。この中央に①のあんをのせ、半分に折って、かしわの葉でそれぞれ包む。（伊藤）

生地のアレンジ（写真左）　生地をレンジ加熱してこねる前に、葉先をゆで、すりつぶしたよもぎ20gを加えて混ぜる。
あんのアレンジ（写真右）　粒あんのかわりに白あん（市販品）200gを用意し、白みそ大さじ1を加えて混ぜる。

ころ柿

さすが 鍋いらず　6分30秒

材料(12〜15個分)
干し柿(かためのもの・正味)……50g(5個)
白玉粉……40g
水…40mℓ
みつ
黒砂糖、グラニュー糖…各100g／水…80mℓ／しょうゆ…30mℓ
上新粉……70g
麦こがし(手粉・仕上げ用)……約50g

作り方

❶干し柿はへたと種を除いて7㎜角に切り、へたは飾り用にとっておく。
❷白玉粉に分量の水を混ぜる。
❸みつを作る。耐熱ボウルに黒砂糖、グラニュー糖、分量の水を合わせ、1分〜1分30秒加熱する。これを茶こしでこしてしょうゆを加えて混ぜ、さらに②に少しずつ加えて混ぜる。
❹別の耐熱ボウルに上新粉を入れ、③を少しずつ加えながら泡立て器でよく混ぜる(写真1)。
❺④にラップをして2分加熱。取り出して混ぜ、ラップをしてさらに2〜3分加熱して混ぜる。生地に透明感が出て、コシのある状態にする(写真2)。
❻⑤に①の干し柿を加えて混ぜる(写真3)。これを麦こがしを敷いたバットに移し、よくもんでまとめる(写真4)。
❼⑥を12〜15等分して丸め(写真5)、麦こがし少々をまぶして、上に①の干し柿のへたをのせる。(金塚)

＊干し柿のへたは、家庭用ならつけなくてもよい。また、一度に食べる分のみにつけ、使い回してもOK。贈答用にするなら、個数分のへたを事前に用意しておくとよい。

1 上新粉にみつで溶いた白玉粉を入れ、だまにならないように混ぜる。

2 2回加熱して混ぜる。生地にコシと透明感が出ればOK。

3 できた生地に干し柿を加え、木べらで混ぜる。

4 バットに移し、麦こがしの上でよくもみ込んで生地と柿をまとめる。

5 麦こがしを手粉にしながら、生地を手のひらで丸め、形を整える。

白玉粉　もち米を洗って水につけ、臼でひいてさらし、乾燥させたもの。だんごや求肥に使われる。

うぐいす餅

さすが なめらか 約4分30秒

材料(10個分)
求肥生地(できあがり約200g)
白玉粉(→P407)………50g
水……………………カップ½
砂糖(ふるう)………… 100g
水あめ……………………10g
粒あん(市販品)………… 250g
うぐいすきな粉……………適量

＊求肥生地についてはP433も参照してください。

作り方

❶求肥生地を作る。耐熱ボウルに白玉粉を入れ½量の水を少しずつ加え、だまにならないようによく混ぜる(写真1)。さらに残りの水と砂糖を加え混ぜ、どろりとした状態にする。

❷①を約1分加熱し、取り出して混ぜ、さらに2分30秒～3分加熱する(写真2)。途中一度取り出し、木べらでよく混ぜる。水あめを加えて30秒加熱し、練り上げる(写真3)。全体に透明感が出て、コシのある状態にする。

❸ふるったきな粉を敷いたバットに②を移し(写真4)、奥のほうの縁を持ち、きな粉が内側に入らないように注意しながら二つ折りにし、粗熱を取る。

❹③に茶こしできな粉をふりかけ(写真5)、手刀で切って10等分する(写真6)。あんは10等分して丸める。

❺④の生地の1個を左手にのせ、直径5～6㎝の円形にひろげる。刷毛で表面のきな粉をはらって④のあん玉をのせ、左手を返して右手で下からあんをつまむように持つ。左手の親指と人さし指で輪を作り、しごくようにあん玉に沿わせて生地をのばし(写真7)、余分な生地をちぎり取る。残りも同様に。

❻⑤の両端をつまんで形を整え(写真8)、きな粉をふる。(金塚)

青梅

さすが もちもち 約4分30秒

材料(10個分)
求肥生地(→P408)… 約200g
緑の色粉(→P401)……… 微量
粒あん(市販品)………… 250g
片栗粉 ………………………… 適量

作り方

❶あんは10等分して丸める。

❷求肥生地は「うぐいす餅」(→P408)の作り方①、②と同様の手順で作るが、白玉粉に水を加えるときに水数滴で溶いた色粉を加えて、生地を薄い緑色に染める。

❸片栗粉をふるって敷いたバットに②を移し、P408と同様の手順であん玉を包む。木べらかバターナイフでカーブに沿って筋をつけ、青梅の形にする。
(金塚)

カーブに沿って底から上に向かって回転させて、筋をつける。

1 白玉粉に水を少しずつ入れ、だまにならないようによく混ぜる。

2 加熱しては混ぜて、全体に透明感とコシのある状態にする。

3 水あめを加えて加熱し、透明感が出るまで練り上げる。

4 きな粉を敷いたバットに生地を移し、二つ折りにする。

5 粗熱を取った生地に、茶こしできな粉をふりかける。

6 生地を手刀で切って10等分し、丸くひろげる。

7 あん玉をのせて返し、左手の指で輪を作り、しごくようにのばして包む。

8 両端をつまんで形を整え、茶こしできな粉をふる。

冬いちご

さすが　なめらか　こくが出る　5分

材料（6個分）
求肥生地
白玉粉（→P407）………70g
水 ……………………… 140mℓ
砂糖（ふるう）………… 140g
カステラ（市販品）………… 適量
生クリーム ……………………90g
白あん（市販品）………… 120g
いちご ……………………… 21個
片栗粉（手粉用）、粉砂糖
…………………………各適量

作り方

❶求肥生地を作る。耐熱ボウルに白玉粉を入れ、水を少しずつ加えてよく混ぜる。砂糖も加えて混ぜる。1分加熱し、取り出して木べらでよく混ぜる（写真1）。

❷①をさらに3分30秒〜4分加熱する。途中一度取り出し、よく混ぜる。加熱中に餅のようにプーッとふくれたら、そのまま少し待ってから取り出し、木べらで混ぜる。全体に透明感とコシのある状態にする（写真2）。

❸片栗粉を敷いたバットに②を移し（写真3）、片栗粉を手粉に手のひらで軽くたたきながら倍の大きさになるまでのばす。

❹片栗粉を敷いたまな板に③をのせ、めん棒で2㎜厚さにのばし、15×15㎝の正方形6枚に切る（写真4）。

❺カステラは2㎝厚さに切り、直径6㎝のセルクルで抜く。生クリームは角が立つまでしっかりと泡立て、白あんは6等分して丸める。いちごはへたを取り、飾り用に6個を取り分け、残りは縦に2等分する。

❻⑤のカステラに生クリーム少量を塗り、白あん玉1個、いちご5切れをのせ、生クリーム適量を絞る（写真5）。上に④を1枚のせ、上から直径8㎝のセルクルをかぶせて抜く（写真6）。

❼⑥に飾り用のいちごを1個のせて粉砂糖をふる。残りも同様に作る。（金塚）

1 白玉粉、水、砂糖を混ぜて加熱し、木べらでよく混ぜる。

2 加熱しては取り出して混ぜ、全体に透明感とコシのある状態にする。

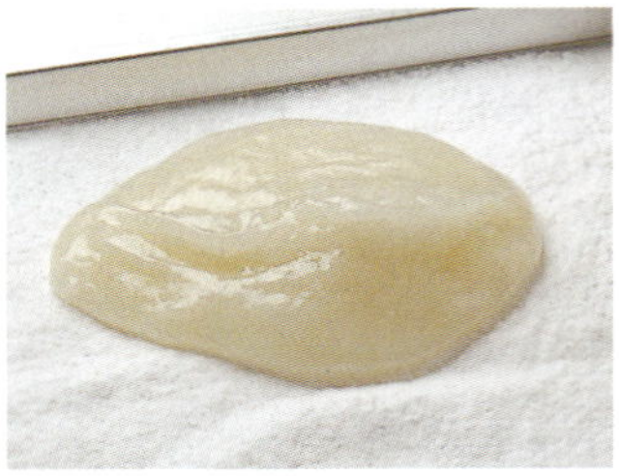

3 片栗粉を敷いたバットに生地を移し、倍の大きさにのばす。

4 めん棒で2㎜厚さにのばし、15㎝角の正方形6枚にカットする。

5 カステラに生クリーム、あん玉、いちごをのせて、生クリーム適量を絞る。

6 上に求肥を1枚のせ、直径8㎝のセルクルをかぶせて抜く。

セルクル　生地を抜くときや錦玉を流すときに使う丸枠。茶筒のふたなどでも代用できる。
＊求肥生地についてはP433も参照してください。

けし餅

さすが もちもち　約4分30秒

材料(10個分)

求肥生地(→P408)… 約200g
こしあん(市販品) ……… 250g
けしの実 ……………………… 適量
片栗粉 ………………………… 適量

作り方

❶けしの実は水けのない鍋に入れ、弱火でじっくりいる。
❷あんは10等分して丸める。
❸求肥は「うぐいす餅」(→P408) の作り方①、②と同様に作り、ふるった片栗粉を敷いたバットに移し、あん玉を包む。
❹③の2個をくっつけて持ち、水をつけた手で全体をなでて粘りを出してから（写真1)、けしの実を入れたボウルの中で転がし、1個ずつに離してまんべんなくけしの実をまぶして形を整える（写真2)。(金塚)

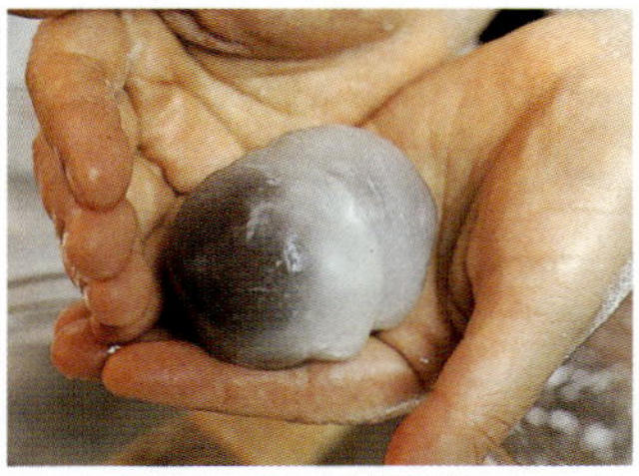

1 底どうしをつけて2個1組にし、ぬらした手でなでて粘りを出す。

2 1個ずつに離しながら、けしの実をまんべんなくまぶす。

ゆず餅

さすが 柔らか　約4分30秒

材料(5～6人分)

求肥生地(→P408)… 約200g
緑の色粉(いろこ)(→P401) ……… 微量
ゆずの皮(すりおろす)
………………………… ½個分
きな粉 ………………………… 適量

作り方

❶求肥は「うぐいす餅」(→P408) の作り方①、②と同様に作るが、白玉粉に水を加えるときに水数滴で溶いた色粉を加えて、生地を薄い緑色に染める。水あめを加える直前に、ゆずの皮のすりおろしを加える。
❷①の生地は、ふるったきな粉を敷いたバットに移し、手刀で一口大に切る。形を丸く整えて、きな粉をまぶす。(金塚)

はなびら餅

さすが もちもち 約5分20秒

材料（8個分）
紅白の求肥生地
白玉粉（→P407）……100g
水……カップ1
砂糖（ふるう）……200g
水あめ……30g
赤の色粉（→P401）……微量
ごぼう……100g（½本）
砂糖（ふるう）…100g／水…カップ½
みそあん
白あん（市販品）…100g／西京みそ…20g／水…25mℓ／水あめ…5g
片栗粉……適量

作り方

❶ごぼうのみつ煮を作る。ごぼうは4㎜角、10㎝長さの棒状に8本切り、反らせないために両端をしばって水にさらし、下ゆでする。砂糖を分量の水で煮溶かし、ごぼうを加えて沸騰したら火を止め、一晩おく。

❷翌日、①のみつだけを煮つめてから糸をはずしたごぼうを戻して煮立て、そのまま浸しておく。さらに使う前にもう一度煮立てて、ざるに上げる。

❸みそあんを作る。鍋に分量の水を入れて中火にかけ、沸騰したら白あんを入れてよく混ぜる。西京みそを加え、焦がさないように弱火で練る。

❹③がマーガリンくらいのかたさになったら水あめを混ぜ、火を止め、バットにひろげて冷ます。

❺P408の作り方①～②と同様の手順で求肥生地を作る。

❻ふるった片栗粉を敷いたバットに⑤を移し、4～5㎜厚さに手でたたきのばし、直径8㎝のセルクルで8枚抜く。

❼抜いた残りの生地を粉をはらってボウルに入れ、水数滴で溶いた色粉を加える。ラップをして50秒加熱し、よく混ぜて紅色に染める。⑥と同様に2㎜厚さにのばして、直径4㎝のセルクルで8枚抜く（写真1）。

❽白に紅の求肥を重ね、中央にごぼうとみそあんをのせ（写真2）、奥から手前にかぶせて形を整える。（金塚）

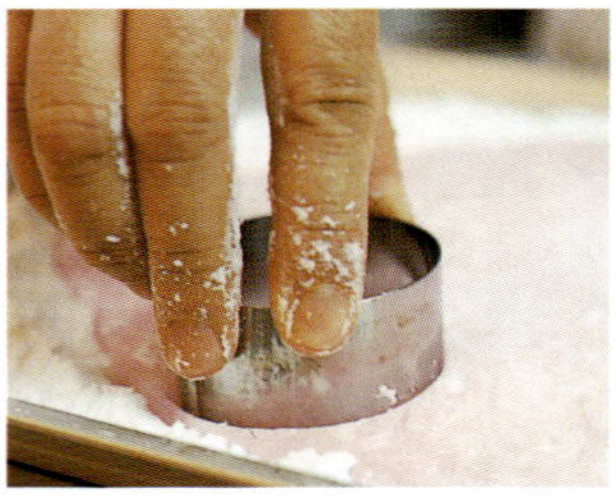

1 少し濃いめの紅色に染めた生地を2㎜厚さにのばして、抜く。

2 白に紅の求肥を重ね、ごぼうとみそあんをのせて二つ折りにする。

ドライフルーツとナッツの求肥

さすが こくが出る　5分

材料(10.5×13.5㎝、高さ4.5㎝の流し缶1個分)

求肥生地
- 白玉粉……………………70g
- 水…………………… 140mℓ
- 砂糖(ふるう)………… 140g
- 水あめ……………………20g

白いちじく(乾燥品)……… 2個
黒いちじく(乾燥品)……… 3個
サルタナレーズン…………20g
ヘーゼルナッツ……… 6〜7個
ペカンナッツ……………… 5個
くるみ……………………3〜4個
ピスタチオ……………5〜6個
片栗粉…………………………適量

作り方

❶ドライフルーツは5㎜〜1㎝角に刻む。ナッツ類は粗(あら)みじん切りにして、オーブンで香ばしくいる。
❷求肥生地を作る。耐熱ボウルに白玉粉を入れ、水を少しずつ加えてよく混ぜる。砂糖も加え混ぜて約1分加熱し、取り出して木べらでよく混ぜる。
❸②を再度1分加熱し、取り出してよく混ぜる。さらに2分30秒〜3分加熱する。加熱中に餅のようにプーッとふくれたら、そのまま少し待ってから取り出し、木べらで混ぜる。全体に透明感とコシのある状態にする(写真1)。
❹③に水あめと①を加えてよく混ぜる。
❺霧を吹き、片栗粉をまぶした流し缶に④を移し、表面を平らにならし、片栗粉を茶こしでまぶす(写真2)。固まったら取り出し、食べやすく切り分ける。(金塚)

1 加熱しては混ぜて全体に透明感とコシのある状態にする。

2 生地の表面を平らにならし、片栗粉を茶こしでまぶす。

練りきり生地

さすが しっとり　約7分20秒

材料（できあがり200g・10個分）
求肥生地（15gを使用。残りは冷凍保存を）
　白玉粉（→P407）………50g
　水 ……………………カップ½
　砂糖（ふるう）………… 100g
白あん（市販品）………… 300g

作り方

❶求肥生地を作る。耐熱ボウルに白玉粉を入れ、水を少しずつ加えてよく混ぜ、だまのない状態にする。

❷①に砂糖を加えて混ぜ、約1分加熱し、取り出して木べらでよく混ぜる（写真1）。↗

やぶ椿

さすが 色あざやか　約7分20秒

材料（10個分）
練りきり生地（上記参照）‥ 200g
赤、黄の色粉（→P401）‥ 各微量
けしの実 ……………………少々
粒あん（市販品）………… 170g

作り方

❶上記と同様の手順で練りきり生地を作る。それぞれ水数滴で溶いた色粉で、10gを黄色に染め、残りは赤に染めて各10等分する。

❷粒あんは10等分して丸める。

❸①の赤の生地で②のあん玉を包む。奥はふっくらと丸く、手前は少しとがって見えるように、指で軽く押さえて、ゆるやかなカーブをつける（写真1）。

❹先の丸い棒か卵の先端で③を押して、椿の芯をつけるくぼみを作る（写真2）。丸い花形の感じが出るように軽く指で押さえ、さらに形を整える（写真3）。

❺①の黄色の練りきりを小指の先ほどの大きさに丸め、丸箸の頭で押して椿の芯を作る。先を水で軽くぬらし、けしの実をつける。④で作ったくぼみに入れて仕上げる（写真4）。（金塚）

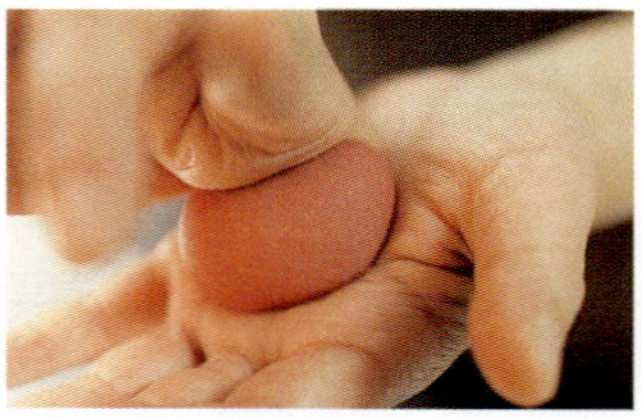

1 奥は丸く、手前は少しとがった卵形になるように形を整える。

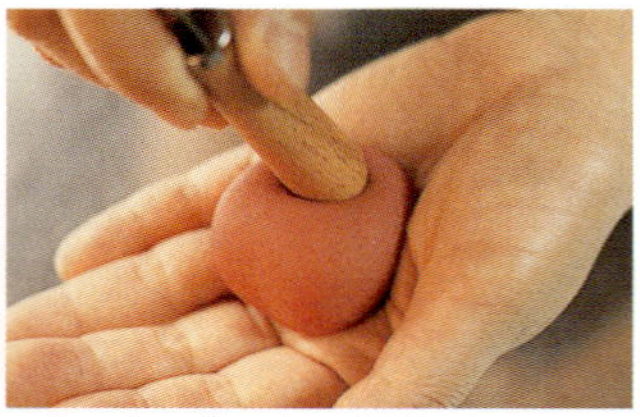

2 先の丸い棒か卵の先端で押して、椿の芯をつけるくぼみを作る。

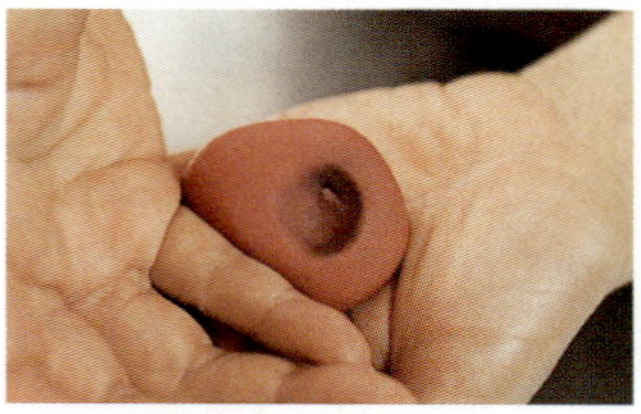

3 丸い花形の感じが出るように、さらに形を整える。

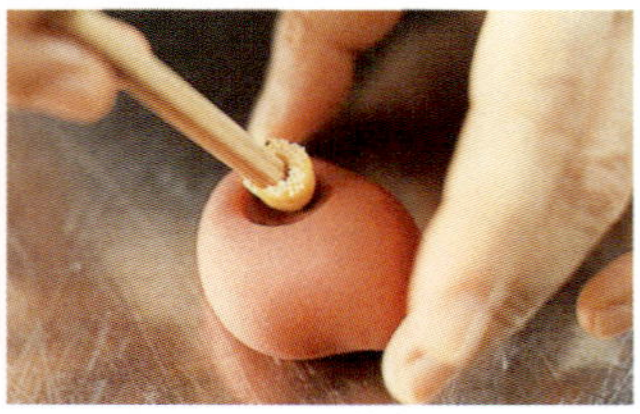

4 けしの実をつけた黄色の芯をくぼみに入れる。

↗❸さらに②を2分30秒～3分加熱する。途中一度取り出し、よく混ぜる。餅のようにふくれたら、少し待ってから取り出す。全体に透明感が出てコシのある状態にする（写真2）。
❹別の耐熱ボウルに白あんを入れ、キッチンペーパーをかぶせて（写真3）約1分30秒加熱する。取り出して混ぜ、さらに約1分30秒加熱。あんが手の甲につかなくなるまで水分をとばす（写真4）。
❺④に③を15gちぎり入れて練り混ぜ（写真5）、キッチンペーパーをかぶせて約20秒加熱し、混ぜる（写真6）。
❻かたく絞ったふきんに⑤を親指の頭大にちぎってひろげ、粗熱が取れたらもみまとめる。この作業を生地が完全に冷めるまで3～4回くり返す。（金塚）

＊練りきり生地についてはP434、P435も参照してください。

1 白玉粉と水に砂糖を加え混ぜて加熱し、取り出して木べらでよく混ぜる。

2 全体に透明感が出て、コシのある状態まで加熱する。

3 白こしあんにキッチンペーパーでふたをして加熱する。

4 あんが手の甲につかず、粉ふき芋のような状態になるまで水分をとばす。

5 あんに求肥をちぎり入れて木べらで練り混ぜる。

6 キッチンペーパーをのせて加熱し、さらに混ぜる。

もみじ山

さすが　色あざやか　約7分20秒

材料（12個分）
練りきり生地（→P414）‥ 200g
赤、黄の色粉（→P401）‥各微量
すり黒胡麻、抹茶 ……各少々
こしあん（市販品）…… 240g

作り方
❶あんは170gと70gに分け、170g分は10等分して丸める。
❷練りきり生地はP414と同様の手順で作る。5等分し、赤とオレンジ、黄色はそれぞれ水数滴で溶いた色粉で色をつける。グリーンは抹茶、グレーはすり黒胡麻で色をつける。
❸②をそれぞれ2等分して、①のあんを包む。70g分のあんも2等分して丸める（写真1）。
❹③をよく切れるナイフで各6等分し、6色を配色よく組み合わせて1個にする（写真2）。ガーゼで包み、茶巾絞りにして形を整える。（金塚）

1 丸めたあんと、あん玉を包んだ練りきり生地で6色作る。

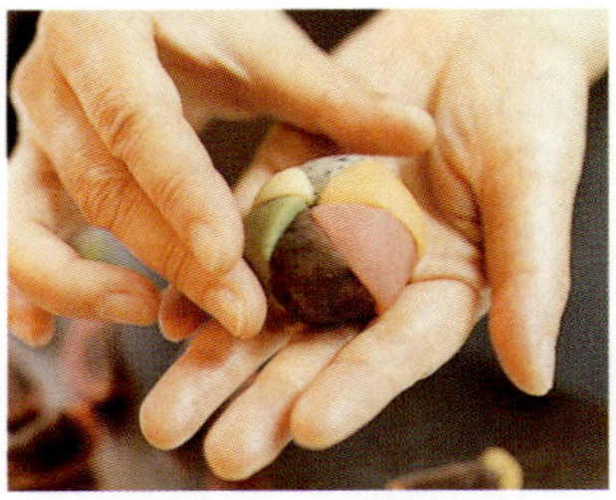

2 よく切れるナイフで各6等分し、彩りよく組み合わせる。

ちょうちょ

さすが しっとり　約7分20秒

材料（6個分）
練りきり生地（→P414）‥ 200g
黄の色粉（→P401）………… 微量
白あん（市販品）…………… 90g
シナモン …………………… 少々
片栗粉（ふるう）…………… 適量

作り方

❶練りきり生地はP414と同様の手順で作り、水数滴で溶いた色粉で染める。
❷あんは6等分して丸める。
❸片栗粉をふった台に①をのせ、めん棒で約4㎜厚さにのばす（写真1）。直径11㎝のセルクルで抜き（写真2）、残りの生地はもみまとめてのばし、計6枚抜く。
❹生地の右上部にあんをのせて半分に折り、次に端を斜めにずらして¼に折る（写真3、4）。
❺丸箸の頭にシナモンをつけて押し、模様をつける。残りも同様に作る。（金塚）

1 生地をめん棒で約4㎜厚さに、平らにのばす。

2 直径11㎝のセルクルで、端から丸く抜く。

3 生地の右上部にあん玉をのせ、少し平らに押す。

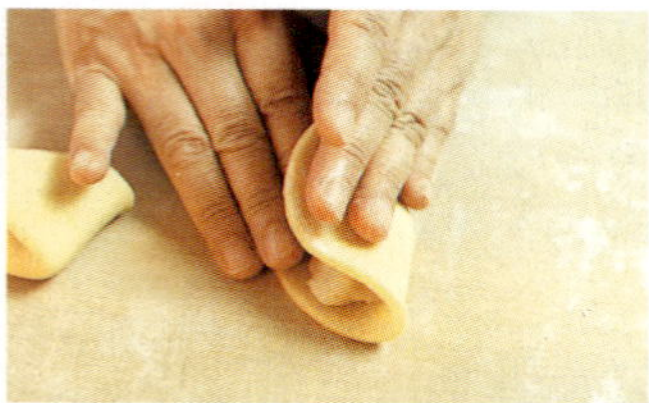

4 生地を半分に折り、さらに端を斜めにずらしてもう半分に折る。

水玉

さすが しっとり　約7分20秒

材料（8個分）
練りきり生地（→P414）‥ 200g
青の色粉（→P401）………… 微量
すり黒胡麻、抹茶 ……… 各少々
白あん（市販品）………… 140g

作り方

❶練りきり生地はP414と同様の手順で作る。生地そのままの白、抹茶用各20g、胡麻用10gを除き、残りは水数滴で溶いた色粉で水色に染める。
❷①を抹茶用には抹茶、胡麻用にはすり黒胡麻を加えて混ぜ、それぞれ直径13㎜程度の丸形に抜く。白も同様に抜く。抹茶と白各16枚、胡麻8枚を作る。
❸①の水色の生地を8等分し、丸くのばす。8等分して丸めたあん玉をのせて包む。
❹③の上に抹茶2、白2、胡麻1を交互に彩りよく貼りつける（写真1）。
❺④をガーゼで包み、ぎゅっとねじって茶巾に絞る（写真2）。絞った上部を親指、人さし指、中指でつまんで形を整え、ガーゼをとる。残りも同様に作る。（金塚）

1 あまり上のほうに貼ると、絞ったとき、丸がしわになりやすい。

2 ガーゼで包み、てるてる坊主を作る要領でねじって茶巾に絞る。

あじさい

さすが　色あざやか　本格味　約7分20秒

材料（8個分）
練りきり生地（→P414）‥ 200g
抹茶（茶こしでこす）……… 少々
赤、青の色粉（→P401）‥ 各微量
白あん（市販品）………… 120g

作り方

❶練りきり生地はP414と同様の手順で作る。生地の¼量はそのまま、残りは抹茶と水数滴で溶いた色粉で抹茶色、水色、赤紫に染める。
❷あんは8等分して丸める。
❸①の生地を7㎜厚さにし、裏ごし器で押し出す（写真1）。
❹先の細い箸（はし）で③を少量取り、②のまわりに底から上に向かって植えつけていく（写真2）。短いそぼろは底のほうに、きれいなそぼろは上にのせる。（金塚）

1 生地は裏ごし器で押し出す。各色が少し混ざってもよい。

2 あん玉が隠れるように、底から上に向かってこんもりとつける。

きんとんぶるい　そぼろにこすためのふるい。目の粗さも各種あり、水きりざるなどでも代用できる。

青栗

さすが　本格味　約7分20秒

材料（8個分）
練りきり生地（→P414）‥ 200g
抹茶（茶こしでこす）……… 少々
粒あん（市販品）………… 128g

作り方

❶練りきり生地はP414と同様の手順で作る。抹茶を少しずつ生地に混ぜ、8等分する。
❷あんは16等分し、底を丸く、上をとがらせて栗の形にする。
❸ガーゼの上に直径9㎝のセルクルをのせ、上からきんとんぶるい（なければ、水きりざるなどで代用を）をかぶせ、①の生地1個分をセルクルの中に入るようにこし出す（写真1）。
❹ふるいをはずし、中央に②のあんを2個のせて枠を取り、ガーゼで半包みにする。手で軽く握るようにして形を整え（写真2）、残りも同様に作る。（金塚）

1 ガーゼの上にセルクルをのせ、枠内に生地をきんとんぶるいでこし出す。

2 あん2個をのせたら静かに枠をはずし、ガーゼで包み、形を整える。

わらび餅

さすが　柔らか　4分

材料（10個分）

わらび餅の生地
- 本わらび粉またはわらび粉（→P419）……25g
- 水……125mℓ
- グラニュー糖……85g

こしあん（市販品）……250g
きな粉……適量

作り方

❶あんは1個25gのあん玉にし、バットに入れて冷凍庫で表面だけを冷やし固めておく（写真1）。

❷わらび餅の生地を作る。耐熱ボウルにわらび粉を入れて分量の水を加え、よく混ぜて溶かす（写真2）。グラニュー糖を加えてさらに混ぜる（写真3）。ラップをして1分加熱し、取り出して、木べらでよく混ぜてグラニュー糖を溶かす（写真4）。

❸②に再びラップをし、1分加熱して、木べらで全体によく混ぜる。これをくり返し（写真5）、合計で3〜4分加熱する。生地が透明になって、強い粘りが出てきたらできあがり（写真6）。ボウルが熱くなるので、必ず乾いたふきんをあてて持つこと。

❹大きめのバットにきな粉をふるってひろげ、③の生地を移し（写真7）、内側にきな粉が入らないように注意して、向こう側の縁を持って手前に半分に折る（写真8）。手刀で切り、ちぎって10等分する（写真9）。

❺④の生地1枚を左手の手のひらにのせ、刷毛で表面のきな粉を落とし（写真10）、平らにのばし、①のあん玉をのせる。左手を返し、右手で下からあん玉をつまむように持ち、左手の親指と中指で輪を作り（写真11）、生地をしごくようにあん玉に沿わせてのばす（写真12）。生地があん玉より下までのびたら、親指と人さし指で余分な生地をちぎり取る（写真13）。皮の中にきな粉が入らないように注意する。残りも同様に作る。

❻⑤をバットのきな粉の中で転がしてから形を整え、生地の上に茶こしできな粉をたっぷりとふりかける（写真14）。食べる直前に冷蔵庫で冷やす。（金塚）

＊加熱が足りないと、生地がだれてあん玉が包みにくい。写真7のようなぽったりがベスト。

＊わらび餅についてはP433も参照してください。

わらび餅の黒みつがけ

さすが　手間いらず　4分

材料（5人分）

わらび餅の生地（→P418）……全量

片栗粉……適量

きな粉、黒みつ（市販品）……各適量

作り方

❶「わらび餅」の作り方②、③と同様に生地を作り、片栗粉をひろげたバットに移す。

❷①の生地を扱いやすい大きさに手刀で切り、氷水に入れ、その中で一口大にちぎる。水けをきって器に盛り、黒みつをかけ、きな粉をふる。（金塚）

1 金属製のバットに丸めたあん玉を並べ、冷凍庫で表面を冷やす。

2 耐熱ボウルに入れたわらび粉に水を注ぎ、木べらで混ぜる。

3 グラニュー糖を加えて混ぜる。ここではミルクティーの色。

4 ラップをして、まずはグラニュー糖を溶かす程度に加熱する。

5 レンジ加熱と、取り出して混ぜることをくり返す。

6 にごっていた生地がだんだん透明になり、粘りが出てくる。

7 ひろげたきな粉の上に生地をぽったりと移す。

8 生地を半分に折る。内側にきな粉が入らないように注意。

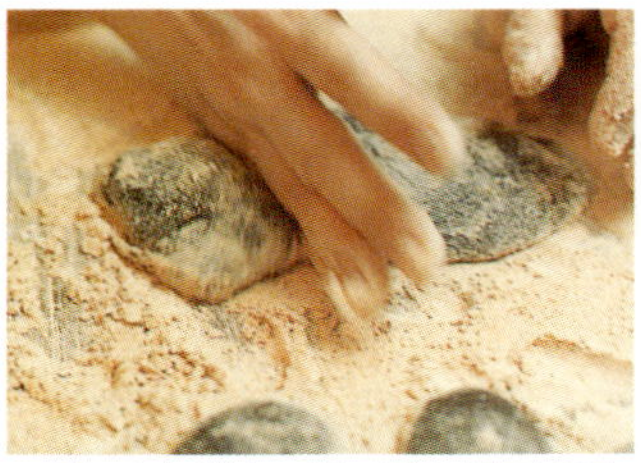

9 手にきな粉をつけ、手の側面で切り分け、10等分にちぎる。

10 刷毛できな粉をはらい落とし、あん玉が生地になじみやすくする。

11 右手であん玉をつまむように持ち、左手で輪を作る。

12 輪にした指で生地をしごくようにする。薄くなりすぎないように。

13 生地があん玉をすっかりおおったら、余分な生地をちぎり取る。

14 茶こしにきな粉を入れ、スプーンでこしながら、たっぷりかける。

わらび粉　わらびの根からとったでんぷんで粘りが強い。最近は他のでんぷんを加えたものも多い。特に本わらび粉と表示されているものはわらび粉100%のもの。

三温糖入り水ようかん

さすが　なめらか　鍋いらず　6分40秒

材料(ゼリー型4個分)

粉寒天……………………4～5g
　水…カップ1
三温糖………………………60g
こしあん(市販品)……… 200g

作り方

❶耐熱ボウルに粉寒天と分量の水を入れて混ぜ、ラップなしで3分20秒加熱する。取り出して混ぜ、熱いうちに三温糖を加え、混ぜて溶かす。1分40秒加熱してあくを除き、あんを加えてよく混ぜる(写真1、2)。

❷さらに1分40秒加熱して混ぜ、水でぬらした型に流し、室温で固め、冷蔵庫で冷やす。(伊藤)

三温糖　黄褐色の独特の風味がある砂糖。こくがある。

1 三温糖を入れて加熱した寒天液の浮いたあくを除くと、なめらかになる。

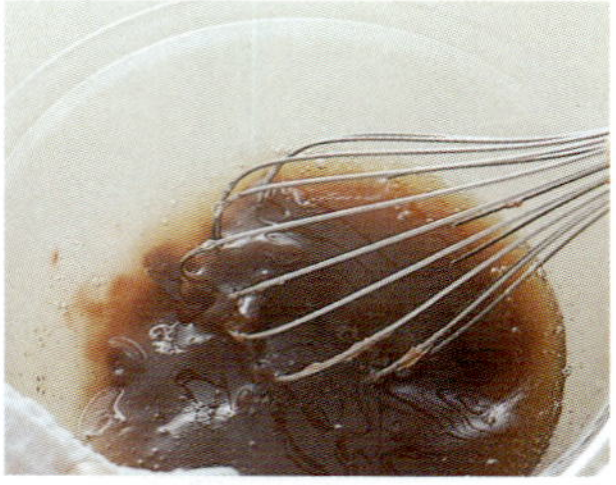

2 あんを加えたら、空気が入らないよう、底をこするように混ぜる。

道明寺粉入り水ようかん

さすが　簡単　鍋いらず　7分30秒

材料(15×15cmの流し缶1個分)

道明寺粉(→P401)…大さじ2
　水…大さじ4
粉寒天……………………4～5g
　水…カップ1
砂糖…………………………60g
缶詰のゆで小豆………… 300g

作り方

❶耐熱ボウルに道明寺粉用の水を入れ、ラップなしで50秒加熱し、道明寺粉を加えて混ぜ、30分おく。

❷別の耐熱ボウルに粉寒天と分量の水を入れて混ぜ、ラップなしで3分20秒加熱する。砂糖を加えて混ぜ、1分40秒加熱してあくを除き、①と小豆を加えて混ぜ(写真)、1分40秒加熱する。

❸水でぬらした流し缶に入れ、泡をすくって、室温で固める。(伊藤)

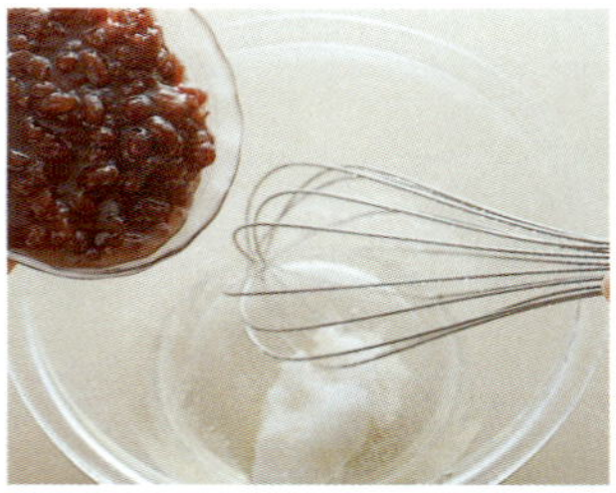

熱い寒天液にふやかした道明寺粉と小豆を入れ、手早く混ぜる。

プチトマトの錦玉

さすが 色あざやか 約5分50秒

材料（直径4.2cmの丸型10個分）
プチトマト……………… 12個
粉寒天 ……………………… 2g
水…カップ1
グラニュー糖…………… 150g

作り方
❶プチトマトは皮を湯むきし、縦4等分する。
❷耐熱容器に粉寒天と分量の水を入れてよく混ぜ、1分加熱する。グラニュー糖を加えて混ぜ、1分加熱して混ぜる。
❸さらに②を2分～3分加熱する。その間に液が沸騰（ふっとう）しても、約50秒そのまま加熱し、煮つめて取り出す。容器を冷水につけ、混ぜながら粗熱（あらねつ）を取る。
❹型の半分の高さまで③を流し、①を4～5切れずつ入れ、浮いてこないようなら、残りの③を型の縁（ふち）まで静かに流し入れる。
❺④を室温で固め、冷蔵庫で冷やす。竹串などで型から抜いて器に盛る。（金塚）
＊好みでトマトといっしょにオクラの輪切りを加えても。
＊錦玉については、P435、P436も参照してください。

小なすと小豆の錦玉

さすが 本格味 約5分50秒

材料（幅3.5cm、長さ5cmの楕円（だえん）形セルクル10個分）
小なす …………………… 10個
グラニュー糖…100g／水…カップ½／レモン汁…½個分
粉寒天 ……………………… 2g
水…カップ1
グラニュー糖…………… 150g
小豆の甘納豆（市販品）
……………………30～40粒

作り方
❶なすは皮を除き、縦半分に切って酢水（材料表外）につけてあく抜きし、歯ごたえが残る程度にゆでて水けをきる。
❷鍋にグラニュー糖と分量の水、レモン汁、①を入れて弱火で煮含め、そのまま一晩おく。
❸②を再び火にかけて煮立て、小なすを取り出して汁けをきる。
❹「プチトマトの錦玉」の作り方②、③と同様に寒天液を作る。
❺セルクルの半分の高さまで④を流し、③を2切れと甘納豆を3～4粒ずつ入れ、残りの④を縁まで流し入れる。
❻⑤を室温で固め、冷蔵庫で冷やす。セルクルをはずし、器に盛る。（金塚）

じゅんさいの錦玉

さすが 手間いらず 約5分50秒

材料（直径4.2cmの丸型10個分）
じゅんさい（湯通しする）…適量
ミントエッセンス ……小さじ1
粉寒天 ……………………… 2g
水…カップ1
グラニュー糖…………… 150g

作り方
❶「プチトマトの錦玉」の作り方②、③と同様に寒天液を作る。③で粗熱を取り、ミントエッセンスを加えて混ぜる。
❷型の半分の高さまで①を流し、じゅんさいを小さじ1ずつ入れ、①を縁まで流す。室温で固め、冷蔵し、型から抜く。（金塚）

ゆずと小豆の道明寺かん

さすが　時間短縮　本格味　約8分20秒

材料（幅3.5㎝、長さ5㎝の楕円形セルクル7個分）

道明寺粉（→P401）……60g
　水…カップ½
砂糖……大さじ1
粉寒天……3g
　水…カップ¾
グラニュー糖……150g
塩……少々
ゆずの皮のみじん切り‥½個分
小豆の甘納豆（市販品）…14粒

1 もどした道明寺粉に寒天液、ゆずを加え、混ぜながら、粗熱を取る。

2 セルクルは底がないので、バットに並べて、液を流し入れる。

作り方

❶耐熱ボウルに道明寺粉と分量の水を入れてよく混ぜる。ラップをして2分30秒～3分加熱し、取り出してラップをはずし、乾いたふきんをかぶせて約8分蒸らす。

❷別の耐熱容器に粉寒天と分量の水を入れて混ぜ、1分加熱し、取り出して混ぜる。

❸②にグラニュー糖と塩を加えて混ぜ、1分加熱し、取り出して混ぜる。さらに1分30秒～2分30秒加熱する。その間に液が完全に沸騰しても、そのまま約50秒煮つめて取り出す。

❹①に砂糖を加えて混ぜ、③の寒天液とゆずの皮を加えて、泡立て器で混ぜながら、粗熱を取る（写真1）。

❺バットにセルクルを並べ、2㎜の高さまで④を流し入れ、手早く甘納豆を2粒ずつ散らし（写真2）、残りの④を高さの八分目まで入れる。

❻⑤を室温で固め、冷蔵庫で冷やす。セルクルをはずして器に盛る。（金塚）

桃の淡雪かん

さすが　あっさり　鍋いらず　約5分20秒

材料（直径4.5㎝のセルクル8個分）

桃（正味）……100g
粉寒天……2g
　水…カップ¾
グラニュー糖……150g
卵白……½個分
ミント……適宜

1 グラニュー糖を加えた寒天液は、沸騰したら、そのまま煮つめる。

2 かたく泡立てた卵白に寒天液を糸のように細くたらして混ぜる。

3 空気が入らないよう、生地を静かにセルクルに流し入れる。

作り方

❶桃は皮と種を除き、フードプロセッサーでなめらかなペースト状にする。

❷耐熱ボウルに粉寒天と分量の水を入れて混ぜ、約1分加熱し、取り出して混ぜる。

❸②にグラニュー糖を加えて混ぜ、約1分加熱し、取り出して混ぜる。さらに1分30秒～2分30秒加熱する。液が完全に沸騰しても、約50秒加熱し、そのまま煮つめて取り出す（写真1）。

❹ボウルに卵白を入れ、角が立つまで泡立てる。

❺④に③を糸のように細くたらして加えながら泡立て器で混ぜる（写真2）。全体がもったりとするまで混ぜながら冷まし、①を加えてさらに混ぜる。

❻バットにセルクルを並べ、⑤を静かに流し入れる（写真3）。室温で固め、冷蔵庫で冷やす。セルクルをはずして器に盛り、あればミントを飾る。（金塚）

巨峰の錦玉

さすが　柔らか　約7分50秒

材料（6個分）
巨峰 ･･････････････････････････ 6個
粉寒天 ････････････････････････ 2.5g
　水…カップ¾
グラニュー糖 ･････････････ 175g
レモン汁 ･･･････････････････ ½個分

作り方

❶紙コップを高さ5～6㎝に切り、15㎝角に切ったクッキングシートを敷き込む。
❷巨峰は皮を湯むきする。
❸耐熱容器に粉寒天と分量の水を入れて混ぜる。ラップなしで約**2分30秒**加熱し、よく混ぜて溶かす。
❹③にグラニュー糖を加えて混ぜ、ラップなしで約**1分**加熱して混ぜる。さらに**3分～3分30秒**加熱する。その間に液が沸騰しても、そのまま約**50秒**加熱し、煮つめて取り出す。
❺④は粗熱を取ってレモン汁を加えて混ぜ、こし器を通してこす。容器ごと冷水につけ、静かに混ぜてとろみをつける。
❻⑤を①の紙コップに八分目まで流し、②を1個ずつ入れる。クッキングシートを絞るようにして形を整え、冷ます。固まったらクッキングシートを静かにはがして盛る。（金塚）

デコポンの錦玉

さすが　ジューシー　約4分50秒

材料（1個分）
デコポン
　･･･････330～370g（大1個）
粉寒天 ････････････････････････ 3g
　水…カップ½
グラニュー糖 ･････････････ 100g

作り方

❶デコポンは上部を切り取って中身をくりぬき、果汁140mℓ分を絞る。果皮は器にする。
❷耐熱ボウルに粉寒天と分量の水を入れて混ぜ、ラップなしで約**30秒**加熱する。
❸②にグラニュー糖を加えて混ぜ、約**1分**加熱し、取り出して混ぜる。さらに**2分～2分30秒**加熱する。その間に液が沸騰しても、そのまま約**50秒**煮つめて取り出す。
❹③は粗熱を取って①の果汁を加えて混ぜ、容器ごと冷水につけてへらで混ぜる。へらが少し重たく感じられるようになったら、①の果皮に流し（写真）、室温で固め冷蔵庫で冷やす。（金塚）

デコポンの果皮に果汁を加えた寒天液を入れて、香りを生かす。

豆かん

さすが　なめらか　4分10秒

材料（2～3人分）
粉寒天 ･････････････････････････ 2g
　水…カップ1
砂糖 ･････････････････････大さじ2
ゆで赤えんどう（＊参照）
　･･････････････････････････大さじ4
黒みつ（→P440）･･･････････ 適量

作り方

❶耐熱ボウルに粉寒天と分量の水を入れて混ぜ、ラップなしで**2分30秒**加熱する。取り出して木べらで混ぜ、さらに**1分40秒**加熱する。泡やあくを除き（写真）、砂糖を加えて混ぜる。
❷ぬらした流し箱に①を入れ、表面の泡を除き、室温で固める。

浮いてきた泡やあくをていねいにすくい取ると、きれいに透き通る。

❸水でぬらしたまな板に流し箱を裏返してのせ、寒天を取り出す。1㎝角に切って器に盛り、ゆで赤えんどうを添えて黒みつをかける。（伊藤）

＊赤えんどうは重曹少々と、たっぷりの水を加えて煮立て、10分ゆでて湯を捨てる。新しい水をたっぷり加え、常に水がかぶるくらいに足しながら柔らかくゆでる。ざるに上げ、熱いうちに少し多めの塩をふる。

小豆（あずき）とあんずの水まんじゅう

さすが　本格味　鍋いらず　約6分30秒

材料（6個分）
水まんじゅうの生地（きじ）
　水まんじゅうの素（市販品）
　　……………………………25g
　グラニュー糖……………90g
　水 ……………………カップ1
こしあん（市販品）…………90g
干しあんず …………………… 3個

作り方
❶あんは6等分して丸め、1個を4つに切ったあんずを2切れずつのせる（写真1）。
❷重さをはかった耐熱容器に水まんじゅうの素とグラニュー糖を入れて混ぜ、分量の水を少しずつ加えて混ぜる（写真2）。
❸②をラップなしで約4分加熱し、取り出して混ぜる。さらに約2分30秒、生地の正味（しょうみ）が250〜260gになるまで加熱する（写真3）。
❹ぐいのみか水まんじゅうの型にアイスクリームディッシャー、または大さじで③の生地を八分目まで入れる。あんずが下になるように①を入れ、へらで生地の表面をならす（写真4）。
❺容器ごと冷水につけて冷やし固め、竹串を型の内側ぐるりと回して容器から抜く。（金塚）

水まんじゅうの素　寒天（かんてん）とくずなどを混ぜたもので、商品名は「露草」。製菓材料店で扱っている。
＊水まんじゅうの生地についてはP435も参照してください。

1 あんを手のひらで転がして丸める。大きさは容器に合わせて調節する。

2 混ぜた素と砂糖に、水を少しずつ加え、だまにならないように混ぜる。

3 加熱してよく混ぜるとしだいに半透明になって粘りが出てくる。

4 あんがすっかり隠れるように、へらで生地の表面をならす。

くずの茶巾絞り

さすが　柔らか　簡単　4分10秒

材料（4個分）
くず粉 ……… 60g（カップ½）
　水…カップ1¼
白あん（市販品）……………60g
ハーブ ……………………… 適宜

作り方

❶あんは4等分して丸める。
❷耐熱容器にくず粉を入れ、分量の水を少しずつ加え、手でかたまりをほぐすようにしてよく混ぜて溶かす。こし器を通してなめらかにし、ラップなしで2分30秒加熱する。
❸②を取り出して木べらで底からかき混ぜ、さらに50秒〜1分40秒加熱して混ぜる。
❹かたく絞ったぬれぶきんに、③の¼量をのせ、中央に①を1個のせて茶巾絞りにする（写真）。残りも同様にし、そのまま冷まして形をなじませる。
❺ふきんをはずして器に盛り、あればハーブを添える。（伊藤）

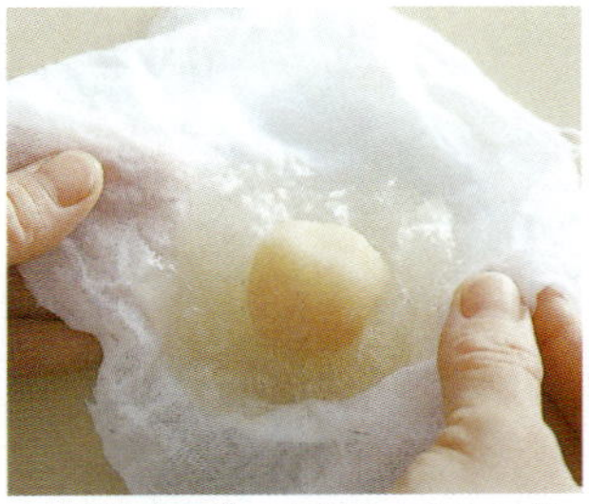

ぬれぶきんに熱い生地とあんをのせ、ふきんの四隅をまとめてひねる。

くず粉　くずの根からとったでんぷん。奈良県特産の吉野くずが有名。

小豆豆腐

さすが　柔らか　あっさり　約6分

材料（12×7.5㎝の流し缶1個分）
小豆豆腐の生地
　水まんじゅうの素（→P424）
　　…………………………25g
　グラニュー糖……………60g
　水 ………………… カップ1½
　こしあん（市販品）…… 100g
小豆の甘納豆（市販品）……適量

作り方

❶耐熱ボウルに水まんじゅうの素、グラニュー糖、分量の水を入れてよく混ぜ、ラップなしで3分〜3分30秒加熱する。
❷①を取り出してよく混ぜ、とろみが出てきたら、あんを入れてよく混ぜる（写真1）。ラップなしで約2分30秒加熱する。取り出してさらに混ぜ、柔らかい生地を作る。
❸流し缶に甘納豆を散らし、②の生地を5㎜厚さに静かに流す（写真2）。甘納豆の散らばり具合を整え、生地が少し固まってきたら、残りの生地を静かに流し入れる。
❹流し缶ごと冷水につけて冷やし固め、さらに冷凍庫で少し凍らせる。スプーンですくって盛りつける。（金塚）

1 とろみがついてきたら、あんを加えて混ぜ、もう一度レンジにかける。

2 甘納豆を散らし生地を流す。甘納豆が動くので2〜3回に分けて流す。

ゆずの月

さすが しっとり ふっくら 約5分40秒

材料（直径６cmのマフィン型10個分）

生地

- グラニュー糖……………75g
- 水……………………大さじ２
- 卵黄…………………１個分
- サラダ油……………大さじ１
- 重曹（じゅうそう）…………………小さじ¼
  - 水…小さじ¼
- 薄力粉（はくりき）（ふるう）…………50g
- 卵白…………………２個分
- ゆずの皮…………………30g

カスタードクリーム

牛乳…カップ¾／グラニュー糖…20g／薄力粉（ふるう）…大さじ１／卵黄…２個分／バター…小さじ１／バニラエッセンス…少々

作り方

❶生地を作る。耐熱ボウルにグラニュー糖50gと分量の水を入れ、ラップなしで約30秒加熱して混ぜる（写真1）。

❷①と卵黄をフードプロセッサーにかけ、サラダ油を加えてさらに回す。

❸②に分量の水で溶いた重曹と薄力粉を加えて回し、途中で一度全体を混ぜる。さらに回し、粉けのないなめらかな状態にする。

❹ボウルに卵白を入れて泡立て、グラニュー糖25gを加え、角（つの）が立つまでしっかり泡立てる（写真2）。

❺④に③を加え、木べらで泡をつぶさないように、全体をさっくりと混ぜ合わせる（写真3）。

❻ゆずの皮は白いわたをそぎ、細切りにして、⑤に加えて混ぜる（写真4）。

❼カスタードクリームを作る。40秒加熱して、かるく温めた牛乳に、グラニュー糖と薄力粉を少しずつ加え、泡立て器でよく混ぜ合わせる。溶きほぐした卵黄を加えて、さらに混ぜ合わせる（写真5）。

❽⑦を耐熱ボウルにこし器を通して入れ（写真6）、ラップをして１分加熱する。取り出してよく混ぜ、さらに１分加熱してとろみをつける（写真7）。

❾⑧が熱いうちにバターを加えて手早く混ぜ、ゆるめのカスタードクリームにし、バニラエッセンスを加えて混ぜる。そのままおいて粗熱（あらねつ）を取る。

❿マフィン型に丸く切ったクッキングシートを敷き、⑥の生地（きじ）を15g（大さじ１）ずつ流し入れ（写真8）、⑨のカスタードクリームを10g（小さじ２）ずつ入れる。さらに生地を５g（小さじ２）ずつ、クリームが隠れるように入れる（写真9）。

⓫⑩をターンテーブルのまわりに並べ（写真10）、ラップなしで約２分30秒加熱する。ふわっと湯気が上がって、ふくらんだら取り出す。生地が沈まないように逆さにして網に並べ、粗熱を取る（写真11）。（金塚）

＊生地についてはP433も参照してください。

1 グラニュー糖と水をレンジにかけ、溶かして白みつを作る。

2 卵白を角が立つまで泡立てる。ボウルに水けがあると泡立ちにくい。

3 泡立てた卵白の泡をつぶさないように、木べらでさっくり混ぜる。

4 ゆずの皮は内側の白いわたを除いてから加えると、苦みが出ない。

5 牛乳に粉と砂糖を混ぜ、溶きほぐした卵黄を少しずつ加えて混ぜる。

6 茶こしやストレーナーを通してこして、なめらかにする。

7 レンジに2回かけ、そのつどよく混ぜて、柔らかめのクリームにする。

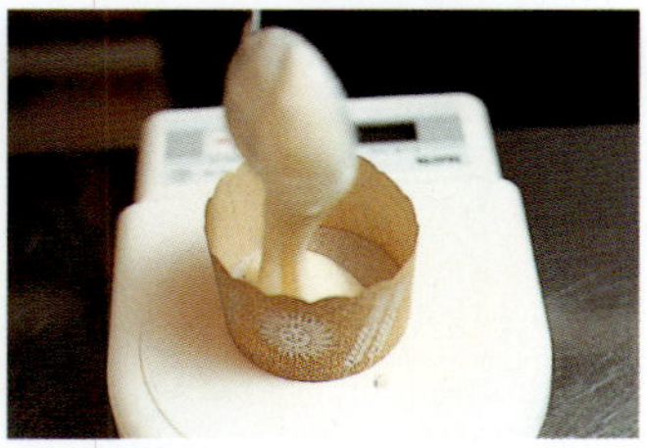
8 分量が変わると上手にふくらまないので、計量しながら生地を入れる。

9 クリームを生地の上に10gずつ入れ、さらに生地を入れる。

10 レンジは中央に熱が通りにくいので、中央をあけて並べる。

11 そのままおくと生地が沈んでしまうので、逆さにして網に置く。

黒糖小豆

さすが ふっくら | 手間いらず | 約3分

材料（直径6㎝のマフィン型10個分）

黒砂糖（粉末）……50g
水……大さじ2
卵黄……1個分
サラダ油……大さじ1
重曹……小さじ¼
　水…小さじ¼
薄力粉（ふるう）……50g
卵白……2個分
缶詰のゆで小豆……100g

作り方

❶「ゆずの月」（→P426）のグラニュー糖のかわりに黒砂糖を、ゆずの皮のかわりにゆで小豆を入れて、同様に生地を作る。

❷マフィン型に①を20gずつ入れ、2分30秒加熱して、「ゆずの月」と同様に冷ます。（金塚）

1 長芋を完全にすり混ぜたら、グラニュー糖や水を分けながら加える。

2 卵白は水けや油けなどのないきれいなボウルでしっかり泡立てる。

3 型はターンテーブルに割り箸を並べ、中央からずらして置く。

4 できあがりは竹串でチェック。何もつかなければ、そのまま冷ます。

かるかん

さすが しっとり ふっくら 2分30秒

材料（19×9㎝、高さ6㎝の耐熱ガラス製パウンド型1個分）

長芋（正味）…………………50g
グラニュー糖………………70g
水 ………………………カップ¼
上新粉（→P405）…………50g
メレンゲ
　卵白…½個分／グラニュー糖…10g

作り方

❶長芋は2㎝長さに切り、水にさらす。上新粉はふるい、型にはクッキングシートを敷く。
❷①の長芋は水けをきり、フードプロセッサーにかけ、グラニュー糖を2～3回に分けて入れ、さらに回す。
❸②に分量の水を3回に分けて加え混ぜ（写真1）、①の上新粉も入れて回し、なめらかにする。
❹メレンゲを作る。ボウルに卵白を入れて泡立て、グラニュー糖を加えてさらにかたく泡立てる（写真2）。
❺④に③を加えてさっくり混ぜ、①の型に流してラップをする。
❻ターンテーブルに割り箸1膳をばらして置き、中央からずらして⑤をのせ（写真3）、2分30秒加熱する。竹串を刺して何もつかなかったらOK（写真4）。そのまま冷まして型から出し、2～3㎝幅に切る。（金塚）

桜のかるかん

さすが あっさり しっとり 2分30秒

材料（19×9㎝、高さ6㎝の耐熱ガラス製パウンド型1個分）

長芋（正味）…………………50g
グラニュー糖………………70g
水 ………………………カップ¼
上新粉 ………………………50g
メレンゲ
　卵白…½個分／グラニュー糖…10g
桜の塩漬け……………5～6個
赤の色粉（→P401）………微量

作り方

❶桜の塩漬けはざっと水洗いして水けをきり、色粉は水小さじ1（材料表外）で溶いておく。
❷上の「かるかん」と同様に生地を作る。①の色粉は、上新粉を加えた後に少しずつ加えて混ぜ、薄紅色に染める。
❸加熱も同様に。クッキングシートを敷いた型に生地を流し、①の桜の塩漬けをのせて同じ方法で2分30秒加熱。そのまま冷まして切り分ける。（金塚）

観世風蒸しカステラ

さすが　まろやか　しっとり　約2分

材料（15×23㎝の耐熱製角皿1個分）

卵……………………………1個
三温糖または砂糖……大さじ4
牛乳…………………………大さじ2
エバミルク…………………大さじ½
酒かす………………………大さじ1
薄力粉………………………50g
ベーキングパウダー…小さじ½
酒……………………………適量
白あん（市販品）…………100g
抹茶…………………………大さじ1

作り方

❶型にサラダ油少々（材料表外）を塗る。薄力粉とベーキングパウダーは合わせてふるう。酒かすがかたいときは、酒少々を加えて20～30秒加熱してやわらげる。
❷卵は卵黄と卵白に分ける。卵白は白っぽくなるまで泡立て、三温糖を加えて、さらに角が立つまで泡立てる。
❸②の卵白に卵黄、牛乳、エバミルク、酒かすの順に加えてよく混ぜ、①の粉類も加え混ぜる。
❹①の型に③の生地を入れ、底を台に軽く打って余分な空気や泡を除き、表面を平らにする。水でぬらしたキッチンペーパーをかけ、約2分加熱する。
❺④の粗熱が取れたら、そっとペーパーをはずして型から出す。ラップの上にのせ、上面に酒を塗る。さらに白あんに抹茶を加えて混ぜ、まんべんなく塗る。
❻⑤をのり巻きの要領で端から巻いてラップで包み、両端をねじって形を落ち着かせる。冷めたら食べやすく切る。（伊藤）

小豆ういろう

さすが　しっとり　6分40秒

材料（9×13.5㎝、高さ4㎝の流し箱1個分）

くず粉（→P425）…………40g
　水…カップ1
上新粉（→P405）…………50g
砂糖…………………………50g
こしあん（市販品）………100g
熱湯…………………………カップ1

作り方

❶くず粉は分量の水を加え、手でよく混ぜて溶かし、こし器に通して耐熱ボウルに入れる。
❷上新粉と砂糖を混ぜて①に加え、あんと熱湯も加え混ぜる。
❸②をラップなしで2分30秒加熱し、木べらでよく混ぜる。さらに2分30秒、1分40秒と、くり返し加熱しては混ぜる。
❹水でぬらした流し箱に③を入れ、底を軽く打って空気を除く。ぬらした手で表面を平らにし、ラップをして冷まし、固める。
❺指先をぬらし、生地のまわりを押さえて流し箱からはがし、取り出して適宜に切る。（伊藤）

1 笹の葉は扇形にひろげ、表側に餅の太いほうを上にして置き、巻く。

2 巻き終わりを握って葉先をひねり、ひもを縦にたらしてこの部分を巻く。

3 ひねった部分の葉を折り、たらしたひもの上からぐるぐると巻く。

4 下まで巻いたら、ひもの下をくぐらせ、縦ひもに引っかけてとめる。

ちまき

さすが　柔らか　しっとり　約6分30秒

材料（6個分）

上新粉（→P405）
　……………130g（カップ1）
水……………………………カップ1
砂糖…………………………大さじ2
笹の葉（市販品）…………18枚
い草のひもまたはたこ糸…6本
白みつ（→P440・手水用）‥適量

作り方

❶耐熱ボウルに分量の水を入れ、2分30秒加熱して沸かし、上新粉を一度に加えて菜箸で混ぜる。さらに砂糖を加えてまんべんなく混ぜる。手でざっとまとめ、ラップをして約2分加熱して、熱いうちにめん棒でつく。
❷再びラップをして約2分加熱する。やけどをしないように、手にぬれぶきんをかぶせ、生地がなめらかになるまでこねる。
❸②を6等分し、手に白みつをつけて転がし、紡錘形にする。笹の葉は3枚1組にしてこれを包み、ひもで巻いてとめる（写真1～4）。（伊藤）

栗蒸しようかん

さすが　本格味　時間短縮　**6**分

材料（19×９㎝、高さ６㎝の耐熱ガラス製パウンド型１個分）
栗の甘露煮（市販品）… 大16個
こしあん（市販品）……… 250g
薄力粉 ………………………20g
片栗粉 ……………………… ４g
白みつ
　グラニュー糖…30g／栗の甘露煮の汁…大さじ１／水…大さじ３／塩…少々

作り方
❶栗の甘露煮は飾り用に８個を２つに切り、残りは１㎝角に切る。パウンド型にはクッキングシートを敷く。
❷フードプロセッサーにこしあん、ふるった薄力粉、片栗粉を入れて粉が見えなくなるまで混ぜる（写真**1**）。
❸白みつを作る。小さめの耐熱容器にグラニュー糖、栗の甘露煮の汁、分量の水、塩を入れて混ぜ、ラップなしで**１分**加熱する（写真**2**）。
❹③の白みつが熱いうちに②に加え、さらにフードプロセッサーにかけて、耐熱ボウルに移す。
❺④の生地に角切りにした栗を混ぜ、ラップをして**３分～３分30秒**加熱（写真**3**）。取り出して木べらでよく混ぜ合わせる（写真**4**）。
❻⑤を型に入れて表面を平らにし、飾り用の栗を並べてラップをする（写真**5**～**7**）。ターンテーブルに割り箸１膳をばらして置いて（写真**8**）型をのせ、**１分～１分30秒**、生地に少し弾力が出るまで加熱する。取り出してクッキングシートごと型からはずし、冷めたら適宜に切る。
（金塚）

1 フードプロセッサーであんと粉を混ぜる。手で混ぜるより簡単。

2 白みつは材料をすべて合わせて、ラップなしで加熱する。

3 生地ができたら耐熱ボウルに移して栗を加え混ぜ、ラップをして加熱。

4 加熱後、木べらでよく混ぜ合わせると、ほどよいコシが出る。

5 クッキングシートを敷いた型に、すき間があかないように4を入れる。

6 きっちりと生地を入れて表面を平らにならし、飾り用の栗を並べる。

7 型にシートを敷くと、できあがりが出しやすい。ラップをして加熱。

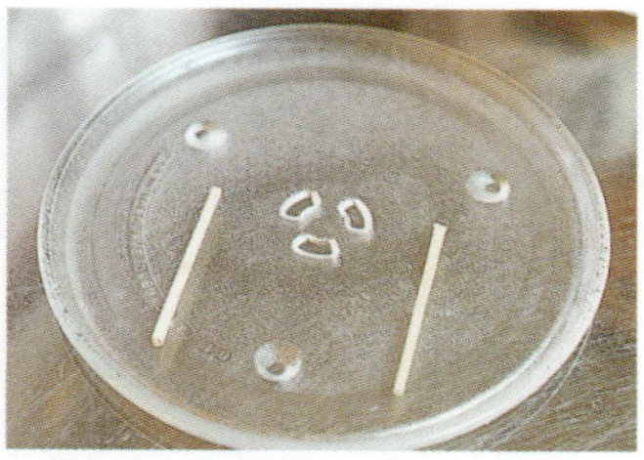
8 下からも熱が回るように、型の下に割り箸を置いて加熱する。

＊蒸しようかんについては
P434も参照してください。

笹巻き栗

さすが　しっとり｜ほくほく　4分

材料（12個分）

栗蒸しようかんの生地（栗の甘露煮を除く→P430）……全量
栗の甘露煮（市販品）……12個
笹の葉……12枚
ひも……12本

作り方

❶「栗蒸しようかん」の作り方②〜④と同様に生地を作り、ラップをして2分30秒〜3分加熱する。取り出してよく混ぜ、12等分する。
❷①を丸くひろげて栗の甘露煮をまるごとくるみ、笹の葉で三角に包んでひもでしばる。
❸②を蒸し器で8分蒸す。（金塚）

1 電子レンジでは一度にたくさんのもち米を炊けないので、別々に作る。

2 もち米はラップをして加熱後、ラップなしで再加熱する。

3 もち米が炊けたら、それぞれ熱いうちに、米粒が残る程度につく。

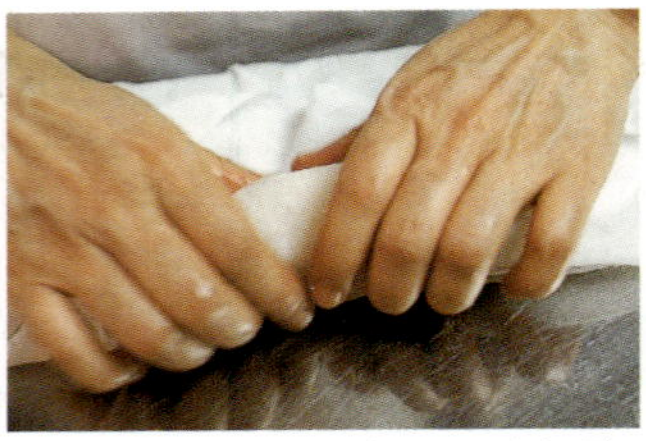

4 3は熱く、べたつくので、ぬれぶきんで包んでまとめる。

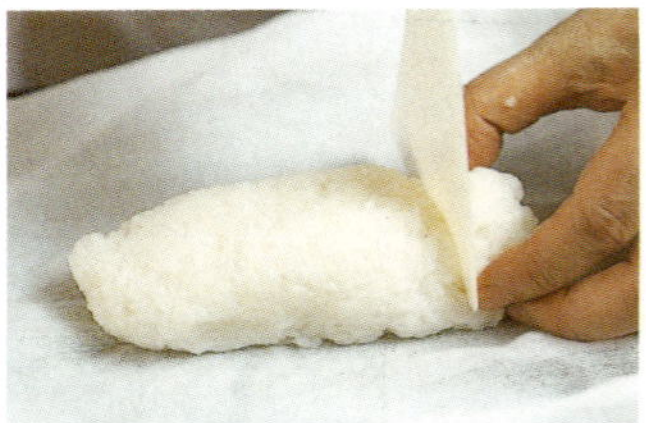

5 棒状に形を整えたら、ふきんをはずしてそれぞれ6等分し、丸めておく。

6 小倉のおはぎはぬれぶきんで手をふきながら包むときれいに仕上がる。

おはぎ

さすが　しっとり　失敗なし　約18分

材料（12個分／小倉、きな粉各6個分）

小倉用
- もち米……………………100g
- 水…………………………160mℓ
- 粒あん（市販品）………250g

きな粉用
- もち米……………………100g
- 水…………………………160mℓ
- 粒あん（市販品）………150g
- きな粉……………………適量

作り方

❶あんはそれぞれ6等分して丸める。もち米は洗って水けをきり、耐熱ボウルに入れ、分量の水を加えて1時間ほどおく（写真1）。

❷①のもち米はそれぞれラップをして約8分ずつ加熱。取り出してラップなしで、さらに約1分ずつ加熱する（写真2）。

❸②はそれぞれ熱いうちに、すりこ木などでつき（写真3）、ぬれぶきんで包んで棒状にし、6等分して丸める（写真4、5）。

❹小倉のおはぎは小倉用のあん玉を平らにのばし、③を1個のせて包む（写真6）。残りも作り、手を洗って俵形に整える。

❺きな粉のおはぎは③の1個を丸くひろげ、あん玉を芯にして包む。残りも作り、同様に俵形にし、きな粉をまぶす。（金塚）

おはぎの胡麻だれがけ

さすが　こくが出る　約9分

材料（6個分）

おはぎのご飯
- もち米……………………100g
- 水…………………………160mℓ

胡麻だれ
- 炒り白胡麻………………50g
- 砂糖（ふるう）…………100g
- しょうゆ……………大さじ2
- 湯…………………大さじ2弱

炒り金胡麻…………………少々

作り方

❶上記と同様の手順でおはぎのご飯を炊き、幕の内の物相型で抜く。

❷炒り白胡麻は軽く鍋でから炒りし、フードプロセッサーに入れて回す。さらに砂糖、しょうゆ、分量の湯を加えてペースト状にする。

❸①を器に盛り、②の胡麻だれをかけ、飾り用の金胡麻をふる。（金塚）

物相型　ご飯をいろいろな形に抜くときの型。幕の内弁当などで使用する。材質には木製と金属製がある。

こんなときどうする？

憧れの手作りお菓子も、電子レンジなら簡単です。
失敗や迷いがあればここで解決。
失敗を成功のもとにしてください。（監修：金塚晴子）

和菓子編

Q1 桜餅の生地がだまになります

粉と水が自然になじむように、よくかき回しながら水を入れます。

道明寺粉はもち米を蒸して乾燥させ、粗くひいた粒状の粉。水と混ぜ合わせるときに、水を一度に多く入れすぎても、あまり少しずつすぎても、粒同士がくっつき、だまになってしまいます。水を入れるときは、よくかき回しながら、とぎれないように入れるのがコツです。

また粉が古いと加熱してもなかなか柔らかくなりません。新しいものを選び、なるべく一度に使いきることが大切です。

粉と水の混ぜ合わせ方が決め手。手を休めずにかき回しながら徐々に水を入れましょう。

Q2 求肥の生地がべたつきます

加熱不足が原因。判断に迷ったら、時間を追加してしっかり加熱します。

全体に透明感があり、バットに移してこの程度の厚みがあれば、生地にコシのある証拠。

べたつくのは生地にコシがない証拠。加熱不足が原因です。舌ざわりも悪く、あんを包む場合は、作業がしづらくなります。柔らかいかな、と思ったら、加熱時間を30～50秒追加しましょう。求肥に限っては、加熱が足りないよりはオーバーぎみのほうがよいのです。多少多めに加熱しても、かたくなりすぎて食べられないということはないので安心してください。

Q3 わらび餅の生地がだまになります

加熱前にもう一混ぜ。加熱中もこまめに取り出し、かき混ぜて。

P418で使っている本わらび粉は、水で溶いた後に時間をおくと沈殿し、そのまま加熱するとだまになってしまいます。電子レンジでは、かき混ぜながら同時に加熱することができません。電子レンジに入れる前に必ずもう一度よく混ぜましょう。

また加熱中もこまめに取り出してかき混ぜます。50秒加熱し、取り出しては木べらで全体をよくかき混ぜる、という作業をくり返しましょう。

不透明な生地が透明で粘りの強い生地に変わるまで、よくかき混ぜましょう。

Q4 ゆずの月（→P426）が均一に仕上がりません

分量、置き場所、加熱時間、取り出すタイミングをもう一度確認して。

P426で指定の型を使った場合は、生地が縁から5㎜ほど下までふくらんだらOK。

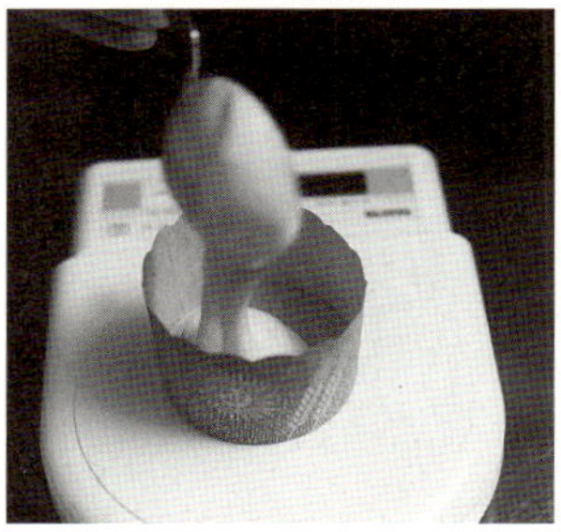

均一に仕上げるには、まず一つ一つの型に入れる生地の重さを計量し、すべてを同量にすることが肝心。量が少し違うだけで、熱の通り具合も違ってきます。

型はターンテーブルのまわりに並べ、加熱ムラを防止します。加熱時間はきちんとセットし、扉ごしにふくらみ具合を観察。ふわっとふくらみ、湯気で扉がくもったら、設定時間前でもそれが取り出すタイミングです。

Q5 蒸しようかんの加熱ムラが気になります

耐熱ボウルであらかた加熱をすませ、パウンド型に移して最後の仕上げを。

四角い形に仕上げたい蒸しようかんの場合、耐熱ボウルであらかたの加熱をすませ、生地がある程度のかたさになってから四角いパウンド型に移すのがポイント。仕上げとして、ターンテーブルに割り箸をばらして置き、その上に型をのせて30〜50秒加熱します。割り箸やスプーンの背で生地を軽く押してもくっつかず、弾力を感じる程度になったら取り出しましょう。最初からパウンド型を使うのは、加熱ムラが起こるのでおすすめできません。また、マイクロ波をはね返してしまうので金属製の型はやめましょう。

生地をパウンド型に移すのを仕上げのときにすれば、加熱ムラなく仕上がります。

Q6 練りきりの白あんが水っぽいのですが

加熱不足が原因です。もう少し加熱して水分をとばしましょう。

市販のあんはそれぞれ水分量（＝柔らかさ）が異なるので、レシピの時間通りで一様にうまくいくとは限りません。また、あんは使う目的によって水分量を調節してから使いますが、練りきり用はかなり水分をとばす必要があります。

耐熱ボウルにあんを入れ、キッチンペーパーをかぶせて約1分30秒加熱し、取り出して混ぜ、さらに約１分30秒加熱します。それでも水っぽかったら、様子を見ながら慎重に少しずつ追加加熱しましょう。混ぜているへらにあんがつかなくなり、全体が粉ふき芋のようになるまで水分をとばします。

左から順に、もっとも水分をとばした練りきり用、黄身しぐれ用、きんとん用、中あん用。

Q7 蒸し菓子の生地が冷めると沈みます

加熱後、逆さにして網の上に置き、粗熱を取りましょう。

ケーキなどの焼き菓子とも共通していますが、加熱が完了して庫内から取り出した時点で、型を逆さにして網の上に置き、冷ましましょう。これで、せっかくふくらんだ生地がぺしゃんこになることはありません。

また、生地をしっかりとふくらませることも大事です。電子レンジでは、加熱するものの水分量や組成により、加熱時間が変わってきます。つまり、分量が少し変わるだけでも、上手にふくらまなくなることがあるのです。材料それぞれをきっちり計量し、加熱時間もきちんとセットしましょう。

加熱後はそのままにせず、型の上下を返して網にのせ、粗熱を取ります。

Q8 練りきりの生地がかたくひび割れます

冷水でかたく絞ったふきんの上にちぎってひろげ、もみまとめます。

練りきりの決め手はもちろん生地。かたすぎるとぼそぼそし、のばすときにひび割れてしまいます。練りきりの生地は白あんに求肥を加えて作りますが、かたすぎると気づくのは、だいたい求肥を加えるとき。それまではなかなか気づかず、かたさの調整もこの段階で、ということになります。

かたすぎるかな、と思ったら、冷水でかたく絞ったさらしのふきんを用意。その上に生地をちぎってひろげ、粗熱が取れたらぬれぶきんごともみまとめます。生地が完全に冷めるまでこの作業を３〜４回くり返し調節します。

ふきんに親指の頭程度の大きさにちぎった生地をひろげ、ふきんごともみまとめます。

生地がかたすぎるのは水分のとびすぎが原因。とはいえ、あらためて水を加えると、かえって調整がむずかしくなります。ぬれぶきんを活用した水分補給なら、微妙な調整がしやすいためおすすめです。

Q9 練りきりの生地が柔らかすぎたら？

うちわであおぐ、冷蔵庫で冷やすなどの方法で水分をとばします。

生地が柔らかすぎるのは水分が多すぎるため。ちょうどよい状態にするためには、さらに水分をとばす必要があります。

まず生地を乾いたふきんの上に親指の頭大にちぎってひろげ、うちわなどであおぎ、その風で余分な水分をとばします。それからふきんごともみまとめ、生地が手の甲につかなくなるまで、この作業をくり返します。

また、あまりにも柔らかい場合は、生地をラップで包み、冷蔵庫に20〜30分入れます。完全に冷めたら取り出して、乾いたふきんにちぎってひろげ、ふきんごともみまとめる、という作業をくり返してみてください。

それでもだめなら、生地を再び耐熱ボウルに入れ、キッチンペーパーをかぶせて電子レンジにかけましょう。ただし微妙な水分の調整になりますので、加熱時間は様子を見ながら慎重に調整しましょう。

Q10 練りきりの生地をうまく染めるコツは？

フードプロセッサーを使えば、あっという間に均一に染まります。

まず生地を少しだけちぎり、水溶きした色粉を控えめにつけもみ込みます。この生地と残りの生地をフードプロセッサーにかけて混ぜ合わせると、へらを使うよりずっと速く均一に色がつきます。ただし、フードプロセッサーにかけすぎるのは厳禁。生地に粘りが出てしまいます。

一度濃くなってしまったら、色によっては倍量の生地を足さないと薄まりません。イメージ通りに仕上げるには、色粉を最初に入れすぎないことが大事です。特に赤は効きが強いので控えめに。ただあまり少しずつ加えても、目がだんだん色に慣れてしまい、結局、濃い仕上がりになってしまうことも。慎重に加減してください。

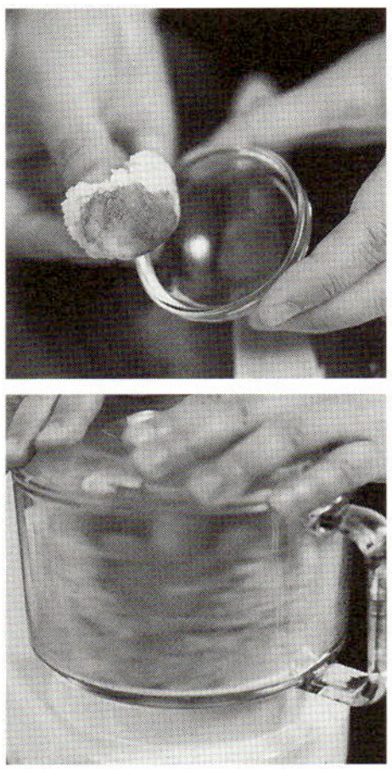

ちぎった生地の端に色粉をもみ込みます（写真上）。あとは残りの生地とフードプロセッサーに（写真下）。

Q11 水まんじゅうの中の気泡が気になります

かき混ぜるより「練りあげる」感覚で。気泡が入りにくくなります。

水まんじゅうの生地は、水まんじゅうの素、砂糖、水を合わせて加熱し、かき混ぜてはまた加熱するプロセスをくり返します。生地に気泡がたくさん入ってしまうのは、かき混ぜるプロセスで、空気を入れながら混ぜているからです。和菓子全般にいえることですが、生地はかき混ぜるより「練りあげる」感覚で、空気を入れないようにするのがコツです。

半透明になり粘りが出てくるまで生地を「練りあげる」のがポイントです。

本来はくず粉を使いますが、P424では市販の水まんじゅうの素を使っています。できあがりの分量が決まっているので、生地が決められたグラム数になるまで加熱すれば大丈夫。仕上がりがかたすぎたり柔らかくなりすぎたりする失敗がなく、おすすめです。

Q12 寒天を溶かすと吹きこぼれます

大きめの耐熱容器に入れて加熱。溶けやすい粉寒天を使います。

錦玉を作るときは、まず粉寒天を煮溶かして砂糖を加え、さらに加熱します。寒天液が完全に沸騰した状態で40〜50秒煮つめるのですが、このとき容器が小さいと吹きこぼれてしまいます。材料が$\frac{1}{2}$、できれば$\frac{1}{3}$までにおさまる大きめの耐熱容器を使い、吹きこぼれを防いでください。

また、電子レンジで寒天を煮溶かす場合は、必ず粉寒天を使いましょう。棒状や糸状の寒天も市販されていますが、混ぜながら加熱することのできない電子レンジでは、溶かすのに時間がかかるうえ、完全に溶けるまで加熱すると、水分が蒸発しすぎて煮つまってしまいます。その点、粉寒天は溶けやすくムラにもなりにくいので、電子レンジにはぴったりなのです。

材料が$\frac{1}{3}$〜$\frac{1}{2}$までにおさまる大きめの耐熱容器を使って、粉寒天を煮溶かします。

Q13 果物入りの錦玉がきれいに仕上がりません

寒天液を型に流すのは、粗熱を取ってから。50度ぐらいが目安です。

果物入りの錦玉は、中に閉じ込めたはずの果物が表面に浮き上がってくることがあります。

果物が浮いてこないことをチェックして、残りの寒天液を型の縁まで静かに注ぎます。

これを防ぐには、寒天液の粗熱を充分に取ってから型の半分の高さまで流し入れ、果物を入れましょう。果物が浮いてこないことを確認して、残りの寒天液を型の縁まで静かに入れます。ただし、寒天が固まる温度は30～40度。ゆっくりしていると、今度は残りの寒天液が固まってしまいます。慎重かつ機敏な作業が必要です。

簡単な方法としては、粗熱を取った寒天液にまず果物を入れてしまい、玉じゃくしでそれぞれの型に入れる方法もあります。

Q14 錦玉の寒天液が途中で固まってしまったら？

水を足して加熱し直します。粗熱を取るときは、ゆっくり混ぜながら。

固まった寒天液を細かくしてから、電子レンジにかけて加熱し直し、溶けた状態に戻します。このとき、煮つまらないように水を足すことを忘れずに。また、意外と溶けるまでに時間がかかることを覚えておいてください。

P421の錦玉の場合、固まった寒天液を細かくしたら大さじ1～2の水を足し、もう一度完全に沸騰するまで加熱し直します。沸騰したら、その後のプロセスは同じ。40～50秒加熱して煮つめ、取り出し、容器を冷水につけ、寒天液をかき混ぜながら粗熱を取ります。このときは、容器を冷水につけ、ゆるやかな流れを作るようにへらでゆっくりと混ぜるのがコツ。もちろん冷水につけたまま放置するのは厳禁。容器の端から寒天液が固まり始めてしまいます。

寒天の再加熱は一度だけにしましょう。水を足し、加熱することを何度もくり返すと、液がだんだんにごったり、かたくなったりしてしまいます。

きれいに仕上げる基本テクニック

1 少しずつ何度も加熱

だまのないなめらかな生地を作るコツは、一度に加熱せず、何回かに分けて途中でかき混ぜながら加熱することです。生地の状態を見ながら加熱時間を調節できるので、加熱のしすぎも防げます。

2 加熱時はひと工夫

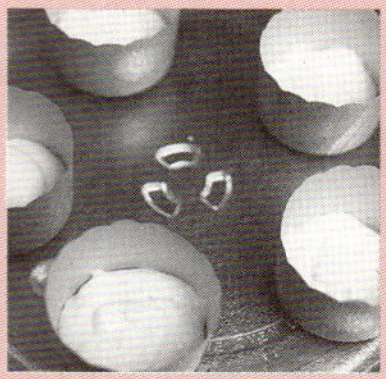

いくつかの容器を同時に加熱するときは、マイクロ波が均一に当たりやすい、ターンテーブルのまわりにドーナツ状に並べましょう。大きめの容器の場合、割り箸をばらして下に敷くと、下からも熱が通ります。

3 あんの水分を調節

練りきりなどでは、あんの水分をとばし、かたさを調節してから生地を作ります。あんを入れた耐熱ボウルにキッチンペーパーを軽くかぶせて加熱し、よく混ぜて粉ふき芋の状態になるまで水分をとばします。

4 フードプロセッサーには一つずつ加える

粉や卵など、いくつかの素材を混ぜるときは、順番に一つずつ加えながら回しましょう。さらに途中で一度止め、ゴムべらで容器のまわりについた生地を落とし、全体をかき混ぜると、均一に仕上がります。

5 フードプロセッサーは横から見て状態を判断

素材同士を混ぜ込み、練りあげる作業も、フードプロセッサーならあっという間です。いちいち作業を止めずに、横から様子をチェックして、ベストな状態でストップしましょう。

洋菓子編

Q15 スポンジケーキがパサつきます

加熱中と仕上げ時に水分を補って。オーバー加熱にはくれぐれも注意。

直径18㎝の型では、直径5㎝の穴をあけたキッチンペーパーを。

電子レンジで作るスポンジケーキは、コシがありややかため。中央に穴をあけたキッチンペーパーを充分に水でぬらし、型にかぶせて加熱すればパサつきを防げます。焼きあがりの目安は、手で表面をさわり生地が軽くつく程度。冷めたらシロップを塗る、生クリームをはさむなどして、しっとりさせます。（伊藤）

Q16 スポンジ生地が均一にふくらみません

混ぜ方のムラが加熱ムラを招きます。混ぜ方に気を配り、混ぜすぎに注意。

混ぜ方にムラはありませんか？　溶かしバターは重く、ボウルの底に沈みやすいので、へらで底から持ち上げるような感じで、さっくり混ぜましょう。そして、混ぜる作業は手早く行います。混ぜすぎるとせっかくの気泡がつぶれ、生地に粘りが出て重くなるので、均一にふくらみにくくなるのです。

また、型を使わない薄型のスポンジケーキを焼く場合は、ターンテーブルの上にひろげた生地の中央を少しくぼませましょう。ターンテーブルの真ん中は端に比べて加熱が弱いので、こうすることで加熱の速度が平均化され、ムラなくふくらみます。（伊藤）

Q17 スポンジ生地をふんわり仕上げる秘訣は？

混ぜすぎは禁物。手早い作業で細かな気泡を作りましょう。

仕上がりと口当たりのよさはきめ細かな気泡があってこそ。卵をハンドミキサーで充分に泡立てたら、次に泡立て器をボウルにこすりつけるようにしながら、気泡のきめを整えます。

小麦粉は２～３回に分けて。まず一部をまんべんなく混ぜ、残りは泡が消えないように切るように混ぜます。バターは最後か、残りの粉を加える前に入れ、手早く混ぜます。（伊藤）

Q18 スポンジ生地が型からあふれます

型が小さすぎる、あるいは生地の入れすぎが原因です。

レシピ通りの大きさの型で作りましょう。型の厚みによって中に入る生地の量が変わることもあるので、生地は型の七分目までにすることが大事です。焼きあがりがきれいにはずれるように容器の内側にバターを薄く塗り、クッキングシートを型より高くなるようにぴったりと敷きましょう。（伊藤）

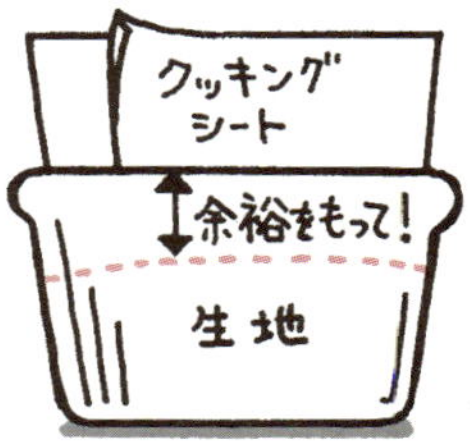

生地があふれないようシートは型より高くなるように敷きます。

Q19 お菓子作りに役立つ小ワザはありますか？

ゼラチンやタピオカもあっという間にふやかせます。

ゼラチンは耐熱容器に水カップ¼を入れ、粉ゼラチン５gをふり入れてふやかし、ラップなしで30秒加熱すればすぐ溶けます。タピオカは耐熱容器に熱湯カップ３を入れ、タピオカカップ１を加え混ぜ、ラップなしで６分加熱。そのままふやかし芯がなくなったら流水で洗い、ざるにあけます。（伊藤）

だまを防ぐため、水に粉ゼラチンをふり入れましょう。

Q20 砂糖の量を控えても大丈夫ですか？

分量は正確に。少なくても多くても仕上がりがかたくなってしまいます。

砂糖は水を引きつける力が強く、気泡の安定性を高める働きがあります。少ないと安定が悪くなり、気泡がどんどん減り、仕上がりがかたくなったり、ふくらみにくくなったりします。

また量を増やすと、水を引きつける性質が悪い方向に働き、練っても生地がだれてしまったり、焼きあがりがかたくなったりします。砂糖の量は変えずに作るのが原則です。（伊藤）

こんなこともできる!

ちょっと意外なフルーツをアレンジしたきんとんから
アイデアが光るオリジナルおやつまで。
遊び心も弾むお菓子作りをご紹介します。

いちごのきんとん

さすが　色あざやか　鍋いらず　**7分30秒**

材料（10個分）

いちご ………… 120g（10個）

そぼろ

白あん（市販品）…300g／粉寒天…2g／水…カップ½／グラニュー糖…30g／コンデンスミルク…30g／水あめ…6g

白あん（市販品）……… 150g

作り方

❶150gのあん玉用の白あんは10等分して丸め、全体にラップをかけておく。7.5×12.5×高さ4.5㎝の流し缶を用意し、水にくぐらせる。

❷耐熱ボウルに粉寒天と分量の水を入れて混ぜ、ラップなしで約30秒加熱し寒天を溶かす。

❸②にグラニュー糖を加えて混ぜ、ラップなしで約1分加熱して混ぜ、さらに1分〜1分40秒加熱して沸騰させる。さらに30〜40秒加熱して煮つめる。

❹③にそぼろ用の白あんを混ぜ、ラップなしで1分40秒加熱。混ぜてさらに2分加熱。すくうとポトッと落ちるかたさにする。

❺④にコンデンスミルクと水あめを混ぜる。①の流し缶に入れて粗熱を取り、冷蔵庫で冷やし固める。

❻⑤を10等分に切り、きんとんぶるいで1個ずつこし出す。

❼①のあん玉を手にのせ、⑥をつける。丸く形をまとめ、中心にいちごをのせる。（金塚）

1 粉寒天を水に溶かし、グラニュー糖を加えて煮つめ、寒天液を作る。

2 寒天液に白あんを加え、ラップなしで加熱し水分をとばす。

3 コンデンスミルクと水あめを加え、流し缶に移し、冷やし固める。

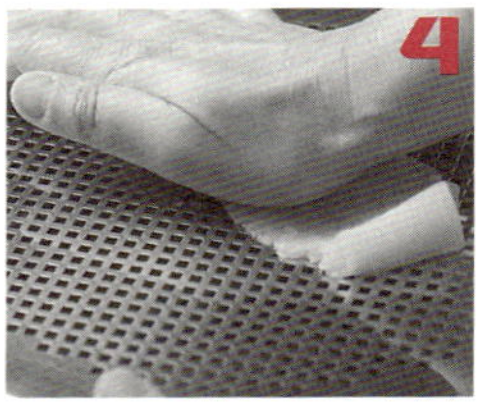

4 きんとんぶるいに3の1/10量をのせ、手のひらのつけ根で押し出す。

5 短いそぼろはあん玉の下に、長いものは上につけ、いちごをのせる。

キウイのきんとん

さすが　さわやか　鍋いらず　**7分30秒**

材料（10個分）

いちごのきんとんのいちごをキウイフルーツ1〜2個にかえ、そぼろのコンデンスミルクのかわりに、抹茶小さじ1を使用する。

作り方

いちごのきんとんのそぼろに、抹茶を同量の水で溶いて茶こしを通して加え、同様に作る。表面にキウイフルーツの角切りを飾る。（金塚）

栗のきんとん

さすが しっとり | 簡単 | **3分10秒**

材料(10個分)

白あん(市販品)………… 350g
栗の甘露煮(市販品)
………………… 150g(10個)

作り方

❶白あんは150gを取り分け、10等分して丸め、全体にラップをかけておく。

❷残りの白あん200gは耐熱ボウルに入れ、キッチンペーパーを上にかぶせる。ラップなしで1分～1分30秒加熱し、水分をとばす。キッチンペーパーを取って木じゃくしで手早く混ぜ、べたつかない状態にする。

❸別の耐熱ボウルに栗と湯カップ1（材料表外）を入れ、ラップをして1分40秒加熱し、ざるにとる。飾り用に1個を取り分け、粗いみじん切りにする。

❹フードプロセッサーに②と飾り用以外の③を入れて回し、ボウルに移して手で軽くもんでなじませ、粗熱を取る。

❺④を裏ごし器にのせて手のひらのつけ根で押し出し、裏ごし器の側面を軽くたたいてそぼろを落とす。

❻①に⑤のそぼろをつけ、③の飾り用の栗を飾る。そっと丸く形を整えて仕上げる。(金塚)

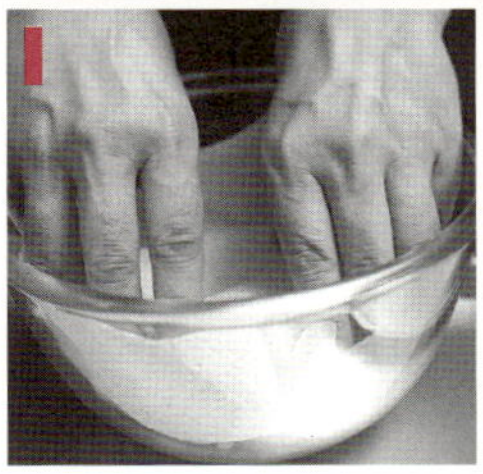

白あんは、キッチンペーパーをかぶせて加熱し、水分をとばす。

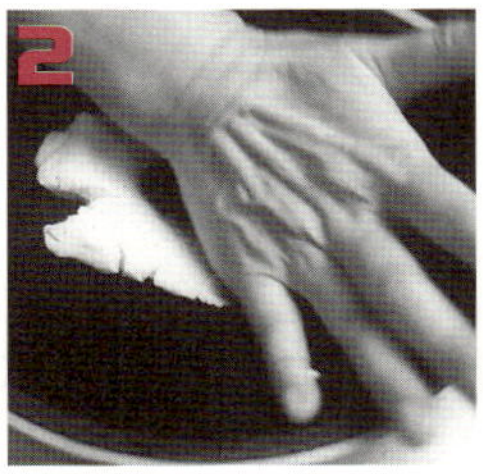

白あん適量を裏ごし器にのせ、ぐっと押すようにしてこし出す。

裏ごし器の側面を軽くたたき、網目に入ったそぼろを落とす。

あん玉の下には短いそぼろ、上にいくほど長いそぼろを。

表面に飾り用の栗をのせ、飛び出た部分を押さえ丸く形を整える。

栗の茶巾絞り

さすが しっとり | 簡単 | **1分30秒**

材料(10個分)

Ⓐ白あん(市販品)…130g／栗の甘露煮(市販品)…150g(10個)
栗の甘露煮(市販品)…… 15個

作り方

❶白あんは栗のきんとんの作り方②と同様にして1分～1分30秒加熱し、Ⓐの栗とともにフードプロセッサーにかけ、10等分して軽く丸める。

❷15個の栗を二つ割りにして①の1個に3つずつはりつけ、ふきんで茶巾に絞る。(金塚)

小豆(あずき)カラメルクリーム

さすが　こくが出る　手間いらず　**3**分

材料（4人分）

缶詰のゆで小豆………… 280g
カラメル
　グラニュー糖…80g／水…大さじ1
生クリーム……………カップ½

作り方

❶耐熱ボウルにグラニュー糖と分量の水を入れて混ぜ、ラップなしで2分30秒～3分加熱して茶色に焦(こ)がす。
❷すぐにクッキングシートの上に薄くひろげ、そのまま冷(さ)ます。固まったら好みの大きさに砕く。
❸生クリームは七分立てにする。
❹器にゆで小豆を盛って③をかけ、②を散らす。（金塚）

マシュマロのポテトサンド

さすが　まろやか　速い　**2**分**10**秒

材料（4個分）

マシュマロ…………………… 3個
じゃが芋………… 150g（1個）
シナモン……………………適量

作り方

❶じゃが芋は1㎝厚さの輪切りにして水にさらし、水けをきる。耐熱皿にひろげてラップをし、1分40秒加熱して水けをふく。
❷マシュマロは耐熱容器に入れてラップをし、20～30秒加熱して溶かす。
❸①を2枚1組にして②を等分にはさみ、器に盛ってシナモンをふる。（浜内）

白みつと黒みつ

さすが　保存できる　失敗なし　各**2**分**30**秒

材料（各1½カップ分）

白みつ
　砂糖…110g（カップ1）／水…カップ½
黒みつ
　黒砂糖（粉末）…120g（カップ1）／水…カップ½

作り方

白みつ　耐熱容器に材料を入れて混ぜ、ラップなしで2分30秒加熱する。混ぜて砂糖を溶かし、冷ます。

黒みつ　耐熱容器に材料を入れて混ぜ、ラップなしで2分30秒加熱する。混ぜて黒砂糖を溶かし、あくを除いて冷ます。（伊藤）

＊どちらも冷めてから密閉保存容器に入れ、冷蔵庫で保存するとよい。

電子レンジなんでもQ＆A

電子レンジの最新トピックス、使い方の常識、お役立ちグッズ、
豆知識から困ったときの対処法まで、気になるあれこれを満載。
ここでやさしく学びましょう。電子レンジがもっと身近になるはず！

電子レンジがもっと身近になる

電子レンジ最新トピックス

いまや電子レンジは一家に1台、生活に欠かせない存在。高性能の新機種も次々に登場しています。そこで、最近の電子レンジ事情をチェック。買いかえ計画中の方もそうでない方も、ぜひ参考にしてください。

トピックス

年間需要350万台以上！キッチンには欠かせません

10年ほど前から、年間300万台を超える需要が続き、電子レンジはいまや年間350万～360万台もの需要があります。そのうち約2割が単機能型、約8割がオーブンやグリルのついた多機能型です。この比率も10年来ほとんど変わりなく、それぞれのニーズの確かさがうかがえます。

どちらかというと中型～大型の機種が多い多機能型は主に一般家庭用に、コンパクトな単機能型は単身者や学生、さらには年配者の家庭に購入される傾向があります。

現在、電子レンジの普及率は95.7%。まさに一家に1台、暮らしに欠かせない存在です。

種類別の需要内訳

トピックス

低価格機種か高級機種か、これからはどちらを選ぶ？

1台で2役3役の役割を果たす多機能型、なかでも20ℓ前後の中型の機種が人気です。

そうした中、注目したい傾向は価格の二極化。単機能型は1万円を切るものが多く、中国・韓国のメーカーはさらにコストを抑えた低価格商品を発表。一方、国産メーカーは4万円以上の多機能型機種に力を入れ、「加熱ムラがある」「パサつく」「かたくなる」などの従来の欠点をセンサー、マイクロ波の放射方法、インバーター方式の導入などによって改善しています。

用途に合わせてどちらを選ぶか、じっくり考えたいものです。

電子レンジなんでもQ＆A

トピックス

3 多機能型レンジの主流はターンテーブルなしのタイプへ

「フラットテーブル」または「ターンテーブルレス」タイプと呼ばれるターンテーブルのない電子レンジの場合、マイクロ波を作る装置であるマグネトロンは底部にあることが多く、その上を金属の回転板が回り、スプリンクラーのようにマイクロ波を庫内に拡散しています。

そのメリットは、庫内に凹凸がなく手入れがらくなこと、底面積が約1.5倍になり、大きな容器を使えること。30ℓクラスでは34㎝の角皿が入る広さです。2001年の発売直後から、消費者の支持を得て、多くのメーカーが採用。当初は30ℓ以上の大型機種のみでしたが、最近は20ℓクラスにも徐々に導入され、今後の主流になりそうです。

フラットテーブルタイプの加熱の仕組み

マイクロ波は、底部にある回転アンテナから庫内全体にまんべんなく放射されます。

トピックス

4 ご飯1杯約25秒！「あたため」機能がパワーアップ

加熱ムラを防ぐ技術の向上、センサーやインバーターの進化などにより、電子レンジの性能は大きく飛躍。そうした中で、もっとも使用頻度が高く、また電子レンジ本来の機能でもある「あたため」のスピードが、いままた、その性能を比較するうえでの重要なバロメーターとなっています。

最新の機種は、900Wもしくは1000Wまで出せるハイパワーのものが大半です。ほんの数年前までは700Wが最高出力だったことを考えると、めざましい進歩です。

ご飯１杯を温めた場合

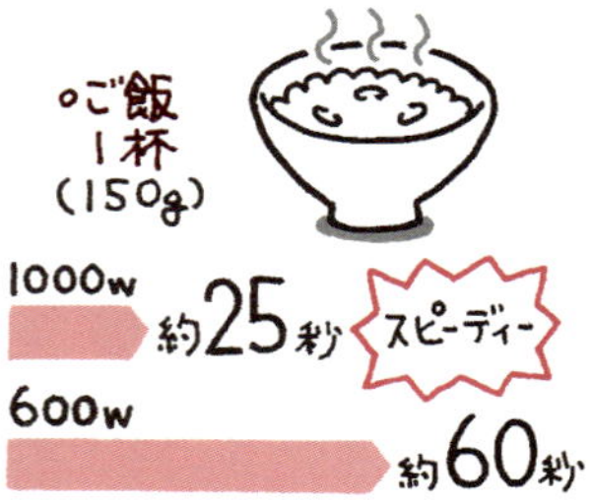

メーカーや機種により多少の違いはあるものの、常温のご飯１杯（約150g）を食べ頃の70度まで温めるのに、インバーターつき1000Wの機種なら、なんと約25秒という素早さ。600Wで約１分かかることを考えれば、そのパワーが実感できます。もちろんその分、電気代も節約できるのですから嬉しいかぎりです。

トピックス

5 赤外線センサーは加熱ムラ防止の助っ人

数年前より、電子レンジの性能アップの担い手となってきた「赤外線センサー」。人気のターンテーブルなしの電子レンジにも導入されています。

その功績は、「適温加熱」を可能にしたこと。従来機種の多くは、「重量センサー」で食品の重量を、「湿度センサー」で食品から出る蒸気の量を感知し、加熱をコントロールしてきました。しかし、重い容器に入れたために食品を温めすぎたり、いくつかの食品を同時に温めると加熱ムラが生じるなど、そのコントロールには限界がありました。

これに対し、赤外線センサーは庫内上部に組み込まれた複数のセンサーが「目」の役割を果たし、直接食品の表面温度をはかる仕組み。加熱中も温度を見張ってくれるので、加熱ムラを防ぎ適温に仕上がるのです。

仕上がり温度を細かく設定できるのも、赤外線センサーならではのメリット。たいていの機種では、マイナス10度から90度の範囲内で、５度きざみの温度設定が可能な機種が多いようです。ただ温めるのではなく、飲み頃、食べ頃の温度に仕上げることができるようになっています。

赤外線センサーの仕組み

庫内をくまなくカバーし、複数の食品の表面温度を同時にチェック、適温に仕上げます。

電子レンジなんでもQ＆A

トピックス 6

待機電力カットでお財布も喜ぶ省エネ化

電気機器を使用していないときでも消費される電力が、いわゆる「待機電力」。家庭の全消費電力量の10%が、この待機電力といわれています。

時代の流れを受け、家庭用電気機器も新しく発売されるものほど待機電力が削減され、省エネ性能がよくなっています。電子レンジの場合も同じ。新製品、それも大型のものほど待機電力ゼロという機種が増えています。扉を開け閉めすると電源が入り、調理終了後しばらくすると自動的に電源が切れる仕組みで、調理時間以外に消費される電力をカットしてくれます。

毎日使うものだから、この積み重ねは大事。カタログには「待機時消費電力ゼロ」「電源オートオフ」「オートパワーオフ」などと表示されています。選ぶ際の参考にしてください。

使用したいときは、扉を開け閉めすれば自動的に電源が入ります。

トピックス 7

デザインのトレンドはシンプル＆スタイリッシュ

家電にも機能美が求められるようになりましたが、いままさにデザイン性の高い家電がトレンドの時代です。電子レンジでも、特に単身者をターゲットにした商品の中に、デザイン性を重視したおしゃれな機種が多く見られます。

また、外国家電メーカーとの提携により国内仕様にデザインされた商品、新進建築家や若手デザイナー集団の起用により誕生した商品も登場。メーカーは、独自性のあるスタイリッシュな電子レンジの開発にも力を注いでいます。

また、プロ仕様、業務用を思わせるステンレス調のデザインも人気です。色はシルバーに代表されるメタリックカラー。清潔感があり、汚れにも強く、しかもスタイリッシュなイメージがあり、支持をひろげています。

インテリアの一つとして部屋を演出してくれるデザインが人気。

機能優先のシンプルなデザインは、ダイヤルやキーなどに関しても同じ。少し前まで多く見られた絵表示のキーは減り、デザインはシンプルで大きく、使いやすいものが増えました。「シンプル」「スタイリッシュ」が、電子レンジのデザインのトレンドといえます。

こんなものもあります

なるほど機能あれこれ

スチーム機能

加熱時にスチームを発生させ、ラップなしでも食品をしっとり仕上げます。冷めてもかたくなりにくいのも特徴です。

焼きあげ機能

マイクロ波が当たると発熱する特殊加工の専用皿を使用して加熱。焼き魚やハンバーグなどにこんがり焼き色がつき、フライパンより速く仕上がります。

コンビ加熱機能

オーブンやトースターと電子レンジの機能を組み合わせた加熱の方法。中はほかほか、外はカリッと仕上がり、スピーディーです。

自動調理機能

レシピを組み込んだ別売りのメモリーカード、もしくは指定ホームページから、専用カードにレシピをダウンロードし、本体にセット。キーを押すだけで自動調理が可能です。

これだけは押さえておきたい

電子レンジの

ほかの調理器具にない個性を活用すればこの上なく
これだけは頭に入れておきたい使いこなしの常識、

使いこなしの常識8カ条

1 自分のレンジをよく知る

まずは電子レンジのW(ワット)数を確認しましょう。操作パネルやディスプレイで確認できない場合は、本体に貼付されているラベルの「高周波出力」「定格高周波出力」の数字を参照して。

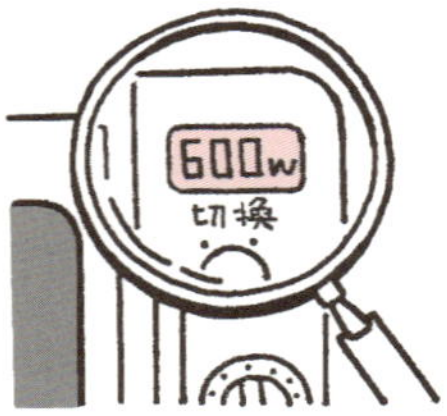

2 加熱時間は重さに比例

加熱時間は材料の重さと密接に関係しています。重さを2倍にしたら加熱時間も約2倍に、重さを½にしたら加熱時間も約½にするのが目安。また使う器が重くなればその分時間もかかります。

3 ラップとふたは使いよう

ラップをする、しない、両端をあけてするなど、調理方法や食品に合ったラップのかけ方を知れば、効率よくおいしくできます。また、専用のレンジぶたならば何度も使えて経済的です。

4 使う器はチェックして

金線や色絵の入った陶磁器、漆器、金属、強化ガラス、クリスタルガラスなど、使えない器に注意しましょう。耐熱ガラスの器でも、欠けたりひびが入ったりしていないか確かめて。

5 ターンテーブルは真ん中をあけて

マイクロ波の当たりにくい真ん中はあけ、当たりやすい縁に置くのが原則。2個なら向かい合わせに、3個以上ならターンテーブルの縁に沿って等間隔に並べれば、均一に加熱できます。

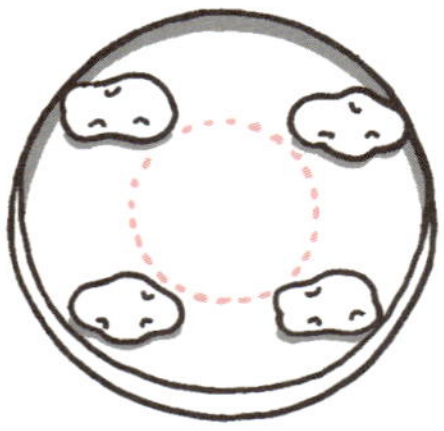

6 加熱は上から外側から

一般的に、熱は食品の上から下へ、外側から内側へ入ります。火の通りにくいものと通りやすいものをいっしょに加熱するときは、火の通りにくいものを上側、外側に置きましょう。

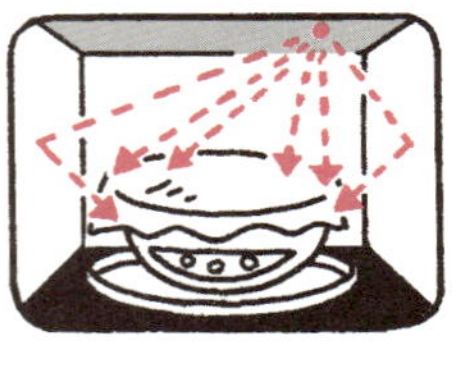

7 とんがり+スリムでスピードアップ

マイクロ波はとがった部分や細い部分に集中します。この性質に合わせ、材料の切り方を工夫して。角がたくさんできるように切ったり、せん切りにすれば、加熱時間を短縮できます。

8 割り箸を使って加熱ムラなし

食品をまんべんなく温めるには割り箸が大活躍。食品や食品をのせた皿の下にばらした割り箸を敷くと、そのすき間からも加熱されるので、途中で裏返さなくても均等に加熱されます。

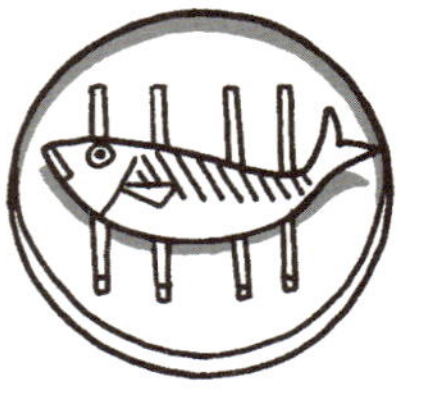

常識＆タブー

便利。でも注意を怠ると失敗や危険も招きかねません。
これだけは忘れてはいけないタブーをまとめました。

タブー8カ条

1 目分量で調理しない

電子レンジクッキングの仕上がりは、材料の重さと加熱時間にかかっています。目分量は失敗のもと。材料、水分、調味料は、最初からきちんと計量するようにしましょう。

2 設定時間を過信しない

材料の温度、器の形や大きさ、また電子レンジの種類によって加熱速度は違ってきます。加熱のしすぎによる失敗や焦（こ）げ、発火を防ぐためにも、扉の外からときどきチェックしましょう。

3 不規則に置かない

マイクロ波が当たりやすいのは、ターンテーブルの縁部分。同じ重さの食品を同時に温めるなら、縁部分に等間隔に並べて。縁に比べて当たりが弱い真ん中は避け、まとめ置きもやめましょう。

4 入れっぱなしにしない

カレーやシチューなど、とろみのある食品は表面ばかりが加熱されるので、中の具は冷たいままということも。入れっぱなしにせず、途中で何度かかき混ぜて、加熱ムラを防ぎましょう。

5 皮、殻（から）、膜（まく）には注意

加熱により膨張した蒸気がにげ道を失うと、食品は破裂します。皮に切り目を入れる、殻を割る、膜に穴をあけるなどの下準備を忘れずに。なおレトルト食品は別の容器に移しましょう。

6 器は素手で持たない

加熱後の器は熱いので、取り出す際には充分注意。たとえ器の縁が熱くなくても、食品と接している部分は高温になっています。必ず乾いたふきんやミトンを使用しましょう。

7 一度に大量に温めない

一度に温める食品の量が多いと、マイクロ波の当たり方にムラが出てしまいます。少量をスピーディーに温めるのが得意な電子レンジの長所を活かし、多い場合は数回に分けて温めましょう。

8 汚れたままにしておかない

庫内に飛び散った油や調味料を放置しておくと、そこにマイクロ波が集中。効率が落ちるうえ、故障や発火の原因になることも。使用後はぬれたふきんでひとふき。側面や天井部分も忘れずに。

お役立ち！ 電子レンジグッズ

手早くおいしい料理を作るなら、電子レンジにすべておまかせ。
電子レンジクッキングをもっと便利に楽しくするために、
基本アイテムから、おすすめアイテムまでを紹介します。

基本アイテム

耐熱ボウル

耐熱ガラスのボウルは、電子レンジクッキングの必須アイテム。大、中、小とそろえれば、ほとんどの料理に対応できます。A

計量カップ

計量したらそのまま電子レンジにかけられる、耐熱ガラスのタイプがおすすめ。柄がついたものなら出し入れもらくです。A

調理用はかり

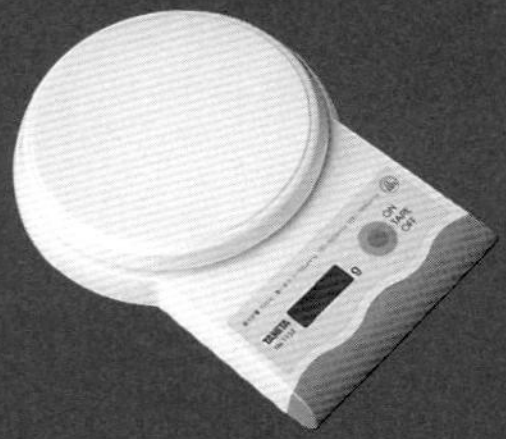

電子レンジクッキングは正確な計量が基本です。風袋分を差し引くことができて、1g単位ではかれるデジタルはかりが便利。B

ラップフィルム

長めの時間加熱したり、脂分が多い食材を加熱する場合は、かなり高温になります。耐熱温度の高いものを選びましょう。C、E

レンジぶた

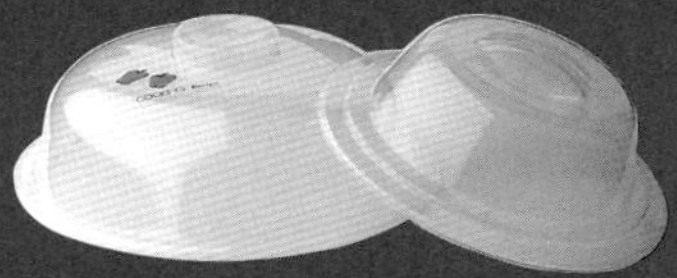

ラップのように熱くならず、何度も使えて経済的な電子レンジ専用のふた。使い勝手で選ぶなら、直径21㎝と17㎝のものを。D

レンジバッグ

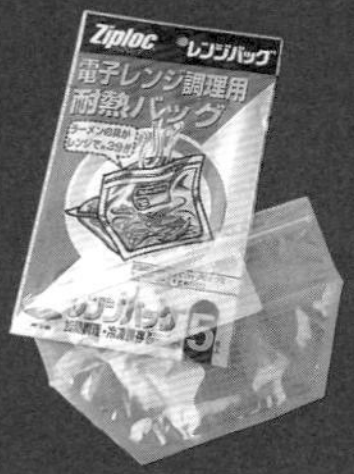

冷凍保存から電子レンジでの加熱までこれ一枚で対応。耐熱性が高く、底が二股で倒れにくいので、脂分、水分が多めの食品も安心。E

キッチンペーパー

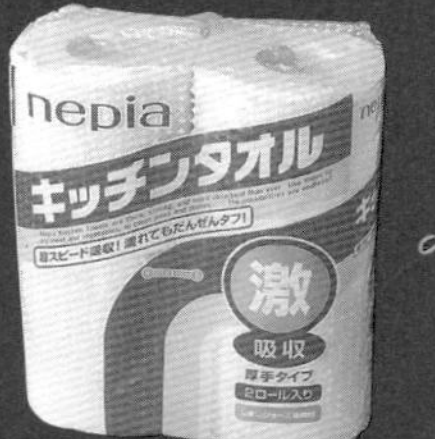

刺身の解凍や豆腐の水きりに便利なほか、食品を温めるときに下に敷けば、食材から出る余分な水分や脂分を吸収してくれます。F

クッキングシート

油や汁を通さないシリコン加工のシート。蒸気を適度に通すので、食品にぴったりかぶせて加熱すれば落としぶたがわりにも。G

アルミホイル

マイクロ波をはね返す性質を逆手にとって、茶碗蒸しなど、加熱の勢いをやわらげたい場合に部分的に使います。H

おすすめアイテム

耐熱容器

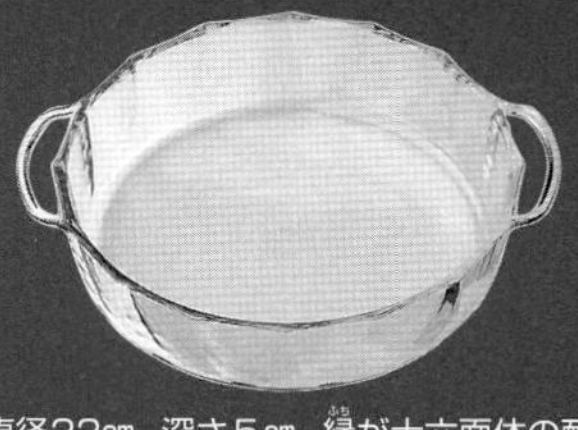

直径22㎝、深さ5㎝、縁が十六面体の耐熱ガラスの容器。加熱ムラが少なく煮ものに便利、と本書監修の村上祥子先生おすすめの品。A

スープ用耐熱容器

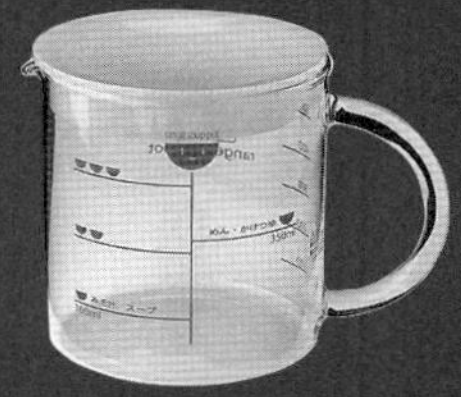

容量500㎖のスープ用耐熱ガラス製容器。スープやみそ汁、めんつゆ用の目盛りつきで、1人分から3人分までが手軽に作れます。A

ソース用耐熱ポット

料理研究家井上絵美先生開発のソース用耐熱ポットなら吹きこぼれなし。付属のメジャーカップで、ソース3種が簡単に作れます。A

耐熱ガラス製パスタ鍋

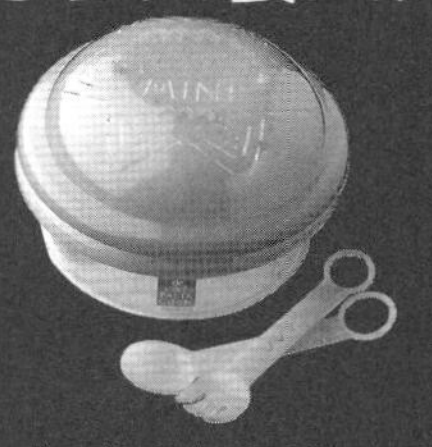

電子レンジでパスタをゆでるための専用鍋。湯（または水）にパスタを入れて加熱すれば、7〜8分（10〜11分）でゆでたてに。I

耐熱ガラス製レンジ釜

米1合がたった10分で炊きあがる、容量180㎖の耐熱ガラス製レンジ釜。付属品を使えば、蒸す、煮る料理も本格的にこなせます。I

耐熱樹脂ボウル

冷凍保存から電子レンジでの温めまでOKな、ふたつきの耐熱樹脂ボウル。軽いので温めもスピーディー。形、サイズも豊富にあります。E

丸いクッキングシート

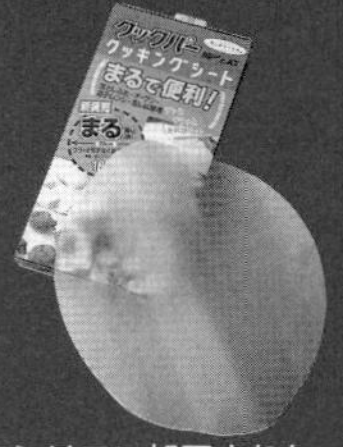

裏表ともにシリコン加工された、円形のクッキングシート。鍋や器、ターンテーブルに合わせて切る手間が省けるのでおすすめ。E

ペーパーカップ

熱、水、油に強いシリコン加工のペーパーカップ。料理がくっつかないので、お菓子作りやお弁当のおかずの温めにも便利。J

室内用無香消臭剤

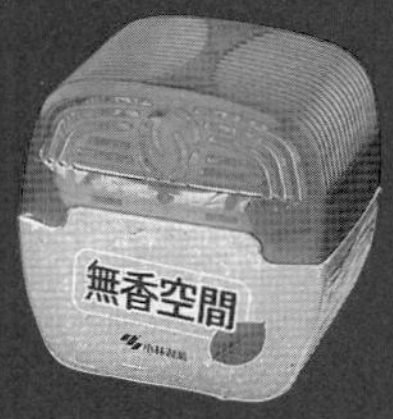

室内用の無香消臭剤（ビーズタイプ）は、調理後の庫内のにおいが気になるときに。必ず庫内が冷めてから入れ、加熱前に取り出して。K

お掃除シート

汚れをふき取るシートタイプ。庫内の汚れを浮かせるためにシートを袋ごと1分加熱して使います。これで頑固な汚れもきれいに。K

身近なこんなものも大活躍！

卓上計算機

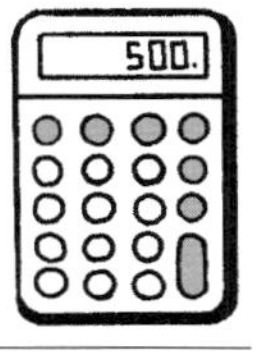

分量を倍にしたり、600W用を500W用に変えたりすると、加熱時間も変わってきます。そんなとき、手近に電卓があれば、素早く計算でき、失敗も防げます。

キッチンばさみ

加熱後にラップをはずすと、蒸気が一度に外に出るので、やけどをすることも。そんなときは、ラップの端からはさみを入れれば危ない思いをすることはありません。

ミトン

加熱後の容器はかなり熱くなっています。出し入れをするときは、必ずミトンや乾いたふきんを使いましょう。熱を伝えるぬれぶきんは逆効果です。

各取り扱いメーカー

A 岩城ハウスウエア　B タニタ　C 呉羽化学工業
D セイエイ　E サランラップ販売　F 王子ネピア
G ライオン　H サン・アルミニウム工業
I ハリオグラス　J アルファミック　K 小林製薬

知ってました？
あんなこと、こんなこと

電子レンジ

目に見える火ではなく、目に見えないマイクロ波
電子レンジはいつできたの？　マイクロ波ってな

電子レンジはいつ誰が作ったの？

マイクロ波を作るマグネトロンという装置を発明したのはアメリカのA. W. ハル氏、1921年のことでした。1945年、アメリカのレイセオン社で、パーシー・スペンサー博士がマイクロ波を利用したレーダーの開発中に電子レンジの原理を発見。1954年、同社で世界初の電子レンジ「レーダーレンジ」が商品化されました。当初は機内食の解凍や再加熱に使用されたそうです。

日本製第1号機はどんなもの？

市販第１号機は、大型冷蔵庫を上回る重さと大きさでした。

1960年、東芝が国産第１号機を大阪国際見本市に出品。翌1961年、同社から市販第１号機が発表されました。当時は「レーダーレンジ」とも「電子レンジ」とも呼ばれていたそう。レイセオン社製品を参考にした業務用単機能型で、大きさは、高さ170×幅63×奥行き63.5cm、重さは240kg。現在の約10倍の消費電力を要し、価格は125万円でした。

国内に普及したのはいつ？

国内でひろく認知されるようになったのは1964年のこと。東京オリンピックを前に開通した東海道新幹線のビュッフェに採用されてからです。1965年には「電波で新しい味」をキャッチフレーズに家庭用が登場。1966年には、シャープから19万8000円の家庭用が発売され、市場にひろまるきっかけとなりました。一般家庭に普及したのは1980年代前半です。

電子レンジの平均寿命は？

家電製品協会の「家電製品消費者使用実態調査」によると、電子レンジの期待使用年数は12年、実際の廃棄までの使用年数は９年強。各家電メーカーの回答は８～10年とのこと。ただしこれは使用頻度やお手入れしだい、あくまでも目安です。また、経済産業省の通達による、家電製品の補修用性能部品の最低保有期間は、電子レンジの場合、製造打ち切りから8年間です。

電子レンジのエネルギー源ってなに？

テレビやラジオと同じ「電波」です。たとえばテレビ（VHF）には画像や音に変わる30～300MHzの電波、ラジオには音に変わる560～8000kHzの電波が利用されているように、電子レンジには熱に変わる2450MHzの電波が用いられているのです。なお、Hz（ヘルツ）は周波数を表す単位。2450MHzは高周波、極超短波であるため、マイクロ波と呼ばれています。

電波の利用

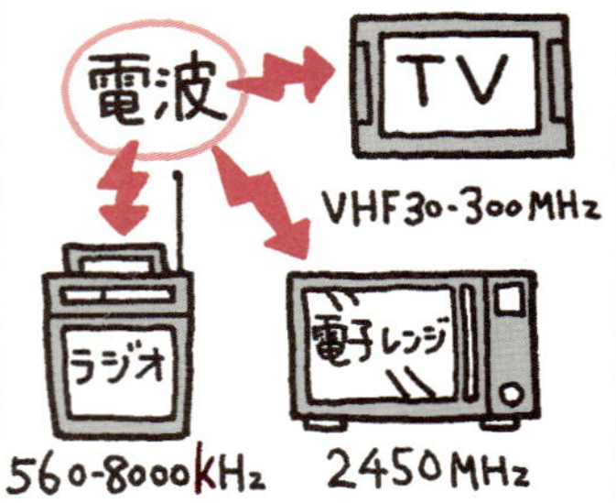

マイクロ波はレンジからもれないの？

2001年４月施行の「電気用品安全法」により、電子レンジの電波もれに対する安全基準は、
- ５cm離れて1mW（ミリワット）/cm²以下（携帯電話の1/10）
- 扉を開いたとき５mW/cm²以下で自動停止すること
- 10万回使用後もこれらの基準を満たすこと

と定められています。また、扉には金属製の網が入ったガラスを使用し、ガラスに当たったマイクロ波をはね返し外にもれないように設計されています。

マイクロ波は食品に残らないの？

マイクロ波の伝わり方

電子レンジのマイクロ波は、食品に吸収されるに従い熱エネルギーに変換され、消滅してしまいます。このため食品に残ることはありません。しかも放射線とも呼ばれるX線やγ（ガンマ）線など極度に周波数の高いものは、原子から電子を追い出す電離作用をもちますが、マイクロ波はずっと周波数の低い領域の電波。水分子を揺り動かす程度の弱いエネルギーなので、食品にも人体にも影響を及ぼしません。

なるほどコラム

で食品を温める電子レンジって、やっぱり不思議です。
に？　そんな「なに？」「なぜ？」に答えます！

電子レンジの扉が横開きなのはなぜ？

主に食品の温めに使われる単機能型は、小型から中型が主流。そのため小型の冷蔵庫の上など比較的高めの場所に置かれがちです。その場合の食品の出し入れのしやすさを考えて、多くは横開きタイプとなっています。

一方、多機能型は中型から大型が多く、扉が天パンや容器の仮置き台として使えるように考慮されているため、縦開きが主流となっています。

なぜターンテーブルがついているの？

マイクロ波は電子レンジに内蔵されたマグネトロンという装置で作られ、導波管を通じて電波口から庫内に放射されます。そのため、電波口からの距離により、マイクロ波の当たりやすい場所と当たりにくい場所ができてしまいます。そこで、食品全体にまんべんなくマイクロ波が当たるようにと、食品の位置を回転させるターンテーブルがつけられたのです。

加熱ムラはなぜ起こるの？

浴槽の湯の中で手を前後に動かすと、手の近くでは波が大きく、離れるほど小さくなり、手を動かした方向以外のところは、ほとんど波が立ちません。マイクロ波の伝わり方はこの波の動きと似ています。つまり、電波口に近いターンテーブルの端部分はマイクロ波が当たりやすいため、真ん中の部分と温まり方に差が出てしまうのです。これが加熱ムラの原因です。

波は手を動かした方向に進みます。マイクロ波の伝わり方も同じです。

電子レンジは本当に安全？

市販の電子レンジは電波もれに対する基準を満たしています。しかも電子レンジのマイクロ波はX線やγ線とは周波数の高さが全く異なるので、人体に影響を及ぼすことはほとんどありません。そのうえ、本体内部はマイクロ波を反射する金属製で、構造的にもマイクロ波がもれないように作られています。もちろん使用上の注意を守ることはお忘れなく。

電子レンジは不経済では？

電子レンジは熱効率がよく、短時間で加熱できるため光熱費を抑えられます。たとえばほうれんそうをゆでる場合、ガスだと約8円かかるところ電子レンジなら約1円です。もち米2合を炊く場合、ガスなら約7円、電子レンジなら約5円ですみます。酒の燗なら光熱費はガスの1/19！　さらに、調理に使う容器も少なくてすむので、片付けの際の水道代も節約できます。

ほうれんそうを200g ゆでる場合

電子レンジは栄養素をにがさない？

水を使わず短時間で加熱する電子レンジは、栄養素をにがしません。水溶性で熱に弱いビタミンCの残存率で比較すると、ほうれんそうをゆでた場合の残存率が69%なのに対し、電子レンジでは82%、キャベツをゆでた場合の残存率が73%に対し、電子レンジでは93%とその差は明らか。ビタミン以外の鉄分、リン、カルシウムなどのミネラル分もにがしません。

インバーターってどんな仕組み？

インバーターは直流を交流に変換する電力変換装置のこと。この装置がついていると段階的にW数を切り替える作業を自動的に行えます。つまり、出力のコントロールができるようになったということ。

また、従来は高出力のONとOFFでしか加熱できなかったため、「弱」キーを使っても温度が急激に上がったり吹きこぼれたりすることがありました。インバーターつきなら、低出力を連続して出力できるため、シチューや豆料理も、じっくり煮込むことができるのです。

インバーターなしの機種で「弱」キーを使った場合

困る前にぜひ読んで！

こんなときどうする？ Q&A

困ったとき、迷ったときなどの対処法をまとめました。
電子レンジを選ぶ前、使う前、そして、困る前にぜひ読んで、
思わぬトラブルを防ぎましょう。

選び方について

Q1 種類が多すぎて選べません

ライフスタイルに合わせて選びましょう。

大型か中型か、高出力のタイプか標準のタイプか、単機能型か、オーブンやグリル機能つきの多機能型か。家族の人数、使用目的、使用頻度などによって、求める大きさや機能も違ってくるはずです。ライフスタイルを見直して、必要に合わせて選びましょう。

Q2 買うときに注意することは？

置き場所、契約アンペアを事前に確認して。

扉の開く方向や出し入れのしやすさを考えて置き場所を決め、採寸しておきましょう。このスペースをもとに、電子レンジの周囲に10㎝ぐらいの余裕が出るものを選びましょう。また、同時に使う家電のことも考えて、電気の契約アンペアも確認しておきましょう。

置きたい場所におさまるかどうか購入前に確認しておきましょう。

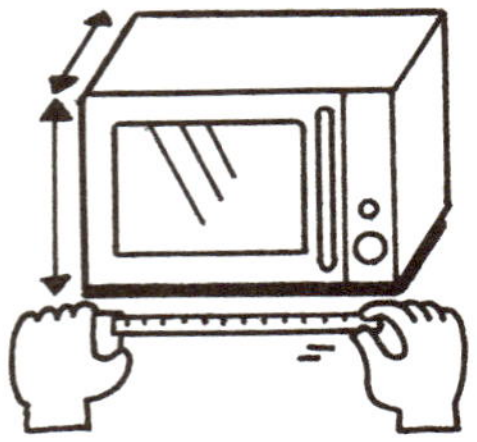

取りつけについて

Q3 電源は15Aあれば大丈夫ですか？

他の機器との併用は避け、単独で使えばOK。

電子レンジのW（ワット）数は消費電力とは異なるものです。600Wの電子レンジの消費電力は約1000W、10A（アンペア）以上。エアコンなどの消費電力の大きい家電と同時に使うと、ブレーカーが落ちることも多く不便です。コンセントは単独で使いましょう。

Q4 アースの取りつけは必要ですか？

感電を防ぐために、必ず取りつけましょう。

電子レンジは高圧の大電流を使用。漏電の際の感電事故を防ぐために、アースは必ず取りつけてください。アース端子つきのコンセントがある場合はそこに固定して。ない場合は電気工事店などに相談してください。

漏電遮断機もアースといっしょに取りつけておくと安心。また電源プラグはぬれた手で抜かないよう注意してください。

アース線の先端のビニールをむき、アース端子に確実に固定します。

Q5 置く場所で注意するポイントは？

安全を第一に、使いやすさも考慮しましょう。

安全のためには、落ちたり倒れたりしない水平で安定した場所に置いてください。炊飯器やポット、流し台の近くなど、水蒸気や水けの多いところ、燃えやすいものの上や近くは厳禁です。さらにテレビやラジオの近くも避けましょう。ノイズが発生することがあります。また、スプレー缶を近くに置くと破裂の恐れがあり、大変危険です。

また、使いやすさのためには、出し入れの際に作業がしやすく安全な高さに置きましょう。

Q6 引っ越し後もそのまま使えますか？

インバーターつきの機種なら使えます。

静岡県の富士川と新潟県の糸魚川を結ぶ線を境に、その東側（50Hz）と西側（60Hz）で周波数が変わります。ただしインバーターつきの機種なら心配なし。本体や説明書に50/60Hz（50Hz・60Hz共用）という表示があれば、それは「ヘルツフリー機器」と呼ばれるもので、どちらの周波数にも対応します。

ヘルツフリーでない機種の場合、周波数の異なる地域へ引っ越すなら、部品交換や調整が必要。電気工事店に相談して。

困る前にぜひ読んで！

こんなときどうする？ Q&A

使い方について

Q7 スタートボタンを押しても動きません

電源プラグ、ブレーカーなどを確認して。

ブレーカーのスイッチが「入」になっているか確認しましょう。

停電でなければ、電源プラグが抜けていないか、ブレーカーが「切」になっていないか、扉がきちんと閉まっているかをチェックして。それでも動かなければ販売店に相談しましょう。

Q8 自動的に電源が切れてしまいます

扉を開閉すれば再び電源が入るはずです。

「オートパワーオフ」などといって、使っていないときは自動的に電源が切れる機能がついたものが増えました。機種にもよりますが、加熱終了後5～10分で自動的に電源が切れます。使うときは、扉を開け閉めすれば再び作動するはずです。

Q9 加熱中に電源がすぐ切れます

アンペア不足かも。電力会社へ連絡して。

使用中の電気量が電力会社との契約アンペアを超えている可能性があります。同時に使う家電を減らす方法もありますが、もっとも電気を使う状況を想定して、契約を見直すことも考えて。現在の契約アンペアを確認し、再検討しましょう。

Q10 コンセントが非常に熱くなります

必ずコンセントは単独で使用してください。

たこ足配線をしていませんか？　過熱状態を引き起こすうえ、漏電や発火の恐れがあり危険です。電子レンジの消費電力は1000W以上ですから、必ずコンセントは単独で使いましょう。

Q11 「強」キーや「弱」キーがありません

「あたため」「解凍」キーで対応できます。

かわりに、「あたため」キーや「解凍」キーはありませんか？　それが「強」・「弱」キーにあたります。また、500W、200Wなど、具体的なW数で強弱を切り替えるタイプもあるので、操作パネルや取扱説明書で確認しましょう。

Q12 加熱中に庫内が暗くなったりカチカチという音がします

出力を切り替えているときに起こります。

電子レンジのマイコンが出力を自動的に切り替えると、加熱中に庫内が暗くなることがあります。カチカチという音はそのスイッチの音です。また機種によっては、電源のON・OFFを自動的に切り替えて加熱するものもあり、その場合も同様です。

Q13 ターンテーブルの動きが不規則です

赤外線センサーが作動しているからです。

赤外線センサーつきの機種で温度の違う食品を同時に温めた場合、低温の食品を集中的に温めようとしてマイコンが作動するため、動きが不規則になることもあります。

また、容器が大きすぎるとつかえてしまい、正しく動きません。

Q14 加熱中や加熱後にブーンという音がします

出力切り替えやファンが作動する音です。

加熱中であれば、マイコンが出力や電源のON・OFFを切り替えている音です。加熱後や「とりけし」キーを押したあとなら、庫内の部品を冷却するファンが作動している音です。しばらくすると音は消えるはず。

Q15 ターンテーブルがないと加熱ムラが心配です

マイクロ波を均等に拡散するので大丈夫。

ターンテーブルなしのフラットテーブルタイプの場合、マイクロ波を作るマグネトロンは本体の底部にあるものが大半。その上を金属の回転板が回り、スプリンクラーのようにマイクロ波を均等に拡散しています。よって、加熱ムラも少ないのです。

Q16 ターンテーブルが動きません

器の大きさを確認し、ずれは直しましょう。

器の大きさは適当ですか？　大きすぎるとつかえて動きません。また、ターンテーブルがずれていないか確認しましょう。さらに、ローラーつきのターンテーブルの場合、ローラー部分にゴミや食品のカスがたまっていると動かないことがあります。

こんなときどうする? Q&A

Q17 加熱中に庫内で火花が飛びます
金属製の容器を入れていませんか。

金線や銀線入りの器、金属製の容器、金串は加熱されると火花が飛びます。アルミホイルも庫内の側面に当たるとスパークします。また食品カスにマイクロ波が集中し、発火することも。

Q18 加熱中に扉がくもったり水滴が落ちたりします
食品から出た水蒸気です。心配いりません。

電子レンジは食品に含まれる水分子を動かし、その摩擦熱を利用して食品を加熱する仕組みです。ですから水を使っていなくても、水蒸気によるくもりや水滴が発生します。加熱終了後にふきんでふき取れば問題はありません。

Q19 「自動あたため」機能が使えません
手動で温めるか庫内が冷めるまで待って。

オーブンを使った直後ではありませんか? 庫内の温度が高いと、食品の温度をはかるセンサーが正しく反応せず、「自動あたため」キーを使えないことがあります。この場合は、手動で様子を見ながら温めるか、ドアを開き庫内を充分冷まして使いましょう。

Q20 加熱中に庫内の食品が燃えだしました
酸素で勢いが増すので、扉は絶対開けないで。

扉を閉めたまま「とりけし」キーを押し、電源プラグを抜きます。燃えやすいものを遠ざけ、火が消えるのを待ちましょう。消えないときは水か消火器で消火し、すぐ販売店に点検依頼を。

Q21 煙やイヤなにおいが気になります
空炊き、庫内の残りカスなどをチェックして。

庫内が空のまま加熱していませんか? また、庫内の食品カスや油が焦げていませんか? 多機能型をはじめて使うときは、さび防止用の油が焼けるにおいがすることも。取扱説明書に従って空焼きをするなどしましょう。

Q22 ターンテーブルに傷やひびが入っています
けがのもとです。必ず取り替えましょう。

ターンテーブルに傷やひびが入ったり欠けたりしていると、マイクロ波が乱反射し、熱効率が悪化してしまいます。また、ターンテーブルが割れてけがをしてしまったら大変です。傷やひびに気がついたら、すぐに取り替えましょう。

Q23 引っ越しの際、落としてしまいました
異常がなさそうでも必ず点検が必要です。

落としたり倒したりしたときは、外見上は特に異常がなさそうでも、必ず点検を依頼しましょう。漏電やマイクロ波がもれる恐れがあります。落下防止のためにも、必ず水平で安定した場所に置くこと。転倒防止器具などを使ってもよいでしょう。

Q24 フラットテーブルの汚れを落とすには?
クリームクレンザーやぬれぶきんで掃除を。

ふいても落ちないフラットテーブルのがんこな汚れは、ラップを指に巻き、そこにクリームクレンザーを少量つけてこすります。そのあとかたく絞ったぬれぶきんでふけばOKです。

Q25 点検・修理はどんなときにするの?
熱、におい、音など不安になったらすぐ依頼を。

コードや電源プラグが熱い、焦げ臭いにおいや異常な音がする、さわるとビリビリと電気を感じる、こんなときは要注意。加熱をすぐやめ電源プラグを抜き、販売店に点検を依頼して。

Q26 以前より加熱に時間がかかります
庫内の汚れが原因です。こまめに掃除を。

庫内の側面や扉に食品カスや油、煮汁などがついていませんか? マイクロ波はそういう部分に集中しがち。だから熱効率が低下し、加熱に余分に時間がかかるのです。使用後はからぶきする習慣をつけましょう。その際、側面や天井も忘れずに。

Q27 「自動あたため」機能をうまく使えません

100g以下の食品は手動で温めましょう。

100g以下の食品を「自動あたため」キーで加熱する場合、重量センサーがうまく働かず、うまく温められないことがあります。その場合は「加熱時間の目安」(→P50) を参考にしながら手動で時間を設定し、加熱しましょう。

Q28 加熱中、庫内に煮汁が飛び散ります

余裕のある大きめの容器を使用しましょう。

食品の量に対して容器のサイズが小さすぎませんか？ ソースやたれのかかった食品は深めの容器に入れ、ラップをして温めましょう。特にとろみのある汁ものを加熱する場合は、容器にかなりの余裕が必要です。目安としては、食品の量が容器の¼〜⅓までにおさまるようにしてください。

Q29 食品が熱くなりすぎます

食品の量や種類、器の重さや形をチェックして。

食品が少量の場合、油脂分が多い食品の場合、ペーパーカップやラップなどで温めた場合に起こります。また、器の口が狭いと赤外線センサーがうまく働かず、熱くなりすぎることも。

Q30 食品がなかなか温まりません

置き場所、置き方、容器をチェックして。

ターンテーブルの中央に置いている、食品を重ねて置いている、金属製の型やアルミケースを使っている、これらはすべて熱効率を下げる要素です。

また、同じ食品でも、冷凍庫や冷蔵庫から出して使う場合は、常温の食品を温める場合と比べて加熱時間が余分にかかります。

Q31 レシピ通りの時間では加熱不足です

重すぎる器、大きすぎる器は加熱を遅らせます。

加熱時間は器の重さも含めた総重量で決まります。この場合、器が重すぎたのではありませんか？ 器が大きすぎても、器に熱を奪われ非効率です。また、四角い器は四隅にマイクロ波が集まるので、中心部分の加熱が遅れ、時間がかかります。

Q32 酒の燗がうまくできません

アルミホイルを巻いて加熱を均一に。

マイクロ波がとっくりの首の細くなった部分に集中するため、その部分にアルミホイルを巻き、マイクロ波の集中を抑えましょう。入れる酒の量は首の1cm下までにするのが目安です。

アルミホイルを巻くことで、とっくり全体を均一に加熱できます。

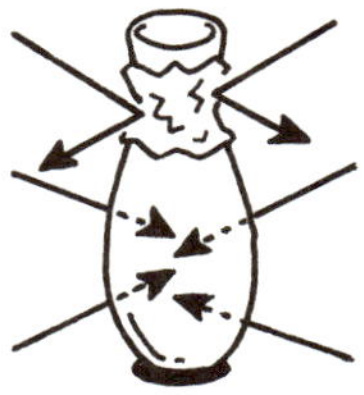

Q33 焼き魚やフライがおいしく温まりません

重ならないように並べ、ラップなしで加熱を。

食品同士が重ならないように、平らに並べていますか？ 食品の下に割り箸2膳をばらして置くと、裏返す手間もいらず、パリッ、カラッと仕上がります(→P87)。また、その場合はラップなしで余分な水分をとばすようにしましょう。(村上)

Q34 加熱した飲みものが突然吹きこぼれました

オーバー加熱による「突沸」です。

液体を加熱しすぎてしまうと、突発的に沸騰する「突沸」という現象が起こることがあります。加熱直後、扉を開けた瞬間にこの現象が起こりがち。危険を避けるために、飲みものを温めた場合は、20秒ほど待ってから取り出すようにしましょう。

Q35 加熱中、レトルト食品が破裂しました

袋のままの加熱は危険。必ず器に移して。

レトルト食品は中身を必ず器に移し、指定の時間を守って加熱して。密閉容器、真空パック、瓶詰食品も同様。必ずふたや栓をはずすか、ほかの容器に移しかえてから加熱しましょう。

Q36 加熱に使ったガラス容器が割れました

必ず耐熱ガラスを使って。取り扱いにも注意。

強化ガラス、クリスタルガラス、細工のあるカットガラスは使えません。また、高温に強く、ほとんど割れることのない耐熱ガラスですが、加熱後に水けのある場所に置いたり急に冷やすと割れることも。取り扱いには充分な注意が必要です。

協力先・お役立ち情報
（五十音順、敬称略）

問い合わせ先

●アルファミック（ペーパーカップ）
〒135−0048　東京都江東区門前仲町1−6−12
☎03−3642−1121

●岩城ハウスウエア（耐熱ガラス製品）
〒273−0044　千葉県船橋市行田1−50−1
☎047−460−3764（消費者サービスセンター）

●恵比寿三越（和菓子材料）
〒150−6090　東京都渋谷区恵比寿4−20−7
☎03−5423−1111（代）

●王子ネピア（キッチンペーパー）
〒104−8319　東京都中央区銀座5−12−8
☎03−3248−2769（お客様相談室）

●紀ノ国屋インターナショナル（和菓子材料）
〒107−0061　東京都港区北青山3−11−7
☎03−3409−1231

●呉羽化学工業（ラップフィルム）
〒103−8552　東京都中央区日本橋堀留町1−9−11
☎03−3249−4700

●小林製薬（室内用無香消臭剤、お掃除シート）
〒541−0045　大阪府大阪市中央区道修町4−3−6
☎06−6203−3625（お客様相談室）

●サランラップ販売（ラップフィルム、耐熱樹脂容器、クッキングシート）
〒100−8440　東京都千代田区有楽町1−1−2
日比谷三井ビル
☎03−3592−2080／06−6347−3977（お客様相談室）

●サン・アルミニウム工業（アルミホイル）
〒263−0004　千葉県千葉市稲毛区六方町260
☎043−422−1277

●セイエイ（レンジぶた）
〒567−0865　大阪府茨木市横江1−2−30
☎072−637−8788

●タニタ（調理用はかり）
〒174−8630　東京都板橋区前野町1−14−2
☎03−3967−9655（お客様サービス相談室）

●ハリオグラス（耐熱ガラス製品）
〒103−0006　東京都中央区日本橋富沢町9−3
0120−39−8208

●ライオン（クッキングシート）
〒130−8644　東京都墨田区本所1−3−7
☎03−3621−6611（お客様相談室）

取材協力

●三洋電機
〒570−8677　大阪府守口市京阪本通り2−5−5
0120−398−634（お買い物相談窓口）
http://www.sanyo.co.jp

●シャープ
〒545−8522　大阪府大阪市阿倍野区長池町22−22
0120−078−178（お買い物相談専用）
http://www.sharp.co.jp/

●TEPCO銀座館・暮らしのラボ
〒104−0061　東京都中央区銀座6−11−1
☎03−3575−0456　http://www.tepco.co.jp

●東 芝
〒105−8001　東京都港区芝浦1−1−1
0120−1048−86（家電ご相談センター）
http://www.toshiba.co.jp/

●日立ホーム＆ライフソリューション
〒105−8410　東京都港区西新橋2−15−12
0120−312−111（お買い物相談センター）
http://kadenfan.hitachi.co.jp/

●松下電器産業
〒571−8501　大阪府門真市大字門真1006
0120−878−365（お客さまご相談センター）
http://national.jp

●三菱電機
〒100−8310　東京都千代田区丸の内2−2−3
0120−139−365（お客さま相談センター）
http://www.MitsubishiElectric.co.jp/

お役立ち情報

●旭化成ホームプロダクツ事業部ホームページ
http://www.asahi-kasei.co.jp/saran/

●岩城ハウスウエアホームページ
http://www.igc.co.jp/

●呉羽化学工業ホームページ
http://www.kureha.co.jp/

●ハリオグラスホームページ
http://www.hario.com/

●料理研究家村上祥子ホームページ
http://www.murakami-s.com/

●ライオンホームページ
http://www.lion.co.jp/

さすが電子レンジ！料理大全集

索　引（さくいん）

総索引 p.456
五十音順に料理名を並べてあります。

素材別索引 p.466
主材料だけでなく、副材料からも料理名が探せます。

時間別索引 p.487
各料理に要する電子レンジの加熱時間です。

カロリー別索引（菓子は除く） p.497
一部を除き、１人分のエネルギー量です。

調理別索引 p.507

生活習慣病を予防する料理（以下指導／川島由起子 聖マリアンナ医科大学病院 栄養部部長） p.517

免疫力を高める料理 p.522

ストレス、いらいらを解消する料理 p.523

高齢者にやさしい料理 p.525

総索引

あ

アーモンドスノー ---- 389
アーモンドチュイール ---- 390
アイスクリームのベリーソースがけ ---- 317
青梅 ---- 409
青栗 ---- 417
青菜のお浸し ---- 246
青豆とベーコンのリゾット ---- 201
赤貝と菜の花のオイスター煮 ---- 289
赤練りみそ ---- 332
秋のきのこ（おこわ） ---- 24
あさりとえのきだけの酒蒸し ---- 191
あさりともやしのキムチだれ ---- 220
あさりのオイル蒸し ---- 95
あさりの辛み蒸し ---- 191
あさりの酒蒸し ---- 281
あさりの佃煮 ---- 109
あさりのパスタ ---- 205
あさりのピリッとしょうが煮 ---- 189
あさりのブイヤベース風 ---- 191
あさりのみそ汁 ---- 95
あじさい ---- 417
あじの塩焼き ---- 234
あじのねぎ蒸し ---- 295
あじのハーブ・ガーリック焼き ---- 180
あじのビネガーマリネ ---- 294
あじのマリネ ---- 328
あじのミートソース風パスタ ---- 182
あじのみそペースト焼き ---- 234
小豆ういろう ---- 429
小豆カラメルクリーム ---- 440
小豆とあんずの水まんじゅう ---- 424
小豆豆腐 ---- 425
アスパラガスと里芋のポタージュ ---- 178
アスパラガスとツナのキッシュ風 ---- 175
アスパラガスと帆立て缶の蒸し煮 ---- 134
アスパラガスのトマトソースがけ ---- 134
アスパラガスのベーコンサッと煮 ---- 137
アスパラガスのラー油しょうゆ ---- 246
アスパラ缶のクリームスープ ---- 254
アスパラ酢みそ ---- 281
アスパラのオイスターソースがけ ---- 277
アセロラはちみつグミ ---- 399
温かいヴィシソワーズ ---- 146
温かいかぼちゃのスープ ---- 306
温かいレンジ豆腐 ---- 170
厚揚げとキムチの炒め和え ---- 171
厚揚げのガドガド風 ---- 224
厚揚げピザ ---- 171
あつあつご飯 ---- 111
アップルチョコタルト ---- 381
アップルピール ---- 343
油揚げと鶏肉の混ぜご飯 ---- 247
油揚げの袋煮 ---- 171
油で揚げないフライドチキン ---- 162
甘辛じゃこしし唐 ---- 140

い

いかげそのから揚げ風 ---- 190
いかシューマイ ---- 310
いかすみもどきスパゲティ ---- 249
いかセロリ炒め ---- 188
いかと黄にらの豆豉炒め ---- 189
いかとキャベツとトマトのマリネ ---- 190
いかの足のつや煮 ---- 232
いかの姿ずし ---- 197
いかの酢のもの ---- 277
いかのチリソース風 ---- 292
イタリアン鍋焼きうどん ---- 251
いちごジャム ---- 318
いちごシロップ ---- 319
いちご大福 ---- 32
いちごのきんとん ---- 438
いちごのショートケーキ ---- 378
いちご姫 ---- 401
いちじくのコンポート ---- 320
一番だし ---- 261
芋・栗おこわ ---- 196
いりこの土佐酢漬け ---- 302
炒り豆腐 ---- 170
いわしのうま煮 ---- 234
いわしの梅煮 ---- 182
いわしのシチリア風パン粉焼き ---- 229
いわしのしょうが煮 ---- 182
いわしの煮もの ---- 233
いんげんとたこのからし酢みそ ---- 333

う

ヴィシソワーズ ---- 307
ウインナロールパン ---- 352
うぐいす餅 ---- 408
薄切り肉の簡単酢豚 ---- 243
薄焼き卵の五目巻き ---- 115
うなぎとしいたけの卵とじ丼 ---- 199
ウフ・ア・ラ・ネージュ ---- 393
梅ジャム ---- 318

え

枝豆ご飯 274
枝豆スープ 307
枝豆の和風クリームスープ 254
えのきつくね 213
えのきとささ身の梅肉風味 194
えのきののり佃煮和え 194
えのきのパルメザンチーズ和え 179
えのきの明太子和え 194
えび黄身ずし 175
えびしんじょ椀 310
えびとアスパラガスのバターソース 331
えびとオクラのコーンクリーム煮 190
えびとしめじのチリソース 188
えびの酒蒸し 100
えびの山椒風味 238
えびのタイ風スープ 190
えびレタスロールのなめこあんかけ 287
エリンギとしいたけのスープ煮 192
エリンギとマッシュルームのマリネ 194

お

オールドファッションケーキ 384
おから入りすいとん 207
おから煮 169
おからのポテトサラダ風 171
おかわりなしの豚汁 253
オクラとトマトの卵とじ 174
オクラとろろ汁 282
オクラとろろ丼 199
オクラとわかめのからしじょうゆ 134
オクラ納豆 134
オクラの胡麻みそ和え 134
おせんべいビーフシチュー 155
オニオングラタンスープ 143
オニオンピクルス 283
おはぎ 432
おはぎの胡麻だれがけ 432
オムレツケーキ 385
オリーブのフォカッチャ 359
オレンジケーキ 379
オレンジシロップ 319
オレンジのスパイシーコンポート 321
オレンジババロア 396
オレンジピール 343
おろし里芋と野菜ののり巻き 147
おろしにんじんとトマトのスープ 254
温製キャベツのアーリオ・オーリオ 125

か

カカオトロピカーナ 399
かきご飯 198
かきとしめじの豆乳みそ蒸し 190
かきと豆腐のポン酢仕立て 238
かきのスピードクリームシチュー 252
かきのパン粉焼き 221
かじきとキムチのレンジ蒸し 291
かじきのアーモンドフライ風 183
かじきの甘酢漬け 183
かじきのカレーソース 331
かじきのタンドリー風 242
かじきのチーズパン粉焼き風 230
かじきの生トマト煮込み 229
かしわ餅 406
カスタードクリーム 381
カスタードプリン 392
ガスパチョ 306
かつおと大根の和風煮 234
かつおのしょうが煮 181
かつおのたたき 113
かつおのとろみ煮 109
カッテージチーズとヨーグルトのポテトサラダ 179
カップコロッケ 216
ガナッシュクリームケーキ 395
かにとかぶのスープ 252
かにトマトご飯 266
かにのクリームスープ 264
かぶと赤ピーマンのコンソメゼリー添え 142
かぶの甘酢漬け 324
かぶのひき肉詰め蒸し 213
かぶのピクルス 142
かぶのミルク煮 177
かぶら蒸し 145
かぼちゃあん 323
かぼちゃとさつま揚げのスープ 254
かぼちゃとベーコンのチーズ焼き 130
かぼちゃの簡単いとこ煮 211
かぼちゃのきんとん 322
かぼちゃのサワークリーム和え 130
かぼちゃの粒マスタード炒め 262
かぼちゃのディップサンド 207
かぼちゃのナムプラー煮 276
かぼちゃのニョッキ セージバター 132
かぼちゃのはちみつレモン煮 132
かぼちゃのひき肉カレー煮 130
かぼちゃのみそ炒め 226
かぼちゃのモンブラン 398
かぼちゃのヨーグルトサラダ 179
かぼちゃのレンジ甘煮 226
かぼちゃのレンジサラダ 216
かぼちゃのレンジバター蒸し 226
かますとみょうがの混ぜご飯 199
カマンベールの簡単フォンデュ 177
カラーピーマンのピクルス 326
からみ明太子餅 342
カリカリじゃことピーマンの和えもの 191
カリフラワースープ 269

カリフラワーとかじきのＸＯ醤蒸し 136
カリフラワーのアンチョビソースがけ 136
カリフラワーのカレーピクルス 303
カリフラワーのコロッケ 286
カリフラワーの塩辛バターソース 136
カリフラワーの茶巾 135
カリフラワーのピクルス 246
カリフラワーのピクルス カレー風味 326
カリフラワーのマッシュサラダ 314
カリフラワーポテト 314
かるかん 428
かれいのザーサイ蒸し 242
かれいのしょうが煮 235
かれいの煮つけ 187
カレーおこわ 202
カレーパン 353
カレーライス 106
変わりきんぴら 220
観世風蒸しカステラ 429
簡単オニオングラタンスープ 254
簡単からし豆腐 289
簡単ゴールデンブイヨン 261
簡単シューマイ 101
簡単すき煮 153
簡単チキンブイヨン 261
簡単ちらしずし 278
簡単マッシュポテト風 217
簡単ミートローフ 166
簡単ミネストローネ 273
簡単野菜ブイヨン 261
簡単レバームース 312
がんもどき 119

き

キーマカレー 228
キウイジャム 318
キウイのきんとん 438
きくらげシューマイ 286
きな粉ミルク 268
きな粉餅 250
きのことわかめの梅みそ蒸し 193
きのこのあんかけ豆腐 170
きのこのクリーム煮 177
きのこのスープ 254
きのこの当座煮 210
きのこのハーブマリネ 328
きのこのピクルス 327
きのこのマリネサラダ 193
きのこのリゾット 203
きのこのレンジ蒸し 192
きのこの和風マリネ 194
きのこハーブスープ 269
きのこビーフ 154
基本の薄型スポンジケーキ 384
基本のシフォンケーキ 386
基本の白いマシュマロ 398
基本のスポンジケーキ 378
基本の全粒粉パイ 388
基本のチョコレートケーキ 380
基本のふわふわチーズケーキ 382
キムチスープ 255
キムチとナムルの冷やしそうめん 205
キャベツいっぱいミートローフ 288
キャベツオムレツ 256
キャベツとあさりの中華蒸し 123
キャベツとかきの炒めもの 217
キャベツとたこのアンチョビバター 122
キャベツとトマトの中華蒸し 218
キャベツとにんじんのサラダ 247
キャベツとベーコンのスープ 123
キャベツとベーコンの蒸し煮 284
キャベツと焼き豚のオイスターソース炒め 122
キャベツとりんごの昆布茶漬け 325
キャベツの甘酢がけ 264
キャベツのＸＯ醤和え 214
キャベツのオイスターソース炒め 122
キャラメル 399
キャラメルまんじゅう 365
キャロットみそスープ 283
牛肉そぼろ 334
牛肉とカラーピーマンのカレー炒め 154
牛肉とキャベツのオクラトマト煮 231
牛肉とキャベツの辛みそ炒め 154
牛肉とごぼうのコチュジャン炒め 154
牛肉としめじのレモン塩炒め風 155
牛肉と竹の子のみそ風味 239
牛肉と青梗菜のオイスターソース炒め煮風 238
牛肉と白菜の酸味炒め 237
牛肉とブロッコリーの炒めもの 241
牛肉とブロッコリーのダブルソース炒め 154
牛肉とレタスの中華風サッと炒め 236
牛肉のオイスターソース炒め 246
牛肉の三色ロール 303
牛肉のたたき 114
牛肉のトルコ風ヨーグルト焼き 155
牛肉のバルサミコソース 331
牛肉の八幡巻き 154
牛ひき肉のメキシコ風ミートソース 231
キューブサラダ 219
きゅうりとわかめの酢のもの 91
きゅうりの韓国風冷たいスープ 255
きゅうりのピクルス 150
きゅうりのマヨネーズサラダ 91
きゅうりの和風ピクルス 324
魚介の豆乳煮 235

巨峰の錦玉 423
切り干し大根のサラダ 208
切り干し大根の即席漬け 247
切り干し大根の卵とじ 174
銀鱈のピリ辛煮 187
金時豆と粒山椒の甘ピリご飯 262
銀むつのムニエル 113
金目だいとカリフラワーのカレーボイル 230
金目だいの香り蒸し 187
金目だいの豆豉蒸し 184

く

クイックリゾット 292
くずし豆腐のスープ 170
くず豆腐 284
くずの茶巾絞り 425
具だくさん塩鮭汁 183
具だくさんのかに玉 172
具だくさんの茶碗蒸し 172
具だくさんの鉢蒸し 172
クリーミーなスクランブルエッグ 174
クリームコロッケ 176
クリームシチュー 178
グリーンアスパラガスの浅漬け 227
栗きんとん 149
栗茶巾 31
栗道明寺 403
くりぬきバーガー 269
栗のきんとん 439
栗の茶巾絞り 439
栗蒸しようかん 430
グリンピースのスープ煮 139
くるみのガレット 390
くるみの田作りみそ 333
くるみのパウンドケーキ 387
グレービーチキン 162
グレープジュースの2層ゼリー 397
クレソンのお浸し 103
黒胡麻のおかゆ 203
黒みつ 440
クロワッサン 366

け

けし餅 411
玄米雑炊 267
玄米パン 361
玄米フレーククッキー 391

こ

高野豆腐の含め煮 171
高野豆腐のロールキャベツ 171
コーンマヨネーズ入りパン 357
コーンミールパン 362
黒糖小豆 427
ココアのマシュマロ 398
五穀米パン 362
ごちそう茶碗蒸し 101
小なすと小豆の錦玉 421
ごぼう煮 145
ごぼうの胡麻酢和え 264
胡麻かやくご飯 199
胡麻きな粉餅 344
胡麻大福 32
小松菜と厚揚げのとろみあん 126
小松菜と油揚げの蒸し煮 104
小松菜と油揚げのレンジ浸し 129
小松菜ときのこの卵とじ 128
小松菜とじゃこのご飯 247
小松菜のお浸し 102
小松菜のじゃこ浸し 126
小松菜のシューマイ 126
小松菜の卵とじ 174
胡麻パン 350
五目切り干し大根 208
五目ご飯 198
五目白和え 168
子持ちかれいのふっくら煮 184
ころ柿 407
コロコロパン 346
こんにゃくのそぼろ炒め 167
コンビーフキャベツの炒め風 125
昆布しいたけ 118
昆布チップ 195
昆布の佃煮風 335
昆布巻き 194

さ

ザーサイスープ 277
サーモンのレモンソース 316
サーモンピラフ 201
サーモンムース 312
桜えびの卵煮 247
桜のかるかん 428
桜餅 400
鮭そぼろ 334
鮭チャーハン 203
鮭とキャベツのサッと煮 235
鮭とコーンのグリル 272
鮭とじゃが芋のバター風味 246
鮭と豆腐の酒蒸し 27
鮭と豚肉のレンジ蒸し 183
鮭と帆立て貝の酒蒸しご飯 246
鮭とまいたけのバターしょうゆ蒸し 183
鮭と冷凍ポテトのクリームスープ 178
鮭丼 199
鮭のエスニック風蒸し 242
鮭のカフェ風弁当 270
鮭のクリーム煮 230

鮭の香草焼き 183
鮭のさっぱり煮 233
鮭のテリーヌ 263
鮭の一口フライ 230
鮭のポテトクリームソースがけ 183
鮭ポテト 222
笹巻き栗 431
ささ身と竹の子のみそ炒め 288
ささ身とねぎのエスニックサラダ 225
ささ身のアスパラ巻き 163
ささ身の磯蒸し 163
ささ身のうずら卵巻き 161
ささ身のベトナム風サラダ 243
刺身サラダ 89
さっぱり中華がゆ 264
さつま芋あん 323
さつま芋ときのこのグラタン 149
さつま芋とりんごの茶巾 322
さつま芋の甘煮 246
さつま芋のオレンジ煮 147
さつま芋のマスカルポーネクリーム 179
里芋と青菜ののり和え 147
里芋といかのうま煮 147
里芋のそぼろ煮 223
里芋の明太子和え 285
里芋の湯葉まぶし 147
里芋マッシュのベーコンドレッシング 147
サバイヨーネ 392
さばの酒蒸し根菜サラダ添え 237
さばの唐辛子みそ煮 182
さばのナムプラー焼き 242
さばのみそ煮 19
さばのみそ煮缶と野菜の煮もの 208
さやいんげんの胡麻よごし 139
さやいんげんのさっぱりしょうゆ煮 141
さやいんげんのベーコン巻き 139
さやえんどうとあさりの蒸し煮 141
さやえんどうと魚介のクリーム煮 138
さや豆のおかか和え 247
さや豆のスクランブルエッグ 141
サラダずし 251
サラダニソワーズ 224
サワークラウト 326
サワークリームチーズケーキ 382
さわらの梅蒸し 235
さわらのカレーピカタ 242
さわらの野菜あんかけ 238
三温糖入り水ようかん 420
山菜おこわ 198
三色そぼろ丼 309
さんまのかば焼き丼 250
さんまの山椒煮 181
さんまの塩焼き 234
さんまの中華香味蒸し 242
さんまの豆鼓醤煮 182

し

しいたけのオイスターソース煮 192
しいたけのガーリック焼き 194
シーフードボウル 248
しがらき 403
シガレット 389
しし唐の豚肉ロール 246
しその実ご飯 199
しめじ入りハッシュドビーフ 153
しめじのおかか煮 105
じゃが芋ときのこのみそ仕立てスープ 255
じゃが芋とソーセージのクリームスープ 178
じゃが芋と玉ねぎのミルクチーズ煮 179
じゃが芋のかにかま和え 146
じゃが芋のシンプル煮 148
じゃが芋のバターしょうゆ 218
じゃがバター 278
しゃきしゃきれんこん 212
じゃこガーリックパン 251
じゃこしそライス弁当 244
じゃことベーコンとピーナツ（ふりかけ） 336
春菊のにんにくサラダ 284
じゅんさいの錦玉 421
白がゆ 111
白玉だんごのあんずソース 317
汁ビーフン 207
白きくらげのミネストローネ 253
白練りみそ 332
白身魚と昆布のレンジ蒸し 187
白身魚のカルパッチョ風サラダ 225
白身魚のカレーマリネ 246
白身魚のグリル風バルサミコソース 185
白身魚のケチャップあんかけ 238
白身魚のでんぶ 334
白身魚の白菜包み蒸し 186
白身魚のはんぺん 313
白身魚の緑茶蒸し 235
白みつ 440

す

スクランブルエッグ 174
スクランブルエッグトースト 251
スコッチエッグ 165
すずきのガーリックバター焼き 230
すずきの酒蒸し 235
すずきのトマト煮 230
すずきのねぎしょうが煮 235
スタッフドピーマン 138
ズッキーニのキッシュ風 226
ズッキーニのマヨネーズ焼き 245

スティック野菜とクリームチーズソース --- 330
スパイシースペアリブ --- 156
スパゲティカルボナーラ --- 251
スペアリブのオレンジ風味 --- 159
スペアリブのスープ煮 --- 159

せ

赤飯 --- 196
セロリと蒸し鶏の和えもの --- 135
セロリの葉とベーコンのチャーハン --- 203
セロリの葉とわかめのふりかけ --- 135
全粒粉パン --- 361

そ

そうめんチャンプルー --- 206
ソーセージのチーズ風味 --- 247
ソーセージロールキャベツ --- 122
即席漬け --- 278
そば粉のクレープ --- 115
そら豆あん --- 323
そら豆といかのバターしょうゆ蒸し --- 139
そら豆のリゾット --- 203

た

大根ステーキ --- 142
大根ゼリーカラメルソースがけ --- 304
大根とハムのマリネ --- 329
大根と豚肉のスープ煮 --- 105
大根と帆立て缶の煮もの --- 142
大根のしょうゆ漬け --- 325
大根のふろふき風 --- 144
大豆と豚ばら肉の煮込み --- 171
たいとまいたけのサッと煮 --- 186
たいのあらとわかめの酒蒸し --- 100
たいのあら煮 --- 185
たいのかぶと蒸し --- 187
高菜とじゃこのおこわ --- 198
竹の子ご飯 --- 198
竹の子のじっくり土佐煮 --- 285
竹の子の当座煮 --- 335
竹の子の土佐煮 --- 246
たこといんげんのバジリコソース和え --- 231
たたききゅうりの甘酢漬け --- 246
たたきまぐろののり巻き --- 234
太刀魚の韓国煮 --- 242
太刀魚のみそ煮 --- 295
田作り --- 120
たっぷりパセリのポテトサラダ --- 216
たぬききつねご飯 --- 199
卵とトマトと干しえびのスープ --- 175
卵寄せ風茶碗蒸し --- 22
卵ライス --- 278
玉ねぎとハムのチーズスープ --- 178
玉ねぎのコンビーフ煮 --- 143
玉ねぎのにんにくスープ --- 254
たらこと青じそ(ふりかけ) --- 336
たらことしらたきの炒り煮 --- 283
たら玉ご飯 --- 247
鱈となすのピリッと炒めご飯 --- 271
鱈の甘酢あんかけ --- 238
鱈のガーリック焼き --- 186
鱈のチリソース --- 293
鱈のみそマヨ焼き --- 186
鱈のみそ焼き --- 186
鱈のレンジ蒸し 玉ねぎソース --- 186
鱈ピザ --- 186
タラモサラダ --- 226
タラモディップ --- 315
タンドリーチキン --- 271

ち

チーズサンドパン --- 246
チーズときのこのリゾット --- 296
チーズとヨーグルトの簡単サーモンパテ --- 263
チキン照り焼き弁当 --- 245
チキンとピーマンのトマト煮 --- 162
チキンのトマト煮 --- 275
チキンライス --- 279
筑前煮 --- 18
ちまき --- 429
チャイニーズデリ風ランチ --- 270
茶めし --- 198
茶碗蒸し --- 175
中華おこわ --- 200
中華がゆ --- 292
中華ちまき --- 200
中華風オートミール --- 250
中華風かきたま汁 --- 264
中華風きゅうり --- 91
中華風蒸し豆腐 --- 311
ちょうちょ --- 416
チョコクリームケーキ --- 380
チョコレートクッキー --- 391
チョコレートまんじゅう --- 365
チョコレートムース --- 394
チョリソー --- 342
青梗菜と油揚げのレンジ煮浸し --- 127
青梗菜とかにの卵炒め --- 128
青梗菜と桜えびの蒸し煮 --- 105
青梗菜と蒸し鶏のザーサイ和え --- 128
青梗菜の貝柱あんかけ --- 215
青椒肉絲 --- 140

つ

づけ鉄火丼 --- 89
漬けものチャーハン --- 250
ツナそぼろ --- 120
ツナのふりかけ --- 191
冷たいかぼちゃのスープ --- 130

て

デコポンの錦玉 423
手作り韓国のりと桜えび(ふりかけ) 336
手作りソーセージ 164
手羽先とキャベツのスープ煮レモン風味 163
手羽中の紹興酒蒸し 162
手巻き混ぜご飯 266

と

とうがんとささ身のとろとろスープ 138
とうがんのコールドピュレスープ 138
とうがんのコンポート 321
豆腐田楽2種 333
豆腐と枝豆のうま煮 211
豆腐とじゃこの雑炊 250
豆腐ともやしのチャンプルー風 168
豆腐とゆで野菜の肉みそがけ 332
豆腐鍋 170
豆腐のとろろ蒸し 170
豆腐のレアチーズケーキ風 304
道明寺粉入り水ようかん 420
ドーナツ 353
トマトとえびのそうめん 206
トマトと豆腐のおかか和え 223
トマトみそスープ 278
ドライカレー 167
ドライトマトの冷たいパスタ 206
ドライフルーツとナッツの求肥 413
ドライフルーツパン 350
鶏山菜おこわ 111
鶏雑炊 203
鶏そぼろ 166
鶏そぼろと胡麻の混ぜご飯 199
鶏肉だんご 277
鶏肉ときのこのおこわ 296
鶏肉としいたけのつや煮 302
鶏肉となすの棒々鶏ソース 241
鶏肉とにんにくの茎の辛み炒め 243
鶏肉と野菜ミックスのクリーム煮 294
鶏肉のオレンジソース煮 316
鶏肉のカレー風味 247
鶏肉のゴルゴンゾーラチーズソース 330
鶏肉のテリーヌ風ひき肉ロール蒸し 164
鶏肉の照り焼き 23
鶏肉のとろみ照り焼き 113
鶏肉のマスタードソース 160
鶏肉の蒸しもの 274
鶏肉のレンジ蒸しサラダ 214
鶏ひき肉と黒胡麻(ふりかけ) 336
鶏ひき肉のロールレタス 231
鶏骨つき肉のカレースープ煮 160
トリュフ 395
鶏レバーのにんにく風味煮 290
鶏レバーの八角煮 163
とろ〜りチーズポテト 146
とろろ蒸しうどん 206

な

長芋雑煮 149
長芋のすりおろし蒸し 147
長ねぎのスープ煮 105
長ねぎのマリネ 275
ナシゴレン 202
なすとコンビーフのチーズ焼き 131
なすと豚肉の重ね蒸し 219
なすとベーコンのクリームスープ蒸し 176
なすと帆立て缶のカレー 131
なすと帆立てのチャイニーズサラダ 223
なすの簡単みそ煮 210
なすの胡麻じょうゆ 131
なすのしぎ焼き風 133
なすの豚肉巻き蒸し 158
なすの与一漬け 131
懐かしのソースドライカレー 248
納豆スープ 276
納豆チャーハン 202
納豆蒸し卵 175
納豆餅 250
夏の梅干しとちりめんじゃこ(おこわ) 24
夏野菜のトマト煮 150
夏野菜の蒸し煮 130
生鮭のチーズクリームソース 330
生鮭のれんこん蒸し 295
生ハムとトマトのソフトピザ 21
なまり節のそぼろ 334
なめこおろしのスクランブルエッグ 174
なめこドレッシングの大根サラダ 194
菜飯 276

に

肉かぼちゃ 132
肉だんごと白菜の蒸し煮 239
肉豆腐 169
肉まん 364
肉みそ包みご飯 294
煮込みスパゲティ 206
煮汁たっぷりの銀鱈の煮つけ 187
煮豚と煮卵 158
煮干しの佃煮風 335
にらとにんじんの胚芽和え 127
にらの胡麻じょうゆ 129
にらの卵とじ 127
にらの中華風スープ 127
にんじんサラダ 143
にんじんチップス 343
にんじんとセロリのピクルス 327
にんじんのきんぴら 282
にんじんのザーサイ炒め 143

にんじんのたらこ和え 247
にんじんの南蛮ピクルス 227
にんじんの煮浸しサラダ 144
にんじんのピクルス 217
にんじんパン 355
にんにくの茎とささ身の胡麻じょうゆ和え 134
にんにくの茎とたこのからし酢みそ 134

ね

ねぎチャーハン 202
ねぎ豆腐 143
ねぎの梅肉和え 23
ねぎ巻き肉の梅肉蒸し 156
ねぎま汁 182
ねぎまのくしゃくしゃ豆腐 232
練りきり生地 414

の

のっぺい汁 146
のり巻き卵 26

は

ハーブソーセージ 286
ハーブパン 350
パイナップルジャム 318
梅肉もやし 227
パエリヤ 202
白菜とツナの蒸し煮 291
白菜とハムのクリーム煮 123
白菜と豚ばら肉の重ね蒸し 125
白菜と干しえびの煮浸し 123
白菜の塩漬け 325
白菜の唐辛子炒め 287
白菜の煮浸し 124
バゲット 356
バター梅ご飯 94
バターかぼちゃ 130
はちみつヨーグルトグミ 399
発芽玄米ご飯 19
ハッシュドビーフ 155
バナナオムレツケーキ 385
バナナカスタード 319
バナナジャム 318
バナナのせチョコレートケーキ 381
はなびら餅 412
花巻 363
ハムグラタン 179
ハムと長ねぎのキッシュ 173
パリッとじゃこチーズ 222
春のグリンピース(おこわ) 25
春の野の道明寺 402
パングラタン 207
パンスープ 268
棒々鶏 97
棒々鶏風サラダ 161
パンプキンパイ 389
はんぺんオニオンスープ 254

ひ

ピーナツみそ 333
ビーフカレー 20
ビーフストロガノフ 231
ピーマンとじゃこの炒り煮 138
ピーマンとツナのトマト煮 138
ピーマンの塩昆布煮 138
ひき肉ともやしのナムル 215
ひき肉れんこん蒸し 167
ピザ・マルゲリータ 359
ひじきとセロリの梅煮 195
ひじきとひき肉の炒め煮 195
ひじきの炒り煮 195
ビターココアムース 394
ピタパン 358
冷やし中華 204
ひらめの煮こごり 186
ピリ辛きゅうり 91
ピリ辛こんにゃく 119

ふ

ふきと竹の子、わかめの煮もの 135
ふきのおかか煮 135
藤野流牛肉のたたき 236
藤野流さばのみそ煮 181
豚かたまり肉の簡単煮 157
豚キムチのり巻き 243
豚肉とキャベツのみそ炒め 117
豚肉とキャベツのロール巻き 236
豚肉と小松菜のスープ煮 158
豚肉と昆布の香味野菜煮 239
豚肉と大根と昆布の含め煮 24
豚肉と玉ねぎのケチャップ風味 247
豚肉ととうがんのしょうが煮 159
豚肉と長芋のナムプラー炒め 243
豚肉とにらのキムチ炒め風 243
豚肉とにんにくの茎のオイスターソース炒め 29
豚肉と白菜のみそ炒め 237
豚肉と白菜の蒸しもの 158
豚肉のキムチ炒め 156
豚肉のにらキムチロール 159
豚肉ののりチーズ巻き 159
豚肉のマスタードソース 276
豚ひきだんごとキムチの酸辣湯 167
豚ひき豆腐の四川蒸し 296
豚ひき肉とザーサイのレンジ蒸し 166
豚ひき肉とさきいかの中華風蒸しもの 240
豚ひき肉と豆腐のレンジ蒸し 166
豚ひき肉の高菜炒め 239
豚ヒレ肉とブロッコリーのゆで豚風 239
豚ヒレ肉のしょうが煮おろしだれ 239

プチトマトの錦玉 421
プチトマトのチーズ焼き 176
ふっくらレバもやし 221
ぶどうシロップ 319
麩とじゃが芋と鶏肉の煮もの 151
冬いちご 410
冬のかにと三つ葉(おこわ) 25
ブラウンディップ 315
フランクフルトソーセージ 342
ぶりのコチュジャン焼き 242
ぶりのみそ照り焼き 180
ブルーチーズ＆オリーブまんじゅう 365
フルーツいっぱいのゼリーフラッペ 304
フルーツトリュフ 398
プルーンチキン弁当 245
プルーンのワイン漬け 321
フレンチトースト 251
ブロッコリー和え 274
ブロッコリーと蒸し鶏の中華風サラダ 137
ブロッコリーのオイスターソースがけ 215
ブロッコリーのオイルがけ 246
ブロッコリーの茎の昆布茶風味 134
ブロッコリーのたらこマヨネーズ 135
ブロッコリーの粒マスタード和え 135
ブロッコリーのピーナツバターじょうゆ 135
ブロッコリーのひき肉包み 231
ブロッコリーのミルクマヨネーズがけ 137

へ

ベーグル 358
ベーグルサンド弁当 244
ベーコンのバターしょうゆ 246
ベジタブルライス 280
へそ胡麻あんパン 352
ベトナム風サンドイッチ 251
ヘルシー酢豚 240

ほ

回鍋肉 159
ほうれんそう入りパン 357
ほうれんそうとしめじのお浸し 126
ほうれんそうともやしの胡麻みそ和え 210
ほうれんそうのお浸し 93
ほうれんそうのカッテージチーズサラダ 126
ほうれんそうのカレー 93
ほうれんそうの簡単白和え 213
ほうれんそうの胡麻和え 93
ほうれんそうのチーズ和え 218
ほうれんそうののりくるみ和え 126
ポークソテー アップルソース 157
ポーチドエッグ入り野菜のトマト煮 173
ポーチドエッグスープ 254
ポーチドエッグとブロッコリーのハムサラダ 256
ほくほく肉じゃが 148
干しあんずのシロップ漬け 247
干しえびのエスニックスープ 255
干しえびの中華風クイックがゆ 203
干し貝柱とキャベツのさっぱり煮 191
干ししいたけと鶏肉の甘辛煮 151
干ししいたけと三つ葉のスープ 118
帆立て貝柱とカリフラワーのクリーム煮 189
帆立て貝柱とささ身のテリーヌ 313
帆立て貝柱と青梗菜のサッと煮 212
帆立て貝柱のおこわ 198
帆立て缶の中華風スープ 255
帆立てとアスパラガスのバター風味 230
帆立てときのこの紙包み蒸し 273
帆立てと昆布のバター風味煮 188
帆立てのマリネ 230
ホットアップル 269
ホットサラダ 268
ホットチーズポテト 262
ポテトお好み焼き 249
ポテトサラダ 226
ポテトとミートソースのグラタン 166
ボルシチ風スープ 155
ホワイトシチュー 178
ホワイトソース 107
本格麻婆豆腐 170

ま

麻婆豆腐 168
麻婆なす 133
麻婆春雨 151
まぐろオクラとんぶり丼 89
まぐろ納豆ご飯 94
まぐろの刺身 89
まぐろのみそ煮 234
マシュマロのポテトサンド 440
松たけご飯 198
抹茶の生八橋風 405
抹茶のマシュマロ 398
抹茶水ようかん 30
松の実風味のチーズケーキ 383
豆入りパン 350
豆かん 423
豆と野菜のカップケーキ 101
豆とりんごサラダ 279
豆豆の酢じょうゆ漬け 169
マンゴーゼリー 397

み

ミートソース 166
ミートボールイタリアン 228
ミートボールシチュー 167
ミートボールのトマトソースがけ 28
ミートボールのトマト煮 165
ミートローフ 308

みかんのココナッツミルクプリン --- 393
水玉 --- 416
水菜と油揚げのサッと煮 --- 126
水菜と春雨のベーコン炒め --- 127
水菜のピーナツバター和え --- 126
水ようかん --- 30
みそチャーシュー --- 158
みそ煮込みほうとう風 --- 206
みそ風味ののし鶏 --- 167
みたらしだんご --- 406
ミックス野菜の蒸し煮 --- 303
三つ葉とわかめの湯葉巻き --- 151
三つ葉のあったかお浸し --- 212
緑野菜の中華風 --- 129
ミニ飯蒸し --- 197
ミニ食パン --- 354
ミニロールシフォンケーキ --- 386
ミネストローネ --- 206
みょうがの甘酢漬け --- 324
ミルクポテト --- 289

む

蒸し鶏 --- 96
蒸し鶏とオクラの酢みそがけ --- 97
蒸し鶏と蒸しなす --- 162
蒸し鶏のエスニックサラダ --- 97
蒸し鶏のキムチスープ --- 97
蒸し鶏のハーブ焼き --- 162
蒸し鶏の梅肉和え --- 220
蒸し鶏の浸し漬け --- 160
蒸し鶏の薬味ソースがけ --- 162
蒸しなす --- 227
蒸しなすとトマトのサラダ --- 131
蒸しなすのお浸し --- 98
蒸しなすのからし漬け風 --- 99
蒸しなすの胡麻みそだれ --- 131
蒸しなすのナムル --- 99
蒸しなすのにんにく風味 --- 131
蒸しなすの薬味たたき --- 99
蒸しなすのヨーグルト和え --- 99
蒸しパンとプルーンソース --- 317
蒸し豚の特製ソースがけ --- 157

め

めかぶとなめたけの雑炊 --- 250
メキシコ風牛肉の酢漬け焼き --- 155
明太マフィン --- 207
めんつゆ --- 261

も

モザイクディップ --- 315
もずく雑炊 --- 267
もずくと梅干しの即席スープ --- 195
もみじ山 --- 415
桃の淡雪かん --- 422
もやしキムチスープ --- 282
もやしとあさりのからし和え --- 227
もやしとかにかまの煮浸し --- 227
もやしと昆布のスープ --- 255
もやしとささ身のタイ風サラダ --- 227
もやしとベーコンのお浸し --- 211
もやしのナムル --- 151
もやしのにら納豆 --- 227
もやしのピリ辛 --- 222
もやし、ピーマン、セロリの塩あん --- 151
モロッコいんげんとスナップえんどうのチーズソース --- 139
モロッコいんげんのからし酢みそ和え --- 139
モロヘイヤと豆腐のチャンプルー --- 219
モロヘイヤのとろろやっこ --- 127
モロヘイヤの納豆和え --- 127
モロヘイヤのなめたけ和え --- 127

や

焼きそば --- 207
焼きたてせんべい --- 344
焼き肉のホットサラダ --- 243
焼き春巻き --- 290
焼き豚 --- 114
焼き豚の中華風おこわ --- 202
焼き麩と小松菜の煮浸し --- 151
野菜いっぱいの鶏雑煮 --- 250
野菜エッグボール --- 263
野菜スープ --- 150
野菜増量焼きそば --- 293
野菜豆腐のディップ --- 315
野菜の甘酢漬け --- 150
野菜の簡単マリネ --- 329
野菜のチーズ焼き --- 179
野菜ポトフ --- 122
やぶ椿 --- 414
やまと芋あん --- 323

ゆ

ゆず香大根 --- 267
ゆず大根 --- 227
ゆずと小豆の道明寺かん --- 422
ゆずの月 --- 426
ゆず餅 --- 411
ゆでえびのアボカド和え --- 190

よ

洋風ふりかけ --- 120

ら

ライ麦パン --- 360
ラグーエッグ --- 175
ラタトゥイユ --- 133
ラディッシュのピクルス --- 327

り

リゾットスープ ---- 264
リッチな豚汁 ---- 159
りんごのコンポート ---- 320
りんごのデニッシュ ---- 368
りんごの生八橋風 ---- 404

れ

レアチーズケーキ ---- 396
冷凍ポテトの簡単グラタン ---- 146
レーズンご飯 ---- 246
レーズンパン ---- 355
レタススープ ---- 272
レタスとハムのコンソメ煮 ---- 123
レタスとプチトマトの蒸し煮 ---- 124
レタスと帆立て缶のスープ ---- 123
レタスのオイスターソース和え ---- 123
レタスのじゃこ和え ---- 123
レトロバーグ ---- 308
レバーとにんにくの茎の炒めもの ---- 163
レバーペースト ---- 163
レモンカスタードパイ ---- 388
レモンバタークリームサンド ---- 387
レモンピール ---- 343
れんこんの甘酢漬け ---- 324
れんこんの胡麻マヨネーズ和え ---- 142
れんこんのサラダ ---- 274
れんこんのしそ風味きんぴら ---- 302
れんこんの梅肉甘じょうゆ煮 ---- 144
れんこんのビーフきんぴら ---- 142
レンジ甘酢 ---- 261
レンジいかめし ---- 281
レンジおから ---- 309
レンジオムライス ---- 251
レンジきゅうりのめかぶ和え ---- 150
レンジココット ---- 173
レンジごまめ ---- 191
レンジトマトソース ---- 150
レンジなまりと厚揚げの煮つけ ---- 182
レンジ肉だんご ---- 165
レンジポテトのミートソースがけ ---- 291
レンジマッシュポテト ---- 146
レンジ蒸しパン ---- 207
レンジロールキャベツ ---- 122

ろ

ローストビーフ ---- 152
ローストポーク パインソース ---- 158
ロースハム ---- 158
ロールキャベツ ---- 124
ロールキャベツライス ---- 249

わ

わかさぎの梅煮 ---- 186
わかさぎの南蛮漬け ---- 287
わかさぎの和風マリネ ---- 238
わかめスープ ---- 279
わかめとささ身の胡麻だれ和え ---- 195
わかめとセロリの炒めナムル風 ---- 195
わかめとなすの韓国風和えもの ---- 193
わかめとねぎのスープ ---- 195
わかめのみそ汁 ---- 255
わかめ寄せ豆腐 ---- 309
わけぎといかそうめんのキムチ風味 ---- 143
わけぎの酢みそ和え ---- 143
和風ヴィシソワーズ ---- 255
和風オートミール ---- 250
和風バーベキュー ---- 239
和風パスタ たいのたたきのせ ---- 204
和風パンプキンサラダ ---- 226
和風ミニバーグ ---- 247
わらび餅 ---- 418
わらび餅の黒みつがけ ---- 419

素材別
索引

肉類・肉加工品

牛肉

おせんべいビーフシチュー ---- 155
カレーライス ---- 106
簡単すき煮 ---- 153
きのこビーフ ---- 154
牛肉そぼろ ---- 334
牛肉とカラーピーマンのカレー炒め ---- 154
牛肉とキャベツのオクラトマト煮 ---- 231
牛肉とキャベツの辛みそ炒め ---- 154
牛肉とごぼうのコチュジャン炒め ---- 154
牛肉としめじのレモン塩炒め風 ---- 155
牛肉と竹の子のみそ風味 ---- 239
牛肉と青梗菜のオイスターソース炒め煮風 - 238
牛肉と白菜の酸味炒め ---- 237
牛肉とブロッコリーの炒めもの ---- 241
牛肉とブロッコリーのダブルソース炒め ---- 154
牛肉とレタスの中華風サッと炒め ---- 236
牛肉のオイスターソース炒め ---- 246
牛肉の三色ロール ---- 303
牛肉のたたき ---- 114

牛肉のトルコ風ヨーグルト焼き ------------ 155
牛肉のバルサミコソース ---------------- 331
牛肉の八幡巻き ------------------------ 154
三色そぼろ丼 -------------------------- 309
しめじ入りハッシュドビーフ ------------ 153
青椒肉絲 ------------------------------ 140
肉豆腐 -------------------------------- 169
ハッシュドビーフ ---------------------- 155
ビーフカレー --------------------------- 20
ビーフストロガノフ -------------------- 231
藤野流牛肉のたたき -------------------- 236
ほくほく肉じゃが ---------------------- 148
ボルシチ風スープ ---------------------- 155
ミートローフ -------------------------- 308
メキシコ風牛肉の酢漬け焼き ------------ 155
焼き肉のホットサラダ ------------------ 243
レトロバーグ -------------------------- 308
れんこんのビーフきんぴら -------------- 142
ローストビーフ ------------------------ 152

豚肉

薄切り肉の簡単酢豚 -------------------- 243
おかわりなしの豚汁 -------------------- 253
鮭と豚肉のレンジ蒸し ------------------ 183
しし唐の豚肉ロール -------------------- 246
スパイシースペアリブ ------------------ 156
スペアリブのオレンジ風味 -------------- 159
スペアリブのスープ煮 ------------------ 159
そうめんチャンプルー ------------------ 206
大根と豚肉のスープ煮 ------------------ 105
大豆と豚ばら肉の煮込み ---------------- 171
チャイニーズデリ風ランチ -------------- 270
チョリソー ---------------------------- 342
豆腐鍋 -------------------------------- 170
なすと豚肉の重ね蒸し ------------------ 219
なすの豚肉巻き蒸し -------------------- 158
肉かぼちゃ ---------------------------- 132
煮豚と煮卵 ---------------------------- 158
ねぎ巻き肉の梅肉蒸し ------------------ 156
白菜と豚ばら肉の重ね蒸し -------------- 125
豚かたまり肉の簡単煮 ------------------ 157
豚肉とキャベツのみそ炒め -------------- 117
豚肉とキャベツのロール巻き ------------ 236
豚肉と小松菜のスープ煮 ---------------- 158
豚肉と昆布の香味野菜煮 ---------------- 239
豚肉と大根と昆布の含め煮 --------------- 24
豚肉と玉ねぎのケチャップ風味 ---------- 247
豚肉ととうがんのしょうが煮 ------------ 159
豚肉と長芋のナムプラー炒め ------------ 243
豚肉とにらのキムチ炒め風 -------------- 243
豚肉とにんにくの茎のオイスターソース炒め ---- 29
豚肉と白菜のみそ炒め ------------------ 237
豚肉と白菜の蒸しもの ------------------ 158
豚肉のキムチ炒め ---------------------- 156
豚肉のにらキムチロール ---------------- 159
豚肉ののりチーズ巻き ------------------ 159
豚肉のマスタードソース ---------------- 276
豚ヒレ肉とブロッコリーのゆで豚風 ------ 239
豚ヒレ肉のしょうが煮おろしだれ -------- 239
フランクフルトソーセージ -------------- 342
ヘルシー酢豚 -------------------------- 240
回鍋肉 -------------------------------- 159
ポークソテー　アップルソース ---------- 157
ミートローフ -------------------------- 308
みそチャーシュー ---------------------- 158
蒸し豚の特製ソースがけ ---------------- 157
もやし、ピーマン、セロリの塩あん ------ 151
焼き春巻き ---------------------------- 290
焼き豚 -------------------------------- 114
リッチな豚汁 -------------------------- 159
ローストポーク　パインソース ---------- 158
ロースハム ---------------------------- 158

鶏肉

油揚げと鶏肉の混ぜご飯 ---------------- 247
油揚げの袋煮 -------------------------- 171
油で揚げないフライドチキン ------------ 162
えのきとささ身の梅肉風味 -------------- 194
グレービーチキン ---------------------- 162
五目ご飯 ------------------------------ 198
ささ身と竹の子のみそ炒め -------------- 288
ささ身とねぎのエスニックサラダ -------- 225
ささ身のアスパラ巻き ------------------ 163
ささ身の磯蒸し ------------------------ 163
ささ身のうずら卵巻き ------------------ 161
ささ身のベトナム風サラダ -------------- 243
汁ビーフン ---------------------------- 207
セロリと蒸し鶏の和えもの -------------- 135
タンドリーチキン ---------------------- 271
チキン照り焼き弁当 -------------------- 245
チキンとピーマンのトマト煮 ------------ 162
チキンのトマト煮 ---------------------- 275
チキンライス -------------------------- 279
筑前煮 --------------------------------- 18
青梗菜と蒸し鶏のザーサイ和え ---------- 128
手羽先とキャベツのスープ煮レモン風味 --- 163
手羽中の紹興酒蒸し -------------------- 162
とうがんとささ身のとろとろスープ ------ 138
鶏雑炊 -------------------------------- 203
鶏肉ときのこのおこわ ------------------ 296
鶏肉としいたけのつや煮 ---------------- 302
鶏肉となすの棒々鶏ソース -------------- 241
鶏肉とにんにくの茎の辛み炒め ---------- 243
鶏肉と野菜ミックスのクリーム煮 -------- 294
鶏肉のオレンジソース煮 ---------------- 316
鶏肉のカレー風味 ---------------------- 247

鶏肉のゴルゴンゾーラチーズソース ------- 330
鶏肉のテリーヌ風ひき肉ロール蒸し ------- 164
鶏肉の照り焼き ------------------------- 23
鶏肉のとろみ照り焼き ------------------- 113
鶏肉のマスタードソース ----------------- 160
鶏肉の蒸しもの ------------------------- 274
鶏肉のレンジ蒸しサラダ ----------------- 214
鶏骨つき肉のカレースープ煮 ------------- 160
にんにくの茎とささ身の胡麻じょうゆ和え - 134
パエリヤ ------------------------------- 202
棒々鶏 --------------------------------- 97
棒々鶏風サラダ ------------------------- 161
冷やし中華 ----------------------------- 204
麩とじゃが芋と鶏肉の煮もの ------------- 151
プルーンチキン ------------------------- 245
ブロッコリーと蒸し鶏の中華風サラダ ----- 137
干ししいたけと鶏肉の甘辛煮 ------------- 151
帆立て貝柱とささ身のテリーヌ ----------- 313
ホワイトシチュー ----------------------- 178
蒸し鶏 --------------------------------- 96
蒸し鶏とオクラの酢みそがけ ------------- 97
蒸し鶏と蒸しなす ----------------------- 162
蒸し鶏のエスニックサラダ --------------- 97
蒸し鶏のキムチスープ ------------------- 97
蒸し鶏のハーブ焼き --------------------- 162
蒸し鶏の梅肉和え ----------------------- 220
蒸し鶏の浸し漬け ----------------------- 160
蒸し鶏の薬味ソースがけ ----------------- 162
もやしとささ身のタイ風サラダ ----------- 227
野菜いっぱいの鶏雑煮 ------------------- 250
わかめとささ身の胡麻だれ和え ----------- 195
和風バーベキュー ----------------------- 239

牛ひき肉

キーマカレー --------------------------- 228
キャベツいっぱいミートローフ ----------- 288
牛ひき肉のメキシコ風ミートソース ------- 231
豆腐とゆで野菜の肉みそがけ ------------- 332
懐かしのソースドライカレー ------------- 248
ひき肉ともやしのナムル ----------------- 215
ミートボールイタリアン ----------------- 228
レンジポテトのミートソースがけ --------- 291

豚ひき肉

簡単シューマイ ------------------------- 101
きくらげシューマイ --------------------- 286
小松菜のシューマイ --------------------- 126
こんにゃくのそぼろ炒め ----------------- 167
昆布巻き ------------------------------- 194
里芋のそぼろ煮 ------------------------- 223
手作りソーセージ ----------------------- 164
肉だんごと白菜の蒸し煮 ----------------- 239
肉まん --------------------------------- 364
ひき肉れんこん蒸し --------------------- 167
ひじきとひき肉の炒め煮 ----------------- 195
豚キムチのり巻き ----------------------- 243
豚ひきだんごとキムチの酸辣湯 ----------- 167
豚ひき豆腐の四川蒸し ------------------- 296
豚ひき肉とザーサイのレンジ蒸し --------- 166
豚ひき肉とさきいかの中華風蒸しもの ----- 240
豚ひき肉と豆腐のレンジ蒸し ------------- 166
豚ひき肉の高菜炒め --------------------- 239
本格麻婆豆腐 --------------------------- 170
麻婆豆腐 ------------------------------- 168
麻婆なす ------------------------------- 133
麻婆春雨 ------------------------------- 151
ミートボールのトマト煮 ----------------- 165
レンジロールキャベツ ------------------- 122

鶏ひき肉

炒り豆腐 ------------------------------- 170
えのきつくね --------------------------- 213
かぶのひき肉詰め蒸し ------------------- 213
具だくさんの鉢蒸し --------------------- 172
くりぬきバーガー ----------------------- 269
鶏そぼろ ------------------------------- 166
鶏そぼろと胡麻の混ぜご飯 --------------- 199
鶏肉だんご ----------------------------- 277
鶏肉のテリーヌ風ひき肉ロール蒸し ------- 164
鶏ひき肉と黒胡麻(ふりかけ) ------------- 336
鶏ひき肉のロールレタス ----------------- 231
肉みそ包みご飯 ------------------------- 294
ハーブソーセージ ----------------------- 286
ブロッコリーのひき肉包み --------------- 231
ミートボールのトマトソースがけ --------- 28
みそ風味ののし鶏 ----------------------- 167
レンジ肉だんご ------------------------- 165
和風ミニバーグ ------------------------- 247

合いびき肉

かぼちゃのひき肉カレー煮 --------------- 130
簡単ミートローフ ----------------------- 166
スコッチエッグ ------------------------- 165
スタッフドピーマン --------------------- 138
ドライカレー --------------------------- 167
ポテトとミートソースのグラタン --------- 166
ミートソース --------------------------- 166
ミートボールシチュー ------------------- 167

内臓類

簡単レバームース ----------------------- 312
鶏レバーのにんにく風味煮 --------------- 290
鶏レバーの八角煮 ----------------------- 163
ふっくらレバもやし --------------------- 221
レバーとにんにくの茎の炒めもの --------- 163
レバーペースト ------------------------- 163

ソーセージ

ウインナロールパン --------------------- 352
グリンピースのスープ煮 ----------------- 139

ソーセージのチーズ風味 247
ソーセージロールキャベツ 122
ミートローフ 308

ハム

カリフラワーのコロッケ 286
切り干し大根のサラダ 208
大根とハムのマリネ 329
生ハムとトマトのソフトピザ 21
白菜とハムのクリーム煮 123
ハムグラタン 179
ハムと長ねぎのキッシュ 173
ホットサラダ 268
レタスとハムのコンソメ煮 123
レンジココット 173

ベーコン

アスパラガスのベーコンサッと煮 137
かぼちゃとベーコンのチーズ焼き 130
カリフラワーのカレーピクルス 303
簡単ミートローフ 166
キャベツとベーコンのスープ 123
キャベツとベーコンの蒸し煮 284
里芋マッシュのベーコンドレッシング 147
さやいんげんのベーコン巻き 139
サワークラウト 326
じゃことベーコンとピーナツ(ふりかけ) 336
スパゲティカルボナーラ 251
セロリの葉とベーコンのチャーハン 203
ベーグルサンド弁当 244
ベーコンのバターしょうゆ 246
もやしとベーコンのお浸し 211

焼き豚

キャベツと焼き豚のオイスターソース炒め 122
中華ちまき 200
中華風蒸し豆腐 311
焼き豚の中華風おこわ 202

魚介類・水産物加工品

あじ

あじの塩焼き 234
あじのねぎ蒸し 295
あじのハーブ・ガーリック焼き 180
あじのビネガーマリネ 294
あじのマリネ 328
あじのミートソース風パスタ 182
あじのみそペースト焼き 234

いわし

いわしのうま煮 234
いわしの梅煮 182
いわしのシチリア風パン粉焼き 229
いわしのしょうが煮 182
いわしの煮もの 233

さば

さばの酒蒸し根菜サラダ添え 237
さばの唐辛子みそ煮 182
さばのナムプラー焼き 242
さばのみそ煮 19
藤野流さばのみそ煮 181

さんま

さんまの山椒煮 181
さんまの塩焼き 234
さんまの中華香味蒸し 242
さんまの豆豉醤煮 182

まぐろ

刺身サラダ 89
シーフードボウル 248
たたきまぐろののり巻き 234
づけ鉄火丼 89
ねぎま汁 182
ねぎまのくしゃくしゃ豆腐 232
まぐろオクラとんぶり丼 89
まぐろ納豆ご飯 94
まぐろの刺身 89
まぐろのみそ煮 234

かつお

かつおと大根の和風煮 234
かつおのしょうが煮 181
かつおのたたき 113
かつおのとろみ煮 109
レンジなまりと厚揚げの煮つけ 182

鮭

具だくさん塩鮭汁 183
サーモンのレモンソース 316
サーモンピラフ 201
鮭そぼろ 334
鮭とキャベツのサッと煮 235
鮭とコーンのグリル 272
鮭とじゃが芋のバター風味 246
鮭と豆腐の酒蒸し 27
鮭と豚肉のレンジ蒸し 183
鮭と帆立て貝の酒蒸しご飯 246
鮭とまいたけのバターしょうゆ蒸し 183
鮭と冷凍ポテトのクリームスープ 178
鮭丼 199
鮭のエスニック風蒸し 242
鮭のカフェ風弁当 270
鮭のクリーム煮 230
鮭の香草焼き 183
鮭のさっぱり煮 233
鮭のテリーヌ 263
鮭の一口フライ 230
鮭のポテトクリームソースがけ 183
チーズとヨーグルトの簡単サーモンパテ 263

生鮭のチーズクリームソース 330
生鮭のれんこん蒸し 295

鱈

かぶら蒸し 145
白身魚のでんぶ 334
白身魚のはんぺん 313
鱈となすのピリッと炒めご飯 271
鱈の甘酢あんかけ 238
鱈のガーリック焼き 186
鱈のチリソース 293
鱈のみそマヨ焼き 186
鱈のみそ焼き 186
鱈のレンジ蒸し 玉ねぎソース 186
鱈ピザ 186

かじき

かじきとキムチのレンジ蒸し 291
かじきのアーモンドフライ風 183
かじきの甘酢漬け 183
かじきのカレーソース 331
かじきのタンドリー風 242
かじきのチーズパン粉焼き風 230
かじきの生トマト煮込み 229
カリフラワーとかじきのＸＯ醤蒸し 136
魚介の豆乳煮 235

たい

たいとまいたけのサッと煮 186
たいのあらとわかめの酒蒸し 100
たいのあら煮 185
たいのかぶと蒸し 187
和風パスタ たいのたたきのせ 204

かれい

かれいのザーサイ蒸し 242
かれいのしょうが煮 235
かれいの煮つけ 187
子持ちかれいのふっくら煮 184

金目だい

金目だいとカリフラワーのカレーボイル 230
金目だいの香り蒸し 187
金目だいの豆豉蒸し 184
卵寄せ風茶碗蒸し 22

すずき

すずきのガーリックバター焼き 230
すずきの酒蒸し 235
すずきのトマト煮 230
すずきのねぎしょうが煮 235

白身魚

白身魚と昆布のレンジ蒸し 187
白身魚のカルパッチョ風サラダ 225
白身魚のカレーマリネ 246
白身魚のグリル風バルサミコソース 185
白身魚のケチャップあんかけ 238
白身魚の白菜包み蒸し 186
白身魚の緑茶蒸し 235

その他の魚類

銀鱈のピリ辛煮 187
銀むつのムニエル 113
さわらの梅蒸し 235
さわらのカレーピカタ 242
さわらの野菜あんかけ 238
太刀魚の韓国煮 242
太刀魚のみそ煮 295
煮汁たっぷりの銀鱈の煮つけ 187
ひらめの煮こごり 186
ぶりのコチュジャン焼き 242
ぶりのみそ照り焼き 180
わかさぎの梅煮 186
わかさぎの南蛮漬け 287
わかさぎの和風マリネ 238

えび

えび黄身ずし 175
えびしんじょ椀 310
えびとアスパラガスのバターソース 331
えびとオクラのコーンクリーム煮 190
えびとしめじのチリソース 188
えびの酒蒸し 100
えびの山椒風味 238
えびのタイ風スープ 190
カレーおこわ 202
茶碗蒸し 175
トマトとえびのそうめん 206
長芋雑煮 149
長芋のすりおろし蒸し 147
ナシゴレン 202
ミニ飯蒸し 197
ゆでえびのアボカド和え 190

いか

いかげそのから揚げ風 190
いかシューマイ 310
いかすみもどきスパゲティ 249
いか(冷凍品)セロリ炒め 188
いか(冷凍品)と黄にらの豆豉炒め 189
いかとキャベツとトマトのマリネ 190
いかの足のつや煮 232
いかの姿ずし 197
いか(冷凍品)の酢のもの 277
いか(冷凍品)のチリソース風 292
里芋といかのうま煮 147
そら豆といかのバターしょうゆ蒸し 139
パエリヤ 202
レンジいかめし 281
レンジおから 309
わけぎといかそうめんのキムチ風味 143

たこ

いんげんとたこのからし酢みそ 333

キャベツとたこのアンチョビバター 122
たこといんげんのバジリコソース和え 231
にんにくの茎とたこのからし酢みそ 134
あさり
あさりとえのきだけの酒蒸し 191
あさりともやしのキムチだれ 220
あさりのオイル蒸し 95
あさりの辛み蒸し 191
あさりの酒蒸し 281
あさりのパスタ 205
あさりのピリッとしょうが煮 189
あさりのブイヤベース風 191
あさりのみそ汁 95
さやえんどうとあさりの蒸し煮 141
パエリヤ 202
かき
かきご飯 198
かきとしめじの豆乳みそ蒸し 190
かきと豆腐のポン酢仕立て 238
かきのスピードクリームシチュー 252
かきのパン粉焼き 221
帆立て貝
魚介の豆乳煮 235
鮭と帆立て貝の酒蒸しご飯 246
なすと帆立てのチャイニーズサラダ 223
帆立て貝柱とカリフラワーのクリーム煮 189
帆立て貝柱とささ身のテリーヌ 313
帆立てとアスパラガスのバター風味 230
帆立てときのこの紙包み蒸し 273
帆立てと昆布のバター風味煮 188
帆立てのマリネ 230
魚卵
えのきの明太子和え 194
からみ明太子餅 342
里芋の明太子和え 285
たらこと青じそ(ふりかけ) 336
たらことしらたきの炒り煮 283
たら玉ご飯 247
タラモサラダ(たらこ) 226
タラモディップ(明太子) 315
にんじんのたらこ和え 247
ブロッコリーのたらこマヨネーズ 135
明太マフィン 207
海藻
セロリの葉とわかめのふりかけ 135
豚肉と昆布の香味野菜煮 239
めかぶとなめたけの雑炊 250
もずく雑炊 267
もずくと梅干しの即席スープ 195
モロッコいんげんのからし酢みそ和え 139
レンジきゅうりのめかぶ和え 150
ロールキャベツ 124
わかめとセロリの炒めナムル風 195
わかめとなすの韓国風和えもの 193
その他
アスパラガスのラー油しょうゆ(ちくわ) 246
うなぎとしいたけの卵とじ丼 199
えびしんじょ椀(はんぺん) 310
えびレタスロールのなめこあんかけ(えびのすり身) 287
かぼちゃとさつま揚げのスープ 254
かますとみょうがの混ぜご飯 199
簡単ちらしずし(あなご) 278
具だくさんのかに玉(かに風味かまぼこ) 172
ごちそう茶碗蒸し(うに) 101
サーモンムース(スモークサーモン) 312
さやえんどうと魚介(冷凍品)のクリーム煮 138
じゃが芋のかにかま和え(かに風味かまぼこ) 146
なまり節のそぼろ 334
のっぺい汁(ちくわ) 146
はんぺんオニオンスープ 254
ミニ飯蒸し(うに) 197
もやしとかにかまの煮浸し(かに風味かまぼこ) 227
わかめとねぎのスープ(ちくわ) 195

卵

アスパラガスとツナのキッシュ風 175
薄焼き卵の五目巻き 115
ウフ・ア・ラ・ネージュ 393
えび黄身ずし 175
オクラとトマトの卵とじ 174
オレンジババロア 396
カスタードクリーム 381
カスタードプリン 392
基本の薄型スポンジケーキ 384
基本のシフォンケーキ 386
基本のスポンジケーキ 378
基本のチョコレートケーキ 380
基本のふわふわチーズケーキ 382
キャベツオムレツ 256
切り干し大根の卵とじ 174
具だくさんのかに玉 172
具だくさんの茶碗蒸し 172
具だくさんの鉢蒸し 172
クリーミーなスクランブルエッグ 174
くるみのガレット 390
ごちそう茶碗蒸し 101
小松菜ときのこの卵とじ 128
小松菜の卵とじ 174
桜えびの卵煮 247
ささ身のうずら卵巻き 161
サバイヨーネ 392
さや豆のスクランブルエッグ 141

サワークリームチーズケーキ ---- 382
さわらのカレーピカタ ---- 242
三色そぼろ丼 ---- 309
スクランブルエッグ ---- 174
スクランブルエッグトースト ---- 251
スコッチエッグ ---- 165
ズッキーニのキッシュ風 ---- 226
卵とトマトと干しえびのスープ ---- 175
卵寄せ風茶碗蒸し ---- 22
卵ライス ---- 278
茶碗蒸し ---- 175
中華風かきたま汁 ---- 264
青梗菜とかにの卵炒め ---- 128
漬けものチャーハン ---- 250
納豆チャーハン ---- 202
納豆蒸し卵 ---- 175
なめこおろしのスクランブルエッグ ---- 174
煮豚と煮卵 ---- 158
にらの卵とじ ---- 127
のり巻き卵 ---- 26
バナナのせチョコレートケーキ ---- 381
ハムと長ねぎのキッシュ ---- 173
パンスープ ---- 268
フレンチトースト ---- 251
ポーチドエッグ入り野菜のトマト煮 ---- 173
ポーチドエッグスープ ---- 254
ポーチドエッグとブロッコリーのハムサラダ ---- 256
マンゴーゼリー ---- 397
桃の淡雪かん ---- 422
野菜エッグボール ---- 263
ゆずの月 ---- 426
ラグーエッグ ---- 175
レアチーズケーキ ---- 396
レンジオムライス ---- 251
レンジココット ---- 173

乳製品

牛乳

アスパラガスと里芋のポタージュ ---- 178
アスパラ缶のクリームスープ ---- 254
温かいかぼちゃのスープ ---- 306
ヴィシソワーズ ---- 307
ウフ・ア・ラ・ネージュ ---- 393
枝豆スープ ---- 307
オレンジババロア ---- 396
かきのスピードクリームシチュー ---- 252
カスタードクリーム ---- 381
カスタードプリン ---- 392
かぶのミルク煮 ---- 177
きな粉ミルク ---- 268
クリームコロッケ ---- 176
クリームシチュー ---- 178
鮭と冷凍ポテトのクリームスープ ---- 178
じゃが芋とソーセージのクリームスープ ---- 178
玉ねぎとハムのチーズスープ ---- 178
バナナのせチョコレートケーキ ---- 381
パングラタン ---- 207
ビーフストロガノフ ---- 231
ホワイトシチュー ---- 178
ホワイトソース ---- 107
レンジマッシュポテト ---- 146
和風ヴィシソワーズ ---- 255

生クリーム

小豆カラメルクリーム ---- 440
温かいヴィシソワーズ ---- 146
いちごのショートケーキ ---- 378
オールドファッションケーキ ---- 384
オムレツケーキ ---- 385
ガナッシュクリームケーキ ---- 395
かにのクリームスープ ---- 264
簡単レバームース ---- 312
きのこのクリーム煮 ---- 177
グレープジュースの２層ゼリー ---- 397
サーモンムース ---- 312
鮭のクリーム煮 ---- 230
鮭のテリーヌ ---- 263
サバイヨーネ ---- 392
シガレット ---- 389
冷たいかぼちゃのスープ ---- 130
トリュフ ---- 395
なすとベーコンのクリームスープ蒸し ---- 176
ハムグラタン ---- 179
ミニロールシフォンケーキ ---- 386

ヨーグルト

かじきのタンドリー風 ---- 242
かぼちゃのヨーグルトサラダ ---- 179
牛肉のトルコ風ヨーグルト焼き ---- 155
チーズとヨーグルトの簡単サーモンパテ ---- 263
豆腐のレアチーズケーキ風 ---- 304
はちみつヨーグルトグミ ---- 399
バナナカスタード ---- 319
ホットアップル ---- 269
蒸しなすのヨーグルト和え ---- 99

チーズ

厚揚げピザ ---- 171
えのきのパルメザンチーズ和え ---- 179
オニオングラタンスープ ---- 143
カッテージチーズとヨーグルトのポテトサラダ ---- 179
かぼちゃのきんとん ---- 322
カマンベールの簡単フォンデュ ---- 177
基本のふわふわチーズケーキ ---- 382
キューブサラダ ---- 219

クリーミーなスクランブルエッグ 174
さつま芋のマスカルポーネクリーム 179
じゃが芋と玉ねぎのミルクチーズ煮 179
スティック野菜とクリームチーズソース 330
鱈ピザ 186
チーズサンドパン 246
鶏肉のゴルゴンゾーラチーズソース 330
とろ〜りチーズポテト 146
生鮭のチーズクリームソース 330
生ハムとトマトのソフトピザ 21
パリッとじゃこチーズ 222
ピザ・マルゲリータ 359
豚肉ののりチーズ巻き 159
プチトマトのチーズ焼き 176
ブルーチーズ＆オリーブまんじゅう 365
ほうれんそうのカッテージチーズサラダ 126
ほうれんそうのチーズ和え 218
ホットサラダ 268
ホットチーズポテト 262
松の実風味のチーズケーキ 383
野菜のチーズ焼き 179
リゾットスープ 264
レアチーズケーキ 396
冷凍ポテトの簡単グラタン 146

その他

枝豆の和風クリームスープ（スキムミルク） 254
かぼちゃのサワークリーム和え 130
キャラメル（コンデンスミルク） 399
サワークリームチーズケーキ 382

豆腐・大豆加工品

豆腐

温かいレンジ豆腐 170
炒り豆腐 170
かきと豆腐のポン酢仕立て 238
簡単からし豆腐 289
がんもどき 119
きのこのあんかけ豆腐 170
くずし豆腐のスープ 170
くず豆腐 284
五目白和え 168
鮭と豆腐の酒蒸し 27
中華風蒸し豆腐 311
豆腐田楽２種 333
豆腐と枝豆のうま煮 211
豆腐とじゃこの雑炊 250
豆腐ともやしのチャンプルー風 168
豆腐とゆで野菜の肉みそがけ 332
豆腐鍋 170
豆腐のとろろ蒸し 170
豆腐のレアチーズケーキ風 304
トマトと豆腐のおかか和え 223
鶏肉だんご 277
肉豆腐 169
ねぎ豆腐 143
ねぎまのくしゃくしゃ豆腐 232
豚ひき豆腐の四川蒸し 296
豚ひき肉と豆腐のレンジ蒸し 166
ほうれんそうの簡単白和え 213
干ししいたけと三つ葉のスープ 118
本格麻婆豆腐 170
麻婆豆腐 168
モロヘイヤと豆腐のチャンプルー 219
モロヘイヤのとろろやっこ 127
野菜豆腐のディップ 315
わかめ寄せ豆腐 309

大豆加工品

赤練りみそ 332
厚揚げとキムチの炒め和え 171
厚揚げのガドガド風 224
厚揚げピザ 171
油揚げと鶏肉の混ぜご飯 247
油揚げの袋煮 171
おから入りすいとん 207
おから煮 169
おからのポテトサラダ風 171
オクラ納豆 134
きな粉ミルク 268
きな粉餅 250
魚介の豆乳煮 235
小松菜と厚揚げのとろみあん 126
小松菜と油揚げの蒸し煮 104
小松菜と油揚げのレンジ浸し 129
さやいんげんのさっぱりしょうゆ煮 141
白練りみそ 332
大豆と豚ばら肉の煮込み 171
たぬききつねご飯 199
青梗菜と油揚げのレンジ煮浸し 127
納豆スープ 276
納豆チャーハン 202
納豆蒸し卵 175
納豆餅 250
豆とりんごサラダ 279
豆豆の酢じょうゆ漬け 169
水菜と油揚げのサッと煮 126
もやしのにら納豆 227
モロヘイヤの納豆和え 127
レンジおから 309
レンジなまりと厚揚げの煮つけ 182

豆類・豆加工品

豆類

青豆(冷凍品)とベーコンのリゾット ---------- 201
枝豆(冷凍品)ご飯 ---------- 274
枝豆スープ ---------- 307
枝豆(冷凍品)の和風クリームスープ ---------- 254
グリンピース(冷凍品)のスープ煮 ---------- 139
赤飯 ---------- 196
そら豆あん ---------- 323
そら豆といかのバターしょうゆ蒸し ---------- 139
そら豆のリゾット ---------- 203
鱈のチリソース(冷凍グリンピース) ---------- 293
豆腐と枝豆(冷凍品)のうま煮 ---------- 211
春のグリンピース(おこわ) ---------- 25
豆かん ---------- 423
豆(冷凍品)と野菜のカップケーキ ---------- 101

豆加工品

青梅(粒あん) ---------- 409
青栗(白あん・粒あん) ---------- 417
あじさい(白あん) ---------- 417
小豆ういろう(こしあん) ---------- 429
小豆とあんずの水まんじゅう(こしあん) ---------- 424
小豆豆腐(こしあん・小豆の甘納豆) ---------- 425
いちごのきんとん(白あん) ---------- 438
うぐいす餅(粒あん) ---------- 408
おはぎ(粒あん) ---------- 432
かしわ餅(粒あん) ---------- 406
観世風蒸しカステラ(白あん) ---------- 429
キウイのきんとん(白あん) ---------- 438
金時豆と粒山椒の甘ピリご飯 ---------- 262
くずの茶巾絞り(白あん) ---------- 425
栗のきんとん(白あん) ---------- 439
栗の茶巾絞り(白あん) ---------- 439
栗蒸しようかん(こしあん) ---------- 430
けし餅(こしあん) ---------- 411
小なすと小豆の錦玉 ---------- 421
桜餅(こしあん) ---------- 400
笹巻き栗(こしあん) ---------- 431
三温糖入り水ようかん(こしあん) ---------- 420
ちょうちょ(白あん) ---------- 416
練りきり生地(白あん) ---------- 414
はなびら餅(白あん) ---------- 412
春の野の道明寺(白あん) ---------- 402
冬いちご(白あん) ---------- 410
へそ胡麻あんパン(練りあん) ---------- 352
抹茶水ようかん(白あん) ---------- 30
豆入りパン(金時豆の甘煮) ---------- 350
水玉(白あん) ---------- 416
水ようかん(こしあん) ---------- 30
もみじ山(こしあん・白あん) ---------- 415
やぶ椿(白あん・粒あん) ---------- 414
ゆずと小豆の道明寺かん ---------- 422
わらび餅(こしあん) ---------- 418

野菜類・野菜加工品

オクラ

オクラとトマトの卵とじ ---------- 174
オクラとろろ汁 ---------- 282
オクラとろろ丼 ---------- 199
オクラとわかめのからしじょうゆ ---------- 134
オクラ納豆 ---------- 134
オクラの胡麻みそ和え ---------- 134
ドライカレー ---------- 167
まぐろオクラとんぶり丼 ---------- 89
蒸し鶏とオクラの酢みそがけ ---------- 97

かぶ

かにとかぶのスープ ---------- 252
かぶと赤ピーマンのコンソメゼリー添え ---------- 142
かぶの甘酢漬け ---------- 324
かぶのひき肉詰め蒸し ---------- 213
かぶのピクルス ---------- 142
かぶのミルク煮 ---------- 177
かぶら蒸し ---------- 145

かぼちゃ

温かいかぼちゃのスープ ---------- 306
かぼちゃあん ---------- 323
かぼちゃ(冷凍品)とさつま揚げのスープ ---------- 254
かぼちゃとベーコンのチーズ焼き ---------- 130
かぼちゃの簡単いとこ煮 ---------- 211
かぼちゃのきんとん ---------- 322
かぼちゃのサワークリーム和え ---------- 130
かぼちゃ(冷凍品)の粒マスタード炒め ---------- 262
かぼちゃのディップサンド ---------- 207
かぼちゃ(冷凍品)のナムプラー煮 ---------- 276
かぼちゃのニョッキ セージバター ---------- 132
かぼちゃのはちみつレモン煮 ---------- 132
かぼちゃのひき肉カレー煮 ---------- 130
かぼちゃのみそ炒め ---------- 226
かぼちゃのモンブラン ---------- 398
かぼちゃのヨーグルトサラダ ---------- 179
かぼちゃのレンジ甘煮 ---------- 226
かぼちゃのレンジサラダ ---------- 216
かぼちゃのレンジバター蒸し ---------- 226
冷たいかぼちゃのスープ ---------- 130
夏野菜のトマト煮 ---------- 150
夏野菜の蒸し煮 ---------- 130
肉かぼちゃ ---------- 132
バターかぼちゃ ---------- 130
パンプキンパイ ---------- 389
みそ煮込みほうとう風(冷凍品) ---------- 206

野菜のチーズ焼き 179
和風パンプキンサラダ 226

カリフラワー

カップコロッケ 216
カリフラワースープ 269
カリフラワーとかじきのＸＯ醤蒸し 136
カリフラワーのアンチョビソースがけ 136
カリフラワーのカレーピクルス 303
カリフラワーのコロッケ 286
カリフラワーの塩辛バターソース 136
カリフラワーの茶巾 135
カリフラワーのピクルス 246
カリフラワーのピクルス カレー風味 326
カリフラワーのマッシュサラダ 314
カリフラワーポテト 314
金目だいとカリフラワーのカレーボイル 230
帆立て貝柱とカリフラワーのクリーム煮 189
野菜の簡単マリネ 329

キャベツ

厚揚げのガドガド風 224
いかとキャベツとトマトのマリネ 190
温製キャベツのアーリオ・オーリオ 125
ガスパチョ 306
キャベツいっぱいミートローフ 288
キャベツオムレツ 256
キャベツとあさりの中華蒸し 123
キャベツとかきの炒めもの 217
キャベツとたこのアンチョビバター 122
キャベツとトマトの中華蒸し 218
キャベツとにんじんのサラダ 247
キャベツとベーコンのスープ 123
キャベツとベーコンの蒸し煮 284
キャベツと焼き豚のオイスターソース炒め 122
キャベツとりんごの昆布茶漬け 325
キャベツの甘酢がけ 264
キャベツのＸＯ醤和え 214
キャベツのオイスターソース炒め 122
牛肉とキャベツのオクラトマト煮 231
牛肉とキャベツの辛みそ炒め 154
高野豆腐のロールキャベツ 171
コンビーフキャベツの炒め風 125
鮭とキャベツのサッと煮 235
ささ身のベトナム風サラダ 243
刺身サラダ 89
サワークラウト 326
白きくらげのミネストローネ 253
スペアリブのスープ煮 159
ソーセージロールキャベツ 122
手羽先とキャベツのスープ煮レモン風味 163
豚肉とキャベツのみそ炒め 117
豚肉とキャベツのロール巻き 236
回鍋肉 159
干し貝柱とキャベツのさっぱり煮 191
ポテトお好み焼き 249
蒸し鶏のエスニックサラダ 97
焼きそば 207
野菜ポトフ 122
レンジロールキャベツ 122
ロールキャベツ 124
ロールキャベツライス 249

きゅうり

カリフラワーのマッシュサラダ 314
きゅうりとわかめの酢のもの 91
きゅうりの韓国風冷たいスープ 255
きゅうりのピクルス 150
きゅうりのマヨネーズサラダ 91
きゅうりの和風ピクルス 324
切り干し大根のサラダ 208
スティック野菜とクリームチーズソース 330
即席漬け 278
たたききゅうりの甘酢漬け 246
中華風きゅうり 91
棒々鶏 97
棒々鶏風サラダ 161
ピリ辛きゅうり 91
ポテトサラダ 226
野菜の甘酢漬け 150
レンジきゅうりのめかぶ和え 150

グリーンアスパラガス

アスパラガスと里芋のポタージュ 178
アスパラガスとツナのキッシュ風 175
アスパラガスと帆立て缶の蒸し煮 134
アスパラガスのトマトソースがけ 134
アスパラガスのベーコンサッと煮 137
アスパラガスのラー油しょうゆ 246
アスパラ酢みそ 281
アスパラのオイスターソースがけ 277
えびとアスパラガスのバターソース 331
グリーンアスパラガスの浅漬け 227
ささ身のアスパラ巻き 163
帆立てとアスパラガスのバター風味 230
帆立てのマリネ 230
リゾットスープ 264

ごぼう

牛肉とごぼうのコチュジャン炒め 154
牛肉の八幡巻き 154
ごぼう煮 145
ごぼうの胡麻酢和え 264
さばの酒蒸し根菜サラダ添え 237
はなびら餅 412

小松菜

青菜のお浸し 246
小松菜と厚揚げのとろみあん 126
小松菜と油揚げの蒸し煮 104

小松菜と油揚げのレンジ浸し 129
小松菜ときのこの卵とじ 128
小松菜とじゃこのご飯 247
小松菜のお浸し 102
小松菜のじゃこ浸し 126
小松菜のシューマイ 126
小松菜の卵とじ 174
里芋と青菜ののり和え 147
じゃが芋ときのこのみそ仕立てスープ 255
豚肉と小松菜のスープ煮 158
緑野菜の中華風 129
焼き麩と小松菜の煮浸し 151
野菜いっぱいの鶏雑煮 250

さやいんげん

いんげんとたこのからし酢みそ 333
かじきのカレーソース 331
簡単ミネストローネ 273
さやいんげんの胡麻よごし 139
さやいんげんのさっぱりしょうゆ煮 141
さやいんげんのベーコン巻き 139
たこといんげんのバジリコソース和え 231
モロッコいんげんとスナップえんどうのチーズソース 139
モロッコいんげんのからし酢みそ和え 139

さやえんどう

さやえんどうとあさりの蒸し煮 141
さやえんどうと魚介のクリーム煮 138
さや豆のおかか和え 247
さや豆のスクランブルエッグ 141
モロッコいんげんとスナップえんどうのチーズソース 139

しし唐

甘辛じゃこしし唐 140
いかの足のつや煮 232
しし唐の豚肉ロール 246

ズッキーニ

ズッキーニのキッシュ風 226
ズッキーニのマヨネーズ焼き 245
野菜スープ 150
ラタトゥイユ 133

セロリ

いかセロリ炒め 188
えびの山椒風味 238
ガスパチョ 306
スティック野菜とクリームチーズソース 330
セロリと蒸し鶏の和えもの 135
セロリの葉とベーコンのチャーハン 203
セロリの葉とわかめのふりかけ 135
にんじんとセロリのピクルス 327
ひじきとセロリの梅煮 195
わかめとセロリの炒めナムル風 195

大根

かつおと大根の和風煮 234
キムチスープ 255
具だくさん塩鮭汁 183
即席漬け 278
大根ステーキ 142
大根ゼリーカラメルソースがけ 304
大根とハムのマリネ 329
大根と豚肉のスープ煮 105
大根と帆立て缶の煮もの 142
大根のしょうゆ漬け 325
大根のふろふき風 144
なめこドレッシングの大根サラダ 194
菜飯 276
豚肉と大根と昆布の含め煮 24
蒸し鶏の浸し漬け 160
野菜の甘酢漬け 150
ゆず香大根 267
ゆず大根 227

竹の子

おろし里芋と野菜ののり巻き 147
牛肉と竹の子のみそ風味 239
胡麻かやくご飯 199
ささ身と竹の子のみそ炒め 288
竹の子ご飯 198
竹の子のじっくり土佐煮 285
竹の子の当座煮 335
竹の子の土佐煮 246
鱈の甘酢あんかけ 238
中華おこわ 200
ふきと竹の子、わかめの煮もの 135
焼き春巻き 290
レンジ肉だんご 165

玉ねぎ

あじのビネガーマリネ 294
あじのマリネ 328
いりこの土佐酢漬け 302
薄切り肉の簡単酢豚 243
オニオングラタンスープ 143
オニオンピクルス 283
かじきの甘酢漬け 183
ガスパチョ 306
カリフラワースープ 269
簡単オニオングラタンスープ 254
キーマカレー 228
牛ひき肉のメキシコ風ミートソース 231
鮭のさっぱり煮 233
玉ねぎとハムのチーズスープ 178
玉ねぎのコンビーフ煮 143
玉ねぎのにんにくスープ 254
鱈のレンジ蒸し 玉ねぎソース 186
ドライカレー 167
懐かしのソースドライカレー 248
ハッシュドビーフ 155
はんぺんオニオンスープ 254

ビーフストロガノフ 231
豚肉と玉ねぎのケチャップ風味 247
ヘルシー酢豚 240
ミートボールシチュー 167
みそ風味ののし鶏 167
ミックス野菜の蒸し煮 303
野菜の簡単マリネ 329
野菜ポトフ 122
レトロバーグ 308

青梗菜

牛肉と青梗菜のオイスターソース炒め煮風 238
さっぱり中華がゆ 264
青梗菜と油揚げのレンジ煮浸し 127
青梗菜とかにの卵炒め 128
青梗菜と桜えびの蒸し煮 105
青梗菜と蒸し鶏のザーサイ和え 128
青梗菜の貝柱あんかけ 215
帆立て貝柱と青梗菜のサッと煮 212
緑野菜の中華風 129

とうがん

とうがんとささ身のとろとろスープ 138
とうがんのコールドピュレスープ 138
とうがんのコンポート 321
豚肉ととうがんのしょうが煮 159

トマト

アスパラガスのトマトソースがけ 134
オクラとトマトの卵とじ 174
おろしにんじんとトマトのスープ 254
かじきの生トマト煮込み 229
キャベツとトマトの中華蒸し 218
白身魚のカルパッチョ風サラダ 225
すずきのトマト煮 230
卵とトマトと干しえびのスープ 175
チキンのトマト煮 275
トマトとえびのそうめん 206
トマトと豆腐のおかか和え 223
トマトみそスープ 278
ドライトマトの冷たいパスタ 206
夏野菜の蒸し煮 130
ピザ・マルゲリータ 359
プチトマトの錦玉 421
プチトマトのチーズ焼き 176
ミートボールのトマト煮 165
ミックス野菜の蒸し煮 303
ミネストローネ 206
蒸しなすとトマトのサラダ 131
野菜スープ 150
ラグーエッグ 175
レタスとプチトマトの蒸し煮 124

長ねぎ

あじのねぎ蒸し 295
イタリアン鍋焼きうどん 251
キャロットみそスープ 283
金目だいの香り蒸し 187
くず豆腐 284
ささ身とねぎのエスニックサラダ 225
さんまの山椒煮 181
さんまの中華香味蒸し 242
すずきのねぎしょうが煮 235
長ねぎのスープ煮 105
長ねぎのマリネ 275
ねぎチャーハン 202
ねぎ豆腐 143
ねぎの梅肉和え 23
ねぎ巻き肉の梅肉蒸し 156
ねぎま汁 182
わかさぎの南蛮漬け 287
わかめとねぎのスープ 195

なす

カレーライス 106
小なすと小豆の錦玉 421
鱈となすのピリッと炒めご飯 271
鶏肉となすの棒々鶏ソース 241
なすとコンビーフのチーズ焼き 131
なすと豚肉の重ね蒸し 219
なすとベーコンのクリームスープ蒸し 176
なすと帆立て缶のカレー 131
なすと帆立てのチャイニーズサラダ 223
なすの簡単みそ煮 210
なすの胡麻じょうゆ 131
なすのしぎ焼き風 133
なすの豚肉巻き蒸し 158
なすの与一漬け 131
夏野菜のトマト煮 150
夏野菜の蒸し煮 130
麻婆なす 133
蒸し鶏と蒸しなす 162
蒸しなす 227
蒸しなすとトマトのサラダ 131
蒸しなすのお浸し 98
蒸しなすのからし漬け風 99
蒸しなすの胡麻みそだれ 131
蒸しなすのナムル 99
蒸しなすのにんにく風味 131
蒸しなすの薬味たたき 99
蒸しなすのヨーグルト和え 99
ラタトゥイユ 133
わかめとなすの韓国風和えもの 193

にら

いかと黄にらの豆豉炒め 189
銀鱈のピリ辛煮 187
太刀魚の韓国煮 242
にらとにんじんの胚芽和え 127
にらの胡麻じょうゆ 129

にらの卵とじ ---- 127
にらの中華風スープ ---- 127

にんじん

おろしにんじんとトマトのスープ ---- 254
変わりきんぴら ---- 220
がんもどき ---- 119
キャベツとにんじんのサラダ ---- 247
キャロットみそスープ ---- 283
にらとにんじんの胚芽和え ---- 127
にんじんサラダ ---- 143
にんじんチップス ---- 343
にんじんとセロリのピクルス ---- 327
にんじんのきんぴら ---- 282
にんじんのザーサイ炒め ---- 143
にんじんのたらこ和え ---- 247
にんじんの南蛮ピクルス ---- 227
にんじんの煮浸しサラダ ---- 144
にんじんのピクルス ---- 217
にんじんパン(ジュース) ---- 355
ひじきの炒り煮 ---- 195
ブラウンディップ ---- 315
野菜いっぱいの鶏雑煮 ---- 250
野菜エッグボール ---- 263

にんにくの茎

牛肉の三色ロール ---- 303
鶏肉とにんにくの茎の辛み炒め ---- 243
にんにくの茎とささ身の胡麻じょうゆ和え ---- 134
にんにくの茎とたこのからし酢みそ ---- 134
豚肉とにんにくの茎のオイスターソース炒め ---- 29
レバーとにんにくの茎の炒めもの ---- 163

白菜

牛肉と白菜の酸味炒め ---- 237
白身魚の白菜包み蒸し ---- 186
肉だんごと白菜の蒸し煮 ---- 239
白菜とツナの蒸し煮 ---- 291
白菜とハムのクリーム煮 ---- 123
白菜と豚ばら肉の重ね蒸し ---- 125
白菜と干しえびの煮浸し ---- 123
白菜の塩漬け ---- 325
白菜の唐辛子炒め ---- 287
白菜の煮浸し ---- 124
豚肉と白菜のみそ炒め ---- 237
豚肉と白菜の蒸しもの ---- 158
帆立て缶の中華風スープ ---- 255

ピーマン

いかの酢のもの ---- 277
かぶと赤ピーマンのコンソメゼリー添え ---- 142
カラーピーマンのピクルス ---- 326
カリカリじゃことピーマンの和えもの ---- 191
牛肉とカラーピーマンのカレー炒め ---- 154
牛肉のオイスターソース炒め ---- 246
さばのみそ煮 ---- 19
スタッフドピーマン ---- 138
チキンとピーマンのトマト煮 ---- 162
青椒肉絲 ---- 140
夏野菜の蒸し煮 ---- 130
煮込みスパゲティ ---- 206
ピーマンとじゃこの炒り煮 ---- 138
ピーマンとツナのトマト煮 ---- 138
ピーマンの塩昆布煮 ---- 138
モザイクディップ ---- 315
もやし、ピーマン、セロリの塩あん ---- 151
ラタトゥイユ ---- 133

ブロッコリー

簡単ミネストローネ ---- 273
牛肉とブロッコリーの炒めもの ---- 241
牛肉とブロッコリーのダブルソース炒め ---- 154
クリームシチュー ---- 178
鶏肉の照り焼き ---- 23
豚ヒレ肉とブロッコリーのゆで豚風 ---- 239
ブロッコリー和え ---- 274
ブロッコリーと蒸し鶏の中華風サラダ ---- 137
ブロッコリーのオイスターソースがけ ---- 215
ブロッコリーのオイルがけ ---- 246
ブロッコリーの茎の昆布茶風味 ---- 134
ブロッコリーのたらこマヨネーズ ---- 135
ブロッコリーの粒マスタード和え ---- 135
ブロッコリーのピーナツバターじょうゆ ---- 135
ブロッコリーのひき肉包み ---- 231
ブロッコリーのミルクマヨネーズがけ ---- 137
ポーチドエッグとブロッコリー(冷凍品)のハムサラダ ---- 256
野菜豆腐のディップ ---- 315
野菜ポトフ ---- 122

ほうれんそう

トマトみそスープ(冷凍品) ---- 278
ほうれんそう入りパン ---- 357
ほうれんそうとしめじのお浸し ---- 126
ほうれんそうともやしの胡麻みそ和え ---- 210
ほうれんそうのお浸し ---- 93
ほうれんそうのカッテージチーズサラダ ---- 126
ほうれんそうのカレー ---- 93
ほうれんそうの簡単白和え ---- 213
ほうれんそうの胡麻和え ---- 93
ほうれんそうのチーズ和え ---- 218
ほうれんそうののりくるみ和え ---- 126

水菜・三つ葉

干ししいたけと三つ葉のスープ ---- 118
水菜と油揚げのサッと煮 ---- 126
水菜と春雨のベーコン炒め ---- 127
水菜のピーナツバター和え ---- 126
三つ葉とわかめの湯葉巻き ---- 151
三つ葉のあったかお浸し ---- 212

もやし

あさりともやしのキムチだれ ---- 220

チャイニーズデリ風ランチ(豆もやし) ------ 270
豆腐ともやしのチャンプルー風 ----------- 168
にらの中華風スープ ------------------- 127
梅肉もやし --------------------------- 227
ひき肉ともやしのナムル ---------------- 215
ふっくらレバもやし -------------------- 221
ほうれんそうともやしの胡麻みそ和え ----- 210
ポテトお好み焼き ---------------------- 249
もやしキムチスープ -------------------- 282
もやしとあさりのからし和え ------------ 227
もやしとかにかまの煮浸し -------------- 227
もやしと昆布のスープ ------------------ 255
もやしとささ身のタイ風サラダ ----------- 227
もやしとベーコンのお浸し --------------- 211
もやしのナムル ------------------------ 151
もやしのにら納豆 ---------------------- 227
もやしのピリ辛 ------------------------ 222
もやし、ピーマン、セロリの塩あん -------- 151
野菜増量焼きそば ---------------------- 293

モロヘイヤ

モロヘイヤと豆腐のチャンプルー --------- 219
モロヘイヤのとろろやっこ -------------- 127
モロヘイヤの納豆和え ------------------ 127
モロヘイヤのなめたけ和え -------------- 127

レタス

えびレタスロールのなめこあんかけ ------- 287
キムチスープ -------------------------- 255
牛肉とレタスの中華風サッと炒め --------- 236
鶏ひき肉のロールレタス ---------------- 231
レタススープ -------------------------- 272
レタスとハムのコンソメ煮 -------------- 123
レタスとプチトマトの蒸し煮 ------------ 124
レタスと帆立て缶のスープ -------------- 123
レタスのオイスターソース和え ----------- 123
レタスのじゃこ和え -------------------- 123

れんこん

変わりきんぴら ------------------------ 220
しゃきしゃきれんこん ------------------ 212
生鮭のれんこん蒸し -------------------- 295
ひき肉れんこん蒸し -------------------- 167
れんこんの甘酢漬け -------------------- 324
れんこんの胡麻マヨネーズ和え ----------- 142
れんこんのサラダ ---------------------- 274
れんこんのしそ風味きんぴら ------------ 302
れんこんの梅肉甘じょうゆ煮 ------------ 144
れんこんのビーフきんぴら -------------- 142

わけぎ

まぐろのみそ煮 ------------------------ 234
わけぎといかそうめんのキムチ風味 ------- 143
わけぎの酢みそ和え -------------------- 143

キムチ

厚揚げとキムチの炒め和え -------------- 171
かじきとキムチのレンジ蒸し ------------ 291
キムチとナムルの冷やしそうめん --------- 205
豚キムチのり巻き ---------------------- 243
豚肉とにらのキムチ炒め風 -------------- 243
豚肉のキムチ炒め ---------------------- 156
豚肉のにらキムチロール ---------------- 159
豚ひきだんごとキムチの酸辣湯 ---------- 167
蒸し鶏のキムチスープ ------------------ 97
もやしキムチスープ -------------------- 282

ザーサイ

かれいのザーサイ蒸し ------------------ 242
ザーサイスープ ------------------------ 277
手羽中の紹興酒蒸し -------------------- 162
にんじんのザーサイ炒め ---------------- 143
豚ひき肉とザーサイのレンジ蒸し --------- 166

高菜漬け

高菜とじゃこのおこわ ------------------ 198
豚ひき肉の高菜炒め -------------------- 239

その他

赤貝と菜の花のオイスター煮 ------------ 289
おからのポテトサラダ風(冷凍品・ミックスベジタブル) - 171
カレーおこわ(冷凍品・ミックスベジタブル) --- 202
クレソンのお浸し ---------------------- 103
玄米雑炊(冷凍品・ミックスベジタブル) ------- 267
鮭とコーン(冷凍品)のグリル ------------- 272
さばのみそ煮缶と野菜の煮もの ----------- 208
山菜おこわ ---------------------------- 198
春菊のにんにくサラダ ------------------ 284
じゅんさいの錦玉 ---------------------- 421
たっぷりパセリのポテトサラダ ----------- 216
玉ねぎのにんにくスープ ---------------- 254
たらこと青じそ(ふりかけ) --------------- 336
筑前煮(冷凍品・野菜ミックス) ------------ 18
鶏山菜おこわ -------------------------- 111
鶏肉と野菜ミックス(冷凍品)のクリーム煮 -- 294
ふきと竹の子、わかめの煮もの ----------- 135
ふきのおかか煮 ------------------------ 135
ベジタブルライス(冷凍品・ミックスベジタブル) - 280
ホットサラダ(冷凍品・野菜ミックス) -------- 268
みょうがの甘酢漬け -------------------- 324
ラディッシュのピクルス ---------------- 327

芋類・芋加工品

じゃが芋

温かいヴィシソワーズ ------------------ 146
ヴィシソワーズ ------------------------ 307
おかわりなしの豚汁 -------------------- 253
おせんべいビーフシチュー -------------- 155
カッテージチーズとヨーグルトのポテトサラダ - 179
カリフラワーのコロッケ ---------------- 286

カリフラワーポテト ---- 314
簡単マッシュポテト風 ---- 217
キューブサラダ ---- 219
クリームコロッケ ---- 176
鮭とじゃが芋のバター風味 ---- 246
鮭のポテトクリームソースがけ ---- 183
鮭ポテト ---- 222
サラダニソワーズ ---- 224
じゃが芋ときのこのみそ仕立てスープ ---- 255
じゃが芋とソーセージのクリームスープ ---- 178
じゃが芋と玉ねぎのミルクチーズ煮 ---- 179
じゃが芋のかにかま和え ---- 146
じゃが芋のシンプル煮 ---- 148
じゃが芋のバターしょうゆ ---- 218
じゃが(冷凍品)バター ---- 278
スパイシースペアリブ ---- 156
たっぷりパセリのポテトサラダ ---- 216
タラモサラダ ---- 226
タラモディップ ---- 315
鶏骨つき肉のカレースープ煮 ---- 160
とろ〜りチーズポテト ---- 146
ビーフカレー ---- 20
麩とじゃが芋と鶏肉の煮もの ---- 151
ほくほく肉じゃが ---- 148
ホットチーズポテト ---- 262
ポテトお好み焼き ---- 249
ポテトサラダ ---- 226
ポテトとミートソースのグラタン ---- 166
マシュマロのポテトサンド ---- 440
ミルクポテト ---- 289
冷凍ポテトの簡単グラタン ---- 146
レンジポテトのミートソースがけ ---- 291
レンジマッシュポテト ---- 146

さつま芋

芋・栗おこわ ---- 196
栗きんとん ---- 149
さつま芋あん ---- 323
さつま芋ときのこのグラタン ---- 149
さつま芋とりんごの茶巾 ---- 322
さつま芋の甘煮 ---- 246
さつま芋のオレンジ煮 ---- 147
さつま芋のマスカルポーネクリーム ---- 179

里芋

アスパラガスと里芋のポタージュ ---- 178
おろし里芋と野菜ののり巻き ---- 147
具だくさん塩鮭汁 ---- 183
里芋と青菜ののり和え ---- 147
里芋(冷凍品)といかのうま煮 ---- 147
里芋(冷凍品)のそぼろ煮 ---- 223
里芋の明太子和え ---- 285
里芋(冷凍品)の湯葉まぶし ---- 147
里芋マッシュのベーコンドレッシング ---- 147
のっぺい汁 ---- 146
リッチな豚汁 ---- 159
和風ヴィシソワーズ ---- 255

長芋・山芋・やまと芋

かるかん ---- 428
桜のかるかん ---- 428
白身魚のはんぺん ---- 313
づけ鉄火丼 ---- 89
豆腐のとろろ蒸し ---- 170
とろろ蒸しうどん ---- 206
長芋雑煮 ---- 149
長芋のすりおろし蒸し ---- 147
豚肉と長芋のナムプラー炒め ---- 243
やまと芋あん ---- 323

こんにゃく・しらたき

おから煮 ---- 169
簡単すき煮 ---- 153
五目切り干し大根 ---- 208
こんにゃくのそぼろ炒め ---- 167
たらことしらたきの炒り煮 ---- 283
ピリ辛こんにゃく ---- 119

きのこ類

えのきだけ

秋のきのこ(おこわ) ---- 24
あさりとえのきだけの酒蒸し ---- 191
いかすみもどきスパゲティ ---- 249
えのきつくね ---- 213
えのきとささ身の梅肉風味 ---- 194
えのきののり佃煮和え ---- 194
えのきのパルメザンチーズ和え ---- 179
えのきの明太子和え ---- 194
きのことわかめの梅みそ蒸し ---- 193
きのこのあんかけ豆腐 ---- 170
きのこのリゾット ---- 203
きゅうりの韓国風冷たいスープ ---- 255
小松菜ときのこの卵とじ ---- 128
さわらの野菜あんかけ ---- 238
しその実ご飯 ---- 199
鶏肉の蒸しもの ---- 274
ハーブソーセージ ---- 286
ベーコンのバターしょうゆ ---- 246
干しえびのエスニックスープ ---- 255
ミートボールイタリアン ---- 228
ミートボールのトマトソースがけ ---- 28
蒸し鶏の梅肉和え ---- 220

エリンギ

いわしのシチリア風パン粉焼き ---- 229
エリンギとしいたけのスープ煮 ---- 192
エリンギとマッシュルームのマリネ ---- 194

きのこのスープ 254
きのこの和風マリネ 194
牛肉のバルサミコソース 331
しめじ
あさりの酒蒸し 281
えびとしめじのチリソース 188
かきとしめじの豆乳みそ蒸し 190
かれいのしょうが煮 235
きのこのクリーム煮 177
きのこの当座煮 210
きのこのハーブマリネ 328
きのこのピクルス 327
きのこのマリネサラダ 193
きのこのレンジ蒸し 192
きのこビーフ 154
牛肉としめじのレモン塩炒め風 155
しめじ入りハッシュドビーフ 153
しめじのおかか煮 105
チーズときのこのリゾット 296
ほうれんそうとしめじのお浸し 126
わかめスープ 279
しいたけ
エリンギとしいたけのスープ煮 192
きのこの当座煮 210
きのこのハーブマリネ 328
きのこのピクルス 327
きのこのレンジ蒸し 192
しいたけのオイスターソース煮 192
しいたけのガーリック焼き 194
太刀魚のみそ煮 295
モザイクディップ 315
和風ミニバーグ 247
まいたけ
きのこの和風マリネ 194
鮭とまいたけのバターしょうゆ蒸し 183
さつま芋ときのこのグラタン 149
たいとまいたけのサッと煮 186
マッシュルーム
エリンギとマッシュルームのマリネ 194
きのこのスープ 254
きのこのマリネサラダ 193
ハッシュドビーフ 155
ミートボールシチュー 167
松たけ
松たけご飯 198
その他
きのこ(冷凍品)ハーブスープ 269
白身魚のグリル風バルサミコソース 185
帆立てときのこの紙包み蒸し 273

果実類・果実加工品

いちご
いちごジャム 318
いちごシロップ 319
いちご大福 32
いちごのきんとん 438
いちごのショートケーキ 378
いちご姫 401
オールドファッションケーキ 384
冬いちご 410
フルーツいっぱいのゼリーフラッペ 304
オレンジ
オレンジケーキ 379
オレンジシロップ 319
オレンジのスパイシーコンポート 321
オレンジババロア 396
オレンジピール 343
スペアリブのオレンジ風味 159
鶏肉のオレンジソース煮 316
みかん・デコポン
デコポンの錦玉 423
みかんのココナッツミルクプリン 393
ゆず
大根のふろふき風 144
ゆず香大根 267
ゆず大根 227
ゆずと小豆の道明寺かん 422
ゆずの月 426
ゆず餅 411
レモン
かぼちゃのはちみつレモン煮 132
サーモンのレモンソース 316
レモンカスタードパイ 388
レモンバタークリームサンド 387
レモンピール 343
りんご
アップルチョコタルト 381
アップルピール 343
キャベツとりんごの昆布茶漬け 325
さつま芋とりんごの茶巾 322
ポークソテー アップルソース 157
ホットアップル 269
豆とりんごサラダ 279
りんごのコンポート 320
りんごのデニッシュ 368
りんごの生八橋風 404
バナナ
バナナオムレツケーキ 385
バナナカスタード 319
バナナジャム 318

バナナのせチョコレートケーキ ---- 381

プルーン

プルーンチキン ---- 245
プルーンのワイン漬け ---- 321
ブロッコリー和え ---- 274
蒸しパンとプルーンソース ---- 317

梅干し

いわしの梅煮 ---- 182
さわらの梅蒸し ---- 235
夏の梅干しとちりめんじゃこ(おこわ) ---- 24
ねぎの梅肉和え ---- 23
梅肉もやし ---- 227
バター梅ご飯 ---- 94
もずくと梅干しの即席スープ ---- 195
れんこんの梅肉甘じょうゆ煮 ---- 144
わかさぎの梅煮 ---- 186

その他

アイスクリームのベリー(冷凍品)ソースがけ - 317
小豆とあんずの水まんじゅう ---- 424
いちじくのコンポート ---- 320
梅ジャム ---- 318
オリーブのフォカッチャ ---- 359
カカオトロピカーナ ---- 399
キウイジャム ---- 318
キウイのきんとん ---- 438
巨峰の錦玉 ---- 423
グレープジュースの2層ゼリー ---- 397
ころ柿(干し柿) ---- 407
さつま芋のオレンジ煮 ---- 147
白玉だんごのあんずソース ---- 317
ドライフルーツとナッツの求肥 ---- 413
ドライフルーツパン ---- 350
パイナップルジャム ---- 318
ぶどうシロップ ---- 319
ブルーチーズ&オリーブまんじゅう ---- 365
フルーツトリュフ ---- 398
干しあんずのシロップ漬け ---- 247
マンゴーゼリー ---- 397
ミニロールシフォンケーキ(ラズベリー) ---- 386
桃の淡雪かん ---- 422
ゆでえびのアボカド和え ---- 190
レーズンご飯 ---- 246
レーズンパン ---- 355
ローストポーク パインソース ---- 158

種実類・種実加工品

胡麻

オクラの胡麻みそ和え ---- 134
おはぎの胡麻だれがけ ---- 432
黒胡麻のおかゆ ---- 203
ごぼうの胡麻酢和え ---- 264
胡麻かやくご飯 ---- 199
胡麻きな粉餅 ---- 344
胡麻大福 ---- 32
胡麻パン ---- 350
さやいんげんの胡麻よごし ---- 139
鶏ひき肉と黒胡麻(ふりかけ) ---- 336
なすの胡麻じょうゆ ---- 131
ほうれんそうともやしの胡麻みそ和え ---- 210
ほうれんそうの胡麻和え ---- 93
蒸しなすの胡麻みそだれ ---- 131
もやしのナムル ---- 151
れんこんの胡麻マヨネーズ和え ---- 142

アーモンド

アーモンドスノー ---- 389
アーモンドチュイール ---- 390
かじきのアーモンドフライ風 ---- 183
チョコレートクッキー(アーモンドスライス) -- 391
洋風ふりかけ ---- 120

くるみ

くるみのガレット ---- 390
くるみの田作りみそ ---- 333
くるみのパウンドケーキ ---- 387
ほうれんそうののりくるみ和え ---- 126

栗の甘露煮

芋・栗おこわ ---- 196
栗きんとん ---- 149
栗茶巾 ---- 31
栗道明寺 ---- 403
栗のきんとん ---- 439
栗の茶巾絞り ---- 439
栗蒸しようかん ---- 430
笹巻き栗 ---- 431
抹茶の生八橋風 ---- 405

チョコレート

ガナッシュクリームケーキ ---- 395
チョコクリームケーキ ---- 380
チョコレートまんじゅう ---- 365
チョコレートムース ---- 394
トリュフ ---- 395

その他

カカオトロピカーナ(ピーナツ) ---- 399
基本のチョコレートケーキ(ココア) ---- 380
ピーナツみそ ---- 333
ビターココアムース ---- 394
ブロッコリーのピーナツバターじょうゆ --- 135
松の実風味のチーズケーキ ---- 383
水菜のピーナツバター和え ---- 126

米類・米加工品

ご飯

油揚げと鶏肉の混ぜご飯 247
うなぎとしいたけの卵とじ丼 199
オクラとろろ丼 199
かにトマトご飯 266
かますとみょうがの混ぜご飯 199
カレーライス 106
金時豆と粒山椒の甘ピリご飯 262
クイックリゾット 292
黒胡麻のおかゆ 203
胡麻かやくご飯 199
小松菜とじゃこのご飯 247
鮭チャーハン 203
鮭と帆立て貝の酒蒸しご飯 246
鮭丼 199
鮭のカフェ風弁当 270
さっぱり中華がゆ 264
サラダずし 251
三色そぼろ丼 309
さんまのかば焼き丼 250
シーフードボウル 248
しその実ご飯 199
じゃこしそライス弁当 244
セロリの葉とベーコンのチャーハン 203
たぬききつねご飯 199
たら玉ご飯 247
チキン照り焼き弁当 245
チャイニーズデリ風ランチ 270
づけ鉄火丼 89
漬けものチャーハン 250
手巻き混ぜご飯 266
豆腐とじゃこの雑炊 250
鶏雑炊 203
鶏そぼろと胡麻の混ぜご飯 199
納豆チャーハン 202
肉みそ包みご飯 294
ねぎチャーハン 202
バター梅ご飯 94
ビーフカレー 20
ベジタブルライス 280
干しえびの中華風クイックがゆ 203
まぐろ納豆ご飯 94
めかぶとなめたけの雑炊 250
もずく雑炊 267
焼きたてせんべい 344
リゾットスープ 264
レーズンご飯 246
レンジいかめし 281
レンジオムライス 251
ロールキャベツライス 249

米

青豆とベーコンのリゾット 201
あつあつご飯 111
いかの姿ずし 197
かきご飯 198
きのこのリゾット 203
五目ご飯 198
サーモンピラフ 201
白がゆ 111
そら豆のリゾット 203
竹の子ご飯 198
チーズときのこのリゾット 296
茶めし 198
中華がゆ 292
ナシゴレン 202
パエリヤ 202
松たけご飯 198

もち米

秋のきのこ(おこわ) 24
いちご大福 32
芋・栗おこわ 196
おはぎ 432
おはぎの胡麻だれがけ 432
からみ明太子餅 342
カレーおこわ 202
胡麻大福 32
山菜おこわ 198
赤飯 196
高菜とじゃこのおこわ 198
中華おこわ 200
中華ちまき 200
鶏山菜おこわ 111
鶏肉ときのこのおこわ 296
ナシゴレン 202
夏の梅干しとちりめんじゃこ(おこわ) 24
春のグリンピース(おこわ) 25
冬のかにと三つ葉(おこわ) 25
帆立て貝柱のおこわ 198
ミニ飯蒸し 197
焼き豚の中華風おこわ 202

餅

きな粉餅 250
胡麻きな粉餅 344
納豆餅 250
野菜いっぱいの鶏雑煮 250

その他

枝豆ご飯 274
簡単ちらしずし 278
玄米フレーククッキー 391
五穀米パン 362
汁ビーフン 207

卵ライス 278
チキンライス 279
菜飯 276
発芽玄米ご飯 19

めん類

パスタ

あさりのパスタ 205
いかすみもどきスパゲティ 249
スパゲティカルボナーラ 251
ドライトマトの冷たいパスタ 206
煮込みスパゲティ 206
ミネストローネ 206
和風パスタ たいのたたきのせ 204

そうめん

キムチとナムルの冷やしそうめん 205
そうめんチャンプルー 206
トマトとえびのそうめん 206

中華めん

冷やし中華 204
焼きそば 207
野菜増量焼きそば 293

うどん

イタリアン鍋焼きうどん(冷凍うどん) 251
とろろ蒸しうどん 206
みそ煮込みほうとう風(冷凍うどん) 206

パン類（市販品）

かぼちゃのディップサンド 207
くりぬきバーガー 269
じゃこガーリックパン 251
スクランブルエッグトースト 251
チーズサンドパン 246
パングラタン 207
パンスープ 268
フレンチトースト 251
ベーグルサンド弁当 244
ベトナム風サンドイッチ 251

粉類（麦・米）

強力粉

アーモンドチュイール 390
ウインナロールパン 352
オリーブのフォカッチャ 359
かぼちゃのニョッキ セージバター 132
カレーパン 353
クロワッサン 366
玄米パン 361
コーンマヨネーズ入りパン 357
コーンミールパン 362
五穀米パン 362
胡麻パン 350
コロコロパン 346
全粒粉パン 361
ドーナツ 353
ドライフルーツパン 350
生ハムとトマトのソフトピザ 21
にんじんパン 355
ハーブパン 350
ピザ・マルゲリータ 359
ピタパン 358
ベーグル 358
へそ胡麻あんパン 352
ほうれんそう入りパン 357
ホワイトソース 107
豆入りパン 350
ミニ食パン 354
ライ麦パン 360
りんごのデニッシュ 368
レーズンパン 355

薄力粉

アーモンドスノー 389
アップルチョコタルト 381
いちごのショートケーキ 378
オールドファッションケーキ 384
おから入りすいとん 207
オムレツケーキ 385
オレンジケーキ 379
観世風蒸しカステラ 429
基本の薄型スポンジケーキ 384
基本のシフォンケーキ 386
基本のスポンジケーキ 378
基本のチョコレートケーキ 380
キャラメルまんじゅう 365
くるみのパウンドケーキ 387
玄米フレーククッキー 391
黒糖小豆 427
シガレット 389
チョコクリームケーキ 380
チョコレートクッキー 391
チョコレートまんじゅう 365
肉まん 364
バナナオムレツケーキ 385
バナナのせチョコレートケーキ 381
花巻 363
ブルーチーズ&オリーブまんじゅう 365
豆と野菜のカップケーキ 101
ミニロールシフォンケーキ 386

蒸しパンとプルーンソース ---------- 317
明太マフィン ---------- 207
ゆずの月 ---------- 426
レモンバタークリームサンド ---------- 387

全粒粉

基本の全粒粉パイ ---------- 388
全粒粉パン ---------- 361
パンプキンパイ ---------- 389
レモンカスタードパイ ---------- 388

白玉粉

青梅 ---------- 409
うぐいす餅 ---------- 408
けし餅 ---------- 411
ころ柿 ---------- 407
白玉だんごのあんずソース ---------- 317
ドライフルーツとナッツの求肥 ---------- 413
はなびら餅 ---------- 412
冬いちご ---------- 410
みたらしだんご ---------- 406
ゆず餅 ---------- 411

上新粉

小豆ういろう ---------- 429
かしわ餅 ---------- 406
かるかん ---------- 428
ころ柿 ---------- 407
桜のかるかん ---------- 428
ちまき ---------- 429

道明寺粉

いちご姫 ---------- 401
栗道明寺 ---------- 403
桜餅 ---------- 400
しがらき ---------- 403
道明寺粉入り水ようかん ---------- 420
春の野の道明寺 ---------- 402
ゆずと小豆の道明寺かん ---------- 422

その他

小豆ういろう(くず粉) ---------- 429
小豆とあんずの水まんじゅう ---------- 424
小豆豆腐 ---------- 425
くずの茶巾絞り ---------- 425
玄米パン ---------- 361
コーンミールパン ---------- 362
そば粉のクレープ ---------- 115
中華風オートミール ---------- 250
バゲット ---------- 356
抹茶の生八橋風 ---------- 405
みかんのココナッツミルクプリン ---------- 393
ライ麦パン ---------- 360
りんごの生八橋風 ---------- 404
レンジ蒸しパン ---------- 207
和風オートミール ---------- 250
わらび餅 ---------- 418
わらび餅の黒みつがけ ---------- 419

乾物

わかめ

アスパラ酢みそ ---------- 281
オクラとわかめのからしじょうゆ ---------- 134
きのことわかめの梅みそ蒸し ---------- 193
きゅうりとわかめの酢のもの ---------- 91
たいのあらとわかめの酒蒸し ---------- 100
わかめスープ ---------- 279
わかめとささ身の胡麻だれ和え ---------- 195
わかめとねぎのスープ ---------- 195
わかめのみそ汁 ---------- 255
わかめ寄せ豆腐 ---------- 309
わけぎの酢みそ和え ---------- 143

ひじき

ひじきとセロリの梅煮 ---------- 195
ひじきとひき肉の炒め煮 ---------- 195
ひじきの炒り煮 ---------- 195

昆布

昆布しいたけ ---------- 118
昆布チップ ---------- 195
昆布の佃煮風 ---------- 335
昆布巻き ---------- 194
白身魚と昆布のレンジ蒸し ---------- 187
ピーマンの塩昆布煮 ---------- 138
帆立てと昆布のバター風味煮 ---------- 188
もやしと昆布のスープ ---------- 255

のり

たたきまぐろののり巻き ---------- 234
手作り韓国のりと桜えび(ふりかけ) ---------- 336
のり巻き卵 ---------- 26

ちりめんじゃこ

甘辛じゃこしし唐 ---------- 140
カリカリじゃことピーマンの和えもの ---------- 191
クレソンのお浸し ---------- 103
小松菜のじゃこ浸し ---------- 126
じゃこガーリックパン ---------- 251
じゃこしそライス弁当 ---------- 244
じゃことベーコンとピーナツ(ふりかけ) ---------- 336
夏の梅干しとちりめんじゃこ(おこわ) ---------- 24
パリッとじゃこチーズ ---------- 222
ピーマンとじゃこの炒り煮 ---------- 138
レタスのじゃこ和え ---------- 123

いわし

いりこの土佐酢漬け ---------- 302
くるみの田作りみそ ---------- 333
田作り ---------- 120
煮干しの佃煮風 ---------- 335
白菜の煮浸し ---------- 124

削り節
- 洋風ふりかけ ･･･････････････････････ 120
- レンジごまめ ･･･････････････････････ 191
- さや豆のおかか和え ････････････････ 247
- しめじのおかか煮 ･･････････････････ 105
- 竹の子のじっくり土佐煮 ･･･････････ 285
- 竹の子の土佐煮 ････････････････････ 246
- ふきのおかか煮 ････････････････････ 135

えび
- ごぼう煮 ･･･････････････････････････ 145
- 桜えびの卵煮 ･･････････････････････ 247
- 卵とトマトと干しえびのスープ ････ 175
- 青梗菜と桜えびの蒸し煮 ･･･････････ 105
- 手作り韓国のりと桜えび(ふりかけ) ･･ 336
- 白菜と干しえびの煮浸し ･･･････････ 123
- 干しえびのエスニックスープ ･･････ 255
- 干しえびの中華風クイックがゆ ････ 203

干し貝柱
- 干し貝柱とキャベツのさっぱり煮 ･･ 191

切り干し大根
- 切り干し大根のサラダ ･･････････････ 208
- 切り干し大根の即席漬け ･･･････････ 247
- 切り干し大根の卵とじ ･･････････････ 174
- 五目切り干し大根 ･･････････････････ 208

きくらげ
- きくらげシューマイ ････････････････ 286
- 白きくらげのミネストローネ ･･････ 253

干ししいたけ
- 昆布しいたけ ･･････････････････････ 118
- 鶏肉としいたけのつや煮 ･･･････････ 302
- 干ししいたけと鶏肉の甘辛煮 ･･････ 151
- 干ししいたけと三つ葉のスープ ････ 118

高野豆腐
- 高野豆腐の含め煮 ･･････････････････ 171
- 高野豆腐のロールキャベツ ････････ 171

湯葉
- 里芋の湯葉まぶし ･･････････････････ 147
- 三つ葉とわかめの湯葉巻き ････････ 151

春雨
- 麻婆春雨 ･･･････････････････････････ 151
- 水菜と春雨のベーコン炒め ････････ 127

焼き麩
- 麩とじゃが芋と鶏肉の煮もの ･･････ 151
- 焼き麩と小松菜の煮浸し ･･･････････ 151

粉寒天
- 巨峰の錦玉 ････････････････････････ 423
- 三温糖入り水ようかん ･･････････････ 420
- じゅんさいの錦玉 ･･････････････････ 421
- デコポンの錦玉 ････････････････････ 423
- プチトマトの錦玉 ･･････････････････ 421
- 豆かん ･････････････････････････････ 423

粉ゼラチン
- アセロラはちみつグミ ･･････････････ 399
- 基本の白いマシュマロ ･･････････････ 398
- ココアのマシュマロ ････････････････ 398
- 大根ゼリーカラメルソースがけ ････ 304
- はちみつヨーグルトグミ ･･･････････ 399
- フルーツいっぱいのゼリーフラッペ ･･ 304
- 抹茶のマシュマロ ･･････････････････ 398

缶詰・瓶詰・レトルト食品

ツナ
- アスパラガスとツナのキッシュ風 ･･ 175
- 具だくさんの茶碗蒸し ･･････････････ 172
- サラダずし ････････････････････････ 251
- サラダニソワーズ ･･････････････････ 224
- ツナそぼろ ････････････････････････ 120
- ツナのふりかけ ････････････････････ 191
- にんじんサラダ ････････････････････ 143
- 白菜とツナの蒸し煮 ････････････････ 291
- ピーマンとツナのトマト煮 ････････ 138

帆立て貝柱
- アスパラガスと帆立て缶の蒸し煮 ･･ 134
- さっぱり中華がゆ ･･････････････････ 264
- 大根と帆立て缶の煮もの ･･･････････ 142
- 青梗菜の貝柱あんかけ ･･････････････ 215
- なすと帆立て缶のカレー ･･･････････ 131
- 帆立て貝柱と青梗菜のサッと煮 ････ 212
- 帆立て貝柱のおこわ ････････････････ 198
- 帆立て缶の中華風スープ ･･･････････ 255
- レタスと帆立て缶のスープ ････････ 123

あさり
- あさりの佃煮 ･･････････････････････ 109
- キャベツとあさりの中華蒸し ･･････ 123
- 中華がゆ ･･･････････････････････････ 292
- もやしとあさりのからし和え ･･････ 227

かに
- かにとかぶのスープ ････････････････ 252
- かにトマトご飯 ････････････････････ 266
- かにのクリームスープ ･･････････････ 264
- 青梗菜とかにの卵炒め ･･････････････ 128
- 冬のかにと三つ葉(おこわ) ･･････････ 25

その他魚介類
- 赤貝と菜の花のオイスター煮 ･･････ 289
- キャベツとかきの炒もの ･･･････････ 217
- 鮭チャーハン ･･････････････････････ 203
- 鮭ポテ ･････････････････････････････ 222
- さばのみそ煮缶と野菜の煮もの ････ 208
- さんまのかば焼き丼 ････････････････ 250

トマトの水煮
- あさりのブイヤベース風 ･･･････････ 191

あじのミートソース風パスタ 182
チキンとピーマンのトマト煮 162
夏野菜のトマト煮 150
ミートソース 166
ミートボールシチュー 167
レンジトマトソース 150
マッシュルームの水煮
キャベツいっぱいミートローフ 288
牛肉とブロッコリーの炒めもの 241
クイックリゾット 292
白きくらげのミネストローネ 253
ズッキーニのキッシュ風 226
ポーチドエッグ入り野菜のトマト煮 173
ゆで小豆
小豆カラメルクリーム 440
かぼちゃの簡単いとこ煮 211
栗茶巾 31
黒糖小豆 427
道明寺粉入り水ようかん 420
その他野菜類
アスパラ缶のクリームスープ 254
えびとオクラのコーンクリーム煮 190
えびレタスロールのなめこあんかけ 287
クイックリゾット 292
コーンマヨネーズ入りパン 357
なめこドレッシングの大根サラダ 194
ボルシチ風スープ 155
モロヘイヤのなめたけ和え 127
コンビーフ
カップコロッケ 216
コンビーフキャベツの炒め風 125
玉ねぎのコンビーフ煮 143
なすとコンビーフのチーズ焼き 131
その他
カレーパン 353
玄米雑炊 267
鶏レバーの八角煮 163

時間別 索引

電子レンジ加熱時間

主食とおかず

～30秒

厚揚げのガドガド風 224
かぶと赤ピーマンのコンソメゼリー添え 142
クレソンのお浸し 103
昆布チップ 195
サーモンムース 312
ベジタブルライス献立 280
ゆでえびのアボカド和え 190
レンジきゅうりのめかぶ和え 150

40秒～1分

赤練りみそ 332
えのきのパルメザンチーズ和え 179
オクラとわかめのからしじょうゆ 134
オクラ納豆 134
かつおのたたき 113
きゅうりの韓国風冷たいスープ 255
きゅうりのピクルス 150
グリーンアスパラガスの浅漬け 227
ごぼうの胡麻酢和え 264
白練りみそ 332
大根とハムのマリネ 329
たらこと青じそ(ふりかけ) 336
手巻き混ぜご飯献立 266
トマトと豆腐のおかか和え 223
にんじんサラダ 143
にんじんのピクルス 217
ブラウンディップ 315
ベトナム風サンドイッチ 251
ほうれんそうとしめじのお浸し 126
ほうれんそうのカッテージチーズサラダ 126
干ししいたけと三つ葉のスープ 118
モザイクディップ 315
もやしキムチスープ 282
モロヘイヤのとろろやっこ 127
モロヘイヤのなめたけ和え 127
ゆず大根 227

1分10秒～3分

赤貝と菜の花のオイスター煮 289
あさりとえのきだけの酒蒸し 191
あさりの辛み蒸し 191
あじのねぎ蒸し 295
あじのマリネ 328
あじのみそペースト焼き 234
アスパラガスと里芋のポタージュ 178
アスパラガスと帆立て缶の蒸し煮 134
アスパラガスのトマトソースがけ 134
アスパラ缶のクリームスープ 254
厚揚げとキムチの炒め和え 171
厚揚げピザ 171
油揚げと鶏肉の混ぜご飯弁当 247

油揚げの袋煮 ---------- 171
甘辛じゃこしし唐 ---------- 140
いかの足のつや煮 ---------- 232
いわしのシチリア風パン粉焼き ---------- 229
いわしの煮もの ---------- 233
いんげんとたこのからし酢みそ ---------- 333
枝豆スープ ---------- 307
枝豆の和風クリームスープ ---------- 254
えのきとささ身の梅肉風味 ---------- 194
えのきののり佃煮和え ---------- 194
えのきの明太子和え ---------- 194
えびしんじょ椀 ---------- 310
えびの酒蒸し ---------- 100
エリンギとマッシュルームのマリネ ---------- 194
おから入りすいとん ---------- 207
おからのポテトサラダ風 ---------- 171
オクラとろろ汁 ---------- 282
オクラとろろ丼 ---------- 199
オクラの胡麻みそ和え ---------- 134
オニオンピクルス ---------- 283
かきのパン粉焼き ---------- 221
かじきとキムチのレンジ蒸し ---------- 291
カッテージチーズとヨーグルトのポテトサラダ ---------- 179
カップコロッケ ---------- 216
かにトマトご飯献立 ---------- 266
かにのクリームスープ ---------- 264
かぶの甘酢漬け ---------- 324
かぶのピクルス ---------- 142
かぶら蒸し ---------- 145
かぼちゃの簡単いとこ煮 ---------- 211
かぼちゃのニョッキ セージバター ---------- 132
かぼちゃのはちみつレモン煮 ---------- 132
かぼちゃのみそ炒め ---------- 226
カマンベールの簡単フォンデュ ---------- 177
カラーピーマンのピクルス ---------- 326
カリフラワーのコロッケ ---------- 286
カリフラワーの茶巾 ---------- 135
カリフラワーのピクルス カレー風味 ---------- 326
簡単からし豆腐 ---------- 289
がんもどき ---------- 119
きのことわかめの梅みそ蒸し ---------- 193
きのこのあんかけ豆腐 ---------- 170
きのこのクリーム煮 ---------- 177
きのこのマリネサラダ ---------- 193
きのこの和風マリネ ---------- 194
キムチスープ ---------- 255
キムチとナムルの冷やしそうめん ---------- 205
キャベツとあさりの中華蒸し ---------- 123
キャベツとかきの炒めもの ---------- 217
キャベツとベーコンの蒸し煮 ---------- 284
キャベツとりんごの昆布茶漬け ---------- 325
キャベツの甘酢がけ ---------- 264
キャベツのＸＯ醤和え ---------- 214
キャベツのオイスターソース炒め ---------- 122
キャロットみそスープ ---------- 283
牛肉とカラーピーマンのカレー炒め ---------- 154
牛肉と白菜の酸味炒め ---------- 237
牛肉とレタスの中華風サッと炒め ---------- 236
牛肉のたたき ---------- 114
牛肉のトルコ風ヨーグルト焼き ---------- 155
きゅうりの和風ピクルス ---------- 324
魚介の豆乳煮 ---------- 235
金時豆と粒山椒の甘ピリご飯 ---------- 262
金目だいの豆豉蒸し ---------- 184
くるみの田作りみそ ---------- 333
玄米雑炊献立 ---------- 267
ごちそう茶碗蒸し ---------- 101
小松菜と油揚げのレンジ浸し ---------- 129
小松菜ときのこの卵とじ ---------- 128
小松菜のじゃこ浸し ---------- 126
五目切り干し大根 ---------- 208
五目白和え ---------- 168
昆布巻き ---------- 194
鮭チャーハン ---------- 203
鮭と帆立て貝の酒蒸し弁当 ---------- 246
鮭のエスニック風蒸し ---------- 242
鮭のカフェ風弁当 ---------- 270
鮭のテリーヌ ---------- 263
ささ身と竹の子のみそ炒め ---------- 288
ささ身とねぎのエスニックサラダ ---------- 225
ささ身のうずら卵巻き ---------- 161
ささ身のベトナム風サラダ ---------- 243
刺身サラダ ---------- 89
里芋の明太子和え ---------- 285
さやいんげんの胡麻よごし ---------- 139
さやいんげんのベーコン巻き ---------- 139
サラダずし ---------- 251
サラダニソワーズ ---------- 224
しいたけのオイスターソース煮 ---------- 192
しいたけのガーリック焼き ---------- 194
シーフードボウル ---------- 248
しその実ご飯 ---------- 199
じゃが芋のかにかま和え ---------- 146
しゃきしゃきれんこん ---------- 212
じゃこガーリックパン ---------- 251
じゃこしそライス弁当 ---------- 244
春菊のにんにくサラダ ---------- 284
白身魚のカルパッチョ風サラダ ---------- 225
白身魚のケチャップあんかけ ---------- 238
スクランブルエッグ ---------- 174
スクランブルエッグトースト ---------- 251
すずきの酒蒸し ---------- 235
すずきのトマト煮 ---------- 230
スティック野菜とクリームチーズソース ---------- 330

スモークサーモンサンド弁当 245
セロリと蒸し鶏の和えもの 135
セロリの葉とベーコンのチャーハン 203
ソーセージロールキャベツ 122
大根のしょうゆ漬け 325
たたきまぐろののり巻き 234
たっぷりパセリのポテトサラダ 216
たぬききつねご飯 199
玉ねぎのにんにくスープ 254
たらことしらたきの炒り煮 283
鱈となすのピリッと炒めご飯 271
鱈のチリソース 293
タラモサラダ 226
タラモディップ 315
タンドリーチキン弁当 271
チキン照り焼き弁当 245
チャイニーズデリ風ランチ 270
中華風オートミール 250
中華風きゅうり 91
青梗菜とかにの卵炒め 128
づけ鉄火丼 89
手作り韓国のりと桜えび(ふりかけ) 336
豆腐田楽２種 333
豆腐のとろろ蒸し 170
トマトとえびのそうめん 206
鶏そぼろ 166
鶏そぼろと胡麻の混ぜご飯 199
鶏肉とにんにくの茎の辛み炒め 243
鶏肉のカレー風味弁当 247
鶏肉のレンジ蒸しサラダ 214
鶏レバーのにんにく風味煮 290
長芋のすりおろし蒸し 147
なすの与一漬け 131
納豆餅 250
なめこおろしのスクランブルエッグ 174
なめこドレッシングの大根サラダ 194
肉みそ包みご飯 294
煮干しの佃煮風 335
にらとにんじんの胚芽和え 127
にらの胡麻じょうゆ 129
にらの中華風スープ 127
にんじんとセロリのピクルス 327
にんじんのきんぴら 282
にんじんのザーサイ炒め 143
にんじんの南蛮ピクルス 227
にんじんの煮浸しサラダ 144
にんにくの茎とささ身の胡麻じょうゆ和え 134
にんにくの茎とたこのからし酢みそ 134
ねぎチャーハン 202
ねぎ豆腐 143
ねぎの梅肉和え 23
ねぎまのくしゃくしゃ豆腐 232
ハーブソーセージ 286
梅肉もやし 227
白菜とツナの蒸し煮 291
白菜の塩漬け 325
白菜の唐辛子炒め 287
パリッとじゃこチーズ 222
棒々鶏風サラダ 161
ピーナツみそ 333
ピーマンとじゃこの炒り煮 138
ピーマンの塩昆布煮 138
ひき肉ともやしのナムル 215
ひらめの煮こごり 186
ふきのおかか煮 135
豚肉とキャベツのみそ炒め 117
豚肉とにらのキムチ炒め風 243
豚ひき豆腐の四川蒸し 296
豚ひき肉と豆腐のレンジ蒸し 166
豚ヒレ肉のしょうが煮おろしだれ 239
プチトマトのチーズ焼き 176
プルーンチキン弁当 245
ブロッコリーのオイスターソースがけ 215
ブロッコリーの茎の昆布茶風味 134
ブロッコリーのたらこマヨネーズ 135
ブロッコリーの粒マスタード和え 135
ブロッコリーのピーナツバターじょうゆ 135
ブロッコリーのミルクマヨネーズがけ 137
ベーグルサンド弁当 244
ほうれんそうともやしの胡麻みそ和え 210
ほうれんそうのチーズ和え 218
ほうれんそうののりくるみ和え 126
ポーチドエッグスープ 254
干しえびの中華風クイックがゆ 203
帆立て貝柱と青梗菜のサッと煮 212
帆立てと昆布のバター風味煮 188
帆立てのマリネ 230
ポテトお好み焼き 249
まぐろオクラとんぶり丼 89
まぐろの刺身 89
水菜と油揚げのサッと煮 126
水菜のピーナツバター和え 126
三つ葉とわかめの湯葉巻き 151
三つ葉のあったかお浸し 212
緑野菜の中華風 129
みょうがの甘酢漬け 324
ミルクポテト 289
蒸し鶏とオクラの酢みそがけ 97
蒸し鶏のエスニックサラダ 97
蒸しなすとトマトのサラダ 131
蒸しなすのからし漬け風 99
蒸しなすの胡麻みそだれ 131
蒸しなすのナムル 99
蒸しなすのにんにく風味 131

蒸しなすの薬味たたき 99
蒸しなすのヨーグルト和え 99
メキシコ風牛肉の酢漬け焼き 155
もずくと梅干しの即席スープ 195
もやしとあさりのからし和え 227
もやしと昆布のスープ 255
もやしとささ身のタイ風サラダ 227
もやしとベーコンのお浸し 211
もやしのナムル 151
もやしのにら納豆 227
もやしのピリ辛 222
モロッコいんげんとスナップえんどうのチーズソース 139
モロッコいんげんのからし酢みそ和え 139
モロヘイヤと豆腐のチャンプルー 219
モロヘイヤの納豆和え 127
焼き春巻き 290
焼き麩と小松菜の煮浸し 151
野菜の甘酢漬け 150
ラディッシュのピクルス 327
レタスと帆立て缶のスープ 123
レタスのオイスターソース和え 123
レタスのじゃこ和え 123
れんこんの甘酢漬け 324
れんこんの胡麻マヨネーズ和え 142
れんこんのしそ風味きんぴら 302
レンジごまめ 191
レンジなまりと厚揚げの煮つけ 182
ローストビーフ 152
わかさぎの南蛮漬け 287
わかさぎの和風マリネ 238
わかめとささ身の胡麻だれ和え 195
わかめとセロリの炒めナムル風 195
わけぎといかそうめんのキムチ風味 143
わけぎの酢みそ和え 143
和風ヴィシソワーズ 255
和風オートミール 250
和風バーベキュー 239

3分10秒〜5分

あさりともやしのキムチだれ 220
あさりのオイル蒸し 95
あさりのピリッとしょうが煮 189
あじのビネガーマリネ 294
アスパラガスのベーコンサッと煮 137
温かいかぼちゃのスープ 306
温かいレンジ豆腐 170
いかげそのから揚げ風 190
いかセロリ炒め 188
いかのチリソース風 292
いわしのうま煮 234
いわしのしょうが煮 182
ヴィシソワーズ 307
薄切り肉の簡単酢豚 243
薄焼き卵の五目巻き 115
えのきつくね 213
えび黄身ずし 175
えびとしめじのチリソース 188
えびの山椒風味 238
えびのタイ風スープ 190
えびレタスロールのなめこあんかけ 287
エリンギとしいたけのスープ煮 192
オクラとトマトの卵とじ 174
おろし里芋と野菜ののり巻き 147
かきとしめじの豆乳みそ蒸し 190
かきと豆腐のポン酢仕立て 238
かじきのアーモンドフライ風 183
かじきの甘酢漬け 183
かじきのカレーソース 331
かじきのタンドリー風 242
かじきのチーズパン粉焼き風 230
ガスパチョ 306
かつおのしょうが煮 181
かつおのとろみ煮 109
かぶのひき肉詰め蒸し 213
かぼちゃのサワークリーム和え 130
かぼちゃの粒マスタード炒め 262
かぼちゃのディップサンド 207
かぼちゃのヨーグルトサラダ 179
かぼちゃのレンジ甘煮 226
かぼちゃのレンジバター蒸し 226
かますとみょうがの混ぜご飯 199
からみ明太子餅 342
カリフラワーとかじきのＸＯ醤蒸し 136
カリフラワーのアンチョビソースがけ 136
カリフラワーのカレーピクルス 303
カリフラワーのマッシュサラダ 314
カリフラワーポテト 314
かれいのザーサイ蒸し 242
かれいのしょうが煮 235
簡単オニオングラタンスープ 254
簡単シューマイ 101
簡単すき煮 153
簡単ちらしずし献立 278
きくらげシューマイ 286
きな粉餅 250
きのこの当座煮 210
きのこのピクルス 327
キャベツいっぱいミートローフ 288
キャベツオムレツ 256
キャベツとたこのアンチョビバター 122
キャベツとトマトの中華蒸し 218
キャベツとベーコンのスープ 123
キャベツと焼き豚のオイスターソース炒め 122

牛肉としめじのレモン塩炒め風 ------------ 155
牛肉と竹の子のみそ風味 ------------------ 239
牛肉とブロッコリーの炒めもの ------------ 241
牛肉のオイスターソース炒め弁当 ---------- 246
牛肉の三色ロール ------------------------ 303
キューブサラダ -------------------------- 219
きゅうりのマヨネーズサラダ -------------- 91
銀鱈のピリ辛煮 -------------------------- 187
金目だいとカリフラワーのカレーボイル --- 230
金目だいの香り蒸し ---------------------- 187
クイックリゾット ------------------------ 292
くずし豆腐のスープ ---------------------- 170
具だくさんのかに玉 ---------------------- 172
具だくさんの茶碗蒸し -------------------- 172
クリーミーなスクランブルエッグ ---------- 174
クリームコロッケ ------------------------ 176
くりぬきバーガー献立 -------------------- 269
高野豆腐のロールキャベツ ---------------- 171
ごぼう煮 -------------------------------- 145
小松菜と油揚げの蒸し煮 ------------------ 104
小松菜のお浸し -------------------------- 102
小松菜の卵とじ -------------------------- 174
コンビーフキャベツの炒め風 -------------- 125
サーモンのレモンソース ------------------ 316
鮭とキャベツのサッと煮 ------------------ 235
鮭とコーンのグリル献立 ------------------ 272
鮭とまいたけのバターしょうゆ蒸し -------- 183
鮭丼 ------------------------------------ 199
鮭のクリーム煮 -------------------------- 230
鮭の一口フライ -------------------------- 230
鮭ポテト -------------------------------- 222
ささ身のアスパラ巻き -------------------- 163
ささ身の磯蒸し -------------------------- 163
さつま芋ときのこのグラタン -------------- 149
さつま芋のオレンジ煮 -------------------- 147
里芋と青菜ののり和え -------------------- 147
さばの唐辛子みそ煮 ---------------------- 182
さばのナムプラー焼き -------------------- 242
さばのみそ煮 ---------------------------- 19
さばのみそ煮缶と野菜の煮もの ------------ 208
さやいんげんのさっぱりしょうゆ煮 -------- 141
さやえんどうとあさりの蒸し煮 ------------ 141
さや豆のスクランブルエッグ -------------- 141
さわらの梅蒸し -------------------------- 235
さわらのカレーピカタ -------------------- 242
さわらの野菜あんかけ -------------------- 238
さんまの中華香味蒸し -------------------- 242
さんまの豆豉醤煮 ------------------------ 182
しし唐の豚肉ロール弁当 ------------------ 246
じゃが芋とソーセージのクリームスープ --- 178
白身魚と昆布のレンジ蒸し ---------------- 187
白身魚のカレーマリネ弁当 ---------------- 246
白身魚のはんぺん ------------------------ 313
白身魚の緑茶蒸し ------------------------ 235
スコッチエッグ -------------------------- 165
すずきのガーリックバター焼き ------------ 230
ズッキーニのキッシュ風 ------------------ 226
セロリの葉とわかめのふりかけ ------------ 135
そうめんチャンプルー -------------------- 206
大根のふろふき風 ------------------------ 144
たいとまいたけのサッと煮 ---------------- 186
たこといんげんのバジリコソース和え ----- 231
太刀魚の韓国煮 -------------------------- 242
太刀魚のみそ煮 -------------------------- 295
卵とトマトと干しえびのスープ ------------ 175
卵寄せ風茶碗蒸し ------------------------ 22
玉ねぎとハムのチーズスープ -------------- 178
鱈の甘酢あんかけ ------------------------ 238
鱈のみそマヨ焼き ------------------------ 186
鱈のレンジ蒸し 玉ねぎソース ------------ 186
鱈ピザ ---------------------------------- 186
チーズとヨーグルトの簡単サーモンパテ --- 263
チキンとピーマンのトマト煮 -------------- 162
茶碗蒸し -------------------------------- 175
中華風かきたま汁 ------------------------ 264
中華風蒸し豆腐 -------------------------- 311
チョリソー ------------------------------ 342
青梗菜と桜えびの蒸し煮 ------------------ 105
青梗菜と蒸し鶏のザーサイ和え ------------ 128
青梗菜の貝柱あんかけ -------------------- 215
冷たいかぼちゃのスープ ------------------ 130
手作りソーセージ ------------------------ 164
とうがんのコールドピュレスープ ---------- 138
ドライトマトの冷たいパスタ -------------- 206
鶏肉としいたけのつや煮 ------------------ 302
鶏肉となすの棒々鶏ソース ---------------- 241
鶏肉と野菜ミックスのクリーム煮 ---------- 294
鶏ひき肉と黒胡麻（ふりかけ） ------------ 336
鶏ひき肉のロールレタス ------------------ 231
とろ〜りチーズポテト -------------------- 146
長ねぎのスープ煮 ------------------------ 105
なすと豚肉の重ね蒸し -------------------- 219
なすと帆立てのチャイニーズサラダ -------- 223
懐かしのソースドライカレー -------------- 248
納豆チャーハン -------------------------- 202
納豆蒸し卵 ------------------------------ 175
生鮭のチーズクリームソース -------------- 330
にらの卵とじ ---------------------------- 127
ねぎま汁 -------------------------------- 182
のり巻き卵 ------------------------------ 26
白菜と干しえびの煮浸し ------------------ 123
白菜の煮浸し ---------------------------- 124
バター梅ご飯 ---------------------------- 94
棒々鶏 ---------------------------------- 97

ピーマンとツナのトマト煮 138
冷やし中華 204
ピリ辛きゅうり 91
ピリ辛こんにゃく 119
藤野流牛肉のたたき 236
藤野流さばのみそ煮 181
豚かたまり肉の簡単煮 157
豚キムチのり巻き 243
豚肉とキャベツのロール巻き 236
豚肉と小松菜のスープ煮 158
豚肉と昆布の香味野菜煮 239
豚肉と長芋のナムプラー炒め 243
豚肉のキムチ炒め 156
豚肉のにらキムチロール 159
豚肉ののりチーズ巻き 159
豚ひき肉とザーサイのレンジ蒸し 166
豚ひき肉の高菜炒め 239
豚ヒレ肉とブロッコリーのゆで豚風 239
フランクフルトソーセージ 342
ぶりのコチュジャン焼き 242
ぶりのみそ照り焼き 180
ブロッコリーのひき肉包み 231
ほうれんそうのお浸し 93
ほうれんそうの簡単白和え 213
ほうれんそうの胡麻和え 93
ポーチドエッグとブロッコリーのハムサラダ 256
干しえびのエスニックスープ 255
干ししいたけと鶏肉の甘辛煮 151
帆立て缶の中華風スープ 255
帆立てとアスパラガスのバター風味 230
ホットサラダ献立 268
ポテトサラダ 226
ホワイトソース 107
まぐろ納豆ご飯 94
まぐろのみそ煮 234
豆豆の酢じょうゆ漬け 169
ミートボールイタリアン 228
ミートボールのトマトソースがけ 28
ミートボールのトマト煮 165
水菜と春雨のベーコン炒め 127
ミックス野菜の蒸し煮 303
ミネストローネ 206
蒸し鶏 96
蒸し鶏のキムチスープ 97
蒸し鶏の梅肉和え 220
蒸し鶏の浸し漬け 160
蒸しなすのお浸し 98
蒸し豚の特製ソースがけ 157
めかぶとなめたけの雑炊 250
もずく雑炊献立 267
もやしとかにかまの煮浸し 227
焼きそば 207
焼き肉のホットサラダ 243
野菜増量焼きそば 293
野菜の簡単マリネ 329
野菜のチーズ焼き 179
リゾットスープ 264
冷凍ポテトの簡単グラタン 146
レタスとハムのコンソメ煮 123
レタスとプチトマトの蒸し煮 124
レトロバーグ 308
レバーとにんにくの茎の炒めもの 163
レバーペースト 163
れんこんの梅肉甘じょうゆ煮 144
れんこんのビーフきんぴら 142
レンジココット 173
レンジ肉だんご 165
ローストポーク パインソース 158
わかめとなすの韓国風和えもの 193
わかめとねぎのスープ 195
わかめ寄せ豆腐 309
和風パンプキンサラダ 226

5分10秒〜10分

あさりの佃煮 109
あさりのパスタ 205
あさりのブイヤベース風 191
あさりのみそ汁 95
あじの塩焼き 234
あじのハーブ・ガーリック焼き 180
あじのミートソース風パスタ 182
アスパラガスとツナのキッシュ風 175
温かいヴィシソワーズ 146
油で揚げないフライドチキン 162
いかシューマイ 310
いかすみもどきスパゲティ 249
いかと黄にらの豆豉炒め 189
いかとキャベツとトマトのマリネ 190
いりこの土佐酢漬け 302
炒り豆腐 170
いわしの梅煮 182
うなぎとしいたけの卵とじ丼 199
えびとアスパラガスのバターソース 331
おから煮 169
おかわりなしの豚汁 253
おろしにんじんとトマトのスープ 254
かきのスピードクリームシチュー 252
かじきの生トマト煮込み 229
かつおと大根の和風煮 234
かにとかぶのスープ 252
かぶのミルク煮 177
かぼちゃとさつま揚げのスープ 254
かぼちゃとベーコンのチーズ焼き 130

かぼちゃのひき肉カレー煮 ---------- 130
かぼちゃのレンジサラダ ---------- 216
カリカリじゃことピーマンの和えもの ---------- 191
カリフラワーの塩辛バターソース ---------- 136
かれいの煮つけ ---------- 187
カレーおこわ ---------- 202
変わりきんぴら ---------- 220
簡単マッシュポテト風 ---------- 217
簡単ミートローフ ---------- 166
簡単レバームース ---------- 312
キーマカレー ---------- 228
きのこのスープ ---------- 254
きのこのハーブマリネ ---------- 328
きのこのレンジ蒸し ---------- 192
きのこハーブスープ献立 ---------- 269
きのこビーフ ---------- 154
牛肉そぼろ ---------- 334
牛肉とキャベツのオクラトマト煮 ---------- 231
牛肉とキャベツの辛みそ炒め ---------- 154
牛肉とごぼうのコチュジャン炒め ---------- 154
牛肉と青梗菜のオイスターソース炒め煮風 - 238
牛肉とブロッコリーのダブルソース炒め ---------- 154
牛肉のバルサミコソース ---------- 331
牛ひき肉のメキシコ風ミートソース ---------- 231
きゅうりとわかめの酢のもの ---------- 91
切り干し大根のサラダ ---------- 208
切り干し大根の卵とじ ---------- 174
銀むつのムニエル ---------- 113
くず豆腐 ---------- 284
具だくさんの鉢蒸し ---------- 172
クリームシチュー ---------- 178
栗きんとん ---------- 149
グリンピースのスープ煮 ---------- 139
黒胡麻のおかゆ ---------- 203
胡麻かやくご飯 ---------- 199
小松菜のシューマイ ---------- 126
子持ちかれいのふっくら煮 ---------- 184
こんにゃくのそぼろ炒め ---------- 167
昆布しいたけ ---------- 118
昆布の佃煮風 ---------- 335
鮭そぼろ ---------- 334
鮭とじゃが芋のバター風味弁当 ---------- 246
鮭と豆腐の酒蒸し ---------- 27
鮭と豚肉のレンジ蒸し ---------- 183
鮭の香草焼き ---------- 183
鮭のさっぱり煮 ---------- 233
鮭のポテトクリームソースがけ ---------- 183
さっぱり中華がゆ ---------- 264
里芋といかのうま煮 ---------- 147
里芋のそぼろ煮 ---------- 223
里芋の湯葉まぶし ---------- 147
里芋マッシュのベーコンドレッシング ---------- 147
さばの酒蒸し根菜サラダ添え ---------- 237
さやえんどうと魚介のクリーム煮 ---------- 138
サワークラウト ---------- 326
三色そぼろ丼 ---------- 309
さんまのかば焼き丼 ---------- 250
さんまの山椒煮 ---------- 181
さんまの塩焼き ---------- 234
しめじ入りハッシュドビーフ ---------- 153
しめじのおかか煮 ---------- 105
じゃが芋ときのこのみそ仕立てスープ ---------- 255
じゃが芋と玉ねぎのミルクチーズ煮 ---------- 179
じゃが芋のシンプル煮 ---------- 148
じゃが芋のバターしょうゆ ---------- 218
じゃことベーコンとピーナツ（ふりかけ） ---------- 336
汁ビーフン ---------- 207
白きくらげのミネストローネ ---------- 253
白身魚のグリル風バルサミコソース ---------- 185
白身魚のでんぶ ---------- 334
白身魚の白菜包み蒸し ---------- 186
すずきのねぎしょうが煮 ---------- 235
スタッフドピーマン ---------- 138
スパイシースペアリブ ---------- 156
スパゲティカルボナーラ ---------- 251
スパゲティボンゴレ献立 ---------- 273
大根ステーキ ---------- 142
大根と帆立て缶の煮もの ---------- 142
大豆と豚ばら肉の煮込み ---------- 171
たいのあらとわかめの酒蒸し ---------- 100
たいのあら煮 ---------- 185
たいのかぶと蒸し ---------- 187
竹の子のじっくり土佐煮 ---------- 285
竹の子の当座煮 ---------- 335
田作り ---------- 120
卵ライス献立 ---------- 278
玉ねぎのコンビーフ煮 ---------- 143
たら玉ご飯弁当 ---------- 247
鱈のガーリック焼き ---------- 186
鱈のみそ焼き ---------- 186
チキンのトマト煮献立 ---------- 275
チキンライス献立 ---------- 279
中華ちまき ---------- 200
青梗菜と油揚げのレンジ煮浸し ---------- 127
青椒肉絲 ---------- 140
漬けものチャーハン ---------- 250
ツナそぼろ ---------- 120
ツナのふりかけ ---------- 191
手羽先とキャベツのスープ煮レモン風味 ---------- 163
手羽中の紹興酒蒸し ---------- 162
とうがんとささ身のとろとろスープ ---------- 138
豆腐と枝豆のうま煮 ---------- 211
豆腐とじゃこの雑炊 ---------- 250
豆腐ともやしのチャンプルー風 ---------- 168

豆腐とゆで野菜の肉みそがけ 332
豆腐鍋 170
ドライカレー 167
鶏山菜おこわ 111
鶏雑炊 203
鶏肉だんご献立 277
鶏肉のオレンジソース煮 316
鶏肉のテリーヌ風ひき肉ロール蒸し 164
鶏肉の照り焼き 23
鶏肉のとろみ照り焼き 113
鶏肉のマスタードソース 160
鶏肉の蒸しもの献立 274
鶏レバーの八角煮 163
とろろ蒸しうどん 206
長芋雑煮 149
なすとベーコンのクリームスープ蒸し 176
なすの簡単みそ煮 210
なすの胡麻じょうゆ 131
なすのしぎ焼き風 133
なすの豚肉巻き蒸し 158
夏野菜のトマト煮 150
夏野菜の蒸し煮 130
生鮭のれんこん蒸し 295
なまり節のそぼろ 334
肉だんごと白菜の蒸し煮 239
肉豆腐 169
煮汁たっぷりの銀鱈の煮つけ 187
ねぎ巻き肉の梅肉蒸し 156
白菜とハムのクリーム煮 123
バターかぼちゃ 130
ハムグラタン 179
パンスープ献立 268
はんぺんオニオンスープ 254
ビーフストロガノフ 231
ひき肉れんこん蒸し 167
ひじきとセロリの梅煮 195
ひじきとひき肉の炒め煮 195
ひじきの炒り煮 195
ふきと竹の子、わかめの煮もの 135
豚肉ととうがんのしょうが煮 159
豚肉とにんにくの茎のオイスターソース炒め 29
豚肉と白菜のみそ炒め 237
豚肉と白菜の蒸しもの 158
豚肉のマスタードソース献立 276
豚ひきだんごとキムチの酸辣湯 167
豚ひき肉とさきいかの中華風蒸しもの 240
ふっくらレバもやし 221
麩とじゃが芋と鶏肉の煮もの 151
フレンチトースト 251
ヘルシー酢豚 240
回鍋肉 159
ほうれんそうのカレー 93
ポークソテー アップルソース 157
ポーチドエッグ入り野菜のトマト煮 173
干し貝柱とキャベツのさっぱり煮 191
帆立て貝柱とカリフラワーのクリーム煮 189
ホットチーズポテト 262
ポテトとミートソースのグラタン 166
本格麻婆豆腐 170
麻婆豆腐 168
麻婆なす 133
麻婆春雨 151
みそチャーシュー 158
みそ風味ののし鶏 167
ミニ飯蒸し 197
蒸し鶏と蒸しなす 162
蒸し鶏のハーブ焼き 162
蒸しなす 227
もやし、ピーマン、セロリの塩あん 151
焼き豚 114
野菜いっぱいの鶏雑煮 250
野菜エッグボール 263
野菜豆腐のディップ 315
野菜ポトフ 122
洋風ふりかけ 120
ラグーエッグ 175
ラタトゥイユ 133
リッチな豚汁 159
レンジいかめし献立 281
レンジおから 309
レンジオムライス 251
レンジポテトのミートソースがけ 291
レンジマッシュポテト 146
ロースハム 158
ロールキャベツ 124
ロールキャベツライス 249
わかさぎの梅煮 186
わかめのみそ汁 255
和風パスタ たいのたたきのせ 204
和風ミニバーグ弁当 247

10分10秒〜15分

イタリアン鍋焼きうどん 251
えびとオクラのコーンクリーム煮 190
温製キャベツのアーリオ・オーリオ 125
カレーライス 106
牛肉の八幡巻き 154
具だくさん塩鮭汁 183
グレービーチキン 162
高野豆腐の含め煮 171
小松菜と厚揚げのとろみあん 126
五目ご飯 198
鮭と冷凍ポテトのクリームスープ 178

白がゆ 111
スペアリブのオレンジ風味 159
スペアリブのスープ煮 159
そら豆といかのバターしょうゆ蒸し 139
大根と豚肉のスープ煮 105
チーズときのこのリゾット 296
筑前煮 18
中華がゆ 292
鶏肉ときのこのおこわ 296
鶏肉のゴルゴンゾーラチーズソース 330
なすとコンビーフのチーズ焼き 131
なすと帆立て缶のカレー 131
肉かぼちゃ 132
煮込みスパゲティ 206
のっぺい汁 146
白菜と豚ばら肉の重ね蒸し 125
発芽玄米ご飯 19
ハッシュドビーフ 155
豚肉と大根と昆布の含め煮 24
ブロッコリーと蒸し鶏の中華風サラダ 137
ほくほく肉じゃが 148
ミートボールシチュー 167
蒸し鶏の薬味ソースがけ 162
野菜スープ 150
レンジトマトソース 150
レンジロールキャベツ 122

15分10秒〜

青豆とベーコンのリゾット 201
秋のきのこ（おこわ） 24
あつあつご飯 111
いかの姿ずし 197
芋・栗おこわ 196
おせんべいビーフシチュー 155
オニオングラタンスープ 143
かきご飯 198
きのこのリゾット 203
サーモンピラフ 201
山菜おこわ 198
赤飯 196
そら豆のリゾット 203
高菜とじゃこのおこわ 198
竹の子ご飯 198
茶めし 198
中華おこわ 200
鶏骨つき肉のカレースープ煮 160
ナシゴレン 202
夏の梅干しとちりめんじゃこ（おこわ） 24
煮豚と煮卵 158
パエリヤ 202
ハムと長ねぎのキッシュ 173
春のグリンピース（おこわ） 25
ビーフカレー 20
冬のかにと三つ葉（おこわ） 25
帆立て貝柱とささ身のテリーヌ 313
帆立て貝柱のおこわ 198
ボルシチ風スープ 155
ホワイトシチュー 178
松たけご飯 198
ミートソース 166
ミートローフ 308
みそ煮込みほうとう風 206
焼き豚の中華風おこわ 202

時間別索引

電子レンジ加熱時間

パンと菓子類

〜30秒

カカオトロピカーナ 399
サバイヨーネ 392
ビターココアムース 394
フルーツいっぱいのゼリーフラッペ 304
フルーツトリュフ 398

40秒〜1分

アイスクリームのベリーソースがけ 317
アセロラはちみつグミ 399
オリーブのフォカッチャ 359
ドーナツ 353
トリュフ 395
はちみつヨーグルトグミ 399
ピザ・マルゲリータ 359
プルーンのワイン漬け 321
ベーグル 358
レアチーズケーキ 396

1分10秒〜3分

小豆カラメルクリーム 440
いちじくのコンポート 320
ウインナロールパン 352
かるかん 428
カレーパン 353

観世風蒸しカステラ 429
栗の茶巾絞り 439
くるみのガレット 390
黒みつ 440
クロワッサン 366
玄米パン 361
コーンマヨネーズ入りパン 357
コーンミールパン 362
黒糖小豆 427
五穀米パン 362
胡麻きな粉餅 344
胡麻パン 350
コロコロパン 346
桜のかるかん 428
さつま芋とりんごの茶巾 322
しがらき 403
白玉だんごのあんずソース 317
白みつ 440
全粒粉パン 361
そば粉のクレープ 115
豆腐のレアチーズケーキ風 304
ドライフルーツパン 350
にんじんパン 355
ハーブパン 350
バゲット 356
バナナオムレツケーキ 385
バナナカスタード 319
パングラタン 207
ピタパン 358
へそ胡麻あんパン 352
ほうれんそう入りパン 357
マシュマロのポテトサンド 440
豆入りパン 350
みかんのココナッツミルクプリン 393
ミニ食パン 354
ライ麦パン 360
りんごのコンポート 320
レーズンパン 355
レンジ蒸しパン 207

3分10秒～5分

青梅 409
いちごシロップ 319
いちご大福 32
いちごのショートケーキ 378
いちご姫 401
うぐいす餅 408
ウフ・ア・ラ・ネージュ 393
オレンジシロップ 319
ガナッシュクリームケーキ 395
かぼちゃあん 323
かぼちゃのモンブラン 398
基本の薄型スポンジケーキ 384
基本のシフォンケーキ 386
基本の白いマシュマロ 398
基本のスポンジケーキ 378
基本の全粒粉パイ 388
基本のチョコレートケーキ 380
くずの茶巾絞り 425
栗茶巾 31
栗のきんとん 439
くるみのパウンドケーキ 387
けし餅 411
ココアのマシュマロ 398
胡麻大福 32
桜餅 400
笹巻き栗 431
そら豆あん 323
大根ゼリーカラメルソースがけ 304
チョコレートムース 394
デコポンの錦玉 423
とうがんのコンポート 321
ドライフルーツとナッツの求肥 413
春の野の道明寺 402
ぶどうシロップ 319
冬いちご 410
抹茶のマシュマロ 398
豆かん 423
明太マフィン 207
焼きたてせんべい 344
やまと芋あん 323
ゆず餅 411
わらび餅 418
わらび餅の黒みつがけ 419

5分10秒～10分

アーモンドスノー 389
アーモンドチュイール 390
青栗 417
あじさい 417
小豆ういろう 429
小豆とあんずの水まんじゅう 424
小豆豆腐 425
アップルピール 343
いちごジャム 318
いちごのきんとん 438
梅ジャム 318
オールドファッションケーキ 384
おはぎの胡麻だれがけ 432
オムレツケーキ 385
オレンジケーキ 379
オレンジのスパイシーコンポート 321

オレンジババロア 396
オレンジピール 343
かしわ餅 406
かぼちゃのきんとん 322
キウイジャム 318
キウイのきんとん 438
キャラメル 399
キャラメルまんじゅう 365
巨峰の錦玉 423
栗道明寺 403
栗蒸しようかん 430
グレープジュースの２層ゼリー 397
小なすと小豆の錦玉 421
ころ柿 407
さつま芋あん 323
さつま芋のマスカルポーネクリーム 179
三温糖入り水ようかん 420
シガレット 389
じゅんさいの錦玉 421
ちまき 429
ちょうちょ 416
チョコクリームケーキ 380
チョコレートクッキー 391
チョコレートまんじゅう 365
道明寺粉入り水ようかん 420
生ハムとトマトのソフトピザ 21
肉まん 364
にんじんチップス 343
練りきり生地 414
パイナップルジャム 318
バナナジャム 318
はなびら餅 412
花巻 363
プチトマトの錦玉 421
ブルーチーズ＆オリーブまんじゅう 365
抹茶の生八橋風 405
豆と野菜のカップケーキ 101
マンゴーゼリー 397
水玉 416
みたらしだんご 406
ミニロールシフォンケーキ 386
蒸しパンとプルーンソース 317
もみじ山 415
桃の淡雪かん 422
やぶ椿 414
ゆずと小豆の道明寺かん 422
ゆずの月 426
りんごのデニッシュ 368
りんごの生八橋風 404
レモンバタークリームサンド 387
レモンピール 343

10分10秒〜15分

アップルチョコタルト 381
玄米フレーククッキー 391
バナナのせチョコレートケーキ 381
パンプキンパイ 389
松の実風味のチーズケーキ 383
レモンカスタードパイ 388

15分10秒〜

おはぎ 432
カスタードプリン 392
基本のふわふわチーズケーキ 382
サワークリームチーズケーキ 382
抹茶水ようかん 30
水ようかん 30

カロリー別 索引

主食とおかずと軽食類

〜50kcal

青菜のお浸し 246
あさりとえのきだけの酒蒸し 191
あさりの辛み蒸し 191
あさりの酒蒸し 281
あさりのみそ汁 95
アスパラガスと帆立て缶の蒸し煮 134
アスパラ酢みそ 281
アスパラのオイスターソースがけ 277
いちじくのコンポート 320
えのきとささ身の梅肉風味 194
えのきののり佃煮和え 194
えのきの明太子和え 194
オクラとろろ汁 282
オクラとわかめのからしじょうゆ 134
オニオンピクルス 283
かぶの甘酢漬け 324
かぶのピクルス 142
カラーピーマンのピクルス 326
カリカリじゃことピーマンの和えもの 191
カリフラワーのピクルス 246
カリフラワーのピクルス カレー風味 326

カリフラワーポテト 314
簡単ミネストローネ 273
きのことわかめの梅みそ蒸し 193
きのこのスープ 254
きのこの当座煮 210
きのこの和風マリネ 194
キムチスープ 255
キャベツとりんごの昆布茶漬け 325
キャベツのオイスターソース炒め 122
キャロットみそスープ 283
きゅうりとわかめの酢のもの 91
きゅうりの韓国風冷たいスープ 255
きゅうりのピクルス 150
きゅうりの和風ピクルス 324
切り干し大根の即席漬け 247
グリーンアスパラガスの浅漬け 227
クレソンのお浸し 103
小松菜と油揚げの蒸し煮 104
小松菜のお浸し 102
小松菜のじゃこ浸し 126
五目切り干し大根 208
昆布チップ 195
ザーサイスープ 277
さやいんげんの胡麻よごし 139
さやえんどうとあさりの蒸し煮 141
さや豆のおかか和え 247
しいたけのオイスターソース煮 192
しいたけのガーリック焼き 194
しゃきしゃきれんこん 212
即席漬け 278
大根のしょうゆ漬け 325
たたききゅうりの甘酢漬け 246
玉ねぎのにんにくスープ 254
たらことしらたきの炒り煮 283
チョリソー（1本） 342
青梗菜と桜えびの蒸し煮 105
青梗菜の貝柱あんかけ 215
とうがんとささ身のとろとろスープ 138
とうがんのコンポート 321
トマトと豆腐のおかか和え 223
長ねぎのマリネ 275
なめこドレッシングの大根サラダ 194
にらとにんじんの胚芽和え 127
にらの胡麻じょうゆ 129
にらの中華風スープ 127
にんじんチップス 343
にんじんのきんぴら 282
にんじんの南蛮ピクルス 227
にんじんの煮浸しサラダ 144
にんじんのピクルス 217
ねぎの梅肉和え 23
梅肉もやし 227
白菜と干しえびの煮浸し 123
白菜の塩漬け 325
白菜の煮浸し 124
パリッとじゃこチーズ 222
ピーマンの塩昆布煮 138
ひじきとセロリの梅煮 195
ピリ辛きゅうり 91
ふきと竹の子、わかめの煮もの 135
ふきのおかか煮 135
ブロッコリーの茎の昆布茶風味 134
ほうれんそうとしめじのお浸し 126
ほうれんそうのお浸し 93
ほうれんそうのカッテージチーズサラダ 126
ほうれんそうのチーズ和え 218
干しえびのエスニックスープ 255
干ししいたけと三つ葉のスープ 118
帆立て貝柱と青梗菜のサッと煮 212
三つ葉とわかめの湯葉巻き 151
三つ葉のあったかお浸し 212
みょうがの甘酢漬け 324
蒸しなす 227
蒸しなすのお浸し 98
蒸しなすのからし漬け風 99
蒸しなすのナムル 99
蒸しなすの薬味たたき 99
蒸しなすのヨーグルト和え 99
もずくと梅干しの即席スープ 195
もやしキムチスープ 282
もやしとあさりのからし和え 227
もやしとかにかまの煮浸し 227
もやしと昆布のスープ 255
もやしとささ身のタイ風サラダ 227
もやしとベーコンのお浸し 211
もやしのナムル 151
もやしのにら納豆 227
モロッコいんげんのからし酢みそ和え 139
モロヘイヤのなめたけ和え 127
野菜の甘酢漬け 150
ゆず香大根 267
ゆず大根 227
レタススープ 272
レタスとプチトマトの蒸し煮 124
レタスのじゃこ和え 123
れんこんの甘酢漬け 324
れんこんのサラダ 274
レンジきゅうりのめかぶ和え 150
わかめスープ 279
わかめとささ身の胡麻だれ和え 195
わかめとセロリの炒めナムル風 195
わかめとねぎのスープ 195
わかめのみそ汁 255
わけぎといかそうめんのキムチ風味 143

わけぎの酢みそ和え 143

51〜100kcal

あさりともやしのキムチだれ 220
あさりのオイル蒸し 95
あさりのピリッとしょうが煮 189
あさりのブイヤベース風 191
アスパラガスと里芋のポタージュ 178
アスパラガスのトマトソースがけ 134
アスパラガスのラー油しょうゆ 246
甘辛じゃこしし唐 140
いかシューマイ（1個） 310
いかセロリ炒め 188
いかの足のつや煮 232
いかの酢のもの 277
いんげんとたこのからし酢みそ 333
薄焼き卵の五目巻き（1本） 115
枝豆の和風クリームスープ 254
えのきつくね 213
えのきのパルメザンチーズ和え 179
えびしんじょ椀 310
えびとしめじのチリソース 188
えびのタイ風スープ 190
えびレタスロールのなめこあんかけ 287
エリンギとマッシュルームのマリネ 194
オクラ納豆 134
オクラの胡麻みそ和え 134
オレンジのスパイシーコンポート 321
おろし里芋と野菜ののり巻き 147
おろしにんじんとトマトのスープ 254
ガスパチョ 306
カッテージチーズとヨーグルトのポテトサラダ 179
かにとかぶのスープ 252
かぶら蒸し 145
かぼちゃのナムプラー煮 276
かぼちゃのはちみつレモン煮 132
かぼちゃのレンジ甘煮 226
カリフラワースープ 269
カリフラワーのアンチョビソースがけ 136
カリフラワーのカレーピクルス 303
カリフラワーのコロッケ 286
カリフラワーのマッシュサラダ 314
きくらげシューマイ 286
きのこのあんかけ豆腐 170
キャベツとあさりの中華蒸し 123
キャベツとトマトの中華蒸し 218
キャベツとにんじんのサラダ 247
キャベツとベーコンの蒸し煮 284
キャベツの甘酢がけ 264
キャベツのXO醤和え 214
きゅうりのマヨネーズサラダ 91
くず豆腐 284
ごちそう茶碗蒸し 101
ごぼう煮 145
小松菜と油揚げのレンジ浸し 129
小松菜ときのこの卵とじ 128
小松菜の卵とじ 174
五目白和え 168
こんにゃくのそぼろ炒め 167
さつま芋とりんごの茶巾 322
里芋と青菜ののり和え 147
里芋の明太子和え 285
さやいんげんのさっぱりしょうゆ煮 141
さやいんげんのベーコン巻き 139
サワークラウト 326
しめじのおかか煮 105
じゃが芋ときのこのみそ仕立てスープ 255
じゃが芋のバターしょうゆ 218
じゃがバター 278
春菊のにんにくサラダ 284
白きくらげのミネストローネ 253
ズッキーニのキッシュ風 226
ズッキーニのマヨネーズ焼き 245
セロリと蒸し鶏の和えもの 135
大根ステーキ 142
大根と帆立て缶の煮もの 142
大根のふろふき風 144
竹の子のじっくり土佐煮 285
竹の子の土佐煮 246
田作り 120
玉ねぎのコンビーフ煮 143
鱈の甘酢あんかけ 238
鱈のみそ焼き 186
タラモサラダ 226
タラモディップ 315
茶碗蒸し 175
中華風オートミール 250
中華風きゅうり 91
青梗菜と蒸し鶏のザーサイ和え 128
とうがんのコールドピュレスープ 138
トマトみそスープ 278
鶏そぼろ 166
鶏ひき肉のロールレタス 231
長芋雑煮 149
長芋のすりおろし蒸し 147
長ねぎのスープ煮 105
なすと帆立てのチャイニーズサラダ 223
なすの簡単みそ煮 210
なすのしぎ焼き風 133
なすの与一漬け 131
にらの卵とじ 127
にんじんのザーサイ炒め 143
にんじんのたらこ和え 247

にんにくの茎とささ身の胡麻じょうゆ和え - 134
ねぎ豆腐 ---- 143
ねぎまのくしゃくしゃ豆腐 ---- 232
のり巻き卵 ---- 26
ハーブソーセージ ---- 286
白菜の唐辛子炒め ---- 287
棒々鶏風サラダ ---- 161
ピーマンとじゃこの炒り煮 ---- 138
ピーマンとツナのトマト煮 ---- 138
ひらめの煮こごり ---- 186
ピリ辛こんにゃく ---- 119
ブラウンディップ ---- 315
フルーツいっぱいのゼリーフラッペ ---- 304
ブロッコリー和え ---- 274
ブロッコリーのオイスターソースがけ ---- 215
ブロッコリーのオイルがけ ---- 246
ブロッコリーのたらこマヨネーズ ---- 135
ブロッコリーのピーナツバターじょうゆ ---- 135
ブロッコリーのひき肉包み ---- 231
ほうれんそうともやしの胡麻みそ和え ---- 210
ほうれんそうののりくるみ和え ---- 126
ポーチドエッグスープ ---- 254
干しあんずのシロップ漬け ---- 247
帆立て缶の中華風スープ ---- 255
帆立てときのこの紙包み蒸し ---- 273
まぐろの刺身 ---- 89
ミートボールのトマトソースがけ ---- 28
水菜と油揚げのサッと煮 ---- 126
水菜のピーナツバター和え ---- 126
緑野菜の中華風 ---- 129
蒸し鶏とオクラの酢みそがけ ---- 97
蒸し鶏のエスニックサラダ ---- 97
蒸し鶏のキムチスープ ---- 97
蒸し鶏の梅肉和え ---- 220
蒸しなすとトマトのサラダ ---- 131
モザイクディップ ---- 315
もずく雑炊 ---- 267
もやしのピリ辛 ---- 222
モロヘイヤの納豆和え ---- 127
焼き麩と小松菜の煮浸し ---- 151
野菜エッグボール ---- 263
野菜豆腐のディップ ---- 315
野菜ポトフ ---- 122
レタスとハムのコンソメ煮 ---- 123
レタスと帆立て缶のスープ ---- 123
レタスのオイスターソース和え ---- 123
レバーペースト ---- 163
れんこんの胡麻マヨネーズ和え ---- 142
レンジおから ---- 309
レンジごまめ ---- 191
わかさぎの南蛮漬け ---- 287
わかめ寄せ豆腐 ---- 309
和風ヴィシソワーズ ---- 255
和風オートミール ---- 250

101～150kcal

青豆とベーコンのリゾット ---- 201
赤貝と菜の花のオイスター煮 ---- 289
あじの塩焼き ---- 234
あじのねぎ蒸し ---- 295
アスパラガスのベーコンサッと煮 ---- 137
アスパラ缶のクリームスープ ---- 254
温かいレンジ豆腐 ---- 170
厚揚げとキムチの炒め和え ---- 171
厚揚げのガドガド風 ---- 224
油揚げの袋煮 ---- 171
いかげそのから揚げ風 ---- 190
いかと黄にらの豆豉炒め ---- 189
いかのチリソース風 ---- 292
いちご大福 ---- 32
えびの酒蒸し ---- 100
えびの山椒風味 ---- 238
おから入りすいとん ---- 207
おからのポテトサラダ風 ---- 171
おかわりなしの豚汁 ---- 253
温製キャベツのアーリオ・オーリオ ---- 125
かきとしめじの豆乳みそ蒸し ---- 190
かきのパン粉焼き ---- 221
かつおと大根の和風煮 ---- 234
かつおのしょうが煮 ---- 181
かつおのたたき ---- 113
かつおのとろみ煮 ---- 109
カップコロッケ ---- 216
かぶのひき肉詰め蒸し ---- 213
かぼちゃの簡単いとこ煮 ---- 211
かぼちゃのサワークリーム和え ---- 130
かぼちゃのみそ炒め ---- 226
かぼちゃのヨーグルトサラダ ---- 179
かぼちゃのレンジサラダ ---- 216
かぼちゃのレンジバター蒸し ---- 226
カリフラワーの茶巾 ---- 135
かれいのザーサイ蒸し ---- 242
かれいのしょうが煮 ---- 235
変わりきんぴら ---- 220
簡単オニオングラタンスープ ---- 254
きな粉ミルク ---- 268
きのこのハーブマリネ ---- 328
きのこのレンジ蒸し ---- 192
きのこビーフ ---- 154
キムチとナムルの冷やしそうめん ---- 205
キャベツいっぱいミートローフ ---- 288
キャベツとたこのアンチョビバター ---- 122
キャベツとベーコンのスープ ---- 123

キャベツと焼き豚のオイスターソース炒め - 122
牛肉と白菜の酸味炒め ---- 237
牛肉とブロッコリーの炒めもの ---- 241
牛肉のたたき ---- 114
切り干し大根のサラダ ---- 208
切り干し大根の卵とじ ---- 174
具だくさんのかに玉 ---- 172
具だくさんの茶碗蒸し ---- 172
具だくさんの鉢蒸し ---- 172
栗茶巾 ---- 31
くりぬきバーガー ---- 269
高野豆腐のロールキャベツ ---- 171
ごぼうの胡麻酢和え ---- 264
胡麻大福 ---- 32
小松菜と厚揚げのとろみあん ---- 126
子持ちかれいのふっくら煮 ---- 184
コンビーフキャベツの炒め風 ---- 125
昆布しいたけ ---- 118
昆布巻き ---- 194
桜えびの卵煮 ---- 247
鮭と豆腐の酒蒸し ---- 27
鮭とまいたけのバターしょうゆ蒸し ---- 183
鮭のエスニック風蒸し ---- 242
鮭のさっぱり煮 ---- 233
鮭ポテト ---- 222
ささ身と竹の子のみそ炒め ---- 288
ささ身とねぎのエスニックサラダ ---- 225
ささ身のアスパラ巻き ---- 163
ささ身の磯蒸し ---- 163
ささ身のベトナム風サラダ ---- 243
さつま芋の甘煮 ---- 246
さつま芋のオレンジ煮 ---- 147
里芋の湯葉まぶし ---- 147
さばのナムプラー焼き ---- 242
さばのみそ煮缶と野菜の煮もの ---- 208
じゃが芋のかにかま和え ---- 146
白がゆ ---- 111
白身魚のカルパッチョ風サラダ ---- 225
白身魚のはんぺん ---- 313
白身魚の緑茶蒸し ---- 235
スクランブルエッグ ---- 174
すずきのねぎしょうが煮 ---- 235
そば粉のクレープ ---- 115
大根ゼリーカラメルソースがけ ---- 304
たいとまいたけのサッと煮 ---- 186
たいのあらとわかめの酒蒸し ---- 100
たたきまぐろののり巻き ---- 234
卵とトマトと干しえびのスープ ---- 175
鱈のレンジ蒸し　玉ねぎソース ---- 186
タンドリーチキン ---- 271
中華風かきたま汁 ---- 264
青椒肉絲 ---- 140
手羽中の紹興酒蒸し ---- 162
豆腐鍋 ---- 170
豆腐のとろろ蒸し ---- 170
豆腐のレアチーズケーキ風 ---- 304
鶏肉だんご ---- 277
鶏肉のレンジ蒸しサラダ ---- 214
なすと帆立て缶のカレー ---- 131
なすの胡麻じょうゆ ---- 131
納豆スープ ---- 276
納豆蒸し卵 ---- 175
夏野菜の蒸し煮 ---- 130
生鮭のれんこん蒸し ---- 295
にんじんサラダ ---- 143
にんにくの茎とたこのからし酢みそ ---- 134
白菜とツナの蒸し煮 ---- 291
白菜とハムのクリーム煮 ---- 123
はんぺんオニオンスープ ---- 254
ひき肉ともやしのナムル ---- 215
ひじきの炒り煮 ---- 195
藤野流牛肉のたたき ---- 236
豚かたまり肉の簡単煮 ---- 157
豚キムチのり巻き ---- 243
豚肉とキャベツのみそ炒め ---- 117
豚肉と昆布の香味野菜煮 ---- 239
豚肉と玉ねぎのケチャップ風味 ---- 247
豚肉ととうがんのしょうが煮 ---- 159
豚肉とにんにくの茎のオイスターソース炒め ---- 29
豚肉のキムチ炒め ---- 156
豚ひきだんごとキムチの酸辣湯 ---- 167
豚ひき肉の高菜炒め ---- 239
豚ヒレ肉とブロッコリーのゆで豚風 ---- 239
プチトマトのチーズ焼き ---- 176
フランクフルトソーセージ（1本） ---- 342
ブロッコリーの粒マスタード和え ---- 135
ブロッコリーのミルクマヨネーズがけ ---- 137
ベーコンのバターしょうゆ ---- 246
ほうれんそうのカレー ---- 93
ほうれんそうの簡単白和え ---- 213
ほうれんそうの胡麻和え ---- 93
ポーチドエッグとブロッコリーのハムサラダ ---- 256
干し貝柱とキャベツのさっぱり煮 ---- 191
帆立てと昆布のバター風味煮 ---- 188
ホットサラダ ---- 268
ホットチーズポテト ---- 262
ポテトお好み焼き ---- 249
豆とりんごサラダ ---- 279
水菜と春雨のベーコン炒め ---- 127
ミックス野菜の蒸し煮 ---- 303
ミルクポテト ---- 289
蒸し鶏 ---- 96
蒸しなすの胡麻みそだれ ---- 131
蒸しなすのにんにく風味 ---- 131

モロッコいんげんとスナップえんどうのチーズソース - 139
焼き春巻き 290
野菜の簡単マリネ 329
野菜のチーズ焼き 179
リッチな豚汁 159
りんごのコンポート 320
レバーとにんにくの茎の炒めもの 163
れんこんの梅肉甘じょうゆ煮 144
レンジココット 173
ローストビーフ 152
ロールキャベツ 124
わかさぎの梅煮 186
わかめとなすの韓国風和えもの 193
和風パンプキンサラダ 226

151～200kcal

あじのハーブ・ガーリック焼き 180
あじのビネガーマリネ 294
アスパラガスとツナのキッシュ風 175
温かいかぼちゃのスープ 306
いかすみもどきスパゲティ 249
いかの姿ずし 197
炒り豆腐 170
枝豆ご飯 274
えび黄身ずし 175
えびとアスパラガスのバターソース 331
エリンギとしいたけのスープ煮 192
オニオングラタンスープ 143
かきと豆腐のポン酢仕立て 238
かきのスピードクリームシチュー 252
かじきとキムチのレンジ蒸し 291
かにのクリームスープ 264
かぶと赤ピーマンのコンソメゼリー添え 142
かぼちゃとさつま揚げのスープ 254
かぼちゃの粒マスタード炒め 262
カマンベールの簡単フォンデュ 177
カリフラワーとかじきのXO醤蒸し 136
カリフラワーの塩辛バターソース 136
かれいの煮つけ 187
簡単からし豆腐 289
簡単すき煮 153
簡単マッシュポテト風 217
がんもどき 119
キーマカレー 228
きのこのマリネサラダ 193
きのこハーブスープ 269
キャベツオムレツ 256
キャベツとかきの炒めもの 217
牛肉とキャベツのオクラトマト煮 231
牛肉とキャベツの辛みそ炒め 154
牛肉とごぼうのコチュジャン炒め 154
牛肉と竹の子のみそ風味 239
牛肉とレタスの中華風サッと炒め 236
牛肉の三色ロール 303
牛ひき肉のメキシコ風ミートソース 231
魚介の豆乳煮 235
金目だいの香り蒸し 187
金目だいの豆豉蒸し 184
クイックリゾット 292
くずし豆腐のスープ 170
具だくさん塩鮭汁 183
クリーミーなスクランブルエッグ 174
黒胡麻のおかゆ 203
玄米雑炊 267
高野豆腐の含め煮 171
胡麻きな粉餅 344
鮭とコーンのグリル 272
刺身サラダ 89
里芋のそぼろ煮 223
さばの唐辛子みそ煮 182
さばのみそ煮 19
さやえんどうと魚介のクリーム煮 138
さわらの梅蒸し 235
しし唐の豚肉ロール 246
しその実ご飯 199
しめじ入りハッシュドビーフ 153
じゃが芋と玉ねぎのミルクチーズ煮 179
じゃが芋のシンプル煮 148
白身魚と昆布のレンジ蒸し 187
白身魚のグリル風バルサミコソース 185
白身魚のケチャップあんかけ 238
白身魚の白菜包み蒸し 186
すずきのガーリックバター焼き 230
すずきの酒蒸し 235
ソーセージのチーズ風味 247
大根と豚肉のスープ煮 105
たいのあら煮 185
たいのかぶと蒸し 187
太刀魚のみそ煮 295
たっぷりパセリのポテトサラダ 216
卵寄せ風茶碗蒸し 22
玉ねぎとハムのチーズスープ 178
鱈のガーリック焼き 186
鱈のチリソース 293
鱈のみそマヨ焼き 186
鱈ピザ 186
チーズとヨーグルトの簡単サーモンパテ 263
中華がゆ 292
青梗菜とかにの卵炒め 128
手巻き混ぜご飯 266
豆腐と枝豆のうま煮 211
鶏肉としいたけのつや煮 302
鶏肉とにんにくの茎の辛み炒め 243

鶏肉と野菜ミックスのクリーム煮 ---------- 294
鶏肉の蒸しもの ---------- 274
鶏レバーのにんにく風味煮 ---------- 290
なすと豚肉の重ね蒸し ---------- 219
菜飯 ---------- 276
肉かぼちゃ ---------- 132
肉だんごと白菜の蒸し煮 ---------- 239
肉みそ包みご飯 ---------- 294
ねぎ巻き肉の梅肉蒸し ---------- 156
のっぺい汁 ---------- 146
バターかぼちゃ ---------- 130
発芽玄米ご飯 ---------- 19
棒々鶏 ---------- 97
豚肉と小松菜のスープ煮 ---------- 158
豚肉と大根と昆布の含め煮 ---------- 24
豚肉と白菜のみそ炒め ---------- 237
豚肉と白菜の蒸しもの ---------- 158
豚肉のマスタードソース ---------- 276
豚ひき肉とさきいかの中華風蒸しもの ---------- 240
豚ひき肉と豆腐のレンジ蒸し ---------- 166
豚ヒレ肉のしょうが煮おろしだれ ---------- 239
ふっくらレバもやし ---------- 221
麩とじゃが芋と鶏肉の煮もの ---------- 151
ブロッコリーと蒸し鶏の中華風サラダ ---------- 137
ベジタブルライス ---------- 280
ベトナム風サンドイッチ ---------- 251
ポーチドエッグ入り野菜のトマト煮 ---------- 173
ほくほく肉じゃが ---------- 148
帆立て貝柱とカリフラワーのクリーム煮 ---------- 189
ホットアップル ---------- 269
ボルシチ風スープ ---------- 155
麻婆豆腐 ---------- 168
麻婆なす ---------- 133
まぐろのみそ煮 ---------- 234
抹茶水ようかん ---------- 30
豆豆の酢じょうゆ漬け ---------- 169
ミートボールイタリアン ---------- 228
水ようかん ---------- 30
ミニ飯蒸し(うに) ---------- 197
めかぶとなめたけの雑炊 ---------- 250
明太マフィン(1個) ---------- 207
モロヘイヤのとろろやっこ ---------- 127
野菜増量焼きそば ---------- 293
ラタトゥイユ ---------- 133
れんこんのビーフきんぴら ---------- 142
レンジポテトのミートソースがけ ---------- 291
レンジマッシュポテト ---------- 146
レンジ蒸しパン ---------- 207
レンジロールキャベツ ---------- 122
ロールキャベツライス ---------- 249
わかさぎの和風マリネ ---------- 238
和風パスタ たいのたたきのせ ---------- 204

201～250kcal

アイスクリームのベリーソースがけ ---------- 317
厚揚げピザ ---------- 171
いかとキャベツとトマトのマリネ ---------- 190
いわしのうま煮 ---------- 234
いわしのシチリア風パン粉焼き ---------- 229
いわしのしょうが煮 ---------- 182
いわしの煮もの ---------- 233
ヴィシソワーズ ---------- 307
梅ジャム ---------- 318
枝豆スープ ---------- 307
オクラとトマトの卵とじ ---------- 174
かじきのカレーソース ---------- 331
かじきのタンドリー風 ---------- 242
かじきのチーズパン粉焼き風 ---------- 230
かじきの生トマト煮込み ---------- 229
かぶのミルク煮 ---------- 177
かぼちゃのひき肉カレー煮 ---------- 130
牛肉とカラーピーマンのカレー炒め ---------- 154
牛肉と青梗菜のオイスターソース炒め煮風 ---------- 238
牛肉とブロッコリーのダブルソース炒め ---------- 154
金目だいとカリフラワーのカレーボイル ---------- 230
グリンピースのスープ煮 ---------- 139
コーンミールパン ---------- 362
胡麻かやくご飯 ---------- 199
鮭の香草焼き ---------- 183
さつま芋ときのこのグラタン ---------- 149
里芋マッシュのベーコンドレッシング ---------- 147
さばの酒蒸し根菜サラダ添え ---------- 237
さや豆のスクランブルエッグ ---------- 141
さわらのカレーピカタ ---------- 242
さわらの野菜あんかけ ---------- 238
さんまの豆豉醤煮 ---------- 182
白身魚のカレーマリネ ---------- 246
すずきのトマト煮 ---------- 230
スタッフドピーマン ---------- 138
スティック野菜とクリームチーズソース ---------- 330
スパイシースペアリブ ---------- 156
全粒粉パン ---------- 361
大根とハムのマリネ ---------- 329
チキンのトマト煮 ---------- 275
筑前煮 ---------- 18
中華ちまき(1個) ---------- 200
青梗菜と油揚げのレンジ煮浸し ---------- 127
手作りソーセージ ---------- 164
手羽先とキャベツのスープ煮レモン風味 ---------- 163
豆腐田楽2種 ---------- 333
鶏肉ときのこのおこわ ---------- 296
鶏肉となすの棒々鶏ソース ---------- 241
鶏肉のオレンジソース煮 ---------- 316
鶏肉のテリーヌ風ひき肉ロール蒸し ---------- 164

鶏レバーの八角煮 163
夏野菜のトマト煮 150
煮汁たっぷりの銀鱈の煮つけ 187
にんじんパン 355
ねぎま汁 182
パンスープ 268
ひじきとひき肉の炒め煮 195
藤野流さばのみそ煮 181
豚肉とにらのキムチ炒め風 243
豚肉ののりチーズ巻き 159
豚ひき豆腐の四川蒸し 296
フレンチトースト 251
ヘルシー酢豚 240
干しえびの中華風クイックがゆ 203
干ししいたけと鶏肉の甘辛煮 151
帆立てとアスパラガスのバター風味 230
帆立てのマリネ 230
ポテトサラダ 226
ポテトとミートソースのグラタン 166
ホワイトソース 107
ミニ飯蒸し(えび) 197
蒸し鶏の浸し漬け 160
蒸し豚の特製ソースがけ 157
メキシコ風牛肉の酢漬け焼き 155
もやし、ピーマン、セロリの塩あん 151
モロヘイヤと豆腐のチャンプルー 219
焼き豚 114
ゆでえびのアボカド和え 190
ライ麦パン 360
ラグーエッグ 175
リゾットスープ 264
冷凍ポテトの簡単グラタン 146
レンジいかめし 281
レンジなまりと厚揚げの煮つけ 182
レンジ肉だんご 165
ローストポーク パインソース 158
ロースハム 158
和風バーベキュー 239
和風ミニバーグ 247

251~300kcal

あさりのパスタ 205
あじのマリネ 328
あじのみそペースト焼き 234
あつあつご飯 111
おから煮 169
おせんべいビーフシチュー 155
かじきの甘酢漬け 183
かにトマトご飯 266
かぼちゃのニョッキ セージバター 132
簡単シューマイ 101
簡単ちらしずし 278
簡単レバームース(1個) 312
きのこのクリーム煮 177
きのこのリゾット 203
牛肉としめじのレモン塩炒め風 155
キューブサラダ 219
銀鱈のピリ辛煮 187
銀むつのムニエル 113
玄米パン 361
コロコロパン 346
サーモンのレモンソース 316
鮭チャーハン 203
鮭とキャベツのサッと煮 235
鮭とじゃが芋のバター風味 246
鮭と冷凍ポテトのクリームスープ 178
サラダニソワーズ 224
じゃが芋とソーセージのクリームスープ 178
じゃこガーリックパン 251
じゃこしそライス 244
スクランブルエッグトースト 251
ソーセージロールキャベツ 122
そら豆といかのバターしょうゆ蒸し 139
チキンライス 279
中華風蒸し豆腐 311
冷たいかぼちゃのスープ 130
豆腐ともやしのチャンプルー風 168
鶏雑炊 203
鶏肉のマスタードソース 160
とろ～りチーズポテト 146
なすとベーコンのクリームスープ蒸し 176
なすの豚肉巻き蒸し 158
なめこおろしのスクランブルエッグ 174
肉豆腐 169
ハーブパン 350
白菜と豚ばら肉の重ね蒸し 125
バゲット 356
バナナカスタード 319
花巻 363
ひき肉れんこん蒸し 167
ピタパン 358
豚肉とキャベツのロール巻き 236
豚肉と長芋のナムプラー炒め 243
豚肉のにらキムチロール 159
豚ひき肉とザーサイのレンジ蒸し 166
ぶりのみそ照り焼き 180
ベーグル 358
ほうれんそう入りパン 357
本格麻婆豆腐 170
麻婆春雨 151
豆と野菜のカップケーキ(1個) 101
ミートボールのトマト煮 165
みそ風味ののし鶏 167

ミニ食パン ---- 354
ミネストローネ ---- 206
蒸し鶏のハーブ焼き ---- 162
野菜いっぱいの鶏雑煮 ---- 250
野菜スープ ---- 150

301 kcal〜

あじのミートソース風パスタ ---- 182
温かいヴィシソワーズ ---- 146
油揚げと鶏肉の混ぜご飯 ---- 247
油で揚げないフライドチキン ---- 162
イタリアン鍋焼きうどん ---- 251
芋・栗おこわ ---- 196
いわしの梅煮 ---- 182
ウインナロールパン ---- 352
薄切り肉の簡単酢豚 ---- 243
うなぎとしいたけの卵とじ丼 ---- 199
えびとオクラのコーンクリーム煮 ---- 190
オクラとろろ丼 ---- 199
オリーブのフォカッチャ ---- 359
かきご飯 ---- 198
かじきのアーモンドフライ風 ---- 183
かぼちゃとベーコンのチーズ焼き ---- 130
かぼちゃのディップサンド ---- 207
かますとみょうがの混ぜご飯 ---- 199
からみ明太子餅 ---- 342
カレーおこわ ---- 202
カレーパン ---- 353
カレーライス ---- 106
きな粉餅 ---- 250
キャラメルまんじゅう ---- 365
牛肉のオイスターソース炒め ---- 246
牛肉のトルコ風ヨーグルト焼き ---- 155
牛肉のバルサミコソース ---- 331
牛肉の八幡巻き ---- 154
金時豆と粒山椒の甘ピリご飯 ---- 262
クリームコロッケ ---- 176
クリームシチュー ---- 178
グレービーチキン ---- 162
クロワッサン ---- 366
コーンマヨネーズ入りパン ---- 357
五穀米パン ---- 362
小松菜とじゃこのご飯 ---- 247
小松菜のシューマイ ---- 126
胡麻パン ---- 350
五目ご飯 ---- 198
サーモンピラフ ---- 201
サーモンムース（1個） ---- 312
鮭と豚肉のレンジ蒸し ---- 183
鮭と帆立て貝の酒蒸しご飯 ---- 246
鮭丼 ---- 199
鮭のカフェ風弁当 ---- 270
鮭のクリーム煮 ---- 230
鮭の一口フライ ---- 230
鮭のポテトクリームソースがけ ---- 183
ささ身のうずら卵巻き ---- 161
さっぱり中華がゆ ---- 264
さつま芋のマスカルポーネクリーム ---- 179
里芋といかのうま煮 ---- 147
サラダずし ---- 251
山菜おこわ ---- 198
三色そぼろ丼 ---- 309
さんまのかば焼き丼 ---- 250
さんまの山椒煮 ---- 181
さんまの塩焼き ---- 234
さんまの中華香味蒸し ---- 242
シーフードボウル ---- 248
白玉だんごのあんずソース ---- 317
汁ビーフン ---- 207
スコッチエッグ ---- 165
スパゲティカルボナーラ ---- 251
スペアリブのオレンジ風味 ---- 159
スペアリブのスープ煮 ---- 159
セロリの葉とベーコンのチャーハン ---- 203
そうめんチャンプルー ---- 206
そら豆のリゾット ---- 203
大豆と豚ばら肉の煮込み ---- 171
高菜とじゃこのおこわ ---- 198
竹の子ご飯 ---- 198
たこといんげんのバジリコソース和え ---- 231
太刀魚の韓国煮 ---- 242
たぬききつねご飯 ---- 199
卵ライス ---- 278
たら玉ご飯 ---- 247
鱈となすのピリッと炒めご飯 ---- 271
チーズサンドパン ---- 246
チーズときのこのリゾット ---- 296
チキン照り焼き弁当 ---- 245
チキンとピーマンのトマト煮 ---- 162
チャイニーズデリ風ランチ ---- 270
茶めし ---- 198
中華おこわ ---- 200
チョコレートまんじゅう ---- 365
づけ鉄火丼 ---- 89
漬けものチャーハン ---- 250
豆腐とじゃこの雑炊 ---- 250
豆腐とゆで野菜の肉みそがけ ---- 332
ドーナツ ---- 353
トマトとえびのそうめん ---- 206
ドライカレー ---- 167
ドライトマトの冷たいパスタ ---- 206
ドライフルーツパン ---- 350
鶏山菜おこわ ---- 111

鶏そぼろと胡麻の混ぜご飯 199
鶏肉のカレー風味 247
鶏肉のゴルゴンゾーラチーズソース 330
鶏肉の照り焼き 23
鶏肉のとろみ照り焼き 113
鶏骨つき肉のカレースープ煮 160
とろろ蒸しうどん 206
ナシゴレン 202
なすとコンビーフのチーズ焼き 131
懐かしのソースドライカレー 248
納豆チャーハン 202
納豆餅 250
生鮭のチーズクリームソース 330
肉まん 364
煮込みスパゲティ 206
煮豚と煮卵 158
ねぎチャーハン 202
パエリヤ 202
バター梅ご飯 94
ハッシュドビーフ 155
ハムグラタン 179
ハムと長ねぎのキッシュ（1個） 173
パングラタン 207
ビーフカレー 20
ビーフストロガノフ 231
ピザ・マルゲリータ 359
冷やし中華 204
ぶりのコチュジャン焼き 242
ブルーチーズ＆オリーブまんじゅう 365
プルーンチキン 245
ベーグルサンド弁当 244
へそ胡麻あんパン 352
回鍋肉 159
ポークソテー　アップルソース 157
帆立て貝柱のおこわ 198
ホワイトシチュー 178
まぐろオクラとんぶり丼 89
まぐろ納豆ご飯 94
松たけご飯 198
豆入りパン 350
ミートボールシチュー 167
みそチャーシュー 158
みそ煮込みほうとう風 206
蒸し鶏と蒸しなす 162
蒸し鶏の薬味ソースがけ 162
焼きそば 207
焼き肉のホットサラダ 243
焼き豚の中華風おこわ 202
りんごのデニッシュ 368
レーズンご飯 246
レーズンパン 355
レトロバーグ 308
レンジオムライス 251

全量表示のメニュー

赤練りみそ 332
秋のきのこ（おこわ） 24
あさりの佃煮 109
アップルピール 343
いちごジャム 318
いちごシロップ 319
いりこの土佐酢漬け 302
オレンジシロップ 319
オレンジピール 343
かぼちゃあん 323
かぼちゃのきんとん 322
簡単ミートローフ 166
キウイジャム 318
きのこのピクルス 327
牛肉そぼろ 334
栗きんとん 149
くるみの田作りみそ 333
昆布の佃煮風 335
鮭そぼろ 334
鮭のテリーヌ 263
さつま芋あん 323
じゃこととベーコンとピーナツ（ふりかけ） 336
白練りみそ 332
白身魚のでんぶ 334
赤飯 196
セロリの葉とわかめのふりかけ 135
そら豆あん 323
竹の子の当座煮 335
たらこと青じそ（ふりかけ） 336
ツナそぼろ 120
ツナのふりかけ 191
手作り韓国のりと桜えび（ふりかけ） 336
鶏ひき肉と黒胡麻（ふりかけ） 336
夏の梅干しとちりめんじゃこ（おこわ） 24
生ハムとトマトのソフトピザ 21
なまり節のそぼろ 334
煮干しの佃煮風 335
にんじんとセロリのピクルス 327
パイナップルジャム 318
バナナジャム 318
春のグリンピース（おこわ） 25
ピーナツみそ 333
ぶどうシロップ 319
冬のかにと三つ葉（おこわ） 25
プルーンのワイン漬け 321
帆立て貝柱とささ身のテリーヌ 313
ミートソース 166
ミートローフ 308

蒸しパンとプルーンソース 317
焼きたてせんべい 344
やまと芋あん 323
洋風ふりかけ 120
ラディッシュのピクルス 327
レモンピール 343
れんこんのしそ風味きんぴら 302
レンジトマトソース 150

調理別 索引

主食とおかず

炒める

厚揚げとキムチの炒め和え 171
いかセロリ炒め 188
いかと黄にらの豆豉炒め 189
いかのチリソース風 292
薄切り肉の簡単酢豚 243
えのきのパルメザンチーズ和え 179
えびとしめじのチリソース 188
えびの山椒風味 238
かぼちゃの粒マスタード炒め 262
かぼちゃのニョッキ セージバター 132
かぼちゃのみそ炒め 226
変わりきんぴら 220
キャベツとかきの炒めもの 217
キャベツとたこのアンチョビバター 122
キャベツと焼き豚のオイスターソース炒め 122
キャベツのオイスターソース炒め 122
牛肉とカラーピーマンのカレー炒め 154
牛肉とキャベツの辛みそ炒め 154
牛肉とごぼうのコチュジャン炒め 154
牛肉としめじのレモン塩炒め風 155
牛肉と竹の子のみそ風味 239
牛肉と青梗菜のオイスターソース炒め煮風 238
牛肉と白菜の酸味炒め 237
牛肉とブロッコリーの炒めもの 241
牛肉とブロッコリーのダブルソース炒め 154
牛肉とレタスの中華風サッと炒め 236
牛肉のオイスターソース炒め 246
こんにゃくのそぼろ炒め 167
コンビーフキャベツの炒め風 125
鮭チャーハン 203
ささ身と竹の子のみそ炒め 288
しゃきしゃきれんこん 212
じゃこしそライス 244
スパゲティカルボナーラ 251
セロリの葉とベーコンのチャーハン 203
そうめんチャンプルー 206
卵ライス 278
鱈となすのピリッと炒めご飯 271
鱈のチリソース 293
チキンライス 279
チャイニーズデリ風ランチ 270
青梗菜とかにの卵炒め 128
青梗菜の貝柱あんかけ 215
青椒肉絲 140
漬けものチャーハン 250
豆腐ともやしのチャンプルー風 168
ドライカレー 167
鶏肉とにんにくの茎の辛み炒め 243
懐かしのソースドライカレー 248
納豆チャーハン 202
にんじんのきんぴら 282
にんじんのザーサイ炒め 143
ねぎチャーハン 202
白菜の唐辛子炒め 287
ひき肉ともやしのナムル 215
豚肉とキャベツのみそ炒め 117
豚肉と長芋のナムプラー炒め 243
豚肉とにらのキムチ炒め風 243
豚肉とにんにくの茎のオイスターソース炒め 29
豚肉と白菜のみそ炒め 237
豚肉のキムチ炒め 156
豚ひき肉の高菜炒め 239
ふっくらレバもやし 221
ブロッコリーのミルクマヨネーズがけ 137
ヘルシー酢豚 240
回鍋肉 159
帆立てとアスパラガスのバター風味 230
本格麻婆豆腐 170
麻婆豆腐 168
麻婆なす 133
麻婆春雨 151
水菜と春雨のベーコン炒め 127
もやしとベーコンのお浸し 211
もやし、ピーマン、セロリの塩あん 151
モロヘイヤと豆腐のチャンプルー 219
焼きそば 207
野菜増量焼きそば 293
レバーとにんにくの茎の炒めもの 163
れんこんのしそ風味きんぴら 302
れんこんのビーフきんぴら 142
ロールキャベツライス 249
わかめとセロリの炒めナムル風 195

炒る・乾かす

甘辛じゃこしし唐 140
いりこの土佐酢漬け 302
炒り豆腐 170
おから煮 169
牛肉そぼろ 334
クリーミーなスクランブルエッグ 174
くるみの田作りみそ 333
昆布チップ 195
鮭そぼろ 334
さや豆のスクランブルエッグ 141
三色そぼろ丼 309
じゃことベーコンとピーナツ(ふりかけ) 336
白身魚のでんぶ 334
スクランブルエッグ 174
スクランブルエッグトースト 251
セロリの葉とわかめのふりかけ 135
田作り 120
たらこと青じそ(ふりかけ) 336
たらことしらたきの炒り煮 283
ツナそぼろ 120
ツナのふりかけ 191
手作り韓国のりと桜えび(ふりかけ) 336
鶏そぼろ 166
鶏そぼろと胡麻の混ぜご飯 199
鶏ひき肉と黒胡麻(ふりかけ) 336
なまり節のそぼろ 334
なめこおろしのスクランブルエッグ 174
肉みそ包みご飯 294
ピーナツみそ 333
ピーマンとじゃこの炒り煮 138
洋風ふりかけ 120
レンジごまめ 191

解凍

いかの酢のもの 277
枝豆ご飯 274
刺身サラダ 89
づけ鉄火丼 89
ねぎまのくしゃくしゃ豆腐 232
ベジタブルライス 280
ほうれんそうのお浸し 93
ほうれんそうの胡麻和え 93
まぐろオクラとんぶり丼 89
まぐろの刺身 89

解凍あたため

あさりのオイル蒸し 95
あさりのみそ汁 95
かぼちゃのナムプラー煮 276
玄米雑炊 267
バター梅ご飯 94
まぐろ納豆ご飯 94

炊く

青豆とベーコンのリゾット 201
秋のきのこ(おこわ) 24
あつあつご飯 111
いかの姿ずし 197
芋・栗おこわ 196
かきご飯 198
カレーおこわ 202
きのこのリゾット 203
五目ご飯 198
サーモンピラフ 201
山菜おこわ 198
白がゆ 111
赤飯 196
そら豆のリゾット 203
高菜とじゃこのおこわ 198
竹の子ご飯 198
チーズときのこのリゾット 296
茶めし 198
中華おこわ 200
中華がゆ 292
鶏山菜おこわ 111
鶏肉ときのこのおこわ 296
ナシゴレン 202
夏の梅干しとちりめんじゃこ(おこわ) 24
パエリヤ 202
発芽玄米ご飯 19
春のグリンピース(おこわ) 25
冬のかにと三つ葉(おこわ) 25
帆立て貝柱のおこわ 198
松たけご飯 198
焼き豚の中華風おこわ 202

漬ける・しみ込ませる

あじのビネガーマリネ 294
あじのマリネ 328
いかとキャベツとトマトのマリネ 190
エリンギとマッシュルームのマリネ 194
オニオンピクルス 283
かじきの甘酢漬け 183
かぶの甘酢漬け 324
かぶのピクルス 142
カラーピーマンのピクルス 326
カリフラワーのカレーピクルス 303
カリフラワーのピクルス カレー風味 326

きのこのハーブマリネ ------------------ 328
きのこのピクルス ------------------ 327
きのこのマリネサラダ ------------------ 193
きのこの和風マリネ ------------------ 194
キャベツとりんごの昆布茶漬け ----------- 325
キャベツの甘酢がけ ------------------ 264
キャベツのＸＯ醤和え ------------------ 214
きゅうりのピクルス ------------------ 150
きゅうりの和風ピクルス ---------------- 324
グリーンアスパラガスの浅漬け ----------- 227
ごぼうの胡麻酢和え ------------------ 264
サワークラウト ------------------ 326
白身魚のカレーマリネ ------------------ 246
大根とハムのマリネ ------------------ 329
大根のしょうゆ漬け ------------------ 325
なすの与一漬け ------------------ 131
にんじんとセロリのピクルス ------------ 327
にんじんの南蛮ピクルス ---------------- 227
にんじんのピクルス ------------------ 217
白菜の塩漬け ------------------ 325
帆立てのマリネ ------------------ 230
豆豆の酢じょうゆ漬け ------------------ 169
みょうがの甘酢漬け ------------------ 324
野菜の甘酢漬け ------------------ 150
野菜の簡単マリネ ------------------ 329
ラディッシュのピクルス ---------------- 327
れんこんの甘酢漬け ------------------ 324
わかさぎの南蛮漬け ------------------ 287
わかさぎの和風マリネ ------------------ 238

煮る

赤貝と菜の花のオイスター煮 ------------ 289
あさりの佃煮 ------------------ 109
あさりのピリッとしょうが煮 ------------ 189
あさりのブイヤベース風 ---------------- 191
あじのミートソース風パスタ ------------ 182
アスパラガスと帆立て缶の蒸し煮 --------- 134
アスパラガスのベーコンサッと煮 --------- 137
アスパラ缶のクリームスープ ------------ 254
温かいヴィシソワーズ ------------------ 146
油揚げの袋煮 ------------------ 171
いかの足のつや煮 ------------------ 232
イタリアン鍋焼きうどん ---------------- 251
いわしのうま煮 ------------------ 234
いわしの梅煮 ------------------ 182
いわしのしょうが煮 ------------------ 182
いわしの煮もの ------------------ 233
うなぎとしいたけの卵とじ丼 ------------ 199
えびとオクラのコーンクリーム煮 --------- 190
えびのタイ風スープ ------------------ 190
エリンギとしいたけのスープ煮 ----------- 192
おかわりなしの豚汁 ------------------ 253
オクラとトマトの卵とじ ---------------- 174
おせんべいビーフシチュー -------------- 155
オニオングラタンスープ ---------------- 143
おろしにんじんとトマトのスープ --------- 254
かきのスピードクリームシチュー --------- 252
かじきの生トマト煮込み ---------------- 229
かつおと大根の和風煮 ------------------ 234
かつおのしょうが煮 ------------------ 181
かつおのとろみ煮 ------------------ 109
かにとかぶのスープ ------------------ 252
かにのクリームスープ ------------------ 264
かぶのミルク煮 ------------------ 177
かぼちゃとさつま揚げのスープ ----------- 254
かぼちゃの簡単いとこ煮 ---------------- 211
かぼちゃのはちみつレモン煮 ------------ 132
かぼちゃのひき肉カレー煮 -------------- 130
かぼちゃのレンジ甘煮 ------------------ 226
カリカリじゃことピーマンの和えもの ----- 191
かれいのしょうが煮 ------------------ 235
かれいの煮つけ ------------------ 187
カレーライス ------------------ 106
簡単オニオングラタンスープ ------------ 254
簡単すき煮 ------------------ 153
キーマカレー ------------------ 228
きのこのあんかけ豆腐 ------------------ 170
きのこのクリーム煮 ------------------ 177
きのこのスープ ------------------ 254
きのこの当座煮 ------------------ 210
きのこハーブスープ ------------------ 269
きのこビーフ ------------------ 154
キムチスープ ------------------ 255
キャベツとベーコンのスープ ------------ 123
キャベツとベーコンの蒸し煮 ------------ 284
牛肉とキャベツのオクラトマト煮 --------- 231
牛肉の八幡巻き ------------------ 154
牛ひき肉のメキシコ風ミートソース ------- 231
魚介の豆乳煮 ------------------ 235
切り干し大根の卵とじ ------------------ 174
銀鱈のピリ辛煮 ------------------ 187
金目だいとカリフラワーのカレーボイル --- 230
くずし豆腐のスープ ------------------ 170
くず豆腐 ------------------ 284
具だくさん塩鮭汁 ------------------ 183
クリームシチュー ------------------ 178
グリンピースのスープ煮 ---------------- 139
高野豆腐の含め煮 ------------------ 171
高野豆腐のロールキャベツ -------------- 171
ごぼう煮 ------------------ 145
小松菜と厚揚げのとろみあん ------------ 126
小松菜と油揚げの蒸し煮 ---------------- 104
小松菜と油揚げのレンジ浸し ------------ 129

小松菜ときのこの卵とじ ---- 128
小松菜のじゃこ浸し ---- 126
小松菜の卵とじ ---- 174
五目切り干し大根 ---- 208
子持ちかれいのふっくら煮 ---- 184
昆布しいたけ ---- 118
昆布の佃煮風 ---- 335
昆布巻き ---- 194
ザーサイスープ ---- 277
鮭とキャベツのサッと煮 ---- 235
鮭と冷凍ポテトのクリームスープ ---- 178
鮭のクリーム煮 ---- 230
鮭のさっぱり煮 ---- 233
さっぱり中華がゆ ---- 264
さつま芋のオレンジ煮 ---- 147
里芋といかのうま煮 ---- 147
里芋のそぼろ煮 ---- 223
里芋の湯葉まぶし ---- 147
さばの唐辛子みそ煮 ---- 182
さばのみそ煮 ---- 19
さばのみそ煮缶と野菜の煮もの ---- 208
さやいんげんの胡麻よごし ---- 139
さやいんげんのさっぱりしょうゆ煮 ---- 141
さやえんどうとあさりの蒸し煮 ---- 141
さやえんどうと魚介のクリーム煮 ---- 138
さんまのかば焼き丼 ---- 250
さんまの山椒煮 ---- 181
さんまの豆豉醤煮 ---- 182
しいたけのオイスターソース煮 ---- 192
しめじ入りハッシュドビーフ ---- 153
しめじのおかか煮 ---- 105
じゃが芋ときのこのみそ仕立てスープ ---- 255
じゃが芋とソーセージのクリームスープ ---- 178
じゃが芋と玉ねぎのミルクチーズ煮 ---- 179
じゃが芋のシンプル煮 ---- 148
汁ビーフン ---- 207
白きくらげのミネストローネ ---- 253
すずきのトマト煮 ---- 230
すずきのねぎしょうが煮 ---- 235
スペアリブのスープ煮 ---- 159
ソーセージロールキャベツ ---- 122
大根と豚肉のスープ煮 ---- 105
大根と帆立て缶の煮もの ---- 142
大根のふろふき風 ---- 144
大豆と豚ばら肉の煮込み ---- 171
たいとまいたけのサッと煮 ---- 186
たいのあら煮 ---- 185
竹の子のじっくり土佐煮 ---- 285
竹の子の当座煮 ---- 335
太刀魚の韓国煮 ---- 242
太刀魚のみそ煮 ---- 295
卵とトマトと干しえびのスープ ---- 175
玉ねぎとハムのチーズスープ ---- 178
玉ねぎのコンビーフ煮 ---- 143
玉ねぎのにんにくスープ ---- 254
チキンとピーマンのトマト煮 ---- 162
チキンのトマト煮 ---- 275
筑前煮 ---- 18
中華風オートミール ---- 250
中華風かきたま汁 ---- 264
青梗菜と油揚げのレンジ煮浸し ---- 127
青梗菜と桜えびの蒸し煮 ---- 105
手羽先とキャベツのスープ煮レモン風味 ---- 163
とうがんとささ身のとろとろスープ ---- 138
豆腐と枝豆のうま煮 ---- 211
豆腐鍋 ---- 170
鶏肉としいたけのつや煮 ---- 302
鶏肉と野菜ミックスのクリーム煮 ---- 294
鶏肉のオレンジソース煮 ---- 316
鶏骨つき肉のカレースープ煮 ---- 160
鶏レバーのにんにく風味煮 ---- 290
鶏レバーの八角煮 ---- 163
長芋雑煮 ---- 149
長ねぎのスープ煮 ---- 105
なすと帆立て缶のカレー ---- 131
なすの簡単みそ煮 ---- 210
夏野菜のトマト煮 ---- 150
夏野菜の蒸し煮 ---- 130
肉かぼちゃ ---- 132
肉だんごと白菜の蒸し煮 ---- 239
肉豆腐 ---- 169
煮込みスパゲティ ---- 206
煮汁たっぷりの銀鱈の煮つけ ---- 187
煮豚と煮卵 ---- 158
煮干しの佃煮風 ---- 335
にらの卵とじ ---- 127
にらの中華風スープ ---- 127
にんじんの煮浸しサラダ ---- 144
ねぎ豆腐 ---- 143
ねぎま汁 ---- 182
のっぺい汁 ---- 146
白菜とツナの蒸し煮 ---- 291
白菜とハムのクリーム煮 ---- 123
白菜と干しえびの煮浸し ---- 123
白菜の煮浸し ---- 124
ハッシュドビーフ ---- 155
パンスープ ---- 268
はんぺんオニオンスープ ---- 254
ビーフカレー ---- 20
ビーフストロガノフ ---- 231
ピーマンとツナのトマト煮 ---- 138
ひじきとセロリの梅煮 ---- 195
ひじきとひき肉の炒め煮 ---- 195
ひじきの炒り煮 ---- 195

ふきと竹の子、わかめの煮もの 135
ふきのおかか煮 135
藤野流さばのみそ煮 181
豚かたまり肉の簡単煮 157
豚肉と小松菜のスープ煮 158
豚肉と昆布の香味野菜煮 239
豚肉と大根と昆布の含め煮 24
豚肉ととうがんのしょうが煮 159
豚肉のマスタードソース 276
豚ひきだんごとキムチの酸辣湯 167
豚ヒレ肉のしょうが煮おろしだれ 239
麩とじゃが芋と鶏肉の煮もの 151
ほうれんそうのカレー 93
ポーチドエッグ入り野菜のトマト煮 173
ポーチドエッグスープ 254
ほくほく肉じゃが 148
干しえびのエスニックスープ 255
干し貝柱とキャベツのさっぱり煮 191
干ししいたけと鶏肉の甘辛煮 151
帆立て貝柱とカリフラワーのクリーム煮 189
帆立て貝柱と青梗菜のサッと煮 212
帆立て缶の中華風スープ 255
帆立てと昆布のバター風味煮 188
ボルシチ風スープ 155
ホワイトシチュー 178
ホワイトソース 107
まぐろのみそ煮 234
ミートソース 166
ミートボールシチュー 167
ミートボールのトマト煮 165
水菜と油揚げのサッと煮 126
みそ煮込みほうとう風 206
ミックス野菜の蒸し煮 303
ミネストローネ 206
もずくと梅干しの即席スープ 195
もやしキムチスープ 282
もやしとかにかまの煮浸し 227
もやしと昆布のスープ 255
モロッコいんげんとスナップえんどうのチーズソース 139
焼き麩と小松菜の煮浸し 151
野菜いっぱいの鶏雑煮 250
野菜スープ 150
野菜ポトフ 122
ラタトゥイユ 133
リゾットスープ 264
リッチな豚汁 159
レタスとハムのコンソメ煮 123
レタスとプチトマトの蒸し煮 124
レタスと帆立て缶のスープ 123
れんこんの梅肉甘じょうゆ煮 144
レンジトマトソース 150
レンジなまりと厚揚げの煮つけ 182
レンジポテトのミートソースがけ 291
レンジロールキャベツ 122
ロールキャベツ 124
わかさぎの梅煮 186
わかめとねぎのスープ 195
わかめのみそ汁 255
和風オートミール 250

冷やす

ヴィシソワーズ 307
枝豆スープ 307
ガスパチョ 306
かぶと赤ピーマンのコンソメゼリー添え 142
簡単レバームース 312
きゅうりの韓国風冷たいスープ 255
サーモンムース 312
冷たいかぼちゃのスープ 130
とうがんのコールドピュレスープ 138
ひらめの煮こごり 186
帆立て貝柱とささ身のテリーヌ 313
わかめ寄せ豆腐 309
和風ヴィシソワーズ 255

蒸す

あさりとえのきだけの酒蒸し 191
あさりともやしのキムチだれ 220
あさりの辛み蒸し 191
あさりの酒蒸し 281
あさりのパスタ 205
あじのねぎ蒸し 295
温かいレンジ豆腐 170
いかシューマイ 310
えのきつくね 213
えのきとささ身の梅肉風味 194
えびしんじょ椀 310
えびの酒蒸し 100
えびレタスロールのなめこあんかけ 287
おろし里芋と野菜ののり巻き 147
温製キャベツのアーリオ・オーリオ 125
かきとしめじの豆乳みそ蒸し 190
かきと豆腐のポン酢仕立て 238
かじきとキムチのレンジ蒸し 291
かにトマトご飯 266
かぶのひき肉詰め蒸し 213
かぶら蒸し 145
かぼちゃのレンジバター蒸し 226
からみ明太子餅 342
カリフラワーとかじきのＸＯ醤蒸し 136
カリフラワーの茶巾 135
かれいのザーサイ蒸し 242

簡単からし豆腐 289
簡単シューマイ 101
きくらげシューマイ 286
きのことわかめの梅みそ蒸し 193
きのこのレンジ蒸し 192
キャベツとあさりの中華蒸し 123
キャベツとトマトの中華蒸し 218
牛肉の三色ロール 303
金時豆と粒山椒の甘ピリご飯 262
金目だいの香り蒸し 187
金目だいの豆豉蒸し 184
具だくさんの茶碗蒸し 172
具だくさんの鉢蒸し 172
栗きんとん 149
ごちそう茶碗蒸し 101
小松菜のシューマイ 126
鮭とじゃが芋のバター風味 246
鮭と豆腐の酒蒸し 27
鮭と豚肉のレンジ蒸し 183
鮭と帆立て貝の酒蒸しご飯 246
鮭とまいたけのバターしょうゆ蒸し 183
鮭丼 199
鮭のエスニック風蒸し 242
鮭のテリーヌ 263
鮭のポテトクリームソースがけ 183
ささ身とねぎのエスニックサラダ 225
ささ身のアスパラ巻き 163
ささ身の磯蒸し 163
ささ身のうずら卵巻き 161
ささ身のベトナム風サラダ 243
里芋マッシュのベーコンドレッシング 147
さばの酒蒸し根菜サラダ添え 237
さわらの梅蒸し 235
さわらの野菜あんかけ 238
さんまの中華香味蒸し 242
しし唐の豚肉ロール 246
しその実ご飯 199
白身魚と昆布のレンジ蒸し 187
白身魚のケチャップあんかけ 238
白身魚の白菜包み蒸し 186
白身魚のはんぺん 313
白身魚の緑茶蒸し 235
すずきの酒蒸し 235
セロリと蒸し鶏の和えもの 135
そら豆といかのバターしょうゆ蒸し 139
たいのあらとわかめの酒蒸し 100
たいのかぶと蒸し 187
たたきまぐろののり巻き 234
卵寄せ風茶碗蒸し 22
鱈の甘酢あんかけ 238
鱈のレンジ蒸し 玉ねぎソース 186
茶碗蒸し 175
中華ちまき 200
中華風蒸し豆腐 311
青梗菜と蒸し鶏のザーサイ和え 128
手作りソーセージ 164
手羽中の紹興酒蒸し 162
豆腐のとろろ蒸し 170
鶏肉だんご 277
鶏肉となすの棒々鶏ソース 241
鶏肉のテリーヌ風ひき肉ロール蒸し 164
鶏肉の蒸しもの 274
鶏肉のレンジ蒸しサラダ 214
鶏ひき肉のロールレタス 231
とろろ蒸しうどん 206
長芋のすりおろし蒸し 147
なすと豚肉の重ね蒸し 219
なすとベーコンのクリームスープ蒸し 176
なすと帆立てのチャイニーズサラダ 223
なすの豚肉巻き蒸し 158
納豆蒸し卵 175
生鮭のチーズクリームソース 330
生鮭のれんこん蒸し 295
にんにくの茎とささ身の胡麻じょうゆ和え 134
ねぎ巻き肉の梅肉蒸し 156
のり巻き卵 26
ハーブソーセージ 286
白菜と豚ばら肉の重ね蒸し 125
棒々鶏 97
棒々鶏風サラダ 161
ひき肉れんこん蒸し 167
豚キムチのり巻き 243
豚肉とキャベツのロール巻き 236
豚肉と白菜の蒸しもの 158
豚肉のにらキムチロール 159
豚肉ののりチーズ巻き 159
豚ひき豆腐の四川蒸し 296
豚ひき肉とザーサイのレンジ蒸し 166
豚ひき肉とさきいかの中華風蒸しもの 240
豚ひき肉と豆腐のレンジ蒸し 166
豚ヒレ肉とブロッコリーのゆで豚風 239
プルーンチキン 245
ブロッコリーと蒸し鶏の中華風サラダ 137
ブロッコリーの茎の昆布茶風味 134
ブロッコリーのひき肉包み 231
帆立てときのこの紙包み蒸し 273
ミートボールイタリアン 228
ミートボールのトマトソースがけ 28
三つ葉とわかめの湯葉巻き 151
ミニ飯蒸し 197
蒸し鶏 96
蒸し鶏とオクラの酢みそがけ 97
蒸し鶏と蒸しなす 162
蒸し鶏のエスニックサラダ 97

蒸し鶏のキムチスープ ---- 97
蒸し鶏の梅肉和え ---- 220
蒸し鶏の浸し漬け ---- 160
蒸し鶏の薬味ソースがけ ---- 162
蒸しなす ---- 227
蒸しなすとトマトのサラダ ---- 131
蒸しなすのお浸し ---- 98
蒸しなすのからし漬け風 ---- 99
蒸しなすの胡麻みそだれ ---- 131
蒸しなすのナムル ---- 99
蒸しなすのにんにく風味 ---- 131
蒸しなすの薬味たたき ---- 99
蒸しなすのヨーグルト和え ---- 99
蒸し豚の特製ソースがけ ---- 157
もやしとささ身のタイ風サラダ ---- 227
野菜エッグボール ---- 263
ゆでえびのアボカド和え ---- 190
レタスのオイスターソース和え ---- 123
レタスのじゃこ和え ---- 123
レンジいかめし ---- 281
わかめとささ身の胡麻だれ和え ---- 195

焼く

あじの塩焼き ---- 234
あじのハーブ・ガーリック焼き ---- 180
あじのみそペースト焼き ---- 234
アスパラガスとツナのキッシュ風 ---- 175
厚揚げピザ ---- 171
いかげそのから揚げ風 ---- 190
いわしのシチリア風パン粉焼き ---- 229
薄焼き卵の五目巻き ---- 115
かきのパン粉焼き ---- 221
かじきのアーモンドフライ風 ---- 183
かじきのカレーソース ---- 331
かじきのタンドリー風 ---- 242
かじきのチーズパン粉焼き風 ---- 230
かつおのたたき ---- 113
カップコロッケ ---- 216
かぼちゃとベーコンのチーズ焼き ---- 130
かますとみょうがの混ぜご飯 ---- 199
簡単ミートローフ ---- 166
キャベツいっぱいミートローフ ---- 288
キャベツオムレツ ---- 256
牛肉のたたき ---- 114
牛肉のトルコ風ヨーグルト焼き ---- 155
牛肉のバルサミコソース ---- 331
銀むつのムニエル ---- 113
くりぬきバーガー ---- 269
グレービーチキン ---- 162
サーモンのレモンソース ---- 316
鮭とコーンのグリル ---- 272
鮭のカフェ風弁当 ---- 270
鮭の香草焼き ---- 183
鮭の一口フライ ---- 230
さばのナムプラー焼き ---- 242
さやいんげんのベーコン巻き ---- 139
さわらのカレーピカタ ---- 242
さんまの塩焼き ---- 234
しいたけのガーリック焼き ---- 194
白身魚のグリル風バルサミコソース ---- 185
すずきのガーリックバター焼き ---- 230
スタッフドピーマン ---- 138
ズッキーニのキッシュ風 ---- 226
ズッキーニのマヨネーズ焼き ---- 245
スパイシースペアリブ ---- 156
スペアリブのオレンジ風味 ---- 159
大根ステーキ ---- 142
たぬききつねご飯 ---- 199
鱈のガーリック焼き ---- 186
鱈のみそマヨ焼き ---- 186
鱈のみそ焼き ---- 186
鱈ピザ ---- 186
タンドリーチキン ---- 271
チキン照り焼き ---- 245
鶏肉のカレー風味 ---- 247
鶏肉のゴルゴンゾーラチーズソース ---- 330
鶏肉の照り焼き ---- 23
鶏肉のとろみ照り焼き ---- 113
鶏肉のマスタードソース ---- 160
とろ〜りチーズポテト ---- 146
なすとコンビーフのチーズ焼き ---- 131
なすのしぎ焼き風 ---- 133
ハムグラタン ---- 179
ハムと長ねぎのキッシュ ---- 173
パリッとじゃこチーズ ---- 222
藤野流牛肉のたたき ---- 236
プチトマトのチーズ焼き ---- 176
ぶりのコチュジャン焼き ---- 242
ぶりのみそ照り焼き ---- 180
フレンチトースト ---- 251
ベーグルサンド ---- 244
ポークソテー　アップルソース ---- 157
ホットサラダ ---- 268
ホットチーズポテト ---- 262
ポテトお好み焼き ---- 249
ポテトとミートソースのグラタン ---- 166
ミートローフ ---- 308
みそチャーシュー ---- 158
みそ風味ののし鶏 ---- 167
蒸し鶏のハーブ焼き ---- 162
メキシコ風牛肉の酢漬け焼き ---- 155
焼き肉のホットサラダ ---- 243
焼き豚 ---- 114

野菜のチーズ焼き ---- 179
ラグーエッグ ---- 175
冷凍ポテトの簡単グラタン ---- 146
レトロバーグ ---- 308
レンジオムライス ---- 251
レンジココット ---- 173
レンジ肉だんご ---- 165
ローストビーフ ---- 152
ローストポーク パインソース ---- 158
和風バーベキュー ---- 239
和風ミニバーグ ---- 247

ゆでる

アスパラガスのトマトソースがけ ---- 134
アスパラのオイスターソースがけ ---- 277
いかすみもどきスパゲティ ---- 249
枝豆の和風クリームスープ ---- 254
えびとアスパラガスのバターソース ---- 331
オクラとろろ汁 ---- 282
オクラとろろ丼 ---- 199
カッテージチーズとヨーグルトのポテトサラダ - 179
かぼちゃのサワークリーム和え ---- 130
かぼちゃのディップサンド ---- 207
かぼちゃのヨーグルトサラダ ---- 179
かぼちゃのレンジサラダ ---- 216
カリフラワーのアンチョビソースがけ ---- 136
カリフラワーの塩辛バターソース ---- 136
カリフラワーのマッシュサラダ ---- 314
カリフラワーポテト ---- 314
簡単マッシュポテト風 ---- 217
キャロットみそスープ ---- 283
キューブサラダ ---- 219
クレソンのお浸し ---- 103
小松菜のお浸し ---- 102
里芋と青菜ののり和え ---- 147
里芋の明太子和え ---- 285
サラダニソワーズ ---- 224
じゃが芋のかにかま和え ---- 146
じゃが芋のバターしょうゆ ---- 218
春菊のにんにくサラダ ---- 284
たっぷりパセリのポテトサラダ ---- 216
タラモサラダ ---- 226
タラモディップ ---- 315
チョリソー ---- 342
にらとにんじんの胚芽和え ---- 127
にらの胡麻じょうゆ ---- 129
にんじんサラダ ---- 143
にんにくの茎とたこのからし酢みそ ---- 134
ねぎの梅肉和え ---- 23
梅肉もやし ---- 227
バターかぼちゃ ---- 130
ブロッコリーのオイスターソースがけ ---- 215
ブロッコリーのたらこマヨネーズ ---- 135
ブロッコリーの粒マスタード和え ---- 135
ブロッコリーのピーナツバターじょうゆ ---- 135
ほうれんそうとしめじのお浸し ---- 126
ほうれんそうともやしの胡麻みそ和え ---- 210
ほうれんそうのカッテージチーズサラダ ---- 126
ほうれんそうのチーズ和え ---- 218
ほうれんそうののりくるみ和え ---- 126
ポーチドエッグとブロッコリーのハムサラダ ---- 256
ポテトサラダ ---- 226
水菜のピーナツバター和え ---- 126
三つ葉のあったかお浸し ---- 212
緑野菜の中華風 ---- 129
ミルクポテト ---- 289
もやしとあさりのからし和え ---- 227
もやしのナムル ---- 151
もやしのにら納豆 ---- 227
もやしのピリ辛 ---- 222
モロッコいんげんのからし酢みそ和え ---- 139
モロヘイヤのとろろやっこ ---- 127
モロヘイヤの納豆和え ---- 127
モロヘイヤのなめたけ和え ---- 127
ゆず大根 ---- 227
れんこんの胡麻マヨネーズ和え ---- 142
レンジマッシュポテト ---- 146
わけぎの酢みそ和え ---- 143
和風パスタ たいのたたきのせ ---- 204
和風パンプキンサラダ ---- 226

その他

赤練りみそ ---- 332
油揚げと鶏肉の混ぜご飯 ---- 247
油で揚げないフライドチキン ---- 162
いんげんとたこのからし酢みそ ---- 333
えび黄身ずし ---- 175
おからのポテトサラダ風 ---- 171
カマンベールの簡単フォンデュ ---- 177
簡単ちらしずし ---- 278
きな粉餅 ---- 250
切り干し大根のサラダ ---- 208
クイックリゾット ---- 292
具だくさんのかに玉 ---- 172
黒胡麻のおかゆ ---- 203
胡麻かやくご飯 ---- 199
五目白和え ---- 168
サラダずし ---- 251
シーフードボウル ---- 248
白練りみそ ---- 332
白身魚のカルパッチョ風サラダ ---- 225
スティック野菜とクリームチーズソース ---- 330

たら玉ご飯 247
チーズとヨーグルトの簡単サーモンパテ 263
手巻き混ぜご飯 266
豆腐田楽2種 333
豆腐とじゃこの雑炊 250
豆腐とゆで野菜の肉みそがけ 332
トマトと豆腐のおかか和え 223
鶏雑炊 203
長ねぎのマリネ 275
なすの胡麻じょうゆ 131
納豆餅 250
なめこドレッシングの大根サラダ 194
ピーマンの塩昆布煮 138
ブラウンディップ 315
フランクフルトソーセージ 342
ベトナム風サンドイッチ 251
ほうれんそうの簡単白和え 213
干しえびの中華風クイックがゆ 203
めかぶとなめたけの雑炊 250
モザイクディップ 315
もずく雑炊 267
野菜豆腐のディップ 315
レバーペースト 163
レンジおから 309
レンジきゅうりのめかぶ和え 150
ロースハム 158
わかめとなすの韓国風和えもの 193

調理別 索引

パンと菓子類

煮る

いちごジャム 318
いちごシロップ 319
いちじくのコンポート 320
梅ジャム 318
オレンジシロップ 319
オレンジのスパイシーコンポート 321
オレンジピール 343
カスタードクリーム 381
キウイジャム 318
黒みつ 440
白みつ 440
とうがんのコンポート 321
パイナップルジャム 318
バナナジャム 318
ぶどうシロップ 319
プルーンのワイン漬け 321
蒸しパンとプルーンソース 317
りんごのコンポート 320
レモンピール 343

冷やす

アイスクリームのベリーソースがけ 317
小豆とあんずの水まんじゅう 424
小豆豆腐 425
アセロラはちみつグミ 399
いちごのきんとん 438
ウフ・ア・ラ・ネージュ 393
オレンジババロア 396
ガナッシュクリームケーキ 395
キウイのきんとん 438
グレープジュースの2層ゼリー 397
小なすと小豆の錦玉 421
三温糖入り水ようかん 420
じゅんさいの錦玉 421
大根ゼリーカラメルソースがけ 304
チョコレートムース 394
デコポンの錦玉 423
豆腐のレアチーズケーキ風 304
道明寺粉入り水ようかん 420
トリュフ 395
はちみつヨーグルトグミ 399
バナナカスタード 319
ビターココアムース 394
プチトマトの錦玉 421
フルーツいっぱいのゼリーフラッペ 304
抹茶水ようかん 30
マンゴーゼリー 397
水ようかん 30
桃の淡雪かん 422
ゆずと小豆の道明寺かん 422
レアチーズケーキ 396

蒸す

青梅 409
いちご大福 32
いちご姫 401
うぐいす餅 408
おはぎ 432
おはぎの胡麻だれがけ 432
かしわ餅 406
カスタードプリン 392

かぼちゃのきんとん 322
かるかん 428
観世風蒸しカステラ 429
キャラメルまんじゅう 365
栗茶巾 31
栗道明寺 403
栗蒸しようかん 430
けし餅 411
胡麻大福 32
ころ柿 407
桜のかるかん 428
桜餅 400
笹巻き栗 431
さつま芋とりんごの茶巾 322
さつま芋のマスカルポーネクリーム 179
しがらき 403
白玉だんごのあんずソース 317
ちまき 429
チョコレートまんじゅう 365
ドライフルーツとナッツの求肥 413
肉まん 364
はなびら餅 412
花巻 363
春の野の道明寺 402
パングラタン 207
冬いちご 410
ブルーチーズ＆オリーブまんじゅう 365
マシュマロのポテトサンド 440
豆と野菜のカップケーキ 101
明太マフィン 207
ゆず餅 411
レンジ蒸しパン 207

焼く

アーモンドスノー 389
アーモンドチュイール 390
アップルチョコタルト 381
いちごのショートケーキ 378
ウインナロールパン 352
オールドファッションケーキ 384
オムレツケーキ 385
オリーブのフォカッチャ 359
オレンジケーキ 379
基本の薄型スポンジケーキ 384
基本のシフォンケーキ 386
基本のスポンジケーキ 378
基本の全粒粉パイ 388
基本のチョコレートケーキ 380
基本のふわふわチーズケーキ 382
くるみのガレット 390
くるみのパウンドケーキ 387
クロワッサン 366
玄米パン 361
玄米フレーククッキー 391
コーンマヨネーズ入りパン 357
コーンミールパン 362
黒糖小豆 427
五穀米パン 362
胡麻パン 350
コロコロパン 346
サワークリームチーズケーキ 382
シガレット 389
全粒粉パン 361
そば粉のクレープ 115
チョコクリームケーキ 380
チョコレートクッキー 391
ドライフルーツパン 350
生ハムとトマトのソフトピザ 21
にんじんチップス 343
にんじんパン 355
ハーブパン 350
バゲット 356
バナナオムレツケーキ 385
バナナのせチョコレートケーキ 381
パンプキンパイ 389
ピザ・マルゲリータ 359
ピタパン 358
ベーグル 358
へそ胡麻あんパン 352
ほうれんそう入りパン 357
松の実風味のチーズケーキ 383
豆入りパン 350
ミニ食パン 354
ミニロールシフォンケーキ 386
ゆずの月 426
ライ麦パン 360
りんごのデニッシュ 368
レーズンパン 355
レモンカスタードパイ 388
レモンバタークリームサンド 387

その他

青栗 417
あじさい 417
小豆ういろう 429
小豆カラメルクリーム 440
アップルピール 343
カカオトロピカーナ 399
かぼちゃあん 323
かぼちゃのモンブラン 398
キャラメル 399
巨峰の錦玉 423

くずの茶巾絞り 425
栗のきんとん 439
栗の茶巾絞り 439
胡麻きな粉餅 344
さつま芋あん 323
サバイヨーネ 392
そら豆あん 323
ちょうちょ 416
練りきり生地 414
フルーツトリュフ 398
抹茶の生八橋風 405
豆かん 423
みかんのココナッツミルクプリン 393
水玉 416
みたらしだんご 406
もみじ山 415
焼きたてせんべい 344
やぶ椿 414
やまと芋あん 323
りんごの生八橋風 404
わらび餅 418
わらび餅の黒みつがけ 419

生活習慣病を予防する料理

指導／川島由起子
（聖マリアンナ医科大学病院 栄養部部長）

肥満を予防する

主食

キムチとナムルの冷やしそうめん 205
くりぬきバーガー 269
もずく雑炊 267
和風オートミール 250

主菜

いかげそのから揚げ風 190
いかセロリ炒め 188
いかと黄にらの豆豉炒め 189
いかのチリソース風 292
えびとしめじのチリソース 188
えびの酒蒸し 100
えびの山椒風味 238
かつおのしょうが煮 181
かつおのたたき 113
かつおのとろみ煮 109
かれいのザーサイ蒸し 242
かれいのしょうが煮 235
きくらげシューマイ 286
牛肉と白菜の酸味炒め 237
牛肉とブロッコリーの炒めもの 241
牛肉のたたき 114
鮭と豆腐の酒蒸し 27
鮭のエスニック風蒸し 242
鮭のさっぱり煮 233
ささ身のアスパラ巻き 163
ささ身の磯蒸し 163
さばのナムプラー焼き 242
しめじ入りハッシュドビーフ 153
すずきのねぎしょうが煮 235
たいとまいたけのサッと煮 186
たいのあらとわかめの酒蒸し 100
たたきまぐろののり巻き 234
鱈のみそ焼き 186
鱈のレンジ蒸し 玉ねぎソース 186
鶏ひき肉のロールレタス 231
ねぎまのくしゃくしゃ豆腐 232
ハーブソーセージ 286
豚かたまり肉の簡単煮 157
豚キムチのり巻き 243
豚肉と昆布の香味野菜煮 239
豚肉ととうがんのしょうが煮 159
豚肉とにんにくの茎のオイスターソース炒め 29
豚ヒレ肉とブロッコリーのゆで豚風 239
ブロッコリーのひき肉包み 231
蒸し鶏 96
わかさぎの梅煮 186

副菜

あさりとえのきだけの酒蒸し 191
アスパラガスと帆立て缶の蒸し煮 134
えのきとささ身の梅肉風味 194
えのきののり佃煮和え 194
えのきの明太子和え 194
オクラとわかめのからしじょうゆ 134
かぶのピクルス 142
カリカリじゃことピーマンの和えもの 191
カリフラワーのピクルス カレー風味 326
きのことわかめの梅みそ蒸し 193
きのこの当座煮 210
きのこの和風マリネ 194
きゅうりのピクルス 150
グリーンアスパラガスの浅漬け 227
クレソンのお浸し 103
小松菜のお浸し 102
小松菜のじゃこ浸し 126
五目切り干し大根 208
里芋の明太子和え 285

さやいんげんの胡麻よごし ---- 139
さやえんどうとあさりの蒸し煮 ---- 141
しいたけのオイスターソース煮 ---- 192
青梗菜の貝柱あんかけ ---- 215
トマトと豆腐のおかか和え ---- 223
生鮭のれんこん蒸し ---- 295
なめこドレッシングの大根サラダ ---- 194
にらとにんじんの胚芽和え ---- 127
にらの胡麻じょうゆ ---- 129
にんじんのピクルス ---- 217
ねぎの梅肉和え ---- 23
白菜と干しえびの煮浸し ---- 123
白菜の唐辛子炒め ---- 287
ピーマンの塩昆布煮 ---- 138
ふきと竹の子、わかめの煮もの ---- 135
ふきのおかか煮 ---- 135
ブロッコリーの茎の昆布茶風味 ---- 134
ほうれんそうとしめじのお浸し ---- 126
帆立て貝柱と青梗菜のサッと煮 ---- 212
三つ葉とわかめの湯葉巻き ---- 151
三つ葉のあったかお浸し ---- 212
蒸しなすのお浸し ---- 98
蒸しなすのからし漬け風 ---- 99
蒸しなすの薬味たたき ---- 99
蒸しなすのヨーグルト和え ---- 99
もやしとかにかまの煮浸し ---- 227
もやしとささ身のタイ風サラダ ---- 227
もやしのにら納豆 ---- 227
もやしのピリ辛 ---- 222
モロッコいんげんのからし酢みそ和え ---- 139
モロヘイヤのなめたけ和え ---- 127
野菜エッグボール ---- 263
野菜の甘酢漬け ---- 150
レタスとプチトマトの蒸し煮 ---- 124
レタスのじゃこ和え ---- 123
レンジきゅうりのめかぶ和え ---- 150
わかめとささ身の胡麻だれ和え ---- 195
わかめ寄せ豆腐 ---- 309
わけぎといかそうめんのキムチ風味 ---- 143

汁もの

枝豆の和風クリームスープ ---- 254
えびのタイ風スープ ---- 190
オクラとろろ汁 ---- 282
おろしにんじんとトマトのスープ ---- 254
ガスパチョ ---- 306
キムチスープ ---- 255
キャロットみそスープ ---- 283
きゅうりの韓国風冷たいスープ ---- 255
白きくらげのミネストローネ ---- 253
玉ねぎのにんにくスープ ---- 254
とうがんとささ身のとろとろスープ ---- 138
とうがんのコールドピュレスープ ---- 138
にらの中華風スープ ---- 127
干ししいたけと三つ葉のスープ ---- 118
もずくと梅干しの即席スープ ---- 195
もやしと昆布のスープ ---- 255

菓子・デザート

いちじくのコンポート ---- 320
オレンジのスパイシーコンポート ---- 321
そば粉のクレープ ---- 115
とうがんのコンポート ---- 321
りんごのコンポート ---- 320

高脂血症を予防する

主食

いかの姿ずし ---- 197
キムチとナムルの冷やしそうめん ---- 205
クイックリゾット ---- 292
胡麻かやくご飯 ---- 199
鶏雑炊 ---- 203
鶏肉ときのこのおこわ ---- 296
発芽玄米ご飯 ---- 19
フレンチトースト ---- 251
干しえびの中華風クイックがゆ ---- 203
めかぶとなめたけの雑炊 ---- 250
野菜増量焼きそば ---- 293
和風オートミール ---- 250
和風パスタ たいのたたきのせ ---- 204

主菜

あじのねぎ蒸し ---- 295
あじのビネガーマリネ ---- 294
いわしのしょうが煮 ---- 182
えのきつくね ---- 213
かきとしめじの豆乳みそ蒸し ---- 190
かきと豆腐のポン酢仕立て ---- 238
かつおと大根の和風煮 ---- 234
かつおのたたき ---- 113
かれいのしょうが煮 ---- 235
きくらげシューマイ ---- 286
きのこビーフ ---- 154
牛肉とキャベツのオクラトマト煮 ---- 231
魚介の豆乳煮 ---- 235
鮭のエスニック風蒸し ---- 242
鮭のさっぱり煮 ---- 233
ささ身の磯蒸し ---- 163
さばの酒蒸し根菜サラダ添え ---- 237
さばのナムプラー焼き ---- 242
さばのみそ煮 ---- 19
さわらの梅蒸し ---- 235
さわらの野菜あんかけ ---- 238
すずきのねぎしょうが煮 ---- 235
たたきまぐろののり巻き ---- 234

豚かたまり肉の簡単煮 157
豚肉ととうがんのしょうが煮 159
豚肉と白菜の蒸しもの 158
豚ヒレ肉とブロッコリーのゆで豚風 239
麻婆豆腐 168
まぐろのみそ煮 234

副菜

アスパラガスと帆立て缶の蒸し煮 134
炒り豆腐 170
いんげんとたこのからし酢みそ 333
えのきとささ身の梅肉風味 194
えびレタスロールのなめこあんかけ 287
オクラ納豆 134
おろし里芋と野菜ののり巻き 147
カッテージチーズとヨーグルトのポテトサラダ 179
かぼちゃのヨーグルトサラダ 179
カラーピーマンのピクルス 326
カリカリじゃこととピーマンの和えもの 191
カリフラワーのマッシュサラダ 314
簡単からし豆腐 289
切り干し大根の卵とじ 174
くず豆腐 284
ささ身と竹の子のみそ炒め 288
里芋の湯葉まぶし 147
さやえんどうとあさりの蒸し煮 141
じゃが芋のシンプル煮 148
ズッキーニのキッシュ風 226
竹の子のじっくり土佐煮 285
茶碗蒸し 175
青梗菜の貝柱あんかけ 215
豆腐と枝豆のうま煮 211
豆腐鍋 170
豆腐のとろろ蒸し 170
トマトと豆腐のおかか和え 223
長芋のすりおろし蒸し 147
なすと帆立てのチャイニーズサラダ 223
なすの簡単みそ煮 210
納豆蒸し卵 175
夏野菜の蒸し煮 130
生鮭のれんこん蒸し 295
にらとにんじんの胚芽和え 127
にらの胡麻じょうゆ 129
にんじんとセロリのピクルス 327
にんにくの茎とたこのからし酢みそ 134
のり巻き卵 26
白菜の煮浸し 124
棒々鶏風サラダ 161
ふきと竹の子、わかめの煮もの 135
ブロッコリーのオイスターソースがけ 215
ブロッコリーの茎の昆布茶風味 134
ほうれんそうとしめじのお浸し 126
ほうれんそうの胡麻和え 93
干し貝柱とキャベツのさっぱり煮 191
豆豆の酢じょうゆ漬け 169
三つ葉とわかめの湯葉巻き 151
蒸し鶏とオクラの酢みそがけ 97
蒸し鶏の梅肉和え 220
蒸しなすのナムル 99
もやしのにら納豆 227
モロヘイヤの納豆和え 127
焼き麩と小松菜の煮浸し 151
野菜ポトフ 122
れんこんの梅肉甘じょうゆ煮 144
レンジおから 309
わかめとささ身の胡麻だれ和え 195
わかめ寄せ豆腐 309

汁もの

枝豆の和風クリームスープ 254
えびしんじょ椀 310
えびのタイ風スープ 190
おから入りすいとん 207
おかわりなしの豚汁 253
オクラとろろ汁 282
ガスパチョ 306
キャロットみそスープ 283
じゃが芋ときのこのみそ仕立てスープ 255
玉ねぎのにんにくスープ 254
とうがんとささ身のとろとろスープ 138
とうがんのコールドピュレスープ 138
長芋雑煮 149
干ししいたけと三つ葉のスープ 118

菓子・デザート

いちじくのコンポート 320
オレンジのスパイシーコンポート 321
さつま芋とりんごの茶巾 322
大根ゼリーカラメルソースがけ 304
とうがんのコンポート 321
フルーツいっぱいのゼリーフラッペ 304
りんごのコンポート 320

高血圧を予防する

主食

えび黄身ずし 175
玄米パン 361
じゃこガーリックパン 251
にんじんパン 355
発芽玄米ご飯 19
ほうれんそう入りパン 357
帆立て貝柱のおこわ 198
レンジ蒸しパン 207

主菜

あじのねぎ蒸し 295

いかと黄にらの豆豉炒め ---- 189
えびの酒蒸し ---- 100
かきのスピードクリームシチュー ---- 252
かじきのタンドリー風 ---- 242
かじきのチーズパン粉焼き風 ---- 230
牛肉のたたき ---- 114
鮭の香草焼き ---- 183
さばのナムプラー焼き ---- 242
さわらのカレーピカタ ---- 242
白身魚と昆布のレンジ蒸し ---- 187
白身魚の白菜包み蒸し ---- 186
すずきの酒蒸し ---- 235
すずきのトマト煮 ---- 230
たたきまぐろののり巻き ---- 234
鱈の甘酢あんかけ ---- 238
チキンのトマト煮 ---- 275
鶏肉とにんにくの茎の辛み炒め ---- 243
鶏ひき肉のロールレタス ---- 231
豚ヒレ肉のしょうが煮おろしだれ ---- 239
ブロッコリーのひき肉包み ---- 231
メキシコ風牛肉の酢漬け焼き ---- 155
わかさぎの南蛮漬け ---- 287

副菜

アスパラガスとツナのキッシュ風 ---- 175
アスパラガスと帆立て缶の蒸し煮 ---- 134
アスパラガスのトマトソースがけ ---- 134
厚揚げとキムチの炒め和え ---- 171
厚揚げのガドガド風 ---- 224
えのきののり佃煮和え ---- 194
えのきのパルメザンチーズ和え ---- 179
オクラとわかめのからしじょうゆ ---- 134
オクラ納豆 ---- 134
かぶと赤ピーマンのコンソメゼリー添え ---- 142
かぼちゃの簡単いとこ煮 ---- 211
かぼちゃのサワークリーム和え ---- 130
かぼちゃのはちみつレモン煮 ---- 132
カラーピーマンのピクルス ---- 326
カリフラワーの茶巾 ---- 135
きのこの当座煮 ---- 210
キャベツとかきの炒めもの ---- 217
クリーミーなスクランブルエッグ ---- 174
小松菜のじゃこ浸し ---- 126
里芋と青菜ののり和え ---- 147
里芋の明太子和え ---- 285
春菊のにんにくサラダ ---- 284
青梗菜の貝柱あんかけ ---- 215
納豆蒸し卵 ---- 175
生鮭のれんこん蒸し ---- 295
にらとにんじんの胚芽和え ---- 127
にらの胡麻じょうゆ ---- 129
にんじんの煮浸しサラダ ---- 144
にんじんのピクルス ---- 217
にんにくの茎とささ身の胡麻じょうゆ和え - 134
白菜と干しえびの煮浸し ---- 123
パリッとじゃこチーズ ---- 222
ピーマンとじゃこの炒り煮 ---- 138
ふきのおかか煮 ---- 135
ブロッコリーの茎の昆布茶風味 ---- 134
ブロッコリーのたらこマヨネーズ ---- 135
ほうれんそうのチーズ和え ---- 218
ほうれんそうののりくるみ和え ---- 126
水菜と油揚げのサッと煮 ---- 126
水菜のピーナツバター和え ---- 126
三つ葉のあったかお浸し ---- 212
もやしのにら納豆 ---- 227
モロヘイヤの納豆和え ---- 127
モロヘイヤのなめたけ和え ---- 127
レンジきゅうりのめかぶ和え ---- 150
レンジごまめ ---- 191
レンジマッシュポテト ---- 146
わかめとささ身の胡麻だれ和え ---- 195
わかめとなすの韓国風和えもの ---- 193
わけぎの酢みそ和え ---- 143
和風パンプキンサラダ ---- 226

汁もの

アスパラガスと里芋のポタージュ ---- 178
枝豆スープ ---- 307
おろしにんじんとトマトのスープ ---- 254
くずし豆腐のスープ ---- 170
卵とトマトと干しえびのスープ ---- 175
玉ねぎのにんにくスープ ---- 254
もやしと昆布のスープ ---- 255
和風ヴィシソワーズ ---- 255

菓子・デザート

かぼちゃあん ---- 323
胡麻きな粉餅 ---- 344
そら豆あん ---- 323
豆腐のレアチーズケーキ風 ---- 304
にんじんチップス ---- 343

糖尿病を予防する

主食

黒胡麻のおかゆ ---- 203
白がゆ ---- 111
中華がゆ ---- 292
手巻き混ぜご飯 ---- 266
発芽玄米ご飯 ---- 19
もずく雑炊 ---- 267
野菜増量焼きそば ---- 293

主菜

あじのねぎ蒸し ---- 295
いかと黄にらの豆豉炒め ---- 189

えびとしめじのチリソース 188
えびの酒蒸し 100
かきとしめじの豆乳みそ蒸し 190
かぶら蒸し 145
かれいのザーサイ蒸し 242
きくらげシューマイ 286
牛肉と竹の子のみそ風味 239
牛肉とブロッコリーの炒めもの 241
牛肉とレタスの中華風サッと炒め 236
牛肉のたたき 114
魚介の豆乳煮 235
金目だいの豆豉蒸し 184
鮭のさっぱり煮 233
ささ身のアスパラ巻き 163
ささ身の磯蒸し 163
さばのナムプラー焼き 242
白身魚と昆布のレンジ蒸し 187
白身魚の白菜包み蒸し 186
たいのあらとわかめの酒蒸し 100
たたきまぐろののり巻き 234
ねぎ巻き肉の梅肉蒸し 156
棒々鶏 97
豚肉と昆布の香味野菜煮 239
豚肉とにんにくの茎のオイスターソース炒め 29
豚肉と白菜の蒸しもの 158
焼き春巻き 290
レバーとにんにくの茎の炒めもの 163

副菜

あさりとえのきだけの酒蒸し 191
温かいレンジ豆腐 170
えのきとささ身の梅肉風味 194
えのきの明太子和え 194
エリンギとマッシュルームのマリネ 194
おからのポテトサラダ風 171
変わりきんぴら 220
簡単からし豆腐 289
キャベツとりんごの昆布茶漬け 325
キャベツのXO醤和え 214
切り干し大根の卵とじ 174
高野豆腐のロールキャベツ 171
小松菜と油揚げの蒸し煮 104
小松菜のじゃこ浸し 126
五目切り干し大根 208
五目白和え 168
里芋と青菜ののり和え 147
さやいんげんのさっぱりしょうゆ煮 141
さやえんどうとあさりの蒸し煮 141
しいたけのオイスターソース煮 192
しいたけのガーリック焼き 194
しゃきしゃきれんこん 212
春菊のにんにくサラダ 284
セロリと蒸し鶏の和えもの 135
大根と帆立て缶の煮もの 142
青梗菜と桜えびの蒸し煮 105
豆腐のとろろ蒸し 170
長ねぎのスープ煮 105
生鮭のれんこん蒸し 295
にらとにんじんの胚芽和え 127
にらの胡麻じょうゆ 129
にんじんの煮浸しサラダ 144
梅肉もやし 227
白菜と干しえびの煮浸し 123
ふきのおかか煮 135
ブロッコリーの粒マスタード和え 135
ほうれんそうとしめじのお浸し 126
ほうれんそうのカッテージチーズサラダ 126
ほうれんそうののりくるみ和え 126
干し貝柱とキャベツのさっぱり煮 191
三つ葉とわかめの湯葉巻き 151
もやしとかにかまの煮浸し 227
モロヘイヤの納豆和え 127
レタスのじゃこ和え 123
レンジきゅうりのめかぶ和え 150
わかめとセロリの炒めナムル風 195
わかめ寄せ豆腐 309

汁もの

おかわりなしの豚汁 253
おろしにんじんとトマトのスープ 254
ガスパチョ 306
きのこのスープ 254
キムチスープ 255
キャロットみそスープ 283
白きくらげのミネストローネ 253
とうがんとささ身のとろとろスープ 138
干ししいたけと三つ葉のスープ 118
もずくと梅干しの即席スープ 195
もやしと昆布のスープ 255
レタスと帆立て缶のスープ 123
わかめのみそ汁 255

菓子・デザート

オレンジのスパイシーコンポート 321
さつま芋とりんごの茶巾 322

免疫力を高める料理

指導／川島由起子
（聖マリアンナ医科大学病院 栄養部部長）

主食

うなぎとしいたけの卵とじ丼 199
えび黄身ずし 175
黒胡麻のおかゆ 203
玄米パン 361
胡麻かやくご飯 199
胡麻パン 350
全粒粉パン 361
中華風オートミール 250
トマトとえびのそうめん 206
鶏肉ときのこのおこわ 296
納豆チャーハン 202
納豆餅 250
にんじんパン 355
発芽玄米ご飯 19
ベトナム風サンドイッチ 251
ほうれんそう入りパン 357
まぐろ納豆ご飯 94
野菜いっぱいの鶏雑煮 250
レーズンパン 355
和風オートミール 250

主菜

えびとアスパラガスのバターソース 331
えびとしめじのチリソース 188
えびの酒蒸し 100
えびの山椒風味 238
おせんべいビーフシチュー 155
かきのスピードクリームシチュー 252
かじきのアーモンドフライ風 183
牛肉の三色ロール 303
牛肉の八幡巻き 154
銀鱈のピリ辛煮 187
子持ちかれいのふっくら煮 184
ささ身のアスパラ巻き 163
ささ身の磯蒸し 163
ささ身のうずら卵巻き 161
ささ身のベトナム風サラダ 243
大豆と豚ばら肉の煮込み 171
鶏肉だんご 277
鶏肉としいたけのつや煮 302
鶏肉となすの棒々鶏ソース 241
鶏肉とにんにくの茎の辛み炒め 243
鶏肉のオレンジソース煮 316
鶏肉のカレー風味 247
鶏肉のゴルゴンゾーラチーズソース 330
鶏肉のテリーヌ風ひき肉ロール蒸し 164
鶏肉の照り焼き 23
鶏肉のとろみ照り焼き 113
鶏肉のマスタードソース 160
鶏骨つき肉のカレースープ煮 160
鶏レバーのにんにく風味煮 290
鶏レバーの八角煮 163
生鮭のチーズクリームソース 330
煮汁たっぷりの銀鱈の煮つけ 187
煮豚と煮卵 158
棒々鶏 97
ポークソテー アップルソース 157
ミートボールのトマトソースがけ 28
蒸し鶏 96
蒸し鶏の浸し漬け 160
レバーとにんにくの茎の炒めもの 163

副菜

アスパラガスとツナのキッシュ風 175
えのきとささ身の梅肉風味 194
えびとオクラのコーンクリーム煮 190
えびレタスロールのなめこあんかけ 287
おから煮 169
オクラ納豆 134
かぶのミルク煮 177
かぼちゃの簡単いとこ煮 211
かぼちゃのサワークリーム和え 130
かぼちゃの粒マスタード炒め 262
かぼちゃのひき肉カレー煮 130
かぼちゃのヨーグルトサラダ 179
かぼちゃのレンジサラダ 216
かぼちゃのレンジバター蒸し 226
カリフラワーの茶巾 135
切り干し大根の卵とじ 174
具だくさんの茶碗蒸し 172
クリーミーなスクランブルエッグ 174
ごぼうの胡麻酢和え 264
ささ身と竹の子のみそ炒め 288
ささ身とねぎのエスニックサラダ 225
さつま芋ときのこのグラタン 149
さやいんげんの胡麻よごし 139
春菊のにんにくサラダ 284
卵寄せ風茶碗蒸し 22
チキンとピーマンのトマト煮 162
青梗菜とかにの卵炒め 128
鶏肉と野菜ミックスのクリーム煮 294
なすの胡麻じょうゆ 131
納豆蒸し卵 175
夏野菜の蒸し煮 130
肉かぼちゃ 132

にらとにんじんの胚芽和え 127
にらの胡麻じょうゆ 129
にらの卵とじ 127
にんじんサラダ 143
にんじんとセロリのピクルス 327
にんじんのザーサイ炒め 143
にんじんの煮浸しサラダ 144
にんじんのピクルス 217
にんにくの茎とささ身の胡麻じょうゆ和え 134
のり巻き卵 26
バターかぼちゃ 130
ハムと長ねぎのキッシュ 173
棒々鶏風サラダ 161
ブロッコリーのピーナツバターじょうゆ 135
ほうれんそうともやしの胡麻みそ和え 210
ほうれんそうのカッテージチーズサラダ 126
ほうれんそうのカレー 93
ほうれんそうの簡単白和え 213
ほうれんそうの胡麻和え 93
ほうれんそうのチーズ和え 218
ほうれんそうののりくるみ和え 126
ポーチドエッグ入り野菜のトマト煮 173
干ししいたけと鶏肉の甘辛煮 151
ホワイトシチュー 178
豆豆の酢じょうゆ漬け 169
水菜のピーナツバター和え 126
蒸し鶏とオクラの酢みそがけ 97
蒸し鶏のエスニックサラダ 97
蒸し鶏のハーブ焼き 162
蒸し鶏の薬味ソースがけ 162
もやしとささ身のタイ風サラダ 227
もやしのにら納豆 227
モロヘイヤと豆腐のチャンプルー 219
モロヘイヤのとろろやっこ 127
モロヘイヤの納豆和え 127
モロヘイヤのなめたけ和え 127
野菜エッグボール 263
ゆでえびのアボカド和え 190
れんこんの胡麻マヨネーズ和え 142
わかめとささ身の胡麻だれ和え 195
和風パンプキンサラダ 226

汁もの

アスパラ缶のクリームスープ 254
温かいかぼちゃのスープ 306
ヴィシソワーズ 307
枝豆の和風クリームスープ 254
えびしんじょ椀 310
えびのタイ風スープ 190
おろしにんじんとトマトのスープ 254
かぼちゃとさつま揚げのスープ 254
具だくさん塩鮭汁 183
鮭と冷凍ポテトのクリームスープ 178
卵とトマトと干しえびのスープ 175
冷たいかぼちゃのスープ 130
とうがんとささ身のとろとろスープ 138
ポーチドエッグスープ 254
帆立て缶の中華風スープ 255
蒸し鶏のキムチスープ 97
和風ヴィシソワーズ 255

菓子・デザート

かぼちゃあん 323
かぼちゃのきんとん 322
胡麻きな粉餅 344
胡麻大福 32
チョコレートまんじゅう 365

ストレス、いらいらを解消する料理

指導／川島由起子
（聖マリアンナ医科大学病院 栄養部部長）

主食

うなぎとしいたけの卵とじ丼 199
かぼちゃのディップサンド 207
黒胡麻のおかゆ 203
胡麻かやくご飯 199
胡麻パン 350
鮭チャーハン 203
鮭丼 199
シーフードボウル 248
づけ鉄火丼 89
豆腐とじゃこの雑炊 250
鶏そぼろと胡麻の混ぜご飯 199
納豆チャーハン 202
納豆餅 250
発芽玄米ご飯 19
干しえびの中華風クイックがゆ 203
まぐろオクラとんぶり丼 89
まぐろ納豆ご飯 94

主菜

いわしのうま煮 234
いわしの梅煮 182
いわしのシチリア風パン粉焼き 229
いわしのしょうが煮 182
いわしの煮もの 233
かきと豆腐のポン酢仕立て 238
かじきのアーモンドフライ風 183

かじきの生トマト煮込み ---------- 229
かつおと大根の和風煮 ---------- 234
かつおのしょうが煮 ---------- 181
かつおのとろみ煮 ---------- 109
カリフラワーとかじきのＸＯ醤蒸し ---------- 136
牛肉とブロッコリーの炒めもの ---------- 241
牛肉とブロッコリーのダブルソース炒め ---------- 154
牛肉のトルコ風ヨーグルト焼き ---------- 155
子持ちかれいのふっくら煮 ---------- 184
サーモンのレモンソース ---------- 316
鮭とキャベツのサッと煮 ---------- 235
鮭と豆腐の酒蒸し ---------- 27
鮭とまいたけのバターしょうゆ蒸し ---------- 183
鮭のエスニック風蒸し ---------- 242
鮭の香草焼き ---------- 183
鮭のさっぱり煮 ---------- 233
鮭の一口フライ ---------- 230
さばの酒蒸し根菜サラダ添え ---------- 237
さわらの梅蒸し ---------- 235
さわらのカレーピカタ ---------- 242
さわらの野菜あんかけ ---------- 238
さんまの山椒煮 ---------- 181
さんまの塩焼き ---------- 234
さんまの中華香味蒸し ---------- 242
さんまの豆豉醤煮 ---------- 182
たたきまぐろののり巻き ---------- 234
青椒肉絲 ---------- 140
鶏肉のオレンジソース煮 ---------- 316
鶏レバーのにんにく風味煮 ---------- 290
鶏レバーの八角煮 ---------- 163
生鮭のチーズクリームソース ---------- 330
ねぎまのくしゃくしゃ豆腐 ---------- 232
豚かたまり肉の簡単煮 ---------- 157
豚肉とにんにくの茎のオイスターソース炒め ---------- 29
豚ひき肉と豆腐のレンジ蒸し ---------- 166
豚ヒレ肉とブロッコリーのゆで豚風 ---------- 239
豚ヒレ肉のしょうが煮おろしだれ ---------- 239
ぶりのコチュジャン焼き ---------- 242
ぶりのみそ照り焼き ---------- 180
ブロッコリーのひき肉包み ---------- 231
ヘルシー酢豚 ---------- 240
麻婆豆腐 ---------- 168
まぐろの刺身 ---------- 89
まぐろのみそ煮 ---------- 234
レバーとにんにくの茎の炒めもの ---------- 163
レンジなまりと厚揚げの煮つけ ---------- 182
わかさぎの梅煮 ---------- 186
わかさぎの南蛮漬け ---------- 287
わかさぎの和風マリネ ---------- 238

副菜

赤貝と菜の花のオイスター煮 ---------- 289
温かいレンジ豆腐 ---------- 170
いりこの土佐酢漬け ---------- 302
えのきの明太子和え ---------- 194
カッテージチーズとヨーグルトのポテトサラダ ---------- 179
かぶのミルク煮 ---------- 177
かぼちゃとベーコンのチーズ焼き ---------- 130
かぼちゃの簡単いとこ煮 ---------- 211
かぼちゃのサワークリーム和え ---------- 130
かぼちゃのはちみつレモン煮 ---------- 132
かぼちゃのみそ炒め ---------- 226
かぼちゃのヨーグルトサラダ ---------- 179
かぼちゃのレンジ甘煮 ---------- 226
カラーピーマンのピクルス ---------- 326
カリフラワーのアンチョビソースがけ ---------- 136
カリフラワーのカレーピクルス ---------- 303
カリフラワーの塩辛バターソース ---------- 136
カリフラワーの茶巾 ---------- 135
カリフラワーのマッシュサラダ ---------- 314
簡単からし豆腐 ---------- 289
がんもどき ---------- 119
具だくさんの鉢蒸し ---------- 172
高野豆腐の含め煮 ---------- 171
高野豆腐のロールキャベツ ---------- 171
鮭ポテト ---------- 222
さつま芋ときのこのグラタン ---------- 149
さつま芋のオレンジ煮 ---------- 147
さやいんげんの胡麻よごし ---------- 139
さやえんどうとあさりの蒸し煮 ---------- 141
たらこと しらたきの炒り煮 ---------- 283
タラモサラダ ---------- 226
豆腐田楽２種 ---------- 333
豆腐と枝豆のうま煮 ---------- 211
豆腐ともやしのチャンプルー風 ---------- 168
トマトと豆腐のおかか和え ---------- 223
鶏肉と野菜ミックスのクリーム煮 ---------- 294
納豆蒸し卵 ---------- 175
生鮭のれんこん蒸し ---------- 295
にらの胡麻じょうゆ ---------- 129
にんにくの茎とささ身の胡麻じょうゆ和え ---------- 134
ねぎ豆腐 ---------- 143
白菜と干しえびの煮浸し ---------- 123
ひじきとひき肉の炒め煮 ---------- 195
ひじきの炒り煮 ---------- 195
ふっくらレバもやし ---------- 221
ブロッコリーと蒸し鶏の中華風サラダ ---------- 137
ブロッコリーのオイスターソースがけ ---------- 215
ブロッコリーのたらこマヨネーズ ---------- 135
ブロッコリーのピーナツバターじょうゆ ---------- 135
ほうれんそうの簡単白和え ---------- 213
ほうれんそうの胡麻和え ---------- 93
ポーチドエッグとブロッコリーのハムサラダ ---------- 256
ホワイトシチュー ---------- 178
豆豆の酢じょうゆ漬け ---------- 169

蒸しなすの胡麻みそだれ 131
蒸しなすのヨーグルト和え 99
もやしのにら納豆 227
モロヘイヤと豆腐のチャンプルー 219
モロヘイヤのとろろやっこ 127
モロヘイヤの納豆和え 127
ゆでえびのアボカド和え 190
ラグーエッグ 175
れんこんの胡麻マヨネーズ和え 142
わかめとささ身の胡麻だれ和え 195
わかめとなすの韓国風和えもの 193

汁もの

温かいかぼちゃのスープ 306
枝豆スープ 307
かにとかぶのスープ 252
かぼちゃとさつま揚げのスープ 254
具だくさん塩鮭汁 183
鮭と冷凍ポテトのクリームスープ 178
卵とトマトと干しえびのスープ 175
玉ねぎとハムのチーズスープ 178
冷たいかぼちゃのスープ 130
ねぎま汁 182
干しえびのエスニックスープ 255
和風ヴィシソワーズ 255

菓子・デザート

いちごシロップ 319
いちご大福 32
いちごのきんとん 438
オレンジシロップ 319
オレンジのスパイシーコンポート 321
かぼちゃのきんとん 322
キウイのきんとん 438
胡麻きな粉餅 344
胡麻大福 32
さつま芋あん 323
さつま芋とりんごの茶巾 322
豆腐のレアチーズケーキ風 304

高齢者にやさしい料理

指導／川島由起子
（聖マリアンナ医科大学病院 栄養部部長）

主食

えび黄身ずし 175
かますとみょうがの混ぜご飯 199
黒胡麻のおかゆ 203
そら豆のリゾット 203
豆腐とじゃこの雑炊 250
帆立て貝柱のおこわ 198
ミニ飯蒸し 197

主菜

あじのビネガーマリネ 294
あじのみそペースト焼き 234
いわしのしょうが煮 182
かきのスピードクリームシチュー 252
かじきの甘酢漬け 183
かぶら蒸し 145
キャベツオムレツ 256
魚介の豆乳煮 235
鮭の香草焼き 183
鮭の一口フライ 230
鮭のポテトクリームソースがけ 183
ささ身のアスパラ巻き 163
ささ身の磯蒸し 163
さわらのカレーピカタ 242
白身魚と昆布のレンジ蒸し 187
白身魚の白菜包み蒸し 186
白身魚のはんぺん 313
すずきのトマト煮 230
たいのあらとわかめの酒蒸し 100
たたきまぐろののり巻き 234
豆腐とゆで野菜の肉みそがけ 332
豚かたまり肉の簡単煮 157
豚ヒレ肉とブロッコリーのゆで豚風 239
帆立て貝柱とカリフラワーのクリーム煮 189
帆立てのマリネ 230
麻婆豆腐 168
蒸し鶏 96

副菜

アスパラガスと帆立て缶の蒸し煮 134
アスパラガスのトマトソースがけ 134
厚揚げのガドガド風 224
油揚げの袋煮 171
甘辛じゃこしし唐 140
炒り豆腐 170
えのきののり佃煮和え 194
えのきのパルメザンチーズ和え 179
えのきの明太子和え 194
オクラとわかめのからしじょうゆ 134
オクラの胡麻みそ和え 134
おろし里芋と野菜ののり巻き 147
かぶのミルク煮 177
かぼちゃのはちみつレモン煮 132
かぼちゃのヨーグルトサラダ 179
かぼちゃのレンジ甘煮 226
かぼちゃのレンジバター蒸し 226
カラーピーマンのピクルス 326

きのこのあんかけ豆腐 170
きのこのクリーム煮 177
きのこの当座煮 210
きのこの和風マリネ 194
キャベツとかきの炒めもの 217
キャベツとトマトの中華蒸し 218
キャベツの甘酢がけ 264
キューブサラダ 219
具だくさんの鉢蒸し 172
クリーミーなスクランブルエッグ 174
高野豆腐の含め煮 171
ごぼうの胡麻酢和え 264
小松菜と油揚げの蒸し煮 104
小松菜ときのこの卵とじ 128
小松菜のお浸し 102
五目切り干し大根 208
五目白和え 168
里芋と青菜ののり和え 147
里芋の明太子和え 285
さやえんどうとあさりの蒸し煮 141
じゃが芋と玉ねぎのミルクチーズ煮 179
春菊のにんにくサラダ 284
スクランブルエッグ 174
茶碗蒸し 175
青梗菜の貝柱あんかけ 215
豆腐のとろろ蒸し 170
長芋のすりおろし蒸し 147
なすの胡麻じょうゆ 131
納豆蒸し卵 175
夏野菜のトマト煮 150
夏野菜の蒸し煮 130
生鮭のれんこん蒸し 295
にらとにんじんの胚芽和え 127
にんじんのきんぴら 282
にんじんの煮浸しサラダ 144
にんじんのピクルス 217
にんにくの茎とささ身の胡麻じょうゆ和え 134
ねぎ豆腐 143
のり巻き卵 26
白菜の煮浸し 124
バターかぼちゃ 130
パリッとじゃこチーズ 222
ピーマンとじゃこの炒り煮 138
ピーマンとツナのトマト煮 138
ふきと竹の子、わかめの煮もの 135
ふきのおかか煮 135
プチトマトのチーズ焼き 176
ブロッコリーのピーナツバターじょうゆ 135
ほうれんそうとしめじのお浸し 126
ほうれんそうのお浸し 93
ほうれんそうのカッテージチーズサラダ 126
ほうれんそうの簡単白和え 213
ほうれんそうのチーズ和え 218
ほうれんそうののりくるみ和え 126
帆立て貝柱と青梗菜のサッと煮 212
ホットチーズポテト 262
水菜と油揚げのサッと煮 126
水菜のピーナツバター和え 126
蒸しなすの胡麻みそだれ 131
もやしのナムル 151
もやしのにら納豆 227
モロヘイヤの納豆和え 127
モロヘイヤのなめたけ和え 127
野菜のチーズ焼き 179
冷凍ポテトの簡単グラタン 146
レタスとプチトマトの蒸し煮 124
れんこんの胡麻マヨネーズ和え 142
レンジきゅうりのめかぶ和え 150
レンジごまめ 191
レンジマッシュポテト 146
わかめとささ身の胡麻だれ和え 195
わかめとセロリの炒めナムル風 195
わかめとなすの韓国風和えもの 193
わけぎの酢みそ和え 143
和風パンプキンサラダ 226

汁もの

アスパラ缶のクリームスープ 254
温かいヴィシソワーズ 146
ヴィシソワーズ 307
枝豆スープ 307
おろしにんじんとトマトのスープ 254
キャロットみそスープ 283
鮭と冷凍ポテトのクリームスープ 178
じゃが芋とソーセージのクリームスープ 178
卵とトマトと干しえびのスープ 175
冷たいかぼちゃのスープ 130
ポーチドエッグスープ 254
もやしと昆布のスープ 255
野菜スープ 150
和風ヴィシソワーズ 255

菓子・デザート

かぼちゃあん 323
かぼちゃのきんとん 322
さつま芋のマスカルポーネクリーム 179
そら豆あん 323
にんじんチップス 343
ぶどうシロップ 319
プルーンのワイン漬け 321

さすが
電子レンジ！
料理大全集

ご協力いただいた方々
（五十音順、敬称略）

執筆者：
有元葉子
伊藤睦美
大沼奈保子
大森いく子
小田真規子
葛西麗子
金塚晴子
河村みち子
栗原はるみ
小森秀子
塩田ノア
田口成子
竹内冨貴子
田崎真也
浜内千波
飛田和緒
藤野嘉子
牧野直子
武蔵裕子
村上祥子
村田裕子
渡辺あきこ
渡辺有子

試作：
佐々木悦子
田久晶子
トミタセツ子
中島博子
渡部和泉

熱量計算：
カロニック・ダイエット・スタジオ
本城美智子
ムラカミアソシエーツ栄養管理部

医学指導：
川島由起子
（聖マリアンナ医科大学病院・
栄養部部長）

写真：
今清水隆宏
奥谷 仁
尾田 学
川浦堅至
木村 拓
公文美和
實重 浩
白根正治
竹内章雄
中野博安
南雲保夫
箕輪 徹
森 隆志

（講談社写真部）
青砥茂樹
赤川治男
大畑敏男
金子正志
神谷美寛
川井秀晃
齋藤 浩
椎野 充
吉森頓哉

カバー写真：
齋藤 浩（講談社写真部）

本文デザイン：
藤平富貴代
プラス・アイ

イラスト：
山本祥子

スタイリング：
綾部恵美子
坂上嘉代
中安章子

編集協力：
伊藤純子
内山美恵子
岸本明子
柴山容子
時田慶子
長井典子
堀池真弓
三角幸子
向 和美
渡邉裕子

阿部裕子
大森亜紀子
近藤聖子
渡辺のぞみ

編集：
講談社
生活文化第一出版部

監修者プロフィール

村上祥子
むらかみ・さちこ
●
料理研究家・管理栄養士、福岡県生まれ。
合理的なアイデアによる手早い調理法と豊富なレシピには定評がある。電子レンジクッキングの草分け的存在であり、関連著書も多数。

大沼奈保子
おおぬま・なおこ
●
料理研究家・管理栄養士、東京都生まれ。
おいしくて体にいい料理をモットーに、さまざまなダイエットレシピを提案。
電子レンジをフル活用したローカロリーレシピが好評。

藤野嘉子
ふじの・よしこ
●
料理研究家、東京都生まれ。
家庭料理ならではの味を大切にした和食レシピが、幅広い年齢層に支持される。
電子レンジを使った、手早くおいしいお総菜レシピも定番人気。

金塚晴子
かねづか・はるこ
●
菓子研究家、東京都生まれ。
モダンな感覚が彩る、繊細かつ華やかな創作和菓子が人気。和菓子作りに電子レンジやフードプロセッサーを利用する斬新な手法が注目を集めている。

さすが電子レンジ！
料理大全集

2003年10月10日　第１刷発行

講談社編

装幀　鈴木成一デザイン室

発行人　野間佐和子
発行所　株式会社講談社
東京都文京区音羽2-12-21
郵便番号112-8001
電話　編集部　03-5395-3527
販売部　03-5395-3625
業務部　03-5395-3615
印刷所・製本所　凸版印刷株式会社

ISBN4-06-274108-3